Sicherheit im Internet

Reihe Informationssicherheit

Herausgegeben von

Prof. Dr. Günter Müller, Albert-Ludwigs-Universität, Freiburg i. Br.
Prof. Dr. Hartmut Pohl, Fachhochschule Rhein-Sieg, Sankt Augustin
Dr. Gerhard Weck, Infodas GmbH, Köln

In der Reihe »Informationssicherheit« sind folgende Titel erschienen:

Bruce Schneier
Angewandte Kryptographie
Protokolle, Algorithmen und Sourcecode in C
ISBN 3-8273-854-7

Reinhard Wobst
Abenteuer Kryptologie
Methoden, Risiken und Nutzen der Datenverschlüsselung
2., überarbeitete Auflage
ISBN 3-8273-1413-5

Horst Görtz, Jutta Stolp
Informationssicherheit in Unternehmen
ISBN 3-8273-1426-7

Weitere Titel in Vorbereitung

Sicherheit im Internet

Anwendungen und Standards

William Stallings

ADDISON-WESLEY

An imprint of Pearson Education

München • Boston • San Francisco • Harlow, England
Don Mills, Ontario • Sydney • Mexico City
Madrid • Amsterdam

Die Deutsche Bibliothek – CIP-Einheitsaufnahme

Ein Titeldatensatz für diese Publikation ist bei
Der Deutschen Bibliothek erhältlich.

Umwelthinweis:
Dieses Produkt wurde auf chlorfrei gebleichtem Papier gedruckt.
Die Einschrumpffolie – zum Schutz vor Verschmutzung – ist aus umweltverträglichem und recyclingfähigem PE-Material.

Titel der amerikanischen Originalausgabe: Network Security Essentials. Applications and Standards
von William Stallings © 2000 by Prentice Hall, Upper Saddle River, New Jersey, USA

10 9 8 7 6 5 4 3 2 1
03 02 01

ISBN 3-8273-1697-9

Übersetzung: G&U Technische Dokumentation, Flensburg
Einbandgestaltung: Hommer DesignProduktion, München
Lektorat: Rolf Pakendorf, rpakendorf@pearson.de
Herstellung: TYPisch Müller, Arcevia, Italien
Satz: reemers publishing services gmbh, Krefeld. Gesetzt aus der Palatino 10 pt.
Druck: Media Print, Paderborn
Printed in Germany

Inhaltsverzeichnis

	Vorwort	**11**
1	**Einführung**	**15**
1.1	Angriffe, Dienste und Mechanismen	18
1.1.1	Dienste	18
1.1.2	Mechanismen	20
1.1.3	Angriffe	21
1.2	Sicherheitsangriffe	22
1.2.1	Passive Angriffe	23
1.2.2	Aktive Angriffe	24
1.3	Sicherheitsdienste	25
1.3.1	Vertraulichkeit	25
1.3.2	Authentifizierung	26
1.3.3	Integrität	26
1.3.4	Nicht-Anfechtbarkeit	27
1.3.5	Zugriffssteuerung	27
1.3.6	Verfügbarkeit	27
1.4	Ein Netzwerksicherheitsmodell	27
1.5	Internet-Standards und RFCs	30
1.5.1	Die Internet Society	30
1.5.2	RFC-Veröffentlichung	31
1.5.3	Der Standardisierungsprozess	31
1.5.4	Erfassung von Nicht-Standards	33
1.6	Empfohlene Lektüre	33
1.7	Anhang 1A Quellen im Internet	33
1.7.1	Web-Sites für dieses Buch	34
1.7.2	Andere Web-Sites	34
1.7.3	USENET Newsgroups	35
Teil 1	**Kryptographie**	**37**
2	**Herkömmliche Verschlüsselungstechniken und Briefgeheimnis**	**39**
2.1	Herkömmliche Verschlüsselungsprinzipien	39
2.1.1	Kryptographie	41

2.1.2 Kryptoanalyse ... 41
2.1.3 Der Feistel-Verschlüsselungsalgorithmus ... 44
2.2 Herkömmliche Verschlüsselungsalgorithmen ... 47
2.2.1 Der Data Encryption Standard (DES) ... 47
2.2.2 Triple DEA ... 52
2.2.3 Der Advanced Encryption Standard ... 54
2.2.4 Andere symmetrische Blockverschlüsselungen ... 55
2.3 Betriebsmodi von Blockverschlüsselungen ... 58
2.3.1 CBC-Modus (Cipher Block Chaining) ... 59
2.3.2 CFB-Modus (Cipher Feedback) ... 61
2.4 Verschlüsselungsort ... 63
2.5 Schlüsselverteilung ... 64
2.6 Empfohlene Lektüre ... 67
2.7 Aufgaben ... 67

3 Public-Key-Kryptographie und Nachrichtenauthentifizierung ... 71
3.1 Verfahren der Nachrichtenauthentifizierung ... 71
3.1.1 Authentifizierung mit herkömmlicher Verschlüsselung ... 71
3.1.2 Nachrichtenauthentifizierung ohne Nachrichtenverschlüsselung ... 72
3.1.3 Nachrichtenauthentifizierungscode ... 73
3.1.4 Einweg-Hash-Funktion ... 74
3.2 Sichere Hash-Funktionen und HMAC ... 76
3.2.1 Anforderungen an Hash-Funktionen ... 77
3.2.2 Einfache Hash-Funktionen ... 78
3.2.3 Die sichere Hash-Funktion SHA-1 ... 80
3.2.4 Andere sichere Hash-Funktionen ... 83
3.2.5 HMAC ... 85
3.3 Grundlagen der Public-Key-Kryptographie ... 87
3.3.1 Struktur der Public-Key-Verschlüsselung ... 88
3.3.2 Anwendungen von Public-Key-Verschlüsselung ... 91
3.3.3 Anforderungen an die Public-Key-Kryptographie ... 92
3.4 Algorithmen der Public-Key-Kryptographie ... 93
3.4.1 Der Public-Key-Verschlüsselungsalgorithmus RSA ... 93
3.4.2 Diffie-Hellman-Schlüsselaustausch ... 96
3.4.3 Andere Algorithmen der Public-Key-Kryptographie ... 99
3.5 Digitale Unterschriften ... 100
3.6 Schlüsselverwaltung ... 101
3.6.1 Digitale Zertifikate ... 102
3.6.2 Verteilung geheimer Schlüssel mittels öffentlicher Schlüssel ... 102
3.7 Empfohlene Lektüre ... 104

3.8 Aufgaben ... 105
3.9 Anhang 3A: Primzahlen und modulare Arithmetik ... 108
3.9.1 Primzahlen und relative Primzahlen ... 108

Teil 2 Anwendungen für die Netzwerksicherheit ... 113

4 Authentifizierungsanwendungen ... 115
4.1 Kerberos ... 115
4.1.1 Motivation ... 116
4.1.2 Kerberos Version 4 ... 118
4.1.3 Kerberos Version 5 ... 131
4.2 X.509-Authentifizierungsdienst ... 138
4.2.1 Zertifikate ... 139
4.2.2 Authentifizierungsverfahren ... 144
4.2.3 X.509 Version 3 ... 147
4.3 Empfohlene Lektüre und Web-Sites ... 150
4.4 Aufgaben ... 150
4.5 ANHANG 4A: Kerberos-Verschlüsselungsverfahren ... 152
4.5.1 Passwort-Schlüssel-Umwandlung ... 152
4.5.2 Propagating Cipher Block Chaining Mode (PCBC) ... 153

5 E-Mail-Sicherheit ... 155
5.1 Pretty Good Privacy (PGP) ... 155
5.1.1 Notation ... 156
5.1.2 Verfahrensweise ... 157
5.1.3 Kryptographische Schlüssel und Schlüsselringe ... 164
5.1.4 Verwaltung von öffentlichen Schlüsseln ... 173
5.2 S/MIME ... 180
5.2.1 RFC 822 ... 180
5.2.2 Multipurpose Internet Mail Extensions ... 181
5.2.3 S/MIME-Funktionalität ... 187
5.2.4 S/MIME-Nachrichten ... 192
5.2.5 S/MIME-Zertifizierungsverfahren ... 197
5.2.6 Erweiterte Sicherheitsdienste ... 200
5.3 Empfohlene Web-Sites ... 200
5.4 Aufgaben ... 201
5.5 Anhang 5A: Datenkomprimierung mit ZIP ... 202
5.5.1 Komprimierungsalgorithmus ... 203
5.5.2 Dekomprimierungsalgorithmus ... 204

5.6 ANHANG 5B: Radix-64-Umwandlung 205
5.7 ANHANG 5C: PGP-Zufallszahlengenerierung 207
5.7.1 Echte Zufallszahlen 207
5.7.2 Pseudozufallszahlen 208

6 IP-Sicherheit 211
6.1 IP-Sicherheit – ein Überblick 211
6.1.1 Anwendungen von IPSec 212
6.1.2 Vorteile von IPSec 213
6.1.3 Routing-Anwendungen 214
6.2 IP-Sicherheitsaufbau 215
6.2.1 IPSec-Dokumente 215
6.2.2 IPSec-Dienste 216
6.2.3 Sicherheitsverknüpfung (Security Association – SA) 217
6.2.4 Transport- und Tunnelmodus 221
6.3 Authentifizierungs-Header 223
6.3.1 Wiederholungsvermeidung 225
6.3.2 Integritätsprüfwert 226
6.3.3 Transport- und Tunnelmodus 227
6.4 Encapsulating Security Payload (ESP) 229
6.4.1 ESP-Format 229
6.4.2 Verschlüsselungs- und Authentifizierungsalgorithmen 230
6.4.3 Padding 231
6.4.4 Transport- und Tunnelmodus 232
6.5 Kombinationen von Sicherheitsverknüpfungen 236
6.5.1 Authentifizierung plus Vertraulichkeit 237
6.5.2 Grundlegende Kombinationen von Sicherheitsverknüpfungen .. 238
6.6 Schlüsselverwaltung 240
6.6.1 Oakley-Protokoll zur Schlüsselbestimmung 241
6.6.2 ISAKMP 246
6.7 Empfohlene Lektüre und Web-Sites 254
6.8 Aufgaben 255
6.9 Anhang 6A: Netzwerkarbeit und Internet-Protokolle 256
6.9.1 Die Aufgabe eines Internet-Protokolls 256
6.9.2 IPv4 258
6.9.3 IPv6 261

7 Netzsicherheit 267
7.1 Überlegungen zur Netzsicherheit 267
7.1.1 Bedrohungen der Netzsicherheit 268
7.1.2 Vorgehensweisen zur Verkehrssicherheit im Netz 270

7.2 Secure-Socket-Layer-Sicherheit und Transportschichtsicherheit . 271
7.2.1 SSL-Aufbau 271
7.2.2 SSL-Record-Protokoll 273
7.2.3 Change-Cipher-Spec-Protokoll 277
7.2.4 Das Alert-Protokoll 277
7.2.5 Das Handshake-Protokoll 279
7.2.6 Kryptographische Berechnungen 286
7.2.7 Sicherheit der Transportschicht 287
7.3 Secure Electronic Transactions (SET) 293
7.3.1 Überblick über SET 294
7.3.2 Duale Signatur 299
7.3.3 Zahlungsprozess 300
7.4 Empfohlene Lektüre und Web-Sites 307
7.5 Aufgaben 308

8 Sicherheit in der Netzwerkverwaltung 311
8.1 Die Grundlagen von SNMP 312
8.1.1 Aufbau der Netzwerkverwaltung 312
8.1.2 Aufbau des Netzwerkverwaltungsprotokolls 314
8.1.3 Proxies 315
8.1.4 SNMPv2 317
8.2 SNMPv1-Verbundeinrichtungen 321
8.2.1 Verbunde und Verbundnamen 321
8.2.2 Authentifizierungsdienst 322
8.2.3 Zugriffsrichtlinien 323
8.2.4 Proxy-Dienst 324
8.3 SNMPv3 324
8.3.1 Der Aufbau von SNMP 326
8.3.2 Nachrichtenverarbeitung und das Benutzer-Sicherheitsmodell . . 336
8.3.3 Sichtbasierte Zugriffssteuerung 350
8.4 Empfohlene Lektüre und Web-Sites 355
8.5 Aufgaben 356

Teil 3 Systemsicherheit 361

9 Eindringlinge und Viren 363
9.1 Eindringlinge 363
9.1.1 Techniken des Eindringens 366
9.1.2 Passwortschutz 368
9.1.3 Die Anfälligkeit von Passwörtern 369

9.1.4 Strategien zur Passwortwahl ... 373
9.1.5 Erkennung von Eindringlingen ... 379
9.2 Viren und ähnliche Bedrohungen ... 392
9.2.1 Bösartige Programme ... 393
9.2.2 Die Natur der Viren ... 397
9.2.3 Virenarten ... 401
9.2.4 Makroviren ... 402
9.2.5 Antivirenmethoden ... 404
9.2.6 Erweiterte Antiviren-Techniken ... 405
9.3 Empfohlene Lektüre und Web-Sites ... 408
9.4 Aufgaben ... 409

10 Firewalls ... 413
10.1 Entwurfsprinzipien von Firewalls ... 413
10.1.1 Merkmale von Firewalls ... 414
10.1.2 Arten von Firewalls ... 416
10.1.3 Firewall-Konfigurationen ... 423
10.2 Gesicherte Systeme ... 426
10.2.1 Zugriffssteuerung ... 426
10.2.2 Das Konzept gesicherter Systeme ... 428
10.2.3 Abwehr Trojanischer Pferde ... 431
10.3 Empfohlene Lektüre ... 432
10.4 Aufgaben ... 433

A In diesem Buch zitierte RFCs ... 435

B Lehrprojekte zur Netzwerksicherheit ... 439
B.1 Forschungsprojekte ... 439
B.2 Programmierprojekte ... 440
B.3 Lese-/Berichtsaufgaben ... 441

C Glossar ... 443

D Literaturverzeichnis ... 449

E Akronyme ... 457

Stichwortverzeichnis ... 459

Vorwort

In diesem Zeitalter des universellen elektronischen Miteinanders, der Viren und Hacker, elektronischer Lauschangriffe und elektronischer Betrügereien erlangt die Netzwerksicherheit eine zunehmende Bedeutung. Zwei Trends kommen zusammen, die dem Thema dieses Buchs seine elementare Wichtigkeit geben: Zum einen führen das explosionsartige Wachstum der Computersysteme und deren Verbindungen über Netzwerke zu steigenden Abhängigkeiten sowohl der Organisationen als auch der Menschen von den Informationen, die mithilfe dieser Systeme gespeichert und verbreitet werden. Dies wiederum erfordert eine erhöhte Aufmerksamkeit bezüglich der Notwendigkeit, die Daten und Ressourcen vor unerlaubtem Zugriff zu schützen, die Authentizität von Daten und Nachrichten zu garantieren und die Systeme vor netzwerkbasierten Angriffen zu schützen. Zum anderen sind die Wissenschaften der Kryptographie und Netzwerksicherheit inzwischen soweit ausgereift, dass zweckmäßige und schnell einsatzbereite Anwendungen zum Erreichen von Netzwerksicherheit zur Verfügung stehen.

Ziele

Dieses Buch liefert eine praktische Übersicht von Anwendungen und Standards der Netzwerksicherheit. Die Schwerpunkte liegen dabei auf Anwendungen, die einen hohen Verbreitungsgrad innerhalb des Internets und innerhalb firmeneigener Netzwerke besitzen, und auf Standards, insbesondere Internet-Standards, die sich durchgesetzt haben.

Leser

Dieses Buch richtet sich sowohl an ein akademisches als auch an ein berufliches Publikum. Es ist als Lehrbuch konzipiert für einen Kurs über Netzwerksicherheit von einem Semester Dauer innerhalb des Grundstudiums von Studiengängen der Informatik sowie des Computer- und Elektroingenieurwesens. Es ist darüber hinaus als Nachschlagewerk und auch zum Selbststudium geeignet. Es wendet sich an Teilnehmer von Hochschulkursen und an berufliche Leser, die sich in erster Linie für die Anwendungen der Netzwerksicherheit interessieren und für die es weder notwendig noch wünschenswert ist, tiefer in die Theorien und Prinzipien der Kryptographie einzusteigen.

Aufbau des Buchs

Dieses Buch gliedert sich in drei Teile:

1. **Kryptographie**: Ein kurzer Abriss der kryptographischen Algorithmen und Protokolle, die den Anwendungen der Netzwerksicherheit zugrunde liegen, einschließlich Verschlüsselung, Hash-Funktionen, digitalen Unterschriften und Austausch von Schlüsseln.
2. **Anwendungen der Netzwerksicherheit**: Eine Erläuterung wichtiger Werkzeuge und Anwendungen der Netzwerksicherheit wie beispielsweise Kerberos, X.509v3-Zertifikate, PGP, S/MIME, IP-Sicherheit, SSL/TLS, SET und SNMPv3.
3. **Systemsicherheit**: Befasst sich mit Sicherheitsaspekten auf der Systemebene, einschließlich der Bedrohung durch Eindringlinge und Viren sowie entsprechende Gegenmaßnahmen, und auf den Gebrauch von Firewalls und gesicherten Systemen.

Eine detailliertere, kapitelweise Zusammenfassung finden Sie am Ende des ersten Kapitels. Darüber hinaus enthält das Buch ein ausführliches Glossar, eine Liste häufig benutzter Akronyme und ein Literaturverzeichnis. Außerdem gibt es Übungsaufgaben am Ende jedes Kapitels und Vorschläge für weitere Lektüre.

Internet-Dienste für Dozenten und Studenten

Zu diesem Buch existiert eine Web-Seite zur weiteren Unterstützung der Studenten und Dozenten. Die Seite enthält Links zu wichtigen Sites, Abbildungen aus dem Buch im PDF-Format (Adobe Acrobat) sowie Informationen darüber, wie man sich in die Internet Mailing-Liste des Buchs eintragen kann. Diese Web-Seite ist zu finden unter `http://www.shore.net/~ws/NetSec.html`. Wir haben eine Internet Mailing-Liste eingerichtet, sodass Dozenten, die dieses Buch benutzen, Informationen, Vorschläge und Fragen untereinander und mit dem Autor austauschen können.

Lehrprojekte zu Netzwerksicherheit

Eine wichtige Komponente eines Kurses zur Kryptographie oder Sicherheit ist die praktische Anwendung der Theorie. Dieses Buch bietet eine in dieser Hinsicht ungewöhnliche Unterstützung, weil es eine Projektkomponente in den Kurs integriert. Das Begleitbuch für den Dozenten (nur auf Englisch erhältlich) beinhaltet nicht nur Richtlinien zum Zuordnen und Strukturieren eines Projekts, sondern umfasst darüber hinaus auch eine Reihe von Projektvorschlägen, die viele Themen aus dem Buch abdecken:

- **Übungen**: Eine Reihe von Recherchen, die den Studenten anleiten, einen bestimmten Aspekt des Internets zu untersuchen und darüber zu berichten.
- **Programmieraufgaben**: Vielfältige Programmierungsprojekte, die in jeder passenden Sprache auf jeder Plattform implementiert werden können.
- **Lesen/Berichten**: Je Kapitel eine Liste mit Problemstellungen, die den Studenten zugewiesen werden können.

Details finden Sie im Anhang B.

1 Einführung

Die Anforderungen an die **Informationssicherheit** innerhalb einer Organisation erfuhren in den letzten Jahrzehnten zwei wesentliche Veränderungen. Vor dem weitverbreiteten Einsatz von Datenverarbeitungssystemen wurde die für eine Organisation als erforderlich erachtete Informationssicherheit in erster Linie durch physische und verwaltungstechnische Mittel erreicht. Ein Beispiel der erst genannten Methode ist der Einsatz von unförmigen Aktenschränken mit Zahlenschlössern zur Lagerung brisanter Dokumente. Ein Beispiel für letztere sind die Verfahren zur Überprüfung potentieller Arbeitnehmer.

Die Einführung der EDV machte automatische Werkzeuge zum Schutz von Dateien und anderen auf dem Rechner gespeicherten Informationen unumgänglich. Dies gilt besonders für gemeinsam genutzte Systeme, wie Time-Sharing-Systeme, und noch dringender ist der Bedarf bei Systemen, auf die über öffentliche Telefonleitungen oder Datennetze zugegriffen werden kann. Alle zum Datenschutz und zur Hackerabwehr entwickelten Werkzeuge lassen sich unter dem Begriff **Computersicherheit** zusammenfassen.

Die zweite große Veränderung, die sich auf die Sicherheit auswirkte, ergab sich aus der Einführung verteilter Systeme und dem Einsatz von Netzwerken und Kommunikationseinrichtungen zur Übertragung von Daten zwischen Terminal-Benutzer und Computer sowie zwischen Computer und Computer. Man benötigt Netzwerksicherheitsmaßnahmen zum Schutz der Daten während ihrer Übertragung. Eigentlich ist der Begriff **Netzwerksicherheit** etwas irreführend, da so gut wie alle Organisationen – ob Unternehmen, Regierungsbehörden oder Hochschulen – ihre Datenverarbeitungssysteme an eine Reihe von untereinander verbundenen Netzwerken anschließen. Eine solche Ansammlung wird häufig als *Verbundnetz*[1] bezeichnet.

Die Grenzen zwischen diesen beiden Formen der Sicherheit verschwimmen. Eine der bekanntesten Arten von Angriffen auf Informationssysteme ist beispielsweise der Computervirus. Ein Virus kann physisch in ein System eingeschleppt werden, wenn er sich auf einer Diskette befindet und dann auf einen Computer geladen wird. Viren können aber auch über ein Verbundnetz eingeschleppt werden. In beiden Fällen sind, wenn sich der Virus erst einmal auf einem Computersystem befindet, interne Werkzeuge zur Rechnersicherheit erforderlich, um den Virus aufzuspüren und unschädlich zu machen.

---

1 Dieser Begriff bezeichnet eine beliebige Sammlung von untereinander verbundenen Netzwerken. Ein Intranet eines Unternehmens ist beispielsweise ein Verbundnetz. Das Internet kann eine der Einrichtungen sein, die eine Organisation zum Aufbau ihres Verbundnetzes verwendet.

Dieses Buch konzentriert sich auf die Sicherheit im Verbundnetz, die sich aus Maßnahmen zur Abschreckung, Verhinderung, Entdeckung und Behebung von Sicherheitsverletzungen zusammensetzt, die mit der Informationsübertragung zu tun haben. Dies ist allerdings eine allgemeine Aussage, die eine Vielzahl von Möglichkeiten umfasst. Um einen Eindruck der in diesem Buch behandelten Bereiche zu gewinnen, betrachten Sie folgende Beispiele für Sicherheitsverletzungen:

1. Benutzer A überträgt eine Datei an Benutzer B. Die Datei enthält wichtige Informationen (z.B. Angaben über die Belegschaft), die nicht bekannt werden dürfen. Benutzer C, der nicht berechtigt ist, die Datei einzusehen, kann die Übertragung mithören und dabei eine Kopie der Datei anfertigen.

2. Ein Netzwerkverwaltungsprogramm D überträgt eine Nachricht an Rechner E, der von ihm verwaltet wird. Die Nachricht weist Rechner E an, eine Berechtigungsdatei zu aktualisieren, um eine Reihe neuer Benutzer aufzunehmen, denen Zugriff auf diesen Rechner gegeben wurde. Benutzer F fängt diese Nachricht ab, ändert ihren Inhalt durch Hinzufügen oder Entfernen von Einträgen und leitet dann die Nachricht an E weiter. Dieser nimmt die Nachricht entgegen, da er annimmt, sie käme von dem Verwaltungsprogramm D, und aktualisiert die Berechtigungsdatei entsprechend.

3. Anstatt eine Nachricht abzufangen, erstellt Benutzer F eine eigene Nachricht mit den gewünschten Einträgen und überträgt diese so an E, als käme sie von Manager D. Rechner E nimmt die Nachricht entgegen, da er annimmt, sie käme von D, und aktualisiert die Berechtigungsdatei entsprechend.

4. Ein Angestellter wird ohne Vorwarnung entlassen. Der Personalchef sendet eine Nachricht an ein Serversystem, um das Netzkonto des Angestellten als ungültig zu erklären. Nachdem dies geschehen ist, soll der Server eine Mitteilung an die Datei-Akte des Angestellten schicken, um den Vorgang zu bestätigen. Der Angestellte kann diese Nachricht abfangen und sie lange genug verzögern, um noch einmal auf den Server zuzugreifen und vertrauliche Informationen abzurufen. Dann wird die Nachricht weitergeleitet, die Anweisung ausgeführt und die Bestätigung abgeschickt. Die Tat des Angestellten könnte für längere Zeit unbemerkt bleiben.

5. Ein Kunde sendet Anweisungen über mehrere Transaktionen an einen Börsenmakler. Später verlieren die Investitionen an Wert und der Kunde leugnet, die Nachricht gesendet zu haben.

Obwohl diese Liste noch längst nicht alle erdenklichen Arten von Sicherheitsverletzungen umfasst, veranschaulicht sie doch, wie breit gefächert die für die Netzwerksicherheit interessanten Bereiche sein können.

Sicherheit im Verbundnetz ist ein sowohl faszinierendes als auch kompliziertes Thema. Einige Gründe dafür seien hier angeführt:

1. Sicherheit bei Kommunikation und Netzwerken ist keine so einfache Angelegenheit, wie es auf den ersten Blick scheinen mag. Die Anforderungen scheinen eindeutig zu sein; so können die meisten der Hauptanforderungen an Sicherheitsdienste auch wirklich mit selbst erklärenden Benennungen belegt werden: Vertraulichkeit, Authentifizierung, Nicht-Anfechtbarkeit, Integrität. Die Mechanismen, um diesen Anforderungen zu genügen, können jedoch sehr kompliziert aufgebaut sein und um sie zu verstehen, benötigt man unter Umständen ein ausgeprägtes logisches Denkvermögen.

2. Bei der Entwicklung eines bestimmten Sicherheitsmechanismus oder -algorithmus muss man immer mögliche Gegenmaßnahmen berücksichtigen. Vielfach werden Gegenmaßnahmen entwickelt, indem man das Problem auf völlig andere Weise betrachtet (»quer denkt«), und dabei wird eine unerwartete Schwäche des Mechanismus aufgedeckt.

3. Aufgrund von Punkt 2 sind die Verfahren für bestimmte Dienste oftmals nicht intuitiv: Aus einer bestimmten Anforderung geht nicht klar hervor, dass derart ausgeklügelte Maßnahmen erforderlich sind. Nur wenn die verschiedenen Gegenmaßnahmen in Betracht gezogen werden, erscheinen die verwendeten Maßnahmen sinnvoll.

4. Nach dem Entwurf verschiedener Sicherheitsmechanismen muss man entscheiden, wo sie eingesetzt werden sollen. Dies gilt sowohl für den physischen Ort (zum Beispiel an welchen Punkten des Netzwerks bestimmte Sicherheitsmechanismen benötigt werden) als auch im logischen Sinne (zum Beispiel in welcher Schicht oder welchen Schichten einer Architektur wie TCP/IP die Mechanismen eingesetzt werden sollen).

5. Sicherheitsmechanismen beinhalten zumeist mehr als einen einzelnen Algorithmus oder ein bestimmtes Protokoll. Für gewöhnlich wird auch verlangt, dass die Teilnehmer eine geheime Information besitzen (zum Beispiel einen Verschlüsselungscode), was Fragen zum Thema Erzeugung, Weitergabe und Schutz dieser geheimen Information aufwirft. Zudem besteht eine Abhängigkeit von Kommunikationsprotokollen, deren Verhalten die Entwicklung eines Sicherheitsmechanismus erschweren kann. Wenn beispielsweise zur korrekten Funktion des Sicherheitsmechanismus die Übertragungsdauer einer Nachricht vom Sender zum Empfänger beschränkt werden muss, kann ein Protokoll oder Netzwerk, in dem unterschiedliche, nicht vorhersehbare Verzögerungen auftreten, solche Zeitbeschränkungen bedeutungslos machen.

Es gibt also viel zu beachten. Dieses Kapitel bietet einen allgemeinen Überblick über die fachlichen Inhalte, die das Material im Rest dieses Buchs gliedern. Wir beginnen mit einer Besprechung der Arten von Angriffen, die Netzwerk-Sicherheitsdienste und -mechanismen erforderlich machen. Ferner werden wir ein sehr allgemeines Übersichtsmodell entwerfen, dem diese Sicherheitsdienste und -mechanismen zugeordnet werden können.

1.1 Angriffe, Dienste und Mechanismen

Um den Sicherheitsbedarf einer Organisation effektiv zu beurteilen und verschiedene Sicherheitsprodukte und -ansätze zu bewerten und auszuwählen, benötigt der für den Sicherheitsbedarf zuständige Verwalter ein System, mit dem die Anforderungen an die Sicherheit festgelegt und die Ansätze zur Erfüllung dieser Anforderungen gekennzeichnet werden können. Ein Ansatz ist die Betrachtung dreier Aspekte der Informationssicherheit:

- **Sicherheitsangriff**: Jede Handlung, welche die Sicherheit der Informationen einer Organisation gefährdet.
- **Sicherheitsmechanismus**: Ein Mechanismus zur Entdeckung, Verhinderung oder Beseitigung eines Sicherheitsangriffs.
- **Sicherheitsdienst**: Ein Dienst, der die Sicherheit des Datenverarbeitungssystems und des Informationsaustauschs einer Organisation erhöht. Der Dienst wirkt Sicherheitsangriffen entgegen und verwendet dazu einen oder mehrere Sicherheitsmechanismen.

1.1.1 Dienste

Wir wollen diese Themen kurz in umgekehrter Reihenfolge betrachten. Informationssicherheitsdienste können wir uns als Nachbildung der Funktionen vorstellen, die normalerweise für physische Dokumente verwendet werden. Ein Großteil der Tätigkeiten der Menschheit in so unterschiedlichen Bereichen wie Handel, Außenpolitik, Militäreinsätzen und persönlichem Zusammenleben hängen vom Einsatz von Dokumenten und vom Vertrauen beider an einer Transaktion beteiligten Parteien in die Integrität dieser Dokumente ab. Dokumente sind meistens datiert und mit einer Unterschrift versehen; manchmal müssen sie vertraulich behandelt und vor Fälschung oder Zerstörung geschützt werden; sie können notariell beglaubigt oder vor Zeugen verfasst worden sein; sie können aufgezeichnet oder lizenziert sein und so weiter.

Da Informationssysteme immer allgegenwärtiger und für die Ausführung unserer Belange immer wichtiger werden, übernimmt das elektronische Informationswesen viele Funktionen, die früher mit Dokumenten auf Papier ausgeführt wurden. Dementsprechend bedarf es dieser Funktionen nun auch bei Dokumenten, die in elektronischer Form vorliegen. Mehrere Aspekte elektronischer Dokumente lassen die Bereitstellung solcher Funktionen zu einer Herausforderung werden:

1. Im Allgemeinen ist es möglich, eine Fotokopie vom ursprünglichen gedruckten Dokument zu unterscheiden. Ein elektronisches Dokument jedoch besteht lediglich aus einer Folge von Bits; es besteht nicht der geringste Unterschied zwischen dem »Original« und einer beliebigen Anzahl von Kopien.
2. Eine Veränderung an gedruckten Dokumenten hinterlässt häufig gewisse physische Spuren, welche eine Veränderung beweisen. Wird beispielsweise etwas gelöscht, so kann ein kleiner Fleck oder eine aufgeraute Oberfläche zurückbleiben. Die Veränderung der Bits im Computerspeicher hinterlässt dagegen keine physischen Spuren.
3. Jedes »Prüfverfahren« bei gedruckten Dokumenten hängt zumeist von der physischen Beschaffenheit des Dokuments ab (zum Beispiel von der Form einer handschriftlichen Unterschrift oder einem eingeprägten Siegel). Jeder Beweis der Echtheit eines elektronischen Dokuments muss auf internen Beweisen beruhen, die in der Information selbst enthalten sind.

■ Identifizierung	■ Vermerk
■ Berechtigung	■ Zugriff (Abmelden)
■ Lizenz und/oder Zertifizierung	■ Gültigkeitsprüfung
■ Unterschrift	■ Zeitpunkt des Auftretens
■ Bezeugung (Beglaubigung)	■ Authentizitäts-Software und/oder -Dateien
■ Übereinstimmung	■ Abstimmung
■ Zuverlässigkeit	■ Eigentum
■ Quittungen	■ Registrierung
■ Bestätigung des Ursprungs und/oder Quittung	■ Genehmigung/Verbot
	■ Privatsphäre (Geheimhaltung)

Tabelle 1.1: Unvollständige Liste allgemeiner Funktionen für Informationsintegrität [SIMM92b]

Tabelle 1.1 führt einige der allgemeinen Funktionen auf, die traditionell mit Dokumenten zusammenhängen, und für die analoge Funktionen für elektronische Dokumente und Nachrichten erforderlich sind. Diese Funktionen bilden die Anforderungen an eine Sicherheitseinrichtung.

Die Liste in Tabelle 1.1 fällt lang aus und stellt an sich keine hilfreiche Anleitung zur Organisation einer Sicherheitseinrichtung dar. Die Forschung und Entwicklung im Bereich Computer- und Netzwerksicherheit konzentriert sich statt dessen auf wenige allgemeingültige Sicherheitsdienste, welche die verschiedenen an eine Informationssicherheitseinrichtung gestellten Anforderungen umfassen. Wir werden nach einer Betrachtung der Sicherheitsmechanismen und -angriffe auf dieses Thema zurückkommen.

1.1.2 Mechanismen

Es gibt keinen einzelnen Mechanismus, der alle gerade genannten Dienste bereitstellt oder alle in Tabelle 1.1 aufgeführten Funktionen erfüllt. Im Verlauf dieses Buchs werden wir es mit einer Vielzahl von Mechanismen zu tun haben. Wir können jedoch bereits hier anmerken, dass es ein bestimmtes Element gibt, das den meisten verwendeten Sicherheitsmechanismen zugrunde liegt: die kryptographischen Techniken. Verschlüsselung oder entsprechende Umwandlungen von Informationen sind die am häufigsten verwendeten Hilfsmittel, um Sicherheit zu gewährleisten. Das Buch konzentriert sich daher auf die Entwicklung, den Einsatz und die Verwaltung solcher Techniken.

---

1. Erlangen von unberechtigtem Zugriff auf Informationen (z.B. Verletzung von Geheimhaltung oder Privatsphäre).
2. Sich als anderer Benutzer ausgeben, um Verantwortung abzuwälzen (z.B. die Haftung) oder um die Lizenz des anderen zu einem der folgenden Zwecke zu verwenden:
   a. Verbreitung falscher Informationen
   b. Änderung legitimer Daten
   c. Verwendung einer falschen Identität, um unberechtigten Zugriff zu erlangen
   d. Betrügerisches Genehmigen oder Unterzeichnen von Transaktionen
3. Leugnen der Verantwortung oder Haftung für Informationen, die der Betrüger verbreitet hat.
4. Behaupten, vom Betrüger erstellte Informationen von einem anderen Benutzer erhalten zu haben (z.B. falsche Zuweisung von Verantwortung oder Haftung).
5. Behaupten, etwas (zu einer bestimmten Zeit) an einen Empfänger übermittelt zu haben, was nie (oder zu einem anderen Zeitpunkt) abgeschickt wurde.
6. Abstreiten des Empfangs von Informationen, die in Wirklichkeit empfangen wurden, oder Angabe eines falschen Zeitpunkts des Empfangs.
7. Erweitern der Berechtigungen des Betrügers (für Zugriff, Erstellung, Verteilung usw.).
8. (Unberechtigtes) Ändern der Lizenz anderer (andere fälschlicherweise anmelden, bestehende Lizenzen beschränken oder erweitern usw.).

Tabelle 1.2: Arten von Betrug [SIMM92b]

9. Verbergen des Vorhandenseins von Informationen (einer verdeckten Information) innerhalb anderer Informationen (der offensichtlichen Information).
10. Sich (unentdeckt) als aktiver Vermittlungspunkt in eine Kommunikationsverbindung zwischen anderen Benutzern einklinken.
11. In Erfahrung bringen, wer auf welche Informationen (Quellen, Dateien usw.) wann zugreift, auch wenn die Information selbst verborgen bleibt (z. B. eine allgemeine Analyse des Nachrichtenaufkommens zwischen Kommunikationskanälen und Datenbanken, Software usw.).
12. Anfechten eines Informationsintegritätsprotokolls durch Enthüllung von Informationen, die der Betrüger (entsprechend dem Protokoll) geheim halten muss.
13. Die Funktion von Software verändern, zumeist durch Hinzufügen einer Verdeckungsfunktion.
14. Andere dazu bringen, ein Protokoll zu verletzen, indem falsche Informationen eingeschleust werden.
15. Das Vertrauen in ein Protokoll unterwandern, indem offensichtliche Systemfehler hervorgerufen werden.
16. Kommunikation zwischen anderen Benutzern verhindern (vor allem heimliche Eingriffe), um authentische Kommunikation als nicht authentisch ablehnen zu lassen.

Tabelle 1.2: Arten von Betrug [SIMM92b] (Fortsetzung)

1.1.3 Angriffe

Wie G. J. Simmons so scharfsinnig bemerkt, geht es bei der Informationssicherheit um das Verhindern von Betrügereien bzw., falls dies nicht gelingt, um das Aufdecken von Betrug bei informationsbasierten Systemen, in denen die Information selbst keine nennenswerte physische Form besitzt [SIMM92a].

Tabelle 1.2 führt einige der offensichtlicheren Beispiele für Betrug an, von denen jedes schon mehrfach in echten Fällen aufgetreten ist. Dabei handelt es sich um Beispiele für bestimmte Angriffe, denen eine Organisation oder eine Einzelperson (oder eine Organisation im Auftrag ihrer Angestellten) entgegenwirken muss. Das Wesen des Angriffs, dem sich eine Organisation ausgesetzt sieht, kann je nach den äußeren Umständen sehr unterschiedlich sein. Glücklicherweise können wir das Problem aus einem anderen Blickwinkel angehen, indem wir die ursprünglichen Arten von Angriffen betrachten, denen man begegnen kann. Um diese Thematik geht es im nächsten Abschnitt.

1.2 Sicherheitsangriffe

Angriffe auf die Sicherheit eines Computersystems oder Netzwerks lassen sich am besten charakterisieren, indem man die Funktion des Computersystems bei der Bereitstellung von Informationen betrachtet. Im Allgemeinen existiert ein Informationsfluss von einer Quelle, zum Beispiel einer Datei oder eines Bereichs des Hauptspeichers, zu einem Ziel, beispielsweise eine Datei oder ein Benutzer. Dieser normale Fluss ist in Abbildung 1.1(a) dargestellt. Die übrigen Teile der Abbildung zeigen folgende vier allgemeine Kategorien von Angriffen:

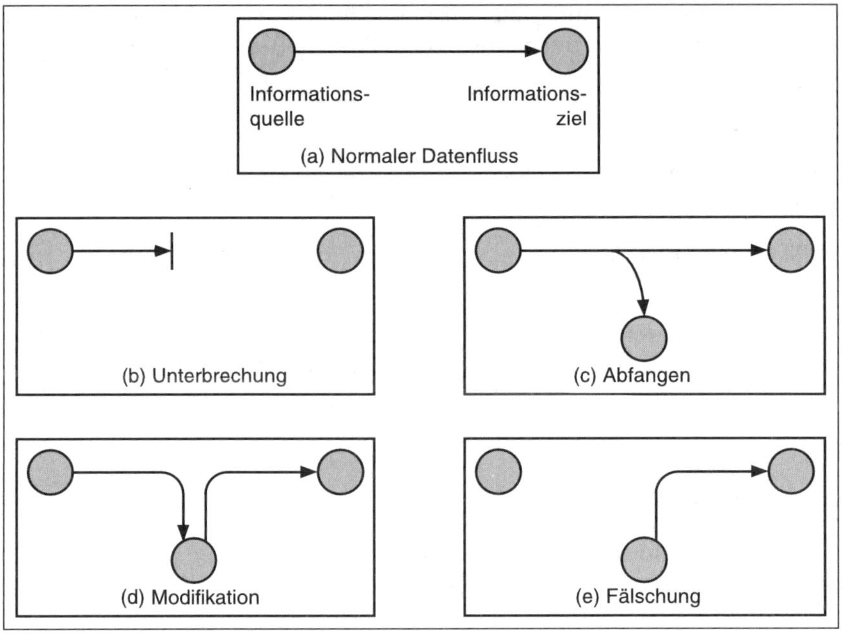

Abbildung 1.1: Sicherheitsbedrohungen

- **Unterbrechung**: Ein Bestandteil des Systems wird zerstört oder nicht zugänglich oder unbrauchbar gemacht. Dabei handelt es sich um einen Angriff auf die **Verfügbarkeit**. Beispiele hierfür wären die Zerstörung von Hardware, zum Beispiel einer Festplatte, das Kappen einer Kommunikationsleitung oder die Deaktivierung des Dateiverwaltungssystems.
- **Abfangen**: Ein nicht berechtigter Dritter erhält Zugriff auf einen Systemteil. Dabei handelt es sich um einen Angriff auf die **Vertraulichkeit**. Bei einem nicht berechtigten Dritten kann es sich um eine einzelne Person, ein Programm oder einen Rechner handeln. Beispiele hierfür wären das Anzapfen von Leitungen, um Daten eines Netzwerks abzufangen, und das verbotene Kopieren von Dateien oder Programmen.

- **Modifikation**: Ein nicht berechtigter Dritter verschafft sich nicht nur Zugriff auf einen Systemteil, sondern manipuliert ihn auch. Dies stellt einen Angriff auf die **Integrität** dar. Beispiele sind das Verändern von Werten in einer Datei, das Ändern eines Programms, sodass es sich anders verhält, sowie das Ändern des Inhalts der in einem Netzwerk übertragenen Nachrichten.
- **Fälschung**: Ein nicht berechtigter Dritter schleust gefälschte Objekte in ein System ein. Hierbei handelt es sich um einen Angriff auf die **Authentizität**. Beispiele sind das Einbringen von falschen Nachrichten in ein Netzwerk oder das Hinzufügen von Datensätzen zu einer Datei.

Diese Angriffe lassen sich sinnvoll in passive und aktive Angriffe unterteilen (Abbildung 1.2).

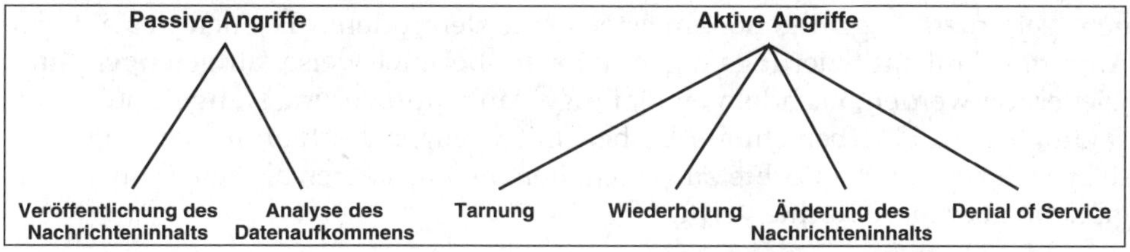

Abbildung 1.2: Aktive und passive Bedrohungen der Sicherheit im Netzwerk

1.2.1 Passive Angriffe

Passive Angriffe sind beispielsweise das Abhören oder Überwachen von Übertragungen. Das Ziel des Angreifers ist es, Informationen zu gewinnen, die übertragen werden. Die zwei Arten von Angriffen sind (1) die Veröffentlichung des Nachrichteninhalts und (2) die Analyse des Nachrichtenaufkommens.

Die **Veröffentlichung des Nachrichteninhalts** ist leicht zu verstehen. Ein Telefongespräch, eine E-Mail oder eine übertragene Datei können brisante oder vertrauliche Informationen enthalten. Wir wollen den Gegner daran hindern, etwas über den Inhalt dieser Übertragungen herauszufinden.

Der zweite passive Angriff, die **Analyse des Nachrichtenaufkommens**, ist komplizierter. Angenommen, wir verfügen über eine Möglichkeit, den Inhalt von Nachrichten oder anderem Informationsaustausch zu maskieren, sodass Gegner, selbst wenn sie die Nachricht auffangen, keine Informationen aus der Nachricht gewinnen können. Die übliche Technik zur Maskierung des Inhalts ist die Verschlüsselung. Wenn wir Verschlüsselung einsetzen, so kann ein Gegner dennoch das Muster dieser Nachrichten beobachten. Er könnte den Ort und die Identität der kommunizierenden Hosts bestimmen und die Häufigkeit und Größe der ausgetauschten Nachrichten beobachten. Diese Information kann dazu genutzt werden, das Wesen der Kommunikation zu erraten.

Passive Angriffe sind schwer zu entdecken, da keine Änderungen an Daten erfolgen. Man kann jedoch den Erfolg solcher Angriffe verhindern. Bei passiven Angriffen liegt das Hauptaugenmerk daher auf der Verhinderung anstatt auf der Entdeckung.

1.2.2 Aktive Angriffe

Die zweite große Gruppe von Angriffen stellen **aktive Angriffe** dar. Diese Angriffe beinhalten Änderungen am Datenstrom oder die Erstellung eines falschen Stroms und können in vier weitere Kategorien unterteilt werden: Tarnung, Wiederholung, Änderung von Nachrichten und Denial of Service.

Von **Tarnung** spricht man, wenn sich eine Einheit als eine andere ausgibt. Zu einem getarnten Angriff gehört meistens eine der anderen Formen des aktiven Angriffs. Authentifizierungsfolgen können beispielsweise aufgefangen und wiederholt werden, nachdem eine gültige Authentifizierung stattgefunden hat. Dadurch wird eine berechtigte Einheit mit wenigen Rechten in die Lage versetzt, sich zusätzliche Rechte zu verschaffen, indem sie sich als eine Einheit ausgibt, die über diese Rechte verfügt.

Wiederholung beinhaltet das passive Auffangen einer Dateneinheit und ihre anschließende erneute Übertragung zur Erzielung eines nicht zulässigen Effekts.

Änderung von Nachrichten bedeutet einfach, dass ein bestimmter Teil einer rechtmäßigen Nachricht verändert wird oder dass Nachrichten verzögert oder umsortiert werden, um eine unzulässige Wirkung zu erzielen. Beispielsweise könnte die Nachricht »Erteile John Smith die Erlaubnis, die vertrauliche Datei *Konten* zu lesen« in »Erteile Fred Brown die Erlaubnis, die vertrauliche Datei *Konten* zu lesen« geändert werden.

Ein **Denial-of-Service**-Angriff verhindert oder hemmt den normalen Gebrauch oder die Administration von Kommunikationseinrichtungen. Dieser Angriff kann ein bestimmtes Ziel haben; eine Einheit könnte beispielsweise alle Nachrichten zurückhalten, die an ein bestimmtes Ziel gerichtet sind (z.B. den Sicherheitsüberwachungsdienst). Eine andere Form des Denial of Service besteht in der Zerstörung eines ganzen Netzwerks, sei es durch Deaktivieren des Netzwerks oder durch seine Überlastung mit Nachrichten, um so den Durchsatz zu beeinträchtigen.

Aktive Angriffe besitzen im Vergleich zu passiven Angriffen konträre Merkmale. Zwar sind passive Angriffe schwer zu entdecken, doch stehen Mittel zur Verfügung, um ihren Erfolg zu verhindern. Hingegen ist es sehr schwierig, aktive Angriffe absolut auszuschließen, da man dazu alle Kommunikationseinrichtungen und Pfade zu jeder Zeit physisch schützen müsste. Stattdessen besteht die Aufgabe darin, sie zu entdecken und alle Schäden oder Verzögerungen, die dadurch verursacht werden, zu beheben. Da die Entdeckung abschreckende Wirkung hat, kann sie auch etwas zur Verhinderung beitragen.

1.3 Sicherheitsdienste

Eine hilfreiche Klassifizierung[2] der Sicherheitsdienste sieht folgendermaßen aus:

- Vertraulichkeit
- Authentifizierung
- Integrität
- Nicht-Anfechtbarkeit
- Zugriffssteuerung
- Verfügbarkeit

1.3.1 Vertraulichkeit

Unter Vertraulichkeit versteht man den Schutz der übertragenen Daten vor passiven Angriffen. Hinsichtlich der Veröffentlichung von Nachrichteninhalten lassen sich mehrere Schutzebenen erkennen. Der umfassendste Dienst schützt alle Benutzerdaten, die in einem bestimmten Zeitraum zwischen zwei Benutzern übertragen werden. Wenn beispielsweise eine virtuelle Verbindung zwischen zwei Benutzern eingerichtet wird, verhindert ein derart umfassender Schutz das Bekanntwerden von Benutzerdaten, die über diese Verbindung übertragen werden. Es können auch enger gefasste Formen dieses Dienstes definiert werden, einschließlich des Schutzes einer einzelnen Nachricht oder sogar bestimmter Felder innerhalb einer Nachricht. Diese Feinheiten sind weniger hilfreich als der umfassende Ansatz und ihre Implementierung kann sogar komplizierter und teurer sein.

Der andere Aspekt der Vertraulichkeit ist der Schutz des Datenflusses vor Analyse. Dazu ist es notwendig, dass kein Angreifer in der Lage ist, die Quelle und das Ziel, die Häufigkeit, die Dauer oder andere Merkmale des Datenaufkommens bei einer Kommunikationseinrichtung zu beobachten.

---

2 Es gibt keinen allgemeinen Konsens bezüglich vieler Begriffe, die in der Literatur zur Sicherheit gebraucht werden. Beispielsweise bezieht sich der Begriff *Integrität* manchmal auf alle Aspekte der Informationssicherheit. Der Begriff *Authentifizierung* bezieht sich manchmal sowohl auf die Bestätigung der Identität als auch auf Integrität.

1.3.2 Authentifizierung

Der Authentifizierungsdienst befasst sich mit der Überprüfung einer Nachricht auf ihre Echtheit. Bei einer einzelnen Nachricht, zum Beispiel einem Warn- oder Alarmsignal, muss der Authentifizierungsdienst dem Empfänger bestätigen, dass die Nachricht von der Quelle stammt, von der sie zu stammen vorgibt. Bei einer laufenden Interaktion, wie einer Verbindung eines Terminals mit einem Host, gibt es zwei Aspekte. Erstens stellt der Dienst zum Zeitpunkt des Aufbaus der Verbindung sicher, dass die beiden Einheiten echt sind (das heißt, dass jede Einheit auch tatsächlich die ist, die sie zu sein vorgibt). Zweitens muss der Dienst sicherstellen, dass die Verbindung nicht manipuliert wird, sodass ein Dritter sich für eine unberechtigte Übertragung oder den unberechtigten Empfang als einer der beiden legitimen Teilnehmer ausgeben könnte.

1.3.3 Integrität

Wie die Vertraulichkeit kann auch die Integrität für einen Nachrichtenstrom, eine einzelne Nachricht oder bestimmte Felder innerhalb einer Nachricht gelten. Auch hier ist der hilfreichste und einfachste Ansatz wieder der Schutz des gesamten Flusses.

Ein verbindungsorientierter Integritätsdienst, der sich mit einem Nachrichtenstrom befasst, stellt sicher, dass Nachrichten so empfangen werden, wie sie abgesendet wurden, ohne Verdoppelung, Einfügung, Änderung, Umordnung oder Wiederholung. Die Zerstörung von Daten gehört ebenfalls zu den Aufgabenbereichen dieses Dienstes. Der verbindungsorientierte Integritätsdienst beschäftigt sich daher sowohl mit der Änderung des Nachrichtenstroms als auch mit Denial of Service. Andererseits bietet ein verbindungsloser Integritätsdienst, der sich ohne Rücksicht auf den weiteren Zusammenhang nur mit einzelnen Nachrichten befasst, im Allgemeinen nur Schutz vor der Veränderung von Nachrichten.

Wir können zwischen Diensten mit oder ohne Wiederherstellung unterscheiden. Da sich der Integritätsdienst auf aktive Angriffe bezieht, haben wir es eher mit der Entdeckung als mit der Verhinderung zu tun. Wenn eine Verletzung der Integrität entdeckt wird, kann der Dienst diese Verletzung einfach melden und man benötigt eine andere Software oder menschliches Eingreifen zur Behebung des Schadens. Es gibt jedoch auch Mechanismen zur Behebung von Integritätsverlusten bei Daten, wie wir im Folgenden sehen werden. Die Aufnahme automatischer Mechanismen zur Wiederherstellung ist im Allgemeinen die attraktivere Möglichkeit.

1.3.4 Nicht-Anfechtbarkeit

Die Nicht-Anfechtbarkeit hindert entweder den Sender oder den Empfänger daran, die Übertragung einer Nachricht zu leugnen. Wenn eine Nachricht abgeschickt wird, kann der Empfänger also beweisen, dass die Nachricht tatsächlich vom angegebenen Sender stammt. Ebenso kann der Sender beweisen, dass der angegebene Empfänger die Nachricht tatsächlich erhalten hat.

1.3.5 Zugriffssteuerung

Im Hinblick auf Netzwerksicherheit bedeutet Zugriffssteuerung die Möglichkeit, den Zugriff auf Host-Systeme und Anwendungen über Kommunikationsverbindungen zu beschränken und zu steuern. Für diese Steuerungsmöglichkeit muss jede Einheit, die versucht, Zugriff zu erlangen, zunächst identifiziert oder authentifiziert werden, sodass die Zugriffsrechte auf den Einzelnen zugeschnitten werden können.

1.3.6 Verfügbarkeit

Eine Vielzahl von Angriffen können zum Verlust oder zur Einschränkung der Verfügbarkeit führen. Für einige dieser Angriffe lassen sich automatische Gegenmaßnahmen zuordnen, wie zum Beispiel Authentifizierung oder Verschlüsselung, während andere eine bestimmte physische Aufmerksamkeit erfordern, um einen Verlust der Verfügbarkeit einiger Elemente eines verteilten Systems zu verhindern oder zu beheben.

1.4 Ein Netzwerksicherheitsmodell

Abbildung 1.3 zeigt ein allgemeines Modell dessen, was wir in diesem Buch erläutern wollen. Eine Nachricht soll von einer Partei zu einer anderen über eine Art Verbundnetz übertragen werden. Die beiden Parteien, die *Prinzipale* dieser Transaktion, müssen für diesen Austausch zusammenarbeiten. Durch Definition eines Pfads durch das Verbundnetz von der Quelle zum Ziel und durch den gemeinsamen Einsatz von Kommunikationsprotokollen (z. B. TCP/IP) durch die beiden Prinzipale wird ein logischer Informationskanal eingerichtet.

Sicherheitsaspekte kommen ins Spiel, wenn es erforderlich oder wünschenswert ist, dass die Informationsübertragung vor einem Gegner geschützt wird, der eine Bedrohung der Vertraulichkeit, Echtheit und so weiter darstellt. Alle Sicherheitstechniken bestehen aus zwei Teilen:

- Eine aus Sicherheitsgründen durchgeführte Umwandlung der zu übertragenden Informationen. Beispiele sind die Verschlüsselung der Nachricht, die sie so verändert, dass der Gegner sie nicht lesen kann, sowie das Hinzufügen eines auf ihrem Inhalt basierenden Codes zur Nachricht, der zur Überprüfung der Identität des Senders verwendet werden kann.
- Eine geheime Information, die beide Prinzipale verwenden und die dem Gegner hoffentlich nicht bekannt ist. Ein Beispiel dafür ist ein Schlüssel, der zusammen mit der Umwandlung zur Verschlüsselung der Nachricht vor ihrer Übertragung und zur Entschlüsselung beim Empfang verwendet wird. [3]

Um eine sichere Übertragung zu gewährleisten, kann eine vertrauenswürdige dritte Partei erforderlich sein. Diese könnte beispielsweise für die Verteilung der geheimen Information an die beiden Prinzipale bei gleichzeitiger Geheimhaltung vor dem Gegner zuständig sein. Oder man benötigt sie zur Überwachung von Meinungsverschiedenheiten zwischen den beiden Prinzipalen hinsichtlich der Echtheit einer Nachrichtenübertragung.

Dieses allgemeine Modell zeigt, dass es vier Grundaufgaben beim Entwurf eines bestimmten Sicherheitsdienstes zu erfüllen gilt:

1. Entwicklung eines Algorithmus zur Durchführung der sicherheitstechnischen Umwandlung. Der Algorithmus sollte so beschaffen sein, dass ein Gegner nichts gegen seine Wirkungsweise unternehmen kann.
2. Erstellung der geheimen Information zur Verwendung mit dem Algorithmus.
3. Entwicklung von Methoden zur Verteilung und gemeinsamen Nutzung der geheimen Information.
4. Festlegung eines Protokolls, das die beiden Prinzipale verwenden müssen und das den Sicherheitsalgorithmus und die geheime Information dazu nutzt, einen bestimmten Sicherheitsdienst bereitzustellen.

Teil 2 dieses Buchs konzentriert sich auf die Arten von Sicherheitsmechanismen und -diensten, auf die das Modell aus Abbildung 1.3 zutrifft. Es gibt jedoch andere interessante sicherheitstechnische Situationen, die nicht genau diesem Modell entsprechen, die aber dennoch in diesem Buch berücksichtigt werden. Ein allgemeines Modell dieser Situationen ist in Abbildung 1.4 dargestellt, welche die Notwendigkeit zeigt, ein Informationssystem vor unerwünschtem Zugriff zu schützen. Den meisten Lesern dürften die Probleme bekannt sein, die durch die Existenz von Hackern hervorgerufen werden, die versuchen, in über Netzwerke zugängliche Systeme einzudringen. Bei einem Hacker kann es sich um jemanden handeln, der ohne böse Absicht einfach Befriedigung dabei empfindet,

3 In Kapitel 4 wird eine Form der Verschlüsselung besprochen, die als Public-Key-Verschlüsselung bezeichnet wird und in der nur einer der beiden Prinzipale die geheime Information benötigt.

die Schutzmechanismen eines Computersystems auszuhebeln und in es einzudringen. Es kann sich aber auch um einen verärgerten Mitarbeiter handeln, der Schaden verursachen will, oder um einen Kriminellen, der durch die Computeranlagen finanziellen Gewinn erzielen möchte (zum Beispiel durch das Aufspüren von Kreditkartennummern oder durch illegale Geldtransfer).

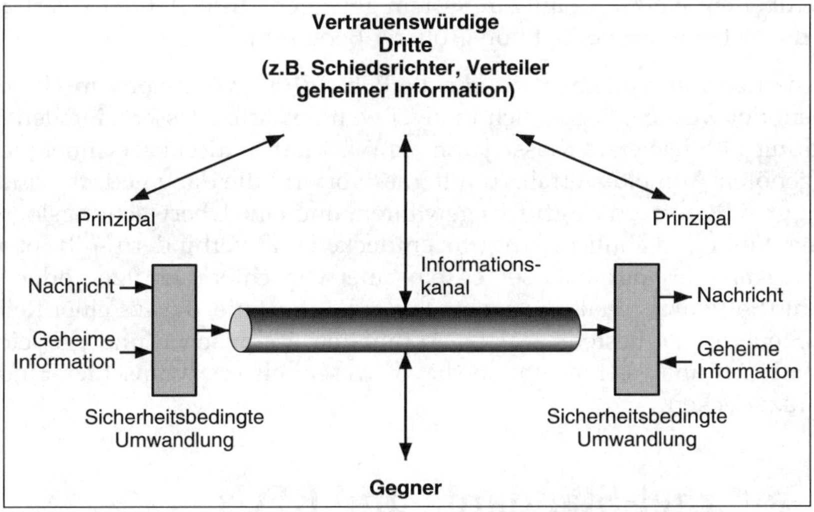

Abbildung 1.3: Modell für Netzwerksicherheit

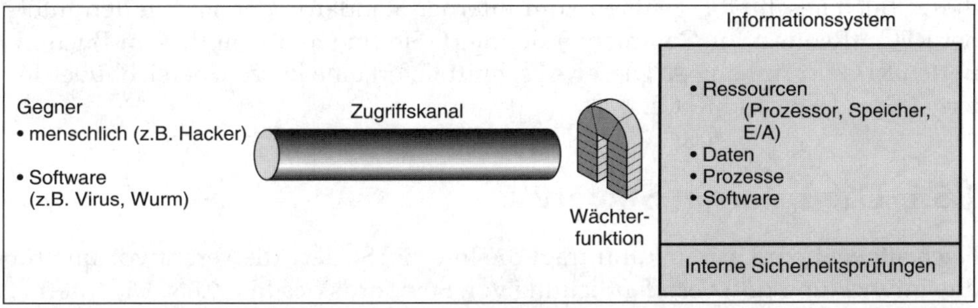

Abbildung 1.4: Modell für Netzwerkzugriffssicherheit

Eine weitere Art des unerwünschten Zugriffs ist das Einschleusen einer Routine in ein Computersystem, die dessen Schwächen ausnutzt und sowohl Anwendungsprogramme als auch Hilfsprogramme wie Editoren oder Compiler beeinflussen kann. Solche Programme können zwei Arten von Gefahren darstellen:

- **Bedrohungen für den Informationszugriff** durch das Abfangen oder Verändern von Daten im Auftrag von Benutzern, die keinen Zugriff darauf haben sollten.

- **Bedrohungen für Dienste** durch Ausnutzen von Fehlern in Computerdiensten, um die Verwendung durch berechtigte Benutzer zu verhindern.

Viren und Würmer sind zwei Beispiele für Software-Angriffe. Solche Angriffe können über eine Diskette in ein System eingeschleppt werden, die die unerwünschte Logik in einer ansonsten nützlichen Software verbirgt. Ebenso können sie über ein Netzwerk auf ein System gelangen; diese Art der Übertragung ist für die Netzwerksicherheit von größerer Bedeutung.

Die Sicherheitsmechanismen, die für die Behandlung von unerwünschtem Zugriff benötigt werden, lassen sich in zwei weit gefasste Klassen einteilen (siehe Abbildung 1.4). Die erste Klasse kann als Wächterfunktion bezeichnet werden. Dazu gehören Anmeldeverfahren mit Passwörtern, die dazu gedacht sind, nur berechtigten Benutzern Zugriff zu gewähren, und eine Überwachungslogik, die Würmer, Viren und ähnliche Angriffe entdecken und verhindern soll. Sobald jemand Zugang erlangt hat, sei es ein unerwünschter Benutzer oder unerwünschte Software, gibt es die zweite Verteidigungslinie, die aus einer Reihe interner Steuerungen besteht, welche Aktivitäten überwachen und gespeicherte Informationen analysieren, um so die Anwesenheit unerwünschter Eindringlinge aufzudecken.

1.5 Internet-Standards und RFCs

Viele der Sicherheitsprotokolle in Netzwerken und viele der Anwendungen, die dieses Buch beschreibt, gehören zum Internet-Standard oder sind in den Internet RFCs (Request for Comments) definiert. Sie finden alle in diesem Buch zitierten RFCs in Anhang A. Dieser Abschnitt liefert eine kurze Übersicht über Internet-Standards und RFCs.

1.5.1 Die Internet Society

Nach allgemeiner Übereinkunft trägt die Internet Society die Verantwortung für die Entwicklung und Veröffentlichung von Standards des Internets. Die Internet Society ist eine Organisation professioneller Mitglieder, die eine Anzahl von Ausschüssen und Sondereinheiten leitet, die in der Entwicklung und Standardisierung des Internets tätig sind.

Die Internet Society stellt das Komitee zur Koordination des Entwurfs, des Betriebs und der Verwaltung des Internets dar. Die behandelten Bereiche betreffen den Betrieb des Internets selbst sowie die Standardisierung der Protokolle, mit denen die Endsysteme im Internet zusammenarbeiten. Drei Organisationen der Internet Society tragen die Verantwortung für die Entwicklung und Veröffentlichung der Standards:

- **Internet Architecture Board (IAB):** Verantwortlich für die Definition der Gesamtarchitektur des Internets, zuständig für die Führung und allgemeine Steuerung der IETF
- **Internet Engineering Task Force (IETF):** Entwickelt und betreibt die Internet-Protokolle
- **Internet Engineering Steering Group (IESG):** Verantwortlich für die technische Verwaltung der Aktivitäten der IETF und den Prozess der Internet-Standardisierung

1.5.2 RFC-Veröffentlichung

Die Entwicklung neuer Standards und Protokolle für das Internet erfolgt in Arbeitsgruppen, die von der IETF angeheuert werden. Die Mitgliedschaft in einer derartigen Arbeitsgruppe ist freiwillig; jede interessierte Partei kann teilnehmen. Während eine Spezifikation erarbeitet wird, stellt die Arbeitsgruppe einen Entwurf des Dokuments bei der IETF im Online-Verzeichnis »Internet Draft« zur allgemeinen Verfügung. Das Dokument kann dort bis zu sechs Monate verbleiben, sodass interessierte Parteien es überprüfen und kommentieren können. Während dieser Zeit kann die IESG die Veröffentlichung des Entwurfs als RFC (Request for Comment) zulassen. Hat der Entwurf dagegen innerhalb des sechsmonatigen Zeitraums nicht den Status eines RFC erreicht, wird er aus dem Verzeichnis entfernt. Die Arbeitsgruppe kann später eine revidierte Version des Entwurfs veröffentlichen.

Verantwortlich für die Veröffentlichung von RFCs ist die IETF mit Zustimmung der IESG. Die RFCs sind die Arbeitsunterlagen für die Forscher- und Entwicklergemeinde des Internets. Ein Dokument in dieser Reihe kann jeden beliebigen Inhalt haben, der sich auf Computerkommunikation bezieht, vom Tagungsbericht bis zur Spezifikation eines Standards.

1.5.3 Der Standardisierungsprozess

Die IESG trifft auf Vorschlag der IETF die Entscheidung darüber, welche RFCs Internet-Standard werden. Eine Spezifikation muss die folgenden Kriterien erfüllen, um Standard zu werden:

- Stabil und gut verständlich sein
- Technisch kompetent sein
- Mehrere voneinander unabhängige und zusammenarbeitende Implementationen mit substanzieller operationeller Erfahrung aufweisen

- Signifikante öffentliche Unterstützung aufweisen
- Erkennbar nützlich in mehreren oder allen Teilen des Internets sein

Der entscheidende Unterschied zwischen diesen Kriterien und denjenigen, die für die internationale Standardisierung durch ISO und ITU-T maßgeblich sind, besteht darin, dass der Schwerpunkt hier auf der operationellen Erfahrung liegt.

Die linke Seite von Abbildung 1.5 zeigt eine Reihe von Schritten, *Standards Track* genannt, welche die Spezifikation auf dem Weg zum Standard durchlaufen muss; dieser Prozess ist im RFC 2026 definiert. Die Schritte beinhalten zunehmende Mengen von Prüfungen und Tests. Nach jedem Schritt gibt die IETF eine Erklärung über den Fortschritt des Protokolls ab, die von der IESG bestätigt werden muss.

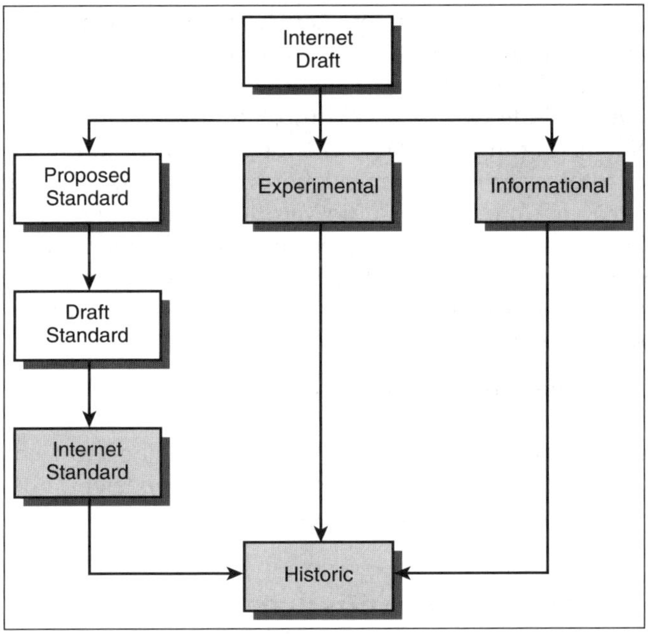

Abbildung 1.5: Internet-RFC-Veröffentlichung

Der Prozess beginnt, sobald die IESG die Veröffentlichung eines Internet Draft als RFC mit dem Status eines Proposed Standards zulässt.

Die weißen Kästen in dem Diagramm bezeichnen vorläufige Stadien, welche für die erforderliche Zeit belegt sein sollten. Ein Dokument muss jedoch mindestens sechs Monate Proposed Standard und mindestens vier Monate Draft Standard sein, damit es hinreichend geprüft und kommentiert werden kann. Die grauen Kästen repräsentieren Langzeitstadien, die über Jahre belegt sein können.

Damit eine Spezifikation zum Draft Standard befördert werden kann, müssen mindestens zwei voneinander unabhängige und zusammenarbeitende Implementationen existieren, aus denen operationelle Erfahrung gewonnen werden konnte.

Nachdem signifikante Implementationen und operationelle Erfahrungen vorliegen, kann eine Spezifikation zum Internet-Standard erhoben werden. Damit erhält die Spezifikation eine STD-Nummer sowie eine RFC-Nummer.

Veraltet ein Protokoll, erhält es den Status »historic«.

1.5.4 Erfassung von Nicht-Standards

Protokolle oder andere Spezifikationen, die man nicht als zur Standardisierung bereit betrachtet, können als Experimental RFCs veröffentlicht werden. Nach weiteren Arbeiten kann die Spezifikation erneut vorgelegt werden.

Ist die Spezifikation im Allgemeinen stabil, verfügt sie über ein brauchbares Design, wird sie als gut verständlich angesehen und scheint sie sich eines hinreichenden Interesses der Gemeinschaft zu erfreuen, um als wertvoll betrachtet werden zu können, dann wird dies RFC zum Proposed Standard erklärt.

Abschließend wird eine Spezifikation zur allgemeinen Information der Internet-Gemeinde veröffentlicht.

1.6 Empfohlene Lektüre

[PLFE97] bietet eine gute Einführung sowohl in Computer- als auch in Netzwerksicherheit. Eine weitere exzellente Übersicht bietet [ABRA95].

ABRA95 Abrams, M., Jajodia, S. und Podell, H., Hrsg. *Information Security: An Integrated Collection of Essays*. Los Alamitos, CA: IEEE Computer Society Press, 1995.

PFLE97 Pfleeger, C. *Security in Computing*. Upper Saddle River, NJ: Prentice Hall, 1997.

1.7 Anhang 1A Quellen im Internet

Im Internet und im Web existieren eine Reihe von Ressourcen, die dieses Buch unterstützen und dem Benutzer helfen, mit den Entwicklungen auf diesem Gebiet Schritt zu halten.

1.7.1 Web-Sites für dieses Buch

Es gibt eine Web-Seite für dieses Buch unter `http://www.shore.net/~ws/Net-Sec.html`. Diese Web-Site enthält Folgendes:

- **Computer Science Student Support Page:** Diese Web-Site soll Informationen und Links für Studenten der Computerwissenschaften bereitstellen. Sie enthält eine Reihe von Dokumenten, die für ihre Ausbildung von Nutzen sein können. Hinzu kommen Übersichten über grundlegende, wichtige Aspekte der Mathematik, Ratschläge für das Forschen, das Schreiben und Anfertigen von Hausarbeiten, Links zu Quellen der Computerforschung wie beispielsweise Berichte und Literaturverzeichnisse sowie andere nützliche Links.
- **Errata Sheet:** Eine Errata-Liste für dieses Buch befindet sich in Vorbereitung. Diese Datei wird nach Bedarf fortgeführt. Bitte senden Sie Fehler, die Sie gefunden haben, per E-Mail an `ws@shore.net`.
- **Useful Web Sites:** Links zu anderen wichtigen Web-Sites einschließlich der in diesem Buch und in seinem Anhang erwähnten.
- **Viewgraphs:** Ein Satz von Folien der Abbildungen in diesem Buch im Format PDF (Adobe Acrobat).
- **Internet Mailing List:** Die Site enthält Informationen für die Internet-Mailing-Liste dieses Buchs.
- **Security courses:** Es gibt Links zu Homepages für Kurse, die auf diesem Buch aufbauen. Diese Seiten können anderen Dozenten Ideen zum Gestalten ihrer eigenen Kurse liefern.

1.7.2 Andere Web-Sites

Viele Web-Sites liefern Informationen zu den Themen dieses Buchs. In den folgenden Kapiteln finden Sie Hinweise darauf im Abschnitt »Empfohlene Lektüre«. Da die URLs für Web-Sites häufigen Änderungen unterliegen, habe ich diese nicht mit in das Buch aufgenommen. Die entsprechenden Links zu diesen Web-Sites finden Sie in der Web-Site zu diesem Buch.

Die folgenden Web-Sites sind von allgemeinem Interesse in Bezug auf die Netzwerksicherheit:

- **COAST:** Übersichtliche Sammlung von Links zu Kryptographie und Netzwerksicherheit.
- **IETF Security Area:** Aktuelle Informationen über die Erfolge der Standardisierung der Internet-Sicherheit.

- **Computer and Network Security Reference Index:** Ein guter Index über kommerzielle Produkte, häufig gestellte Fragen (FAQs), Archive von Newsgroups, Zeitungen und andere Web-Sites.
- **The Cryptography FAQ:** Ausführliche und lesenswerte FAQ, die alle Aspekte der Kryptographie behandelt.
- **Tom Dunigan's Security Page:** Eine ausgezeichnete Liste von Adressen von Web-Sites zu Kryptographie und Netzwerksicherheit.
- **IEEE Technical Committee on Security and Privacy:** Nachrichten des IEEE, Informationen über die Aktivitäten des IEEE.

1.7.3 USENET Newsgroups

Eine Reihe von USENET Newsgroups beschäftigt sich mit Netzwerksicherheit und Kryptographie. Wie bei fast allen USENET Groups gibt es auch in diesem Bereich viel Überflüssiges, aber eine Untersuchung, ob sich etwas Brauchbares finden lässt, ist allemal der Mühe wert. Hier die wichtigsten Newsgroups:

- **alt.security:** Eine allgemeine Diskussion über Sicherheitsfragen.
- **sci.crypt.:** Eine allgemeine Erörterung von Kryptographie und verwandten Themen.
- **sci.crypt.research:** Eine moderierte Newsgroup, die sich mit Gesichtspunkten der Forschung befasst. Die Einträge müssen einen Bezug zu den technischen Aspekten der Kryptographie besitzen.
- **comp.security.firewalls:** Eine allgemeine Diskussion über Firewall-Produkte und -Technologien.

Teil 1
Kryptographie

Die Verschlüsselung stellt das mit Abstand wichtigste der automatisierten Werkzeuge für die Sicherheit von Netzwerken und Übermittlungen dar. Zwei Arten der Verschlüsselung sind im allgemeinen Gebrauch: herkömmliche oder symmetrische Verschlüsselung und Verschlüsselung mit öffentlichen Schlüsseln (Public-Key) oder asymmetrische Verschlüsselung. Teil 1 verschafft einen Überblick über die grundlegenden Prinzipien der herkömmlichen und der Public-Key-Kryptographie, betrachtet weitverbreitete Algorithmen und erörtert die grundsätzliche Anwendbarkeit beider Verfahren.

Kapitel 2 Herkömmliche Verschlüsselung und Briefgeheimnis

Kapitel 2 behandelt die herkömmliche Verschlüsselung mit Schwerpunkt auf der gebräuchlichsten Verschlüsselungstechnik, dem Data Encryption Standard (DES) und seinem Nachfolger, der Version von DES mit dreifachem Schlüssel. Neben Fragen, welche die tatsächliche Konstruktion eines Algorithmus zur herkömmlichen Verschlüsselung behandeln, beziehen sich eine Reihe von Entwurfsaspekten auf den Gebrauch der herkömmlichen Verschlüsselung zur Wahrung der Vertraulichkeit. Außerdem enthält das Kapitel eine Diskussion der Verschlüsselung langer Nachrichten, Ende-Ende- sowie Verbindungsverschlüsselung und Techniken zur Verteilung von Schlüsseln.

Kapitel 3 Public-Key-Kryptographie und Nachrichtenauthentifizierung

Von gleicher Bedeutung als Sicherheitsmaßnahme wie die Vertraulichkeit ist die Authentifizierung. Nachrichtenauthentifizierung stellt mindestens sicher, dass eine Nachricht von der angegebenen Quelle stammt. Darüber hinaus kann die Authentifizierung Schutz gegen Veränderung, Verzögerung, Wiederholung und Nachforderung bieten. Kapitel 3 beginnt mit einer Analyse der Erfordernisse der Authentifizierung und stellt anschließend verschiedene Annäherungen daran vor. Ein unabkömmliches Element der Authentifizierungsschemata liegt in der Benutzung einer Authentifizierungsinformation, üblicherweise entweder ein Nachrichtenauthentifizierungscode (Message Authentication Code – MAC) oder eine Hash-Funktion.

Für beide Arten von Algorithmen existieren ausgereifte Überlegungen und verschiedene Beispiele werden analysiert.

Die zweite Hauptform der Verschlüsselung nach der herkömmlichen Verschlüsselung bildet die Public-Key-Verschlüsselung, welche die Übertragungssicherheit revolutioniert hat. Kapitel 3 führt in die Public-Key-Verschlüsselung ein. Der RSA-Algorithmus wird im Detail untersucht und die Schlüsselverteilung wird nochmals betrachtet. Außerdem behandelt das Kapitel den weit verbreiteten Schlüsselaustausch nach Diffie-Hellmann. Ein weiteres Thema sind digitale Unterschriften und ihre Anwendung.

Herkömmliche Verschlüsselungstechniken und Briefgeheimnis 2

Herkömmliche Verschlüsselung, auch als symmetrische Verschlüsselung oder Verschlüsselung mit einem Schlüssel bezeichnet, war vor der Entwicklung der Public-Key-Verschlüsselung in den späten 1970ern[1] die einzige Verschlüsselungsmethode. Sie ist auch heute noch die bei weitem am häufigsten eingesetzte dieser beiden Verschlüsselungsarten. Dieses Kapitel beginnt mit einer Betrachtung eines allgemeinen Modells für das Verfahren der herkömmlichen Verschlüsselung; dadurch wird der Zusammenhang verständlich, in dem die Algorithmen verwendet werden. Anschließend werden drei wichtige Verschlüsselungsalgorithmen betrachtet: DES, dreifacher DES und AES. Danach werden wir die Anwendungen dieser Algorithmen zur Sicherstellung von Vertraulichkeit untersuchen.

2.1 Herkömmliche Verschlüsselungsprinzipien

Ein herkömmliches Verschlüsselungsschema setzt sich aus fünf Bestandteilen zusammen (Abbildung 2.1):

- **Klartext:** Dieses ist die ursprüngliche Nachricht oder die Daten, die der Algorithmus als Eingabe erhält.
- **Verschlüsselungsalgorithmus:** Der Verschlüsselungsalgorithmus führt verschiedene Ersetzungen und Transformationen am Klartext durch.
- **Geheimer Schlüssel:** Der geheime Schlüssel ist ebenfalls eine Eingabe für den Algorithmus. Die genauen Ersetzungen und Transformationen, die vom Algorithmus durchgeführt werden, hängen vom Schlüssel ab.
- **Verschlüsselter Text:** Dieses ist die umgestaltete Nachricht, die als Ausgabe erstellt wird. Sie hängt vom Klartext und vom geheimen Schlüssel ab. Bei einer gegebenen Nachricht werden zwei verschiedene Schlüssel zwei verschiedene verschlüsselte Texte ergeben.
- **Entschlüsselungsalgorithmus:** Dieses ist im Wesentlichen der Verschlüsselungsalgorithmus umgekehrt ausgeführt. Er nimmt den verschlüsselten Text und denselben geheimen Schlüssel und erstellt daraus den ursprünglichen Klartext.

---

1 Public-Key-Verschlüsselung wurde erstmals im Jahre 1976 in der allgemeinen Literatur beschrieben; die National Security Agency (NSA) behauptet, sie einige Jahre zuvor entdeckt zu haben.

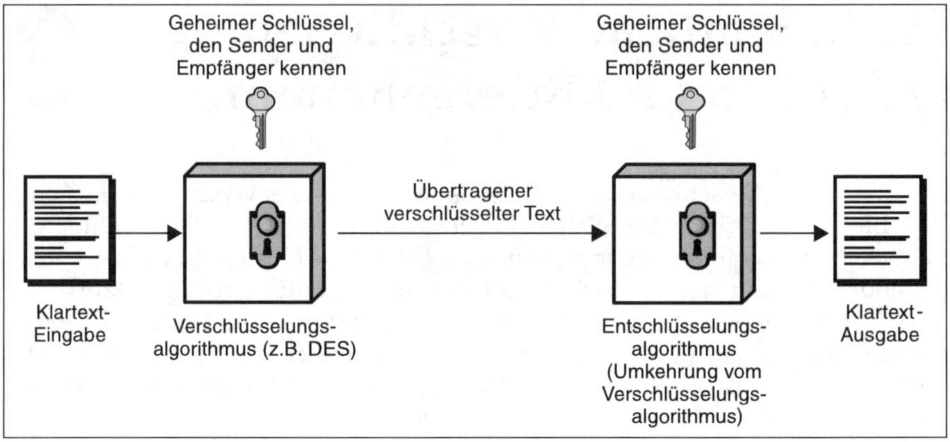

Abbildung 2.1: Vereinfachtes Modell der herkömmlichen Verschlüsselung

Es gibt zwei Anforderungen an den sicheren Gebrauch von herkömmlicher Verschlüsselung:

1. Wir benötigen einen starken Verschlüsselungsalgorithmus. Der Algorithmus sollte mindestens so beschaffen sein, dass ein Gegner, der den Algorithmus kennt und zu einem oder mehreren verschlüsselten Texten Zugang hat, nicht in der Lage sein sollte, den verschlüsselten Text zu entschlüsseln oder den Schlüssel herauszufinden. Diese Bedingung wird gewöhnlich strenger formuliert: Der Gegner sollte selbst dann nicht in der Lage sein, den verschlüsselten Text zu entschlüsseln oder den Schlüssel herauszufinden, wenn er eine Reihe von verschlüsselten Texten zusammen mit dem Klartext, aus dem die verschlüsselten Texte erstellt wurden, besitzt.

2. Sender und Empfänger müssen Kopien des geheimen Schlüssels auf einem sicheren Wege erhalten und den Schlüssel sicher verwahren. Wenn jemand den Schlüssel entdecken kann und den Algorithmus kennt, ist jede Kommunikation mit diesem Schlüssel lesbar.

Die Sicherheit herkömmlicher Verschlüsselung hängt von der Geheimhaltung des Schlüssels ab, nicht von der Geheimhaltung des Algorithmus. Es wird also angenommen, dass es praktisch unmöglich sei, eine Nachricht auf der Grundlage des verschlüsselten Textes *und* der Kenntnis des Verschlüsselungs-/Entschlüsselungsalgorithmus zu entschlüsseln. Mit anderen Worten: Wir brauchen nicht den Algorithmus geheim zu halten; wir müssen nur den Schlüssel geheim halten.

Diese Eigenschaft herkömmlicher Verschlüsselung macht sie für den allgemeinen Gebrauch geeignet. Die Tatsache, dass der Algorithmus nicht geheim gehalten werden muss, bedeutet, dass die Hersteller billige Chip-Implementationen von Datenverschlüsselungsalgorithmen entwickeln können und entwickelt haben. Diese Chips sind allgemein verfügbar und in einer Reihe von Produkten integriert. Bei der Verwendung von herkömmlicher Verschlüsselung ist das hauptsächliche Sicherheitsproblem die Geheimhaltung des Schlüssels.

2.1.1 Kryptographie

Kryptographische Systeme werden im Allgemeinen nach drei unabhängigen Kriterien eingeteilt:

1. **Die Art der Operationen, die zur Umwandlung des Klartextes in den verschlüsselten Text verwendet werden.** Alle Verschlüsselungsalgorithmen beruhen auf zwei allgemeinen Prinzipien: die Substitution, bei der jedes Element des Klartextes (Bit, Buchstabe, Gruppe von Bits oder Buchstaben) einem anderen Element zugeordnet wird, und die Transposition, bei der die Elemente des Klartextes umgeordnet werden. Die Grundvoraussetzung dabei ist, dass keine Informationen verloren gehen (das heißt, alle Vorgänge müssen umkehrbar sein). Die meisten Systeme, die auch als Erzeugungssysteme bezeichnet werden, bestehen aus mehreren Stufen von Ersetzung und Transposition.

2. **Die Anzahl der verwendeten Schlüssel.** Wenn sowohl Sender als auch Empfänger denselben Schlüssel verwenden, wird das System als symmetrische, Single-Key-, Secret-Key- oder herkömmliche Verschlüsselung bezeichnet. Wenn Absender und Empfänger verschiedene Schlüssel einsetzen, nennt man dies asymmetrische, Two-Key- oder Public-Key-Verschlüsselung.

3. **Die Art, in welcher der Klartext bearbeitet wird.** Eine *Blockverschlüsselung* verarbeitet die Eingabe blockweise, wobei für jeden Eingabeblock ein Ausgabeblock erzeugt wird. Bei der *Datenstromverschlüsselung* werden die Eingabe-Elemente kontinuierlich bearbeitet, jedes einzelne Element wird sofort nach der Bearbeitung ausgegeben.

2.1.2 Kryptoanalyse

Der Versuch, den Klartext oder den Schlüssel herauszufinden, wird als *Kryptoanalyse* bezeichnet. Das Verfahren, das der Kryptoanalytiker verwendet, hängt vom Wesen des Verschlüsselungsverfahrens und der Information, die ihm zur Verfügung steht, ab.

Tabelle 2.1 fasst die verschiedenen Arten von Kryptoanalyse-Angriffen entsprechend der Menge der zur Verfügung stehenden Informationen zusammen. Am schwierigsten ist die Situation, wenn nur der verschlüsselte Text zur Verfügung steht.

Art des Angriffs	*Kenntnis des Kryptoanalytikers*
Nur verschlüsselter Text	■ Verschlüsselungsalgorithmus ■ Zu dekodierender verschlüsselter Text
Bekannter Klartext	■ Verschlüsselungsalgorithmus ■ Zu dekodierender verschlüsselter Text ■ Ein oder mehrere Paare aus Klar- und verschlüsseltem Text, die mit dem geheimen Schlüssel gebildet wurden
Gewählter Klartext	■ Verschlüsselungsalgorithmus ■ Zu dekodierender verschlüsselter Text ■ Vom Kryptoanalytiker gewählte unverschlüsselte Nachricht und der zugehörige, mit dem geheimen Schlüssel erzeugte verschlüsselte Text
Gewählter verschlüsselter Text	■ Verschlüsselungsalgorithmus ■ Zu dekodierender verschlüsselter Text ■ Vom Kryptoanalytiker gewählter, vermutlich verschlüsselter Text und der zugehörige, mit dem geheimen Schlüssel entschlüsselte Klartext
Gewählter Text	■ Verschlüsselungsalgorithmus ■ Zu dekodierender verschlüsselter Text ■ Vom Kryptoanalytiker gewählte unverschlüsselte Nachricht und der zugehörige, mit dem geheimen Schlüssel erzeugte verschlüsselte Text ■ Vom Kryptoanalytiker gewählter, vermutlich verschlüsselter Text und der zugehörige, mit dem geheimen Schlüssel entschlüsselte Klartext

Tabelle 2.1: Arten von Angriffen auf verschlüsselte Nachrichten

In einigen Fällen ist nicht einmal der Verschlüsselungsalgorithmus bekannt, aber im Allgemeinen können wir davon ausgehen, dass der Gegner den Algorithmus kennt. Ein möglicher Angriff unter diesen Umständen besteht in der Brute-Force-Methode, bei der alle Schlüssel ausprobiert werden. Wenn der Schlüsselraum sehr groß ist, wird dieses Verfahren unpraktisch. Der Gegner muss sich dann auf die Analyse des verschlüsselten Textes selbst verlassen, wobei meistens verschiedene statistische Tests durchgeführt werden. Um diese Methode verwenden zu können, muss der Gegner eine gewisse Vorstellung von der Art des verborgenen Klartextes haben, zum Beispiel, ob es sich um einen englischen oder französischen Text handelt, eine MS-DOS-EXE-Datei, einen Java-Quelltext, eine Kontodatei oder Ähnliches.

Gegen einen Angriff, bei dem nur der verschlüsselte Text bekannt ist, kann man sich am einfachsten schützen, denn der Gegner hat nur wenige Informationen, mit denen er arbeiten kann. In vielen Fällen verfügt der Gegner jedoch über mehr Informationen. Der Analytiker könnte eine oder mehrere unverschlüsselte Nachrichten und deren Verschlüsselungen abfangen. Oder er könnte bestimmte Muster eines Klartextes in der Nachricht erkennen. Beispielsweise beginnt eine Datei, die im PostScript-Format kodiert ist, immer mit demselben Muster oder es gibt bei einer Nachricht zur Übertragung elektronischer Fonds einen genormten Dateivorspann oder -abspann. Dies sind alles Beispiele von bekanntem Klartext. Mit diesem Wissen kann der Analytiker unter Umständen den Schlüssel aus der Art ableiten, wie der bekannte unverschlüsselte Text umgewandelt wird.

Eng verwandt mit dem Angriff mittels bekanntem Klartext ist eine Methode, die man als Angriff mit Hilfe eines wahrscheinlich vorkommenden Wortes bezeichnen könnte. Wenn der Gegner mit der Verschlüsselung einer allgemeinen Textnachricht arbeitet, dann hat er unter Umständen nur wenig Kenntnis vom Inhalt der Nachricht. Wenn er jedoch auf der Suche nach einer sehr speziellen Information ist, dann könnten Teile der Nachricht bekannt sein. Wenn beispielsweise eine ganze Kontodatei übertragen wird, könnte der Gegner die Stellung bestimmter Schlüsselwörter im Vorspann der Datei kennen. Ein anderes Beispiel wäre der von einem Unbekannten entwickelte Quellcode eines Programms, der einen Copyright-Hinweis an einer genormten Stelle enthalten könnte.

Wenn der Analytiker es schafft, über das Ausgangssystem eine von ihm gewählte Nachricht in das System einzubringen, so wäre ein Angriff mittels gewähltem Klartext möglich. Wenn der Analytiker also in der Lage ist, die zu verschlüsselnden Nachrichten zu bestimmen, kann er bewusst Muster auswählen, mit deren Hilfe sich die Struktur des Schlüssels wahrscheinlich enthüllen lässt.

In Tabelle 2.1 sind zwei weitere Angriffsarten angeführt: mit gewähltem verschlüsselten Text und mit gewähltem Text. Diese werden weniger häufig als Kryptoanalysetechniken eingesetzt, sind aber dennoch Möglichkeiten für einen Angriff.

Nur relativ schwache Algorithmen können einen Angriff bei bekanntem verschlüsselten Text nicht abwehren. Im Allgemeinen sind Verschlüsselungsalgorithmen so konstruiert, dass sie einem Angriff bei bekanntem Klartext standhalten.

Zwei weitere Definitionen sind erwähnenswert. Ein Verschlüsselungsverfahren ist **berechnungssicher**, wenn der erzeugte verschlüsselte Text eines oder beide der folgenden Kriterien erfüllt:

- Der Aufwand zum Entschlüsseln des Codes übersteigt den Wert der verschlüsselten Informationen.
- Die zum Entschlüsseln des Codes benötigte Zeit übersteigt die Dauer der Brauchbarkeit der Information.

Der Haken an der Sache ist, dass man nur schwer einschätzen kann, wie hoch der Aufwand für die erfolgreiche Kryptoanalyse eines verschlüsselten Textes ist. Unter der Annahme jedoch, dass der Algorithmus keine mathematische Schwäche besitzt, kann man von einem Brute-Force-Angriff ausgehen, bei dem sich reelle Schätzungen bezüglich Kosten und Zeit machen lassen.

Bei einem Brute-Force-Verfahren wird einfach jeder mögliche Schlüssel ausprobiert, bis eine verständliche Übersetzung des verschlüsselten Textes in unverschlüsselten Text erreicht wird. Im Durchschnitt muss dazu die Hälfte aller möglichen Schlüssel probiert werden. Tabelle 2.2 zeigt, wie viel Zeit dazu bei verschiedenen Schlüsselgrößen benötigt wird. Die 56-Bit-Schlüsselgröße kommt beim DES-Algorithmus (Data Encryption Standard) zum Einsatz. Für jede Schlüsselgröße sind die Ergebnisse dargestellt, wobei davon ausgegangen wird, dass eine einzelne Entschlüsselung 1 µs dauert, was bei heutigen Rechnern eine reelle Größenordnung ist. Unter Verwendung einer massiv parallelen Organisation von Mikroprozessoren sind um ein Vielfaches höhere Berechnungsquoten möglich. Die letzte Spalte der Tabelle 2.2 beinhaltet die Ergebnisse eines Systems, das 1 Million Schlüssel pro Mikrosekunde bearbeiten kann. Es wird deutlich, dass DES bei solchen Leistungen nicht mehr als berechnungssicher gelten kann.

Schlüsselgröße (Bits)	*Anzahl verschiedener Schlüssel*	*Benötigte Zeit bei einer Entschlüsselung pro µs*	*Benötigte Zeit bei 10^6 Entschlüsselungen pro µs*
32	$2^{32} = 4{,}3 \times 10^9$	2^{31} µs = 35,8 Minuten	2,15 ms
56	$2^{56} = 7{,}2 \times 10^{16}$	2^{55} µs = 1142 Jahre	10 Stunden
128	$2^{128} = 3{,}4 \times 10^{38}$	2^{127} µs = $5{,}4 \times 10^{24}$ Jahre	$5{,}4 \times 10^{18}$ Jahre
168	$2^{168} = 3{,}7 \times 10^{50}$	2^{167} µs = $5{,}9 \times 10^{36}$ Jahre	$5{,}9 \times 10^{30}$ Jahre

Tabelle 2.2: Durchschnittlich benötigte Zeit für das Ausprobieren aller in Frage kommenden Schlüssel

2.1.3 Der Feistel-Verschlüsselungsalgorithmus

Nahezu alle herkömmlichen Blockverschlüsselungs-Algorithmen einschließlich DES besitzen eine Struktur, die als Erstes von Horst Feistel von IBM im Jahre 1973 [FEIS73] beschrieben wurde und in Abbildung 2.2 zu sehen ist. Als Eingabe für diesen Algorithmus dient ein Klartextblock der Länge $2w$ Bits und ein Schlüssel K. Der Klartextblock wird in die beiden Hälften L_0 und R_0 aufgeteilt. Die beiden Hälften der Daten durchlaufen n Runden und werden dann mit dem verschlüsselten Textblock kombiniert. Jede Runde i verwendet L_{i-1} und R_{i-1} als Eingabe, welche das Ergebnis der vorherigen Runde sind, sowie einen Unterschlüssel K_i, welcher von K abgeleitet wurde.

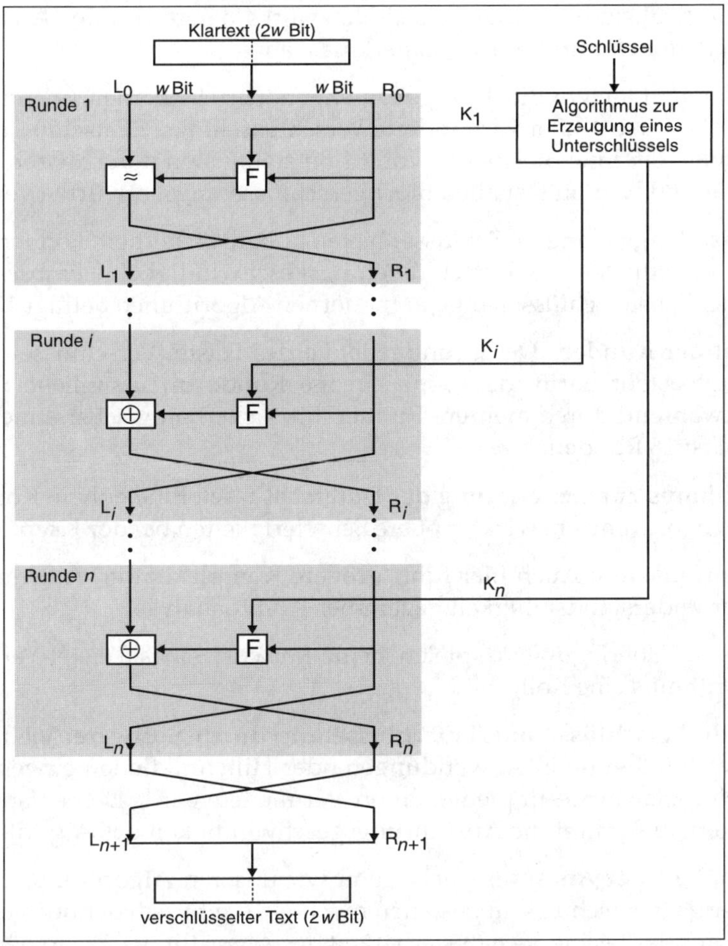

Abbildung 2.2: Klassisches Feistel-Netzwerk

Grundsätzlich unterscheiden sich die Unterschlüssel K*i* von K sowie voneinander, sie werden aus dem Schlüssel durch einen Algorithmus zur Unterschlüsselgenerierung abgeleitet.

Alle Runden besitzen dieselbe Struktur. Die linke Hälfte der Daten wird ersetzt durch die Anwendung einer *Rundenfunktion* F auf die rechte Hälfte der Daten und anschließender Anwendung der Exklusiv-Oder-Funktion (XOR) auf die Ausgabe dieser Funktion und die linke Hälfte der Daten. Die Rundenfunktion weist für jede Runde die gleiche allgemeine Struktur auf, wird aber durch den Unterschlüssel K_i mit Parametern versehen. Nach dieser Ersetzung erfolgt ein Austausch der beiden Hälften.

Die genaue Realisierung eines Feistel-Netzwerks hängt von der Auswahl der folgenden Parameter und Entwurfsmerkmale ab:

- **Blocklänge:** Längere Blöcke ergeben eine höhere Sicherheit (wenn alles andere gleich bleibt), aber verminderte Verschlüsselungs-/Entschlüsselungsgeschwindigkeit. Eine Blocklänge von 64 Bit stellt einen brauchbaren Kompromiss dar und wird in fast allen Blockverschlüsselungsentwürfen verwendet.
- **Schlüssellänge:** Längere Schlüssel bieten höhere Sicherheit, können aber die Verschlüsselungs- und Entschlüsselungsgeschwindigkeit herabsetzen. Die gebräuchlichste Schlüssellänge in modernen Algorithmen beträgt 128 Bit.
- **Anzahl der Runden:** Der Grundgedanke des Feistel-Verschlüsselungsalgorithmus besteht darin, dass eine einzige Runde unzulängliche Sicherheit bietet, während durch mehrere Runden die Sicherheit wächst. Eine typische Anzahl ist 16 Runden.
- **Algorithmus zur Generierung der Unterschlüssel:** Eine höhere Komplexität dieses Algorithmus bewirkt größere Schwierigkeiten bei der Kryptoanalyse.
- **Rundenfunktion:** Auch hier führt größere Komplexität im Allgemeinen zu höherer Widerstandsfähigkeit gegenüber Kryptoanalyse.

Zwei weitere Überlegungen spielen beim Entwurf eines Feistel-Verschlüsselungsalgorithmus eine Rolle:

- **Schnelle Verschlüsselung/Entschlüsselung durch Software:** Vielfach wird die Verschlüsselung in Anwendungen oder Hilfsfunktionen eingebettet, sodass eine Hardware-Implementation vermieden wird. Dementsprechende Bedeutung bekommt die Ausführungsgeschwindigkeit des Algorithmus.
- **Leichtigkeit der Analyse:** Auch wenn wir unseren Algorithmus möglichst schwierig zu entschlüsseln gestalten möchten, ergibt sich dennoch ein großer Vorteil aus der leichten Analysierbarkeit des Algorithmus. Wenn nämlich der Algorithmus klar und prägnant erklärt werden kann, ist es auch einfacher, ihn hinsichtlich kryptoanalytischer Verwundbarkeit zu analysieren und damit ein höheres Maß an Gewissheit bezüglich seiner Stärke zu erreichen. DES beispielsweise verfügt nicht über eine leicht analysierbare Funktionalität.

Die Entschlüsselung mit einem Feistel-Verschlüsselungsalgorithmus gleicht im Wesentlichen dem Verschlüsselungsprozess. Die Regel ist folgende: Verwende den verschlüsselten Text als Eingabe für den Algorithmus, aber benutze die Unterschlüssel K_i in umgekehrter Reihenfolge. Man verwendet also K_n für die erste Runde, K_{n-1} für die zweite und so weiter bis zu K_1 in der letzten Runde. Praktischerweise brauchen wir also nicht zwei unterschiedliche Algorithmen für Verschlüsselung und Entschlüsselung zu implementieren.

2.2 Herkömmliche Verschlüsselungsalgorithmen

Blockverschlüsselungen stellen die am häufigsten genutzten Verschlüsselungsalgorithmen dar. Eine Blockverschlüsselung verarbeitet die Klartexteingabe in Blöcken von fester Länge und produziert für jeden Klartextblock einen Block mit verschlüsseltem Text von gleicher Länge. Die beiden wichtigsten herkömmlichen Algorithmen, welche Blockverschlüsselungen produzieren, heißen Data Encryption Standard (DES) und Triple Data Encryption Algorithm (TDEA). Wir werden einen Blick auf diese beiden Algorithmen sowie auf den geplanten Advanced Encryption Standard (AES) werfen. Anschließend geben wir einen Überblick über andere verbreitete herkömmliche Verschlüsselungsalgorithmen.

2.2.1 Der Data Encryption Standard (DES)

Das am häufigsten eingesetzte Verschlüsselungsverfahren basiert auf dem Data Encryption Standard (DES), der 1977 vom amerikanischen National Bureau of Standards, dem heutigen National Institute of Standards and Technology (NIST), als Federal Information Processing Standard 46 (FIPS PUB 46) übernommen wurde. 1994 hat das NIST den bundesweiten Einsatz des DES in Amerika im FIPS PUB 46-2 für weitere fünf Jahre »bestätigt«. Der Algorithmus selbst wird als Data Encryption Algorithm (DEA) bezeichnet.[2]

Beschreibung des Algorithmus

Das allgemeine Schema der DES-Verschlüsselung ist in Abbildung 2.3 dargestellt. Der Klartext besitzt eine Länge von 64 Bit, der Schlüssel eine von 56 Bit; längere Mengen an Klartext werden in 64-Bit-Blöcken verarbeitet.

Auf der linken Seite der Abbildung erkennen wir, dass die Bearbeitung des Klartextes in drei Phasen abläuft. Als Erstes durchläuft der 64-Bit-Klartext eine erste Permutation (Initial Permutation – IP), welche die Bits so umstellt, dass eine permutierte Eingabe entsteht. Dem folgt eine Phase, die aus 16 Runden derselben Funktion besteht. Die Ausgabe der letzten (sechzehnten) Runde besteht aus 64 Bits, die eine Funktion des eingegebenen Klartextes und des Schlüssels darstellen. Linke und rechte Hälfte der Ausgabe werden vertauscht, um die

---

2 Die Terminologie ist etwas verwirrend. Bis vor kurzem waren die Begriffe DES und DEA beliebig austauschbar. Jedoch enthält die letzte Ausgabe des DES-Dokuments eine Spezifizierung des DEA und des dreifachen DEA (Triple DEA – TDEA), der später in diesem Abschnitt beschrieben wird. Sowohl DEA als auch TDEA sind Teil des Data Encryption Standard. Zudem wurde bis zur letzten Annahme des offiziellen Begriffs TDEA der dreifache DEA-Algorithmus gewöhnlich als *dreifacher DES* bezeichnet und 3DES geschrieben.

vorläufige Ausgabe zu erzeugen. Diese wird schließlich durch eine Permutation (IP^{-1}) geschickt, die genau die invertierte erste Permutation ist; auf diese Weise entsteht der verschlüsselte Text von 64 Bit.

Die rechte Hälfte von Abbildung 2.3 zeigt, wie der 56-Bit-Schlüssel verwendet wird. Zunächst durchläuft der Schlüssel eine Permutationsfunktion. Dann wird für jede der 16 Runden ein Unterschlüssel (K_i) durch Kombination einer kreisförmigen Verschiebung nach links und einer Permutation erzeugt. Die Permutationsfunktion ist bei jeder Runde dieselbe, doch wird ein anderer Unterschlüssel erzeugt, da die Schlüsselbits immer weiter verschoben werden.

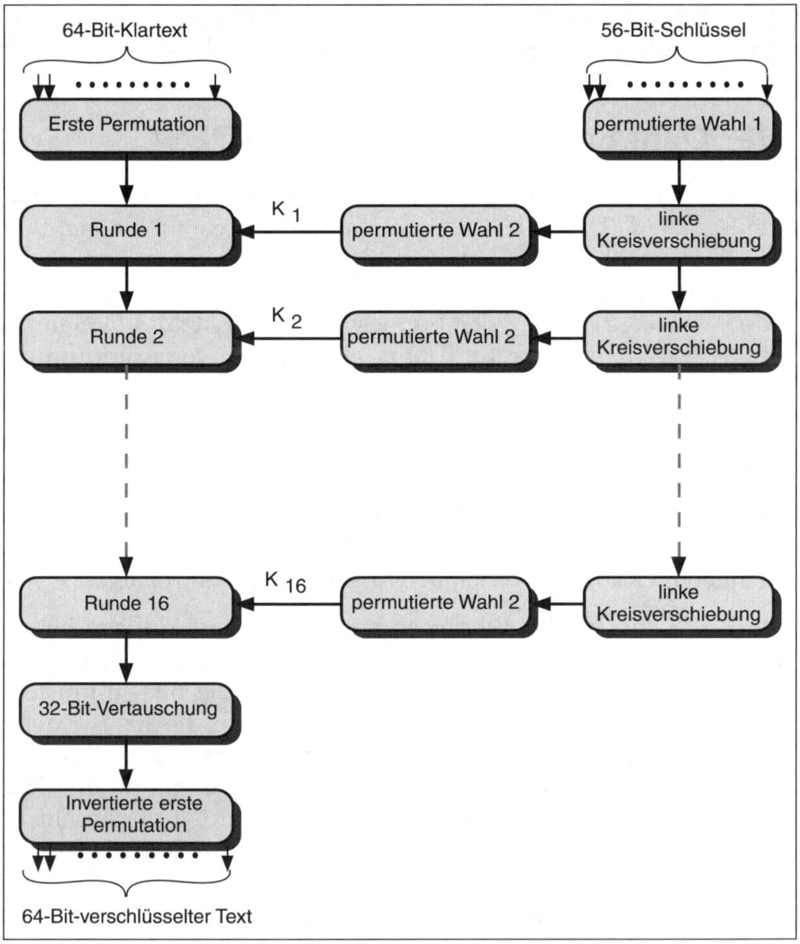

Abbildung 2.3: Allgemeine Darstellung des DES-Verschlüsselungsalgorithmus

Abbildung 2.4 zeigt den Algorithmus im Detail. Die permutierte 64-Bit-Eingabe durchläuft 16 Runden, wobei ein 64-Bit-Zwischenwert nach jeder Runde entsteht. Die linke und die rechte Hälfte jedes 64-Bit-Zwischenwerts werden jeweils als einzelne 32-Bit-Einheit angesehen und mit L (links) und R (rechts) bezeichnet. Die gesamte Bearbeitung während einer Runde lässt sich durch folgende Formeln ausdrücken:

$L_i = R_{i-1}$
$R_i = L_{i-1} \oplus F(R_{i-1}, K_i)$

Dabei steht $\oplus$ für die bitweise XOR-Funktion.

Die links stehende Ausgabe einer Runde (L_i) ist gleich der rechts stehenden Eingabe dieser Runde (R_{i-1}). Die rechts stehende Ausgabe (R_i) ist gleich der Exklusiv-Oder-Funktion (XOR) angewandt auf L_{i-1} und die komplexe Funktion F von R_{i-1} und K_i. Diese komplexe Funktion umfasst sowohl Permutationen als auch Ersetzungen. Die Substitution, die aus »S-Boxen« genannten Tabellen besteht, weist einfach jede Kombination von 48 Eingabebits einem bestimmten 32-Bit-Muster zu.

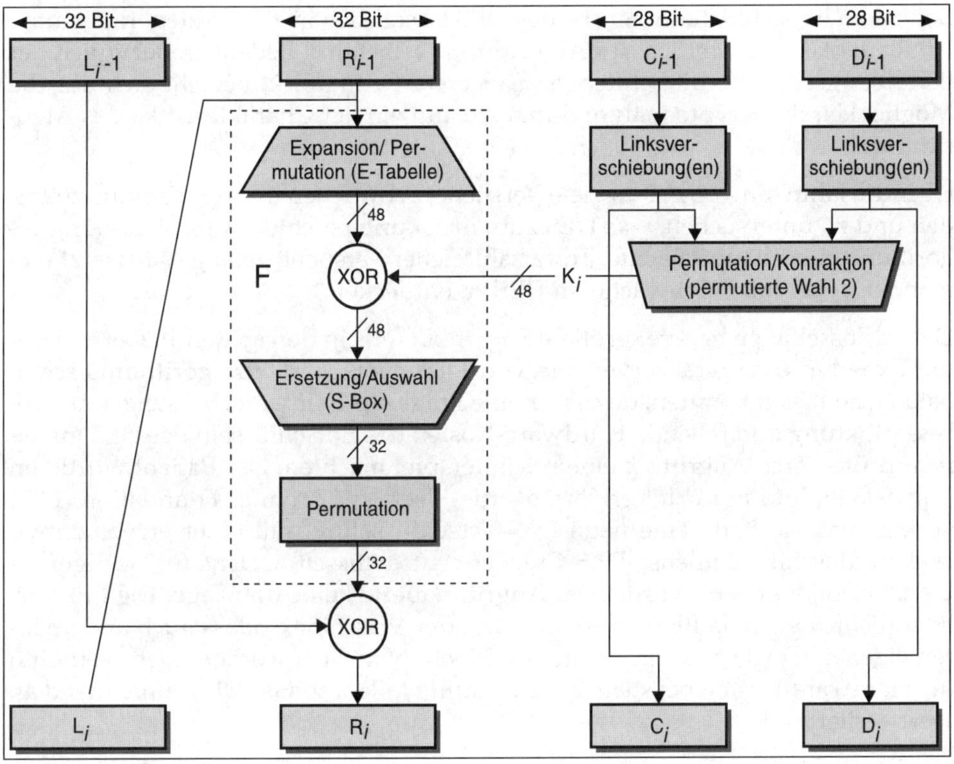

Abbildung 2.4: Ein Verschlüsselungsschritt des DES-Algorithmus

Wenn wir zu Abbildung 2.3 zurückkehren, erkennen wir, dass der 56-Bit-Schlüssel, der als Eingabe für den Algorithmus verwendet wird, zunächst eine Permutation durchläuft. Der resultierende 56-Bit-Schlüssel wird dann als zwei 28-Bit-Einheiten betrachtet, die mit C_0 und D_0 bezeichnet sind. Bei jeder Runde werden C und D einzeln einer Kreisverschiebung nach links um 1 oder 2 Bits ausgesetzt, auch als Rotation bezeichnet. Diese verschobenen Werte dienen als Eingabe für die nächste Runde und für eine weitere Permutationsfunktion, welche eine 48-Bit-Ausgabe erzeugt, die wiederum als Eingabe für die Funktion $F(R_{i-1}, K_i)$ verwendet wird.

Das Verfahren der Entschlüsselung mit DES läuft im Wesentlichen genauso ab wie die Verschlüsselung. Es gilt folgende Regel: Verwende den verschlüsselten Text als Eingabe für den DES-Algorithmus, doch verwende die Schlüssel K_i in umgekehrter Reihenfolge. Das heißt, verwende bei der ersten Runde K_{16}, K_{15} bei der zweiten und so weiter, bis bei der sechzehnten und letzten Runde K_1 verwendet wird.

Die Stärke von DES

Bedenken hinsichtlich der Stärke des DES lassen sich in zwei Kategorien einteilen: Bedenken hinsichtlich des Algorithmus selbst und Bedenken bezüglich der Benutzung eines 56-Bit-Schlüssels. Der erste Kritikpunkt bezieht sich auf die Möglichkeit der Kryptoanalyse durch Ausnutzen der Charakteristika des Algorithmus.

Über die Jahre hinweg gab es viele Versuche, Schwächen im Algorithmus zu finden und zu untersuchen, was DES zum meist untersuchten Verschlüsselungsalgorithmus überhaupt machte. Trotz zahlreicher Versuche gelang es bis jetzt niemandem, eine fatale Schwäche im DES zu entdecken.[3]

Die Schlüssellänge bereitet größere Sorgen. Bereits in den späten 1970ern warnten Experten davor, dass die Tage von DES als Sicherheitsalgorithmus schon bald gezählt sein könnten, da es nur eine Frage der Zeit wäre, bis steigende Prozessortaktung und fallende Hardware-Kosten das Entschlüsseln des DES mit einem Brute-Force-Angriff zu einem Kinderspiel machten. Der Patient wurde im Juli 1998 endgültig für tot erklärt, als die Electronic Frontier Foundation (EFF) verkündete, sie hätte eine neue DES-Verschlüsselung mit einer eigens entwickelten Maschine namens »DES-Cracker« entschlüsselt, welche für weniger als 250.000 Dollar gebaut wurde. Der Angriff dauerte keine drei Tage. Die EFF veröffentlichte eine detaillierte Beschreibung der Maschine, sodass auch andere ihren eigenen Cracker bauen konnten [EFF98]. Natürlich werden auch weiterhin die Hardware-Kosten bei steigender Leistung fallen, sodass DES zunehmend an Wert verliert.

3 Jedenfalls hat niemand solch eine Entdeckung veröffentlicht.

Beachten Sie bitte, dass zu einer Suche nach dem richtigen Schlüssel einiges mehr gehört als das bloße Ausprobieren aller Schlüssel. Sofern nicht ein bekannter Klartext Verwendung findet, muss der Analytiker in der Lage sein, Klartext als solchen zu erkennen. Im einfachsten Fall, nämlich gewöhnlichem deutschem Klartext, springt das Ergebnis sofort ins Auge, auch wenn die Aufgabe, Deutsch zu erkennen, noch automatisiert werden müsste. Wurde der Text vor der Verschlüsselung komprimiert, wird die Erkennung schwieriger. Und handelt es sich bei der Nachricht um allgemeinere Daten, wie beispielsweise eine numerische Datei, und wurde diese auch noch komprimiert, dann wird das Problem noch schwieriger automatisierbar. Daher braucht man zur Unterstützung eines Brute-Force-Angriffs einige Kenntnisse über den zu erwartenden Klartext sowie eine Methode, um den Klartext automatisch von unsinnigen Daten zu unterscheiden. Das Verfahren der EFF berücksichtigt auch diesen Punkt und enthält einige Automatismen, die in vielerlei Hinsicht nützlich sind.

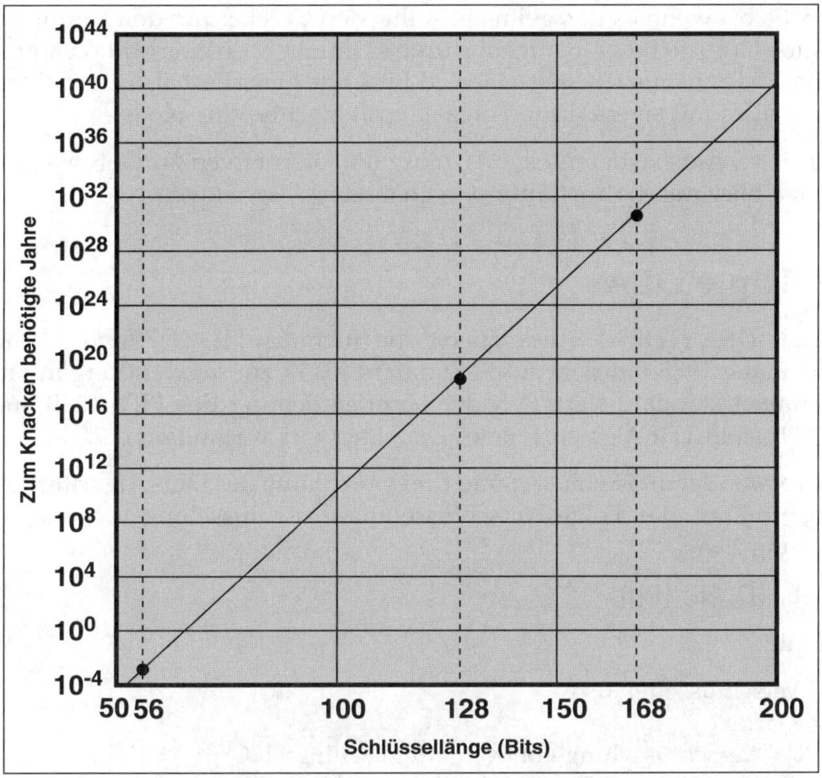

Abbildung 2.5: Notwendige Zeit, um einen Code zu knacken (Voraussetzung: 10^6 Entschlüsselungen/µs)

Besteht letztlich die einzige mögliche Art des Angriffs auf einen Verschlüsselungsalgorithmus in einem Brute-Force-Angriff, dann ist die Strategie zur Abwehr solcher Attacken offensichtlich: Benutze längere Schlüssel. Um eine Vorstellung von der erforderlichen Schlüssellänge zu bekommen, verwenden wir den EFF-Cracker als Basis für unsere Überlegungen. Beim EFF-Cracker handelte es sich um einen Prototypen und wir dürfen davon ausgehen, dass mit der heute verfügbaren Technologie eine schnellere Maschine kostengünstig hergestellt werden könnte. Wenn wir annehmen, dass ein Cracker eine Million Entschlüsselungen pro Mikrosekunde durchführen kann, welches die Rate in Tabelle 2.2 ist, dann würde es ungefähr zehn Stunden dauern, einen DES-Code zu entschlüsseln. Dies ist etwa siebenmal so schnell wie in dem Ergebnis der EFF. Abbildung 2.5 zeigt, wie lange das Entschlüsseln eines Algorithmus in der Art von DES abhängig von der Schlüssellänge dauert, wenn man diese Rate zugrunde legt. So würde beispielsweise das Entschlüsseln eines 128-Bit-Schlüssels, wie er in modernen Algorithmen üblich ist, mit dem EFF-Cracker 10^{18} Jahre dauern. Selbst wenn es uns gelingen sollte, den Cracker um den Faktor von einer Billion (10^{12}) zu beschleunigen, würde es immer noch eine Million Jahre dauern, den Code zu entschlüsseln. Ein 128-Bit-Code garantiert also einen Algorithmus, der nicht mit einem Brute-Force-Angriff zu entschlüsseln ist.

Glücklicherweise existieren eine Anzahl von Alternativen zu DES. Werfen wir nun einen Blick auf die am häufigsten genutzten Alternativen.

2.2.2 Triple DEA

Der Triple DEA (TDEA) wurde zuerst von Tuchman [TUCH79] vorgeschlagen und erstmalig 1985 mit dem ANSI-Standard X9.17 zur Verwendung in Finanzprogrammen standardisiert. Seit der Veröffentlichung des FIPS PUB 46-3 im Jahre 1999 stellt TDEA einen Teil des Data Encryption Standard dar.

TDEA verwendet drei Schlüssel und drei Durchläufe des DES-Algorithmus. Die Funktion bildet die Folge Verschlüsselung-Entschlüsselung-Verschlüsselung (Abbildung 2.6a):

$$C = E_{K3}[D_{K2}[E_{K1}[P]]]$$

wobei gilt:

C = Verschlüsselter Text
P = Klartext
$E_K[X]$ = Verschlüsselung von X mit dem Schlüssel K
$D_K[Y]$ = Entschlüsselung von Y mit dem Schlüssel K

Die Entschlüsselung ergibt sich aus der gleichen Operation mit vertauschten Schlüsseln (Abbildung 2.6b):

$$P = D_{K1}[E_{K2}[D_{K3}[C]]]$$

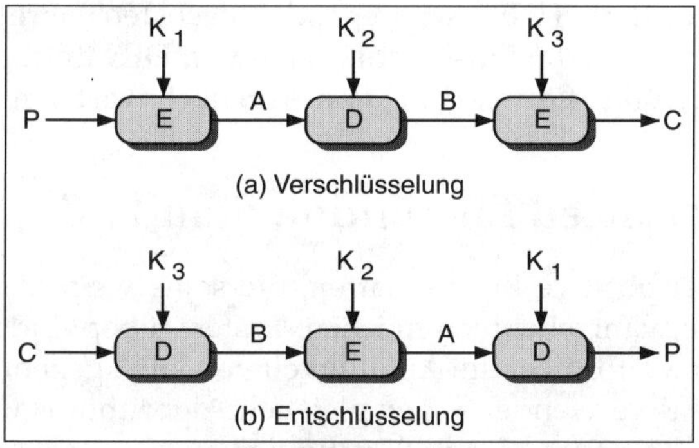

Abbildung 2.6: Triple DEA

Die Benutzung der Entschlüsselung im zweiten Schritt der TDEA-Verschlüsselung besitzt keine kryptographische Bedeutung. Sie hat lediglich den Vorteil, dass sie den Benutzern von TDEA das Entschlüsseln von Daten gestattet, welche mit dem älteren einfachen DES verschlüsselt worden sind:

$$C = E_{K1}[D_{K1}[E_{K1}[P]]] = E_{K1}[P]$$

Mit drei unterschiedlichen Schlüsseln bekommt TDEA eine effektive Schlüssellänge von 168 Bit. FIPS 46-3 erlaubt auch den Gebrauch von zwei Schlüsseln, wobei K1 = K3 ist. Daraus ergibt sich eine Schlüssellänge von 112 Bit. FIPS 46-3 enthält die folgenden Richtlinien für TDEA:

- TDEA stellt den durch FIPS empfohlenen Entschlüsselungsalgorithmus der Wahl dar.
- Der ursprüngliche DEA, der einen 56-Bit-Schlüssel verwendet, wird unter dem Standard nur für sehr alte Systeme zugelassen. Neuere Anschaffungen müssen TDEA unterstützen.
- Regierungsbehörden mit sehr alten DEA-Systemen werden zur Umstellung auf TDEA aufgefordert.
- Es wird erwartet, dass TDEA und der Advanced Encryption Standard (AES) als FIPS-zugelassene Algorithmen koexistieren und einen allmählichen Übergang zu AES erlauben.

Es ist leicht einzusehen, dass TDEA einen hervorragenden Algorithmus darstellt. Weil es sich beim zugrunde liegenden Algorithmus um DEA handelt, kann man für TDEA die gleiche Widerstandsfähigkeit gegenüber Kryptoanalyseversuchen postulieren wie für DEA. Darüber hinaus vereitelt die Schlüssellänge von 168 Bit jeden Brute-Force-Angriff.

Es ist zu erwarten, dass TDEA während der nächsten Jahre vermehrten Zuspruch finden wird, weil die Einschränkungen von DES untragbar werden und man auf die vollständige Entwicklung von AES noch warten muss.

2.2.3 Der Advanced Encryption Standard

TDEA besitzt zwei positive Eigenschaften, die seine weitere Verbreitung über die nächsten Jahre wahrscheinlich machen. Erstens überwindet TDEA mit seiner Schlüssellänge von 168 Bit die Anfälligkeit von DEA gegenüber Brute-Force-Angriffen. Zweitens verwendet es den gleichen Algorithmus wie DEA, welcher über einen langen Zeitraum härteren Prüfungen ausgesetzt war als jeder andere Verschlüsselungsalgorithmus, wobei keine wirksame kryptoanalytische Angriffsmöglichkeit außer Brute-Force-Angriffen gefunden wurde.

Entsprechend hoch ist das Vertrauen, das man der Widerstandsfähigkeit von TDEA gegenüber kryptoanalytischen Angriffen entgegenbringt. Ginge es allein um die Sicherheit, dann wäre TDEA erste Wahl für einen standardisierten Verschlüsselungsalgorithmus für die nächsten Jahrzehnte.

Der Hauptnachteil von TDEA besteht darin, dass Software-Implementationen dieses Algorithmus verhältnismäßig langsam sind. DEA wurde ursprünglich für Implementationen auf Hardware Mitte der 1970er Jahre entworfen und erzeugt keinen leistungsfähigen Softwarecode. TDEA mit der dreifachen Anzahl von Durchläufen ist entsprechend langsamer. Ein zweiter Nachteil ergibt sich daraus, dass sowohl DEA als auch TDEA mit einer Blocklänge von 64 Bit arbeiten. Eine größere Blocklänge wäre aus Gründen der Effizienz und der Sicherheit wünschenswert.

Aufgrund dieser Nachteile stellt TDEA nicht den idealen Kandidaten für eine Langzeitnutzung dar. Als Ersatz rief NIST 1997 zu Vorschlägen für einen neuen Advanced Encryption Standard (AES) auf, welcher bei deutlich verbesserter Leistung mindestens genauso sicher sein sollte wie TDEA. Abgesehen von diesen allgemeinen Anforderungen legte NIST fest, dass es sich bei AES um eine symmetrische Blockverschlüsselung mit einer Blocklänge von 128 Bit handeln muss, welche Schlüssellängen von 128, 192 und 256 Bit unterstützt. In die Bewertung fließen Sicherheit, Rechenleistung, benötigter Speicherplatz, Verträglichkeit mit Hard- und Software sowie Anpassungsfähigkeit ein.

Im ersten Schritt der Bewertung wurden 15 vorgeschlagene Algorithmen akzeptiert. Eine zweite Runde schränkte das Feld der Bewerber auf fünf Algorithmen ein. Momentan hofft NIST, den Bewertungsprozess bis zum Sommer 2001 mit der Auswahl eines endgültigen Standards abschließen zu können. Die Akzeptanz durch den Markt kann danach noch einige Jahre auf sich warten lassen.

2.2.4 Andere symmetrische Blockverschlüsselungen

Statt das Rad vollständig neu zu erfinden, basieren fast alle herkömmlichen modernen Blockverschlüsselungsalgorithmen auf der Blockstruktur von Feistel. Das liegt daran, dass diese Struktur gut verstanden wird, und das macht es einfacher, die kryptographische Stärke eines neuen Algorithmus zu bestimmen. Jede neue, völlig andere Struktur könnte verborgene Schwächen aufweisen, die dem Entwickler nicht sofort ins Auge fallen. In diesem Abschnitt betrachten wir einige andere Verschlüsselungen, die neben DES und TDEA kommerzielle Bedeutung erlangt haben. Einen Vergleich einiger Hauptcharakteristika finden Sie in Tabelle 2.3.

IDEA

Beim International Data Encryption Algorithm (IDEA) handelt es sich um eine symmetrische Blockverschlüsselung, die Xuejia Lai und James Massey vom schweizerischen Bundesinstitut für Technologie im Jahre 1991 entwickelten [LAI91]. IDEA verwendet einen 128-Bit-Schlüssel und unterscheidet sich sowohl hinsichtlich der Rundenfunktion als auch hinsichtlich der Funktion zur Erzeugung der Unterschlüssel deutlich von DES. Die Rundenfunktion von IDEA benutzt keine S-Boxen. Statt dessen verlässt sich IDEA auf drei unterschiedliche

Algorithmus	*Schlüssellänge*	*Anzahl der Runden*	*Mathematische Operationen*	*Anwendungen*
DES	56 Bit	16	XOR, feste S-Boxen	SET, Kerberos
Dreifacher DES	112 oder 168 Bit	48	XOR, feste S-Boxen	Finanzverwaltung, PGP, S/MIME
IDEA	128 Bit	8	XOR, Addition, Multiplikation	PGP
Blowfish	variabel, bis 448 Bit	16	XOR, variable S-Boxen, Addition	
RC5	variabel, bis 2048 Bit	variabel, bis 255	Addition, Subtraktion, XOR, Rotation	
CAST-128	40 bis 128 Bit	16	Addition, Subtraktion, XOR, Rotation, feste S-Boxen	PGP

Tabelle 2.3: Herkömmliche Verschlüsselungsalgorithmen

mathematische Operationen: XOR, binäre Addition von 16-Bit-Ganzzahlen und binäre Multiplikation von 16-Bit-Ganzzahlen. Diese Funktionen wurden so kombiniert, dass eine komplexe Umwandlung entsteht, welche sehr schwer zu analysieren und damit auch sehr schwer zu kryptoanalysieren ist. Der Algorithmus zur Generierung der Unterschlüssel arbeitet ausschließlich mit Kreisverschiebungen, verwendet diese aber auf komplexe Art, um damit insgesamt sechs Unterschlüssel für jede der acht Runden von IDEA zu erzeugen.

Da IDEA zu den ersten der vorgeschlagenen 128-Bit-Nachfolgeprodukten gehörte, wurde es bereits ausgiebig getestet und scheint insoweit sehr widerstandsfähig gegenüber der Kryptoanalyse zu sein. IDEA stellt eine der möglichen von PGP benutzten Alternativen dar und wird daneben in verschiedenen kommerziellen Produkten verwendet.

Blowfish

Blowfish wurde 1993 von dem unabhängigen Berater und Kryptographen Bruce Schneier [SCHN93, SCHN94] entwickelt und schnell zu einer der populärsten Alternativen zu DES. Der Entwurf von Blowfish zielt auf leichte Implementierbarkeit und hohe Ausführungsgeschwindigkeit ab. Außerdem stellt er einen sehr kompakten Algorithmus dar, der weniger als 5 KB Speicher benötigt. Blowfish besitzt die interessante Eigenschaft einer variablen Schlüssellänge, welche bis zu 448 Bit betragen kann. In der Praxis benutzt man Schlüssel von 128 Bit. Blowfish arbeitet mit 16 Runden.

Genau wie DES verwendet auch Blowfish S-Boxen und die XOR-Funktion, zusätzlich aber noch binäre Additionen. Statt der festen S-Boxen, wie sie DES benutzt, verwendet Blowfish dynamische S-Boxen, die als Funktion des Schlüssels erzeugt werden. In Blowfish werden die Unterschlüssel und die S-Boxen durch wiederholte Anwendung des Blowfish-Algorithmus selbst auf den Schlüssel erzeugt. Insgesamt 521 Ausführungen des Blowfish-Algorithmus sind erforderlich, um die Unterschlüssel und S-Boxen zu erzeugen. Infolgedessen kommt Blowfish nicht für Anwendungen in Frage, in denen die geheimen Schlüssel häufig wechseln.

Blowfish ist einer der hervorragendsten herkömmlichen Verschlüsselungsalgorithmen, die bis jetzt implementiert wurden, weil sowohl die Unterschlüssel als auch die S-Boxen von einem Prozess wiederholter Anwendung des Blowfish selbst produziert werden, was die Bits gründlich durcheinanderwürfelt und eine Kryptoanalyse sehr schwierig macht. Bis jetzt existieren zwar einige wenige Veröffentlichungen über die Kryptoanalyse von Blowfish, praktische Schwächen wurden aber nicht gefunden.

Blowfish ist Bestandteil einer Reihe kommerzieller Anwendungen.

RC5

RC5 wurde 1994 von Ron Rivest entwickelt [RIVE94, RIVE95], einem der Erfinder des Public-Key-Algorithmus RSA. RC5 ist im RFC2040 definiert und sollte laut Entwurf die folgenden Charakteristika aufweisen:

- **Passend für Hardware und Software:** RC5 benutzt nur einfachste Rechenoperationen, welche die meisten Mikroprozessoren unterstützen.
- **Schnell:** Um dies zu erreichen, ist RC5 ein einfacher, wortorientierter Algorithmus. Die grundlegenden Operationen werden jeweils auf ein Wort (32 Bit) angewendet.
- **Anpassbar an Prozessoren mit unterschiedlichen Wortlängen:** Die Anzahl der Bits in einem Wort ist einer der Parameter von RC5; unterschiedliche Wortlängen ergeben unterschiedliche Algorithmen.
- **Variable Anzahl von Runden:** Die Anzahl der Runden bildet einen zweiten Parameter von RC5. Dieser Parameter erlaubt einen Kompromiss zwischen höherer Geschwindigkeit und höherer Sicherheit.
- **Variable Schlüssellänge:** Die Schlüssellänge stellt den dritten Parameter von RC5 dar. Auch dies gestattet ein Abwägen zwischen Geschwindigkeit und Sicherheit.
- **Einfach:** Die einfache Struktur von RC5 ist leicht zu implementieren und vereinfacht die Aufgabe, die Stärke des Algorithmus zu bestimmen.
- **Geringer Speicherbedarf:** Ein geringer Speicherbedarf lässt die Anwendung von RC5 für Smart Cards und andere Geräte mit eingeschränktem Speicher zu.
- **Hohe Sicherheit:** RC5 soll bei entsprechender Parametereinstellung hohe Sicherheit bieten.
- **Datenabhängige Rotation:** RC5 enthält Rotationen (Kreisverschiebungen der Bits), deren Anzahl von den Daten abhängt. Dies scheint den Algorithmus gegenüber Kryptoanalyse zu stärken.

RC5 findet Verwendung in einer Reihe von Produkten der RSA Data Security, Inc.

CAST-128

CAST-128 ist ein Entwurfsverfahren für symmetrische Verschlüsselungsalgorithmen, welches 1997 von Carlisle Adams und Stafford Tavares von Entrust Technologies entwickelt wurde [ADAM97]. Einer der im Zuge des CAST-Projekts entwickelten Algorithmen ist CAST-128, definiert in RFC 2144, der eine Schlüssellänge benutzt, welche in Inkrementen von 40 bis 128 Bit variiert. CAST stellt das Ergebnis einer langen Forschungs- und Entwicklungsarbeit dar und profitiert von intensiven Prüfungen durch Kryptologen. Allmählich wird es in einigen Produkten benutzt, einschließlich PGP.

CAST benutzt feste S-Boxen, die allerdings erheblich größer sind als unter DES. Beim Entwurf dieser S-Boxen achtete man genau auf hohe Nichtlinearität und Widerstandsfähigkeit gegenüber Kryptoanalyse. Das Erzeugen der Unterschlüssel verläuft anders als in anderen herkömmlichen Verschlüsselungsalgorithmen, die in der Literatur beschrieben werden. Die Entwickler von CAST gaben sich große Mühe, die Unterschlüssel gegenüber bekannten kryptoanalytischen Angriffen so widerstandsfähig wie möglich zu machen, und waren der Überzeugung, dass die Verwendung hochgradig nichtlinearer S-Boxen zur Erzeugung der Unterschlüssel aus dem Hauptschlüssel diese Stärke liefern würde. Ein weiteres interessantes Merkmal von CAST-128 besteht darin, dass die Rundenfunktion F von Runde zu Runde unterschiedlich verwendet wird, was ebenfalls die kryptoanalytische Stärke erhöht.

2.3 Betriebsmodi von Blockverschlüsselungen

Eine symmetrische Blockverschlüsselung verarbeitet zur gleichen Zeit immer einen ganzen Datenblock. In den Fällen von DEA und TDEA beträgt die Blocklänge 64 Bit. Längere Klartexte erfordern eine Unterteilung des Textes in Blöcke von 64 Bit, wobei der letzte Block gegebenenfalls aufgefüllt wird. Der einfachste Weg fortzufahren, besteht im so genannten ECB-Modus (Electronic Codebook Mode – ECB), in welchem die Klartextblöcke von 64 Bit nacheinander alle mit demselben Schlüssel kodiert werden. Der Terminus *Codebook* bedeutet, dass für einen gegebenen Schlüssel ein eindeutiger verschlüsselter Text zu jedem 64-Bit-Block von Klartext existiert. Man kann sich darunter also ein riesiges Nachschlagewerk (Codebook) vorstellen, in dem es zu jedem möglichen 64-Bit-Klartextblock einen korrespondierenden verschlüsselten Text gibt.

Mit ECB wird für mehrfaches Vorkommen eines 64-Bit-Klartextblocks stets derselbe verschlüsselte Text produziert. Aus diesem Grund birgt der ECB-Modus Unsicherheiten bei längeren Klartexten. Handelt es sich um eine hochgradig strukturierte Nachricht, dann könnte ein Kryptoanalytiker diese Regelmäßigkeiten aufdecken. Weiß man beispielsweise, dass die Nachricht immer mit gewissen fest definierten Feldern beginnt, dann könnte der Kryptoanalytiker in den Besitz mehrerer Paare von Klartext und verschlüsseltem Text gelangen. Weist die Nachricht wiederholte Elemente im Abstand von einem Mehrfachen von 64 Bit auf, dann ist der Analytiker in der Lage, diese Elemente zu identifizieren. Dies kann bei der Analyse helfen oder eine Möglichkeit zum Ersetzen oder Umstellen von Blöcken ergeben.

Zum Überwinden dieser Sicherheitslücken von ECB bevorzugen wir eine Technik, in welcher jede Wiederholung eines Klartextblocks unterschiedliche verschlüsselte Textblöcke ergibt. In diesem Abschnitt werfen wir einen Blick auf zwei verbreitete Alternativen.

2.3.1 CBC-Modus (Cipher Block Chaining)

Im CBC-Modus (Cipher Block Chaining) (Abbildung 2.7) besteht die Eingabe an den Verschlüsselungsalgorithmus aus dem XOR-Wert aus dem aktuellen Klartextblock und dem vorangegangenen Block des verschlüsselten Textes; bei jedem Block wird derselbe Schlüssel verwendet. Im Endeffekt verketten wir die Verarbeitung der Folge von Klartextblöcken. Die Eingabe an die Verschlüsselungsfunktion für jeden Block des Klartextes besitzt keine feste Beziehung zum Klartextblock. Die sich wiederholenden Muster zu je 64 Bit werden daher nicht wiedergegeben.

Bei der Entschlüsselung durchläuft jeder verschlüsselte Block den Entschlüsselungsalgorithmus. Das Ergebnis wird mit dem vorangegangenen Block des verschlüsselten Texts mit der XOR-Funktion verknüpft, um den Klartextblock zu erzeugen. Um zu sehen, dass dieses funktioniert, können wir schreiben:

$$C_i = E_K[C_{i-1} \oplus P_i]$$

wobei C für den verschlüsselten Text und P für den Klartext steht, $E_K[X]$ die Verschlüsselung des Klartextes X unter der Verwendung von Schlüssel K ist und $\oplus$ die Exklusiv-Oder-Funktion darstellt. Dann gilt für die Entschlüsselung D:

$$D_k[C_i] = D_k\,[E_k\,(C_{i-1} \oplus P_i)]$$
$$D_k[C_i] = (C_{i-1} \oplus P_i)$$
$$C_{i-1} \oplus D_k\,[C_i] = C_{i-1} \oplus C_{i-1} \oplus P_i = P_i$$

was Abbildung 2.7b bestätigt.

Um den ersten Block des verschlüsselten Textes zu erzeugen, wird auf den Initialisierungsvektor (IV) und den ersten Block des Klartextes die XOR-Funktion angewandt. Bei der Entschlüsselung wird die XOR-Funktion auf den Initialisierungsvektor und die Ausgabe des Entschlüsselungsalgorithmus angewandt, um den ersten Block des Klartextes wiederherzustellen.

Der Initialisierungsvektor muss sowohl dem Sender als auch dem Empfänger bekannt sein. Um größtmögliche Sicherheit zu erreichen, sollte der IV so gut bewacht sein wie der Schlüssel. Dies könnte zum Beispiel dadurch geschehen, dass man den IV mithilfe der ECB-Verschlüsselung überträgt. Ein Grund dafür, den IV zu schützen, liegt darin: Wenn ein Gegner in der Lage ist, dem Empfänger einen gefälschten Wert für IV unterzuschieben, dann kann er bestimmte Bits im ersten Block des Klartextes invertieren. Überlegen Sie sich dazu Folgendes:

$C_1 = E_K[IV \oplus P_1]$
$P_1 = IV \oplus D_K(C_1)$

Gehen Sie nun davon aus, dass $X[j]$ für das $j$te Bit der 64-Bit-Einheit X steht. Dann gilt:

$P_1[j] = IV[j] \oplus D_K(C_1)[j]$

Bei den bekannten Eigenschaften von XOR können wir nun Folgendes behaupten:

$P_1[j]' = IV[j]' \oplus D_K(C_1)[j]$

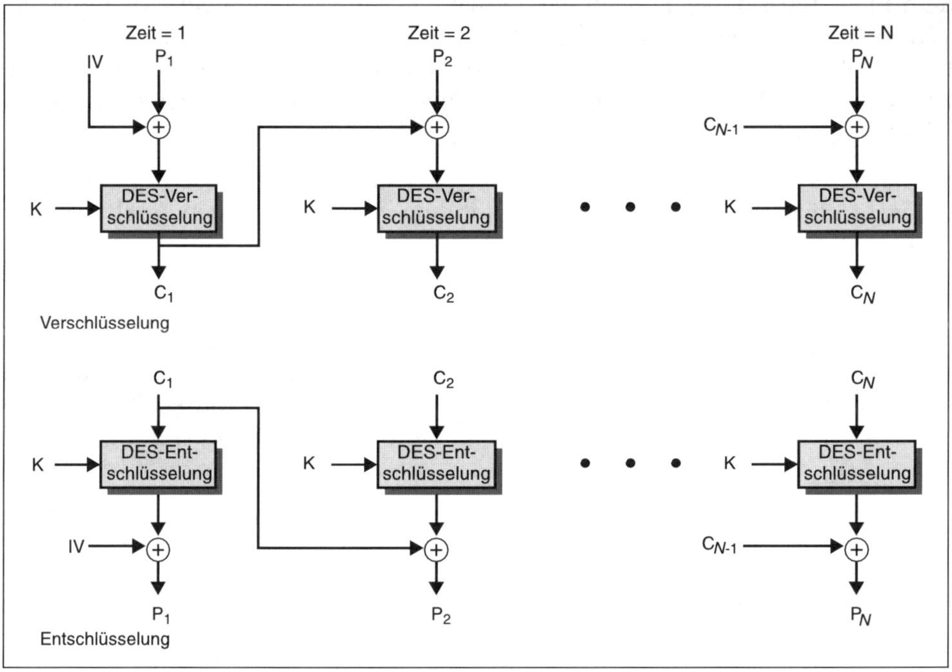

Abbildung 2.7: CBC-Modus (Cipher Block Chaining)

Dabei steht die Strichnotation für die Komplementbildung der Bits. Wenn also ein Gegner Bits in IV vorhersehbar verändern kann, können auch die entsprechenden Bits des empfangenen Wertes für P_1 geändert werden.

CBC ist weit verbreitet bei Sicherheitsanwendungen, wie wir im zweiten Teil sehen werden.

2.3.2 CFB-Modus (Cipher Feedback)

Beim DES-Verfahren handelt es sich im Wesentlichen um eine Blockverschlüsselungstechnik, die mit 64-Bit-Blöcken arbeitet. Man kann DES jedoch mit dem Betriebsmodus Cipher Feedback in eine Datenstromverschlüsselung umwandeln. Bei einer Datenstromverschlüsselung muss eine Nachricht nicht mehr in eine Anzahl von Blöcken eingepasst werden. Zudem kann sie in Echtzeit betrieben werden. Wenn also ein Zeichenstrom übertragen wird, kann jedes Zeichen mithilfe einer zeichenorientierten Datenstromverschlüsselung verschlüsselt und sofort übertragen werden.

Eine wünschenswerte Eigenschaft einer Datenstromverschlüsselung ist, dass der verschlüsselte Text genauso lang ist wie der Klartext. Wenn also 8-Bit-Zeichen übertragen werden, wird jedes Zeichen mit 8 Bit verschlüsselt. Wenn mehr als 8 Bits verwendet werden, bedeutet dies eine Verschwendung der Übertragungskapazitäten.

Abbildung 2.8 zeigt das CFB-Schema. In der Abbildung wird davon ausgegangen, dass die zu übertragende Einheit j Bit beträgt; ein üblicher Wert ist $j = 8$. Wie beim CBC werden die Klartexteinheiten miteinander verkettet, sodass der verschlüsselte Text eines beliebigen Klartextes eine Funktion des gesamten vorangegangenen Klartextes darstellt.

Beachten Sie zunächst die Verschlüsselung. Die Eingabe an die Verschlüsselungsfunktion ist ein 64-Bit-Schieberegister, das zu Beginn auf einen Initialisierungsvektor (IV) gesetzt wird. Auf die am weitesten links stehenden (höchstwertigen) j Bit der Ausgabe der Verschlüsselungsfunktion und die erste Einheit des Klartextes P_1 wird die XOR-Funktion angewandt, um die erste Einheit verschlüsselten Texts C_1 zu erzeugen, die dann übertragen wird. Zudem wird der Inhalt des Schieberegisters um j Bit nach links verschoben und C_1 in die rechts außen stehenden (niedrigstwertigen) j Bit des Schieberegisters geschrieben. Dieses Verfahren dauert an, bis alle Einheiten des Klartextes verschlüsselt wurden.

Zur Entschlüsselung wird dasselbe Verfahren verwendet, außer dass eine empfangene Einheit des verschlüsselten Textes mit der Ausgabe der Verschlüsselungsfunktion die XOR-Funktion durchläuft, um die Einheit des Klartextes zu erzeugen. Beachten Sie, dass die *Verschlüsselungsfunktion* verwendet wird, nicht die Entschlüsselungsfunktion. Dies lässt sich leicht erklären. Definieren Sie $S_j(X)$ als die höchstwertigen j Bit von X. Dann gilt:

$$C_1 = P_1 \oplus S_j(E(IV))$$

Daraus folgt

$$P_1 = C_1 \oplus S_j(E(IV))$$

Gleiches gilt für die nachfolgenden Schritte des Verfahrens.

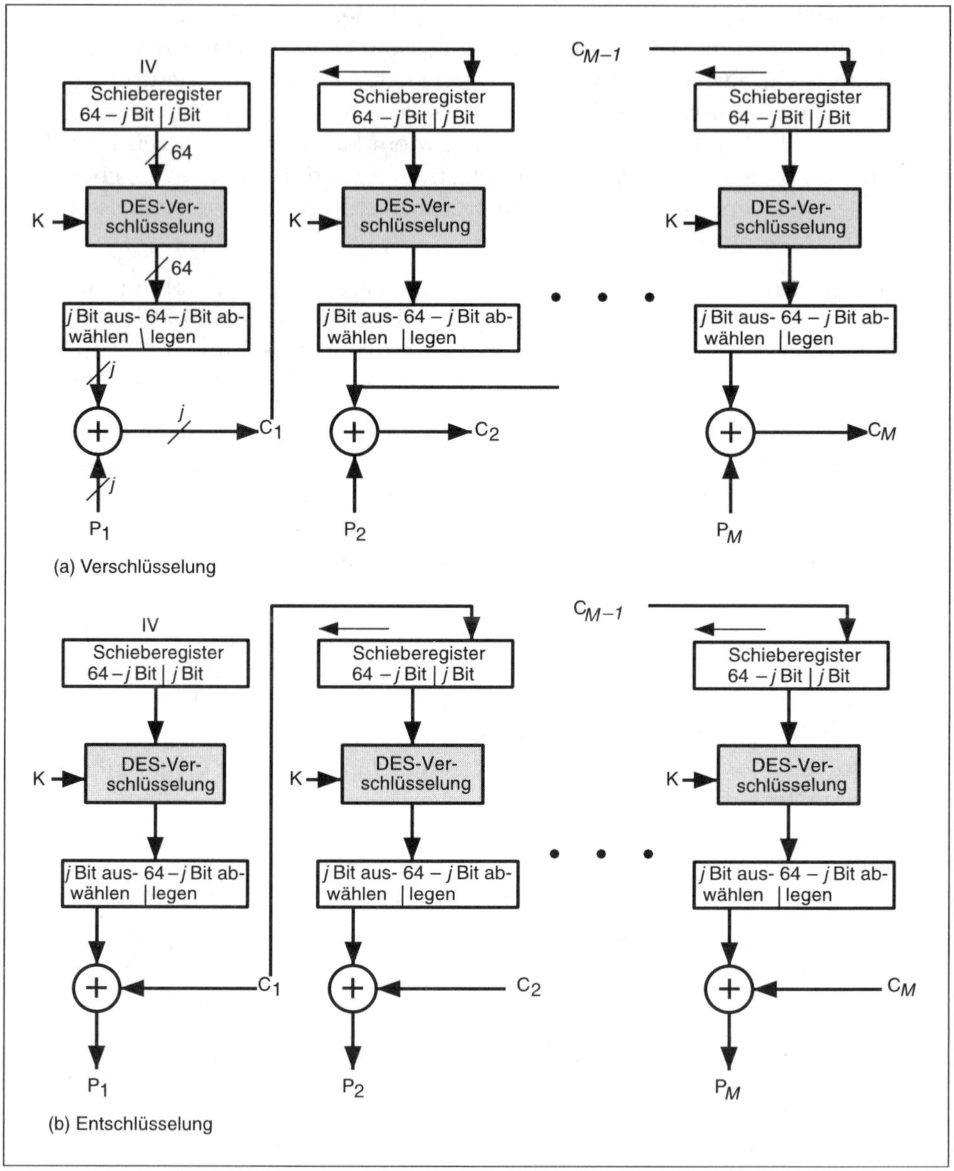

Abbildung 2.8: CFB-Modus (Cipher Feedback)

2.4 Verschlüsselungsort

Der leistungsstärkste und am weitesten verbreitete Ansatz zur Wahrung der Netzwerksicherheit ist die Verschlüsselung. Wenn Verschlüsselung eingesetzt wird, müssen wir uns entscheiden, was verschlüsselt und wo die Verschlüsselungsausrüstung untergebracht werden soll. Es gibt zwei Hauptalternativen: Verbindungs- und Ende-Ende-Verschlüsselung. Deren Einsatz in einem paketvermittelten Netzwerk wird in Abbildung 2.9 dargestellt.

Bei der Verbindungsverschlüsselung wird jede angreifbare Kommunikationsverbindung an beiden Enden mit einem Verschlüsselungsgerät ausgestattet. So wird der gesamte Datenfluss auf allen Kommunikationsverbindungen gesichert. Dieses Verfahren erfordert in einem großen Netzwerk zwar viele Verschlüsselungsgeräte, bietet jedoch einen hohen Sicherheitsstandard. Einer der Nachteile dieser Methode besteht darin, dass die Nachricht jedes Mal entschlüsselt werden muss, wenn sie an einer Paketvermittlungsstelle eintrifft; dies ist notwendig, da die Vermittlungsstelle die Adresse (virtuelle Verbindungsnummer) im Vorspann des Pakets lesen muss, um es weiterzuleiten. Die Nachricht ist daher an jeder Vermittlungsstelle angreifbar. Arbeitet man mit einem öffentlichen paketvermittelten Netzwerk, hat der Benutzer keine Kontrolle über die Sicherheit der Knoten.

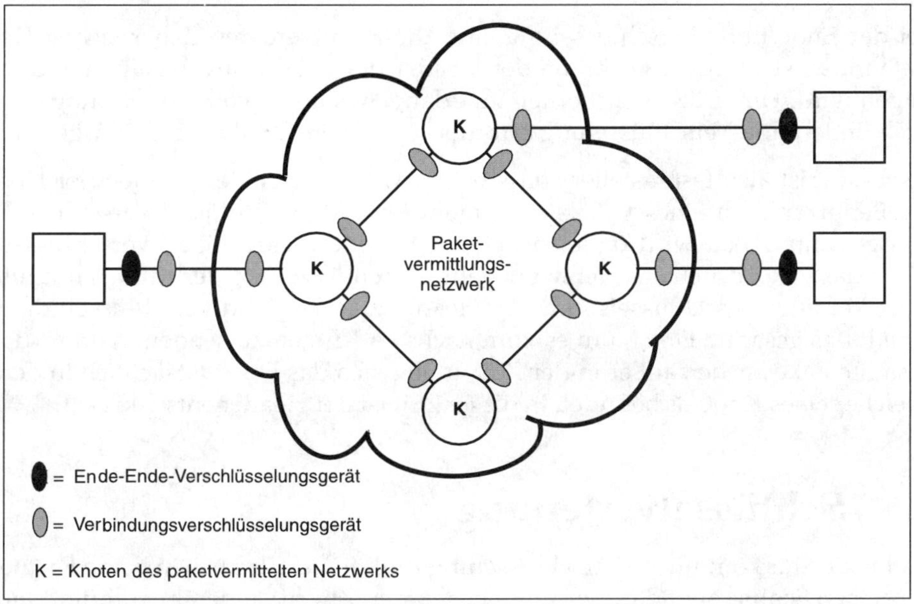

Abbildung 2.9: Verschlüsselung in einem paketvermittelten Netzwerk

Bei der Ende-Ende-Verschlüsselung findet der Verschlüsselungsvorgang an den beiden Endgeräten statt. Der Ausgangs-Host oder das Ausgangs-Terminal verschlüsselt die Daten. Die verschlüsselten Daten werden dann unverändert über das Netzwerk an den Ziel-Host oder das Ziel-Terminal übertragen. Der Zielort verwendet den gleichen Schlüssel wie der Ausgangsort, daher kann er die Daten entschlüsseln. Dieses Verfahren scheint die Übertragung gegen Angriffe an den Netzwerkverbindungen oder -vermittlungsstellen zu sichern. Es gibt allerdings einen Schwachpunkt.

Stellen Sie sich folgende Situation vor: Ein Host stellt eine Verbindung mit einem paketvermittelten X.25-Netzwerk her, richtet eine virtuelle Verbindung mit einem anderen Host ein und ist nun bereit, Daten mittels Ende-Ende-Verschlüsselung an diesen Host zu übertragen. Über ein solches Netzwerk werden Daten in Form von Paketen übertragen, die aus einem Header und einigen Benutzerdaten bestehen. Welchen Teil eines jeden Pakets wird der Host verschlüsseln? Angenommen, der Host würde das gesamte Paket einschließlich des Headers verschlüsseln. Dies würde nicht funktionieren, da, wie Sie sich erinnern, nur der andere Host die Entschlüsselung durchführen kann. Der Paketvermittlungsknoten würde ein verschlüsseltes Paket empfangen und könnte den Header nicht lesen. Er kann das Paket also nicht weiterleiten! Daraus folgt, dass der Host nur die Benutzerdaten des Pakets verschlüsseln darf, den Header dagegen unverschlüsselt belassen muss, damit dieser vom Netzwerk gelesen werden kann.

Bei der Ende-Ende-Verschlüsselung sind die Benutzerdaten daher sicher. Der Datenfluss ist es jedoch nicht, da der Header der Pakete unverschlüsselt übertragen wird. Um größere Sicherheit zu erlangen, sind sowohl Verbindungs- als auch Ende-Ende-Verschlüsselung erforderlich, wie in Abbildung 2.9 dargestellt.

Insgesamt ist also festzustellen, dass bei Verwendung beider Formen der Host die Benutzerdaten eines Pakets mit einem Ende-Ende-Schlüssel verschlüsselt. Das gesamte Paket wird dann mit einem Verbindungsschlüssel verschlüsselt. Wenn das Paket durch das Netzwerk geht, entschlüsselt es jeder Knoten mithilfe eines Verbindungsschlüssels, um den Header zu lesen, und verschlüsselt dann erneut das gesamte Paket, um es zum nächsten Knoten zu senden. Nun ist das gesamte Paket sicher, außer in der Zeit, in der sich das Paket tatsächlich in dem Speicher eines Knotens befindet. In dieser Zeit ist der Header entschlüsselt.

2.5 Schlüsselverteilung

Damit eine herkömmliche Verschlüsselung funktioniert, brauchen beide Partner denselben Schlüssel und dieser muss gegen den Zugriff anderer geschützt sein. Darüber hinaus sind häufige Wechsel des Schlüssels wünschenswert, um den Schaden gering zu halten, sollte doch einmal ein Unbefugter Kenntnis von dem Schlüssel erhalten. Die Stärke jedes kryptographischen Systems hängt somit auch von der Schlüsselverteilung ab, also von der Art und Weise, wie der Schlüssel an die Partner ausgeliefert wird, ohne dass andere ihn zu Gesicht bekommen. Es existieren mehrere Möglichkeiten der Schlüsselverteilung. Für zwei Partner A und B ergeben sich folgende Fälle:

1. A könnte den Schlüssel auswählen und physisch an B übergeben.
2. Ein Dritter könnte den Schlüssel auswählen und physisch an beide übergeben.
3. Wenn A und B zuvor bereits Schlüssel verwendet haben, könnte ein Partner dem anderen den neuen Schlüssel übergeben, indem er diesen mit dem alten Schlüssel kodiert.
4. Wenn A und B eine verschlüsselte Verbindung zu einem dritten Partner C besitzen, könnte C den Schlüssel über die verschlüsselte Verbindung an A und B ausliefern.

Die Möglichkeiten 1 und 2 erfordern eine manuelle Auslieferung des Schlüssels. Für Verbindungsverschlüsselung ist diese Forderung sinnvoll, denn jede Seite der Verbindungsverschlüsselung tauscht ausschließlich Daten mit ihrem Partner auf der anderen Seite der Verbindung aus. Bei einer Ende-Ende-Verschlüsselung dagegen ist eine manuelle Auslieferung ungeschickt. In einem verteilten System müssen jeder Host und jedes Terminal in der Lage sein, sich über lange Zeit mit anderen Hosts oder Terminals auszutauschen. Daher benötigt jedes Gerät eine Anzahl von Schlüsseln, die dynamisch geliefert werden. In einem weit verteilten System wird dieses Problem besonders schwierig.

Möglichkeit 3 kommt sowohl für Verbindungsverschlüsselung als auch für Ende-Ende-Verschlüsselung in Frage. Sollte es aber jemals einem Angreifer gelingen, in den Besitz eines Schlüssel zu gelangen, dann liegen ihm auch alle folgenden Schlüssel offen. Auch wenn Schlüssel der Verbindungsverschlüsselung häufig gewechselt werden, sollte dies manuell geschehen. Um die Schlüssel für eine Ende-Ende-Verschlüsselung auszuliefern, zieht man Möglichkeit 4 vor.

Abbildung 2.10 zeigt eine Implementation der Möglichkeit 4 für eine Ende-Ende-Verschlüsselung. Diese Abbildung ignoriert die Verbindungsverschlüsselung, welche nach Bedarf hinzugefügt werden kann oder auch nicht. Für dieses Schema sind zwei Arten von Schlüsseln erforderlich:

- **Sitzungsschlüssel**: Wollen zwei End-Systeme (Hosts, Terminals usw.) kommunizieren, dann bauen sie eine logische Verbindung auf (wie beispielsweise eine virtuelle Verbindung). Für die Dauer dieser logischen Verbindung werden alle Daten mit einem einmalig verwendeten Sitzungsschlüssel kodiert, der nach Ende der Verbindung vernichtet wird.

- **Permanenter Schlüssel**: Unter einem permanenten Schlüssel versteht man einen Schlüssel, der zur Vergabe von Sitzungsschlüsseln an Teilnehmer benutzt wird.

Die Konfiguration besteht aus den folgenden Elementen:

- **Zentrale Schlüsselverwaltung**: Die zentrale Schlüsselverwaltung entscheidet darüber, welche Systeme miteinander kommunizieren dürfen. Wenn zwei Systeme die Erlaubnis zum Aufbau einer Verbindung besitzen, erhalten sie von der zentralen Schlüsselverwaltung einen Schlüssel zur einmaligen Verwendung für diese Sitzung.
- **Front-End-Prozessor**: Der Front-End-Prozessor führt die Ende-Ende-Verschlüsselung durch und erhält die Sitzungsschlüssel für seinen Host oder sein Terminal.

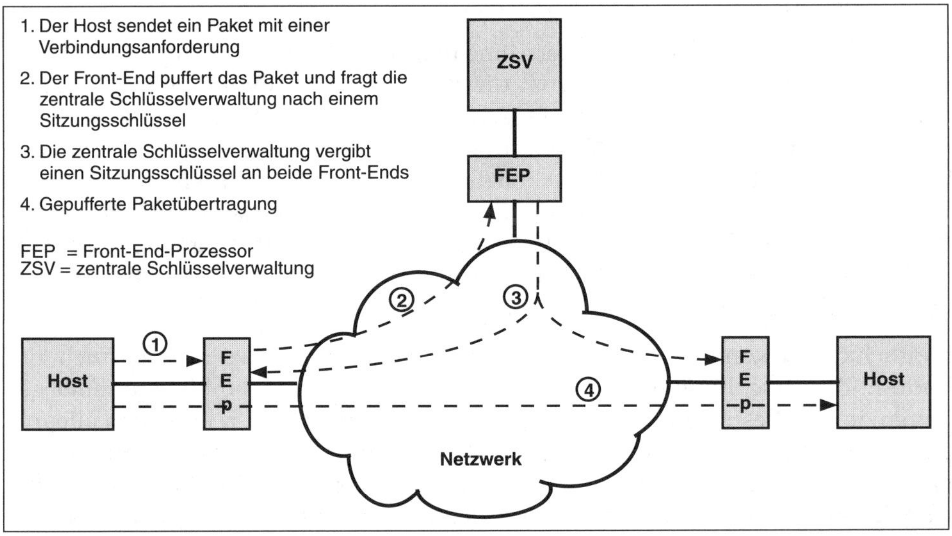

Abbildung 2.10: Automatische Schlüsselverteilung für verbindungsorientierte Protokolle

Die zu einem Verbindungsaufbau gehörenden Schritte zeigt Abbildung 2.10. Möchte ein Host eine Verbindung zu einem anderen Host aufnehmen, sendet er ein Paket zur Verbindungsanforderung (Schritt 1). Der Front-End-Prozessor sichert dieses Paket und fragt bei der zentralen Schlüsselverwaltung nach der Erlaubnis zum Aufbau der Verbindung an (Schritt 2). Die Kommunikation zwischen der zentralen Schlüsselverwaltung und dem Front-End-Prozessor wird über einen nur diesen beiden zugänglichen Hauptschlüssel verschlüsselt. Wenn die zentrale Schlüsselverwaltung die Nachfrage zulässt, erzeugt sie den Sitzungsschlüssel und sendet diesen an die beiden entsprechenden Front-End-Prozessoren, wobei sie jeweils einen eindeutigen permanenten Schlüssel verwendet

(Schritt 3). Der anfragende Front-End-Prozessor kann daraufhin das Paket zur Verbindungsanforderung freigeben und zwischen den beiden Endsystemen erfolgt der Verbindungsaufbau (Schritt 4). Die entsprechenden Front-End-Prozessoren verschlüsseln sämtliche Benutzerdaten, welche die beiden Endsysteme untereinander austauschen, mithilfe des Sitzungsschlüssels.

Das Konzept der automatischen Schlüsselverteilung bietet die nötige Flexibilität und dynamische Anpassbarkeit, die man braucht, um mehrere Terminal-Benutzer auf eine Reihe von Hosts zugreifen und die Hosts Daten untereinander austauschen zu lassen.

Ein weiteres Konzept zur Schlüsselverteilung verwendet Public-Key-Verschlüsselung, die in Kapitel 3 behandelt wird.

2.6 Empfohlene Lektüre

Die Themen dieses Kapitels werden detaillierter in [STAL99] diskutiert. Hinsichtlich kryptographischer Algorithmen stellt [SCHN96] ein essenzielles Referenzwerk dar, welches Beschreibungen nahezu aller kryptographischen Algorithmen und Protokolle der letzten 15 Jahre enthält. Eine andere lesenswerte und detaillierte Zusammenfassung bietet [MEME97]. [STIN95] liefert eine detailliertere Abhandlung mit gründlicher mathematischer Erörterung.

MENE97 Menezes, A., Oorshcot, P. und Vanstone, S. *Handbook of Applied Cryptography.* Boca Raton, FL: CRC Press, 1997.

SCHN96 Schneier, B. *Applied Cryptography.* New York: Wiley, 1996

STAL96 Stallings, W. *Cryptography and Network Security: Principles and Practice, 2nd edition.* Upper Saddle River, NJ: Prentice Hall, 1999.

STIN95 Stinson, D. *Cryptography: Theory and Practice.* Boca Raton, FL: CRC Press, 1995.

2.7 Aufgaben

2.1 a. Beweisen Sie, dass die Feistel-Entschlüsselung die Umkehrung der Feistel-Verschlüsselung ist.

b. Weisen Sie nach, dass die DES-Entschlüsselung die Umkehrung der DES-Verschlüsselung ist.

2.2 Den 32-Bit-Austausch nach der sechzehnten Runde des DES-Algorithmus braucht man, um den Verschlüsselungsprozess umkehrbar zu machen, indem man den verschlüsselten Text einfach mit umgekehrter Schlüsselfolge durch den Algorithmus laufen lässt. In Aufgabe 2.1 wurde dies demonstriert. Dennoch ist vielleicht nicht völlig klar, warum der 32-Bit-Austausch nötig ist. Lösen Sie die folgenden Aufgaben, um den Grund dafür herauszufinden. Zunächst einige mathematische Zeichen:

$A \| B$	=	die Verkettung der Bit-Strings A und B
$T_i(R \| L)$	=	die Transformation, die durch die $i$te Runde des verschlüsselungsalgorithmus für $1 \leq i \leq 16$ definiert wird
$TD_i(R \| L)$	=	die Transformation, die durch die $i$te Runde des Entschlüsselungsalgorithmus für $1 \leq i \leq 16$ definiert wird
$T_{17}(R \| L)$	=	$L \| R$. Diese Transformation erfolgt nach der sechzehnten Runde des Verschlüsselungsalgorithmus.

a. Beweisen Sie, dass $TD_1(IP(IP^{-1}(T_{17}(T_{16}(L_{15} \| R_{15})))))$ mit der Transformation gleichwertig ist, welche die 32-Bit-Hälften L_{15} und R_{15} austauscht. Zeigen Sie also, dass Folgendes gilt:

$$TD_1(IP(IP^{-1}(T_{17}(T_{16}(L_{15} \| R_{15}))))) = R_{15} \| L_{15}$$

b. Wir wollen nun den abschließenden 32-Bit-Austausch im Verschlüsselungsalgorithmus weglassen. Wir behaupten, dass die folgende Gleichung richtig ist:

$$TD_1(IP(IP^{-1}(T_{16}(L_{15} \| R_{15})))) = L_{15} \| R_{15}$$

Trifft dies zu?

2.3 a. M′ sei das bitweise Komplement von M. Beweisen Sie, dass bei Verwendung des Komplements des Klartextblocks und des Komplements eines Schlüssels das Ergebnis der Verschlüsselung mit diesen Werten das Komplement des ursprünglichen verschlüsselten Textes ist. Folglich gilt:

Wenn $Y = DES_K(X)$,
dann $Y' = DES_{K'}(X')$

Hinweis: Beginnen Sie, indem Sie zeigen, dass für zwei beliebige Bit-Strings von gleicher Länge, A und B, gilt: $(A \oplus B)' = A' \oplus B$.

b. Es wurde festgestellt, dass ein Brute-Force-Angriff auf DES das Durchsuchen eines Bereichs von 2^{56} Schlüsseln erfordert. Ändert das Ergebnis von Teil (a) hieran etwas?

2.4 Im ECB-Modus von DES ist nur der entsprechende Klartextblock betroffen, wenn beim Übertragen eines verschlüsselten Textblocks ein Fehler auftritt. Im CBC-Modus dagegen pflanzt sich dieser Fehler fort. So verfälscht beispielsweise ein Fehler in der Übertragung von C_1 (Abbildung 2.7) offensichtlich P_1 und P_2.

a. Sind nach P_2 noch weitere Blöcke betroffen?

b. Angenommen, in der Ursprungsversion von P_1 tritt ein Bitfehler auf. Durch wie viele verschlüsselte Textblöcke pflanzt sich dieser Fehler fort? Welche Auswirkung hat dies auf den Empfänger?

2.5 Wenn in der Übertragung eines verschlüsselten Textzeichens im 8-Bit-CFB-Modus ein Fehler auftritt, wie weit pflanzt sich dieser fort?

2.6 Schlüsselverteilungsschemata, welche ein Zugriffskontrollzentrum und/oder eine zentrale Schlüsselverwaltung verwenden, besitzen zentrale Punkte, die durch Angriffe verwundbar sind. Diskutieren Sie die impliziten Sicherheitserfordernisse derartiger Zentralisationen.

2.7 Angenommen, jemand schlägt den folgenden Weg vor, um zu beweisen, dass Sie beide im Besitz desselben geheimen Schlüssels sind. Sie erzeugen einen zufälligen Bit-String in der Länge des Schlüssels, wenden auf diesen und den Schlüssel die XOR-Funktion an und senden das Ergebnis über den Kanal. Ihr Partner wendet dann die XOR-Funktion auf den ankommenden Block und seinen Schlüssel (der mit Ihrem identisch sein sollte) an und sendet ihn zurück. Wenn Sie dann den ursprünglichen zufälligen String zurückerhalten, beweist dies, dass Ihr Partner denselben geheimen Schlüssel besitzt, wobei keiner von Ihnen jemals den Schlüssel übertragen hat. Besitzt dieses Schema eine Schwäche?

Public-Key-Kryptographie und Nachrichtenauthentifizierung 3

Neben der Vertraulichkeit der Nachrichten stellt die Authentifizierung der Nachricht eine wichtige Funktion der Netzwerksicherheit dar. Dieses Kapitel untersucht drei Aspekte der Nachrichtenauthentifizierung. Zunächst werfen wir einen Blick auf den Gebrauch von Verschlüsselungen zur Nachrichtenauthentifizierung sowie auf Hash-Funktionen, welche die Nachrichtenauthentifizierung herstellen. Danach betrachten wir die Grundlagen der Public-Key-Verschlüsselung und untersuchen zwei bestimmte Public-Key-Algorithmen. Diese Algorithmen helfen beim Austausch herkömmlicher Schlüssel. Anschließend werfen wir einen Blick auf die Verwendung der Public-Key-Verschlüsselung zur Herstellung digitaler Signaturen, eine fortgeschrittene Form der Nachrichtenauthentifizierung. Abschließend behandeln wir nochmals das Thema der Schlüsselverwaltung.

3.1 Verfahren der Nachrichtenauthentifizierung

Verschlüsselung schützt gegen passive Angriffe (Abhören). Der Schutz gegen aktive Angriffe (Verfälschung von Daten und Transaktionen) stellt andere Ansprüche. Den Schutz gegen derartige Angriffe nennt man Nachrichtenauthentifizierung.

Nachrichten, Dateien, Dokumente oder sonstige Datensammlungen gelten als authentisch, wenn sie echt sind und vom angegebenen Absender stammen. Unter Nachrichtenauthentifizierung versteht man eine Prozedur, welche es Kommunikationspartnern gestattet zu verifizieren, dass erhaltene Nachrichten authentisch sind. Zwei Dinge sind hierbei von Bedeutung: zum einen das Sicherstellen, dass der Inhalt der Nachricht nicht verändert wurde, und zum anderen, dass die Quelle authentisch ist. Darüber hinaus wollen wir vielleicht noch die Rechtzeitigkeit der Nachricht (dass sie also nicht künstlich verzögert oder wiederholt wurde) sowie die Reihenfolge der Nachrichten zwischen zwei Partnern überprüfen.

3.1.1 Authentifizierung mit herkömmlicher Verschlüsselung

Man kann die Authentifizierung ganz einfach mittels herkömmlicher Verschlüsselung durchführen. Wenn wir unterstellen, dass nur der Absender und der Empfänger den Schlüssel besitzen (wie es ja sein sollte), dann könnte auch nur der echte Absender eine Nachricht erfolgreich für den anderen Teilnehmer verschlüsseln. Enthält die Nachricht außerdem einen Code zur Fehlererkennung sowie eine Sequenznummer, dann kann sich der Empfänger darauf verlassen, dass die Nachrichten ohne Veränderungen und in der richtigen Reihenfolge eintreffen. Besitzt die Nachricht darüber hinaus auch noch eine Zeitmarke, dann weiß der Empfänger, dass die Nachricht nicht über das in Netzwerken übliche Maß hinaus verzögert wurde.

3.1.2 Nachrichtenauthentifizierung ohne Nachrichtenverschlüsselung

In diesem Abschnitt untersuchen wir diverse Verfahren zur Nachrichtenauthentifizierung, die ohne Verschlüsselung auskommen. In all diesen Verfahren wird jeder Nachricht für die Übertragung ein Authentifizierungsmerkmal angehängt. Die Nachricht selbst wird dagegen nicht verschlüsselt und kann vom Empfänger unabhängig von dessen Authentifizierungsfunktion gelesen werden.

Weil die in diesem Abschnitt diskutierten Verfahren die Nachrichten nicht verschlüsseln, bieten sie auch keine Geheimhaltung. Da herkömmliche Verschlüsselungen eine Authentifizierung liefern und weit verbreitet mit fertig erhältlichen Produkten genutzt werden, stellt sich die Frage, warum man nicht einfach ein solches Verfahren benutzt, welches sowohl Geheimhaltung als auch Authentifizierung unterstützt? [DAVI89] schlägt drei Situationen vor, in denen Nachrichtenauthentifizierung ohne Geheimhaltung zu bevorzugen ist:

1. Es existieren eine Reihe von Anwendungen, in denen dieselbe Nachricht an eine ganze Reihe von Empfängern versandt wird (wie beispielsweise Mitteilungen an die Benutzer, dass das Netzwerk nicht mehr verfügbar ist, oder ein Alarmsignal in einer Überwachungszentrale). Es ist billiger und zuverlässiger, wenn nur ein Empfänger für die Überwachung der Authentizität verantwortlich ist. Daher muss die Nachricht in Klartext mit beigefügtem Nachrichtenauthentifizierungsmerkmal versandt werden. Das verantwortliche System führt die Authentifizierung durch. Bei Störungen werden die anderen Systeme durch einen allgemeinen Alarm gewarnt.
2. Ein anderes denkbares Szenario besteht in einem Datenaustausch, bei dem die eine Seite stark belastet ist und keine Zeit zum Entschlüsseln aller ankommenden Nachrichten hat. Die Authentifizierung wird auf einer selektiven Basis durchgeführt, wobei zufällig Nachrichten zur Überprüfung ausgewählt werden.
3. Die Authentifizierung eines Computerprogramms in Klartext ist ein attraktiver Dienst. Das Computerprogramm kann ausgeführt werden, ohne es jedes Mal entschlüsseln zu müssen, was Verschwendung von Prozessorleistung bedeutete. Wenn aber ein Nachrichtenauthentifizierungsmerkmal dem Programm beigefügt wäre, könnte es jedes Mal überprüft werden, wann immer eine Versicherung der Integrität des Programms erforderlich ist.

Es gibt also einen Platz sowohl für Authentifizierung als auch für Verschlüsselung, um Sicherheitsmaßnahmen zu treffen.

3.1.3 Nachrichtenauthentifizierungscode

Eine Authentifizierungstechnik beinhaltet den Gebrauch eines geheimen Schlüssels zum Erzeugen eines kleinen Datenblocks, ein so genannter Nachrichtenauthentifizierungscode (Message Authentication Code – MAC), welcher der Nachricht beigefügt wird. Diese Technik setzt voraus, dass die beiden kommunizierenden Partner A und B über einen gemeinsamen geheimen Schlüssel K_{AB} verfügen. Will A eine Nachricht an B senden, berechnet er den Nachrichtenauthentifizierungscode als Funktion aus Nachricht und Schlüssel: $MAC_M = F(K_{AB}, M)$. Nachricht und Code werden an den gewünschten Empfänger versandt. Der Empfänger führt dieselbe Kalkulation mit der empfangenen Nachricht sowie demselben geheimen Schlüssel durch und erzeugt daraus einen neuen Nachrichtenauthentifizierungscode. Empfangener und berechneter Code werden miteinander verglichen (Abbildung 3.1). Wenn wir voraussetzen, dass nur der Empfänger und der Sender die Identität des geheimen Schlüssels kennen, und wenn empfangener und berechneter Code übereinstimmen, dann gilt Folgendes:

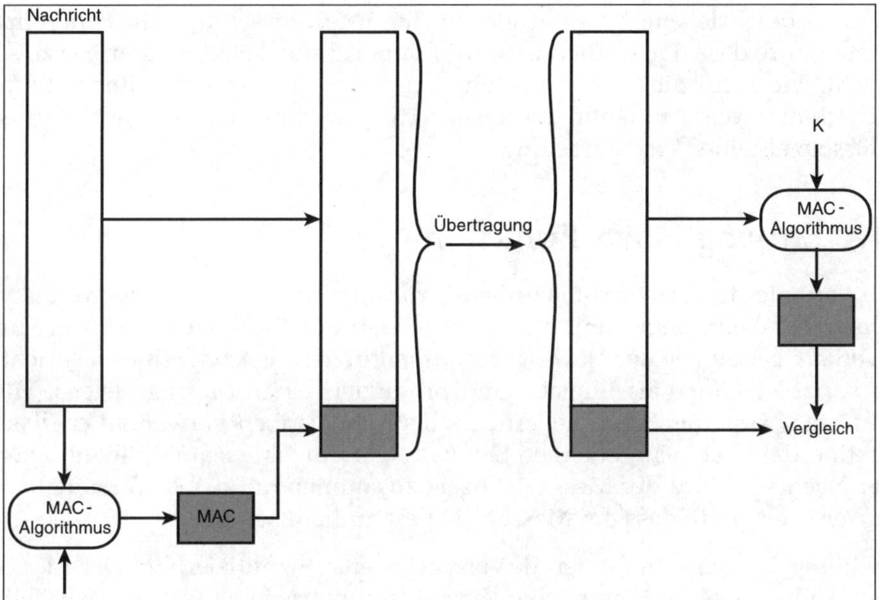

Abbildung 3.1: Nachrichtenauthentifizierung durch einen Nachrichtenauthentifizierungscode (Message Authentication Code – MAC)

1. Der Empfänger kann sicher sein, dass die Nachricht nicht verändert wurde. Ändert ein Angreifer die Nachricht, aber nicht den Code, dann wird die Berechnung des Empfängers vom empfangenen Code abweichen. Weil man davon ausgeht, dass der Angreifer den geheimen Schlüssel nicht kennt, kann der Angreifer den Code nicht entsprechend den Änderungen in der Nachricht ändern.
2. Der Empfänger kann sich sicher sein, dass die Nachricht vom angegebenen Absender stammt. Da sonst niemand den geheimen Schlüssel kennt, kann auch kein Unbefugter eine Nachricht mit einem richtigen Code versehen.
3. Enthält die Nachricht eine Sequenznummer (wie sie beispielsweise in X.25, HDLC und TCP Verwendung findet), kann sich der Empfänger auch hinsichtlich der Reihenfolge der Daten sicher sein, weil ein Angreifer die Sequenznummer nicht erfolgreich ändern könnte.

Eine Reihe von Algorithmen kommen zum Erzeugen des Codes in Betracht.

Das National Bureau of Standards verlangt in seiner Veröffentlichung *DES Modes of Operation* den Gebrauch von DEA. Mittels DEA erzeugt man eine verschlüsselte Version der Nachricht und die letzten Bits des verschlüsselten Textes bilden den Code, typischerweise einen 16- oder 32-Bit-Code.

Der eben beschriebene Vorgang gleicht der Verschlüsselung. Ein Unterschied besteht darin, dass der Authentifizierungsalgorithmus nicht umkehrbar zu sein braucht, wie es für die Entschlüsselung der Fall ist. Wegen der mathematischen Eigenschaften der Authentifizierungsfunktion ist diese weniger leicht zu entschlüsseln als eine Verschlüsselung.

3.1.4 Einweg-Hash-Funktion

Eine Variante des Nachrichtenauthentifizierungcodes, welche neuerdings viel Aufmerksamkeit erregt, stellt die Einweg-Hash-Funktion dar. Eine Hash-Funktion erhält, genau wie der Nachrichtenauthentifizierungscode, eine Nachricht M von variabler Länge als Eingabe und produziert einen Message Digest H(M) von fester Länge als Ausgabe. Anders als MAC jedoch verwendet die Hash-Funktion dabei keinen geheimen Schlüssel als Eingabe. Zum Authentifizieren einer Nachricht wird der Message Digest zusammen mit der Nachricht auf solche Weise versandt, dass der Message Digest authentisch ist.

Abbildung 3.2 zeigt drei Arten der Nachrichtenauthentifizierung. Der Message Digest kann mittels herkömmlicher Verschlüsselung verschlüsselt werden (Teil a). Unter der Annahme, dass nur der Absender und der Empfänger den Schlüssel besitzen, kann die Authentifizierung als gesichert gelten. Die Nachricht lässt sich auch mittels Public-Key-Verschlüsselung verschlüsseln (Teil b). Dies wird in Abschnitt 3.5 erläutert.

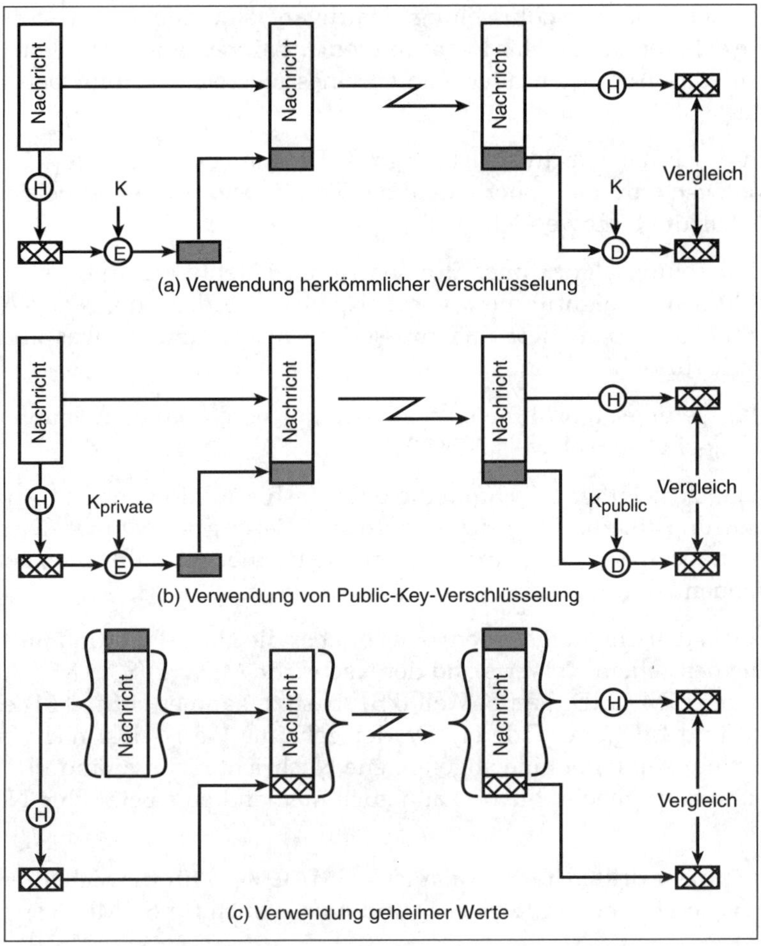

Abbildung 3.2: Nachrichtenauthentifizierung durch eine Einweg-Hash-Funktion

Die Public-Key-Verschlüsselung bietet zwei Vorteile: Sie liefert sowohl eine digitale Unterschrift als auch Nachrichtenauthentifizierung und sie bedarf nicht der Verteilung von Schlüsseln an die kommunizierenden Teilnehmer.

Diese beiden Verfahren besitzen gegenüber Verfahren, welche die gesamte Nachricht verschlüsseln, den Vorteil, dass sie weniger Rechenleistung erfordern. Trotzdem besteht Interesse an der Entwicklung einer Technik, welche ohne jede Verschlüsselung auskommt. Verschiedene Gründe hierfür nennt [TSUD92]:

- Verschlüsselungs-Software ist ziemlich langsam. Auch wenn pro Nachricht nur geringe Datenmengen verschlüsselt werden müssen, kann es doch einen stetigen Strom von Daten in das und aus dem System geben.

- Die Kosten von Verschlüsselungs-Hardware sind nicht vernachlässigbar. Zwar existieren billige Hardware-Implementationen von DES, dennoch verursacht das Ausrüsten aller Knoten eines Netzwerks damit beträchtliche Kosten.
- Verschlüsselungs-Hardware ist für große Datenmengen optimiert. Für kleine Datenblöcke wird ein hoher Anteil der Zeit für den Aufwand bei Initialisierung/Aufruf verschwendet.
- Verschlüsselungsalgorithmen können durch Patente geschützt sein. Einige Verschlüsselungsalgorithmen, wie beispielsweise der Public-Key-Algorithmus RSA, sind patentiert und müssen lizenziert werden, was zusätzliche Kosten verursacht.
- Verschlüsselungsalgorithmen können Exportbeschränkungen unterworfen sein. Dies gilt beispielsweise für DES.

Abbildung 3.2c zeigt eine Technik, die eine Hash-Funktion benutzt, aber keine Verschlüsselung für die Nachrichtenauthentifizierung verwendet. Diese Technik setzt voraus, dass zwei kommunizierende Partner A und B einen gemeinsamen geheimen Wert S_{AB} besitzen.

Will A eine Nachricht an B senden, berechnet er die Hash-Funktion mithilfe der Verkettung des geheimen Werts und der Nachricht: $MD_M=H(S_{AB} \| M)$.[1] Anschließend sendet er $[M \| MD_M]$ an B. Weil B S_{AB} besitzt, kann er $H(S_{AB} \| M)$ ebenfalls berechnen und MD_M verifizieren. Da der geheime Wert selbst nicht gesendet wird, kann ein Angreifer eine abgefangene Nachricht nicht verändern. Solange der geheime Wert geheim bleibt, kann auch niemand eine gefälschte Nachricht erzeugen.

Eine Variante der dritten Technik namens HMAC wird für die Sicherheit von IP verwendet (beschrieben in Kapitel 6) und wurde auch für SNMPv3 spezifiziert (Kapitel 8).

3.2 Sichere Hash-Funktionen und HMAC

Die Einweg-Hash-Funktionen oder sicheren Hash-Funktionen spielen nicht nur bei der Nachrichtenauthentifizierung, sondern auch bei den digitalen Unterschriften eine Rolle. In diesem Abschnitt beginnen wir mit einer Diskussion der Anforderungen an eine sichere Hash-Funktion. Danach werfen wir einen Blick auf eine der wichtigsten Hash-Funktionen, SHA-1.

1 $\|$ bezeichnet eine Verkettung

3.2.1 Anforderungen an Hash-Funktionen

Der Zweck einer Hash-Funktion ist die Erstellung eines »Fingerabdrucks« einer Datei, Nachricht oder eines anderen Datenblocks. Um für die Nachrichtenauthentifizierung von Nutzen zu sein, muss eine Hash-Funktion H folgende Eigenschaften aufweisen:

1. H kann auf einen Datenblock beliebiger Länge angewendet werden.
2. H erzeugt eine Ausgabe fester Länge.
3. $H(x)$ kann für jedes gegebene x verhältnismäßig leicht berechnet werden, wodurch sowohl Hardware- als auch Software-Implementationen realisierbar sind.
4. Für jeden gegebenen Code h ist es praktisch unmöglich, ein x zu berechnen, sodass $H(x) = h$ gilt.
5. Für jeden gegebenen Block x kann in der Praxis kein $y \neq x$ mit der Eigenschaft $H(y) = H(x)$ berechnet werden.
6. Es ist praktisch nicht möglich, irgendein Paar (x, y) zu berechnen, für das gilt: $H(x) = H(y)$.

Die ersten drei Eigenschaften sind Anforderungen für den praktischen Einsatz einer Hash-Funktion bei der Nachrichtenauthentifizierung.

Die vierte Eigenschaft ist eine »Einweg«-Eigenschaft: Man kann leicht einen Code aus einer gegebenen Nachricht erzeugen, doch es ist beinahe unmöglich, eine Nachricht aus gegebenem Code zu erzeugen. Diese Eigenschaft ist wichtig, wenn die Authentifizierungstechnik die Verwendung eines geheimen Werts vorsieht (Abbildung 3.2c). Der geheime Wert selbst wird nicht übertragen; wenn die Hash-Funktion jedoch nur in einer Richtung funktioniert, kann ein Angreifer leicht den geheimen Wert entdecken. Wenn er eine Übertragung beobachten oder abfangen kann, so erhält der Angreifer die Nachricht M und den Hash-Code $MD_M = H(S_{AB} \| M)$. Nun kann der Angreifer die Hash-Funktion umkehren, um $S_{AB} \| M = H^{-1}(MD_M)$ zu erhalten. Da der Angreifer nun sowohl M als auch $S_{AB} \| M$ kennt, ist es einfach, S_{AB} wiederherzustellen.

Die fünfte Eigenschaft stellt sicher, dass keine andere Nachricht gefunden werden kann, die denselben Hash-Wert ergeben würde. Dies verhindert Fälschungen, wenn ein verschlüsselter Hash-Code verwendet wird (Abbildungen 3.2a und b). Wenn diese Eigenschaft nicht gegeben wäre, könnte ein Angreifer folgendermaßen vorgehen: Zunächst beobachtet oder fängt er eine Nachricht und deren verschlüsselten Hash-Code ab; dann erzeugt er einen unverschlüsselten Hash-Code aus der Nachricht und schließlich eine andere Nachricht, die denselben Hash-Code ergibt.

Eine Hash-Funktion, welche nur die ersten fünf Eigenschaften der Liste erfüllt, wird als schwache Hash-Funktion bezeichnet. Wenn auch die sechste Eigenschaft erfüllt ist, bezeichnet man sie als starke Hash-Funktion. Die sechste Anforderung schützt gegen eine sehr ausgereifte Angriffsart, die als Birthday-Angriff bezeichnet wird.

Zusätzlich zur Authentifizierung dient ein Message Digest (Nachrichtenmuster) auch der Datenintegrität. Er übernimmt die Überprüfung des Datenpakets: Wenn irgendwelche Bits in der Nachricht während der Übertragung verändert wurden, zeigt der Message Digest einen Fehler an.

3.2.2 Einfache Hash-Funktionen

Alle Hash-Funktionen arbeiten nach den folgenden allgemeinen Prinzipien. Die Eingabe (Nachrichten, Dateien usw.) wird als eine Folge von n-Bit-Blöcken betrachtet. Sie wird iterativ blockweise verarbeitet, um eine n-Bit-Hash-Funktion zu erzeugen.

Eine der einfachsten Hash-Funktionen ist die bitweise Exklusiv-Oder-Funktion (XOR) eines jeden Blocks. Dies kann folgendermaßen ausgedrückt werden:

$$C_i = b_{i1} \oplus b_{i2} \oplus \ldots \oplus b_{im}$$

wobei

C_i = $i$tes Bit des Hash-Codes, $1 \leq i \leq n$
m = Anzahl von n-Bit-Blöcken der Eingabe
b_{ij} = $i$tes Bit im $j$ten Block
$\oplus$ = XOR-Operation

Abbildung 3.3 zeigt diese Operation; sie erzeugt eine einfache Parität für jede Bitposition und wird als longitudinale Redundanzprüfung bezeichnet. Sie ist für zufällige Daten als Datenintegritätsprüfung ausreichend wirksam. Jeder n-Bit-Hash-Wert ist gleich wahrscheinlich. Daher beträgt die Wahrscheinlichkeit, dass ein Datenfehler zu einem unveränderten Hash-Wert führt, 2^{-n}. Bei vorhersehbar formatierten Daten ist die Funktion weniger wirksam. Beispielsweise ist bei den meisten normalen Textdateien das höchstwertige Bit jedes Oktetts immer Null. Wenn nun ein 128-Bit-Hash-Wert verwendet wird, besitzt diese Art Hash-Funktion anstatt einer Wirksamkeit von 2^{-128} nur noch eine Wirksamkeit von 2^{-112}.

	Bit 1	Bit 2	•••	Bit n
Block 1	b_{11}	b_{21}		b_{n1}
Block 2	b_{12}	b_{22}		b_{12}
	⋮	⋮	⋮	⋮
Block m	b_{1m}	b_{2m}		b_{nm}
Hash-Code	C_1	C_2		C_n

Abbildung 3.3: Einfache Hash-Funktion mit bitweiser XOR-Operation

Eine einfache Möglichkeit, diesen Wert zu verbessern, ist die Durchführung einer kreisförmigen 1-Bit-Verschiebung oder Rotation mit dem Hash-Wert nach der Bearbeitung eines jeden Blocks. Das Verfahren kann folgendermaßen zusammengefasst werden:

1. Man setzt den *n*-Bit-Hash-Wert zuerst auf Null.
2. Man verarbeitet jeden *n*-Bit-Datenblock der Reihe nach:
   - Verschiebung des aktuellen Hash-Werts um ein Bit nach links.
   - XOR-Umwandlung des Blocks zum Hash-Wert.

Dies führt dazu, dass die Eingabe noch »zufälliger« wird und dass alle Regelmäßigkeiten, die in der Eingabe vorkommen, umgangen werden.

Obwohl das zweite Verfahren ein gutes Maß an Datenintegrität gewährleistet, ist es für die Datensicherheit beinahe nutzlos, wenn ein verschlüsselter Hash-Code mit einer Klartextnachricht verwendet wird, wie bei den Abbildungen 3.2a und b. Mit einer gegebenen Nachricht kann leicht eine neue Nachricht erzeugt werden, die zu diesem Hash-Code führt: Man bereitet einfach die gewünschte neue Nachricht vor und hängt einen *n*-Bit-Block an, der dazu führt, dass die neue Nachricht und der Block zusammen den gewünschten Hash-Code ergeben.

Obwohl eine einfache oder rotierte XOR-Operation (XOR oder RXOR) unzureichend ist, wenn nur der Hash-Code verschlüsselt wird, gewinnen Sie vielleicht dennoch den Eindruck, dass eine so einfache Funktion hilfreich wäre, wenn die Nachricht sowie der Hash-Code verschlüsselt werden. Man muss jedoch vorsichtig sein. Eine Technik, die ursprünglich vom National Bureau of Standards vorgeschlagen wurde, verwendete die einfache XOR-Operation mit den 64-Bit-Blöcken der Nachricht und verschlüsselte dann die gesamte Nachricht mit dem CBC-Modus. Wir können das Verfahren wie folgt definieren: Bei einer gegebenen Nachricht, die aus einer Folge von 64-Bit-Blöcken $X_1, X_2, \ldots; X_N$ besteht, definiert man den Hash-Code C als die blockweise XOR-Funktion aller Blöcke und hängt den Hash-Code als letzten Block an:

$$C = X_{N+1} = X_1 \oplus X_2 \oplus \ldots \oplus X_N$$

Als Nächstes wird die gesamte Nachricht einschließlich Hash-Code mit dem CBC-Modus verschlüsselt, um die verschlüsselte Nachricht $Y_1, Y_2, \ldots, Y_{N+1}$ zu erzeugen. [JUEN85] zeigt mehrere Möglichkeiten auf, wie der verschlüsselte Text dieser Nachricht so manipuliert werden kann, dass dies nicht vom Hash-Code bemerkt wird. Zum Beispiel gilt laut Definition des CBC (Abbildung 2.7):

$$X_1 = IV \oplus D_K(Y_1)$$
$$X_i = Y_{i-1} \oplus D_K(Y_i)$$
$$X_{N+1} = Y_N \oplus D_K(Y_{N+1})$$

X_{N+1} entspricht jedoch dem Hash-Code:

$$X_{N+1} = X_1 \oplus X_2 \oplus \ldots \oplus X_N$$
$$= (IV \oplus D_K(Y_1)) \oplus (Y_1 \oplus D_K(Y_2)) \oplus \ldots \oplus (Y_{N-1} \oplus D_K(Y_N))$$

Da die Ausdrücke der vorangegangenen Gleichung die XOR-Funktion in jeder beliebigen Reihenfolge durchlaufen können, folgt, dass der Hash-Code sich nicht ändert, wenn die Blöcke des verschlüsselten Textes vertauscht werden.

3.2.3 Die sichere Hash-Funktion SHA-1

Der Secure Hash Algorithm (SHA) wurde vom National Institute of Standards and Technology (NIST) entwickelt und 1993 als Standard für die Informationsverarbeitung der USA veröffentlicht (FIPS PUB 180). Eine verbesserte Version, die man im Allgemeinen als SHA-1 bezeichnet, wurde 1995 als FIPS PUB 180-1 herausgegeben.

Der Algorithmus verwendet als Eingabe eine Nachricht mit einer maximalen Länge von weniger als 2^{64} Bit und produziert einen Message Digest von 160 Bit Länge. Die Eingabe wird in Blöcken von 512 Bit verarbeitet. Abbildung 3.4 zeigt die Gesamtverarbeitung einer Nachricht, um einen Message Digest zu erzeugen. Die Verarbeitung besteht aus den folgenden Schritten:

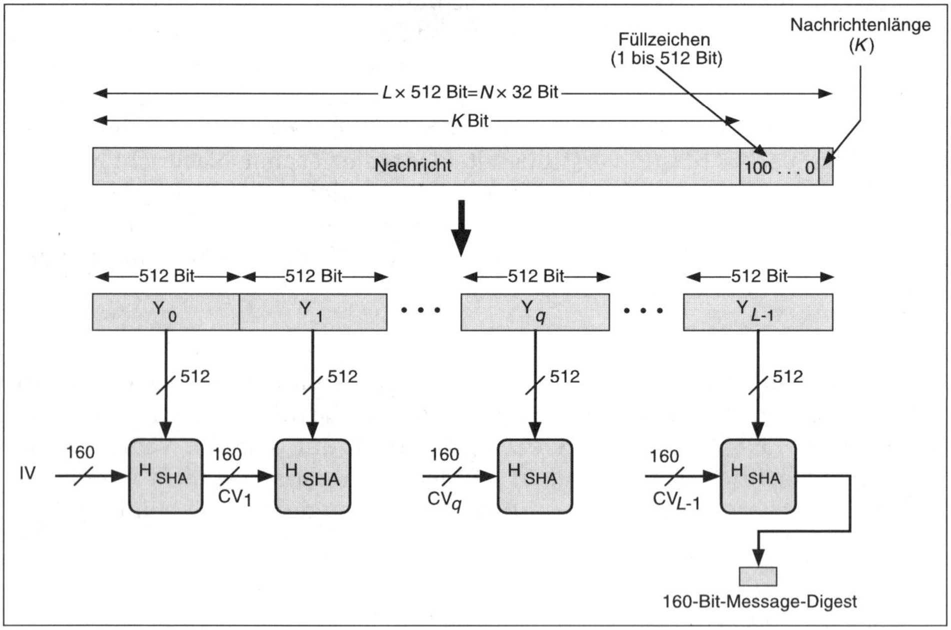

Abbildung 3.4: Erzeugung eines Message Digest mit SHA-1

Schritt 1: Hinzufügen von Füllbits. Die Nachricht wird aufgefüllt, sodass ihre Länge 448 modulo 512 entspricht (Länge = 448 mod 512). Das heißt, die aufgefüllte Nachricht ist 64 Bit kürzer als das nächstgrößere Vielfache von 512 Bit. Füllbits werden immer hinzugefügt, auch wenn die Nachricht bereits die richtige Länge besitzt. Daher bewegt sich die Anzahl der Füllbits zwischen 1 und 512. Aufgefüllt wird mit einem einzelnen 1-Bit, gefolgt von der erforderlichen Anzahl von 0-Bits.

Schritt 2: Hinzufügen der Länge. Ein Block von 64 Bit wird an die Nachricht angehängt. Dieser Block wird als 64-Bit-Ganzzahl ohne Vorzeichen behandelt (höchstwertiges Byte zuerst) und enthält die Länge der ursprünglichen Nachricht (vor dem Auffüllen). Das Einschließen der Länge erschwert so genannte Auffüllangriffe [TSUD92].

Die Ausgabe der ersten beiden Schritte ergibt eine Nachricht mit der Länge eines Vielfachen von 512. Abbildung 3.4 stellt die erweiterte Nachricht als Folge von 512-Bit-Blöcken Y_0, Y_1, ⋯ , Y_{L-1} dar, sodass die Gesamtlänge der erweiterten Nachricht $L \times 512$ Bit beträgt. Entsprechend ist das Ergebnis ein Vielfaches von 16 32-Bit-Wörtern. M[0 ⋯ N-1] sei die Anzahl der Wörter der resultierenden Nachricht, wobei N ein Vielfaches von 16 ist. Dann gilt: $N = L \times 16$.

Schritt 3: Initialisieren des MD-Puffers. Ein Puffer von 160 Bit speichert die Zwischen- und Endergebnisse der Hash-Funktion. Dieser Puffer kann durch fünf 32-Bit-Register gebildet werden (A, B, C, D, E). Diese Register werden mit den folgenden 32-Bit-Ganzzahlen initialisiert (hexadezimale Werte):

A = 67452301
B = EFCDAB89
C = 98BADCFE
D = 10325476
E = C3D2E1F0

Schritt 4: Verarbeitung der Nachricht in Blöcken von 512 Bit (16 Wörter). Das Kernstück des Algorithmus ist ein Modul namens **Komprimierungsfunktion**, welche aus vier Runden Verarbeitung von jeweils 20 Schritten besteht. Die Logik wird in Abbildung 3.5 gezeigt. Die vier Runden besitzen die gleiche Struktur, aber jede verwendet eine unterschiedliche einfache logische Funktion, welche wir als f_1, f_2, f_3 und f_4 bezeichnen.

Jede Runde verwendet als Eingabe den aktuellen 512-Bit-Block, der gerade verarbeitet wird (Y_q), sowie den 160-Bit-Puffer-Wert ABCDE und ändert den Inhalt des Puffers. Außerdem benutzt jede Runde eine zusätzliche Konstante K_t, wobei $0 \leq t \leq 79$ einen der 80 Schritte innerhalb der fünf Runden bezeichnet. Tatsächlich werden nur vier unterschiedliche Konstanten benutzt. Die Werte, hexadezimal und dezimal, sind folgende:

Schrittnummer	*Hexadezimal*	*Verwende ganzzahligen Teil von:*
$0 \le t \le 19$	K_t = 5A827999	$[2^{30} \times \sqrt{2}]$
$20 \le t \le 39$	K_t = 6ED9EBA1	$[2^{30} \times \sqrt{3}]$
$40 \le t \le 59$	K_t = 8F1BBCDC	$[2^{30} \times \sqrt{5}]$
$60 \le t \le 79$	K_t = CA62C1D6	$[2^{30} \times \sqrt{10}]$

Die Ausgabe der vierten Runde (achtzigster Schritt) wird zur Eingabe der ersten Runde (CV_q) addiert und ergibt CV_{q+1}. Die Addition erfolgt für jedes der fünf Wörter im Puffer unabhängig voneinander mit jedem der korrespondierenden Wörter in CV_q mittels Addition modulo 2^{32}.

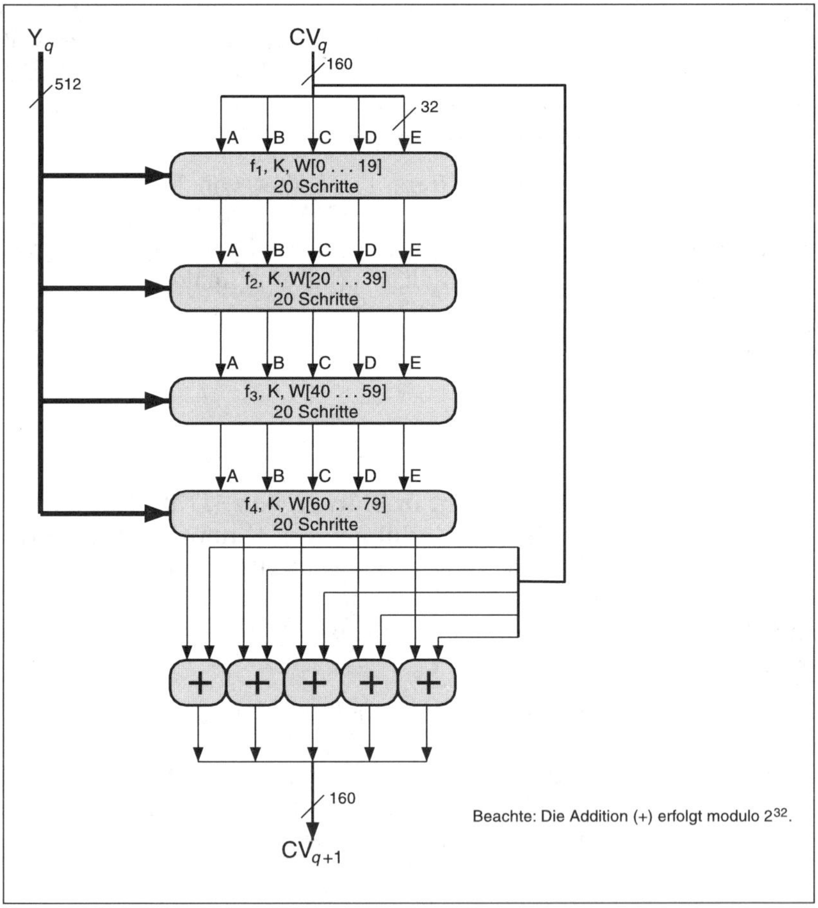

Abbildung 3.5: SHA1-Verarbeitung eines einfachen 512-Bit-Blocks

Schritt 5: Ausgabe. Nach der Verarbeitung aller *L* 512-Bit-Blöcke ergibt die Ausgabe der *L*ten Stufe den 160-Bit Message Digest.

Der Algorithmus SHA-1 besitzt die Eigenschaft, dass jedes Bit des Hash-Codes eine Funktion jedes Bits der Eingabe darstellt. Die komplexe Wiederholung der grundlegenden Funktion f_t erzeugt gut durcheinander gemischte Resultate, was es unwahrscheinlich macht, dass zwei zufällig ausgewählte Nachrichten denselben Hash-Code ergeben, auch wenn sie vergleichbare Regelmäßigkeiten enthalten.

Sofern SHA-1 nicht noch irgendeine verborgene Schwäche enthält, worüber bis jetzt aber noch keinerlei Veröffentlichungen vorliegen, beträgt der Aufwand, zwei Nachrichten mit demselben Message Digest zu finden, etwa 2^{80} Operationen, wogegen der Aufwand, eine Nachricht mit einem gegebenen Message Digest zu finden, im Bereich von 2^{160} Operationen liegt.

3.2.4 Andere sichere Hash-Funktionen

Wie schon bei symmetrischen Blockverschlüsselungen nehmen auch die Designer sicherer Hash-Funktionen nur ungern Abschied von bewährten Strukturen. DES basiert auf dem Feistel-Verschlüsselungsalgorithmus. Praktisch alle wichtigen, nachfolgenden Blockverschlüsselungen beruhen auf dem Feistel-Design, weil dieses angepasst werden kann, um neu entdeckten kryptoanalytischen Bedrohungen zu widerstehen. Würde man statt dessen ein vollständig neues Design für eine symmetrische Blockverschlüsselung benutzen, dann wären die Bedenken erheblich, dass die neue Struktur eine Welle neuer Angriffe auslösen könnte, an die jetzt noch niemand denkt. Auf ähnliche Weise folgen die meisten wichtigen modernen Hash-Funktionen der grundlegenden Struktur der Abbildung 3.4, welche man als iterative Hash-Funktion bezeichnet und die ursprünglich von Merkle vorgeschlagen wurde [MERK79, MERK89]. Die Motivation für diese iterative Struktur basiert auf der Beobachtung von Merkle [MERK89] und Damgard [DAMG89], dass, wenn die Komprimierungsfunktion hinsichtlich Kollisionen resistent ist, dies auch für die resultierende iterative Hash-Funktion gilt. Deshalb kann die Struktur benutzt werden, eine sichere Hash-Funktion zu produzieren, die auf einer Nachricht jeder beliebigen Länge operieren kann. Das Problem des Entwurfs einer sicheren Hash-Funktion reduziert sich auf das des Entwurfs einer hinsichtlich Kollisionen resistenten Komprimierungsfunktion, die auf Eingaben definierter fester Längen operiert. Dies hat sich als ein grundlegend gutes Verfahren erwiesen und neuere Entwürfe definieren einfach die Struktur erneut und verlängern den Hash-Code.

In diesem Abschnitt werfen wir einen Blick auf zwei andere sichere Hash-Funktionen, die neben SHA-1 kommerzielle Akzeptanz erlangt haben. Einen Vergleich einiger Hauptmerkmale finden Sie in Tabelle 3.1.

Der Message-Digest-Algorithmus MD5

Der Message-Digest-Algorithmus MD5 (RFC 1321) wurde von Ron Rivest entwickelt.

	MD5	*SHA-1*	*RIPEMD-160*
Länge des Message Digest	128 Bit	160 Bit	160 Bit
Verarbeitungseinheit	512 Bit	512 Bit	512 Bit
Anzahl der Schritte	64 (4 Runden à 16)	80 (4 Runden à 20)	160 (5 zweifache Runden à 16)
Maximale Länge der Nachricht	∞	$2^{64} - 1$ Bit	∞
Einfache logische Funktionen	4	4	5
Zusätzliche erforderliche Konstanten	64	4	9

Tabelle 3.1: Ein Vergleich von sicheren Hash-Funktionen

MD5 stellte so lange den am weitesten verbreiteten sicheren Hash-Algorithmus dar, bis vor ein paar Jahren sowohl die Brute-Force-Angriffe als auch die Kryptoanalyse an Bedeutung gewannen. Der Algorithmus verwendet als Eingabe eine Nachricht von willkürlicher Länge und produziert als Ausgabe einen 128-Bit Message Digest. Die Eingabe wird in Blöcken von 512 Bit verarbeitet.

Ständig wachsende Prozessorgeschwindigkeiten stellen die Sicherheit eines Hash-Codes von 128 Bit in Frage. Es lässt sich beweisen, dass die Möglichkeit, dass zwei Nachrichten denselben Message Digest erhalten, im Bereich von 2^{64} Operationen liegt, während sich die Möglichkeit, eine Nachricht mithilfe eines vorgegebenen Digest heraus zu finden, im Bereich von 2^{128} Operationen bewegt. Die erstgenannte Zahl ist zu klein, um Sicherheit zu bieten. Außerdem existieren eine Reihe kryptoanalytischer Angriffe, welche eine Verwundbarkeit von MD5 gegenüber solchen Angriffen vermuten lassen [BERS92, BOER93, DOBB96a].

RIPEMD-160

Der Message-Digest-Algorithmus RIPEMD-160 [DOBB96b, BOSS97] wurde vom Projekt European RACE Integrity Primitives Evaluation (RIPE) entwickelt, und zwar von einer Forschergruppe, die teilweise erfolgreiche Angriffe gegen MD4 und MD5 startete. Ursprünglich entwickelte diese Gruppe eine 128-Bit-Version von RIPEM. Nach Abschluss des Projekts RIPE fand H. Dobbertin (der nicht am Projekt RIPE beteiligt war) Angriffe auf zwei Runden von RIPEMD und später auch auf MD4 und MD5. Aufgrund dieser Angriffe beschlossen einige Mitglieder des RIPE-Konsortiums die Weiterentwicklung von RIPEMD. Zusammen mit Dobbertin erledigten sie die Entwurfsarbeit.

RIPEMD-160 weist große strukturelle Ähnlichkeit mit SHA-1 auf. Der Algorithmus verwendet eine Nachricht von willkürlicher Länge als Eingabe und erzeugt als Ausgabe einen Message Digest von 160 Bit. Die Verarbeitung erfolgt in Blöcken von 512 Bit.

3.2.5 HMAC

In den letzten Jahren wuchs das Interesse an der Entwicklung eines MAC, der aus der Ableitung eines kryptographischen Hash-Codes besteht, wie beispielsweise SHA-1. Hinter diesem Interesse steckt Folgendes:

- Kryptographische Hash-Funktionen, welche in Form von Software implementiert sind, laufen im Allgemeinen schneller als herkömmliche Verschlüsselungsalgorithmen wie beispielsweise DES.
- Bibliotheken mit Code für kryptographische Hash-Funktionen sind weit verbreitet.
- Für kryptographische Hash-Funktionen existieren keine Exportbeschränkungen seitens der USA oder anderer Länder, während herkömmliche Verschlüsselungsalgorithmen solchen unterworfen sind, auch wenn sie für MACs Verwendung finden.

Eine Hash-Funktion wie beispielsweise SHA-1 wurde nicht für den Gebrauch als MAC definiert und kann nicht direkt für diesen Zweck verwendet werden, weil sie nicht auf einem geheimen Schlüssel basiert. Es hat eine Reihe von Vorschlägen zum Integrieren eines geheimen Schlüssels in einen existierenden Hash-Algorithmus gegeben. Das Verfahren, welches die meiste Unterstützung erfuhr, war HMAC [BELL96a, BELL96b]. HMAC, das im RFC 2104 veröffentlicht wurde, stellt den unbedingt zu implementierenden MAC für die Sicherheit von IP dar und findet bei anderen Internet-Protokollen wie beispielsweise Transport Layer Security (TLS, das demnächst Secure Sockets Layer ersetzen soll) sowie Secure Electronic Transaction (SET) Verwendung.

Entwurfsziele

RFC 2104 beschreibt die folgenden Entwurfsziele für HMAC:

- Unveränderter Gebrauch verfügbarer Hash-Funktionen (insbesondere Hash-Funktionen, welche in Software gute Leistungen bringen und für die der Code frei und überall erhältlich ist)
- Leichte Ersetzbarkeit der eingebauten Hash-Funktionen für den Fall, dass schnellere oder sicherere Hash-Funktionen entwickelt oder erforderlich werden

- Erhaltung der ursprünglichen Leistungsfähigkeit der Hash-Funktion ohne sichtbaren Qualitätsverlust
- Einfache Verwendung von Schlüsseln
- Existenz einer wohl verstandenen kryptographischen Analyse der Stärke des Authentifizierungsmechanismus, basierend auf vernünftigen Annahmen hinsichtlich der eingebetteten Hash-Funktion

Die ersten beiden Ziele sind wichtig für die Akzeptanz von HMAC. HMAC behandelt die Hash-Funktion als »Black Box«. Dies bietet zwei Vorteile. Erstens kann man eine existierende Implementation einer Hash-Funktion bei der Implementation von HMAC als Modul benutzen. Auf diese Weise kann man den Hauptteil des HMAC-Codes komplett ausliefern, sodass er ohne Veränderung einsetzbar ist. Zweitens besteht die Möglichkeit, eine vorhandene Hash-Funktion innerhalb einer Implementation von HMAC durch ein neues Modul zu ersetzen. Dies könnte geschehen, falls eine schnellere Hash-Funktion gewünscht wird. Wichtiger jedoch ist die Möglichkeit, die Hash-Funktion auszutauschen, sollte die Sicherheit von HMAC einmal durch Schwächen in der vorhandenen Hash-Funktion beeinträchtigt werden.

Das letzte Entwurfsziel in der oben aufgeführten Liste stellt den Hauptvorteil von HMAC gegenüber anderen vorgeschlagenen Hash-basierten Systemen dar. Die Sicherheit von HMAC ist erwiesen, sofern die eingebettete Hash-Funktion eine vernünftige kryptographische Stärke aufweist. Wir kommen später in diesem Abschnitt nochmals auf diesen Punkt zurück, aber zunächst untersuchen wir die Struktur von HMAC.

HMAC-Algorithmus

Abbildung 3.6 zeigt die gesamte Funktionsweise von HMAC. Wir verwenden die folgenden Bezeichnungen:

H = eingebettete Hash-Funktion (wie beispielsweise SHA-1)

M = Nachrichteneingabe in HMAC (einschließlich der von der eingebetteten Hash-Funktion benötigten Auffüllung)

Y_i = $i$ter Block von M, $0 \leq i \leq (L-1)$

L = Anzahl der Blöcke in M

b = Anzahl der Bits in einem Block

n = Länge des Hash-Codes, der durch die eingebettete Hash-Funktion erzeugt wird

K = geheimer Schlüssel. Ist die Schlüssellänge größer als b, ist der Schlüssel Eingabe für die Hash-Funktion, um einen n-Bit-Schlüssel zu erzeugen. Empfohlene Länge ist $\geq n$

K^+ = linke Seite von K aufgefüllt mit Nullen, sodass das Ergebnis die Länge von *b* Bit besitzt

ipad = 00110110 (hexadezimal 36) $b/8$ mal wiederholt

opad = 0101110 (hexadezimal 5C) $b/8$ mal wiederholt

HMAC kann dann folgendermaßen formuliert werden:

$$HMAC_K=H[(K^+\oplus opad) \| H[(K^+\oplus ipad) \| M]]$$

In Worten:

1. Hänge Nullen an das linke Ende von K an, um einen String K^+ von *b* Bit zu erzeugen (besitzt beispielsweise K eine Länge von 160 Bit und *b* den Wert 512, dann werden 44 Null-Bytes 0x00 angefügt).
2. Wende XOR (bitweise Exklusiv-oder-Funktion) auf K^+ und ipad an, um den Block S_i von *b* Bit Länge zu erstellen.
3. Füge *M* an S_i an.
4. Wende H auf das Ergebnis aus Schritt 3 an.
5. Wende XOR auf K^+ und opad an, um den Block S_o von *b* Bit Länge zu erstellen.
6. Hänge das Hash-Resultat aus Schritt 4 an S_o an.
7. Wende H auf das Ergebnis aus Schritt 6 an und gib das Resultat aus.

Beachten Sie, dass XOR mit ipad das Umdrehen einer Hälfte der Bits von K ergibt. Entsprechend ergibt XOR mit opad ebenfalls das Umdrehen einer Hälfte der Bits von K, allerdings betrifft dies eine andere Reihe von Bits. Als Ergebnis erhalten wir zwei pseudo-zufällig generierte Schlüssel aus K, wenn wir den Hash-Algorithmus auf S_i und S_o anwenden.

HMAC sollte etwa die gleiche Laufzeit besitzen wie die eingebettete Hash-Funktion für lange Nachrichten. HMAC ergänzt um drei Aufrufe der ursprünglichen Hash-Funktion (für S_i, S_o und den Block aus dem inneren Hash).

3.3 Grundlagen der Public-Key-Kryptographie

Von gleicher Bedeutung wie die herkömmliche Verschlüsselung ist die Public-Key-Verschlüsselung, welche in der Nachrichtenauthentifizierung und der Schlüsselverteilung Anwendung findet. In diesem Abschnitt werfen wir einen Blick auf das grundlegende Konzept der Public-Key-Verschlüsselung und verschaffen uns einen Überblick über die Verteilung von Schlüsseln. Abschnitt 3.4 untersucht die beiden wichtigsten Algorithmen der Public-Key-Verschlüsselung: RSA und Diffie-Hellman. Abschnitt 3.5 gibt eine Einführung in digitale Unterschriften.

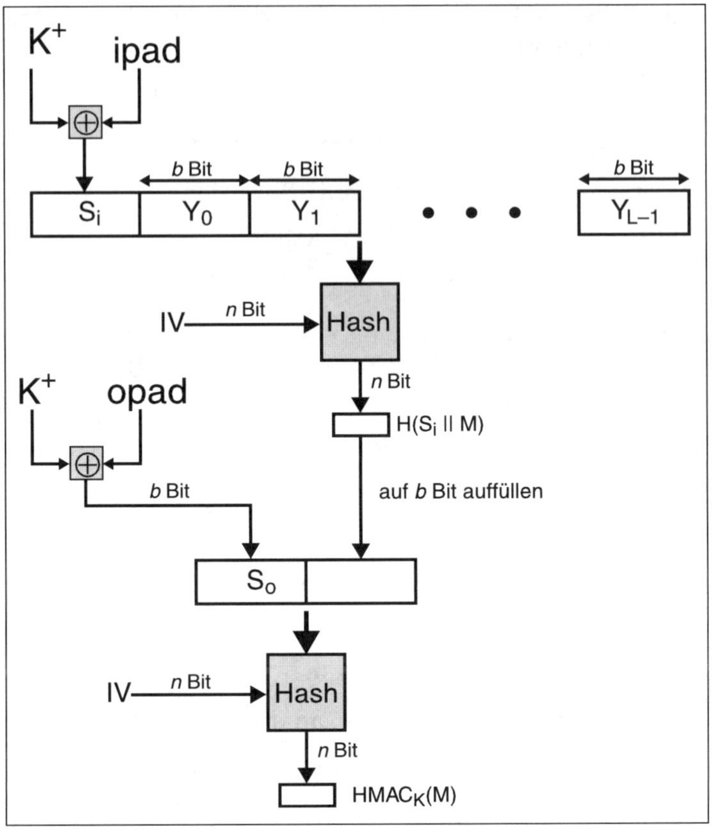

Abbildung 3.6: HMAC-Struktur

3.3.1 Struktur der Public-Key-Verschlüsselung

Die Public-Key-Verschlüsselung, die zuerst von Diffie und Hellman im Jahre 1976 öffentlich vorgeschlagen wurde, stellt den ersten wirklich revolutionären Fortschritt in der Verschlüsselung in buchstäblich Tausenden von Jahren dar. Zum einen basieren Public-Key-Algorithmen auf mathematischen Funktionen statt auf einfachen Bit-Operationen. Viel wichtiger ist aber die Tatsache, dass die Public-Key-Kryptographie asymmetrisch arbeitet und dabei zwei Schlüssel verwendet, im Gegensatz zur herkömmlichen symmetrischen Verschlüsselung, die mit einem Schlüssel auskommt. Der Gebrauch zweier Schlüssel wirkt sich ganz erheblich auf die Bereiche Vertraulichkeit, Schlüsselverteilung und Authentifizierung aus.

Bevor wir fortfahren, sollten wir zunächst einige übliche Missverständnisse hinsichtlich der Public-Key-Verschlüsselung ausräumen. Eines besteht darin, dass Public-Key-Verschlüsselung sicherer gegenüber Kryptoanalyse sei als herkömmliche Verschlüsselung. Tatsächlich hängt die Sicherheit jedes beliebigen Verschlüsselungsschemas von (1) der Schlüssellänge sowie (2) der zum Knacken der Verschlüsselung nötigen Rechenleistung ab. Prinzipiell ist keine der beiden Verschlüsselungsmethoden der anderen überlegen, was die Widerstandsfähigkeit gegenüber Kryptoanalyse angeht. Ein zweites Missverständnis ist, dass die Public-Key-Verschlüsselung eine universelle Technik sei, welche die herkömmliche Verschlüsselung überflüssig mache. Ganz im Gegenteil, es ist nicht allzu wahrscheinlich, dass die herkömmliche Verschlüsselung abgeschafft wird, weil die Public-Key-Verschlüsselung einen erheblichen Rechenaufwand erfordert. Schließlich hat man noch das Gefühl, dass die Schlüsselverteilung mittels Public-Key-Verschlüsselung recht trivial ist im Vergleich zu dem eher schwerfälligen Handshaking, das Schlüsselverteilungszentren für herkömmliche Verschlüsselung betreiben. Irgendein Protokoll wird man immer benötigen, oft unter Einschaltung einer Zentrale, und die erforderlichen Prozeduren sind auch nicht einfacher oder effizienter als bei der herkömmlichen Verschlüsselung.

Das Schema einer Public-Key-Verschlüsselung umfasst sechs Bestandteile (Abbildung 3.7a):

- **Klartext:** Die lesbare Nachricht oder die lesbaren Daten, welche der Algorithmus als Eingabe bekommt.
- **Verschlüsselungsalgorithmus:** Der Verschlüsselungsalgorithmus führt verschiedene Transformationen des Klartextes durch.
- **Öffentlicher und privater Schlüssel:** Ein Paar von Schlüsseln, wovon einer der Verschlüsselung und der andere der Entschlüsselung dient. Die exakten Transformationen, die der Verschlüsselungsalgorithmus durchführt, hängen von dem öffentlichen oder privaten Schlüssel ab, der als Eingabe geliefert wird.
- **Verschlüsselter Text:** Dies ist die zerhackte Nachricht, die als Ausgabe erzeugt wird. Sie beruht auf dem Klartext und dem Schlüssel. Für eine gegebene Nachricht erzeugen zwei unterschiedliche Schlüssel stets zwei unterschiedliche verschlüsselte Texte.
- **Entschlüsselungsalgorithmus:** Dieser Algorithmus liest den verschlüsselten Text und rekonstruiert den ursprünglichen Klartext.

Wie der Name vermuten lässt, steht der öffentliche Schlüssel des Paars allen zur Verfügung, während der private Schlüssel nur seinem Eigentümer bekannt ist. Ein universeller Algorithmus zur Public-Key-Verschlüsselung benutzt einen Schlüssel für die Verschlüsselung und einen anderen, aber verwandten Schlüssel für die Entschlüsselung.

Die wesentlichen Schritte sind folgende:

1. Jeder Benutzer erzeugt ein Paar von Schlüsseln für die Verschlüsselung und Entschlüsselung von Nachrichten.

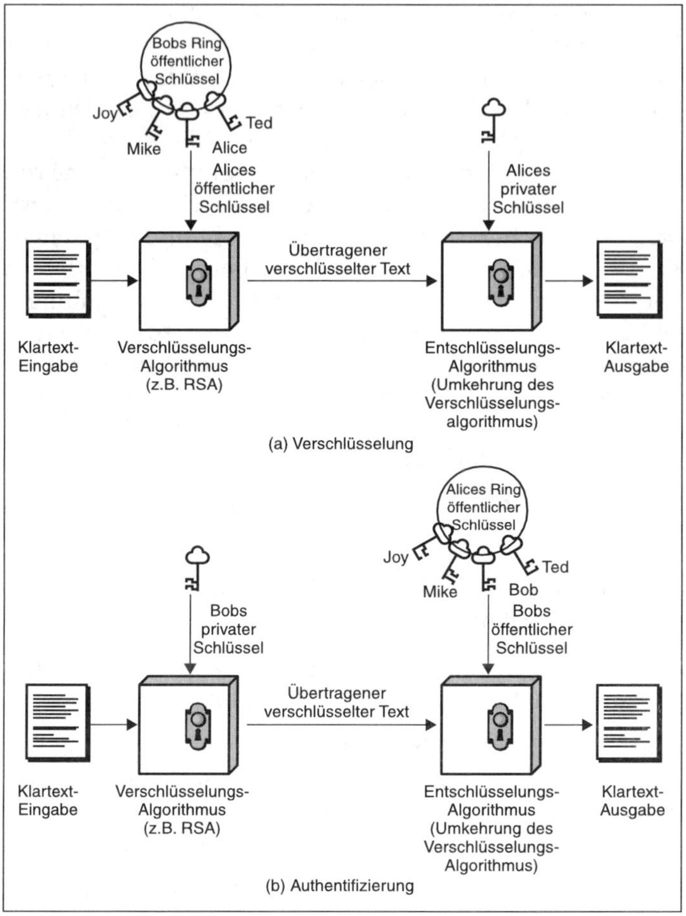

Abbildung 3.7: Kryptographie mit öffentlichem Schlüssel

2. Jeder Benutzer platziert einen der beiden Schlüssel in einem öffentlichen Register oder einer anders zugänglichen Datei. Dies ist der öffentliche Schlüssel. Sein Pendant bleibt privat, also geheim. Wie in Abbildung 3.7a gezeigt, verwaltet jeder Benutzer eine Sammlung öffentlicher Schlüssel von anderen.

3. Will Bob eine private Nachricht an Alice senden, verschlüsselt Bob die Nachricht mit Alices öffentlichem Schlüssel.

4. Wenn Alice die Nachricht erhält, entschlüsselt sie diese mit ihrem privaten Schlüssel. Kein anderer Empfänger kann die Nachricht entschlüsseln, weil nur Alice selbst ihren privaten Schlüssel kennt.

Bei diesem Verfahren besitzen alle Teilnehmer Zugang zu öffentlichen Schlüsseln, während jeder Teilnehmer seine privaten Schlüssel lokal erzeugt und nicht weitergibt. Solange ein Benutzer seinen privaten Schlüssel schützt, bleibt die ankommende Kommunikation sicher. Der Benutzer kann seinen privaten Schlüssel jederzeit ändern und das neue (öffentliche) Pendant als Ersatz des alten öffentlichen Schlüssels bekanntgeben.

Den Schlüssel, welcher bei herkömmlicher Verschlüsselung Verwendung findet, bezeichnet man üblicherweise als **geheimen Schlüssel**. Die beiden Schlüssel der Public-Key-Verschlüsselung nennt man **öffentlichen Schlüssel** beziehungsweise **privaten Schlüssel**. In jedem Fall bleibt der private Schlüssel geheim. Er wird aber nicht als geheimer Schlüssel, sondern als privater Schlüssel bezeichnet, um Verwechslungen mit der herkömmlichen Verschlüsselung zu vermeiden.

3.3.2 Anwendungen von Public-Key-Verschlüsselung

Bevor wir fortfahren, müssen wir einen Aspekt der Public-Key-Verschlüsselung klarstellen, der sonst leicht für Verwirrung sorgen könnte. Systeme mit privaten Schlüsseln besitzen als Besonderheit Algorithmen mit zwei Schlüsseln, einem privaten und einem öffentlich verfügbaren. Je nach Art der Anwendung benutzt der Absender entweder seinen eigenen privaten Schlüssel oder den öffentlichen Schlüssel des Empfängers oder beide, um gewisse kryptographische Funktionen auszuführen. Ganz allgemein lassen sich Systeme mit Public-Key-Verschlüsselung in drei Kategorien gliedern:

- **Verschlüsselung/Entschlüsselung:** Der Absender verschlüsselt eine Nachricht mit dem öffentlichen Schlüssel des Empfängers.
- **Digitale Unterschrift:** Der Absender »unterschreibt« eine Nachricht mit seinem privaten Schlüssel. Die Unterschrift besteht in einem kryptographischen Algorithmus, welcher der Nachricht hinzugefügt wird, oder einem kleinen Datenblock, der eine Funktion der Nachricht darstellt.
- **Schlüsselaustausch:** Zwei Teilnehmer arbeiten beim Austausch eines Sitzungsschlüssels zusammen. Es existieren mehrere verschiedene Verfahren, die mit den privaten Schlüsseln eines oder beider Partner funktionieren.

Algorithmus	*Verschlüsselung / Entschlüsselung*	*Digitale Unterschrift*	*Schlüsselaustausch*
RSA	ja	ja	ja
Diffie-Hellman	nein	nein	ja
DSS	nein	ja	nein
Elliptische Kurven	ja	ja	ja

Tabelle 3.2: Anwendungen für Public-Key-Verschlüsselungssysteme

Einige Algorithmen unterstützen alle drei Anwendungen, während man andere nur für eine oder zwei dieser Anwendungen verwenden kann. Tabelle 3.2 zeigt die Anwendungen, welche von den in diesem Kapitel besprochenen Anwendungen unterstützt werden, RSA und Diffie-Hellman. Die Tabelle beinhaltet darüber hinaus den Digital Signature Standard (DSS) und die Verschlüsselung auf der Basis elliptischer Kurven, welche ebenfalls in diesem Kapitel Erwähnung finden.

3.3.3 Anforderungen an die Public-Key-Kryptographie

Die in Abbildung 3.7 dargestellten Verschlüsselungssysteme basieren auf einem kryptographischen Algorithmus mit zwei verwandten Schlüsseln. Diffie und Hellman postulierten dieses System, ohne die Existenz eines derartigen Algorithmus nachzuweisen. Dagegen definierten sie die Voraussetzungen, die ein solcher Algorithmus erfüllen muss [DIFF76]:

1. Ein Teilnehmer B kann mit geringem Rechenaufwand ein Schlüsselpaar erzeugen (öffentlicher Schlüssel KU_b, privater Schlüssel KR_b).
2. Für einen Absender A, der den öffentlichen Schlüssel und die zu verschlüsselnde Nachricht M kennt, ist es ohne größeren Rechenaufwand möglich, den entsprechenden verschlüsselten Text zu generieren:

   $C = E_{KUb}(M)$
3. Der Empfänger B kann mit geringem Rechenaufwand den entstandenen verschlüsselten Text mit seinem privaten Schlüssel entschlüsseln und so die ursprüngliche Nachricht wiederherstellen:

   $M = D_{KRb}(C) = D_{KRb}[E_{KUb}(M)]$
4. Es ist für einen Gegner, der den öffentlichen Schlüssel KU_b kennt, wegen des hohen Rechenaufwands praktisch unmöglich, den privaten Schlüssel KR_b zu bestimmen.
5. Es ist für einen Gegner, der den öffentlichen Schlüssel KU_b und einen verschlüsselten Text C kennt, wegen des hohen Rechenaufwands praktisch unmöglich, die ursprüngliche Nachricht M wiederherzustellen.

   Wir können noch eine sechste Anforderung hinzufügen, die zwar nützlich, aber nicht für alle Anwendungen mit öffentlichen Schlüsseln notwendig ist:
6. Jeder der beiden verwandten Schlüssel kann für die Verschlüsselung Verwendung finden, wobei der andere der Entschlüsselung dient.

   $M = D_{KRb}[E_{KUb}(M)] = D_{KUb}[E_{KRb}(M)]$

3.4 Algorithmen der Public-Key-Kryptographie

Die meistbenutzten Algorithmen mit öffentlichen Schlüsseln sind RSA und Diffie-Hellman. In diesem Abschnitt werfen wir einen Blick auf beide und geben eine kurze Einführung in zwei weitere Algorithmen.

3.4.1 Der Public-Key-Verschlüsselungsalgorithmus RSA

Eines der ersten Schemata für öffentliche Schlüssel wurde 1977 von Ron Rivest, Adi Shamir und Len Adleman im MIT entwickelt und 1978 erstmals veröffentlicht [RIVE78]. Das RSA-Verfahren stellt seit dieser Zeit das am weitesten akzeptierte und implementierte Verfahren der Public-Key-Verschlüsselung dar. Bei RSA handelt es sich um eine Blockverschlüsselung, in welcher der Klartext und der verschlüsselte Text als Ganzzahlen zwischen 0 und $n - 1$ für gegebenes n dargestellt werden.

Verschlüsselung und Entschlüsselung besitzen für einen Klartextblock M und einen Block von verschlüsseltem Text C die folgende Form:

$$C = M^e \bmod n$$
$$M = C^d \bmod n = (M^e)^d \bmod n = M^{ed} \bmod n$$

Sowohl der Absender als auch der Empfänger müssen die Werte von n und e kennen und nur der Empfänger kennt den Wert von d. Dies ist ein Algorithmus mit Public-Key-Verschlüsselung, der einen öffentlichen Schlüssel KU = $\{e, n\}$ und einen privaten Schlüssel KR = $\{d, n\}$ verwendet. Damit dieser Algorithmus den Anforderungen einer Public-Key-Verschlüsselung genügt, müssen die folgenden Voraussetzungen erfüllt sein:

1. Es lassen sich Werte für e, d, n finden, sodass $M^{ed} = M \bmod n$ für alle $M < n$.

2. Es ist verhältnismäßig einfach, M^e und C für alle Werte von $M < n$ zu berechnen.

3. Es ist unmöglich, d aus gegebenen e und n zu bestimmen.

Die ersten beiden Anforderungen lassen sich leicht erfüllen. Die dritte Voraussetzung trifft für große Werte von e und n zu.

Abbildung 3.8 fasst den RSA-Algorithmus zusammen. Wir beginnen mit der Auswahl zweier Primzahlen p und q und berechnen ihr Produkt n, welches den Modulus für Ver- und Entschlüsselung bildet. Als Nächstes benötigen wir die Größe $\phi(n)$, wobei es sich um die Eulersche Funktion von n handelt, also die Anzahl der positiven Ganzzahlen, welche kleiner als n sind und relativ zu n Primzahleigenschaft besitzen. Außerdem brauchen wir eine Ganzzahl e, die relativ zu $\phi(n)$ Primzahleigenschaft besitzt (das heißt, der größte gemeinsame Teiler von e und $\phi(n)$ ist 1). Schließlich berechnen wir d als das multiplikativ Inverse von e, modulo $\phi(n)$. Es lässt sich beweisen, dass d und e die gewünschten Eigenschaften besitzen.

Nehmen wir an, unser Benutzer A hätte seinen öffentlichen Schlüssel veröffentlicht und Benutzer B wollte die Nachricht M an A senden. Dann berechnet B $C = M^e \pmod{n}$ und sendet C. Nach Erhalt dieses verschlüsselten Textes entschlüsselt Benutzer A diesen durch Berechnen von $M = C^d \pmod{n}$.

Schlüsselerzeugung

Wähle p, q	p und q sind Primzahlen
Berechne $n = p \times q$	
Berechne $\phi(n) = (p - 1)(q - 1)$	
Wähle Ganzzahl e	$\mathrm{ggT}(\phi(n), e) = 1;\ 1 < e < \phi(n)$
Berechne d	$d = e^{-1} \bmod \phi(n)$
Öffentlicher Schlüssel	$KU = \{e, n\}$
Privater Schlüssel	$KR = \{d, n\}$

Verschlüsselung

Klartext:	$M < n$
Verschlüsselter Text:	$C = M^e \pmod{n}$

Entschlüsselung

Verschlüsselter Text:	C
Klartext:	$M = C^d \pmod{n}$

Abbildung 3.8: Der RSA-Algorithmus

Ein Beispiel finden Sie in Abbildung 3.9. Für dieses Beispiel wurden die Schlüssel folgendermaßen erzeugt:

1. Wähle zwei Primzahlen, $p = 7$ und $q = 17$.
2. Berechne $n = pq = 7 \times 17 = 119$.

3. Berechne $\phi(n) = (p-1)(q-1) = 96$

4. Wähle ein e, sodass e im Verhältnis zu $\phi(n) = 96$ Primzahleigenschaft besitzt und kleiner als $\phi(n)$ ist. In diesem Fall $e = 5$.

5. Bestimme d, sodass $de = 1 \bmod 96$ und $d < 96$. Der korrekte Wert beträgt $d = 77$, da $77 \times 5 = 385 = 4 \times 96 + 1$.

Die resultierenden Schlüssel sind der öffentliche Schlüssel KU = {5, 119} und der private Schlüssel KR = {77, 119}. Das Beispiel zeigt den Gebrauch dieser Schlüssel für eine Klartext-Eingabe von $M = 19$. Für die Verschlüsselung wird 19 zur fünften Potenz erhoben, also 2476099. Nach Division durch 119 bleibt ein Rest von 66. Daher gilt $19^5 \equiv 66 \bmod 119$ und der verschlüsselte Text lautet 66. Für die Entschlüsselung gilt $66^{77} \equiv 19 \bmod 119$.

Es existieren zwei Verfahren zur Überwindung des RSA-Algorithmus. Das erste Verfahren ist der Brute-Force-Angriff: Probiere sämtliche möglichen privaten Schlüssel aus. Der Algorithmus bietet umso größere Sicherheit, je mehr Bits e und d besitzen. Aber wegen der nötigen Rechenvorgänge bei der Schlüsselerzeugung und der Verschlüsselung/Entschlüsselung läuft das System auch umso langsamer, je länger der Schlüssel ist.

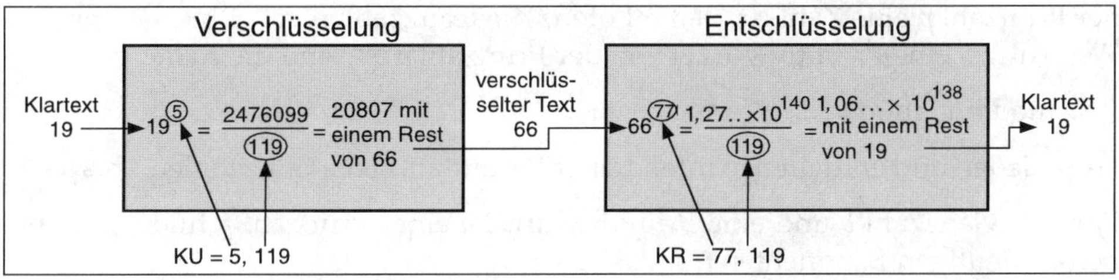

Abbildung 3.9: Beispiel für den RSA-Algorithmus

Die meisten Diskussionen der Kryptoanalyse von RSA konzentrierten sich auf das Ziel, n in die beiden Primfaktoren zu zerlegen. Bei großem n mit hohen Primzahlen ist das Faktorisieren ein großes Problem, aber es ist nicht so schwierig wie es zu sein scheint. Eine bemerkenswerte Vorstellung davon gibt folgendes Beispiel. 1977 forderten die drei Erfinder von RSA die Leser des *Scientific American* heraus, einen verschlüsselten Text zu entschlüsseln, den sie in Martin Gardners Kolumne »Mathematical Games« abdruckten. Sie boten 100 Dollar Belohnung für die Entschlüsselung und behaupteten gleichzeitig, dass dies in 40 Billiarden Jahren nicht gelingen könne. Im April 1994 forderte eine Gruppe, die über das Internet mit über 1600 Computern arbeitete, nach nur acht Monaten Arbeit den Preis ein [LEUT94]. Diese Herausforderung verwendete einen öffentlichen Schlüssel (mit der Länge n) von 129 dezimalen Ziffern oder 428 Bit. Dieses Ergebnis spricht nicht generell gegen die Verwendung von RSA; es zeigt nur, dass größere Schlüsselgrößen verwendet werden müssen. Derzeit wird ein 1024-Bit-Schlüssel (ungefähr 300 dezimale Ziffern) als sicher genug für quasi alle Anwendungen angesehen.

3.4.2 Diffie-Hellman-Schlüsselaustausch

Der erste veröffentlichte Public-Key-Algorithmus erschien in der grundlegenden Abhandlung von Diffie und Hellman, in der die Public-Key-Kryptographie definiert wurde [DIFF76b] und wird allgemein als Diffie-Hellman-Schlüsselaustausch bezeichnet. Eine Reihe von kommerziellen Produkten verwenden diese Technik des Schlüsselaustauschs.

Der Algorithmus soll zwei Benutzer in die Lage versetzen, einen geheimen Schlüssel sicher auszutauschen, der dann nachfolgend für die Verschlüsselung von Nachrichten verwendet werden kann. Der Algorithmus selbst ist auf den Austausch der Schlüssel beschränkt.

Die Effektivität des Algorithmus nach Diffie-Hellman basiert auf der Schwierigkeit der Berechnung diskreter Logarithmen. Der diskrete Logarithmus lässt sich kurz wie folgt definieren. Zunächst definieren wir, dass eine Primitivwurzel einer Primzahl p eine Zahl ist, deren Potenz die Ganzzahlen von 1 bis $p - 1$ ergibt. Wenn also a eine Primitivwurzel von der Primzahl p ist, sind die Zahlen

$$a \bmod p, a^2 \bmod p, \ldots, a^{p-1} \bmod p$$

verschieden und enthalten in irgendeiner Permutation die Ganzzahlen 1 bis $p - 1$.

Für jede Ganzzahl b und eine Primitivwurzel a einer Primzahl p findet man einen eindeutigen Exponenten i, sodass

$$b = a^i \bmod p \qquad \text{wobei } 0 \leq i \leq (p - 1) \text{ ist.}$$

Der Exponent i wird als diskreter Logarithmus oder Index von b zur Basis a mod p bezeichnet. Dieser Wert wird als $\mathrm{ind}_{a,p}{}^{(b)}$ dargestellt.

Mit diesem Hintergrund können wir den Diffie-Hellman-Schlüsselaustausch, der in Abbildung 3.10 zusammengefasst ist, definieren. Für dieses Schema gibt es zwei allgemein bekannte Zahlen: eine Primzahl q und eine Ganzzahl α, die eine Primitivwurzel von q ist. Nun wird angenommen, dass die Benutzer A und B ihre Schlüssel austauschen wollen. Benutzer A wählt eine beliebige Ganzzahl $X_A < q$ und berechnet $Y_A = \alpha^{XA} \bmod q$. Unabhängig davon wählt Benutzer B eine beliebige Ganzzahl $X_B < q$ und berechnet $Y_B = \alpha^{XB} \bmod q$. Jede Seite behält den Wert X für sich und macht den Wert Y der anderen Seite offen zugänglich. Nun errechnet der Benutzer A den Schlüssel als $K = (Y_B)^{XA} \bmod q$ und der Benutzer B den Schlüssel als $K = (Y_A)^{XB} \bmod q$.

Globale Public-Elemente

q Primzahl

α $\alpha < q$ und α ist Primzahl von q

Benutzer A Schlüsselerzeugung

Auswahl des Privaten X_A $X_A < q$

Berechnung des öffentlichenY$_A$ $Y_A = \alpha^{X_A} \bmod q$

Benutzer B Schlüsselerzeugung

Auswahl des privaten X_B $X_B < q$

Berechnung des öffentlichen Y_B $Y_A = \alpha^{X_B} \bmod q$

Erzeugung des geheimen Schlüssels von Benutzer A

$K = (Y_B)^{X_A} \bmod q$

Erzeugung des geheimen Schlüssels von Benutzer B

$K = (Y_A)^{X_B} \bmod q$

Abbildung 3.10: Der Diffie-Hellman-Schlüsselaustausch-Algorithmus

Diese beiden Berechnungen führen zu identischen Ergebnissen:

$$\begin{aligned} K &= (Y_B)^{XA} \bmod q \\ &= (\alpha^{XB} \bmod q)^{XA} \bmod q \\ &= (\alpha^{XB})^{XA} \bmod q \end{aligned}$$

$= \alpha^{XBXA} \bmod q$ nach den Regeln der Modulararithmetik
$= (\alpha^{XA})^{XB} \bmod q$
$= (\alpha^{XA} \bmod q)^{XB} \bmod q$
$= (Y_B)^{XB} \bmod q$

Auf diese Weise haben beide Seiten einen geheimen Schlüssel ausgetauscht. Da X_A und X_B privat sind, hat ein Gegner darüber hinaus nur die Werte für q, α, Y_A und Y_B zur Verfügung. Deshalb ist er gezwungen, einen diskreten Logarithmus anzuwenden, um den Schlüssel zu bestimmen. Will er den geheimen Schlüssel des Benutzers B ermitteln, muss er Folgendes berechnen:

$$X_B = \mathrm{ind}_{\alpha,q}(Y_B)$$

Der Gegner kann dann den Schlüssel K in der gleichen Weise wie Benutzer B ermitteln.

Die Sicherheit des Diffie-Hellman-Schlüsselaustauschs ergibt sich aus der im Gegensatz zur relativ einfachen Ermittlung exponentieller Modulo einer Primzahl sehr schwierigen Berechnung eines diskreten Logarithmus. Für große Primzahlen ist das erste Verfahren nicht durchführbar.

Hier ist ein Beispiel aus [WELS88]. Der Schlüsselaustausch basiert auf der Verwendung der Primzahl $q = 71$ und einer Primitivwurzel von 71, in diesem Fall $\alpha = 7$. A und B wählen private Schlüssel $X_A = 5$ und $X_B = 12$. Jeder berechnet seinen öffentlichen Schlüssel:

$$Y_A = 7^5 = 51 \bmod 71$$
$$Y_B = 7^{12} = 4 \bmod 71$$

Nachdem sie die öffentlichen Schlüssel ausgetauscht haben, kann jeder den gemeinsamen geheimen Schlüssel berechnen:

$$K = (Y_B)^{XA} \bmod 71 = 4^5 = 30 \bmod 71$$
$$K = (Y_A)^{XB} \bmod 71 = 51^{12} = 30 \bmod 71$$

Aus {51, 4} kann ein Angreifer nicht leicht 30 errechnen.

Die Abbildung 3.11 zeigt ein einfaches Protokoll, das von der Berechnung nach Diffie-Hellman Gebrauch macht. Nehmen Sie an, dass der Benutzer A eine Verbindung zu Benutzer B wünscht und einen geheimen Schlüssel verwendet, um Nachrichten auf dieser Verbindung zu verschlüsseln. Benutzer A kann einen einmaligen privaten Schlüssel X_A erzeugen, Y_A berechnen und an den Benutzer B senden. Benutzer B antwortet mit der Erzeugung eines privaten Werts X_B, berechnet Y_B und sendet Y_B an Benutzer A. Beide Benutzer können jetzt den Schlüssel berechnen. Die erforderlichen öffentlichen Werte q und α müssen während der ganzen Zeit bekannt sein. Alternativ kann der Benutzer A beliebige Werte für q und α aufgreifen und sie in die erste Nachricht einfügen.

Als weiteres Beispiel für die Anwendung des Algorithmus nach Diffie-Hellman stellen Sie sich vor, dass eine Gruppe von Benutzern (z.B. alle Benutzer eines LAN) einen lange gültigen privaten Wert X_A erzeugt und einen öffentlichen Wert Y_A berechnet hat. Diese öffentlichen Werte werden zusammen mit globalen öffentlichen Werten für q und α im zentralen Verzeichnis gespeichert. Benutzer B kann jederzeit auf den öffentlichen Wert von Benutzer A zugreifen, den geheimen Schlüssel berechnen und ihn zum Senden verschlüsselter Nachrichten an Benutzer A verwenden. Wenn das zentrale Verzeichnis sicher ist, bietet diese Art der Kommunikation sowohl Vertraulichkeit als auch eine gewisse Authentifizierung. Da nur A und B den Schlüssel bestimmen können, kann kein anderer Benutzer die Nachricht lesen (Vertraulichkeit). Der Empfänger A weiß, dass nur der Benutzer B diese Nachricht durch Gebrauch des Schlüssels erzeugt haben kann (Authentifizierung). Diese Technik schützt jedoch nicht gegen Wiederholungsangriffe.

3.4.3 Andere Algorithmen der Public-Key-Kryptographie

Zwei weitere Algorithmen der Public-Key-Kryptographie fanden kommerzielle Akzeptanz: DSS und Verschlüsselung auf der Basis elliptischer Kurven.

Der Digital-Signature-Standard

Das National Institute of Standards and Technology (NIST) veröffentlichte den Federal Information Processing Standard FIPS PUB 186, bekannt als Digital-Signature-Standard (DSS). Der DSS verwendet SHA-1 sowie eine neuartige Technik der digitalen Unterschrift, den Digital Signature Algorithm (DSA). Der DSS wurde ursprünglich 1991 vorgeschlagen und 1993 auf Grund öffentlicher Rückmeldungen hinsichtlich der Sicherheit des Verfahrens überarbeitet. Eine weitere kleine Nachbesserung erfolgte 1996. Der DSS benutzt einen Algorithmus, welcher ausschließlich für die Erzeugung digitaler Unterschriften entworfen wurde. Anders als RSA kann er nicht für die Verschlüsselung oder den Schlüsselaustausch verwendet werden.

Verschlüsselung auf der Basis elliptischer Kurven

Die breite Mehrheit der Produkte und Standards, welche Public-Key-Kryptographie für Verschlüsselung und digitale Unterschriften verwenden, benutzt RSA. Die Bitlänge für den sicheren Gebrauch von RSA wuchs viele Jahre lang und führte zu einer größeren Verarbeitungslast in den Anwendungen, die RSA verwenden.

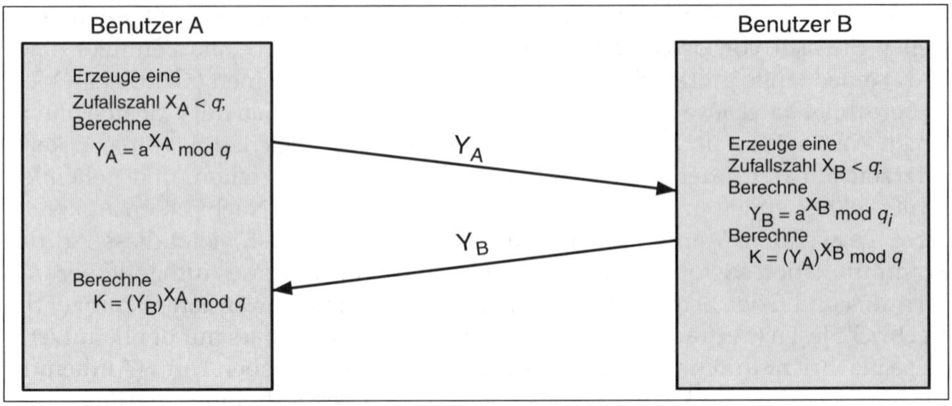

Abbildung 3.11: Diffie-Hellman-Schlüsselaustausch

Diese Last wirkt sich insbesondere auf den Sites des elektronischen Handels aus, die große Mengen abgesicherter Transaktionen verwalten. Neuerdings fordert ein Mitbewerber RSA heraus: die Elliptic-Curve-Kryptographie (ECC). Für ECC existieren bereits Standards, wie beispielsweise der Standard für Public-Key-Verschlüsselung IEEE P1363.

Der Hauptvorteil von ECC gegenüber RSA besteht darin, dass ECC anscheinend die gleiche Sicherheit mit einer weitaus geringeren Bitgröße erreicht und damit den Aufwand bei der Verarbeitung reduziert. ECC existiert in der Theorie schon eine ganze Weile, aber erst in jüngster Zeit erschienen die ersten Produkte und das kryptoanalytische Interesse an der Suche nach Schwächen erwachte. Folglich genießt ECC auch noch nicht soviel Vertrauen wie RSA.

ECC lässt sich erheblich schwieriger erläutern als RSA oder Diffie-Hellman und eine vollständige mathematische Beschreibung würde den Rahmen dieses Buchs sprengen. Die Technik basiert auf der Verwendung eines mathematischen Konstrukts, das als »elliptische Kurve« bekannt ist.

3.5 Digitale Unterschriften

Wie Abbildung 3.7b zeigt, lässt sich die Public-Key-Verschlüsselung noch auf andere Weise nutzen. Angenommen, Bob möchte eine Nachricht an Alice senden, deren Inhalt nicht unbedingt geheim bleiben muss. Alice muss aber sicher sein, dass die Nachricht tatsächlich von ihm ist. In diesem Fall verwendet Bob seinen eigenen privaten Schlüssel zum Verschlüsseln der Nachricht. Sobald Alice den verschlüsselten Text empfängt, kann sie ihn mit Bobs öffentlichem Schlüssel entschlüsseln und weiß daher, dass die Nachricht von Bob stammt. Niemand sonst besitzt Bobs privaten Schlüssel und deshalb kann auch niemand anderes einen verschlüsselten Text erzeugen, der sich mit Bobs öffentlichem Schlüssel entschlüsseln lässt. Die gesamte verschlüsselte Nachricht dient daher als **digitale Unterschrift**. Darüber hinaus besteht keine Möglichkeit, die Nachricht ohne Zugriff auf Bobs privaten Schlüssel zu verändern, sodass die Nachricht sowohl hinsichtlich des Absenders als auch hinsichtlich des Inhalts authentisch ist.

In dem eben genannten Schema erfolgt eine Verschlüsselung der gesamten Nachricht, was zwar die Echtheit von Autor und Inhalt nachweist, aber auch sehr viel Speicher verbraucht. Jedes Dokument muss als Klartext vorliegen, wenn man es benutzen will. Aber man braucht auch eine Kopie des verschlüsselten Textes, sodass Ursprung und Inhalt im Zweifelsfall nachweisbar sind. Dasselbe Ergebnis lässt sich einfacher erreichen, wenn man nur einen kleinen Block von Bits verschlüsselt, welcher eine Funktion des Dokuments bildet. Ein derartiger Block, Authentifizierungsinformation genannt, muss die Eigenschaft besitzen, dass sich das Dokument unmöglich ändern lässt, ohne die Authentifizierungsinformation zu ändern. Wurde die Authentifizierungsinformation mit dem privaten Schlüssel des Absenders verschlüsselt, dann dient sie als Unterschrift, welche Ursprung, Inhalt und Folge sicherstellt. Ein sicherer Hash-Code wie beispielsweise SHA-1 kann diese Funktion liefern. Abbildung 3.2b zeigt das Szenario.

Es muss betont werden, dass der eben beschriebene Verschlüsselungsprozess keine Geheimhaltung bietet. Die Nachricht ist zwar gegen Veränderungen abgesichert, nicht aber gegen das Abhören. Im Fall einer Unterschrift, die auf einem Teil der Nachricht basiert, ist dies offensichtlich, weil der Rest der Nachricht als Klartext übertragen wird. Aber auch im Fall vollständiger Verschlüsselung gibt es keine Gewähr für die Geheimhaltung, weil jeder Beobachter die Nachricht mit dem öffentlichen Schlüssel des Absenders entschlüsseln kann.

3.6 Schlüsselverwaltung

Eine der Hauptaufgaben der Public-Key-Verschlüsselung besteht in der Schlüsselverwaltung. Hier verdienen die folgenden beiden Aspekte Beachtung:

- Die Verteilung öffentlicher Schlüssel
- Die Verteilung geheimer Schlüssel

Lassen Sie uns nun diese beiden Bereiche betrachten.

3.6.1 Digitale Zertifikate

Augenscheinlich lässt sich die Public-Key-Verschlüsselung auf den Punkt bringen, dass der öffentliche Schlüssel allgemein zugänglich ist. Existiert also ein weit verbreiteter Algorithmus mit öffentlichen Schlüsseln wie beispielsweise RSA, dann kann jeder Teilnehmer seinen öffentlichen Schlüssel an jeden anderen Teilnehmer senden oder der Öffentlichkeit zur Verfügung stellen. Dieses Verfahren ist zwar bequem, leidet aber unter einer wesentlichen Schwäche: Jeder kann eine derartige Veröffentlichung fälschen. Das heißt, irgendein Benutzer könnte vorgeben, Benutzer A zu sein, und einen öffentlichen Schlüssel an einen anderen Teilnehmer senden oder veröffentlichen. Solange A die Fälschung nicht entdeckt und seine Partner davon in Kenntnis setzt, kann der Fälscher alle verschlüsselten Nachrichten für A lesen und den gefälschten Schlüssel zur Authentifizierung verwenden.

Die Lösung dieses Problems liegt in der Verwendung von Zertifikaten für öffentliche Schlüssel. Ein derartiges Zertifikat besteht hauptsächlich aus einem öffentlichen Schlüssel sowie einer Benutzer-ID des Eigentümers, wobei dieser Block von einem vertrauenswürdigen Dritten unterschrieben wird. Bei diesem Dritten handelt es sich typischerweise um eine Zertifizierungsstelle, welcher die Anwendergemeinde vertraut, wie beispielsweise eine Regierungs- oder Finanzbehörde. Ein Benutzer kann seinen öffentlichen Schlüssel auf sichere Weise an die Zertifizierungsstelle übergeben und ein Zertifikat erhalten, welches er anschließend veröffentlicht. Jeder, der den öffentlichen Schlüssel dieses Benutzers braucht, kann das Zertifikat erhalten und dessen Gültigkeit anhand der beigefügten Unterschrift überprüfen. Abbildung 3.12 zeigt diesen Vorgang.

Ein Schema zur Formatierung von Zertifikaten für öffentliche Schlüssel erfreut sich allgemeiner Beliebtheit: der Standard X.509. Die meisten Anwendungen der Netzwerksicherheit verwenden X.509, so auch IP Security, Secure Sockets Layer (SSL), Secure Electronic Transactions (SET) und S/MIME, die alle in Teil 2 behandelt werden. Kapitel 4 untersucht X.509 detaillierter.

3.6.2 Verteilung geheimer Schlüssel mittels öffentlicher Schlüssel

Ein Haupterfordernis der herkömmlichen Verschlüsselung, damit zwei Teilnehmer sicher kommunizieren können, besteht in der Verwendung eines gemeinsamen geheimen Schlüssels. Angenommen, Bob wollte eine Nachrichten-Anwendung erstellen, die ihm den sicheren Austausch von E-Mails mit jedermann, der Zugang zum Internet oder einem anderen gemeinsamen Netzwerk hat, ermöglicht. Nehmen wir weiter an, Bob wollte dies mithilfe der herkömmlichen Verschlüsselung tun. Im letzteren Fall müssten Bob und der andere Teilnehmer, sagen wir Alice, einen Weg finden, um einen eindeutigen geheimen Schlüssel auf eine Weise auszutauschen, dass niemand anderes Kenntnis davon erlangt. Wie sollen sie das anstellen? Sitzt Alice im Zimmer neben Bob, dann könnte Bob den Schlüssel erzeugen und auf einen Zettel oder auf eine Diskette schreiben und an sie weitergeben. Was aber tut Bob, wenn Alice am anderen Ende des Kontinents oder der Welt wohnt?

Er könnte den Schlüssel mit der herkömmlichen Verschlüsselung verschlüsseln und per E-Mail an Alice senden, wobei Bob und Alice aber einen gemeinsamen geheimen Schlüssel besitzen müssten, um diesen neuen geheimen Schlüssel zu verschlüsseln. Außerdem sähen sich Bob und jeder andere, der dieses neue E-Mail-Paket benutzen möchte, mit dem gleichen Problem konfrontiert: Jedes Paar von Teilnehmern muss einen gemeinsamen geheimen Schlüssel besitzen.

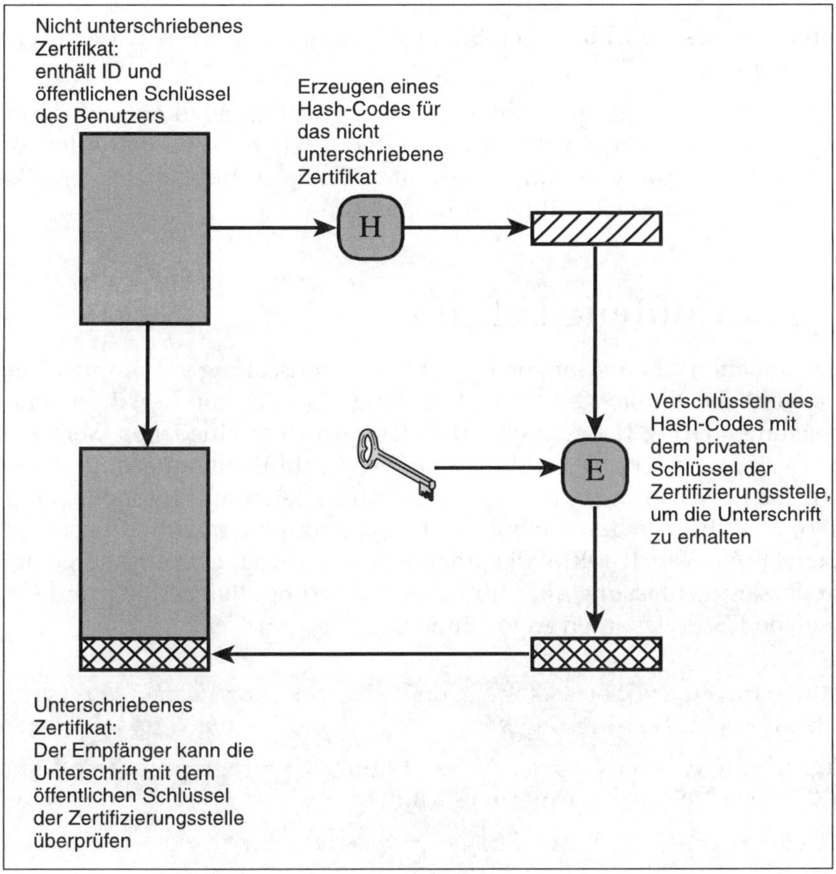

Abbildung 3.12: Benutzung von Public-Key-Zertifikaten

Eine mögliche Lösung besteht im Gebrauch des Schlüsselaustauschs nach Diffie-Hellman. Dieses Verfahren ist in der Tat weit verbreitet, birgt aber den Nachteil, dass Diffie-Hellman in seiner einfachsten Form keine Authentifizierung der beiden kommunizierenden Partner bietet.

Die Benutzung von Zertifikaten mit öffentlichen Schlüsseln stellt eine leistungsstarke Alternative dar. Will Bob mit Alice kommunizieren, kann er Folgendes machen:

1. Vorbereiten einer Nachricht.
2. Verschlüsseln dieser Nachricht mit herkömmlicher Verschlüsselung und einem einmalig benutzten herkömmlichen Sitzungsschlüssel.
3. Verschlüsseln des Sitzungsschlüssels mittels Public-Key-Verschlüsselung und Alices öffentlichem Schlüssel.
4. Anhängen des verschlüsselten Sitzungsschlüssels an die Nachricht und Absenden an Alice.

Nur Alice besitzt die Möglichkeit, den Sitzungsschlüssel zu entschlüsseln und damit die ursprüngliche Nachricht wiederherzustellen. Wenn Bob Alices öffentlichen Schlüssel zusammen mit Alices öffentlich verschlüsseltem Zertifikat erhält, weiß er, dass dies ein gültiger Schlüssel ist.

3.7 Empfohlene Lektüre

Die empfohlenen Abhandlungen über die Verschlüsselung von Kapitel 2 behandeln sowohl die Public-Key-Verschlüsselung als auch die herkömmliche Verschlüsselung. [DIFF88] beschreibt detailliert die verschiedenen Versuche, sichere kryptographische Algorithmen mit zwei Schlüsseln zu erfinden, und die allmähliche Entwicklung einer Vielfalt darauf basierender Protokolle. Eine gute und sehr ausführliche Beschreibung der Kryptographie mit öffentlichen Schlüsseln bietet [SALO96]. [CORM90] enthält eine geraffte, aber vollständige und gut lesbare Zusammenfassung aller für die Verifizierung, Berechnung und Kryptoanalyse von RSA relevanten Algorithmen.

CORM90 Cormen, T., Leiserson, C. und Rivest, R. *Introduction to Algorithms.* Cambridge, MA: MIT Press 1990.

DIFF88 Diffie, W. »The First Ten Years of Public Cryptography.« *Proceedings of the IEEE*, Mai 1988. Nachdruck in [SIMM92].

SALO96 Salomaa, A. *Public-Key Cryptography.* New York: Springer-Verlag 1996.

SIMM92 Simmons, G. Hrsg. *Contemporary Cryptology: The Science of Information Integrity.* Piscataway, NJ: IEEE Press, 1992.

3.8 Aufgaben

3.1 Einer der meistbenutzten MACs, den man als Data Authentication Algorithm bezeichnet, basiert auf DES. Der Algorithmus stellt sowohl einen FIPS- (FIPS PUB 113) als auch einen ANSI-Standard (X9.17) dar. Der Algorithmus lässt sich definieren als Gebrauch des Operationsmodus Cipher Block Chaining (CBC) von DES mit einem Initialisierungsvektor von Null (Abbildung 2.7). Die zu authentifizierenden Daten (wie beispielsweise Nachricht, Datensatz, Datei oder Programm), werden in fortlaufende 64-Bit-Blöcke $P_1, P_2, \ldots, P_N$ gruppiert. Gegebenenfalls wird der letzte Block rechts mit Nullen zu einem 64-Bit-Block aufgefüllt. Der MAC besteht entweder aus dem gesamten Block von verschlüsseltem Text C_N oder aus den linken M Bits des Blocks, mit $16 \leq M \leq 64$. Zeigen Sie, dass dasselbe Ergebnis erzeugt werden kann, indem man den Modus Cipher Feedback verwendet.

3.2 Eine Hash-Funktion von 32 Bit sei definiert als die Verkettung zweier 16-Bit-Funktionen XOR und RXOR, definiert in Abschnitt 3.2 als »zwei einfache Hash-Funktionen«.

a. Erkennt die Prüfsumme alle Fehler, die von einer ungeraden Anzahl fehlerhafter Bits herrühren? Erläutern Sie Ihre Antwort.

b. Erkennt die Prüfsumme alle Fehler, die von einer geraden Anzahl fehlerhafter Bits herrühren? Falls nicht, charakterisieren Sie die Fehlerkonstellationen, an denen die Prüfsumme scheitert.

c. Kommentieren Sie die Effizienz dieser Funktion beim Gebrauch als Hash-Funktion für die Authentifizierung.

3.3 Es besteht die Möglichkeit, mithilfe einer Hash-Funktion eine Blockverschlüsselung ähnlich DES zu konstruieren. Wie ist dies zu erklären, wo doch eine Hash-Funktion eine Einweglösung darstellt und eine Blockverschlüsselung umkehrbar sein muss (zur Entschlüsselung)?

3.4 Vor der Realisierung von Schemata zur Public-Key-Verschlüsselung wie beispielsweise RSA wurde ein Beweisverfahren entwickelt, welches zeigen sollte, dass Public-Key-Verschlüsselung in der Theorie möglich ist. Betrachten Sie die Funktion $f_1(x_1) = z_1$; $f_2(x_2, y_2) = z_2$; $f_3(x_3, y_3) = z_3$, wobei alle Werte Ganzzahlen im Bereich von $1 \leq x_i, y_i, z_i \leq N$ sind.

Funktion f_1 kann durch einen Vektor M1 der Länge N dargestellt werden, in welchem der $k$te Eintrag den Wert $f_1(k)$ besitzt. Entsprechend lassen sich f_2 und f_3 durch die $N \times N$ Matrizen M2 und M3 darstellen. Der Prozess der Verschlüsselung/Entschlüsselung soll dabei durch das Nachschlagen in Tabellen mit sehr großen Werten von N erfolgen. Solche Tabellen wären zwar für die Praxis zu groß, könnten aber im Prinzip konstruiert werden. Das Schema funktioniert folgendermaßen: Konstruieren Sie M1 mit einer zufälligen Permutation aller Ganzzahlen zwischen 1 und N, das heißt, dass jede Ganzzahl genau einmal in M1 vorkommt. Konstruieren Sie M2, sodass jede Zeile eine zufällige Permutation der ersten N Zahlen enthält. Füllen Sie schließlich M3, sodass die folgende Bedingung erfüllt ist:

$f_3(f_2(f_1(k), p), k) = p$ für alle k, p mit $1 \leq k, p \leq N$

In Worten:

1. M1 erhält die Eingabe k und erzeugt eine Ausgabe x.
2. M2 erhält die Eingaben x und p und produziert z.
3. M3 erhält die Eingaben z und k und ergibt p.

Nach ihrer Aufstellung werden die drei Tabellen veröffentlicht.

a. Es sollte Klarheit darüber bestehen, dass M3 nach den angegebenen Bedingungen konstruiert werden kann. Füllen Sie als Beispiel M3 für den folgenden einfachen Fall aus:

M1 =

5
4
2
3
1

M2 =

5	2	3	4	1
4	2	5	1	3
1	3	2	4	5
3	1	4	2	5
2	5	3	4	1

M3 =

Vereinbarung: Das $i$te Element von M1 korrespondiert mit $k = i$. Die $i$te Zeile von M2 korrespondiert mit $x = i$; die $j$te Spalte von M2 korrespondiert mit $p = j$. Die $i$te Zeile von M3 korrespondiert mit $z = i$; die $j$te Spalte von M3 korrespondiert mit $k = j$.

b. Beschreiben Sie den Gebrauch dieser Tabellen für die Durchführung von Verschlüsselung und Entschlüsselung.

c. Zeigen Sie, dass dies ein sicheres Schema ist.

3.5 Führen Sie eine Verschlüsselung und Entschlüsselung mit dem Algorithmus RSA wie in Abbildung 3.9 gezeigt durch, und zwar für Folgendes:

$p = 3;\ q = 11, e = 7;\ M = 5$
$p = 5;\ q = 11, e = 3;\ M = 9$
$p = 7;\ q = 11, e = 17;\ M = 8$
$p = 11;\ q = 13, e = 11;\ M = 7$
$p = 17;\ q = 31, e = 7;\ M = 2$

Tipp: Die Entschlüsselung ist nicht so schwierig, wie es scheint. Versuchen Sie ein paar Tricks.

3. 6 In einem System mit öffentlichen Schlüsseln, das RSA verwendet, fangen Sie den verschlüsselten Text $C = 10$ ab, der an einen Benutzer mit dem öffentlichen Schlüssel $e = 5$, $n = 35$ gesendet wurde. Wie lautet der Klartext M?

3. 7 In einem RSA-System lautet der öffentliche Schlüssel eines bestimmten Benutzers $e = 31$, $n = 3599$. Wie lautet der private Schlüssel dieses Benutzers?

3. 8 Angenommen, wir besitzen eine Reihe von Blöcken, die mit dem Algorithmus RSA verschlüsselt wurden, haben aber nicht den privaten Schlüssel. Es sei $n = pq$, e sei der private Schlüssel. Jemand teilt uns mit, einer der Klartextblöcke hätte einen gemeinsamen Faktor mit n. Hilft uns diese Information?

3. 9 Beweisen Sie, dass RSA durch die Matrizen M1, M2 und M3 der Aufgabe 3.4 dargestellt werden kann.

3.10 Betrachten Sie folgendes Schema:

1. Wählen Sie eine ungerade Zahl E.
2. Wählen Sie zwei Primzahlen P und Q, sodass $(P - 1)(Q - 1) - 1$ glatt durch E teilbar ist.
3. Multiplizieren Sie P und Q, sodass Sie N erhalten.
4. Berechnen Sie $D= ((P - 1)(Q - 1)(E - 1) + 1) / E$.

Ist dieses Schema RSA gleichwertig? Zeigen Sie, warum bzw. warum nicht.

3.11 Stellen Sie sich vor, Sie benutzten RSA mit einem bekannten Schlüssel, um eine Einweg-Hash-Funktion zu konstruieren. Verarbeiten Sie nun eine Nachricht, welche aus einer Reihe von Blöcken besteht, wie folgt: Verschlüsseln Sie den ersten Block, wenden Sie das Ergebnis in einer XOR-Verknüpfung auf den zweiten Block an und verschlüsseln Sie wieder usw. Zeigen Sie, dass dieses Schema nicht sicher ist, indem Sie folgendes Problem lösen: Gegeben sei eine Nachricht aus zwei Blöcken B1 und B2 sowie ihr Hash

RSAH(B1, B2) = RSA(RSA(B1)⊕B2)

Gegeben sei ein willkürlich gewählter Block C1. Wählen Sie C2, sodass gilt

RSAH(C1, C2) = RSAH(B1, B2).

3.12 Gegeben sei ein Schema nach Diffie-Hellman mit einer gemeinsamen Primzahl $q = 11$ und einer Primitivwurzel $\alpha = 2$.

a. Wenn Benutzer A den öffentlichen Schlüssel $Y_A = 9$ besitzt, wie lautet dann A's privater Schlüssel X_A?

b. Wenn Benutzer B den öffentlichen Schlüssel $Y_B = 3$ besitzt, wie lautet der gemeinsame geheime Schlüssel K?

3.9 Anhang 3A: Primzahlen und modulare Arithmetik

In diesem Anhang bieten wir etwas Hintergrund zu zwei Konzepten, die in diesem Kapitel genannt werden: Primzahlen und modulare Arithmetik.

3.9.1 Primzahlen und relative Primzahlen

Sofern nicht anders angegeben, befassen wir uns in diesem Abschnitt nur mit nicht negativen ganzen Zahlen. Die Verwendung von negativen ganzen Zahlen würde zu keinen wesentlichen Unterschieden führen.

Teiler

Man sagt, $b \neq 0$ teilt a, wenn $a = mb$ für ein bestimmtes m, wobei a, b und m ganze Zahlen sind. Das heißt, b teilt a, wenn bei der Division kein Rest entsteht. Die Schreibweise $b \mid a$ wird häufig verwendet, um b teilt a auszudrücken. Wenn $b \mid a$ sagt man auch, b ist ein *Teiler* von a. Die positiven Teiler von 24 sind beispielsweise 1, 2, 3, 4, 6, 8, 12 und 24.

Es gelten folgende Relationen:

- Wenn $a \mid 1$, dann ist $a = \pm 1$
- Wenn $a \mid b$ und $b \mid a$, dann ist $a = \pm$ b
- Ein beliebiges $b \neq 0$ teilt 0
- Wenn $b \mid g$ und $b \mid h$, dann gilt $b \mid (mg + nh)$ bei beliebigen ganzzahligen m und n

Um diesen letzten Punkt einzusehen, bedenken Sie Folgendes:

- Wenn $b \mid g$ dann hat g die Form $g = b \times g_1$ bei beliebigem ganzzahligen g_1
- Wenn $b \mid h$ dann hat h die Form $h = b \times h_1$ bei beliebigem ganzzahligen h_1

Also ist

$$mg + nh = mbg_1 + nbh_1 = b \times (mg_1 + nh_1)$$

und damit gilt b teilt $mg + nh$.

Primzahlen

Jede ganze Zahl $a > 1$ kann folgendermaßen in eindeutiger Weise zerlegt werden

$$a = p_1^{\alpha_1} \; p_2^{\alpha_2} \; \ldots \; p_t^{\alpha_t}$$

wobei $p_1 > p_2 > \ldots > p_t$ Primzahlen sind und jedes $\alpha_i > 0$. Zum Beispiel ist $91 = 7 \times 13$ und $11011 = 7 \times 11^2 \times 13$.

Es ist von Vorteil, dies anders auszudrücken. Wenn P die Menge aller Primzahlen ist, so kann jede positive ganze Zahl eindeutig in folgender Form beschrieben werden:

$$a = \prod_{p \in P} p^{a_p}, \text{ wobei jedes } a_p \geq 0$$

Die rechte Seite ist das Produkt aus allen möglichen Primzahlen p; für jeden Wert von a werden die meisten Exponenten a_p gleich 0 sein.

Der Wert einer beliebigen positiven ganzen Zahl kann dadurch ausgedrückt werden, dass man alle Exponenten der vorangegangenen Formulierung, die nicht Null sind, auflistet. Die ganze Zahl 12 wird also durch $\{a_2 = 2; a_3 = 1\}$ dargestellt und die ganze Zahl 18 durch $\{a_2 = 1; a_3 = 2\}$. Die Multiplikation zweier Zahlen entspricht der Addition der entsprechenden Exponenten:

$$k = mn \rightarrow k_p = m_p + n_p \text{ für alle } p$$

Was bedeutet es nun hinsichtlich dieser Primfaktoren, wenn man sagt $a \mid b$? Jede ganze Zahl der Form p^k kann nur durch eine ganze Zahl geteilt werden, die eine niedrigere oder gleiche Potenz derselben Primzahl p^j mit $j \leq k$ ist. Wir können also sagen:

$$a \mid b \rightarrow a_p \leq b_p \text{ für alle } p$$

Relative Primzahlen

Mit der Schreibweise ggT(a, b) bezeichnen wir den größten gemeinsamen Teiler von a und b. Die positive ganze Zahl c wird als größter gemeinsamer Teiler von a und b bezeichnet, wenn gilt:

1. c ist ein Teiler von a und b.
2. Jeder Teiler von a und b ist zugleich Teiler von c.

Eine gleichbedeutende Definition ist Folgende:

$$\text{ggT}(a, b) = \max [k, \text{ sodass } k \mid a \text{ und } k \mid b]$$

Da der größte gemeinsame Teiler positiv sein muss, gilt $\text{ggT}(a, b) = \text{ggT}(a, -b) = \text{ggT}(-a, b) = \text{ggT}(-a, -b)$. Allgemein ist $\text{ggT}(a, b) = \text{ggT}(|a|, |b|)$. So gilt beispielsweise ggT(60, 24) = ggT(60, -24) = 12. Da auch alle ganzen Zahlen, die ungleich Null sind, 0 teilen, erhalten wir $\text{ggT}(a, 0) = |a|$.

Man kann den größten gemeinsamen Teiler zweier positiver ganzer Zahlen einfach bestimmen, indem man jede ganze Zahl als Primzahlprodukt darstellt. Zum Beispiel:

$$300 = 2^2 \times 3^1 \times 5^2$$
$$18 = 2^1 \times 3^2$$
$$\text{ggT}(18, 300) = 2^1 \times 3^1 \times 5^0 = 6$$

Allgemein:

$$k = \text{ggT}(a, b) \rightarrow k_p = \min(a_p, b_p) \text{ für alle } p$$

Das Bestimmen der Primfaktoren einer großen Zahl ist keine einfache Aufgabe, z.B. führt die vorher genannte Beziehung nicht direkt zu einer Methode, um den größten gemeinsamen Teiler zu berechnen.

Die ganzen Zahlen a und b sind relative Primzahlen, wenn sie keine gemeinsamen Primfaktoren besitzen (das heißt, wenn ihr einziger gemeinsamer Faktor 1 ist). Dies ist gleichbedeutend mit der Aussage, dass a und b relative Primzahlen sind, wenn $\text{ggT}(a, b) = 1$ ist. Zum Beispiel sind 8 und 15 relative Primzahlen, da von 8 die Teiler 1, 2, 4 und 8 sind, die von 15 dagegen 1, 3, 5 und 15, sodass 1 die einzige gemeinsame Zahl ist.

Modulare Arithmetik

Bei einer beliebigen positiven ganzen Zahl n und einer beliebigen ganzen Zahl a erhalten wir durch Division von a durch n einen Quotienten q und einen Rest r, die in folgender Beziehung zueinander stehen:

$$a = qn + r \qquad 0 \leq r < n; q = \lfloor a/n \rfloor$$

wobei $\lfloor \chi \rfloor$ die größte ganze Zahl ist, die kleiner oder gleich x ist. Das übrig gebliebene r wird häufig als **Rest** bezeichnet.

Wenn a eine ganze Zahl und n eine positive ganze Zahl ist, definieren wir a mod n als den Rest, der bei einer Division von a durch n übrig bleibt. Wir können also für jede ganze Zahl a immer schreiben:

$$a = \lfloor a/n \rfloor \times n + (a \bmod n)$$

Zwei ganze Zahlen a und b heißen **kongruent modulo *n***, wenn $(a \bmod n) = (b \bmod n)$. Dies wird $a \equiv b \bmod n$ geschrieben, zum Beispiel $73 \equiv 4 \bmod 23$ und $21 \equiv -9 \bmod 10$. Beachten Sie, dass bei $a \equiv 0 \bmod n$ gilt: $n \mid a$.

Der Modulo-Operator hat folgende Eigenschaften:

1. $a \equiv b \bmod n$, wenn $n \mid (a - b)$
2. $(a \bmod n) = (b \bmod n)$ bedeutet $a \equiv b \bmod n$
3. $a \equiv b \bmod n$ bedeutet $b \equiv a \bmod n$
4. $a \equiv b \bmod n$ und $b \equiv c \bmod n$ bedeutet $a \equiv c \bmod n$

Um den ersten Punkt zu demonstrieren: Bei $n \mid (a - b)$ gilt $(a - b) = kn$ für ein bestimmtes k. Wir können also schreiben $a = b + kn$. Daher gilt $(a \bmod n)$ = (Rest der Division von $b + kn$ durch n) = (Rest der Division von b geteilt durch n) = $(b \bmod n)$. Die übrigen Punkte können ebenso einfach bewiesen werden.

Der Operator (mod n) bildet alle ganzen Zahlen in einer Menge von ganzen Zahlen ab $\{0, 1, \ldots, (n-1)\}$. Dabei stellt sich die Frage: Können wir arithmetische Operationen innerhalb der Grenzen dieser Menge durchführen? Es stellt sich heraus, dass dies möglich ist; die Technik wird als **modulare Arithmetik** bezeichnet.

Die modulare Arithmetik weist folgende Eigenschaften auf:

1. $[(a \bmod n) + (b \bmod n)] \bmod n = (a + b) \bmod n$
2. $[(a \bmod n) - (b \bmod n)] \bmod n = (a - b) \bmod n$
3. $[(a \bmod n) \times (b \bmod n)] \bmod n = (a \times b) \bmod n$

Wir wollen den ersten Punkt zeigen. Definieren Sie $(a \bmod n) = r_a$ und $(b \bmod n) = r_b$. Dann können wir $a = r_a + jn$ für beliebige ganze Zahlen j und $b = r_b + kn$ für eine beliebige ganze Zahl k definieren. Entsprechend gilt:

$$\begin{aligned}
&(a + b) \bmod n = (r_a + jn + r_b + kn) \bmod n \\
&= (r_a + r_b + (k + j)n) \bmod n \\
&= (r_a + r_b) \bmod n \\
&= [(a \bmod n) + (b \bmod n)] \bmod n
\end{aligned}$$

Die verbleibenden Punkte können ebenso einfach bewiesen werden.

Teil 2
Anwendungen für die Netzwerksicherheit

Teil 2 stellt wichtige Werkzeuge für die Netzwerksicherheit und wichtige Anwendungen vor, welche in einem einfachen Netzwerk, einem firmeneigenen Intranet oder im Internet Verwendung finden.

Kapitel 4 Anwendungen zur Authentifizierung

Kapitel 4 gibt einen Überblick über die beiden wichtigsten derzeit gebräuchlichen Spezifikationen zur Authentifizierung. Kerberos stellt ein Authentifizierungsprotokoll dar, das auf herkömmlicher Verschlüsselung basiert, breite Unterstützung genießt und in einer Vielfalt von Systemen verwendet wird. X.509 legt einen Algorithmus zur Authentifizierung fest und definiert ein Zertifizierungsverfahren, mit dessen Hilfe Benutzer Zertifikate über öffentliche Schlüssel bekommen können, sodass eine Benutzergemeinde der Gültigkeit dieser Schlüssel vertrauen kann. Dieses Verfahren ist in einer Reihe von Anwendungen integriert.

Kapitel 5 E-Mail-Sicherheit

E-Mail ist die am meisten genutzte verteilte Anwendung und es besteht ein wachsendes Interesse daran, Möglichkeiten der Authentifizierung und der Geheimhaltung in einer solchen Anwendung zur Verfügung zu stellen. In Kapitel 5 werfen wir einen Blick auf die beiden Verfahren, die wahrscheinlich in naher Zukunft die E-Mail-Sicherheit dominieren werden. Pretty Good Privacy (PGP) heißt ein weit verbreitetes, von Organisationen und Behörden unabhängiges Verfahren. PGP passt daher genauso gut in individuelle, persönliche Umgebungen wie in große firmeneigene Netzwerke. S/MIME (Secure/Multipurpose Internet Mail Extension) wurde als eigenständiger Internet-Standard entwickelt.

Kapitel 6 IP-Sicherheit

Das Internet-Protokoll (IP) bildet das zentrale Element im Internet und in privaten Intranets. Eine entsprechend große Rolle spielt die Sicherheit auf der Ebene des IP beim Entwurf Internet-basierter Sicherheitseinrichtungen. Kapitel 6 untersucht die Sicherheitseinrichtungen des IP, welche sowohl für das aktuelle IP als auch für seinen Nachfolger IPv6 entwickelt wurden.

Kapitel 7 Netzsicherheit

Die explosionsartig wachsende Bedeutung des World Wide Web für den elektronischen Handel und die Verbreitung von Informationen ließ einen großen Bedarf an Web-basierten Sicherheitseinrichtungen entstehen. Kapitel 7 bietet einen Überblick über diesen neuen, wichtigen Bereich der Sicherheit und untersucht zwei der Hauptstandards: Secure Sockets Layer (SSL) und Secure Electronic Transaction (SET).

Kapitel 8 Sicherheit in der Netzwerkverwaltung

Mit zunehmendem Gebrauch von Netzwerkverwaltungssystemen zur Steuerung heterogener Netzwerke steigen auch die Anforderungen an begleitende Sicherheitsmaßnahmen. Kapitel 8 behandelt das am weitesten verbreitete Netzwerkverwaltungssystem, das Simple Network Management Protocol (SNMP). Version 1 von SNMP besitzt lediglich Ansätze einer Passwort-basierten Authentifizierung. SNMPv2 bietet zusätzliche Möglichkeiten und SNMPv3 enthält voll entwickelte Sicherheitseinrichtungen zur Geheimhaltung und zur Authentifizierung, die in Verbindung mit SNMPv1 oder SNMPv3 nutzbar sind.

Authentifizierungsanwendungen 4

Wir beginnen mit einem Blick auf einen der frühesten und am weitesten verbreiteten Dienste, bekannt unter dem Namen Kerberos. Danach untersuchen wir den X.509-Authentifizierungsdienst. Dieser Standard bildet einen wichtigen Teil des Verzeichnisdienstes, den er unterstützt, und ist zudem ein Basiselement anderer Standards wie S/MIME, das in Kapitel 5 betrachtet wird.

4.1 Kerberos

Kerberos[1] ist ein Authentifizierungsdienst, der im Rahmen des Athena-Projekts am MIT entwickelt wurde. Kerberos wurde für folgendes Problem ausgelegt: Stellen Sie sich eine offene, verteilte Umgebung vor, in der Benutzer von Arbeitsplatzrechnern auf im Netzwerk angebotene Dienstleistungen zugreifen wollen. Wir wollen, dass Server die Möglichkeit haben, nur für berechtigte Benutzer Zugriff zu gewähren und Dienstanforderungen zu authentifizieren. In dieser Umgebung kann ein Arbeitsplatzrechner nicht gewährleisten, dass Benutzer von Netzwerkdiensten korrekt identifiziert werden. Vor allem bestehen folgende Bedrohungen:

- Ein Benutzer versucht Zugang zu einem bestimmten Arbeitsplatzrechner zu erlangen und gibt dabei vor, ein anderer Benutzer zu sein, der an diesem System arbeitet.
- Ein Benutzer kann die Netzwerkadresse eines Arbeitsplatzrechners derart ändern, dass eine von diesem manipulierten Rechner abgeschickte Anfrage den Anschein erweckt, sie käme von dem imitierten System.
- Ein Benutzer kann anfallende Änderungen abfangen und mit einem Wiederholungsangriff Zugang zu einem Server erlangen oder Arbeitsvorgänge unterbrechen.

In jedem dieser Fälle kann ein Benutzer unberechtigten Zugriff auf Dienstleistungen oder Daten erlangen. Um nicht auf jedem Server komplexe Authentifizierungsprotokolle einzurichten, bietet Kerberos einen zentralen Authentifizie-

1 »In der griechischen Mythologie ein mehr-, gewöhnlich dreiköpfiger, Hund mit möglicherweise einem Schlangenschwanz, der Wächter des Eingangs zum Hades«. Aus *Dictionary of Subjects and Symbols in Art*, von James Hall, Harper & Row, 1979. Wie der griechische Kerberos drei Köpfe hat, verfügt der moderne Kerberos über drei Komponenten zum Schutz eines Netzwerkzugangs: Authentifizierung, Berichterstellung und Überwachung. Die beiden letzten Köpfe wurden nie implementiert.

rungs-Server, der Benutzer und Server gegenseitig authentifiziert. Im Gegensatz zu vielen anderen in diesem Buch beschriebenen Authentifizierungsmechanismen basiert Kerberos auf herkömmlichen Verschlüsselungsmethoden und macht keinen Gebrauch von der Public-Key-Verschlüsselung.

Kerberos wird in zwei Versionen angewendet. Die Version 4 [MILL88, STEI88] ist die verbreitetste Version. Version 5 [KOHL94] behebt einige der Unzulänglichkeiten der Version 4 und wurde als vorläufiger Internet-Standard (RCF 1510) herausgegeben.[2]

Wir beginnen diesen Abschnitt mit einer kurzen Abhandlung über die Ziele und Motivation des Kerberos-Verfahrens. Aufgrund der Komplexität von Kerebros ist es am besten, mit der Definition des Authentifizierungsprotokolls, das in der Version 4 angewendet wird, zu beginnen. Dadurch lernen wir den Grundgedanken der Kerberos-Vorgehensweise kennen, ohne auf Einzelheiten von Sicherheitsaspekten zur Abwehr von ausgefeilten Sicherheitsbedrohungen einzugehen. Danach wird die Version 5 erörtert.

4.1.1 Motivation

Für eine Benutzergruppe mit PCs, die in kein Netzwerk eingebunden sind, kann die Sicherheit von Ressourcen und Dateien der Benutzer durch physischen Schutz jedes vorhandenen Rechners direkt gewährleistet werden. Werden diese Benutzer dagegen über ein zentralisiertes Time-Sharing-System bedient, muss das entsprechende Betriebssystem für Sicherheit sorgen. Das Betriebssystem kann Richtlinien für die Zugriffskontrolle durchsetzen, die auf Benutzerkennungen beruhen und eine Anmeldeprozedur zur Identifizierung der Benutzer verwenden.

Heutzutage ist keine dieser Verfahrensweisen mehr verbreitet. Üblich ist eine verteilte Architektur, die aus benannten Benutzer-Arbeitsplätzen (Clients) und aus verteilten oder zentralisierten Servern besteht. In dieser Umgebung können drei Ansätze für Sicherheit ins Auge gefasst werden:

1. Man verlässt sich darauf, dass an dem einzelnen Client-Rechner die Kennung des/der Benutzer(s) überprüft wird, und darauf, dass jeder Server eine Sicherheitsprozedur basierend auf der Benutzer-ID aufgebaut hat.
2. Man fordert, dass jedes Client-System sich gegenüber dem Server ausweist, verlässt sich aber auf das Client-System, was die Benutzeridentität angeht.
3. Man fordert die Benutzer auf, bei jedem angeforderten Dienst ihre Kennung einzugeben. Das Gleiche gilt für Server gegenüber Clients.

---

2 Die Versionen 1 bis 3 sind intern entwickelte Versionen. Die Version 4 ist der »originale« Kerberos.

In einem kleinen, geschlossenen System, das für eine einzelne Betreuergruppe ausgelegt und durch sie betreut wird, sind die Vorgehensweisen 1 und vielleicht auch 2 ausreichend.[3] Aber in einer offenen Umgebung, in der Netzwerkverbindungen zu anderen Rechnern unterstützt werden, wird die dritte Forderung unerlässlich, um Benutzerdaten und Ressourcen, die auf diesem Rechner gespeichert sind, zu schützen. Dieses dritte Verfahren wird von Kerberos unterstützt. Kerberos setzt eine verteilte Client-/Server-Architektur voraus und verwendet einen oder mehrere Kerberos-Server, um Authentifizierungsdienste zu bieten.

Der erste veröffentliche Bericht über Kerberos [STEI88] zeigt die nachfolgenden Anforderungen an Kerberos auf.

- **Sicherheit:** Ein Eindringling in das Netzwerk darf nicht in die Lage versetzt werden, den Zugriff eines anderen zugelassenen Benutzers zu missbrauchen. Allgemeiner gesprochen: Kerberos muss sich als so stark erweisen, dass es für einen Gegner nicht als schwaches Glied in der Kette erscheint.
- **Zuverlässigkeit:** Wenn die Anwendungen der Kerberos-Sicherheitsfunktionen versagen, bedeutet dies eine Einschränkung der Verfügbarkeit anderer von Kerberos unterstützter Anwendungen. Also muss Kerberos höchste Zuverlässigkeit bieten und eine verteilte Server-Architektur verwenden können, wobei ein System das andere unterstützt.
- **Transparenz:** Im Idealfall bemerkt der Benutzer nichts von den Authentifizierungsvorgängen, abgesehen von der Eingabe des eigenen Passworts.
- **Skalierbarkeit:** Das System muss eine große Anzahl an Clients und Servern unterstützen können. Auch dies legt eine modulare, verteilte Architektur nahe.

Um diese Anforderungen zu erfüllen, stellt sich die Grundidee von Kerberos als eine vertrauliche, außenstehende Authentifizierungsfunktion dar, die ein von Needham und Schroeder vorgeschlagenes Protokoll [NEED78] verwendet. Die Vertraulichkeit besteht in dem Sinne, als dass die Kennungen von Clients und Server Kerberos anvertraut werden. Gehen wir davon aus, dass Kerberos an sich funktionsfähig ist, so erweist sich der Authentifizierungsdienst als sicher, wenn der Kerberos-Server selbst sicher ist.[4]

---

3 Allerdings ist sogar eine geschlossene Umgebung Bedrohung eines Angriffs durch einen unzufriedenen Mitarbeiter ausgesetzt.

4 Bedenken Sie, dass die Sicherheit des Kerberos-Servers nicht automatisch angenommen werden kann, sondern sorgfältig bewacht werden muss (z.B. in einem verschlossenen Raum). Man erinnere sich an das Schicksal des griechischen Kerberos, den Herkules im Auftrag des Eurystheus als zwölfte Aufgabe gefangen nehmen sollte: »Herkules fand den großen Hund an der Kette vor und packte ihn an der Kehle. Sofort versuchten die drei Köpfe ihn anzugreifen, und Kerberos schlug wild mit seinem kräftigen Schwanz um sich. Herkules setzte all seine Kraft ein und Kerberos verlor das Bewusstsein. Eurystheus mag überrascht gewesen sein, Herkules lebendig wiederzusehen – als er die drei geifernden Köpfe und den riesigen Hund, zu denen sie gehörten, sah, verlor er vor Schreck den Verstand und verkroch sich in die Sicherheit seines Bronzegewölbes.« Aus: *The Hamlyn Concise Dictionary of Greek and Roman Mythology* von Michael Stapleton, Hamlyn, 1982.

4.1.2 Kerberos Version 4

Kerberos Version 4 verwendet DES, mit einem weiterentwickelten Protokoll, zur Unterstützung des Authentifizierungsdienstes. Betrachtet man das ganze Protokoll, so glaubt man, viele überflüssige Elemente darin zu finden. Deshalb übernehmen wir eine von Bill Bryant aus dem Projekt Athena [BRYA88] verwendete Vorgehensweise und machen uns Schritt für Schritt mit dem vollständigen Protokoll vertraut, indem wir zunächst einige hypothetische Dialoge betrachten. Jeder nachfolgende Dialog fügt zusätzliche Bausteine hinzu, um Sicherheitsschwachstellen aus den vorhergehenden Dialogen zu beheben.

Nach der Betrachtung des Protokolls wollen wir einige andere Merkmale der Version 4 besprechen.

Ein einfacher Authentifizierungsdialog

In einer ungeschützten Netzwerkumgebung kann jeder Client jeden Server für seine Aufgaben beanspruchen. Das offenkundigste Sicherheitsrisiko ist das des Identitätsdiebstahls. Ein Gegner kann vorgeben, ein anderer Client zu sein, und dadurch unberechtigte Privilegien auf dem Server-Rechner erlangen. Um dieser Bedrohung zu begegnen, benötigen Server die Möglichkeit zur Überprüfung der IDs von Clients, die Dienste beanspruchen. Diese Aufgabe kann jedem Server für jede Client/Server-Interaktion auferlegt werden, in einer offenen Umgebung jedoch würde dies eine beträchtliche Belastung für jeden Server-Rechner bedeuten.

Alternativ besteht die Möglichkeit, einen Authentifizierungs-Server (AS) zu verwenden, der sämtliche ihm bekannten Passwörter in einer zentralen Datenbank gespeichert hat. Zusätzlich verfügt jeder AS über einen eindeutigen geheimen Schlüssel für jeden Server. Diese Schlüssel werden physisch oder in einer anderen sicheren Weise vergeben. Betrachten Sie nun den folgenden hypothetischen Dialog:

(1) $C \rightarrow AS$: $ID_C \| P_C \| ID_V$
(2) $AS \rightarrow C$: Ticket
(3) $C \rightarrow V$: $ID_C \|$ Ticket
Ticket = $E_{K_V} [ID_C \| AD_C, ID_V]$

wobei

C = *Client*
AS = *Authentifizierungs-Server*
V = *Server*
ID_c = *Benutzerkennung auf C*
ID_v = *Kennung von V*
P_c = *Benutzerpasswort auf C*

AD_c = Netzwerkadresse von C
K_v = geheime Verschlüsselung, die von AS und V genutzt wird
|| = Verkettung

In diesem Szenario meldet sich ein Benutzer an einem Arbeitsplatzrechner an und will auf den Server V zugreifen. Das Client-Modul C im Arbeitsplatzrechner des Benutzers fragt das Passwort des Benutzers ab und sendet an den AS eine Nachricht, welche die Benutzer-ID, die Server-ID und das Benutzer-Passwort enthält. Der AS überprüft in seiner Datenbank die Gültigkeit des eingegebenen Passworts für diese Benutzer-ID und die Zugriffsberechtigung des Benutzers zum Server V. Sind beide Überprüfungen erfolgreich durchgeführt, erkennt der AS den Benutzer als zugriffsberechtigt an und gibt ihn für den Server frei. Zu diesem Zweck erzeugt der AS ein Ticket, das als Informationen die Benutzer-ID, die Netzwerkadresse und die Server-ID enthält. Dieses Ticket wird in dem zwischen AS und Server bekannten geheimen Schlüssel verschlüsselt und wird dann an C zurückgesandt. Da das Ticket verschlüsselt ist, kann es von C oder einem Gegner nicht geändert werden.

Mit diesem Ticket fordert jetzt C Dienste von V an. C sendet eine Nachricht an V mit seiner ID und dem Ticket. V entschlüsselt das Ticket und bestätigt, dass die im Ticket enthaltene Benutzer-ID mit der unverschlüsselten Benutzer-ID der Nachricht identisch ist. Bei Übereinstimmung sieht der Server den Benutzer als zugriffsberechtigt an und lässt die geforderten Anwendungen zu.

Jeder Bestandteil der obigen Nachricht (3) ist von Bedeutung. Das Ticket wird verschlüsselt, um Änderungen oder Verfälschungen vorzubeugen. Die Server-ID (ID_V) ist Bestandteil des Tickets, sodass der Server dessen korrekte Übersetzung nachvollziehen kann. ID_C wird in das Ticket eingebracht, um C als Empfänger auszuweisen. Schließlich dient AD_C zur Abwehr der folgenden Bedrohung. Ein Gegner könnte sich des Tickets, das als Nachricht (2) übermittelt wird, bemächtigen, den Namen ID_C verwenden und eine Nachricht in der Form (3) von eines anderen Arbeitsplatzrechners absenden. Der Server würde ein gültiges Ticket, das die Benutzer-ID erfüllt, empfangen und dem Benutzer an diesem anderen Rechner Zugriff gewähren. Um diesen Einbruch zu verhindern, enthält AS im Ticket die Netzwerkadresse, von der die ursprüngliche Anforderung gestellt wurde. Somit ist das Ticket nur dann gültig, wenn es von demselben Rechner, an der es erzeugt wurde, abgesandt wird.

Ein sichererer Authentifizierungsdialog

Obwohl in den vorhergehenden Ausführungen einige Probleme der Authentifizierung in einer offenen Netzwerkumgebung gelöst wurden, bleiben Fragen offen. Zwei Aspekte sind zu erörtern. Zunächst sollte die Häufigkeit, mit der ein Benutzer zur Passworteingabe aufgefordert wird, beschränkt werden. Gehen wir davon aus, dass jedes Ticket nur einmal verwendet werden kann. Wenn der

Benutzer C sich am Morgen an einem Arbeitsplatzrechner anmeldet und seine/ihre Mail auf einem Mail-Server abfragen will, muss C ein Passwort angeben, um ein Ticket für den Mail-Server zu erhalten. Wenn C öfter am Tag seine Mail abfragt, so erfordert jede Aktion die Neueingabe des Passworts. Wir können diese Situation dadurch verbessern, dass Tickets als wiederverwendbar definiert werden. Innerhalb einer Anmeldesitzung speichert der Arbeitsplatzrechner nach Empfang ein Mail-Server-Ticket und verwendet diese Information für weitere Zugriffe auf den Mail-Server.

Bei dieser Vorgehensweise benötigt der Benutzer allerdings ein neues Ticket für jeden Dienst. Will ein Benutzer einen Drucker-Server, einen Mail-Server, einen Datei-Server etc. benutzen, so würde jeder Zugriff ein neues Ticket erfordern und daher die Eingabe des Passworts durch den Benutzer.

Das zweite Problem liegt darin, dass die Vorgehensweise eine Übertragung des Passworts (Nachricht 1) in Klartext bedeutet. Ein Gegner kann sich des Passworts bemächtigen und jede dem Opfer zustehende Anwendung benutzen.

Um diese zusätzlichen Probleme zu lösen, stellen wir eine Vorgehensweise zur Vermeidung von Passwörtern in Klartext vor sowie einen neuen Server, bekannt als Ticket-Granting-Server (TGS). Das neue, aber noch hypothetische Szenario sieht wie folgt aus:

Einmalig beim Anmelden jedes Benutzers:

(1) $C \rightarrow AS$: $ID_C \| ID_{tgs}$
(2) $AS \rightarrow C$: $E_{K_c}[Ticket_{tgs}]$

Einmalig bei jeder Dienstart:

(3) $C \rightarrow TGS$: $ID_C \| ID_V \| Ticket_{tgs}$
(4) $TGS \rightarrow C$: $Ticket_v$

Einmalig bei jeder Dienstanforderung:

(5) $C \rightarrow V$: $ID_C \| Ticket_v$

$Ticket_{tgs} = E_{Ktgs}[ID_C \| AD_C \| ID_{tgs} \| TS_1 \| Lebensdauer_1]$
$Ticket_v = E_{K_V}[ID_C \| AD_C \| ID_V \| TS_2 \| Lebensdauer_2]$

Der neue Dienst, TGS, vergibt Tickets an Benutzer, die vom AS authentifiziert wurden. Auf diese Weise fordert der Benutzer zunächst ein ticketgewährendes Ticket ($Ticket_{tgs}$) vom AS an. Dieses Ticket wird von der Client-Anwendung auf dem Rechner des Benutzers gespeichert. Bei jeder Anforderung eines neuen Dienstes fragt der Client den TGS unter Benutzung des Tickets zur Authentifizierung an. TGS vergibt dann ein Ticket für den bestimmten Dienst. Der Client speichert jedes dienstgewährende Ticket und verwendet es zur Authentifizierung des Benutzers zu einem Server, wenn ein bestimmter Dienst angefordert wird. Es folgen die Einzelheiten dieser Vorgehensweise:

1. Der Client fordert ein ticketgewährendes Ticket im Namen des Benutzers an, indem er die Benutzer-ID und die TGS-ID zusammen an den AS übermittelt und damit einen TGS-Dienst anfordert.

2. Der AS antwortet mit einem Ticket, das mit einem aus dem Benutzer-Passwort abgeleiteten Schlüssel verschlüsselt wurde. Wenn diese Antwort den Client erreicht, fordert dieser den Benutzer zur Eingabe des eigenen Passworts auf, erzeugt den Schlüssel und versucht, die erhaltene Nachricht zu entschlüsseln. Wurde das korrekte Passwort angegeben, wird das Ticket erfolgreich übersetzt.

Da nur der berechtigte Benutzer das Passwort kennen sollte, kann nur von ihm das Ticket aktiviert werden. Aus diesem Grund haben wir das Passwort an Kerberos übergeben, um Kennungen zu erhalten, ohne das Passwort im Klartext zu übertragen. Im Ticket selbst sind ID und Netzwerkadresse des Benutzers, sowie auch TGS-ID enthalten. Dies entspricht den ersten Ausführungen. Sinn dieses Tickets ist, dass es vom Client zur Anforderung unterschiedlicher dienstgewährender Tickets verwendet werden kann. Also ist das ticketgewährende Ticket wiederverwendbar. Jedoch wollen wir vermeiden, dass sich ein Gegner dieses Tickets bemächtigt und es missbraucht. Man stelle sich Folgendes vor: Ein Gegner hat auf das Ticket Zugriff und wartet, bis der Benutzer sich an seinem System abgemeldet hat. Dann ist es dem Gegner möglich, Zugriff auf diesen Rechner zu erlangen oder sein/ihr eigenes Terminal mit der Netzwerkadresse des Opfers zu konfigurieren. In diesem Fall kann der Gegner das Ticket wiederverwenden und den TGS täuschen. Um dem entgegenzuwirken, enthält das Ticket eine Zeitmarke mit dem Datum und der Uhrzeit der Ticketerzeugung sowie einer Lebensdauer (z.B. 8 Stunden), welche den Zeitraum angibt, innerhalb dessen das Ticket gültig ist. Somit stehen dem Client wiederverwendbare Tickets zur Verfügung und der Benutzer wird nicht durch die Eingabe neuer Passwörter für jede neue Dienstanforderung belästigt. Außerdem ist das Ticketgewährende Ticket mit einem geheimen Schlüssel, der nur dem AS und dem TGS bekannt ist, verschlüsselt. Das beugt der Manipulation des Tickets vor. Das Ticket wird mit einem auf dem Benutzer-Passwort basierenden Schlüssel zurückübersetzt. Das stellt sicher, dass das Ticket nur von dem berechtigten Benutzer mit zugelassener Authentifizierung wiederverwendet werden kann.

Verfügt ein Client nun über ein ticketgewährendes Ticket, steht ihm der Zugriff zu jedem Server mit den Schritten (3) und (4) offen:

3. Der Client fordert ein dienstgewährendes Ticket im Namen des Benutzers an. Zu diesem Zweck übermittelt der Client eine Nachricht an den TGS, die die Benutzer-ID, die ID des gewünschten Dienstes und das ticketgewährende Ticket, enthält.

4. Der TGS entschlüsselt das ankommende Ticket und zeigt durch das Vorhandensein der ID die erfolgreiche Übersetzung an. Es erfolgt eine Prüfung auf

das Überschreiten der Lebensdauer. Dann werden Benutzer-ID und Netzwerkadresse mit den ankommenden Informationen verglichen, um den Benutzer authentifizieren zu können. Schließlich wird ein Ticket für den Zugriff zum geforderten Service erzeugt.

Das dienstgewährende Ticket hat den gleichen Aufbau wie das ticketgewährende Ticket. In der Tat würden wir erwarten, dass zur Client-Authentifizierung beim TGS die gleichen Bestandteile wie zur Authentifizierung eines Clients beim Anwendungs-Server erforderlich wären. Das Ticket enthält jedoch eine Zeitmarke und eine Lebensdauer. Will der Benutzer zu einem späteren Zeitpunkt auf den gleichen Dienst Zugriff haben, kann der Client einfach das vorher angeforderte dienstgewährende Ticket verwenden und muss dem Benutzer das Passwort nicht neu abverlangen. Man beachte, dass dieses Ticket zur Verhinderung von Manipulationen mit einem Geheimschlüssel (K_v), der nur dem TGS und dem Server bekannt ist, übersetzt wurde.

Schließlich hat der Client mit einem bestimmten dienstgewährenden Ticket Zugriff auf den entsprechenden Dienst über Schritt 5:

5. Der Client fordert Zugriff im Namen des Benutzers an. Zu diesem Zweck übermittelt der Client eine Nachricht an den Server, welche die Benutzer-ID und das dienstgewährende Ticket enthält. Der Server erteilt die Authentifizierung unter Verwendung des Ticket-Inhalts.

Dieser neue Ablauf erfüllt die beiden Anforderungen einer einmaligen Passwortabfrage pro Sitzung und des Schutzes des Benutzer-Passworts.

Der Authentifizierungsdialog in Version 4

Auch wenn die Sicherheit im Vergleich zu ersten Versuchen durch die vorher beschriebenen Abläufe verbessert wurde, bleiben zwei zusätzliche Probleme bestehen. Der Kern des ersten Problems ist die Lebensdauer, die einem ticketgewährenden Ticket zugeordnet wird. Ist diese sehr kurz (z.B. Minuten) definiert, so wird der Benutzer ständig zur erneuten Passwort-Eingabe aufgefordert. Bei einer langen Lebensdauer (z.B. Stunden) hat ein Gegner größere Chancen. Er kann sich dann in das Netzwerk einschleichen und sich eine Kopie des ticketgewährenden Tickets anfertigen, um dann bis zum Abmelden des berechtigten Benutzers abzuwarten. Dann kann er sich der Netzwerkadresse des Benutzers bemächtigen und die Nachricht des Schritts (3) an den TGS absenden. Damit hätte er sich den unbegrenzten Zugriff auf die Quellen und Dateien des berechtigten Benutzers erschlichen.

Gleichfalls kann sich ein Gegner eines dienstgewährenden Tickets bemächtigen und es bis zum Ablauf des Gültigkeitszeitraums verwenden. Dann hat er Zugriff zu den entsprechenden Diensten.

Deshalb kommen wir zu einer zusätzlichen Anforderung. Ein Netzwerkdienst (TGS oder ein Anwendungsdienst) muss in der Lage sein zu überprüfen, ob der Ticket-Benutzer mit der Person identisch ist, für die dieses Ticket ausgestellt wurde.

Das zweite Problem ist, dass möglicherweise eine Anforderung an den Server existiert, sich den Benutzern gegenüber zu identifizieren. Ohne diese zusätzliche Authentifizierung kann ein Gegner die Konfiguration derart unterlaufen, dass Nachrichten an einen Server an eine andere Stelle umgeleitet werden können. Der falsche Server hätte dann die Möglichkeit, als zugelassener Server zu arbeiten und dem Benutzer den gewünschten Dienst zu verweigern.

Wir betrachten diese Probleme der Reihe nach und beziehen uns dabei auf die Tabelle 4.1, die das aktuelle Kerberos-Protokoll darstellt.

Zunächst betrachten wir das Problem der abgefangenen ticketgewährenden Tickets und der Notwendigkeit sicherzustellen, dass derjenige, der das Ticket vorlegt, mit dem Client, für den das Ticket ausgestellt wurde, identisch ist. Die Gefahr liegt darin, dass ein Gegner das Ticket entwendet und vor dessen Verfallsdatum anwendet.

(a) Authentifizierungs-Dienstaustausch: der Erhalt von ticketgewährenden Tickets
(1) $C \rightarrow AS: ID_c \,\|\, ID_{tgs} \,\|\, TS_1$
(2) $AS \rightarrow C: E_{K_c}\,[K_{c,tgs} \,\|\, ID_{tgs} \,\|\, TS_2 \,\|\, Lebensdauer_2 \,\|\, Ticket_{tgs}]$
$Ticket_{tgs} = E_{K_{tgs}}\,[K_{c,tgs} \,\|\, ID_c \,\|\, AD_c \,\|\, ID_{tgs} \,\|\, TS_2 \,\|\, Lebensdauer_2]$
(b) Ticketgewährender Dienstaustausch: der Erhalt eines dienstgewährenden Tickets
(3) $C \rightarrow TGS: ID_v \,\|\, Ticket_{tgs} \,\|\, Authentifizierungsinformation_c$
(4) $TGS \rightarrow C: E_{K_{c,tgs}}\,[K_{c,v} \,\|\, ID_v \,\|\, TS_4 \,\|\, Ticket_v]$
$Ticket_{tgs} = E_{K_{tgs}}\,[K_{c,tgs} \,\|\, ID_c \,\|\, AD_c \,\|\, ID_{tgs} \,\|\, TS_2 \,\|\, Lebensdauer_2]$
$Ticket_v = E_{K_v}\,[K_{c,v} \,\|\, ID_c \,\|\, AD_c \,\|\, ID_v \,\|\, TS_4 \,\|\, Lebensdauer_4]$
$Authentifizierungsinformation_c = E_{K_{c,tgs}}\,[ID_c \,\|\, AD_c \,\|\, TS_3]$
(c) Client/Server-Authentifizierungsaustausch: der Erhalt eines Dienstes
(5) $C \rightarrow V: Ticket_v \,\|\, Authentifizierungsinformation_c$
(6) $V \rightarrow C: E_{K_{c,v}}\,[TS_5 + 1]$ (für wechselseitige Authentifizierung)
$Ticket_v = E_{K_v}\,[K_{c,v} \,\|\, ID_c \,\|\, AD_c \,\|\, ID_v \,\|\, TS_4 \,\|\, Lebensdauer_4]$
$Authentifizierungsinformation_c = E_{K_{c,v}}\,[ID_c \,\|\, AD_c \,\|\, TS_5]$

Tabelle 4.1: Zusammenfassung des Nachrichtenaustauschs von Kerberos Version 4

Um dieses Problem zu lösen, veranlassen wir, dass der AS den TGS und den Client auf sicherem Weg mit geheimen, verschlüsselten Informationen versorgt. Dann kann der Client seine Identität durch Darlegen seiner geheimen Informationen dem TGS offenbaren. Um dies zu erreichen, bietet sich der Gebrauch einer Verschlüsselung als Sicherheitsinformation an; dies wird in Kerberos als Sitzungsschlüssel bezeichnet.

Die Tabelle 4.1a zeigt die Vergabe von so genannten Sitzungsschlüsseln. Wie bereits beschrieben, sendet der Client eine Anforderung an den AS für einen Zugriff auf den TGS. Der AS antwortet mit einer Nachricht, die mit einem Schlüssel, der aus dem Benutzer-Passwort abgeleitet wurde, verschlüsselt ist (K_c) und das Ticket enthält. Die verschlüsselte Nachricht enthält ebenso eine Kopie des Sitzungsschlüssels ($K_{c,tgs}$), wobei die tiefgestellten Zeichen anzeigen, dass es sich um einen Sitzungsschlüssel für C und TGS handelt. Da dieser Sitzungsschlüssel innerhalb der Nachricht mit K_c umschrieben wurde, kann er nur vom Client des Benutzers gelesen werden. Derselbe Sitzungsschlüssel ist ebenfalls im Ticket enthalten, das nur vom TGS gelesen werden kann. Auf diese Weise steht der Sitzungsschlüssel nur C und dem TGS zur Verfügung.

Bevor wir fortfahren, beachten Sie, dass verschiedene zusätzliche Informationen im ersten Dialogabschnitt ergänzt wurden. Nachricht (1) enthält eine Zeitmarke, sodass der AS weiß, dass die Nachricht in der Zeit liegt. Die Nachricht (2) enthält verschiedene Bausteine des Tickets in einer C zugänglichen Form. Das ermöglicht es C zu bestätigen, dass dieses Ticket für TGS ist, und die Verfallszeit zu erfahren.

Ausgerüstet mit dem Ticket und dem Sitzungsschlüssel kann C auf den TGS zugreifen. Wie zuvor sendet C eine Nachricht an den TGS, die das Ticket und die ID des angeforderten Dienstes (Nachricht 3 in Tabelle 4.1b) enthält. Zusätzlich übermittelt C eine Authentifizierungsinformation, welche die ID und die Adresse des Benutzers C und eine Zeitmarke enthält. Im Gegensatz zu dem wiederverwendbaren Ticket ist die Authentifizierungsinformation für den einmaligen Gebrauch bestimmt und verfügt über eine sehr kurze Lebensdauer. Der TGS kann nun das Ticket mit dem Schlüssel, den er mit dem AS gemeinsam benutzt, übersetzen. Dieses Ticket zeigt an, dass der Benutzer C mit dem Sitzungsschlüssel $K_{c,tgs}$ ausgestattet ist. Im Grunde besagt das Ticket: »Jeder, der $K_{c,tgs}$ verwendet, muss C sein«. Der TGS verwendet den Sitzungsschlüssel, um die Authentifizierungsinformation zu entschlüsseln. Der TGS kann dann Name und Adresse der Authentifizierungsinformation mit denen des Tickets und der Netzwerkadresse der eingegangenen Nachricht vergleichen. Bei vollständiger Übereinstimmung kann TGS sicher sein, dass der Absender des Tickets tatsächlich der rechtmäßige Ticket-Inhaber ist. Tatsächlich sagt die Authentifizierungsinformation aus: »Zur Zeit T_3 verwende ich $K_{c,tgs}$«. Beachten Sie, dass das Ticket nicht die Identität bestätigt, sondern ein sicheres Verfahren darstellt, Schlüssel zu verteilen. Die Authentifizierungsinformation bestätigt die Identität des Clients. Da die Authentifizierungsinformation nur einmalig verwendet werden kann und nur eine kurze Lebensdauer hat, wird der Gefahr des Diebstahls eines Tickets und der Authentifizierungsinformation durch einen Gegner entgegengewirkt.

Die Antwort vom TGS in Nachricht (4) entspricht der Form der Nachricht (2). Die Nachricht ist mit dem vom TGS und C gemeinsam verwendeten Sitzungsschlüssel codiert und enthält einen gemeinsam von C und dem Server V benutzten Sitzungsschlüssel, die ID von V und die Zeitmarke des Tickets. Das Ticket enthält denselben Sitzungsschlüssel.

C verfügt jetzt über ein wiederverwendbares dienstgewährendes Ticket für V. Bei der Vorlage dieses Tickets, wie in Nachricht (5) gezeigt, übermittelt C auch eine Authentifizierungsinformation. Der Server kann das Ticket entschlüsseln, den Sitzungsschlüssel erhalten und die Authentifizierungsinformation entschlüsseln.

Wenn eine wechselseitige Authentifizierung gefordert wird, kann der Server wie in Nachricht (6) aus Tabelle 4.1 antworten. Der Server gibt den Zeitmarkenwert der Authentifizierungsinformation zurück, um 1 erhöht und mit dem Sitzungsschlüssel verschlüsselt. C kann diese Nachricht entschlüsseln, um die erhöhte Zeitmarke zu erhalten. Da diese Nachricht mittels des Sitzungsschlüssels codiert wurde, kann C sicher sein, dass sie nur von V erzeugt werden konnte. Der Inhalt der Nachricht versichert C, dass es sich hierbei um keine Wiederholung einer alten Antwort handelt.

1. Schließlich, zum Abschluss dieser Verfahrensweise, verfügen Client und Server über einen gemeinsamen geheimen Schlüssel. Dieser Schlüssel kann für die Übersetzung künftiger Nachrichten oder zum Austausch eines neuen zufälligen Schlüssels für diese Zwecke verwendet werden.
2. Die Tabelle 4.2 fasst die Beschreibung dieser Elemente im Kerberos-Protokoll zusammen und Abbildung 4.1 liefert eine vereinfachte Übersicht über die Vorgehensweise.

(a) Austausch beim Authentifizierungsdienst	
Nachricht (1)	Der Client fordert ein ticketgewährendes Ticket an
ID_C	Gibt dem AS die Benutzer-Identität dieses Client bekannt
ID_{tgs}	Gibt dem AS bekannt, dass der Benutzer Zugriff auf TGS anfordert
TS_1	Ermöglicht es AS zu prüfen, ob die Uhr des Client mit der des AS synchron läuft
Nachricht (2)	AS gibt ticketgewährendes Ticket zurück
E_{K_c}	Verschlüsselung basiert auf dem Benutzerpasswort, wodurch AS und Client befähigt sind, das Passwort zu prüfen, und schützt Inhalte von Nachricht (2)

Tabelle 4.2: Erläuterung der Elemente des Kerberos-Protokolls Version 4

$K_{c,tgs}$	Kopie des Sitzungsschlüssels des Client; erzeugt vom AS, um sicheren Austausch zwischen Client und TGS zu ermöglichen, ohne die Benutzung eines dauerhaften Schlüssels zu fordern
ID_{tgs}	Bestätigt, dass das Ticket für den TGS bestimmt ist
TS_2	Informiert den Client über den Zeitpunkt der Ticketausgabe
Lebensdauer$_2$:	Informiert den Client über die Lebensdauer dieses Tickets
Ticket$_{tgs}$	Das vom Client zu verwendende Ticket beim Zugriff auf TGS
(b) Austausch dienstgewährender Tickets	
Nachricht (3)	Client fordert dienstgewährendes Ticket an
ID_v	Teilt TGS mit, dass ein Benutzer Zugriff zum Server V anfordert
Ticket$_{tgs}$	Versichert TGS, dass dieser Benutzer vom AS freigegeben wurde
Authentifizierungsinformation$_c$	vom Client generiert zur Ticketbestätigung
Nachricht (4)	TGS gibt dienstgewährendes Ticket zurück
$E_{K_{c,tgs}}$	Schlüssel, der nur von C und TGS benutzt wird; schützt den Inhalt der Nachricht (4)
$K_{c,tgs}$	Kopie des Sitzungsschlüssels des Client; erzeugt vom TGS, um sicheren Austausch zwischen Client und TGS zu ermöglichen, ohne die Benutzung eines dauerhaften Schlüssels zu fordern
ID_v	Bestätigt, dass das Ticket für Server V ist
TS_4	Informiert den Client über den Zeitpunkt der Ticketausgabe
Ticket$_v$	Das Ticket, das der Client beim Zugriff auf den Server V verwendet
Ticket$_{tgs}$	Wiederverwendbar, sodass der Benutzer sein Passwort nicht wiederholen muss
$E_{K_{tgs}}$	Das Ticket ist verschlüsselt mit einem nur dem AS und TGS bekannten Schlüssel, um Missbräuche zu verhindern
$K_{c,tgs}$	Kopie des Sitzungsschlüssels des TGS; wird zur Entschlüsselung der Authentifizierungsinformation verwendet, daher Authentifizierungs-Ticket
ID_c	Gibt den rechtmäßigen Eigentümer dieses Tickets an
AD_c	Verhindert den Gebrauch des Tickets durch einen anderen als den ursprünglich das Ticket anfordernden Rechner
ID_{tgs}	Bestätigt dem Server, dass er das Ticket korrekt übersetzt hat

Tabelle 4.2: Erläuterung der Elemente des Kerberos-Protokolls Version 4

TS_2	Informiert den TGS über den Zeitpunkt der Ticketausgabe
$Lebensdauer_2$	Verhindert eine wiederholte Sendung, nachdem das Ticket abgelaufen ist
Authentifizierungs-$information_c$	Versichert dem TGS, dass derjenige, der das Ticket vorlegt, der gleiche ist wie der Client, für den das Ticket ausgegeben wurde; hat eine kurze Lebensdauer, um Missbräuche zu vermeiden
$E_{K_{c,tgs}}$	Die Authentifizierungsinformation wird mit einem Schlüssel übersetzt, der nur dem Client und dem TGS bekannt ist, um Einbrüche zu verhindern
ID_c	Muss mit der ID im Ticket übereinstimmen, um das Ticket zu authentifizieren
AD_c	Muss mit der Adresse im Ticket übereinstimmen, um das Ticket zu authentifizieren
TS_2	Informiert den TGS über den Zeitpunkt, an dem diese Authentifizierungsinformation erzeugt wurde

(c) Austausch bei der Client/Server-Authentifizierung

Nachricht (5)	Client fordert Dienst an
$Ticket_v$	Bestätigt dem Server, dass der Benutzer vom AS freigegeben wurde
Authentifizierungs-$information_c$	Vom Client erzeugt, um das Ticket zu bestätigen
Nachricht (6)	Optionale Authentifizierung vom Server an den Client
$E_{K_{c,v}}$	Bestätigt C, dass diese Nachricht von V stammt
$TS_5 + 1$	Bestätigt C, dass dies keine Wiederholung einer alten Antwort ist
$Ticket_v$	Wiederverwendbar, sodass der Client kein neues Ticket vom TGS für jeden Zugriff auf denselben Server anfordern muss
E_{Kv}	Das Ticket ist mit einem Schlüssel, der nur dem TGS und Server bekannt ist, übersetzt, um Missbräuchen vorzubeugen
$K_{c,v}$	Kopie des Sitzungsschlüssels des Client; wird zur Entschlüsselung der Authentifizierungsinformation verwendet und daher Authentifizierungs-Ticket
ID_c	Gibt den rechtmäßigen Eigentümer des Tickets an
AD_c	Verhindert den Gebrauch des Tickets durch einen anderen Rechner als denjenigen, der das Ticket ursprünglich angefordert hat
ID_v	Bestätigt dem Server, dass das Ticket korrekt entschlüsselt wurde

Tabelle 4.2: Erläuterung der Elemente des Kerberos-Protokolls Version 4

TS_4	Informiert den TGS über den Zeitpunkt der Ticketausgabe
$Lebensdauer_4$	Verhindert den Zugriff, nachdem das Ticket abgelaufen ist
Authentifizierungs-$information_c$	Versichert dem TGS, dass derjenige, der das Ticket vorlegt, der gleiche ist wie der Client, für den das Ticket ausgegeben wurde; hat eine kurze Lebensdauer, um Missbräuche zu vermeiden
$E_{K_{c,v}}$	Die Authentifizierungsinformation ist mit einem Schlüssel, der nur dem Client und Server bekannt ist, übersetzt, um Missbräuchen vorzubeugen
ID_c	Muss mit der ID im Ticket übereinstimmen, um das Ticket zu authentifizieren
AD_c	Muss mit der Adresse im Ticket übereinstimmen, um das Ticket zu authentifizieren
TS_5	Informiert den TGS über den Zeitpunkt, an dem diese Authentifizierungsinformation erzeugt wurde

Tabelle 4.2: Erläuterung der Elemente des Kerberos-Protokolls Version 4

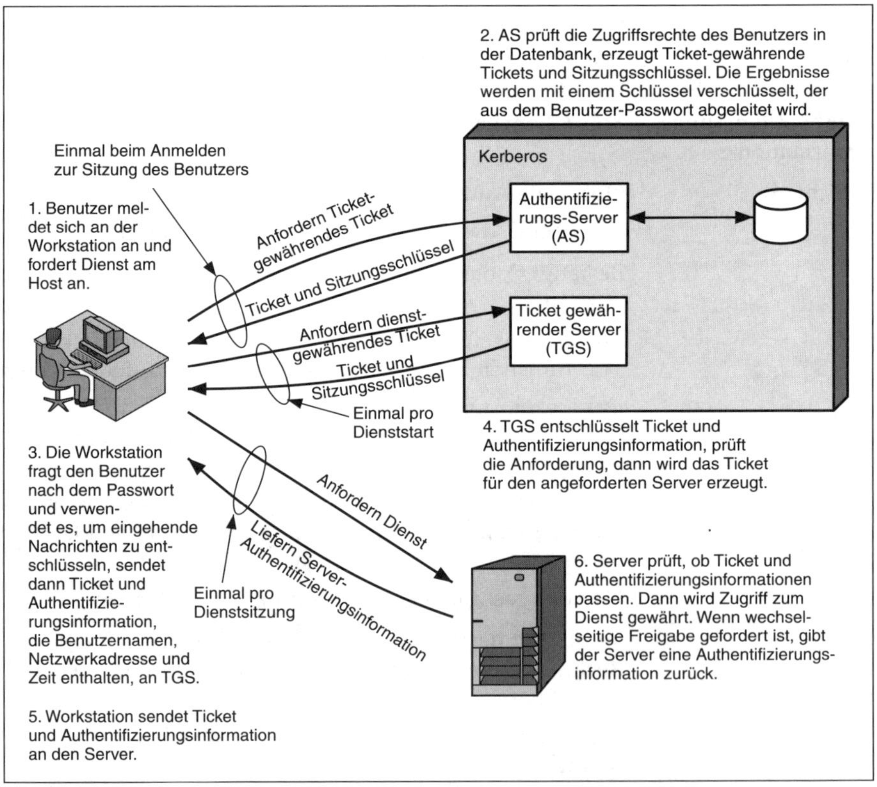

Abbildung 4.1: Übersicht über Kerberos

Kerberos-Bereiche und Mehrfach-Kerberi

Eine vollständige Kerberos-Umgebung, die aus einem Kerberos-Server, einer Reihe von Clients sowie Anwendungs-Servern besteht, bedarf folgender Voraussetzungen:

1. Der Kerberos-Server muss über die Benutzer-ID und die verschlüsselten Passwörter aller beteiligten Benutzer in seiner Datenbank verfügen. Alle Benutzer sind im Kerberos-Server verzeichnet.
2. Der Kerberos-Server muss mit jedem Server einen geheimen Schlüssel gemeinsam haben. Alle Server sind im Kerberos-Server verzeichnet.

Solch eine Umgebung wird als **Bereich** bezeichnet. Netzwerke von Clients und Servern unter unterschiedlicher Verwaltungsorganisation bilden für gewöhnlich unterschiedliche Bereiche. Das bedeutet, auch wenn es in der Praxis kaum durchführbar ist oder nicht in eine Verwaltungsstrategie passt, dass Benutzer und Server in einem Verwaltungsbereich mit einem Kerberos-Server verzeichnet sind, der sich an einem anderen Ort befindet. Jedoch können Benutzer eines Bereichs Zugriff auf Server von anderen Bereichen benötigen und manche Server gestatten Dienste für Benutzer aus anderen Bereichen, vorausgesetzt, diese Benutzer haben eine entsprechende Berechtigung.

Kerberos bietet einen Mechanismus, der diese Authentifizierungen zwischen Bereichen unterstützt. Zur Unterstützung von Authentifizierungen zwischen zwei Bereichen wird eine dritte Anforderung gestellt:

3. Der Kerberos-Server in jedem übergreifenden Bereich verwendet gemeinsam mit dem Server des anderen Bereichs einen geheimen Schlüssel. Ein Kerberos-Server ist beim jeweils anderen registriert.

Diese Vorgehensweise erfordert es, dass der Kerberos-Server des einen Bereichs den Server im anderen ermächtigt, dessen Benutzer zu authentifizieren. Darüber hinaus müssen die beteiligten Server im zweiten Bereich dem Kerberos-Server des ersten vertrauen.

Anhand dieser Grundregeln können wir den Mechanismus wie folgt beschreiben (Abbildung 4.2): Ein Benutzer, der einen Dienst in einem anderen Bereich anfordert, benötigt ein Ticket für diesen Server. Der Benutzer-Client folgt den üblichen Regeln, um Zugriff zum lokalen TGS zu erhalten, und fordert dann ein ticketgewährendes Ticket auf dem entfernten TGS an (TGS eines anderen Bereichs). Der Client kann dann beim entfernten TGS um ein dienstgewährendes Ticket für den gewünschten Server im Bereich des entfernten TGS nachsuchen.

Die Einzelheiten des Austauschs, wie in Abbildung 4.2 dargestellt, sehen folgendermaßen aus (vergleichen Sie Tabelle 4.1):

(1) $C \rightarrow AS$: $ID_c \| ID_{tgs} \| TS_1$
(2) $AS \rightarrow C$: $E_{K_C} [K_{c,tgs} \| ID_{tgs} \| TS_2 \| Lebensdauer_2 \| Ticket_{tgs}]$
(3) $C \rightarrow TGS$: $ID_{tgsrem} \| Ticket_{tgs} \| Authentifizierungsinformation_c$
(4) $TGS \rightarrow C$: $E_{K_{c,tgs}} [K_{c,tgsrem} \| ID_{tgsrem} \| TS_4 \| Ticket_{tgsrem}]$
(5) $C \rightarrow TGS_{rem}$: $ID_{vrem} \| Ticket_{tgsrem} \| Authentifizierungsinformation_c$
(6) $TGS \rightarrow C$: $E_{K_{c,tgsrem}} [K_{c,vrem} \| ID_{vrem} \| TS_6 \| Ticket_{vrem}]$
(7) $C \rightarrow V_{rem}$: $Ticket_{vrem} \| Authentifizierungsinformation_c$

Das dem entfernten Server (V_{rem}) vorgelegte Ticket bezeichnet den Bereich, in dem der Benutzer ursprünglich zugelassen wurde. Der Server entscheidet, ob er die entfernte Anfrage akzeptieren soll.

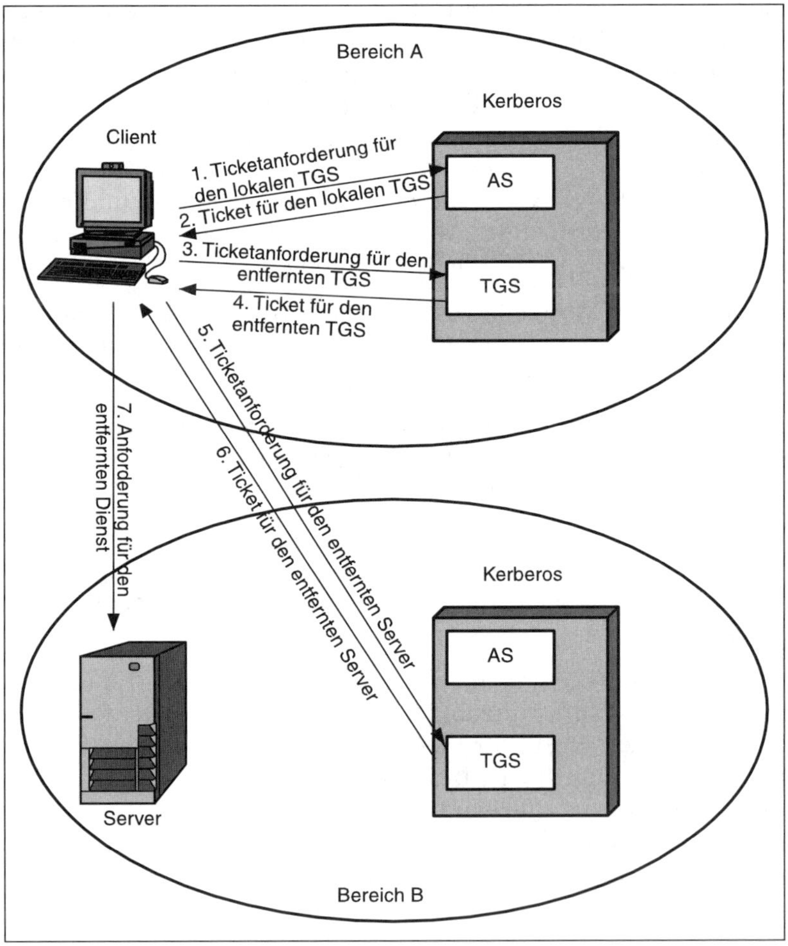

Abbildung 4.2: Dienstanforderung in einem anderen Bereich

Bei dem vorangehenden Verfahren ergibt sich das Problem, dass es sich nicht für eine große Anzahl von Bereichen eignet. Existieren *N* Bereiche, so ergeben sich $N(N - 1)/2$ gegenseitige Übergaben von Schlüsseln, damit jeder Kerberos-Bereich mit allen anderen Kerberos-Bereichen kommunizieren kann.

4.1.3 Kerberos Version 5

Die Version 5 von Kerberos wird in RCF 1510 beschrieben und bietet eine Anzahl von Verbesserungen gegenüber Version 4 [KOHL94]. Zu Beginn geben wir einen Überblick über die Unterschiede zwischen Version 4 und Version 5 und betrachten dann das Protokoll der Version 5.

Unterschiede zwischen den Versionen 4 und 5

Die Version 5 wurde entwickelt, um Einschränkungen der Version 4 in zwei Bereichen zu begegnen: Unzulänglichkeiten im Umfeld und technische Mängel. Hier folgt eine kurze Zusammenfassung der Verbesserungen in den einzelnen Bereichen.[5]

Kerberos Version 4 wurde entwickelt für den Gebrauch innerhalb des Projekts Athena und erfüllte deswegen nicht die Anforderungen einer allgemeinen Verwendbarkeit. Dies führte zu folgenden **Unzulänglichkeiten im Umfeld:**

1. **Abhängigkeit vom System der Verschlüsselung:** Die Version 4 erfordert die Verwendung von DES. Einschränkungen beim Export von DES und auch Zweifel an dessen Fähigkeiten gaben Anlass zu Bedenken. In Version 5 wird der verschlüsselte Text mit einem Bezeichner der Verschlüsselungsart markiert, sodass jedes Verschlüsselungsverfahren verwendet werden kann. Schlüssel werden durch ihren Typ und ihre Länge gekennzeichnet, sodass der gleiche Schlüssel in unterschiedlichen Algorithmen verwendet werden kann und die Bestimmung unterschiedlicher Variationen eines vorgegebenen Algorithmus möglich ist.
2. **Abhängigkeit vom Internet-Protokoll:** Die Version 4 erfordert die Verwendung von IP-Adressen. Andere Arten von Adressen, wie die ISO-Netzwerkadresse, sind nicht vorgesehen. Die Adressen in der Version 5 werden mit Typ und Länge markiert und ermöglichen somit die Verwendung beliebiger Netzwerkadressen.
3. **Byte-Anordnung der Nachrichten:** In der Version 4 bestimmte der Absender von Nachrichten die Byte-Anordnung und markierte die Nachricht, je nachdem, ob das nieder- oder höchstwertige Byte in der niedrigsten Adresse gespeichert wurde. Diese Technik funktionierte zwar, entspricht aber nicht bestehenden Konventionen. In der Version 5 werden alle Byte-Strukturen

5 Die folgende Erörterung lehnt sich an die Darstellung in [KOHL94] an.

gemäß der Abstract Syntax Notation One (ASN.1) und den Basic Encoding Rules (BER) definiert, was eine eindeutige Byte-Anordnung bietet.

4. **Lebensdauer von Tickets:** Die Werte der Lebensdauer in Version 4 werden in einer 8-Bit-Menge in Einheiten von 5 Minuten codiert. Somit beläuft sich die maximale Lebensdauer auf $2^8 \times 5 = 1280$ Minuten (oder etwas über 21 Stunden). Das kann für manche Anwendungen unzureichend sein (z.B. eine langlaufende Simulation, die gültige Kennungen von Kerberos während der Ausführung benötigt). In Version 5 enthalten die Tickets eine explizite Start- und Endzeit, wobei aber auch beliebige Lebensdauern zugelassen sind.
5. **Weitergabe von Authentifizierungen:** In Version 4 ist die Weitergabe einer auf einem Client vergebenen Kennung an einen anderen Host zum Gebrauch durch andere Clients nicht möglich. Diese Fähigkeit würde es einem Client ermöglichen, einen Server anzusprechen und diesem Zugriff im Namen des Clients auf einen anderen Server zu ermöglichen. Zum Beispiel sendet ein Client eine Anforderung an einen Drucker-Server, der dann auf die Client-Datei eines Datei-Servers unter der Kennung des Clients zugreift. Die Version 5 bietet diese Möglichkeit.
6. **Authentifizierungen zwischen Bereichen:** In Version 4 sind für die Kommunikation, wie bereits beschrieben, zwischen N Bereichen N^2 Kerberos-zu-Kerberos-Beziehungen erforderlich. Die Version 5 bietet ein Verfahren, das – wie kurz erwähnt – weniger Beziehungen benötigt.

Neben diesen Einschränkungen im Umfeld weist das Protokoll der Version 4 **technische Mängel** auf. Die meisten dieser Mängel sind in [BELL90] dokumentiert und die Version 5 versucht, diese zu beheben. Diese Mängel sind:

1. **Doppelte Verschlüsselung:** Beachten Sie in Tabelle 4.1 (Nachrichten 2 und 4), dass Tickets an Clients doppelt verschlüsselt werden, zum einem mit dem geheimen Schlüssel des Ziel-Servers und dann nochmals mit dem geheimen Schlüssel, der dem Client bekannt ist. Die zweite Verschlüsselung ist nicht notwendig und verschwendet Rechnerzeit.
2. **PCBC-Verschlüsselung:** Die Verschlüsselung in Version 4 macht Gebrauch von dem nicht standardgemäßen Modus des DES, der als Propagating-Cipher-Block-Chaining (PCBC) bekannt ist.[6] Es wurde gezeigt, dass dieser Modus durch Angriffe beim Austausch von Blöcken aus verschlüsseltem Text verwundbar ist [KOHL89]. PCBC war zur Integritätsprüfung bei der Verschlüsselung gedacht. Die Version 5 bietet explizite Mechanismen, die den Standard-CBC-Modus zur Verschlüsselung zulassen.
3. **Sitzungsschlüssel:** Jedes Ticket enthält einen Sitzungsschlüssel, der vom Client zur Verschlüsselung der Authentifizierungsinformation, die an den

---

6 Dieser wird in Anhang 4A beschrieben.

Dienst gesandt wird, verwendet wird. Zusätzlich kann der Sitzungsschlüssel nachfolgend vom Client und Server zum Schutz von während der Sitzung ausgetauschten Nachrichten verwendet werden. Da das gleiche Ticket wiederholt verwendet werden kann, um Dienste eines bestimmten Servers zu erlangen, besteht jedoch die Gefahr, dass ein Gegner Nachrichten einer alten Sitzung an den Client oder Server wiederholt. In Version 5 ist es einem Client möglich, einen Schlüssel für eine Teilsitzung einzurichten, der nur für diese Verbindung Gültigkeit hat. Ein erneuter Zugriff des Client würde einen neuen Schlüssel erzeugen.

4. **Angriffe auf das Passwort:** Beide Versionen sind durch einen Angriff auf Passwörter verwundbar. Die Nachricht vom AS an den Client enthält Material, das basierend auf dem Client-Passwort verschlüsselt ist[7]. Ein Gegner kann sich dieser Nachricht bemächtigen und durch den Gebrauch unterschiedlicher Passwörter versuchen, diese zu entschlüsseln. Wenn das Ergebnis einer Testentschlüsselung positiv ist, so hat der Gegner das Passwort des Client aufgedeckt und kann es nachfolgend verwenden, um von Kerberos Authentifizierungskennungen zu erlangen. Dies ist die gleiche Art von Passwortangriffen wie in Kapitel 9 beschrieben, mit den gleichen Gegenmaßnahmen. Die Version 5 bietet einen Mechanismus, Vor-Authentifizierung genannt, der Passwortangriffe erschweren soll, sie aber nicht vollständig ausschließen kann.

Der Authentifizierungsdialog in Version 5

Tabelle 4.3 fasst den Grunddialog der Version 5 zusammen. Die beste Erklärung bietet der Vergleich mit Version 4 (Tabelle 4.1).

Betrachten Sie zunächst den **Austausch beim Authentifizierungsdienst**. Die Nachricht (1) ist eine Anforderung des Client für ein ticketgewährendes Ticket.

Wie bisher enthält es die Benutzer-ID und den TGS. Folgende Elemente wurden hinzugefügt:

- **Bereich:** bezeichnet den Bereich des Benutzers.
- **Optionen:** wird zur Anforderung verwendet, dass bestimmte Flags im zurückgegebenen Ticket, wie im Folgenden erklärt, gesetzt werden.
- **Zeiten:** wird vom Client für die Anforderung folgender Zeitsetzungen im Ticket verwendet:
  - von: die gewünschte Startzeit für das angeforderte Ticket
  - bis: die gewünschte Endzeit für das angeforderte Ticket
  - ezeit: angeforderte Erneuerungszeit

7 Anhang 4A beschreibt die Umwandlung von Passwörtern in Schlüssel.

(a) Austausch beim Authentifizierungsdienst: der Erhalt eines ticketgewährenden Tickets

(1) C → AS: Optionen || ID_c || $Bereich_c$ || ID_{tgs} || Zeiten || $Nonce_1$
(2) AS → C: $Bereich_c$ || ID_c || $Ticket_{tgs}$ || E_{K_c} [$K_{c,tgs}$ || Zeiten || $Nonce_1$ || $Bereich_{tgs}$ || ID_{tgs}]
$Ticket_{tgs} = E_{K_{tgs}}$ [Flags || $K_{c,tgs}$ || $Bereich_c$ || ID_c || AD_c || Zeiten]

(b) Austausch dienstgewährender Tickets: der Erhalt eines dienstgewährenden Tickets

(3) C → TGS: Optionen || ID_v || Zeiten || || $Nonce_2$ || $Ticket_{tgs}$ || $Authentifizierungsinformation_c$
(4) TGS → C: $Bereich_c$ || ID_c || $Ticket_v$ || $E_{K_{c,tgs}}$ [$K_{c,v}$ Zeiten || || $Nonce_2$ || $Bereich_v$ || ID_v]
$Ticket_{tgs} = E_{K_{tgs}}$ [Flags || $K_{c,tgs}$ || $Bereich_c$ || ID_c || AD_c || Zeiten]
$Ticket_v = E_{K_v}$ [Flags || $K_{c,v}$ || $Bereich_c$ || ID_c || AD_c || Zeiten]
$Authentifizierungsinformation_c = E_{K_{c,tgs}}$ [ID_c ||$Bereich_c$ || TS_1]

(c) Austausch bei der Client/Server-Authentifizierung: der Erhalt eines Dienstes

(5) TGC → V: Optionen || $Ticket_v$ || $Authentifizierungsinformation_c$
(6) TGS → V: $E_{K_{c,v}}$ [TS_2 || Unterschlüssel || Seq#]
$Ticket_v = E_{K_v}$ [Flags || K_{c_v} || $Bereich_c$ || ID_c || AD_c || Zeiten]
$Authentifizierungsinformation_c = E_{K_{c,v}}$ [ID_c || $Bereich_c$ || TS_2 || Unterschlüssel || Seq#]

Tabelle 4.3: Zusammenfassung des Nachrichtenaustausches in Kerberos Version 5

- **Nonce:** ein Zufallswert, der in Nachricht 2 wiederholt wird, um sicherzustellen, dass die Antwort gerade erzeugt und nicht von einem Gegner wiederholt wurde.[8]

Die Nachricht (2) gibt ein ticketgewährendes Ticket zurück mit kennzeichnenden Informationen für den Client und einem Block, der mit einem auf dem Benutzerpasswort basierenden Schlüssel verschlüsselt wurde. Dieser Block enthält den Sitzungsschlüssel, der zwischen Client und Server verwendet werden soll, die Zeitangaben aus Nachricht (1), den Nonce aus Nachricht (1) und den TGS kennzeichnende Informationen. Das Ticket selbst enthält den Sitzungsschlüssel, kennzeichnende Informationen für den Client, die angeforderten Zeitwerte und Flags, die den Status des Tickets und angeforderter Optionen anzeigen. Diese Flags stellen eine bezeichnende neue Funktionalität der Version 5 dar. Fürs erste stellen wir eine Beschreibung dieser Flags zurück und konzentrieren uns auf die Gesamtstruktur des Protokolls der Version 5.

8 Die folgenden Definitionen sind hilfreich, um den Zweck der Nonce-Komponente zu verstehen. **Nonce:** die gegenwärtige oder bestimmte Gelegenheit. **Nonce word:** Ein Wort, das nur bei einer bestimmten Gelegenheit auftritt, erfunden ist oder verwendet wird. Aus dem *American Heritage Dictionary of the English Language*, 3. Auflage.

Lassen Sie uns jetzt den **ticketgewährenden Dienstaustausch** der Versionen 4 und 5 vergleichen. Wir sehen, dass die Nachricht (3) für beide Versionen eine Authentifizierungsinformation, ein Ticket und den Namen des angeforderten Dienstes enthält. Zusätzlich enthält Version 5 angeforderte Zeitwerte und Optionen für das Ticket und einen Nonce – alle mit Funktionen versehen, die denen der Nachricht (1) ähnlich sind. Die Authentifizierungsinformation gleicht im Wesentlichen der in Version 4.

Die Nachricht (4) hat den gleichen Aufbau wie die Nachricht (2), da sie Tickets mit Informationen zurückgibt, die vom Client benötigt werden – Letztere verschlüsselt mit dem Sitzungsschlüssel, der jetzt vom Client und dem TGS geteilt wird.

Schließlich sind für den **Austausch bei der Client/Server-Authentifizierung** in Version 5 einige neue Merkmale enthalten. In der Nachricht (5) kann der Client eine Option anfordern, die eine wechselseitige Authentifizierung erfordert. Die Authentifizierungsinformationen enthalten einige neue Felder, die im Folgenden aufgelistet werden:

- **Unterschlüssel:** die Wahl des Clients für einen Schlüssel, der diese Anwendungssitzung schützt. Wird für das Feld keine Eingabe getätigt, wird der Sitzungsschlüssel des Tickets ($K_{c,v}$) verwendet.
- **Sequenznummer (Seq#):** ein optionales Feld, das die vom Server verwendete beginnende Sequenznummer für Nachrichten, die während einer Sitzung an den Client übermittelt werden, enthält. Nachrichten können mit Sequenznummern versehen werden, um Wiederholungen aufzudecken.

Wenn die wechselseitige Authentifizierung angefordert wird, antwortet der Server mit Nachricht (6). Diese Nachricht enthält die Zeitmarke der Authentifizierungsinformation. Beachten Sie, dass in Version 4 die Zeitmarke um 1 erhöht wurde. In Version 5 ist dies nicht mehr erforderlich, da die Nachrichtenformate so ausgelegt sind, dass es für einen Gegner unmöglich ist, die Nachricht (6) ohne die Kenntnis des gültigen Schlüssels zu erzeugen. Wird das Unterschlüssel-Feld angegeben, überschreibt es das in der Nachricht (5) eventuell bestehende Unterschlüssel-Feld. Das optionale Feld Sequenznummer gibt die Anfangsnummer an, die vom Client verwendet werden soll.

Ticket-Flags

Das seit Version 5 in einem Ticket vorgehaltene Feld Flags bietet mehr Funktionalität als in Version 4. Tabelle 4.4 listet die Flags auf, die in ein Ticket eingebunden werden können.

Das Flag INITIAL zeigt an, dass das Ticket nicht von TGS, sondern vom AS stammt. Fordert jetzt ein Client ein ticketgewährendes Ticket vom TGS ab, wird ein ticketgewährendes Ticket vom AS vorgelegt. In Version 4 war dies der einzige Weg, schließlich ein dienstgewährendes Ticket zu bekommen. Die Version 5 bietet die zusätzliche Möglichkeit, dass der Client direkt vom AS ein dienstgewährendes Ticket erhält. Der Nutzen stellt sich wie folgt dar: Ein Server, z.B. zur Passwortveränderung, möchte feststellen, ob das Benutzerpasswort vor Kurzem überprüft wurde.

INITIAL	Dieses Ticket wurde mithilfe des AS-Protokolls ausgegeben und basiert nicht auf einem ticketgewährenden Ticket.
PRE-AUTHENT	Während der ersten Authentifizierung wurde der Client von KDC authentifiziert, bevor ein Ticket ausgegeben wurde.
HW-AUTHENT	Das für die erste Authentifizierung verwendete Protokoll erfordert Hardware, die nur der genannte Client besitzt.
RENEWABLE	Sagt dem TGS, dass dieses Ticket zum Empfang eines Ersatztickets, das zu einem späteren Zeitpunkt verfällt, berechtigt ist.
MAY-POSTDATE	Sagt dem TGS, dass ein auf später datiertes Ticket, das auf diesem ticketgewährenden Ticket basiert, versendet werden kann.
POSTDATED	Zeigt an, dass dieses Ticket mit einer späteren Zeitangabe datiert wurde; der End-Server kann das Feld Authentifizierungszeit prüfen, um zu sehen, wann die ursprüngliche Authentifizierung erfolgt ist.
INVALID	Dieses Ticket ist ungültig und muss vor dem Gebrauch von KDC für gültig erklärt werden.
PROXIABLE	Sagt dem TGS, dass ein neues dienstgewährendes Ticket mit einer anderen Netzwerkadresse basierend auf dem vorgelegten Ticket ausgegeben werden darf.
PROXY	Zeigt an, dass dieses Ticket ein Stellvertreter ist.
FORWARDABLE	Sagt dem TGS, dass ein neues ticketgewährendes Ticket mit einer anderen Netzwerkadresse basierend auf diesem ticketgewährenden Ticket ausgegeben werden darf.
FORWARDED	Zeigt an, dass dieses Ticket entweder weitergeleitet oder ausgestellt wurde mit der Berechtigung, ticketgewährende Tickets zur Weitergabe zu erzeugen.

Tabelle 4.4: Flags der Kerberos Version 5

Wird das Flag PRE-AUTHENT gesetzt, zeigt es an, dass nach Erhalt der Anfangsanforderung (Nachricht 1) am AS der Client für die Ausstellung eines Tickets authentifiziert wurde. Die genaue Bestimmung dieser Vor-Authentifizierung wird nicht weiter erörtert. Zum Beispiel verfügt die MIT-Implementation der Version 5 über eine verschlüsselte Vor-Authentifizierung für Zeitmarken, die durch Standardeinstellungen erzeugt wurde. Fordert ein Benutzer ein Ticket an, muss er an den AS einen Vor-Authentifizierungsblock senden, der einen Zufallsbegriff, eine Versionsnummer und eine Zeitmarke enthält, die auf der Basis des Client-Passworts verschlüsselt wurden. Der AS entschlüsselt den Block und gibt kein ticketgewährendes Ticket zurück, solange die Zeitmarke im Vor-Authentifizierungsblock nicht im zulässigen Zeitabschnitt liegt (dem Zeitintervall, das Uhrabweichungen und Netzwerkverzögerungen berücksichtigt). Eine andere Möglichkeit bietet eine Hardware-Karte, die ständig neue Passwörter erzeugt, die in die Nachricht der Vor-Authentifizierung eingefügt werden. Die von dieser Karte erzeugten Passwörter können auf dem ursprünglichen Benutzerpasswort basieren, aber auch durch die Karte in der Weise umgewandelt werden, dass tatsächlich beliebige Passwörter erzeugt werden. Dies verhindert einen Angriff auf leicht zu erratende Passwörter. Wenn eine Hardware-Karte oder Ähnliches verwendet wird, wird dies im Flag HW-AUTHENT angezeigt.

Verfügt ein Ticket über eine lange Lebensdauer, bietet dies einem Gegner während einer beträchtlichen Zeitspanne die Möglichkeit des Diebstahls und Missbrauchs. Wird eine kurze Lebensdauer zur Verminderung der Bedrohung verwendet, kann ein hoher Aufwand bei der Anforderung neuer Tickets entstehen. Im Falle eines ticketgewährenden Tickets muss der Client entweder den Geheimcode des Benutzers speichern, was riskant ist, oder den Benutzer wiederholt nach dessen Passwort fragen. Eine alternative Lösung ist der Gebrauch von erneuerbaren Tickets. Ein Ticket mit dem gesetzten Flag RENEWABLE enthält zwei Ablaufdaten: eines für das spezielle Ticket und eines für eine allgemein gültige Ablauffrist. Ein Client kann dieses Ticket durch Vorlage an den TGS mit einer neu angeforderten Ablauffrist erneuern lassen. Liegt diese neue Zeit innerhalb der Grenzen der letzten, gültigen Ablauffrist, kann der TGS ein Ticket mit neuer Sitzungszeit und einer später angesetzten Ablauffrist ausgeben. Der Vorteil dieser Verfahrensweise liegt in der Möglichkeit, dass der TGS die Ausgabe eines als gestohlen gemeldeten Tickets verweigern kann.

Ein Client kann vom AS die Bereitstellung eines ticketgewährenden Tickets mit dem Flag MAY-POSTDATE anfordern. Der Client kann das Ticket dann zum Abrufen eines Tickets vom TGS mit den Flags POSTDATED und INVALID verwenden. Nachträglich kann der Client das Ticket zur Prüfung absenden. Diese Vorgehensweise ist bei langwierigen Stapelverarbeitungsaufträgen auf Servern hilfreich, die in Zeitabständen Tickets anfordern. Der Client kann eine Reihe von Tickets mit unterschiedlichen Zeitwerten für diese Sitzung auf einmal erhalten. Abgesehen vom ersten Ticket sind alle anfangs ungültig. Erreicht die Ausführung einen Zeitpunkt, der ein neues Ticket erforderlich macht, kann dem Client das entsprechende Ticket als gültig zur Verfügung gestellt werden. Mit dieser Lösung muss der Client nicht ständig mit seinem ticketgewährenden Ticket ein dienstgewährendes Ticket anfordern.

Version 5 macht es möglich, dass ein Server im Namen eines Client als Stellvertreter fungiert, indem er die Kennungen und Privilegien des Client zur Dienstanforderung an einem anderen Server verwendet. Will ein Client diesen Mechanismus anwenden, fordert er ein ticketgewährendes Ticket mit dem gesetzten Flag PROXIABLE an. Wird dem TGS dieses Ticket vorgelegt, ist er ermächtigt, ein dienstgewährendes Ticket mit einer anderen Netzwerkadresse auszustellen; das neue Ticket enthält das gesetzte Flag PROXY. Eine Anwendung, die ein derartiges Ticket empfängt, kann dies akzeptieren oder zusätzliche Authentifizierungen für einen Prüfpfad anfordern.[9]

Das Stellvertreterkonzept ist eine eingeschränkte Variante der leistungsfähigeren Forwarding-Prozedur. Wurde ein Ticket mit dem Flag FORWARDABLE versehen, kann TGS dem Anfordernden ein ticketgewährendes Ticket liefern, das eine andere Netzwerkadresse und das FORWARDED-Flag enthält. Dieses Ticket kann einem entfernten TGS vorgelegt werden. Diese Fähigkeit gestattet einem Client den Zugriff auf einen Server eines anderen Bereichs, ohne dass jeder Kerberos einen geheimen Schlüssel für Kerberos-Server in jedem anderen Bereich bereithält. Bereiche können z.B. hierarchisch aufgebaut sein. Dann würde ein Client die Baumstruktur zu einem gemeinsamen Knoten erklimmen, um dann wieder zum Zielbereich hinabzusteigen. Jeder Schritt auf diesem Weg würde die Vorabsendung eines ticketgewährenden Tickets zum nächsten TGS auf diesem Weg erfordern.

4.2 X.509-Authentifizierungsdienst

Die ITU-T-Empfehlung X.509 ist ein Bestandteil der Empfehlungen aus der Reihe X.500, die einen Verzeichnisdienst beschreiben. Das Verzeichnis ist in Wirklichkeit ein Server oder ein verteilter Satz von Servern, die eine Informationsdatenbank über Benutzer verwalten. Die Information umfasst eine Zuordnung von Benutzername zu Netzwerkadresse sowie andere Eigenschaften und Informationen über den Benutzer.

X.509 stellt ein Rahmenwerk für die Bereitstellung von Authentifizierungsdiensten mit dem X.500-Verzeichnis für seine Benutzer dar. Das Verzeichnis kann als Aufbewahrungsort für Zertifikate von öffentlichen Schlüsseln dienen. Jedes Zertifikat enthält den öffentlichen Schlüssel eines Benutzers und ist mit dem privaten Schlüssel einer vertrauenswürdigen Zertifizierungsstelle versehen. X.509 definiert zusätzlich alternative Authentifizierungsprotokolle, die auf der Anwendung von Public-Key-Zertifikaten beruhen.

X.509 ist ein wichtiger Standard, da die in X.509 festgelegten Zertifikatsstrukturen und Authentifizierungsprotokolle in weitem Umfang angewendet werden. Beispielsweise werden die X.509-Zertifikatsformate in S/MIME (Kapitel 5), IP-Sicherheit (Kapitel 6) und SSL/TLS sowie SET (Kapitel 7) angewandt.

X.509 wurde erstmals 1988 eingeführt. Der Standard wurde nachträglich überarbeitet, um einigen der Sicherheitsbedenken zu entsprechen, die in [IANS90, MITC89] dokumentiert sind; eine überarbeitete Empfehlung kam 1993 heraus. Eine dritte Version wurde 1995 entworfen.

---

9 Eine Beschreibung einiger der möglichen Stellvertreterfähigkeiten findet sich bei [NEUM93b].

X.509 basiert auf dem Gebrauch von Public-Key-Kryptographie und von digitalen Unterschriften. Der Standard schreibt nicht die Verwendung eines bestimmten Algorithmus vor, empfiehlt aber RSA. Das Verfahren der digitalen Unterschrift erfordert den Einsatz einer Hash-Funktion. Auch hier schreibt der Standard keinen bestimmten Hash-Algorithmus vor. Die Empfehlung von 1988 enthält die Beschreibung eines empfohlenen Hash-Algorithmus; dieser Algorithmus hat sich seitdem als unsicher erwiesen und wurde aus der Empfehlung von 1993 gestrichen.

4.2.1 Zertifikate

Das Kernstück von X.509 ist das Public-Key-Zertifikat, das mit jedem Benutzer verbunden ist. Es wird angenommen, dass Benutzer-Zertifikate von einer vertrauten Zertifizierungsstelle (Certification Authority – CA) erzeugt wurden und von der CA oder dem Benutzer im Verzeichnis abgelegt wurden. Der Verzeichnis-Server selbst ist nicht für die Generierung von öffentlichen Schlüsseln oder für Zertifikationsfunktionen verantwortlich; er stellt nur eine einfach zugängliche Stelle dar, an der Benutzer Zertifikate erhalten können.

Abbildung 4.3a zeigt das allgemeine Format eines Zertifikats, das sich aus folgenden Bestandteilen zusammensetzt:

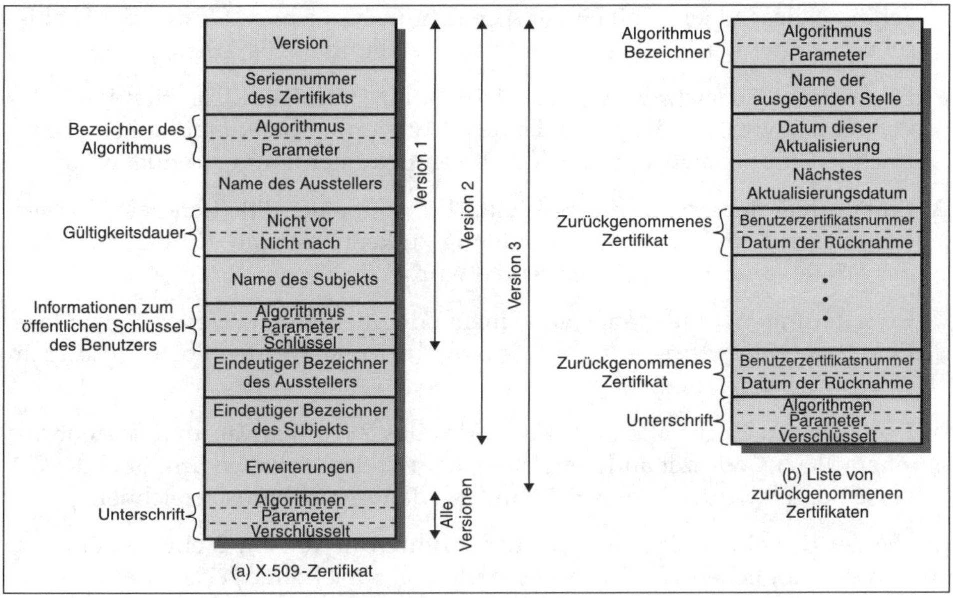

Abbildung 4.3: X.509-Formate

- **Version:** unterscheidet zwischen den aufeinanderfolgenden Versionen des Zertifikatformats; der Standardwert ist Version 1. Wenn der eindeutige Bezeichner des Ausstellers oder der eindeutige Bezeichner des Subjekts existieren, muss der Wert Version 2 sein. Wenn eine oder mehrere Erweiterungen zu finden sind, handelt es sich um Version 3.
- **Seriennummer:** Ein ganzzahliger Wert, der einmalig in der ausstellenden CA ist und eindeutig mit diesem Zertifikat verknüpft ist.
- **Bezeichner des Algorithmus:** Der Algorithmus, der zur Kennzeichnung des Zertifikats verwendet wird, zusammen mit anderen zugehörigen Parametern. Da diese Informationen im Unterschriftenfeld am Ende des Zertifikats wiederholt werden, hat dieses Feld eine geringe bis gar keine Bedeutung.
- **Name des Ausstellers:** Der X.509-Name der CA, die das Zertifikat erzeugt und gekennzeichnet hat.
- **Gültigkeitszeitraum:** Besteht aus zwei Informationen: dem ersten und letzten Datum, an dem das Zertifikat gültig ist.
- **Name des Subjekts:** Der Name des Benutzers, auf den sich das Zertifikat bezieht. Das heißt, dieses Zertifikat beglaubigt den öffentlichen Schlüssel des Subjekts, welches den entsprechenden privaten Schlüssel besitzt.
- **Informationen zum öffentlichen Schlüssel des Subjekts:** Der öffentliche Schlüssel des Subjekts mit einem Algorithmusbezeichner, für den der Schlüssel verwendet wird, sowie weitere damit verbundene Parameter.
- **Eindeutiger Bezeichner des Ausstellers:** Ein optionales Bitketten-Feld, das verwendet wird, um die ausstellende Zertifizierungsstelle eindeutig zu kennzeichnen, für den Fall, dass der X.500-Name für mehrere verwendet wurde.
- **Eindeutiger Bezeichner des Subjekts:** Ein optionales Bitketten-Feld, das verwendet wird, um das Subjekt eindeutig zu kennzeichnen, für den Fall, dass der X.500-Name mehrfach verwendet wurde.
- **Erweiterungen:** Eine Menge von einem oder mehreren Erweiterungsfeldern. Erweiterungen wurden in Version 3 ergänzt und werden später in diesem Abschnitt besprochen.
- **Unterschrift:** Deckt alle anderen Felder des Zertifikats ab und besteht aus einem Hash-Code der anderen Felder, der mit dem privaten Schlüssel der CA verschlüsselt wurde. Dieses Feld umfasst den Algorithmusbezeichner.

Die Felder der eindeutigen Bezeichner erfuhren in Version 2 eine Ergänzung, um mit der möglichen Wiederverwendung von Subjekt und/oder Ausstellernamen auf Dauer umzugehen. Diese Felder werden selten verwendet.

Der Standard verwendet folgende Einträge, um ein Zertifikat zu bestimmen:

CA<<A>> = CA {V, SN, AI, CA, T_A, A, Ap}

wobei

Y<<X>> = das Zertifikat des Benutzers X von der Zertifizierungsstelle Y vergeben

Y {I} = die Kennzeichnung von I durch Y; es besteht aus I mit einem angehängten verschlüsselten Hash-Code

Die CA kennzeichnet die Zertifikate durch ihren geheimen Schlüssel. Ist der zugehörige öffentliche Schlüssel einem Benutzer bekannt, so kann dieser Benutzer sicherstellen, dass dieses von der CA gekennzeichnete Zertifikat gültig ist. Dies ist die typische Methode der digitalen Unterschrift wie in Abbildung 3.2b beschrieben.

Das Erlangen eines Benutzerzertifikats

Von einer CA erzeugte Zertifikate für Benutzer haben folgende Charakteristika:

- Jeder Benutzer mit Zugriff auf den öffentlichen Schlüssel der CA kann den öffentlichen Schlüssel des Benutzers, der zertifiziert wurde, erhalten.
- Niemand außer der Zertifizierungsstelle kann das Zertifikat unbemerkt verändern.

Da sich Zertifikate nicht fälschen lassen, können sie im Verzeichnis abgelegt werden, ohne dass für ihren Schutz besondere Maßnahmen ergriffen werden müssen.

Wenn alle Benutzer sich bei der gleichen CA eintragen, so besteht ein allgemeines Vertrauen zu dieser CA. Alle Benutzerzertifikate können in dem Verzeichnis zum Zugriff durch alle Benutzer gespeichert werden. Zusätzlich können Benutzer ihre Zertifikate direkt an andere Benutzer weitergeben. In beiden Fällen kann B, wenn er im Besitz eines Zertifikats von A ist, sicher sein, dass mit dem öffentlichen Schlüssel von A verschlüsselte Nachrichten vor Missbrauch sicher sind und dass Nachrichten, die mit dem privaten Schlüssel von A gekennzeichnet sind, unfälschbar sind.

Bei einer großen Anzahl von Benutzern ist es nicht ratsam, dass sich alle Benutzer bei der gleichen CA eintragen. Da die CA die Zertifikate kennzeichnet, muss jeder beteiligte Benutzer eine Kopie des CA-eigenen öffentlichen Schlüssels besitzen, um Unterschriften zu prüfen. Dieser öffentliche Schlüssel muss jedem Benutzer in einer absolut sicheren (hinsichtlich Echtheit und Integrität) Weise zur Verfügung gestellt werden, damit der Benutzer Vertrauen in die damit verbundenen Zertifikate hat. Deshalb ist es bei einer größeren Anzahl von Benutzern praktischer, über mehrere CAs zu verfügen, von denen jede gesichert ihren öffentlichen Schlüssel bestimmten Benutzergruppen zur Verfügung stellt.

Nehmen wir an, dass A ein Zertifikat von der Zertifizierungsstelle X_1 und B ein Zertifikat von der CA X_2 erhalten hat. Wenn A den öffentlichen Schlüssel von X_2 nicht sicher kennt, dann ist das von X_2 an B vergebene Zertifikat für A nutzlos. A kann Bs Zertifikat lesen, aber nicht die Unterschrift beglaubigen. Haben jedoch die beiden CAs auf sicherem Weg ihre öffentlichen Schlüssel ausgetauscht, ermöglicht es die folgende Prozedur, dass A den öffentlichen Schlüssel von B erlangt.

1. A erhält aus dem Verzeichnis das Zertifikat von X_2, das von X_1 gekennzeichnet ist. Da A auf sicherem Weg den öffentlichen Schlüssel von X_1 kennt, kann A den öffentlichen Schlüssel vom Zertifikat von X_2 erfahren und mithilfe der Kennzeichnung auf dem Zertifikat durch X_1 prüfen.
2. A kehrt dann zum Verzeichnis zurück und erhält das von X_2 gezeichnete Zertifikat von B. Da A nun über eine gültige Kopie des öffentlichen Schlüssels von X_2 verfügt, kann A die Unterschrift prüfen und sicher den öffentlichen Schlüssel von B erhalten.

A hat eine Kette von Zertifikaten verwendet, um den öffentlichen Schüssel von B zu empfangen. In der Schreibweise von X.509 wird diese Kette wie folgt ausgedrückt:

$$X_1<<X_2>>X_2<<B>>$$

In gleicher Art kann B den öffentlichen Schlüssel von A in der umgekehrten Kettendarstellung empfangen:

$$X_2<<X_1>>X_1<<A>>$$

Dieses Schema muss nicht auf eine Verkettung zweier Zertifikate beschränkt bleiben. Ein beliebig langer Pfad von CAs kann verfolgt werden, um eine Verkettung zu bilden. Eine Kette mit N Elementen würde wie folgt beschrieben:

$$X_1<<X_2>>X_2<<X_3>>...X_N<<B>>$$

In diesem Fall muss sich jedes CA-Paar in der Kette (X_i, X_{i+1}) gegenseitig Zertifikate ausgestellt haben.

Alle diese Zertifikate von CAs für CAs müssen im Verzeichnis erscheinen und der Benutzer muss die Reihenfolge kennen, in der sie verbunden sind, um dem Pfad zu einem anderen Public-Key-Zertifikat folgen zu können. X.509 nimmt an, dass CAs hierarchisch angeordnet sind, sodass das Auffinden direkt erfolgt.

Abbildung 4.4, aus X.509 entnommen, ist ein Beispiel einer solchen Hierarchie. Die verbundenen Kreise zeigen die hierarchische Zusammengehörigkeit unter den CAs an; die hinzugefügten Kästchen deuten auf Zertifikate hin, die für jeden CA-Eintrag im Verzeichnis bewahrt werden. Der Verzeichniseintrag für CA X enthält zwei Arten von Zertifikaten:

- **Vorwärts-Zertifikate:** Zertifikate von X, die von anderen CAs generiert wurden
- **Rückwärts-Zertifikate:** Zertifikate, die von X erzeugt wurden und Zertifikate anderer CAs darstellen

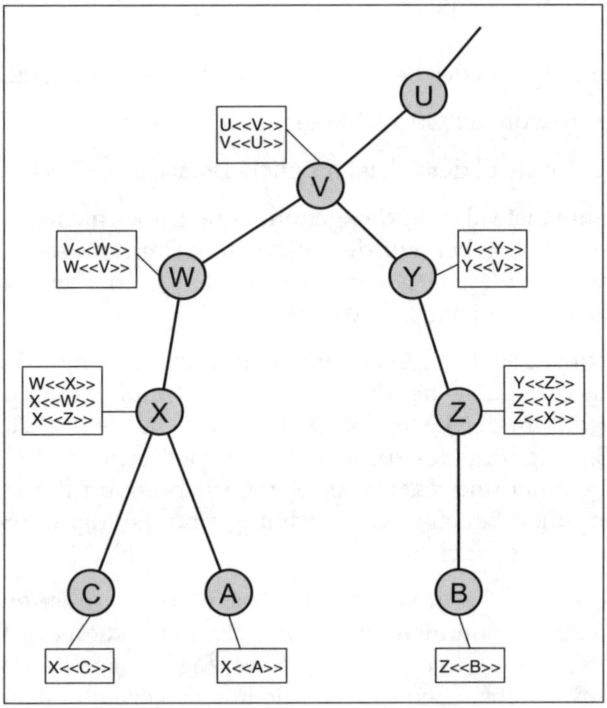

Abbildung 4.4: X.509-CA-Hierarchie: ein hypothetisches Beispiel

In diesem Beispiel kann ein Benutzer A auf die folgenden Zertifikate aus dem Verzeichnis zugreifen, um einen Zertifizierungspfad zu B einzurichten:

X<<W>>W<<V>>V<<Y>>Y<<Z>>Z<<B>>

Hat A diese Zertifikate erhalten, kann er den Zertifizierungspfad in Folge abwickeln, um eine gültige Kopie des öffentlichen Schlüssels von B zu erhalten. Mit diesem öffentlichen Schlüssel kann A verschlüsselte Nachrichten an B senden. Möchte A verschlüsselte Nachrichten von B zurückerhalten oder an B gesandte Nachrichten kennzeichnen, dann fordert B den öffentlichen Schlüssel von A an, der aus dem folgenden Zertifikationspfad erhalten werden kann:

Z<<Y>>Y<<V>>V<<W>>W<<X>>X<<A>>

B kann diesen Zertifikationssatz aus dem Verzeichnis erhalten oder A stellt ihn als Teil der Erstnachricht an B zur Verfügung.

Rücknahme von Zertifikaten

Wie in Abbildung 4.3 gezeigt wurde, enthält jedes Zertifikat einen Gültigkeitszeitraum, ähnlich wie bei einer Kreditkarte. Gewöhnlich wird ein neues Zertifikat vor Ablauf des alten herausgegeben. Zusätzlich kann es wünschenswert sein, ein Zertifikat aus folgenden Gründen vor seinem Verfallsdatum zurückzunehmen:

1. Der geheime Schlüssel des Benutzers ist möglicherweise aufgedeckt worden.
2. Der Benutzer ist von der CA nicht länger zugelassen.
3. Der geheime Schlüssel der CA ist möglicherweise aufgedeckt worden.

Jede CA muss eine Liste aller zurückgenommenen, aber nicht verfallenen Zertifikate, die durch sie vergeben wurden, vorhalten. Darin müssen Zertifikate, die an Benutzer und an andere CAs vergeben wurden, enthalten sein. Diese Listen sollten ebenfalls im Verzeichnis abgelegt sein.

Jede im Verzeichnis abgelegte Liste von zurückgenommenen Zertifikaten (Abbildung 4.3b) ist vom Ausgebenden unterzeichnet und enthält dessen Namen, das Erzeugungsdatum der Liste, das Datum, an dem die nächste Liste geplant ist, und einen Eintrag für jedes zurückgenommene Zertifikat. Jeder Eintrag enthält die Seriennummer und das Datum der Aufhebung für dieses Zertifikat. Da Seriennummern innerhalb einer CA eindeutig sind, genügt die Seriennummer, um das Zertifikat zu kennzeichnen.

Erhält ein Benutzer ein Zertifikat in einer Nachricht, so muss er feststellen, ob das Zertifikat zurückgenommen wurde. Der Benutzer kann das Verzeichnis bei jedem Zertifikatsempfang überprüfen. Um Verzögerungen (und mögliche Kosten), die mit dem Durchsuchen des Verzeichnisses verbunden sind, zu vermeiden, sollte der Benutzer einen lokalen Speicher von Zertifikaten und Listen von zurückgenommenen Zertifikaten vorhalten.

4.2.2 Authentifizierungsverfahren

X.509 enthält auch drei unterschiedliche Authentifizierungsverfahren, die für den Gebrauch in einer Vielzahl von Anwendungen vorgesehen sind. Alle diese Prozeduren verwenden die Kennzeichnung durch öffentliche Schlüssel. Es wird angenommen, dass die beiden beteiligten Parteien jeweils den anderen öffentlichen Schlüssel kennen, sei es durch den Erhalt der Zertifikate aus dem Verzeichnis oder durch Einschluss des Zertifikats in die Erstnachricht von jeder Seite.

Abbildung 4.5 zeigt die drei Prozeduren.

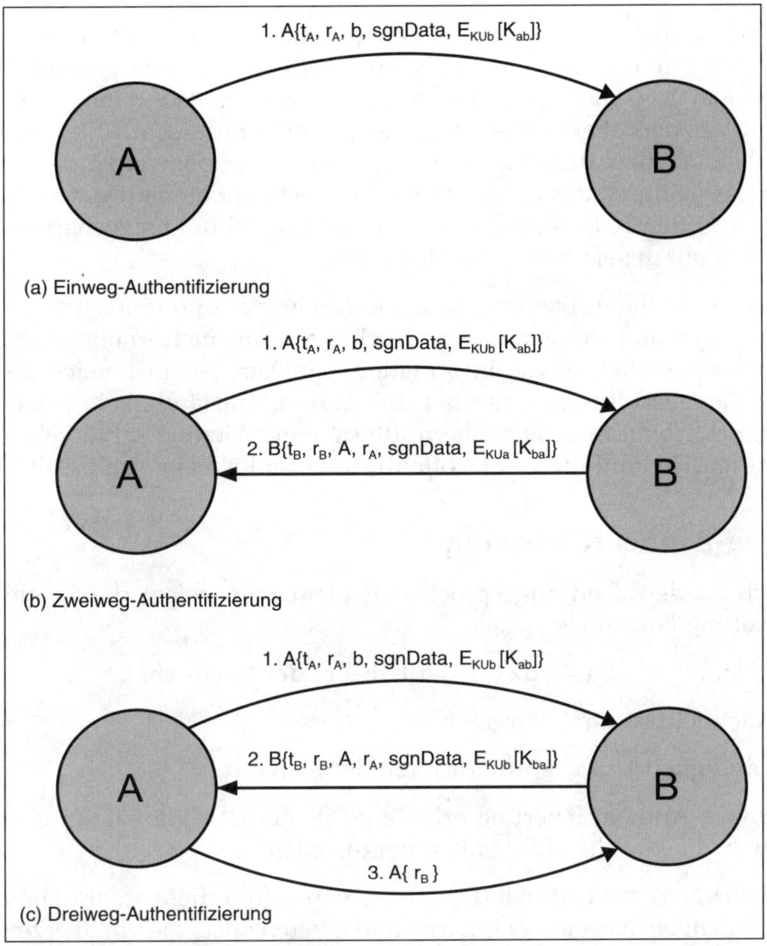

Abbildung 4.5: Strenge Authentifizierungsverfahren von X.509

Einweg-Authentifizierung

Einweg-Authentifizierung beinhaltet eine einfache Übertragung von Informationen von einem Benutzer (A) zu einem anderen (B) und belegt Folgendes:

1. Die Identität von A und dass A der Urheber der Nachricht ist
2. Die Nachricht ist für B gedacht
3. Vollständigkeit und Ursprünglichkeit der Nachricht (sie wurde nicht mehrfach gesandt)

Beachten Sie, dass nur die Identität der ausstellenden Seite in diesem Prozess geprüft wird und nicht die der antwortenden.

Die Nachricht enthält als Minimum eine Zeitmarke $t_{A,}$ einen Nonce r_A und die Identität von B und ist mit dem privaten Schlüssel von A gezeichnet. Die Zeitmarke besteht aus einem optionalen Erzeugungsdatum und einer Verfallszeit. Das beugt Verzögerungen in der Nachrichtenübermittlung vor. Der Nonce (Zufallswert) kann zum Aufdecken von Angriffen verwendet werden. Der Wert des Nonce muss während der Lebensdauer der Nachricht eindeutig sein. Auf diese Weise kann B den Nonce bis zu seinem Verfallszeitpunkt speichern und neue Nachrichten mit demselben Nonce abweisen.

Für die reine Authentifizierung wird die Nachricht zum einfachen Vorweisen von Kennungen an B verwendet. Die Nachricht kann auch zu übermittelnde Informationen enthalten. Diese Information, sgnData, ist im Bereich der Kennzeichnung eingeschlossen, was die Echtheit und Vollständigkeit gewährleistet. Die Nachricht kann auch zur Übermittlung eines Sitzungsschlüssels an B benutzt werden, der mithilfe von Bs öffentlichem Schlüssel verschlüsselt ist.

Zweiweg-Authentifizierung

Zusätzlich zu den eben angesprochenen Elementen belegt die Zweiweg-Authentifizierung Folgendes:

4. Die Identität von B und dass B der Urheber der Nachricht ist
5. Die Nachricht ist für A vorgesehen
6. Vollständigkeit und Ursprünglichkeit der Antwort

Die Zweiweg-Authentifizierung erlaubt es also beiden Parteien in einer Kommunikation, die jeweilige Identität sicherzustellen.

Die Antwort-Nachricht enthält den Nonce von A, um die Antwort zu beglaubigen. Sie enthält ebenso eine Zeitmarke und einen Nonce, die von B erzeugt wurden. Wie schon zuvor kann die Nachricht zusätzliche Informationen und einen mit dem öffentlichen Schüssel von A verschlüsselten Sitzungsschlüssel enthalten.

Dreiweg-Authentifizierung

Bei der Dreiweg-Authentifizierung erfolgt eine abschließende Nachricht von A an B, die eine gekennzeichnete Kopie des Nonce r_B enthält. Die Absicht bei diesem Verfahren ist, dass Zeitmarken nicht überprüft werden müssen: Da jeder Nonce von beiden Seiten zurückgegeben wird, kann jede Seite den Nonce überprüfen, um Wiederholungsangriffe aufzudecken. Diese Lösung ist notwendig, wenn keine synchron laufenden Uhren zur Verfügung stehen.

4.2.3 X.509 Version 3

Das Format X.509 Version 2 enthält nicht alle Informationen, die sich durch die Erfahrungen mit neueren Entwürfen und Implementationen als nötig erwiesen haben. [FORD95] beinhaltet eine Aufstellung folgender Anforderungen, die Version 2 nicht erfüllt:

1. Das Subjekt-Feld ist nicht geeignet, die Identität des Eigentümers eines Schlüssels an den Benutzer eines öffentlichen Schlüssels zu übermitteln. Die Namen unter X.509 können relativ kurz sein und möglicherweise fehlen wesentliche Details der Identität, welche der Benutzer braucht.
2. Das Subjekt-Feld ist ebenfalls ungeeignet für manche Anwendungen, die bestimmte Dinge anhand einer E-Mail-Adresse des Internets, einer URL oder anderen Internet-bezogenen Informationen erkennen.
3. Version 2 unterstützt nicht den Bedarf mancher Sicherheitsanwendungen oder -funktionen, Informationen über die verwendeten Sicherheitsmaßnahmen zu erhalten. So kann beispielsweise IPSec ein X.509-Zertifikat nicht richtig zuordnen.
4. Es ist erforderlich, den Schaden zu begrenzen, den eine fehlerhafte oder bösartige Zertifizierungsstelle verursachen kann, indem sie die Verfügbarkeit eines bestimmten Zertifikats einschränkt.
5. Es ist wichtig, mehrere unterschiedliche Schlüssel, die ein Benutzer zu verschiedenen Zeiten verwendet, separat identifizieren zu können. Diese Eigenschaft unterstützt die Verwaltung zeitlich begrenzter Schlüssel und insbesondere die Fähigkeit zur periodischen oder aufgrund besonderer Umstände erfolgender Erneuerung der Schlüsselpaare für Benutzer und Zertifizierungsstellen.

Die Entwickler gelangten zur Überzeugung, dass ein Verfahren nötig war, das flexibler ist als das bloße Hinzufügen weiterer Felder zu einem festen Format. Version 3 enthält daher eine Reihe optionaler Erweiterungen, welche dem Format der Version 2 hinzugefügt werden können. Jede Erweiterung besteht aus einem Erweiterungsbezeichner, einem Wichtigkeits-Anzeiger und Werten für diese Erweiterung. Der Wichtigkeits-Anzeiger sagt aus, ob man eine Erweiterung bedenkenlos ignorieren kann. Enthält er den Wert `WAHR` und eine Implementation erkennt die Erweiterung nicht, muss sie das Zertifikat als ungültig werten.

Die Erweiterungen gliedern sich in drei Hauptkatagorien: Informationen über Schlüssel und Ablaufrichtlinien, Subjekt- und Senderattribute sowie Einschränkungen des Zertifikationswegs.

Informationen über Schlüssel und Ablaufrichtlinien

Diese Erweiterungen übermitteln zusätzliche Informationen über Subjekt und Sender einer Anwendung mit den üblichen Sicherheitsanforderungen.

So könnte beispielsweise eine Ablaufrichtlinie für Transaktionen des Electronic Data Interchange (EDI) zur Verfügung stehen, welche den Verkauf von Waren auf einen bestimmten Preisrahmen festlegt.

Dieser Bereich enthält Folgendes:

- **Schlüsselbezeichner der Zertifizierungsstelle:** Identifiziert den öffentlichen Schlüssel, der zum Verifizieren der Unterschrift auf diesem Zertifikat oder der Certificate Revocation List verwendet wird. Ermöglicht das Auseinanderhalten verschiedener Schlüssel einer Zertifizierungsstelle. Dient unter anderem zum Austausch neuer Schlüsselpaare einer Zertifizierungsstelle.
- **Schlüsselbezeichner des Subjekts:** Identifiziert den öffentlichen Schlüssel, der gerade zertifiziert wird. Nützlich für die Aktualisierung von Subjektschlüsselpaaren. Darüber hinaus kann ein Subjekt mehrere Schlüsselpaare besitzen und dementsprechend auch verschiedene Zertifikate für unterschiedliche Zwecke (wie beispielsweise digitale Unterschrift und Verschlüsselung).
- **Schlüsselverwendung:** Bezeichnet eine Beschränkung der Zwecke und Ablaufrichtlinien, mit denen der zertifizierte öffentliche Schlüssel benutzt werden darf. Dies kann einen oder mehrere Punkte aus folgender Liste betreffen: digitale Unterschrift, Nicht-Anfechtbarkeit, Verschlüsselung von Daten oder von Schlüsseln, Vereinbarungen über Schlüssel, Überprüfung der Unterschrift der Zertifizierungsstelle auf Zertifikaten beziehungsweise auf Zertifikats-Rückruflisten.
- **Gültigkeitsdauer des privaten Schlüssels:** Gibt an, wie lange der zum öffentlichen Schlüssel gehörende private Schlüssel gültig ist. Normalerweise weicht die Gültigkeitsdauer eines privaten Schlüssels von der des öffentlichen Schlüssels ab. So ist beispielsweise bei den Schlüsseln für digitale Unterschriften die Gültigkeitsdauer des privaten Unterschriftsschlüssels üblicherweise kürzer als die des öffentlichen Schlüssels zur Überprüfung.
- **Zertifizierungsrichtlinien:** Zertifikate können in Umgebungen mit unterschiedlichen Richtlinien verwendet werden. Diese Erweiterung führt die Richtlinien auf, die das Zertifikat unterstützt, sowie optionale Qualifizierungsinformationen.
- **Zuordnung von Ablaufrichtlinien:** Wird nur in Zertifikaten gebraucht, die Zertifizierungsstellen für andere Zertifizierungsstellen ausstellen. Die Zuordnung von Ablaufrichtlinien erlaubt der sendenden Zertifizierungsstelle

die Anzeige, dass eine oder mehrere ihrer Ablaufrichtlinien als gleichwertig mit anderen Ablaufrichtlinien betrachtet werden können, welche in der Domäne der empfangenden Zertifizierungsstelle vorliegen.

Subjekt- und Senderattribute

Diese Erweiterungen unterstützen alternative Namen in alternativen Formaten für ein Subjekt oder einen Sender. Sie können zusätzliche Informationen zu dem Zertifikatssubjekt liefern, um einen Zertifikatbenutzer in seinem Vertrauen zu bestätigen, dass das Subjekt des Zertifikats eine bestimmte Organisation oder Einrichtung ist. So könnten beispielsweise Informationen wie Postanschrift, Stellung innerhalb einer Firma oder ein Bild erforderlich sein.

Die Erweiterungsfelder in diesem Bereich umfassen das Folgende:

- **Alternativer Subjektname:** Enthält einen oder mehrere alternative Subjektnamen aus einer Vielzahl von Formaten. Dieses Feld ist von Bedeutung für bestimmte Anwendungen wie beispielsweise E-Mail, EDI und IPSec, welche ihre eigenen Namensformate mitbringen.
- **Alternativer Sendername:** Enthält einen oder mehrere alternative Namen aus einer Vielzahl von Formaten.
- **Attribute des Subjekt-Verzeichnisses:** Bietet alle gewünschten Verzeichnisattribute für das Subjekt des Zertifikats.

Einschränkungen des Zertifikationswegs

Diese Erweiterungen gestatten das Einfügen von Einschränkungsregeln in Zertifikate, welche Zertifizierungsstellen an andere Zertifizierungsstellen senden.

Diese Regeln können die Arten von Zertifikaten einschränken, die von der Subjekt-Zertifizierungsstelle gesendet werden oder die im Zuge einer Zertifizierungskette auftreten.

Bei den zugehörigen Feldern für diese Erweiterung handelt es sich um folgende:

- **Grundlegende Einschränkungen:** Zeigt an, ob das Subjekt als Zertifizierungsstelle auftreten darf. Falls ja, kann eine Längenbeschränkung des Zertifizierungspfads angegeben werden.
- **Namenseinschränkungen:** Gibt einen Bereich von Namen an, innerhalb dessen alle Subjektnamen in einem Zertifizierungspfad liegen müssen.
- **Ablaufbeschränkungen:** Definiert Einschränkungen, welche eine explizite Identifikation des Zertifizierungspfads festlegen oder eine Abbildung des Ablaufs auf andere Pfade für den Rest des Zertifizierungspfads untersagen.

4.3 Empfohlene Lektüre und Web-Sites

Einen mühelosen Zugang zum Konzept von Kerberos finden Sie in [BRYA88]. [KOHL94] enthält eine der besten Abhandlungen über Kerberos.

BRYA88 Bryant, W. *Designing an Authentication System: A Dialogue in Four Scenes*. Project Athena document, Februar 1988. Erhältlich unter `http://www.mit.edu/kerberos/www/dialogue.html`

KOHL94 Kohl, J., Neuman, B. und Ts'o, T. »The Evolution of the Kerberos Authentication Service.« In Brazier, F. und Johansen, D. *Distributed Open Systems*. Los Alamitos, CA: IEEE Computer Society Press, 1994. Erhältlich unter `http://www.mit.edu/kerberos/www/papers.html`

Empfohlene Web-Sites

- **MIT Kerberos Site:** Informationen über Kerberos, einschließlich der FAQs, Papers und Dokumente sowie Links zu Sites mit kommerziellen Produkten
- **USC/ISI Kerberos Page:** Eine weitere gute Bezugsquelle für Material über Kerberos
- **Public-Key Infrastructure Working Group:** IETF-Gruppe zur Entwicklung von Standards auf der Basis von X.509v3
- **VeriSign:** Ein führender kommerzieller Vertreiber X.09-bezogener Produkte; White Papers und anderes lesenswertes Material.

4.4 Aufgaben

4.1 Zeigen Sie, dass ein zufälliger Fehler in einem Block eines verschlüsselten Textes in alle nachfolgenden Klartextblöcke im PCBC-Modus (Abbildung 4.7) einfließt.

4.2 Nehmen Sie an, im PCBC-Modus werden die Blöcke C_i und C_{i+1} während der Übertragung vertauscht. Zeigen Sie, dass dies nur die entschlüsselten Blöcke P_i und P_{i+1} betrifft, nicht aber nachfolgende Blöcke.

4.3 Die Prozedur der Dreiweg-Authentifizierung für X.509, dargestellt in Abbildung 4.5c, enthält eine Schwachstelle. Der Protokollauszug sieht wie folgt aus:

$A \rightarrow B$: $A\{t_A, r_A, B\}$
$B \rightarrow A$: $B\{t_B, r_B, A, r_A\}$
$A \rightarrow B$: $A\{r_B\}$

Der Text von X.509 zeigt, dass für die Dreiweg-Authentifizierung die Prüfung der Zeitmarken optional ist. Betrachten Sie aber folgendes Beispiel. Nehmen Sie an, dass A und B das obige Protokoll zu früheren Zeitpunkten verwendet haben und dass der Gegner C die drei obigen Nachrichten abgefangen hat. Gehen Sie zusätzlich davon aus, dass die Zeitmarken auf 0 gesetzt wurden, da sie nicht gebraucht werden. Schließlich nehmen Sie an, dass C gerne A für B verkörpern will. C sendet anfangs die erbeutete Nachricht an B:

C → B: A {0, r_A, B}

B antwortet und denkt, er spricht mit A. In Wirklichkeit aber spricht er mit C:

B → C: B {0, r'_A, A, r_A}

C veranlasst A in der Zwischenzeit, die Authentifizierung mit C zu veranlassen. Als Ergebnis sendet A an C Folgendes:

A → C: A {0, r'_A, B}

C antwortet A, indem er denselben Nonce verwendet, den B an C geliefert hat:

C → A: C {0, r'_B, A, r'_A}

A antwortet mit:

A → C: A {r'_B}

Genau das benötigt C, um B zu überzeugen, dass dieser mit A spricht, so wiederholt C nun die ankommende Nachricht für B.

C → B: A {r'_B}

B glaubt, er spricht mit A, wobei er in Wirklichkeit mit C kommuniziert. Schlagen Sie eine einfache Lösung zu diesem Problem vor, die die Verwendung von Zeitmarken nicht erfordert.

4.4 Die Version von X.509 aus dem Jahre 1988 listet Eigenschaften auf, die RSA-Schlüssel erfüllen müssen, um als sicher zu gelten, die Kenntnis der Schwierigkeiten bei der Faktorisierung großer Zahlen vorausgesetzt. Die Diskussion endet mit einer Beschränkung des öffentlichen Exponenten und des Modulo n.

Es muss gewährleistet sein, dass $e > \log_2(n)$ ist, um einen Angriff abzuwehren, indem die e-te Wurzel mod n zur Offenlegung des Klartextes verwendet wird.

Die Beschränkung ist zwar korrekt, der dafür angegebene Grund ist es jedoch nicht. Was ist an dem angegebenen Grund falsch und wie sieht der wirkliche Grund aus?

4.5 ANHANG 4A: Kerberos-Verschlüsselungsverfahren

Kerberos enthält eine Verschlüsselungsbibliothek, die zahlreiche verschlüsselungsbedingte Operationen enthält.

4.5.1 Passwort-Schlüssel-Umwandlung

In Kerberos sind Passwörter auf den Gebrauch von Zeichen beschränkt, die in einem 7-Bit-ASCII-Format dargestellt werden können. Ein Passwort von beliebiger Länge wird in einen Schlüssel übersetzt, der in der Datenbank von Kerberos gespeichert wird. Abbildung 4.6 stellt das Verfahren dar.

Zunächst wird die Zeichenkette s in eine Bitkette b gepackt. Dabei wird das erste Zeichen in die ersten 7 Bit, das zweite Zeichen in die zweiten 7 Bit usw. gespeichert. Das lässt sich wie folgt ausgedrücken:

b[0] = Bit 0 von s[0]
...
b[6] = Bit 6 von s[0]
b[7] = Bit 0 von s[1]
...
b[$7i + m$] = Bit m von s[i]$0 \leq m \leq 6$

Anschließend werden die Bitketten zu 56 Bit durch eine »gefaltete« Ausrichtung verdichtet und ein bitweises XOR durchgeführt. Hat die Bitkette z. B. eine Länge von 59, dann gilt:

$b[55] = b[55] \oplus b[56]$
$b[54] = b[54] \oplus b[57]$
$b[53] = b[53] \oplus b[58]$
$b[52] = b[52] \oplus b[59]$
$b[51] = b[51] \oplus b[60]$
$b[50] = b[50] \oplus b[61]$
$b[49] = b[49] \oplus b[62]$

Dies erzeugt einen 56 Bit langen DES-Schlüssel. Um mit dem erwarteten 64-Bit-Schlüsselformat übereinzustimmen, wird die Zeichenkette als eine Folge von acht 7-Bit-Blocks betrachtet und in acht 8-Bit-Blocks umgewandelt, um den Eingabeschlüssel K_{pw} zu bilden.

Abschließend wird das ursprüngliche Passwort mithilfe des CBC-Modus (Cipher Block Chaining) von DES verschlüsselt. Der letzte 64-Bit-Block, der von diesem Prozess zurückgegeben wird, CBC-Prüfsumme genannt, ist der Ausgabeschlüssel, der mit dem Passwort verbunden ist.

Der vollständige Algorithmus kann als Hash-Funktion, die ein beliebiges Passwort in einen 64 Bit langen Hash-Code wandelt, angesehen werden.

4.5.2 Propagating Cipher Block Chaining Mode (PCBC)

Rufen Sie sich aus Kapitel 2 ins Gedächtnis, dass im CBC-Modus von DES die Eingabe zum DES-Algorithmus in jeder Ebene aus dem XOR des aktuellen Klartextblocks und dem vorangehenden verschlüsselten Textblock mit dem gleichen Schlüssel für jeden Block besteht (Abbildung 2.7). Der Vorteil dieses Modus gegenüber dem Electronic Codebook (ECB)-Modus, bei dem jeder Klartextblock unabhängig verschlüsselt wird, ist: Mit CBC erzeugt derselbe Klartextblock bei Wiederholung unterschiedliche Blöcke von verschlüsseltem Text.

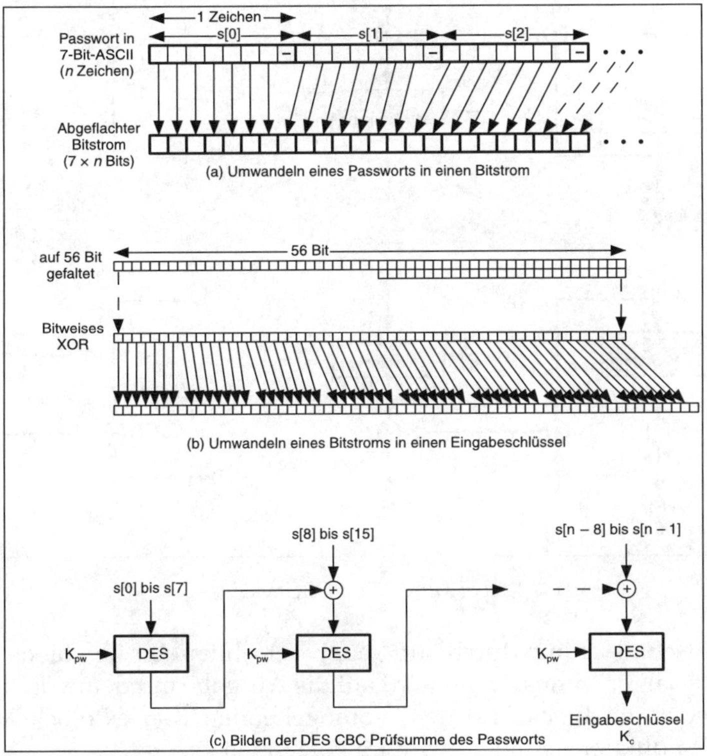

Abbildung 4.6: Erzeugung des Schlüssels aus dem Passwort

CBC hat die Eigenschaft, dass bei Auftreten eines Fehlers bei der Übertragung des verschlüsselten Textblocks C_I, dieser Fehler in die übersetzten Klartextblöcke P_I u P_{I+1} eingeht.

Kerberos Version 4 verwendet eine Erweiterung von CBC, PCBC-Modus genannt [MEYE82]. Der Modus hat die Eigenschaft, dass ein Fehler im verschlüsselten Textblock in allen nachfolgenden entschlüsselten Blöcken der Nachricht verbreitet wird und diese unbrauchbar macht. Deshalb werden Datenverschlüsselung und die Prüfung der Unversehrtheit in einer Operation kombiniert.

PCBC wird in Abbildung 4.7 dargestellt. In diesem Schema ist die Eingabe zum Verschlüsselungsalgorithmus der XOR des aktuellen Klartextblocks, des vorangehenden verschlüsselten Textblocks und des vorangehenden Klartextblocks gezeigt:

$$C_n = E_K[C_{n-1} \oplus P_{n-1} \oplus P_n]$$

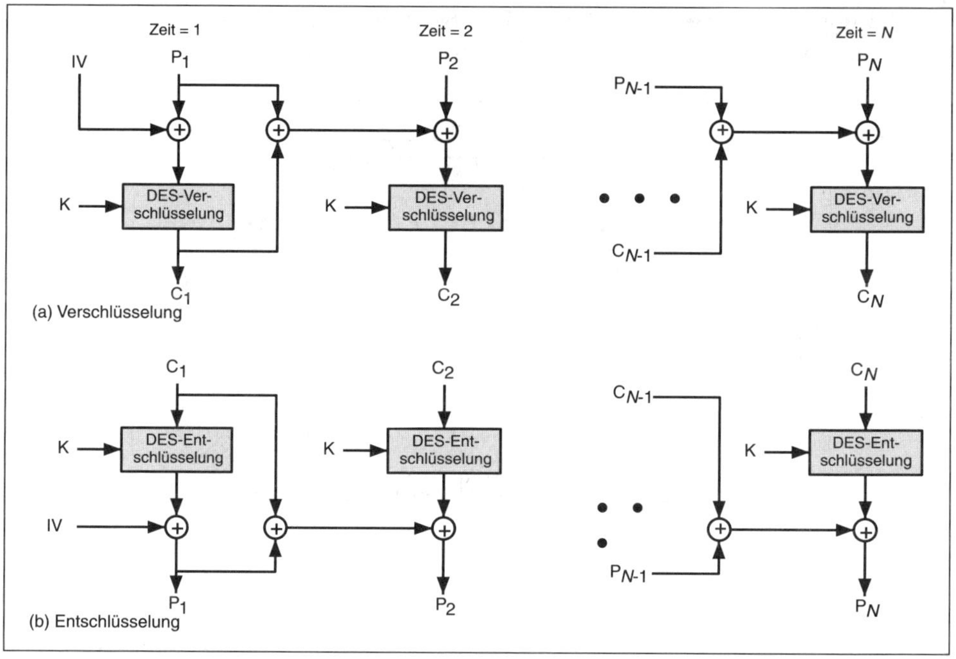

Abbildung 4.7: PCBC-Modus

Bei der Entschlüsselung durchläuft jeder verschlüsselte Textblock den Entschlüsselungsalgorithmus. Dann wird auf die Ausgabe mit dem vorangehenden verschlüsselten Textblock und dem vorangehenden Klartextblock XOR angewendet. Die Funktionsfähigkeit wird im Folgenden gezeigt.

$$D_K[C_n] = D_K[E_K[C_{n-1} \oplus P_{n-1} \oplus P_n]]$$
$$= C_{n-1} \oplus P_{n-1} \oplus P_n$$
$$C_{n-1} \oplus P_{n-1} \oplus D_K[C_n] = P_n$$

E-Mail-Sicherheit

5

Die elektronische Mail ist im Wesentlichen bei allen verteilten Rechnerumgebungen die meist benutzte Netzwerkanwendung. Außerdem ist sie die einzige verteilte Anwendung, die weitgehend über alle Architekturen und Herstellerplattformen hinweg verwendet wird. Benutzer erwarten die Möglichkeit und nutzen sie auch, an andere, die direkt oder indirekt an das Internet angeschlossen sind, Mails zu senden, unabhängig vom Betriebssystem des Hosts oder der Kommunikationsausstattung.

Mit dem explosionsartig wachsenden Vertrauen in die elektronische Mail für jeden nur denkbaren Zweck wächst die Nachfrage nach Authentifizierungs- und Vertraulichkeitsdiensten. Zwei Methoden stehen als Lösungen an, die sich wahrscheinlich in den nächsten Jahren einer weiten Verbreitung erfreuen werden können: Pretty Good Privacy (PGP) und S/MIME. Beide werden in diesem Kapitel erörtert.

5.1 Pretty Good Privacy (PGP)

PGP ist ein bemerkenswertes Phänomen. Weitgehend das Produkt einer einzelnen Person, Phil Zimmermann, bietet PGP einen Vertraulichkeits- und Authentifizierungsdienst, der für elektronische Mails und Anwendungen zur Dateispeicherung verwendet werden kann. Was Zimmermann getan hat, ist im Wesentlichen Folgendes:

1. Auswahl der besten verfügbaren kryptographischen Algorithmen als Bausteine.
2. Einbinden dieser Algorithmen in eine allgemein verwendbare, von Betriebssystemen und Prozessoren unabhängige Anwendung, die auf einem kleinen, leicht zu bedienenden Befehlsvorrat basiert.
3. Zusammenstellen des Software-Pakets und der Dokumentation, einschließlich des Quellcodes, der über Internet, ein Bulletin Board und kommerzielle Netzwerke wie Compuserve frei erhältlich ist.
4. Einwilligung in ein Abkommen mit einer Firma (Viacrypt, jetzt: Network Associates), um eine voll kompatible, günstige kommerzielle Version von PGP zu bieten.

PGP verzeichnet ein explosionsartiges Wachstum und ist heute weit verbreitet. Für dieses Wachstum lassen sich eine Vielzahl von Gründen anführen:

1. Es ist kostenlos weltweit in Versionen erhältlich, die auf einer Vielzahl von Plattformen, einschließlich DOS/Windows, UNIX, Macintosh und vielen mehr laufen. Zusätzlich befriedigt die kommerzielle Version Benutzer, die ein Produkt mit Hersteller-Support erwerben wollen.
2. Es basiert auf Algorithmen, die ausgiebige öffentliche Erprobungen überstanden haben und als extrem sicher gelten. Im Einzelnen enthält dieses Programmpaket RSA, DSS und Diffie-Hellman für Public-Key-Encryption, CAST-128, IDEA und TDEA für herkömmliche Verschlüsselung und SHA-1 für Hash-Codierung.
3. Es hat weite Anwendungsbereiche, angefangen bei Unternehmen, die ein standardisiertes Verfahren zur Verschlüsselung von Dateien und Nachrichten einsetzen wollen, bis hin zu Einzelpersonen, die sicher mit anderen über Internet oder andere Netzwerken weltweit kommunizieren wollen.
4. Es wurde weder von irgendeiner amtlichen oder Standardisierungsstelle hergestellt, noch wird es von einer kontrolliert. Für jene, die ein instinktives Misstrauen gegenüber dem »Establishment« hegen, ist PGP daher attraktiv.

Wir beginnen mit einem Überblick über die Operationen von PGP. Danach betrachten wir, wie kryptographische Schlüssel erzeugt und gespeichert werden. Anschließend kommt das wichtige Thema der Verwaltung von öffentlichen Schlüsseln zur Sprache.

5.1.1 Notation

Die meisten der Notationen in diesem Kapitel wurden schon früher verwendet, aber einige Ausdrücke sind neu. Es erweist sich wohl als ratsam, diese am Anfang zusammenzustellen. Folgende Symbole werden verwendet:

K_s = Sitzungsschlüssel, verwendet im konventionellen Verschlüsselungs schema

KR_a = Privater Schlüssel von Benutzer A, verwendet im Public-Key-Verschlüsselungsschema

KU_a = Öffentlicher Schlüssel von Benutzer A, verwendet im Public-Key-Verschlüsselungsschema

EP = Verschlüsselung mit öffentlichem Schlüssel

DP = Entschlüsselung mit öffentlichem Schlüssel

EC = herkömmliche Verschlüsselung

DI = konventionelle Entschlüsselung

H = Hash-Funktion

|| = Verkettung

Z = Komprimierung unter Verwendung des ZIP-Algorithmus

R64 = Umwandlung in das Radix-64-ASCII-Format

In der PGP-Dokumentation wird oft der Ausdruck *geheimer Schlüssel* verwendet, um einen Schlüssel zu benennen, der mit einem öffentlichen Schlüssel in einem Public-Key-Verschlüsselungsschema verbunden ist. Diese Vorgehensweise birgt, wie schon früher erwähnt, die Gefahr der Verwechslung mit dem Begriff des geheimen Schlüssels, wie er in der herkömmlichen Verschlüsselung verwendet wurde. Daher werden wir dafür im Folgenden den Ausdruck *privater Schlüssel* verwenden.

5.1.2 Verfahrensweise

Die tatsächlichen Aufgaben von PGP, im Gegensatz zur Verwaltung der Schlüssel, bestehen aus den fünf Diensten: Authentifizierung, Vertraulichkeit, Komprimierung, E-Mail-Kompatibilität und Segmentierung (Tabelle 5.1). Wir betrachten die Punkte nacheinander.

Authentifizierung

Abbildung 5.1a zeigt den Dienst der digitalen Unterschrift, der von PGP zur Verfügung gestellt wird. Dies ist das Schema der digitalen Unterschrift, wie es in Kapitel 3 erörtert und in Abbildung 3.2b dargestellt wurde. Die Abfolge sieht folgendermaßen aus:

1. Der Absender erzeugt eine Nachricht.
2. SHA-1 wird verwendet, um einen 160 Bit langen Hash-Code der Nachricht zu erzeugen.
3. Der Hash-Code ist mithilfe des privaten Schlüssels des Absenders durch RSA verschlüsselt. Das Ergebnis wird der Nachricht vorangestellt.
4. Der Empfänger verwendet RSA und den öffentlichen Schlüssel des Absenders, um den Hash-Code zu entschlüsseln und zurückzuübersetzen.
5. Der Empfänger erzeugt einen neuen Hash-Code für die Nachricht und vergleicht ihn mit dem entschlüsselten Hash-Code. Stimmen beide überein, wird die Nachricht als authentisch akzeptiert.

Die Kombination von SHA-1 und RSA bietet ein wirkungsvolles Schema einer digitalen Unterschrift. Aufgrund der Stärke von RSA kann der Empfänger sicher sein, dass nur der Inhaber des passenden privaten Schlüssels die Unterschrift erzeugt haben kann. Aufgrund der Stärke von SHA-1 wird dem Empfänger versichert, dass niemand anderes eine neue Nachricht erzeugen kann, die mit dem Hash-Code übereinstimmt und folglich mit der Unterschrift der ursprünglichen Nachricht.

Alternativ können die Unterschriften mit DSS/SHA-1 erzeugt werden.

Obwohl in der Regel Unterschriften mit Nachrichten oder Dateien, die sie kennzeichnen, verknüpft werden, trifft dies nicht immer zu: Gesonderte Unterschriften werden unterstützt. Eine gesonderte Unterschrift kann unabhängig von der Nachricht, die sie kennzeichnet, gespeichert und übermittelt werden. Das kann in verschiedenen Fällen sinnvoll sein. Ein Benutzer kann von den Unterschriften aller gesandten oder empfangenen Nachrichten eine eigenständige Log-Aufzeichnung wünschen. Eine getrennte Unterschrift eines ausführbaren Programms kann nachfolgenden Virusbefall aufdecken. Schließlich können getrennte Unterschriften verwendet werden, wenn mehr als eine Partei das Dokument unterzeichnen muss, wie bei rechtlichen Verträgen. Die Unterschrift jeder Person ist unabhängig und daher nur auf das Dokument bezogen. Im anderen Fall müssten die Unterschriften verschachtelt werden, sodass der zweite Unterzeichner das Dokument und die erste Unterschrift zeichnen müsste, usw.

Vertraulichkeit

Als weiteren Dienst bietet PGP Vertraulichkeit, indem die zu übertragenden oder lokal zu speichernden Nachrichten verschlüsselt werden. In beiden Fällen wird die herkömmliche Verschlüsselung, der Algorithmus CAST-128, verwendet. Alternativ können IDEA oder TDEA verwendet werden. Der 64 Bit lange CFB-Modus (Cipher Feedback) wird mit einem Null-Initialisierungsvektor (IV) angewandt.

Wie immer muss jemand das Problem der Schlüsselverteilung übernehmen. Bei PGP wird jeder herkömmliche Schlüssel nur einmal verwendet. Das heißt, ein neuer Schlüssel wird als zufällige 128 Bit lange Zahl für jede Nachricht erzeugt. Deshalb ist er, obwohl er in der Dokumentation als Sitzungsschlüssel bezeichnet wird, in Wirklichkeit ein Einmalschlüssel. Weil er nur einmal zu verwenden ist, wird der Sitzungsschlüssel an die Nachricht angefügt und mit ihr übertragen. Um diesen Schlüssel zu schützen, wird er mit dem öffentlichen Schlüssel des Empfängers verschlüsselt. Abbildung 5.1b zeigt das Vorgehen, das wie folgt beschrieben werden kann:

Funktion	*verwendeter Algorithmus*	*Beschreibung*
Digitale Unterschrift	DSS/SHA oder RSA/SHA	Mit SHA-1 wird ein Hash-Code der Nachricht erzeugt. Der Message Digest wird mit dem privaten Schlüssel des Absenders mit DSS oder RSA verschlüsselt und in die Nachricht eingebracht.
Nachrichten-verschlüsselung	CAST oder IDEA oder dreifacher DES mit Diffie-Hellman oder RSA	Eine Nachricht wird mit CAST-128 oder IDEA oder 3DES mit einem Einmalschlüssel verschlüsselt, der vom Sender erzeugt wurde. Der Sitzungsschlüssel wird mithilfe von RSA mit dem öffentlichen Schlüssel des Empfängers verschlüsselt und in die Nachricht eingebracht.
Komprimierung	ZIP	Eine Nachricht kann durch ZIP für Speicherung und Übermittlung komprimiert sein.
E-Mail-Kompatibilität	Radix-64-Umwandlung	Um Transparenz für E-Mail-Anwendungen zu bieten, kann eine verschlüsselte Nachricht in eine ASCII-Zeichenfolge durch Radix-64-Umwandlung umgesetzt werden.
Segmentierung	–	Um die maximale Obergrenze von Nachrichtenumfängen einzuhalten, führt PGP Segmentierung und Wiedervereinigung durch.

Tabelle 5.1: Zusammenfassung der PGP-Dienste

1. Der Absender erzeugt eine Nachricht und eine zufällige 128 Bit lange Zahl, die als Sitzungsschlüssel nur für den Gebrauch für diese Nachricht gedacht ist.
2. Die Nachricht wird mit dem Sitzungsschlüssel unter Verwendung von CAST-128 (oder IDEA oder TDEA) verschlüsselt.
3. Der Sitzungsschlüssel ist mit RSA übersetzt, unter Verwendung des öffentlichen Schlüssels des Empfängers, und wird der Nachricht vorangestellt.
4. Der Empfänger verwendet RSA mit seinem privaten Schlüssel, um den Sitzungsschlüssel zu entschlüsseln und wiederherzustellen.
5. Der Sitzungsschlüssel wird zur Entschlüsselung der Nachricht verwendet.

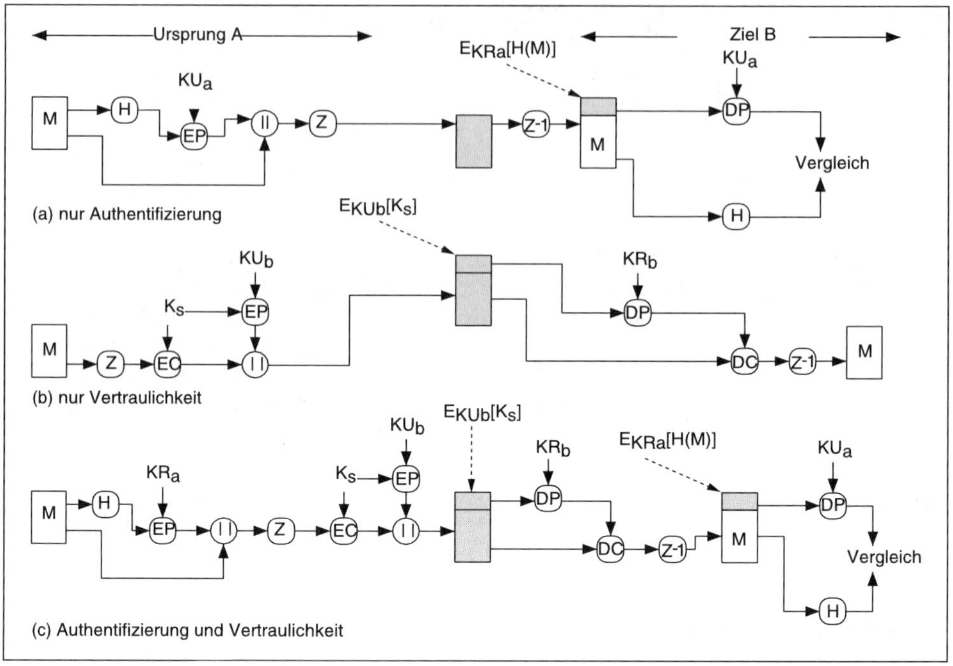

Abbildung 5.1: PGP-Verschlüsselung

Als Alternative zur Verwendung von RSA zur Verschlüsselung bietet PGP eine Option, die als *Diffie-Hellman* bezeichnet wird. Wie in Kapitel 3 ausgeführt, handelt es sich bei Diffie-Hellman um einen Algorithmus zum Schlüsselaustausch. Tatsächlich verwendet PGP eine Variante von Diffie-Hellman, die Verschlüsselung/Entschlüsselung bietet und als ElGamal bekannt ist.

Dabei lassen sich einige Beobachtungen machen. Erstens wird, um die Verschlüsselungszeit zu reduzieren, die Kombination von herkömmlicher und Public-Key-Verschlüsselung vorgezogen, anstatt nur RSA oder ElGamal zur direkten Verschlüsselung der Nachricht zu verwenden: CAST-128 und die anderen herkömmlichen Verschlüsselungsalgorithmen sind deutlich schneller als RSA oder ElGamal. Zweitens löst die Verwendung der Public-Key-Verschlüsselung auch das Problem der Verteilung des Sitzungsschlüssels, da nur der Empfänger den mit der Nachricht verbundenen Sitzungsschlüssel entziffern kann. Jede Nachricht stellt ein einmaliges unabhängiges Ereignis mit eigenem Schlüssel dar. Schließlich ist die Verwendung eines einmaligen herkömmlichen Schlüssels eine leistungsstarke Lösung für eine herkömmliche Verschlüsselung. Nur ein kleiner Teil des Klartextes wird mit jedem Schlüssel verschlüsselt und es bestehen keine Zusammenhänge zwischen den Schlüsseln. Deshalb ist das ganze System in dem Amße sicher, wie die herkömmliche Verschlüsselung sicher ist.

Und schließlich bietet PGP dem Benutzer einige Schlüssellängen zur Auswahl – von 768 bis zu 3072 Bits (der DSS-Schlüssel für Unterschriften ist auf 1024 Bits beschränkt).

Vertraulichkeit und Authentifizierung

Wie die Abbildung 5.1c zeigt, können beide Dienste für dieselbe Nachricht verwendet werden. Zunächst wird eine Unterschrift für die Klartextnachricht erzeugt und der Nachricht vorangestellt. Dann werden Klartextnachricht und Unterschrift mit CAST-128 (oder IDEA oder TDEA) und der Sitzungsschlüssel mit RSA oder ElGamal verschlüsselt. Diese Reihenfolge ist der entgegengesetzten Reihenfolge vorzuziehen: die Nachricht zu verschlüsseln und dann die Unterschrift für die verschlüsselte Nachricht zu erzeugen. Es ist im Allgemeinen bequemer, eine Unterschrift mit der Version des Klartextes einer Nachricht zu speichern. Für Zwecke der Prüfung durch außenstehende Parteien ist darüber hinaus eine Betrachtung des herkömmlichen Schlüssels bei der Unterschriftenprüfung nicht nötig, wenn die Unterschrift zuerst erzeugt wurde.

Zusammenfassend lässt sich sagen: Wenn beide Dienste verwendet werden, unterzeichnet der Absender zunächst die Nachricht mit seinem privaten Schlüssel, verschlüsselt dann die Nachricht mit einem Sitzungsschlüssel und verschlüsselt schließlich den Sitzungsschlüssel mit dem öffentlichen Schlüssel des Empfängers.

Komprimierung

Standardmäßig komprimiert PGP die Nachricht nach Anbringen der Unterschrift, aber vor der Verschlüsselung. Das hat den Vorteil, dass sowohl bei der Übertragung von E-Mails als auch bei der Speicherung von Dateien Platz gespart wird.

Die Anordnung des Algorithmus für Komprimierung, in Abbildung 5.1 mit Z für Komprimierung und Z^{-1} für Dekomprimierung dargestellt, ist kritisch:

1. Die Unterschrift wird aus zwei Gründen vor der Komprimierung erzeugt:
   - Der Kennzeichnung einer nicht komprimierten Nachricht ist der Vorzug zu geben, sodass man sie zusammen mit der Unterschrift für zukünftige Prüfungen abspeichern kann. Wenn man ein komprimiertes Dokument kennzeichnet, so ergibt sich die Notwendigkeit, entweder eine komprimierte Version der Nachricht für spätere Prüfungen zu speichern oder die Nachricht wieder zu komprimieren, wenn eine Prüfung angefordert wird.
   - Selbst wenn man gewillt ist, dynamisch eine neu komprimierte Nachricht zu Prüfungszwecken zu erzeugen, weist der Komprimierungsalgorithmus von PGP eine Schwierigkeit auf. Das Ergebnis des Algorithmus ist

nicht vorherbestimmbar; unterschiedliche Implementierungen des Algorithmus erzielen andersartige Ergebnisse hinsichtlich Geschwindigkeit und Komprimierungsrate und erzeugen daher unterschiedliche Ausgaben. Diese unterschiedlichen Komprimierungsalgorithmen sind jedoch austauschbar, da jede Version des Algorithmus die Ausgabe jeder anderen Version dekomprimieren kann. Die Anwendung der Hash-Funktion und die Unterschrift nach der Komprimierung zwingt alle PGP-Implementationen zum gleichen Komprimierungsalgorithmus.

2. Die Nachrichtenverschlüsselung wird nach der Komprimierung angewandt, um die kryptographische Sicherheit zu erhöhen. Da die komprimierte Nachricht weniger Redundanz als der ursprüngliche Klartext besitzt, ist Kryptoanalyse schwierig.

Der zur Komprimierung verwendete Algorithmus ist ZIP, der in Anhang 5A beschrieben wird.

E-Mail-Kompatibilität

Wird PGP verwendet, werden zumindest Teile des zu übertragenden Blocks verschlüsselt. Wenn nur der Unterschriften-Dienst angewendet wird, wird der Message Digest verschlüsselt (mit dem privaten Schlüssel des Benutzers). Wird der Vertraulichkeitsdienst verwendet, werden die Nachricht und die Unterschrift (wenn vorhanden) verschlüsselt (mit einem einmaligen symmetrischen Schlüssel). Somit besteht ein Teil des oder der ganze sich ergebende Block aus einer Kette von beliebigen 8-Bit-Oktetten. Viele elektronische Mailsysteme lassen jedoch nur den Gebrauch von Blöcken aus ASCII-Text zu. Um sich dieser Einschränkung anzupassen, bietet PGP den Service, die unbearbeitete 8 Bit lange Binärkette in eine Folge von druckbaren ASCII-Zeichen umzuwandeln.

Das Schema für diesen Zweck ist die Radix-64-Umwandlung. Jede Gruppe aus drei Oktetten binärer Daten erfährt eine Umwandlung in vier ASCII-Zeichen. Dieses Format hängt einen CRC (Cyclic Redundancy Check) an, um Übertragungsfehler aufzudecken. Eine Beschreibung findet sich in Anhang 5B.

Die Verwendung von Radix 64 vergrößert den Umfang der Nachricht um 33%. Glücklicherweise sind die Anteile des Sitzungsschlüssels und der Unterschrift relativ kompakt und der Klartext ist komprimiert. Die Komprimierung sollte in der Tat effektiv genug sein, um die Radix-64-Umwandlung auszugleichen. Bei der Anwendung von ZIP beispielsweise berichtet [HELD96] von einer durchschnittlichen Komprimierungsrate von 2.0. Werden die relativ kleinen Komponenten Unterschrift und Schlüssel außer Acht gelassen, stellt sich der Gesamteffekt von Komprimierung und Zuwachs einer Datei der Länge X wie folgt dar: $1{,}33 \times 0{,}5 \times X = 0{,}665 \times X$. Somit liegt die Gesamtkomprimierung immer noch bei einem Drittel.

Ein erwähnenswerter Aspekt des Radix-64-Algorithmus ist, dass er die Eingabe unabhängig vom Inhalt blind in das Radix-64-Format umwandelt, selbst wenn die Eingabe aus ASCII-Text besteht. Wenn eine Nachricht gekennzeichnet, aber nicht verschlüsselt ist und die Umsetzung auf den ganzen Block angewandt wird macht das die Ausgabe für einen zufälligen Beobachter unlesbar, was einen gewissen Grad von Vertraulichkeit darstellt. Als Option kann PGP derart konfiguriert werden, dass nur die Unterschrift von gekennzeichneten Klartextnachrichten in das Radix-64-Format umgewandelt wird. Das gestattet es dem menschlichen Empfänger, die Nachricht ohne Verwendung von PGP zu lesen. PGP muss dennoch benutzt werden, um die Unterschrift zu prüfen.

Die Abbildung 5.2 stellt die Verbindung der bisher besprochenen vier Dienste dar. Bei der Übertragung wird eine Unterschrift, wenn angefordert, unter Verwendung eines Hash-Codes des komprimierten Klartextes erzeugt. Dann werden Klartext und Unterschrift, wenn vorhanden, komprimiert. Wenn Vertraulichkeit erforderlich ist, wird als Nächstes der Block (komprimierter Klartext oder komprimierte Unterschrift und Klartext) verschlüsselt und dem mit Public-Key-Verschlüsselung verschlüsselten herkömmlichen Schlüssel vorangestellt. Schließlich wird der ganze Block in das Radix-64-Format umgewandelt.

Der eingehende Block wird beim Empfang zunächst vom Radix-64-Format in binäre Daten umgewandelt. Wenn die Nachricht verschlüsselt ist, stellt der Empfänger den Sitzungsschlüssel wieder her und entschlüsselt die Nachricht. Der sich ergebende Block wird dann dekomprimiert. Wurde die Nachricht gekennzeichnet, stellt der Empfänger den Hash-Code wieder her und vergleicht ihn mit der eigenen Berechnung des Hash-Codes.

Segmentierung und Zusammenfügen

Die Möglichkeiten von E-Mails sind oft durch maximale Nachrichtenlängen eingeschränkt. Beispielsweise schreiben einige der im Internet verfügbaren Anwendungen eine Maximallänge von 50.000 Oktetten vor. Jede längere Nachricht muss in Einzelteile zerlegt werden, die separat gesendet werden müssen.

Um sich dieser Beschränkung anzupassen, unterteilt PGP eine zu lange Nachricht automatisch in Segmente, die klein genug sind, um per E-Mail gesendet werden zu können. Diese Segmentierung erfolgt nach Beendigung aller anderen Prozesse, einschließlich der Radix-64-Umwandlung. Auf diese Weise erscheinen die Komponenten Sitzungsschlüssel und Unterschrift nur einmal am Anfang des ersten Segments. Beim Empfänger muss PGP alle E-Mail-Header entnehmen und den gesamten ursprünglichen Block zusammenfügen, bevor die in Abbildung 5.2b gezeigten Schritte durchgeführt werden.

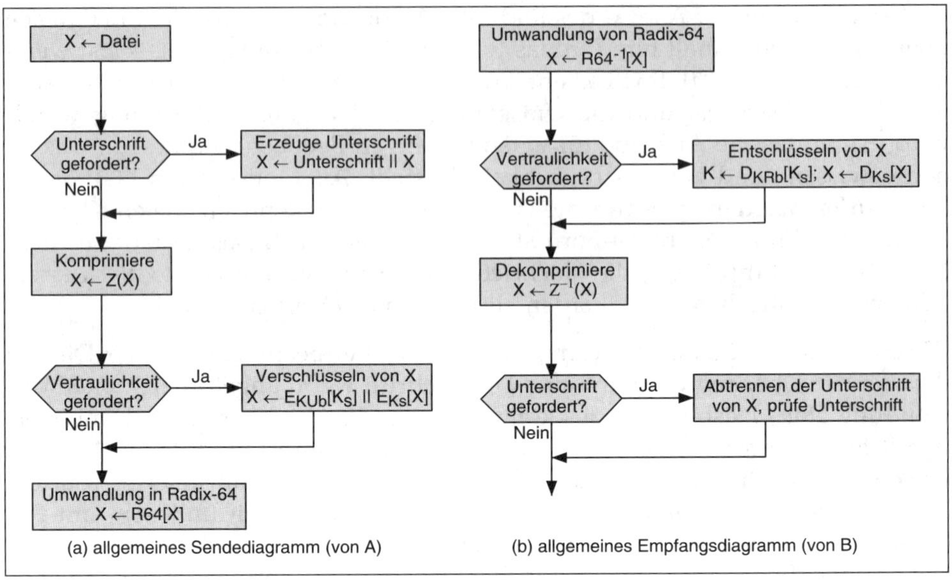

Abbildung 5.2: Senden und Empfangen von PGP-Nachrichten

5.1.3 Kryptographische Schlüssel und Schlüsselringe

PGP verwendet vier Schlüsselarten: einmalige herkömmliche Sitzungsschlüssel, öffentliche Schlüssel, private Schlüssel und herkömmliche auf Passphrasen basierende Schlüssel (im Folgenden erklärt). Drei unabhängige Forderungen können in Hinblick auf diese Schlüssel gestellt werden:

1. Ein Mittel zur Erzeugung unvorhersehbarer Schlüssel ist notwendig.

2. Dem Benutzer sollten mehrere Paare von öffentlichen Schlüsseln/privaten Schlüsseln zur Verfügung stehen. Ein Grund dafür ist, dass Benutzer wünschen, ihre Schlüsselpaare von Zeit zu Zeit zu wechseln. Ist dies der Fall, so wird in der ganzen Kommunikation jede Nachricht mit einem veralteten Schlüssel herumgereicht. Zudem kennen die Empfänger nur den alten öffentlichen Schlüssel, bis sie ein Update erhalten. Neben dem Bedarf, Schlüssel mit der Zeit ändern zu können, kann der Benutzer den Wunsch haben, mehrere Schlüsselpaare zur Verfügung zu haben, um mit unterschiedlichen Gruppen von Ansprechpartnern Kontakt aufzunehmen oder durch Verminderung des Aufwands der Verschlüsselung die Sicherheit zu verbessern. Das Ergebnis von all diesem ist, dass es keine Eins-zu-Eins-Abbildung zwischen Benutzern und ihren öffentlichen Schlüsseln gibt. Deswegen müssen einige Hilfsmittel gefunden werden, um bestimmte Schlüssel zu kennzeichnen.

3. Jede PGP-Einheit muss sowohl über eine Datei ihrer eigenen öffentlichen/privaten Schlüssel als auch über eine Datei mit den öffentlichen Schlüsseln der Ansprechpartner verfügen.

Wir werden jede dieser Anforderungen der Reihe nach betrachten.

Generierung eines Sitzungsschlüssels

Jeder Sitzungsschlüssel ist mit einer einzigen Nachricht verbunden und wird nur zu Zwecken der Ver- und Entschlüsselung verwendet. Zur Erinnerung: Die Ver-/Entschlüsselung von Nachrichten wird mit einem symmetrischen Verschlüsselungsalgorithmus durchgeführt. CAST-128 und IDEA verwenden 128 Bit lange Schlüssel; TDEA verwendet einen 168-Bit-Schlüssel. Bei den folgenden Überlegungen gehen wir von CAST-128 aus.

Durch die Anwendung von CAST-128 selbst werden zufällige 128 Bit lange Zahlen generiert. Die Eingabe des Zufallszahlengenerators besteht aus einem 128 Bit langen und zwei 64 Bit langen Blöcken, die als Klartext zur Verschlüsselung angesehen werden. Unter Verwendung des CFB-Modus (Cipher Feedback) verwendet der CAST-128-Verschlüsseler zwei 64 Bit lange Blöcke von verschlüsseltem Text, die zu 128 Bit langen Sitzungsschlüsseln zusammengefügt werden.

Die Eingabe des »Klartextes« in den Zufallszahlengenerator, der aus zwei 64 Bit langen Blöcken besteht, wird von einer Folge von 128 Bit langen zufälligen Zahlen abgeleitet. Diese Zahlen rühren von der Tastatureingabe des Benutzers her. Der Zeitpunkt der Tastatureingabe und die tatsächlich eingegebenen Werte an der Tastatur sind Grundlage für die Erzeugung der zufälligen Eingabefolge. Drückt der Benutzer willkürliche Tasten, wird somit eine sinnvolle »zufällige« Eingabe erzeugt. Die zufällige Eingabe wird ebenso mit der vorhergehenden Ausgabe des Sitzungsschlüssels aus der CAST-128-Ausgabe kombiniert, um den Eingabeschlüssel für den Generator zu erzeugen. Damit erhält man, vorausgesetzt, das Durcheinanderbringen von CAST-128 war effektiv, eine Reihe von Sitzungsschlüsseln, die praktisch unvorhersehbar sind.

In Anhang 5C wird das Erzeugen von PGP-Zufallszahlen näher beschrieben.

Schlüsselbezeichner

Wie bereits besprochen, wird die verschlüsselte Nachricht durch eine verschlüsselte Form des verwendeten Sitzungsschlüssels ergänzt. Der Sitzungsschlüssel selbst wird mit dem öffentlichen Schlüssel des Empfängers übersetzt. Fortan wird nur noch der Empfänger in der Lage sein, den Sitzungsschlüssel zurückzuübersetzen und dadurch die Nachricht zu verstehen. Wenn nun jeder Benutzer ein einzelnes öffentlich/privates Schlüsselpaar gebraucht, weiß der Empfänger automatisch, welcher Schlüssel zur Entschlüsselung des Sitzungsschlüssels benötigt wird: der eindeutige private Schlüssel des Empfängers. Wir haben jedoch die Forderung aufgestellt, dass jeder Benutzer über mehrere Paare von Schlüsseln verfügen soll.

Wie weiß der Empfänger dann, welcher seiner öffentlichen Schlüssel zur Entschlüsselung des Sitzungsschlüssels verwendet wurde? Eine einfache Lösung wäre die Übertragung des öffentlichen Schlüssels mit der Nachricht. Der Empfänger könnte dann verifizieren, dass es sich in der Tat um einen seiner öffentlichen Schlüssel handelt, und in der Verarbeitung weitermachen. Diese Vorgehensweise funktioniert, ist aber im Platzverbrauch unnötig verschwenderisch. Ein öffentlicher RSA-Schlüssel kann in seiner Länge Hunderte von Dezimalzeichen umfassen. Eine andere Lösung wäre es, jedem öffentlichen Schlüssel einen Bezeichner zuzuordnen, der eindeutig zumindest für einen Benutzer wäre. Das bedeutet, dass eine Benutzer-ID und eine Schlüssel-ID zur Kennzeichnung eines Schlüssels eindeutig wären. Dann müsste nur noch die kürzere Schlüssel-ID übertragen werden. Diese Lösung erzeugt jedoch ein Problem hinsichtlich der Verwaltung und des Aufwands. Schlüssel-IDs müssten zugewiesen und gespeichert werden, damit Absender und Empfänger die Schlüssel-IDs öffentlichen Schlüsseln zuordnen können. Das erscheint beschwerlicher als nötig.

Die von PGP übernommene Lösung beinhaltet die Zuweisung einer Schlüssel-ID zu jedem öffentlichen Schlüssel, die mit höchster Wahrscheinlichkeit innerhalb der Benutzer-ID einheitlich ist. Die Schlüssel-ID, die mit jedem öffentlichen Schlüssel verknüpft ist, besteht aus den niedrigstwertigen 64 Bit. Das bedeutet, dass vom öffentlichen Schlüssels KU_a die Schlüssel-ID (KU_a mod 2^{64}) lautet. Das ist eine ausreichende Länge, sodass die Wahrscheinlichkeit eines doppelten Schlüssels sehr gering ist.

Für die digitale Unterschrift von PGP ist die Schlüssel-ID ebenfalls erforderlich. Da der Absender aus der Menge vorhandener privater Schlüssel einen zur Verschlüsselung des Message Digest auswählen kann, muss der Empfänger wissen, welcher öffentliche Schlüssel zum Gebrauch vorgesehen ist. Demgemäß enthält die Komponente der digitalen Unterschrift einer Nachricht die 64 Bit lange Schlüssel-ID des angeforderten öffentlichen Schlüssels. Beim Erhalt der Nachricht prüft der Empfänger, ob die Schlüssel-ID für einen öffentlichen Schlüssel für diesen Absender bekannt ist, und fährt mit der Überprüfung der Unterschrift fort.

Nachdem nun das Konzept der Schlüssel-ID eingeführt wurde, können wir uns genauer mit dem Format der übertragenen Nachricht befassen, das in Abbildung 5.3 zu sehen ist. Eine Nachricht besteht aus drei Komponenten: der Nachrichten-Komponente, einer Unterschrift-Komponente (optional) und einer Sitzungsschlüssel-Komponente (optional).

Die **Nachrichten-Komponente** enthält die aktuellen Daten, die gespeichert oder übermittelt werden sollen, sowie einen Dateinamen und eine Zeitmarke, die das Erzeugungsdatum angibt.

Die **Unterschrift-Komponente** enthält folgende Bestandteile:

- **Zeitmarke:** Der Zeitpunkt, zu dem die Unterschrift geleistet wurde.
- **Message Digest:** Das 160 Bit lange SHA-1-Muster, verschlüsselt mit dem privaten Schlüssel des Senders. Der Message Digest errechnet sich über die Zeitmarke der Unterschrift, die mit den Datenanteilen der Nachrichten-Komponente verbunden ist. Die Einbeziehung der Zeitmarke der Unterschrift in den Digest wehrt Wiederholungsangriffe ab. Der Ausschluss von Dateiname und Zeitmarke der Nachrichten-Komponente stellt sicher, dass abgetrennte Unterschriften absolut gleich sind wie die angehängten Unterschriften, die dieser Nachricht vorangestellt sind. Abgetrennte Unterschriften werden in einer getrennten Datei berechnet, die keinen der Header der Nachrichten-Komponenten kennt.
- **Die führenden Oktette des Message Digest:** Um dem Empfänger die Bestimmung zu erleichtern, ob der korrekte öffentliche Schlüssel zur Entschlüsselung des Message Digest zur Authentifizierung verwendet wurde, werden die beiden ersten Oktette der Klartextkopie mit denen des entschlüsselten Message Digest verglichen. Diese Oktette dienen als eine 16-Bit-Rahmenprüfsequenz für diese Nachricht.
- **Schlüssel-ID des öffentlichen Schlüssels des Absenders:** Kennzeichnet den öffentlichen Schlüssel, der zum Entschlüsseln des Message Digest verwendet werden soll, und bestimmt weiterhin den privaten Schlüssel, der zur Verschlüsselung des Message Digest verwendet wurde.

Die Nachrichten- und die optionale Unterschriften-Komponente können mit ZIP komprimiert und mithilfe eines Sitzungsschlüssels verschlüsselt sein.

Die **Sitzungsschlüssel-Komponente** enthält den verschlüsselten Sitzungsschlüssel und den Bezeichner des öffentlichen Schlüssels des Empfängers, der vom Absender zur Verschlüsselung des Sitzungsschlüssels verwendet wurde.

Der gesamte Block ist gewöhnlich mit Radix-64-Umwandlung verschlüsselt.

Schlüsselringe

Wir haben gesehen, wie bestimmend Schlüssel-IDs für die Anwendung von PGP sind und dass zwei Schlüssel-IDs jeweils in PGP-Nachrichten eingebunden sind, um Vertraulichkeit und Authentifizierung zu gewährleisten. Diese Schlüssel müssen systematisch gespeichert und organisiert werden, um wirksam und leistungsfähig für alle Parteien zu sein.

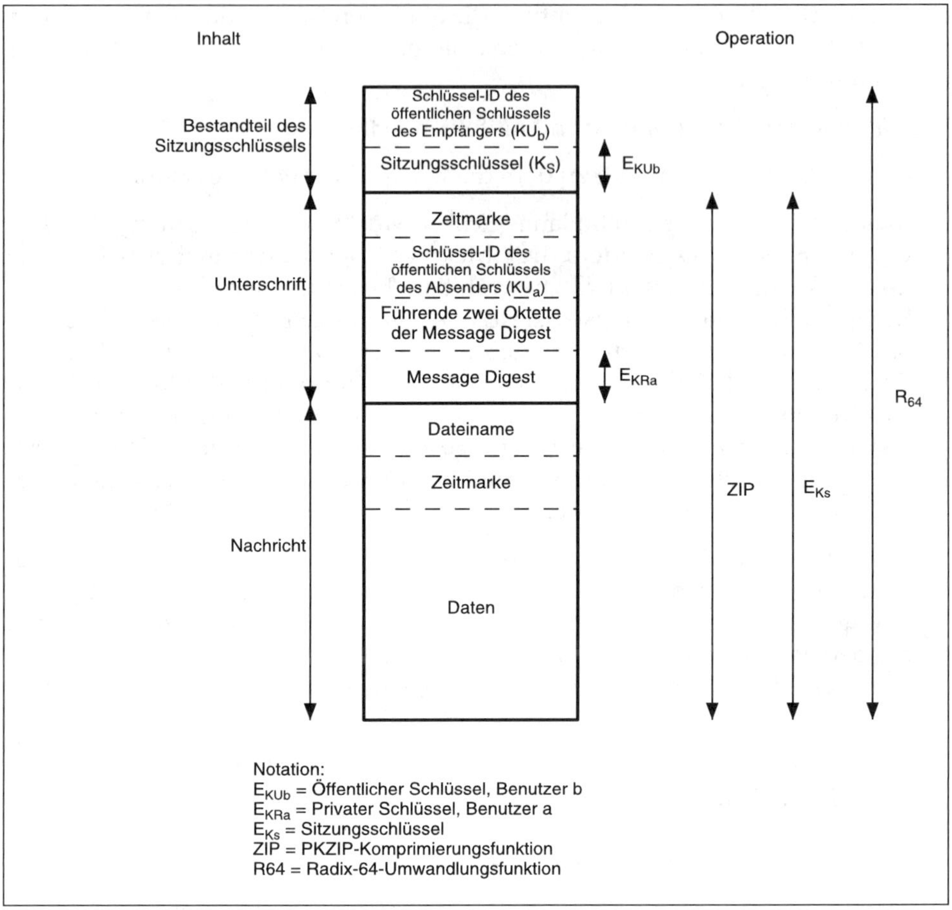

Abbildung 5.3: Allgemeines Format von PGP-Nachrichten (von A nach B)

Das in PGP verwendete Schema liefert ein Datenstrukturpaar an jedem Knoten. Eine Datenstruktur, um die gültigen Paare aus öffentlichem/privatem Schlüssel dieses Knoten zu speichern, und die andere, um die öffentlichen Schlüssel anderer dem Knoten bekannten Benutzer zu verzeichnen. Diese Datenstrukturen werden entsprechend als Ringe privater und öffentlicher Schlüssel bezeichnet.

Abbildung 5.4 zeigt den allgemeinen Aufbau von **privaten Schlüsselringen**. Man kann einen Ring als Tabelle ansehen, in der jede Reihe ein Paar von öffentlichen/privaten Schlüsseln des Benutzers darstellt. Jede Reihe hat folgende Einträge:

- **Zeitmarke:** Datum und Uhrzeit, zu der das Schlüsselwortpaar erzeugt wurde.

- **Schlüssel-ID:** die niedrigstwertigen 64 Bit des öffentlichen Schlüssels für diesen Eintrag.
- **Öffentlicher Schlüssel:** der öffentliche Schlüssel dieses Paars.
- **Privater Schlüssel:** der private Schlüssel dieses Paars, das Feld ist verschlüsselt.
- **Benutzer-ID:** In der Regel die E-Mail-Adresse des Benutzers (z.B. Stallings@acm.org). Der Benutzer kann jedoch einen anderen Namen für jedes Paar wählen (z.B.: Stallings, WStallings, WilliamStallings usw.) oder dieselbe Benutzer-ID mehrfach benutzen.

Privater Schlüsselring

Zeitmarke	Schlüssel-ID*	öff. Schlüssel	Verschl. priv. Schlüssel	Benutzer-ID*
⋮	⋮	⋮	⋮	⋮
T_i	$KU_i \bmod 2^{64}$	KU_i	$E_{H(P_i)}[KR_i]$	Anwender i
⋮	⋮	⋮	⋮	⋮

Öffentlicher Schlüsselring

Zeitmarke	Schlüssel-ID*	öff. Schlüssel	Inhaber-Trust	Benutzer-ID*	Schlüssel-Leg	Unter-schrift(en)	Unterschr.-Trust(s)
⋮	⋮	⋮	⋮	⋮	⋮	⋮	⋮
T_i	$KU_i \bmod 2^{64}$	KU_i	trust_flag$_i$	Anwender i	trust_flag$_i$		
⋮	⋮	⋮	⋮	⋮	⋮	⋮	⋮

* = zum Indizieren in der Tabelle verwendetes Feld

Abbildung 5.4: Allgemeine Struktur von privaten und öffentlichen Schlüsselringen

Der private Schlüsselring kann entweder durch die Benutzer-ID oder die Schlüssel-ID indiziert werden; wir werden später den Bedarf für beide Indizierungsmethoden sehen.

Obwohl es beabsichtigt ist, den privaten Schlüsselring nur auf dem Rechner des Benutzers zu speichern, der das Schlüsselpaar erzeugt hat und es besitzt, und es damit nur diesem Benutzer zugänglich zu machen, ist es sinnvoll, den Inhalt des privaten Schlüssels so geheim wie möglich zu halten. Dementsprechend wird der private Schlüssel selbst in keinem Schlüsselring gespeichert, sondern mit CAST-128 (oder IDEA oder TDEA) verschlüsselt. Der Ablauf sieht wie folgt aus:

1. Der Benutzer wählt eine Passphrase zur Verschlüsselung von privaten Schlüsseln aus.

2. Wenn das System mit RSA ein neues Paar von privaten/öffentlichen Schlüsseln erzeugt, fragt es den Benutzer nach der Passphrase. Aus der Passphrase wird mit SHA-1 ein 160-Bit-Hash-Code erzeugt und die Passphrase wird abgelegt.

3. Das System verschlüsselt den privaten Schlüssel mithilfe von Cast-128 mit den 128 Bit des Hash-Codes als Schlüssel. Anschließend wird der Hash-Code abgelegt und der verschlüsselte private Schlüssel im privaten Schlüsselring gespeichert.

Wenn ein Benutzer in der Folge auf den privaten Schlüsselring zur Erlangung eines privaten Schlüssels zugreifen will, muss er die Passphrase nennen. PGP erlangt den verschlüsselten privaten Schlüssel, erzeugt den Hash-Code der Passphrase und entschlüsselt den privaten Schlüssel mithilfe von CAST-128 und dem Hash-Code.

Dies ist ein sehr kompaktes und wirkungsvolles Schema. Wie in jedem System, das auf Passwörtern beruht, hängt die Sicherheit dieses Systems von der Passwortsicherheit ab. Um der Versuchung, es aufzuschreiben, vorzubeugen, sollte der Benutzer ein Passwort verwenden, das nicht leicht zu erraten, aber leicht zu merken ist.

Abbildung 5.4 zeigt auch den allgemeinen Aufbau von **öffentlichen Schlüsselringen**. Diese Datenstruktur wird zur Speicherung von öffentlichen Schlüsseln anderer Benutzer, die diesem Benutzer bekannt sind, verwendet. Lassen Sie uns im Moment einige Felder in der Tabelle übergehen und nur folgende Felder beschreiben:

- **Zeitmarke:** Datum und Uhrzeit, zu der das Schlüsselwortpaar erzeugt wurde.
- **Schlüssel-ID:** die niedrigstwertigen 64 Bit des öffentlichen Schlüssels für diesen Eintrag.
- **Öffentlicher Schlüssel:** der öffentliche Schlüssel dieses Paars.
- **Privater Schlüssel:** der private Schlüssel dieses Paars, das Feld ist verschlüsselt.
- **Benutzer-ID:** Bezeichnet den Eigentümer des Schlüssels. Mehrere Benutzer-IDs können mit einem einzigen öffentlichen Schlüssel verbunden sein.

Der öffentliche Schlüsselring kann entweder mit der Benutzer-ID oder mit der Schlüssel-ID indiziert werden; wir werden später den Bedarf an beiden Arten der Indexierung sehen.

Inzwischen können wir zeigen, wie diese Schlüsselringe in der Übertragung und im Empfang von Nachrichten eingesetzt werden. Der Einfachheit halber lassen wir Komprimierung und Radix-64-Umwandlung im Folgenden außer

Acht. Betrachten Sie zunächst die Übertragung der Nachricht (Abbildung 5.5) und nehmen Sie an, dass die Nachricht sowohl unterschrieben als auch verschlüsselt werden soll. Die sendende PGP-Seite führt folgende Schritte durch:

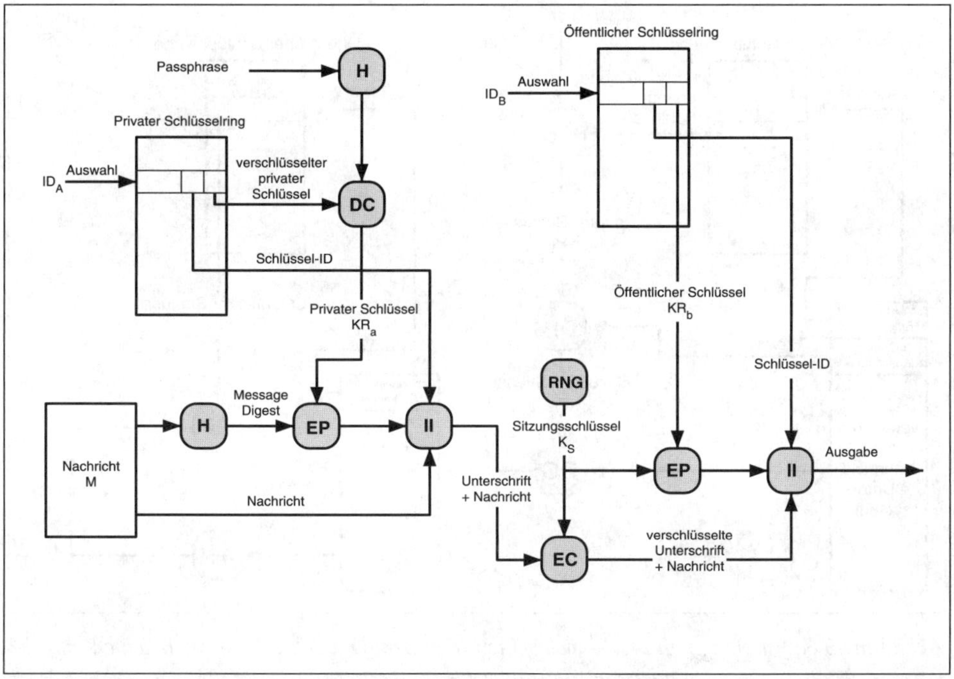

Abbildung 5.5: Erzeugung von PGP-Nachrichten (vom Benutzer A zum Benutzer B, keine Komprimierung oder Radix-64-Konvertierung)

1. Unterzeichnen der Nachricht
   - PGP ermittelt den privaten Schlüssel des Absenders im privaten Schlüsselring, indem es ihre_userid als Index verwendet. Wird ihre_userid im Befehl nicht angegeben, wird der erste private Schlüssel im Ring herangezogen.
   - PGP fragt den Benutzer nach der Passphrase, um den unverschlüsselten privaten Schlüssel abzuleiten.
   - Die Unterschrift-Komponente wird aufgebaut.
2. Verschlüsseln der Nachricht
   - PGP erzeugt einen Sitzungsschlüssel und verschlüsselt die Nachricht.
   - PGP leitet den öffentlichen Schlüssel des Empfängers aus dem öffentlichen Schlüsselring unter Verwendung von seine_userid ab.
   - Die Komponente des Sitzungsschlüssels der Nachricht wird aufgebaut.

Die empfangende PGP-Einheit führt folgende Schritte aus (Abbildung 5.6):

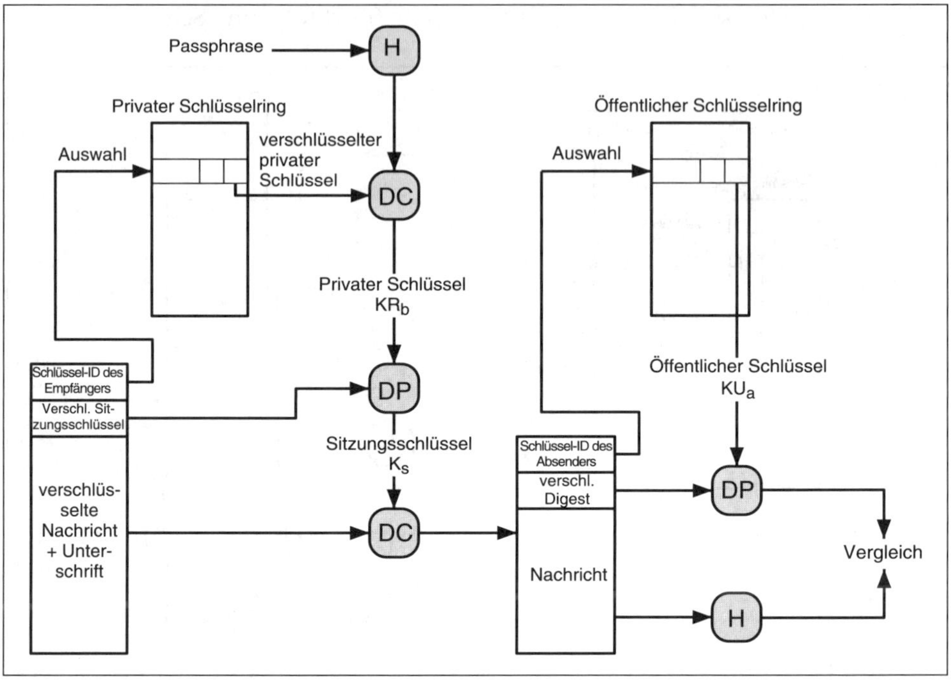

Abbildung 5.6: Empfang von PGP-Nachrichten (von Benutzer A zu Benutzer B keine Komprimierung oder Radix-64-Konvertierung)

1. Entschlüsseln der Nachricht
   - PGP leitet den privaten Schlüssel des Benutzers vom privaten Schlüsselring ab, indem das Schlüssel-ID-Feld in der Komponente des Sitzungsschlüssels der Nachricht als Index verwendet wird.
   - PGP fragt den Benutzer nach der Passphrase, um den unverschlüsselten privaten Schlüssel zu erhalten.
   - PGP ermittelt dann den Sitzungsschlüssel und entschlüsselt die Nachricht.
2. Authentifizierung der Nachricht
   - PGP leitet den öffentlichen Schlüssel des Benutzers vom öffentlichen Schlüsselring ab, indem das Schlüssel-ID-Feld in der Komponente des Unterschriftenschlüssels der Nachricht als Index verwendet wird.
   - PGP erhält den übermittelten Message Digest zurück.
   - PGP berechnet den Message Digest für die erhaltene Nachricht und vergleicht sie mit dem erhaltenen Message Digest zur Authentifizierung.

5.1.4 Verwaltung von öffentlichen Schlüsseln

Wie aus der bisherigen Beschreibung ersichtlich wurde, verfügt PGP über einen intelligenten, wirksamen und verbindlichen Satz von Funktionen und Formaten, um einen leistungsstarken Dienst für Vertraulichkeit und Authentifizierung zu bieten. Um das System zu vervollständigen, muss abschließend noch ein benötigter Bereich angesprochen werden: die Verwaltung von öffentlichen Schlüsseln. Die PGP-Dokumentation erläutert die Bedeutung dieses Bereichs:

> Der ganze Vorgang des Schutzes von öffentlichen Schlüsseln vor Angriffen ist das einzige schwierige Problem bei der praktischen Anwendung von öffentlichen Schlüsseln. Dies ist die Achillesferse der Public-Key-Kryptographie und es wurde viel Arbeit in Software gesteckt, um dieses Problem zu lösen.

PGP bietet eine Struktur mit verschiedenen Optionen zur Lösung dieses Problems. Da PGP für die Anwendung in einer Vielzahl von formellen und nicht formellen Umgebungen ausgelegt ist, besteht kein starres Verwaltungssystem für öffentliche Schlüssel, wie wir es später in diesem Kapitel bei S/MIME sehen werden.

Verfahren für die Verwaltung öffentlicher Schlüssel

Das Grundproblem besteht darin: Der Benutzer A muss einen öffentlichen Schlüsselring mit den öffentlichen Schlüsseln anderer Benutzer aufbauen, um mit ihnen über PGP kommunizieren zu können. Angenommen, der Schlüsselring von A enthält einen öffentlichen Schlüssel für B, dieser ist jedoch tatsächlich im Besitz von C. Das kann geschehen, wenn A beispielsweise den Schlüssel von einem Bulletin Board System (BBS) erhalten hat, das von B zum Absenden des öffentlichen Schlüssels verwendet wurde, aber von C angegriffen wurde. Das Ergebnis sind zwei Bedrohungen. Zunächst kann C eine Nachricht an A senden und die Unterschrift von B fälschen, sodass A die Nachricht als von B kommend anerkennt. Weiterhin kann jede verschlüsselte Nachricht von A an B von C gelesen werden.

Es gibt eine Anzahl von Lösungen zur Minimierung des Risikos, dass ein öffentlicher Schlüsselring falsche öffentliche Schlüssel enthält. Angenommen, A möchte einen zuverlässigen öffentlichen Schlüssel für B erhalten. Im Folgenden sind einige Methoden aufgezeigt, die verwendet werden können:

1. Der Erhalt des Schlüssels von B auf physischem Weg. B kann den öffentlichen Schlüssel (KU_b) auf einer Diskette speichern und diese A aushändigen. A kann dann den Schlüssel von der Diskette in sein System laden. Dies stellt ein sehr sicheres Verfahren dar, das jedoch deutlich praktische Grenzen aufweist.
2. Schlüsselübergabe durch das Telefon. Wenn A die Telefonstimme von B kennt, kann A bei B anrufen und B auffordern, den Schlüssel im Radix-64-Format durchzugeben. Eine praktischere Alternative ist, dass B den Schlüssel in einer E-Mail an A übermittelt. A könnte mit PGP ein 160 Bit langes

SHA-1-Muster des Schlüssels erzeugen und im hexadezimalen Format ausgeben; dies wird als »Fingerabdruck« des Schlüssels bezeichnet. A kann dann B anrufen und bitten, seinen »Fingerabdruck« per Telefon durchzugeben. Stimmen beide Fingerabdrücke überein, ist der Schlüssel geprüft.

3. Der Erhalt des öffentlichen Schlüssels von B über ein wechselseitig vertrauenswürdiges Individuum D. Zu diesem Zweck erzeugt D ein gekennzeichnetes Zertifikat. Das Zertifikat enthält den öffentlichen Schlüssel von B, das Erzeugungsdatum des Schlüssels und einen Gültigkeitszeitraum für den Schlüssel. D erzeugt ein SHA-1-Muster von diesem Zertifikat, verschlüsselt es mit seinem privaten Schlüssel und fügt die Unterschrift dem Zertifikat bei. Da nur D die Unterschrift erzeugt haben kann, kann niemand anderes einen falschen öffentlichen Schlüssel erzeugen und von ihm behaupten, dass er von D gezeichnet wurde. Das unterzeichnete Zertifikat kann direkt von B oder D an A übergeben oder an ein Bulletin-Board gesandt werden.
4. Der Erhalt des öffentlichen Schlüssels von B durch eine vertrauenswürdige Zertifizierungsstelle. Ein Zertifikat für einen öffentlichen Schlüssel wird von einer autorisierten Stelle erzeugt und unterschrieben. A kann durch die Angabe des Benutzernamens diese Stelle bemühen und ein unterzeichnetes Zertifikat erhalten.

In den Fällen 3 und 4 muss A bereits über eine Kopie des öffentlichen Schlüssels des Vermittlers verfügen und darauf vertrauen, dass dieser Schlüssel gültig ist. Letzten Endes liegt es an A, jemandem einen Grad von Vertrauen entgegenzubringen, der als Vermittler handelt.

Die Anwendung von Vertrauen

Obwohl PGP keinerlei Spezifikationen für das Einrichten von Zertifizierungsstellen oder den Aufbau von Vertrauen enthält, bietet es ein bequemes Mittel für die Anwendung von Vertrauen, die Verbindung von Vertrauen mit öffentlichen Schlüsseln und das Auswerten von Vertrauensinformationen.

Die Grundstruktur sieht wie folgt aus. Jeder Eintrag in einem öffentlichen Schlüsselring stellt in der Tat ein Zertifikat für einen öffentlichen Schlüssel dar, wie im vorangegangen Unterabschnitt beschrieben. Mit jedem dieser Einträge ist ein **Legitimationsfeld des Schlüssels** verbunden, das den Umfang beschreibt, inwieweit PGP der Gültigkeit des öffentlichen Schlüssels des Benutzers vertraut; je höher der Vertrauensgrad ist, umso stärker ist die Bindung der Benutzer-ID an diesen Schlüssel. Dieses Feld wird von PGP errechnet. Mit dem Eintrag sind auch null oder mehr Unterschriften verbunden, die der Eigentümer des Schlüsselrings gesammelt hat und die dieses Zertifikat zeichnen. Dabei hat jede Unterschrift ein **Vertrauensfeld für die Unterschrift**, welches anzeigt, in welchem Maß dieser PGP-Benutzer dem Aussteller hinsichtlich der Zertifizierung von öffentlichen Schlüsseln vertraut. Das Legitimationsfeld des Schlüssels wird von der Sammlung der Unterschriftvertrauensfelder im Eingang abgeleitet. Schließlich definiert jeder Eintrag einen mit einem bestimmten Eigentümer verbundenen öffentlichen Schlüssel und ein **Eigentümer-Vertrauensfeld** ist eingefügt, das den Grad der Vertrauenswürdigkeit angibt, mit dem ein öffentlicher Schlüssel andere Public-Key-Zertifikate zeichnen darf; dieser Vertrauensgrad wird vom Benutzer zugewiesen. Wir können uns die Vertrauensfelder von Unterschriften als gespeicherte Kopien des Vertrauensfelds des Eigentümers von einem anderen Eintrag vorstellen.

(a) Vertrauen, das dem Eigentümer des öffentlichen Schlüssels zugewiesen wird (erscheint nach dem Verschlüsselungspaket, benutzerdefiniert)	(b) Vertrauen, das dem öffentlichen Schlüssel/ Benutzer-ID-Paar zugewiesen wird (erscheint nach dem Benutzer-ID-Paket, berechnet von PGP)	(c) Vertrauen, das der Unterschrift zugewiesen wird (erscheint nach dem Unterschriftspaket, gespeicherte Kopie von OWNERTRUST für diesen Unterzeichnenden)
Feld OWNERTRUST	Feld KEYLEGIT	Feld SIGTRUST
– undefiniertes Vertrauen	– unbekanntes oder undefiniertes Vertrauen	– undefiniertes Vertrauen
– unbekannter Benutzer	– Schlüsseleigentum nicht gesichert	– unbekannter Benutzer
– gewöhnlich kein Vertrauen, andere Schlüssel zu zeichnen	– teilweises Vertrauen in den Schlüsselbesitz	– gewöhnlich kein Vertrauen, andere Schlüssel zu zeichnen
– gewöhnlich Vertrauen, andere Schlüssel zu zeichnen	– vollständiges Vertrauen in den Schlüsselbesitz	– gewöhnlich Vertrauen, andere Schlüssel zu zeichnen
– immer Vertrauen, andere Schlüssel zu zeichnen		– immer Vertrauen, andere Schlüssel zu zeichnen
– der Schlüssel ist im geheimen Ring (uneingeschränkt vertrauenswürdig)		– dieser Schlüssel ist im geheimen Schlüsselring (uneingeschränkt vertrauenswürdig)
BUCKSTOP-Bit	WARNONLY-Bit	CONTIG-Bit
– gesetzt, wenn der Schlüssel im geheimen Schlüsselring auftaucht	– gesetzt, nur wenn der Benutzer gewarnt werden will, wenn der verwendete Schlüssel nicht vollständig gültig ist	– gesetzt, wenn die Unterschrift einen nahen vertrauenswürdigen Zertifizierungspfad zurück zum uneingeschränkt vertrauenswürdigen Schlüsselringbesitzer führt

Tabelle 5.2: Inhalte von Trust-Flag-Bytes

Die drei Felder, die im vorangegangenen Absatz erwähnt wurden, sind in einer Struktur enthalten, die als Trust Flag Byte bezeichnet wird. Der Inhalt dieser drei Flags wird in Tabelle 5.2 gezeigt. Nehmen Sie an, wir verwenden den öffentlichen Schlüsselring des Benutzers A. Wir können die Vorgehensweise des Vertrauensprozesses wie folgt beschreiben:

1. Wenn A einen neuen öffentlichen Schlüssel in den öffentlichen Schlüsselring einfügt, muss PGP dem Trust Flag, das dem Eigentümer dieses öffentlichen Schlüssels zugeordnet ist, einen Wert zuweisen. Ist der Eigentümer in der Tat A und erscheint der öffentliche Schlüssel ebenfalls im privaten Schlüsselring, dann wird der Wert von *uneingeschränkt vertrauenswürdig* automatisch dem Vertrauensfeld zugewiesen. Sonst fragt PGP A nach der Einschätzung des Vertrauens, das dem Eigentümer dieses Schlüssels zugeteilt werden soll, und A muss den gewünschten Grad eingeben. Der Benutzer kann angeben, dass der Eigentümer unbekannt, nicht vertrauenswürdig, bedingt vertrauenswürdig oder komplett vertrauenswürdig ist.

2. Wenn der neue öffentliche Schlüssel eingegeben wird, kann er durch eine oder mehrere Unterschriften ergänzt werden. Weitere Unterschriften können später hinzugefügt werden. Wird eine Unterschrift in die Eingabe eingefügt, durchsucht PGP den öffentlichen Schlüsselring, um nachzusehen, ob der Autor dieser Unterschrift sich unter den bekannten Eigentümern von öffentlichen Schlüsseln befindet. Trifft dies zu, so wird der Wert OWNERTRUST für diesen Eigentümer dem Feld SIGTRUST für die Unterschrift zugewiesen. Wenn nicht, dann wird der Wert *unknown-user* (unbekannter Benutzer) zugewiesen.

3. Der Wert des Legitimationsfeldes für den Schlüssel wird auf der Grundlage des in diesem Eingang vorhandenen Vertrauensfeldes der Unterschrift berechnet. Wenn wenigstens eine Unterschrift den Vertrauenswert *ultimate* (uneingeschränkt) aufweist, dann wird der Legitimationswert des Schlüssels auf complete (vollständig) gesetzt. Sonst berechnet PGP eine gewichtete Summe der Vertrauenswerte. Eine Gewichtung von $1/X$ erhalten Unterschriften, denen immer vertraut wird, und $1/Y$ gilt für Unterschriften, denen für gewöhnlich vertraut wird, wobei X und Y vom Benutzer bestimmbare Parameter sind. Wenn die totale Gewichtung des Vermittelnden einer Kombination aus Schlüssel und Benutzer-ID den Wert 1 erreicht, wird die Verbindung als vertrauenswürdig angesehen und der Legitimationswert des Schlüssels wird als complete (vollständig) gesetzt. Bei Fehlen eines uneingeschränkten Vertrauens sind somit mindestens X Unterschriften, denen immer vertraut oder Y Unterschriften, denen gewöhnlich vertraut wird, oder eine Kombination aus beiden notwendig.

PGP bearbeitet den öffentlichen Schlüsselring periodisch, um Übereinstimmung zu erreichen. Im Wesentlichen ist das ein Top-Down-Prozess. Für jedes OWNERTRUST-Feld durchsucht PGP den Ring nach allen Unterschriften dieses

Eigentümers gegeben wurden und aktualisiert das Feld SIGTRUST, um es mit dem Feld OWNERTRUST abzugleichen. Dieser Prozess beginnt mit Schlüsseln, die uneingeschränktes Vertrauen haben. Anschließend werden alle KEYLEGIT-Felder auf der Basis der verbundenen Unterschriften berechnet.

Abbildung 5.7 liefert ein Beispiel für die Art, wie Vertrauen in die Unterschrift und Schlüssellegitimation verknüpft sind.[1] Diese Abbildung zeigt den Aufbau eines öffentlichen Schlüsselrings. Der Benutzer hat eine Anzahl von öffentlichen Schlüsseln angefordert, einige direkt von deren Eigentümern und einige von einer dritten Partei, beispielsweise einem Schlüssel-Server.

Der Knoten mit dem Etikett »SIE« bezieht sich auf den Eintrag in dem öffentlichen Schlüsselring des zugehörigen Benutzers. Dieser Schlüssel ist legitim und der OWNERTRUST-Wert ist ultimate (uneingeschränkt vertrauenswürdig). Jeder andere Knoten im Schlüsselring hat einen undefinierten OWNERTRUST-Wert, es sei denn, es ist ein anderer Wert durch den Benutzer zugewiesen worden. In diesem Beispiel hat der Benutzer festgelegt, dass er immer den folgenden Benutzern vertraut, andere Schlüssel zu zeichnen: D, E, F, L. Dieser Benutzer vertraut teilweise den Benutzern A und B, andere Schlüssel zu zeichnen.

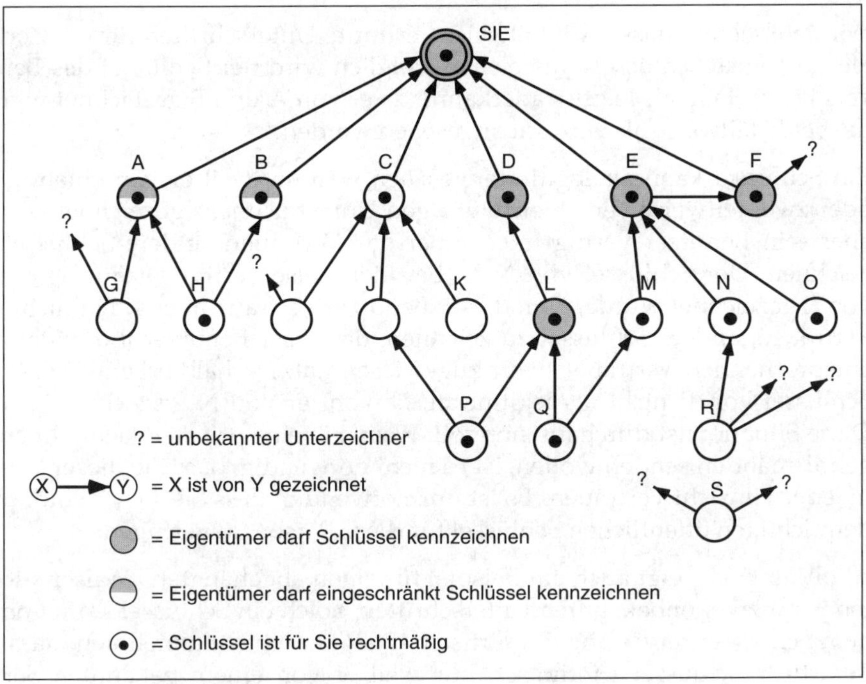

Abbildung 5.7: Beispiel für das PGP-Vertrauensmodell

1 Die Abbildung wurde von Phil Zimmermann zur Verfügung gestellt.

Die Schattierung der Knoten bzw. deren Fehlen in der Abbildung 5.7 zeigt den Grad des Vertrauens an, der von diesem Benutzer zugewiesen wurde. Die Baumstruktur stellt dar, welche Schlüssel von welchen anderen Benutzern gezeichnet wurden. Wurde ein Schlüssel von einem Benutzer gezeichnet, dessen Schlüssel ebenfalls im Ring enthalten ist, verbindet der Pfeil den gekennzeichneten Schlüssel mit dem Unterzeichner. Wurde ein Schlüssel von einem Benutzer gezeichnet, dessen Schlüssel nicht im Ring enthalten ist, verweist der Pfeil zu einem Fragezeichen und deutet dadurch an, dass der Unterzeichner dem Benutzer unbekannt ist.

Abbildung 5.7 illustriert mehrere Punkte:

1. Beachten Sie, dass alle Schlüssel, deren Eigentümer das volle oder das teilweise Vertrauen des Benutzers besitzen, von diesem Benutzer gezeichnet wurden, mit der Ausnahme von Knoten L. Eine derartige Benutzerunterschrift ist nicht immer notwendig, wie das Vorhandensein von Knoten L zeigt. In der Praxis aber ziehen es Benutzer vor, die Schlüssel fast aller Eigentümer zu zeichnen, denen sie vertrauen. So kann es z. B. der Benutzer vorziehen, den Schlüssel E direkt zu zeichnen, obwohl dieser bereits durch den vertrauten Vermittelnden F gezeichnet wurde.

2. Wir nehmen an, dass zwei teilweise vertraute Unterschriften für die Zertifizierung eines Schlüssels ausreichen. Folglich wird der Schlüssel des Benutzers H von PGP als legitim anerkannt, da er von A und B gezeichnet wurde, die beide teilweise als vertraut angesehen werden.

3. Ein Schlüssel kann als legitim angesehen werden, weil er von einem ganz oder zwei teilweise vertrauenswürdigen Unterzeichnern gezeichnet wurde, aber sein Benutzer verfügt nicht über das Vertrauen, andere Schlüssel zu zeichnen. Der Schlüssel von N ist beispielsweise vertrauenswürdig, da er von E gezeichnet wurde, dem dieser Benutzer vertraut, aber N hat nicht das Vertrauen, andere Schlüssel zu zeichnen, da dieser Benutzer ihm nicht den entsprechenden Vertrauenswert zugewiesen hat. Deshalb erkennt PGP den Schlüssel von R nicht als legitim an, obwohl er von N gezeichnet wurde. Diese Situation ist durchaus sinnvoll. Wenn Sie eine private Nachricht an irgendjemanden senden wollen, ist es nicht notwendig, dass Sie dieser Person in jeder Hinsicht vertrauen. Es ist nur notwendig, dass Sie sicher sind, über den richtigen öffentlichen Schlüssel für diese Person zu verfügen.

4. Abbildung 5.7 zeigt auch ein Beispiel für einen abgehängten »Waisen«-Knoten S mit zwei unbekannten Unterschriften. Solch ein Schlüssel kann von einem Schlüssel-Server angefordert sein. PGP kann nicht annehmen, dass ein derartiger Schlüssel legitim ist, nur weil er von einem bekannten Server kommt. Der Benutzer muss durch Zeichnen den Schlüssel für legitim erklären oder mitteilen, dass er eine der Unterschriften als voll vertrauenswürdig ansieht.

Ein abschließender Punkt: Früher wurde erwähnt, dass mehrfache Benutzer-IDs mit einem einzigen öffentlichen Schlüssel in einem öffentlichen Schlüsselring verknüpft sein können. Das kann der Fall sein, wenn eine Person den Namen gewechselt hat oder unter verschiedenen Namen durch Unterschrift eingeführt wurde, um z.B. unterschiedliche E-Mail-Adressen für dieselbe Person einzurichten. Wir können uns deshalb einen öffentlichen Schlüssel als Wurzel eines Baums vorstellen. Ein öffentlicher Schlüssel verfügt über eine Anzahl von Benutzer-IDs, die von ihm abhängen, mit einer Vielzahl von Unterschriften für jede Benutzer-ID. Die Bindung einer bestimmten Benutzer-ID an einen Schlüssel beruht auf den mit dieser Benutzer-ID und diesem Schlüssel verknüpften Unterschriften, während der Vertrauensgrad des Schlüssels (zum Gebrauch zur Zeichnung anderer) eine Funktion aller abhängigen Unterschriften ist.

Rücknahme öffentlicher Schlüssel

Ein Benutzer kann den Wunsch haben, seinen gegenwärtigen öffentlichen Schlüssel zurückzunehmen, da entweder eine Aufdeckung befürchtet wird oder einfach die Verwendung desselben Schlüssels über einen langen Zeitraum vermieden werden soll. Beachten Sie, dass eine Aufdeckung bedingt, dass ein Gegner sowohl an eine Kopie Ihres unverschlüsselten privaten Schlüssels aus Ihrem privaten Schlüsselring als auch an Ihre Passphrase gekommen ist.

Die Konvention für die Rücknahme eines öffentlichen Schlüssels verlangt vom Eigentümer die Ausstellung eines von ihm unterzeichneten Rücknahmezertifikats. Dieses Zertifikat hat die gleiche Form wie ein normales Unterschriftzertifikat, enthält aber einen Hinweis, dass dieses Zertifikat die Verwendung dieses öffentlichen Schlüssels zurücknimmt. Beachten Sie, dass der entsprechende private Schlüssel zur Unterzeichnung für die Rücknahme eines öffentlichen Schlüssels verwendet werden muss. Der Eigentümer sollte versuchen, diese so weit und so schnell wie möglich zu verbreiten, um potenziellen Ansprechpartnern die Möglichkeit zur Aktualisierung ihrer öffentlichen Schlüsselringe zu geben.

Beachten Sie, dass ein Gegner, der den privaten Schlüssel des Eigentümers aufgedeckt hat, ebenfalls ein solches Zertifikat ausstellen kann. Das würde jedoch dem Gegner ebenso wie dem Eigentümer die Verwendung des öffentlichen Schlüssels verwehren und erscheint aus diesem Grund als eine geringere Bedrohung als der heimtückische Einsatz eines gestohlenen privaten Schlüssels.

5.2 S/MIME

Bei S/MIME (Secure/Multipurpose Internet Mail Extension) handelt es sich um ein zusätzliches Sicherheitspaket für den Internet E-Mail-Standard MIME, der auf der Technologie von RSA Data Security aufbaut und in RFCs festgelegt ist. Auch wenn sowohl PGP als auch S/MIME IETF-Standards darstellen, sieht es doch so aus, als würde S/MIME sich zum Industriestandard für Handel und Behörden entwickeln, während PGP von vielen Benutzern für ihre private E-Mail verwendet wird.

Zum besseren Verständnis von S/MIME müssen wir uns zunächst Kenntnisse über die zugrunde liegenden E-Mail-Formate verschaffen, insbesondere über MIME. Aber um die Bedeutung von MIME zu erfassen, müssen wir zurück bis zum traditionellen E-Mail-Standard RFC 822 gehen, welcher immer noch im Gebrauch ist. Aus diesem Grund widmet sich dieser Abschnitt zunächst einer Einführung in diese beiden älteren Standards, bevor anschließend S/MIME diskutiert wird.

5.2.1 RFC 822

RFC 822 definiert ein Format für das Versenden von Texten mittels E-Mail. Im Internet bildete es hierfür den Standard und es ist auch heute noch im Gebrauch. Aus der Sicht des RFC 822 besteht eine Nachricht aus einem Umschlag und einem Inhalt. Der Umschlag enthält alle nötigen Informationen zur Übertragung und Auslieferung. Das Objekt, das an den Empfänger ausgeliefert wird, nennt man Inhalt. Der Standard RFC 822 bezieht sich nur auf den Inhalt, schließt jedoch eine Reihe führender Felder ein, aus denen das E-Mail-System den Umschlag erzeugen kann. Der Standard wurde darauf ausgelegt, dass Programme auf derartige Informationen zugreifen können.

Die Gesamtstruktur einer RFC 822-konformen Nachricht ist sehr einfach. Eine Nachricht besteht aus einigen Kopfzeilen (*Header*), gefolgt von beliebigem Text (*Body*). Eine Leerzeile trennt Header und Körper. Anders ausgedrückt, eine Nachricht besteht aus ASCII-Text und alle Zeilen bis zur ersten Leerzeile werden als Kopfzeilen betrachtet, welche die Verwaltung des Mail-Systems benutzt.

Eine Kopfzeile besteht normalerweise aus einem Schlüsselwort, gefolgt von einem Doppelpunkt und den Parametern des Schlüsselworts; das Format lässt die Aufteilung einer langen Zeile in mehrere Zeilen zu. Die am häufigsten verwendeten Schlüsselwörter sind *From*, *To*, *Subject* und *Date*. Hier eine Beispielnachricht:

```
Date: Tue, 16 Jan 1998 10:37:17 (EST)
From: »William Stallings« <ws@shore.net>
Subjekt: The Syntax in RFC 822
To: Smith@Other-host.com
Cc: Jones@Yet-Another-Host.com

Hallo. Hier beginnt der eigentliche Textkörper der Nachricht, den eine Leer-
zeile vom Header der Nachricht trennt.
```

Ein weiteres übliches Feld in Headern nach RFC 822 heißt MESSAGE-ID. Dieses Feld enthält einen eindeutigen Bezeichner, der dieser Nachricht zugeordnet ist.

5.2.2 Multipurpose Internet Mail Extensions

Als Erweiterung zum RFC 822 behandelt MIME einige der Probleme und Beschränkungen, die beim Gebrauch von SMTP (Simple Mail Transfer Protocol) und anderer E-Mail-Protokolle auftreten. [MURH98] führt die folgenden Einschränkungen für SMTP/822 auf:

1. SMTP kann keine ausführbaren Dateien und andere binäre Objekte übertragen. Eine Reihe von Schemata, darunter das populäre UNIX UUencode/UUdecode-Verfahren, übersetzen binäre Dateien in Text, den SMTP verarbeiten kann. Keines hiervon ist aber Standard oder auch nur de-facto-Standard.

2. SMTP kann keine Texte mit nationalem Zeichensatz übertragen, weil hier 8-Bit-Zeichen mit Werten von dezimal 128 und höher vorkommen und SMTP auf 7-Bit-ASCII beschränkt ist.

3. Manche SMTP-Server weisen Nachrichten ab einer bestimmten Länge ab.

4. Für SMTP-Gateways, die zwischen ASCII und dem Zeichensatz EBCDIC übersetzen, existieren keine Standards, was zu Übersetzungsfehlern führt.

5. SMTP-Gateways in Netzwerken mit E-Mail nach X.400 können keine Steuersequenzen verarbeiten, die in X.400-Nachrichten vorkommen.

6. Einige Implementationen von SMTP entsprechen nicht vollständig dem SMTP-Standard gemäß RFC 821. Häufig treten folgende Probleme auf:
   - Auslassen, Hinzufügen oder Verfälschen von Zeilenvorschub
   - Verkürzung oder neue Zeile bei Zeilen über 76 Zeichen
   - Weglassen von »White Space«-Zeichen (Tabs und Leerstellen) am Zeilen ende
   - Auffüllen von Zeilen einer Nachricht auf gleiche Länge
   - Umsetzen von Tab-Zeichen in mehrere Leerstellen

MIME soll diese Probleme in Übereinstimmung mit den existierenden Implementationen von RFC 822 lösen. Das Verfahren ist in den RFCs 2045 bis 2049 festgelegt.

Überblick

Die MIME-Spezifikation enthält die folgenden Elemente:

1. Fünf neue Nachrichten-Header-Felder wurden festgelegt, die in einem RFC-822-Header enthalten sein können. Diese Felder umfassen Informationen über den Hauptteil (Körper) der Nachricht.
2. Eine Reihe von Inhaltsformaten wird definiert, sodass Repräsentationen standardisiert werden, welche Multimedia in E-Mails unterstützen.
3. Codierungen für die Übertragung wurden definiert, welche die Umsetzung beliebiger Inhaltsformate in eine Form gestatten, die vor Veränderung durch das E-Mail-System geschützt ist.

In diesem Unterabschnitt erläutern wir die fünf Felder im Header der Nachricht. Die nächsten beiden Unterabschnitte behandeln Inhaltsformate und Übertragungsverschlüsselung.

MIME verwendet die folgenden fünf Header-Felder:

- **MIME-Version:** Muss den Wert 1.0 besitzen. Dieses Feld zeigt an, dass die Nachricht mit den RFCs 2045 und 2046 übereinstimmt.
- **Content-Type:** Beschreibt die Daten, die der Nachrichten-Körper enthält, im Detail, sodass der empfangende Agent des Benutzers weiß, was er damit anzufangen hat. Beispielsweise könnte er den passenden Agenten oder Mechanismus zum Darstellen der Daten auswählen.
- **Content-Transfer-Encoding:** Gibt die Art der Umwandlung an, die Verwendung fand, um den Nachrichten-Körper in eine für die Übertragung brauchbare Form zu bringen.
- **Content-ID:** Wird zum eindeutigen Identifizieren von MIME-Einheiten in mehreren Kontexten verwendet.
- **Content-Description:** Eine verbale Beschreibung des Nachrichten-Körper. Dies ist nützlich, wenn dieser ein nicht lesbares Objekt wie beispielsweise Audiodaten enthält.

Alle diese Felder können in einem normalen Nachrichten-Header nach RFC 822 vorkommen. Eine mit MIME übereinstimmende Implementation muss die Felder Mime-Version, Content-Type und Content-Transfer-Encoding enthalten. Die Felder Content-ID und Content-Description brauchen nicht vorzukommen und der Empfänger kann sie ignorieren.

MIME-Inhaltstypen (Content Type)

Der Hauptteil der MIME-Spezifikationen betrifft die Vielfalt der Inhaltstypen. Dies entspricht der Notwendigkeit, eine große Menge unterschiedlicher Dateiarten zu verarbeiten, wie sie in einer Multimedia-Umgebung vorkommen.

Tabelle 5.3 zeigt die Inhaltstypen, welche RFC 2046 festlegt. Es gibt sieben Haupttypen mit insgesamt 15 Unterarten. Ein Haupttyp beschreibt dabei die allgemeine Form der Daten und die Unterart definiert das genaue Datenformat.

Der Typ **Text** erfordert zu seinem Verständnis keine weitere Software außer der Unterstützung des verwendeten Zeichensatzes. Die elementarste Unterart heißt *Plain Text* und besteht aus einer Zeichenfolge von ASCII- oder ISO 8859-Zeichen. Die Unterart *Enriched* lässt einiges an Formatierung zu.

Der Typ **Multipart** zeigt an, dass der Nachrichten-Körper aus mehreren unabhängigen Teilen besteht. Das Feld Content-Type enthält einen Parameter namens Boundary, welcher die Abgrenzung einzelner Teile festlegt. Dieses Trennzeichen darf in keinem weiteren Teil der Nachricht auftreten. Jedes Trennzeichen beginnt auf einer neuen Zeile und besteht aus zwei Bindestrichen und dem eigentlichen Trennzeichen. Dem letzten Trennzeichen, welches das Ende des letzten Teils anzeigt, gehen zwei Bindestriche voraus. In jedem Teil kann es einen optionalen normalen MIME-Header geben.

Hier ein einfaches Beispiel einer Multipart-Nachricht, bestehend aus zwei Teilen, die jeweils normalen Text enthalten (entnommen aus RFC 2046):

```
From: Nathaniel Borenstein <nsb@bellcore.com>
To: Ned Freed <ned@innosoft.com>
Subject: Sample Message
MIME-Version: 1.0
Content-type: multipart/mixed; boundary="simple boundary"

Dies ist die Präambel. Sie sollte ignoriert werden, bietet sich aber für
Erklärungen des Mailerzeugers an Benutzer ohne MIME an.
--simple boundary

Dies ist impliziter ASCII-Klartext. Er endet NICHT mit einem
Zeilenvorschub.
--simple boundary
Content-type: text/plain; charset=us-ascii

Dies ist expliziter ASCII-Klartext. Er ENDET mit einem Zeilenvorschub.

--simple boundary--
Dies ist das Nachwort. Es kann ebenfalls ignoriert werden.
```

Typ	*Unterart*	*Beschreibung*
Text	Plain	Unformatierter Text, ASCII oder ISO8859
	Enriched	Bietet mehr Möglichkeiten der Formatierung
Multipart	Mixed	Die verschiedenen Teile sind unabhängig voneinander, werden aber zusammen übertragen. Sie sollten beim Empfänger in der gleichen Reihenfolge ankommen, in der sie auch in der E-Mail erscheinen.
	Parallel	Wie Mixed, jedoch braucht keine Reihenfolge eingehalten zu werden.
	Alternative	Die unterschiedlichen Teile stellen verschiedene Versionen derselben Information dar. Sie werden mit wachsender Originaltreue sortiert und das Mail-System des Empfängers sollte dem Benutzer die »beste« Version anzeigen.
	Digest	Wie Mixed, aber Typ/Unterart jedes Teils ist standardmäßig Nachricht/RFC 822.
Message	RFC 822	Der Nachrichten-Körper schließt eine RFC 822-Nachricht ein.
	Partial	Erlaubt das Fragmentieren großer Nachrichten auf eine Weise, die der Benutzer nachvollziehen kann.
	External-Body	Enthält einen Zeiger auf ein Objekt, das sich woanders befindet.
Image	jpeg	Das Bild besitzt das Format JPEG mit der Verschlüsselung JFIF.
	gif	Das Bild hat das Format GIF.
Video	mpeg	MPEG-Format.
Audio	Basic	Einkanal-8-Bit ISDN mu-law-Verschlüsselung mit einer Sample-Rate von 8 kHz.
Application	PostScript	Adobe PostScript.
	Octet-stream	Binäre Daten, die aus Bytes mit jeweils 8 Bit bestehen.

Tabelle 5.3: MIME-Inhaltstypen

Es gibt vier Unterarten des Multipart-Typs, die alle dieselbe Syntax aufweisen. Der Typ **Multipart/Mixed** wird verwendet, wenn mehrere unabhängige Teile des Körpers existieren, die in einer bestimmten Sortierung gebündelt werden müssen. Für die Unterart **Multipart/Parallel** spielt die Reihenfolge keine Rolle.

Lässt das System des Empfängers es zu, können die Teile parallel angezeigt werden. So könnte beispielsweise ein Text oder ein Bild während der Anzeige von einer Stimme kommentiert werden.

In der Unterart **Multipart/Alternative** bestehen die verschiedenen Teile aus unterschiedlichen Darstellungen derselben Information. Hier ein Beispiel:

```
From: Nathaniel Borenstein <nsb@bellcore.com>
To: Ned Freed <ned@innosoft.com>
Subject: Formatted text mail
MIME-Version: 1.0
Content-type: multipart/alternative; boundary=boundary42

--boundary42

Content-Type: text/plain; charset=us-ascii

...Hier folgt die Klartext-Version der Nachricht...

--boundary42
Content-Type: text/enriched

...Die Version RFC 1896 text/enriched derselben Nachricht steht hier...

--boundary42--
```

In dieser Unterart sind die Teile des Nachrichten-Körpers nach steigender Bevorzugung sortiert.

Wenn der Empfänger dieses Beispiels die Möglichkeit hat, die Nachricht im Format Text/Enriched anzuzeigen, nimmt er diese wahr. Andernfalls benutzt er das Format Plaintext.

Die Unterart **Multipart/Digest** wird benutzt, wenn jeder Teil des Nachrichten-Körpers eine Nachricht nach RFC 822 mit Nachrichten-Headern darstellt. Diese Unterart ermöglicht die Konstruktion einer Nachricht, deren Teile wiederum aus Nachrichten bestehen. So könnte beispielsweise der Moderator einer Gruppe E-Mails von Teilnehmern sammeln und gebündelt in einer einzigen MIME-Nachricht versenden.

Der Typ **Message** bietet eine Reihe von wichtigen Möglichkeiten in MIME. Die Unterart Message/RFC 822 zeigt an, dass der Nachrichten-Körper aus einer kompletten Nachricht einschließlich Header und Körper besteht. Trotz des Namens dieser Unterart kann die eingeschlossene Nachricht nicht nur eine einfache RFC 822 sein, sondern jede MIME-Nachricht.

Die Unterart **Message/Partial** erlaubt die Fragmentierung einer großen Nachricht in eine Reihe kleinerer Nachrichten, die der Empfänger wieder zusammensetzen muss. Für diese Unterart existieren drei Parameter im Feld Content-Type:

Message/Partial: eine *ID*, die zu allen Fragmenten derselben Nachricht gehört, eine eindeutige *Sequenznummer* für jedes Fragment sowie die *gesamte* Anzahl von Fragmenten.

Die Unterart **Message/External Body** zeigt an, dass der Nachrichten-Körper keine der zu übertragenden Daten enthält, sondern lediglich Informationen darüber, wie man diese bekommt. Genau wie andere Message-Typen besitzt auch diese Unterart neben dem äußeren Header eine eingeschlossene Nachricht mit eigenem Header. Das einzige erforderliche Feld im äußeren Header ist das Feld Content-Type, welches die Unterart identifiziert. Der innere Header bezieht sich auf die eingeschlossene Nachricht. Das Feld Content-Type im äußeren Header muss die Art des Zugriffs angeben, wie beispielsweise FTP (File Transfer Protocol).

Der Typ **Anwendung** bezieht sich auf andere Arten von Daten, typischerweise entweder nicht interpretierte Binärdaten oder Informationen, die eine Mail-basierte Anwendung weiterverarbeitet.

MIME-Übertragungsverschlüsselung

Die zweite Hauptkomponente von MIME neben der Spezifikation des Inhaltstyps besteht im Festlegen der Übertragungsverschlüsselung für die Nachrichten-Bodies. Das Ziel ist zuverlässige Lieferung in allen denkbaren Umgebungen.

Der MIME-Standard definiert zwei Methoden der Datenverschlüsselung. Das Feld Content-Transfer-Encoding vermag die sechs Werte anzunehmen, die in Tabelle 5.4 aufgeführt sind. Drei dieser Werte jedoch (7bit, 8bit und binary) sagen aus, dass keine Verschlüsselung vorliegt, und liefern Informationen über die Art der Daten. Für SMTP empfiehlt sich das Format 7bit. Die Formate 8bit und binary können in anderen E-Mail-Übertragungen sinnvoll sein. Eine weiterer Wert für das Feld Content-Transfer-Encoding heißt X-Token, was besagt, dass ein anderes Verschlüsselungsschema benutzt wird, für das der Name angegeben werden muss. Denkbar ist ein firmen- oder anwendungsspezifisches Schema. Die beiden definierten Verschlüsselungsschemata heißen quoted-printable und base64. Zwei weitere Schemata bieten die Wahl zwischen einer Übertragungstechnik, welche von Menschen lesbar ist, und einer, die für alle Arten von Daten sicher ist.

Die Übertragungsverschlüsselung **quoted-printable** ist nützlich, sofern es sich hauptsächlich um Daten handelt, die druckbare ASCII-Zeichen darstellen. Im Wesentlichen geht es um die Darstellung von Zeichen durch die hexadezimale Repräsentation ihres Codes und das Einfügen umkehrbarer (weicher) Zeilenvorschübe, um die Länge der Zeilen innerhalb der Nachricht auf 76 Zeichen zu begrenzen.

Die Übertragungsverschlüsselung **base64,** auch als Radix-64 bekannt, wird gerne für die Übertragung binärer Daten benutzt, die dadurch unempfindlich gegenüber der Verarbeitung durch die E-Mail-Programme werden. Sie wird auch in PGP verwendet und ist im Anhang 5B beschrieben.

Ein Beispiel für Multipart-Nachrichten

Abbildung 5.8, welche aus dem RFC 1521 stammt, gibt das Wesen einer komplexen Multipart-Nachricht wieder. Die Nachricht besteht aus fünf Teilen, die nacheinander angezeigt werden: zwei einführende Klartextteile, eine eingefügte Multipart-Nachricht, ein Teil Richtext und eine abgeschlossene Textnachricht in einem Nicht-ASCII-Zeichensatz.

7bit	Alle Daten werden durch kurze Zeilen von ASCII-Zeichen dargestellt
8bit	Die Zeilen sind kurz, können aber Nicht-ASCII-Zeichen enthalten (Bytes, bei denen das höchstwertige Bit gesetzt ist)
binary	Neben Nicht-ASCII-Zeichen können auch Zeilen auftreten, die für die Übertragung durch SMTP zu lang sind.
quoted-printable	Verschlüsselt die Daten auf eine Weise, dass die im Text enthaltenen ASCII-Zeichen im Wesentlichen lesbar bleiben.
base64	Verschlüsselt die Daten durch Abbildung von 6-Bit-Blöcken der Eingabe auf 8-Bit-Blöcke in der Ausgabe, bei denen es sich um druckbare ASCII-Zeichen handelt.
X-Token	Eine benannte Nicht-Standard-Verschlüsselung

Tabelle 5.4: MIME-Übertragungsverschlüsselung

Die eingefügte Multipart-Nachricht besteht aus zwei Teilen, welche nebeneinander angezeigt werden können: ein Bild und ein Audio-Fragment.

Kanonische Form

Ein wichtiges Konzept in MIME und S/MIME bildet das der kanonischen Form. Hierbei handelt es sich um ein Format, das vom verwendeten Inhaltstyp abhängt und für die Benutzung zwischen Systemen standardisiert wurde. Dies steht im Gegensatz zur natürlichen Form, welche systemabhängig sein kann. Tabelle 5.5 aus dem RFC 2049 sollte dies verdeutlichen.

5.2.3 S/MIME-Funktionalität

Hinsichtlich der allgemeinen Funktionalität besitzt S/MIME starke Ähnlichkeit mit PGP. Beide verfügen über die Möglichkeiten der digitalen Unterschrift sowie der Ver- und Entschlüsselung. Der folgende Unterabschnitt enthält eine kurze Zusammenfassung der Fähigkeiten von S/MIME. Anschließend werfen wir einen detaillierteren Blick auf diese Fähigkeiten, indem wir Formate und Vorbereitung von Nachrichten untersuchen.

```
MIME-Version: 1.0
  From: Nathaniel Borenstein <nsb@bellcore.com>
  To: Ned Freed <ned@innosoft.com>
  Subject: Beispiel einer mehrteilen Nachricht
  Content-Type: multipart/mixed;
      boundary=unique-boundary-1

  Dies ist der Header einer Multipart-Nachricht. Mail-Reader, die dieses Format verarbeiten können, sollten diesen Header ignorieren.
  Wenn Sie diesen Text lesen, sollten Sie vielleicht einen Mail-Reader einsetzen, der eine Multipart-Nachricht korrekt anzeigen kann.

  --unique-boundary-1

  ...Hier erscheint irgendein Text...

  [Beachten Sie, dass die vorhergehende Leerzeile bedeutet, dass keine Kopffelder auftreten und dies Text mit dem Zeichensatz US ASCII ist,
  was man auch ausdrücklich hätte schreiben können, wie es im nächsten Teil geschieht.]

  --unique-boundary-1
  Content-Type: text/plain; charset=us-ascii

  Dies könnte Teil des vorherigen Teils sein, soll aber den Unterschied zwischen expliziten und impliziten Texten zeigen.

  --unique-boundary-1
  Content-Type: multipart/parallel; boundary=unique-boundary-2

  --unique-boundary-2
  Content-Type: audio/basic
  Content-Transfer-Encoding: base64

      ...Hier folgen base64-verschlüsselte Audiodaten im Format 8000 Hz einkanal mu-law...

  --unique-boundary-2
  Content-Type: image/jpeg
  Content-Transfer-Encoding: base64

      ...Hier folgen base64-verschlüsselte Bilddaten...

  --unique-boundary-2

  --unique-boundary-1
  Content-Type: text/enriched

  Dies ist <bold><italic>Richtext,</italic></bold><smaller> wie er im RFC 1896 definiert wird.</smaller>
      Ist das nicht <bigger><bigger>cool?</bigger></bigger>

  --unique-boundary-1
  Content-Type: message/rfc822

  From: (Mailbox in US-ASCII)
  To: (Adresse in US-ASCII)
  Subject: (Betreff in US-ASCII)
  Content-Type: Text/plain;charset=ISO-8859-1
  Content-Transfer-Encoding: Quoted-printable

      ...Hier folgt zusätzlicher Text in ISO-8859-1...

  --unique-boundary-1
```

Abbildung 5.8: Beispiel für MIME-Nachrichtenstruktur

Funktionen

S/MIME hält die folgenden Funktionen bereit:

- **Enveloped Data:** Dies besteht aus verschlüsseltem Inhalt beliebigen Typs sowie verschlüsselten Schlüsseln für einen oder mehrere Empfänger.
- **Signed Data:** Eine digitale Unterschrift wird erzeugt, indem man den Message Digest des Inhalts, der unterschrieben werden soll, mit dem privaten Schlüssel des Unterzeichners verschlüsselt. Inhalt plus Unterschrift werden

dann mit der base64-Verschlüsselung codiert. Nur ein Empfänger, der über S/MIME verfügt, kann eine unterschriebene Nachricht betrachten.

Clear Signed Data: Auch hier wird eine digitale Unterschrift des Inhalts gebildet. In diesem Fall wird jedoch nur die digitale Unterschrift selbst mit base64 verschlüsselt.

Empfänger ohne die Möglichkeiten von S/MIME können daher zwar den Inhalt der Nachricht lesen, aber die Unterschrift nicht überprüfen.

- **Signed and Enveloped Data:** Man kann Unterschrift und Verschlüsselung ineinander verschachteln, sodass verschlüsselte Daten unterschrieben und unterschriebene Daten oder unterschriebene Klartextdaten verschlüsselt sein können.

Natürliche Form	Der zu übertragende Nachrichten-Körper wird im natürlichen Format des Systems erstellt. Der natürliche Zeichensatz und gegebenenfalls die lokalen Zeilenvorschübe finden Anwendung. Der Körper kann aus einer UNIX-Textdatei, einem Sun-Rasterbild, einer VMS-Indexdatei, Audiodaten in einem systemabhängigen Format oder beliebigen anderen Daten im Format des jeweiligen lokalen Systems bestehen. Grundsätzlich werden die Daten in der »natürlichen« Form erzeugt, die sich aus der Art des Mediums ergibt.
Kanonische Form	Der gesamte Körper einschließlich solcher Informationen wie Satzlänge oder Dateiattribute wird in eine universelle kanonische Form übersetzt. Sowohl die Art des Mediums des Körpers als auch seine Attribute geben die Natur der kanonischen Form vor. Die Konversion in die saubere kanonische Form kann eine Konversion des Zeichensatzes, die Transformation von Audiodaten und viele andere vom jeweiligen Medium abhängige Operationen beinhalten. Sofern jedoch eine Konversion des Zeichensatzes erforderlich ist, muss darauf geachtet werden, die Semantik des Mediums zu verstehen, die starke Implikationen für eine Zeichensatzkonvention haben kann (z.B. hinsichtlich der syntaktisch bedeutungsvollen Zeichen in einer anderen Textart als »Plaintext«).

Tabelle 5.5: Natürliche und kanonische Form

Kryptographische Algorithmen

Tabelle 5.6 fasst die kryptographischen Algorithmen zusammen, die in S/MIME Verwendung finden. S/MIME bezeichnet seine Anforderungen mit der folgenden, RFC 2119 entnommenen Terminologie:

- **MUSS:** Die Definition stellt eine absolut Notwendigkeit dar. Eine Implementation muss dieses Merkmal oder diese Funktion enthalten, um die Spezifikation zu erfüllen.

- **SOLLTE:** Unter besonderen Umständen kann es erforderlich sein, dieses Merkmal oder diese Funktion zu ignorieren, dennoch muss die Implementation damit ausgestattet sein.

S/MIME beinhaltet drei Algorithmen mit öffentlichen Schlüsseln. Der in Kapitel 3 erwähnte Digital Signature Standard (DSS) stellt den bevorzugten Algorithmus für digitale Unterschriften dar.

Funktion	*Anforderung*
Erzeugen eines Message Digest, mit dem die digitale Unterschrift gebildet wird	MUSS SHA-1 und MD5 unterstützen. SOLLTE SHA-1 verwenden.
Verschlüsseln des Message Digest, um die digitale Unterschrift zu erzeugen	Agent des Senders und des Empfängers MUSS DSS unterstützen. Agent des Senders SOLLTE RSA-Verschlüsselung unterstützen. Agent des Empfängers SOLLTE die Überprüfung einer RSA-Unterschrift mit Schlüssellängen von 512 bis 1024 Bit unterstützen.
Sitzungsschlüssel zur Übertragung mit der Nachricht verschlüsseln	Agent des Senders und des Empfängers MUSS Diffie-Hellman unterstützen. Agent des Senders SOLLTE RSA-Verschlüsselung mit Schlüssellängen von 512 bis 1024 Bit unterstützen. Agent des Empfängers SOLLTE RSA-Entschlüsselung unterstützen.
Verschlüsseln der Nachricht für die Übertragung mit Einweg-Sitzungsschlüssel	Agent des Senders SOLLTE Verschlüsselung mit tripleDES und RC2/40 unterstützen. Agent des Empfängers SOLLTE Entschlüsselung mit dreifachem DES und MUSS Entschlüsselung mit RC2/40 unterstützen.

Tabelle 5.6: In S/MIME benutzte kryptographische Algorithmen

S/MIME bezeichnet Diffie-Hellman als den bevorzugten Algorithmus zum Verschlüsseln der Sitzungsschlüssel und benutzt eine Variante von Diffie-Hellman namens ElGamal, welche Verschlüsselung und Entschlüsselung liefert. Alternativ kann auch das in Kapitel 3 beschriebene Verfahren RSA sowohl für die digitale Unterschrift als auch zur Verschlüsselung des Sitzungsschlüssels Verwendung finden.

Diese Algorithmen werden auch in PGP verwendet und bieten ein hohes Maß an Sicherheit. Als Hash-Funktion zur Erzeugung der digitalen Unterschrift empfiehlt die Spezifikation SHA-1 mit 160 Bit und fordert Unterstützung für

MD5 mit 128 Bit. Wie in Kapitel 3 erörtert, bestehen gerechtfertigte Bedenken gegenüber der Sicherheit von MD5, sodass SHA-1 ganz klar die bevorzugte Alternative darstellt. Da aber MD5 so weit verbreitet ist, wird es auch unterstützt.

Für die Verschlüsselung von Nachrichten wird der dreifache DES empfohlen, 40-Bit-RC2 muss aber auch unterstützt werden. Letzteres ist ein recht schwacher Verschlüsselungsalgorithmus, entspricht aber den US-Exportbestimmungen.

Die Spezifikation von S/MIME enthält eine Diskussion des Entscheidungsprozesses zur Auswahl eines Algorithmus für die Inhaltsverschlüsselung. Ein Absender muss zwei Entscheidungen treffen. Erstens muss er herausfinden, ob der Empfänger eine gegebene Verschlüsselung entschlüsseln kann. Zweitens muss der Absender entscheiden, ob eine Übertragung mit einer schwachen Verschlüsselung akzeptierbar ist, falls der Empfänger nur über eine solche verfügt. Um diese Entscheidung zu erleichtern, könnte der Absender seine Verschlüsselungsmöglichkeiten vor der Übertragung der Nachricht bekannt geben. Der Empfänger kann diese Informationen zur späteren Verwendung speichern.

Der Absender sollte die folgenden Regeln in der angegebenen Reihenfolge beachten:

1. Besitzt der Absender eine Liste der Entschlüsselungsmöglichkeiten eines Empfängers, dann sollte er die erste Möglichkeit (die am meisten bevorzugte) wählen, die er verwenden kann.
2. Wenn der Absender zwar keine derartige Liste, aber eine oder mehrere Nachrichten vom Empfänger erhalten hat, dann sollte die abzusendende Nachricht auf dieselbe Art verschlüsselt werden wie die letzte unterschriebene und verschlüsselte Nachricht, die er von diesem Empfänger erhalten hat.
3. Falls der Absender die Entschlüsselungsmöglichkeiten des Empfängers nicht kennt und riskieren will, dass der Empfänger die Nachricht eventuell nicht entschlüsseln kann, dann sollte er Dreifachen DES verwenden.
4. Kennt der Absender die Entschlüsselungsmöglichkeiten des Empfängers nicht und will er nicht riskieren, dass der Empfänger die Nachricht eventuell nicht entschlüsseln kann, dann muss er RC2/40 benutzen.

Soll eine Nachricht an mehrere Empfänger versandt werden und es kann kein gemeinsamer Verschlüsselungsalgorithmus für alle ausgewählt werden, dann muss der Absender zwei Nachrichten versenden. In diesem Fall gilt es jedoch zu bedenken, dass die Übertragung einer Kopie mit geringerer Sicherheit die gesamte Sicherheit der Nachricht beeinträchtigt.

5.2.4 S/MIME-Nachrichten

S/MIME benutzt eine Reihe neuer MIME-Inhaltstypen, die Sie in Tabelle 5.7 finden. Alle neuen Anwendungstypen verwenden PKCS.

Dies bezieht sich auf eine Reihe von Spezifikationen der Public-Key-Kryptographie, die von den RSA Laboratories veröffentlicht und für S/MIME verfügbar gemacht wurden.

Typ	*Unterart*	*S/MIME Parameter*	*Beschreibung*
Multipart	Signed		Zweiteilige unterschriebene Klartextnachricht: Ein Teil enthält die Nachricht und der andere die Unterschrift
Application	pkcs7-mime	signedData	Eine unterschriebene S/MIME-Einheit
	pkcs7-mime	envelopedData	Eine verschlüsselte S/MIME-Einheit
	pkcs7-mime	degenerated signedData	Eine Einheit, die nur Public-Key-Zertifikate enthält
	pkcs7-signature		Der Inhaltstyp des Unterschriftsanteils einer Nachricht vom Typ Multipart/signed
	pkcs10-mime		Eine Anfrage zur Registrierung eines Zertifikats

Tabelle 5.7: S/MIME-Inhaltstypen

Bevor wir nacheinander jeden dieser Inhaltstypen untersuchen, werfen wir zunächst einen Blick auf das allgemeine Verfahren zur Vorbereitung einer S/MIME-Nachricht.

Sichern einer MIME-Einheit

S/MIME sichert eine MIME-Einheit durch digitale Unterschrift, Verschlüsselung oder beides. Eine MIME-Einheit kann die komplette Nachricht (mit Ausnahme der RFC-822-Header) darstellen, oder, wenn der MIME-Inhaltstyp MULTIPART ist, einen oder mehrere Teile der Nachricht bilden. Die MIME-Einheit wird entsprechend den üblichen Regeln für die Vorbereitung einer MIME-Nachricht gebildet. Anschließend wird die MIME-Einheit zusammen mit einigen sicherheitsrelevanten Daten, wie beispielsweise Bezeichung des Algorithmus und Zertifikate, vom S/MIME verarbeitet, um ein so genanntes PKCS-Objekt zu erzeugen. Ein PKCS-Objekt wird sodann als Nachrichteninhalt behandelt und in MIME verpackt (mit den entsprechenden MIME-Headern versehen). Dieser Prozess sollte verständlich werden, nachdem wir bestimmte Objekte und Beispiele betrachtet haben.

In jedem Fall wird die Nachricht vor der Absendung in die kanonische Form umgewandelt. Genauer gesagt wird für gegebene Typen und Unterarten jeweils das entsprechende kanonische Format als Nachrichteninhalt verwendet. In einer Multipart-Nachricht wird das entsprechende kanonische Format für jeden Teil erzeugt.

Der Gebrauch der Übertragungsverschlüsselung erfordert besondere Aufmerksamkeit. In den meisten Fällen wird das Ergebnis der Anwendung des Sicherheitsalgorithmus so aussehen, dass ein teilweise oder ganz aus willkürlichen Binärdaten bestehendes Objekt erzeugt wird. Dieses wird dann in eine äußere MIME-Nachricht eingeschlossen, woraufhin die Übertragungsverschlüsselung erfolgen kann, normalerweise base64. Im Fall einer Multipart-Signed-Nachricht, die später noch detaillierter beschrieben wird, wird der Nachrichteninhalt jedoch in einem der Teile nicht durch den Sicherheitsprozess verändert. Sofern dieser Inhalt nicht aus 7bit besteht, sollte er zu Übertragung mit base64 oder quoted printable verschlüsselt werden, sodass nicht die Gefahr entsteht, dass der Inhalt, dem die Unterschrift beigefügt wurde, verändert wird.

Lassen Sie uns nun einen Blick auf jeden der Inhaltstypen von S/MIME werfen.

EnvelopedData

Die Unterart Application/pkcs7-mime wird für eine der vier Kategorien der S/MIME-Verarbeitung benutzt, jeweils mit einem eindeutigen smime-Parameter.

In allen Fällen wird das Ergebnis, *Objekt* genannt, in einem Format namens Basic Encoding Rules (BER) dargestellt, welche in der ITU-T-Empfehlung X.209 definiert wurde. Das BER-Format besteht aus willkürlichen Objektketten und stellt daher Binärdaten dar. Ein entsprechendes Objekt sollte in der äußeren MIME-Nachricht mit base64 zur Übertragung verschlüsselt werden. Wir betrachten zunächst envelopedData.

Folgende Schritte sind für die Vorbereitung einer MIME-Einheit vom Typ envelopedData erforderlich:

1. Erzeuge einen pseudo-zufälligen Sitzungsschlüssel für einen bestimmten symmetrischen Verschlüsselungsalgorithmus (RC2/40 oder tripleDES).

2. Verschlüssele den Sitzungsschlüssel für jeden Empfänger mit dessen öffentlichem RSA-Schlüssel.

3. Bereite für jeden Empfänger einen Block namens RecipientInfo vor, der das Zertifikat des öffentlichen Schlüssels des Absenders enthält[2] sowie die Bezeichnung des Algorithmus, mit dem der Sitzungsschlüssel verschlüsselt wurde, und den verschlüsselten Sitzungsschlüssel.
4. Verschlüssele den Nachrichteninhalt mit dem Sitzungsschlüssel.

Die Blöcke RecipientInfo, gefolgt vom verschlüsselten Inhalt, bilden die envelopedData. Diese Informationen werden dann mit base64 verschlüsselt. Eine Nachricht (ohne den RFC-822-Header) könnte wie folgt aussehen:

```
Content-Type: application/pkcs7-mime; smime-type=enveloped-data;
name=smime.p7m
Content-Transfer-Encoding: base64
Content-Disposition: attachment; filename=smime.p7m
rfvbnj756tbBghyHhHUujhJhjH77n8HHGT9HG4VQpfyF467GhIGfHfYT6
7n8HHGghyHhHUujhJh4VQpfyF467GhIGfHfYGTrfvbnjT6jH7756tbB9H
f8HHGTrfvhJhjH776tbB9HG4VQbnj7567GhIGfHfYT6ghyHhHUujpfyF4
0GhIGfHfQbnj756YT64V
```

Zum Entschlüsseln der verschlüsselten Nachricht entfernt der Empfänger zunächst die base64-Verschlüsselung. Anschließend entschlüsselt der Empfänger den Sitzungsschlüssel mithilfe seines privaten Schlüssels. Danach wird der Nachrichteninhalt mit dem Sitzungsschlüssel entschlüsselt.

SignedData

Der S/MIME-Typ signedData kann zusammen mit einem oder mehreren Unterzeichnern benutzt werden. Zur besseren Verständlichkeit beschränken wir unsere Beschreibung auf eine einzige digitale Unterschrift. Im Folgenden sind die Schritte zur Vorbereitung einer MIME-Einheit vom Typ signedData dargestellt:

1. Auswahl eines Algorithmus für den Message Digest (SHA oder MD5).
2. Berechnen des Message Digest oder der Hash-Funktion des Inhalts, der unterschrieben werden soll.
3. Verschlüsseln des Message Digest mit dem privaten Schlüssel des Unterzeichners.
4. Vorbereiten eines Blocks namens SignerInfo, der das Zertifikat für den privaten Schlüssel des Unterzeichners enthält, einen Bezeichner des Message-Digest-Algorithmus, einen Bezeichner für den Algorithmus, mit dem der Message Digest verschlüsselt wird, sowie den verschlüsselten Message Digest.

Die Einheit signedData besteht aus einer Reihe von Blöcken, darunter ein Bezeichner des Message-Digest-Algorithmus, die unterschriebene Nachricht so-

2 Dieses ist ein X.509-Zertifikat, das später in diesem Abschnitt besprochen wird.

wie die SignerInfo. Die Einheit signedData kann darüber hinaus einen Satz von Zertifikaten über öffentliche Schlüssel enthalten, mit denen sich eine Kette von einer anerkannten Zertifizierungsstelle zum Unterzeichner herstellen lässt. Diese Informationen werden danach mit base64 verschlüsselt. Ein Beispiel für eine Nachricht (ohne die RFC-822-Header) sieht so aus:

```
Content-Type: application/pkcs7-mime; smime-type=signed-data;
name=smime.p7m
Content-Transfer-Encoding: base64
Content-Disposition: attachment; filename=smime.p7m
567GhIGfHfYT6ghyHhHUujpfyF4f8HHGTrfvhJhjH776tbB9HG4VQbnj7
77n8HHGT9HG4VQpfyF467GhIGfHfYT6rfvbnj756tbBghyHhHUujhJhjH
HUujhJh4VQpfyF467GhIGfHfYGTrfvbnjT6jH7756tbB9H7n8HHGghyHh
6YT64VOGhIGfHfQbnj75
```

Um die unterschriebene Nachricht zurückzugewinnen und die Unterschrift zu überprüfen, entfernt der Empfänger als Erstes die base64-Entschlüsselung. Danach wird der Message Digest mithilfe des öffentlichen Schlüssels des Unterzeichners entschlüsselt. Der Empfänger berechnet selbständig den Message Digest und vergleicht diesen mit dem entschlüsselten Message Digest, um die Unterschrift zu überprüfen.

Clear Signing

Clear Signing erreicht man durch Verwendung des Inhaltstyps multipart und der Unterart signed. Wie bereits erwähnt, beinhaltet der Signing-Prozess keine Veränderung der Nachricht, die unterschrieben werden soll, sodass deren Versendung im Klartext erfolgt. Daher kann ein Empfänger, der über MIME, aber nicht über S/MIME verfügt, die ankommende Nachricht lesen. Eine Nachricht vom Typ multipart/signed besteht aus zwei Teilen. Der erste Teil kann jeder MIME-Typ sein, muss aber so präpariert werden, dass er auf dem Übertragungsweg nicht verändert wird. Besitzt also der erste Teil nicht das 7-Bit-Format, dann muss man ihn mittels base64 oder quoted-printable verschlüsseln. Anschließend wird dieser Teil genauso verarbeitet wie signedData, es wird aber in diesem Fall ein Objekt im Format signedData erzeugt, bei dem das Feld Message Content leer ist. Bei diesem Objekt handelt es sich um eine selbständige Unterschrift. Es wird daraufhin mithilfe von base64 verschlüsselt, um den zweiten Teil der Nachricht vom Typ multipart/signed zu bilden. Dieser zweite Teil besitzt den MIME-Typ application und die Unterart pkcs7-signature. Hier ein Beispiel:

```
Content-Type: multipart/signed;
protocol="application/pkcs7-signature";
micalg=sha1; boundary=boundary42

--boundary42
```

```
Content-Type: text/plain

Dies ist eine Nachricht vom Typ clear-signed.

---boundary42
Content-Type: application/pkcs7-signature; name=smime.p7s
Content-Transfer-Encoding: base64
Content-Disposition: attachment; filename=smime.p7s

ghyHhHUujhJhjH77n8HHGTrfvbnj756tbB9HG4VQpfyF467GhIGfHfYT6
4VQpfyF467GhIGfHfYT6jH77n8HHGghyHhHUujhJh756tbB9HGTrfvbnj
n8HHGTrfvhJhjH776tbB9HG4VQbnj7567GhIGfHfYT6ghyHhHUujpfyF4
7GhIGfHfYT64VQbnj756
---boundary42--
```

Der Protokoll-Parameter zeigt an, dass es sich um eine zweiteilige clear-signed-Einheit handelt. Der micalg-Parameter gibt den Typ des verwendeten Message Digest an.

Der Empfänger kann die Unterschrift überprüfen, indem der Message Digest des ersten Teils mit dem Message Digest, der aus der Unterschrift im zweiten Teil zurückgewonnen wurde, verglichen wird.

Registrierungsanfrage

Normalerweise wendet sich ein Benutzer, der ein Public-Key-Zertifikat haben will, an eine Zertifizierungsstelle. Zum Übertragen einer solchen Registrierungsanfrage dient die S/MIME-Einheit application/pkcs10. Die Registrierungsanfrage enthält einen Block certificationRequestInfo, gefolgt von der Bezeichnung des Algorithmus für den öffentlichen Schlüssel und von der Unterschrift des Blocks certificationRequestInfo, welche mit dem privaten Schlüssel des Absender erstellt wurde. Der Block certificationRequestInfo beinhaltet einen Namen für das Subjekt des Zertifikats (die Einheit, deren öffentlicher Schlüssel zertifiziert werden soll) sowie den öffentlichen Schlüssel des Benutzers in Form eines Bit-Strings.

Certificates-Only-Nachricht

Eine Nachricht, die nur Zertifikate oder eine Certificate Revocation List (CRL) enthält, kann als Antwort auf eine Registrierungsanfrage versandt werden. Die Nachricht besitzt den Typ application/pkcs7-mime mit dem S/MIME-Parameter degenerate. Die notwendigen Schritte sind dieselben wie für das Erzeugen einer Nachricht vom Typ signedData, außer dass kein Message Content vorkommt und dass das Feld signerInfo leer ist.

5.2.5 S/MIME-Zertifizierungsverfahren

S/MIME verwendet Public-Key-Zertifikate, die mit X.509 Version 3 übereinstimmen (siehe Kapitel 4). Die Schlüsselverwaltung, welche S/MIME benutzt, stellt gewissermaßen eine Mischform zwischen der strengen Zertifizierungshierarchie von X.509 und dem Netz des Vertrauens von PGP dar. Wie beim PGP-Modell müssen auch die Verwalter und/oder Benutzer von S/MIME jeden Client mit einer Liste verlässlicher Schlüssel sowie mit Zertifikats-Rückruf-Listen ausstatten. Damit existiert auch eine lokale Verantwortung hinsichtlich der Verwaltung der Zertifikate, die man zum Überprüfen ankommender Unterschriften und zum Verschlüsseln ausgehender Nachrichten benötigt. Andererseits werden die Zertifikate von Zertifizierungsstellen unterschrieben.

Die Aufgaben des Agenten des Benutzers

Ein S/MIME-Benutzer muss mehrere Funktionen der Schlüsselverwaltung ausführen:

- **Schlüsselerzeugung:** Der Benutzer eines entsprechenden Verwaltungsdienstprogramms (wie beispielsweise für die LAN-Verwaltung) MUSS separate Diffie-Hellman- und DSS-Schlüsselpaare erzeugen können und SOLLTE RSA-Schlüsselpaare generieren können. Jedes Schlüsselpaar MUSS aus einer nicht nachvollziehbaren, zufälligen Quelle abgeleitet und gut geschützt werden. Der Agent eines Benutzers SOLLTE RSA-Schlüsselpaare mit einer Länge zwischen 768 und 1024 Bit erzeugen und DARF NICHT die Länge von 512 Bit unterschreiten.
- **Registrierung:** Der öffentliche Schlüssel eines Benutzers muss bei einer Zertifizierungsstelle registriert werden, um ein Public-Key-Zertifikat nach X.509 zu erhalten.
- **Speicherung und Wiederherstellung eines Zertifikats:** Ein Benutzer fordert den Zugriff auf eine lokale Liste von Zertifikaten, um eingehende Unterschriften zu überprüfen und ausgehende Nachrichten zu verschlüsseln. Eine entsprechende Liste könnte vom Benutzer oder irgendeiner lokalen administrativen Einheit für eine Reihe von Benutzern geführt werden.

VeriSign-Zertifikate

Verschiedene Firmen bieten die Dienstleistungen einer Zertifizierungsstelle an. Nortel beispielsweise entwickelte ein Verfahren für eine unternehmensinterne Zertifizierungsstelle und kann S/MIME-Unterstützung innerhalb einer Organisation bieten. Es gibt eine Reihe internetbasierter Zertifizierungsstellen, wie beispielsweise VeriSign, GTE und die US-Post. Die am häufigsten benutzte hiervon ist der VeriSign-Zertifizierungsdienst, den wir im Folgenden kurz beschreiben.

VeriSign bietet einen Zertifizierungsdienst an, der zu S/MIME und verschiedenen anderen Anwendungen kompatibel ist. VeriSign erstellt Zertifikate gemäß X.509 unter dem Produktnamen VeriSign Digital ID. Anfang 1998 benutzten über 35.000 kommerzielle Sites VeriSign Server Digital IDs und über eine Million digitaler IDs für Verbraucher waren Benutzern von Netscape- und Microsoft-Browsern erteilt worden.

Die Informationen einer Digital ID hängen von deren Typ und Verwendung ab. Mindestens enthalten ist jedoch Folgendes:

- Öffentlicher Schlüssel des Eigentümers
- Name oder Alias des Eigentümers
- Ablaufdatum der Digital ID
- Seriennummer der Digital ID
- Name der Zertifizierungsstelle, welche die Digital ID ausgegeben hat
- Digitale Unterschrift der Zertifizierungsstelle, welche die Digital ID ausgegeben hat

Digital IDs können weitere Informationen des Benutzers enthalten, wie beispielsweise:

- Adresse
- E-Mail-Adresse
- Informationen wie Nation, Postleitzahl, Alter und Geschlecht

VeriSign bietet drei Ebenen oder Klassen der Sicherheit für Public-Key-Zertifikate, die aus Tabelle 5.8 ersichtlich werden. Ein Benutzer fordert ein Zertifikat bei VeriSigns Web-Site oder einer anderen teilnehmenden Web-Site online an. Anforderungen der Klassen 1 und 2 werden online verarbeitet, was in den meisten Fällen nur wenige Sekunden dauert. Die folgenden Verfahren werden benutzt:

- Für Digital IDs der Klasse 1 bestätigt VeriSign die E-Mail-Adresse des Benutzers durch Versenden einer PIN und einer Digital ID an die von der Anwendung angegebene E-Mail-Adresse.
- Für Digital IDs der Klasse 2 nimmt VeriSign die gleichen Prüfungen wie bei Klasse 1 vor und gleicht außerdem die Informationen aus der Anwendung automatisch mit einer Kundendatenbank ab. Darüber hinaus wird eine Bestätigung an die angegebene Postadresse versandt, um den Benutzer darauf hinzuweisen, dass in seinem oder ihrem Namen eine Digital ID vergeben wurde.

Für Digital IDs der Klasse 3 verlangt VeriSign einen exakteren Identitätsnachweis. Eine Einzelperson muss ihre Identität durch notarielle Referenzen oder durch persönliche Vorstellung bestätigen.

	Bestätigung der Identität (Zusammenfassung)	*Schutz des privaten Schlüssels der Ausgabestelle*	*Schutz des privaten Schlüssel Schlüssel des Zertifikat-Anwenders*	*Beim Benutzer implementierte oder geplante Anwendungen*
Klasse 1	Automatische Suche nach eindeutigen Namen und E-Mail-Adressen	PCA: vertrauenswürdige Hardware; CA: vertrauenswürdige Hardware oder Software	Verschlüsselungs-Software (PIN-geschützt) empfohlen, aber nicht notwendig	Web-Browser und bestimmte E-Mail-Anwendungen
Klasse 2	Wie Klasse 1, außerdem automatische Überprüfung der Registrierung und automatische Adressenprüfung	PCA und CA: vertrauenswürdige Hardware	Verschlüsselungs-Software (PIN-geschützt) notwendig	Individuelle E-Mail sowie solche innerhalb von und zwischen Firmen, Online-Bestellungen, Passwortverteilung und Software-Validierung
Klasse 3	Wie Klasse 1, darüber hinaus persönliche Anwesenheit mit Identitätsnachweis sowie automatische Identitätsprüfungen der Klasse 2 für Personen beziehungsweise Prüfung der Organisation	PCA und CA: vertrauenswürdige Hardware	Verschlüsselungs-Software (PIN-geschützt) notwendig, Hardware-Token empfohlen, aber nicht notwendig	E-Banking, Zugriff auf Firmendatenbanken, persönliche Bankgeschäfte, mitgliedschaftsabhängige Online-Dienste, E-Commerce-Server, Software-Validierung, Authentifizierung von LRAAs sowie sichere Verschlüsselung für gewisse Server.

PCA: VeriSign Public Primary CA
CA: Zertifizierungsstelle (Certification Authority)
PIN: Persönliche Identitätsnummer
LRAA: Lokaler Verwalter der Registrierungsstelle

Tabelle 5.8: Klassen von VeriSign-Public-Key-Zertifikaten

5.2.6 Erweiterte Sicherheitsdienste

Bei Drucklegung dieses Buchs existierten drei Vorschläge für erweiterte Sicherheitsdienste in einem Internet-Draft. Ihre Details können sich noch ändern und weitere Dienste können hinzukommen. Bei den drei Diensten handelt es sich um folgende:

- **Signed Receipts:** Ein Signed Receipt kann von einem SignedData-Objekt angefordert werden. Die Rückgabe eines Signed Receipt bestätigt dem Absender einer Nachricht die Auslieferung und versetzt den Absender in die Lage, einem Dritten nachzuweisen, dass der Empfänger die Nachricht erhalten hat. Kurz gesagt, unterschreibt der Empfänger die gesamte ursprüngliche Nachricht sowie die ursprüngliche Unterschrift des Absenders und fügt die neue Unterschrift hinzu, sodass eine neue S/MIME-Nachricht entsteht.
- **Security Labels:** Ein Security Label kann in die authentifizierten Attribute eines SignedData-Objekts aufgenommen werden. Ein Security Label besteht aus eine Reihe von Sicherheitsinformationen, welche die Vertraulichkeit des Inhalts betreffen, die durch S/MIME-Kapselung geschützt ist. Die Labels können für die Zugriffssteuerung verwendet werden, indem sie anzeigen, welchen Benutzern der Zugriff auf ein Objekt erlaubt ist.

  Andere Verwendungen betreffen die Priorität (geheim, vertraulich, eingeschränkt etc.) oder den Benutzerkreis, benennen also die Personengruppen, welche die Informationen sehen dürfen (wie beispielsweise das medizinische Behandlungsteam eines Patienten, die medizinische Buchhaltung usw.).
- **Secure Mailing Lists:** Wenn ein Benutzer eine Nachricht an mehrere Empfänger sendet, muss jeder Empfänger einen bestimmten Anteil an der Verarbeitung übernehmen, darunter die Anwendung des öffentlichen Schlüssels jedes Empfängers. Der Benutzer kann sich diese Arbeit von einem S/MIME Mail List Agent (MLA) abnehmen lassen. Ein MLA kann eine einzelne, ankommende Nachricht empfangen, die benutzerspezifische Verschlüsselung für jeden Empfänger durchführen und die Nachricht weiterleiten. Der Urheber einer Nachricht braucht diese lediglich nach der Verschlüsselung mit dem öffentlichen Schlüssel des MLA an diesen zu senden.

5.3 Empfohlene Web-Sites

- **PGP Home Page:** Die PGP-Web-Site von Network Associates, dem führenden kommerziellen Vertreiber von PGP.
- **MIT Distribution Site for PGP:** Führender Verteiler freier PGP-Software. Enthält FAQs, weitere Informationen sowie Links zu anderen PGP-Sites.

- **S/MIME Charter:** Die neuesten RFCs und Internet-Drafts für S/MIME.
- **S/MIME Central:** Die Web-Site der Firma RSA Inc. für S/MIME. Enthält FAQs und weitere nützliche Informationen.

5.4 Aufgaben

5.1 PGP verwendet den CFB-Modus (Cipher Feedback) von CAST-128, wogegen die meisten Anwendungen mit herkömmlicher Verschlüsselung (außer der Verschlüsselung der Schlüssel) den CBC-Modus (Cipher Block Chaining) benutzen. Wir haben

CBC: $C_i = E_K[C_{i-1} \oplus P_i]$; $P_i = C_{i-1} \oplus D_K[C_i]$
CFB: $C_i = P_i \oplus E_K[C_{i-1}]$; $P_i = C_i \oplus E_K[C_{i-1}]$

Anscheinend bieten beide dieselbe Sicherheit. Warum verwendet PGP den CFB-Modus?

5.2 Die ersten 16 Bit eines Message Digests von 128 Bit in einer PGP-Unterschrift werden in Klartext übersetzt.

a. In welchem Ausmaß beeinträchtigt dies die Sicherheit des Hash-Algorithmus?

b. In welchem Ausmaß wird dessen beabsichtigte Funktion vorweggenommen, insbesondere die Prüfung, ob der richtige RSA-Schlüssel zum Entschlüsseln des Digest Verwendung fand?

5.3 In Abbildung 5.4 enthält jeder Eintrag in dem Ring öffentlicher Schlüssel ein Trust-Feld, welches den Grad des Vertrauens angibt, den der Eigentümer dieses öffentlichen Schlüssels genießt. Warum ist das nicht ausreichend? Wenn man schließlich diesem Eigentümer vertraut und es sich um seinen öffentlichen Schlüssel handelt, warum reicht dieses Vertrauen nicht aus, um PGP diesen öffentlichen Schlüssel benutzen zu lassen?

5.4 Betrachten Sie die Radix-64-Umwandlung als eine Form von Verschlüsselung. In diesem Fall gibt es keinen Schlüssel. Aber nehmen Sie an, dass ein Gegner nur weiß, dass ein Ersetzungsalgorithmus verwendet wurde, um englischen Text zu verschlüsseln.

Wie effektiv wäre dieser Algorithmus gegen Kryptoanalyse?

5.5 Phil Zimmermann wählte IDEA, dreifachen DES mit dreifachem Schlüssel und CAST-128 als Algorithmen zur herkömmlichen Verschlüsselung. Nennen Sie Gründe, warum jeder der in diesem Buch beschriebenen anderen herkömmlichen Verschlüsselungsalgorithmen für PGP passend oder unpassend ist: DES, dreifacher DES mit zweifachen Schlüsseln, Blowfish, RC2 und RC5.

5.5 Anhang 5A: Datenkomprimierung mit ZIP

PGP macht Gebrauch von einer Komprimierungs-Software namens ZIP, die von Jean-lup Gailly, Mark Adler und Richard Wales geschrieben wurde. Bei ZIP handelt es sich um ein in C erstelltes Freeware-Paket, das als Dienstprogramm auf UNIX und einigen anderen Systemen läuft. ZIP ist funktionsgleich mit PKZIP, einem weit verbreiteten Shareware-Paket für Windows-Systeme, das von PKWARE, Inc. entwickelt wurde. Der ZIP-Algorithmus stellt vielleicht die am häufigsten genutzte, plattformübergreifende Komprimierungstechnik dar. Freeware- und Shareware-Versionen sind genauso für den Macintosh und andere Systeme wie für Windows und UNIX-Systeme verfügbar.

ZIP und vergleichbare Algorithmen entstammen der Forschung von Jacob Ziv und Abraham Lempel. Im Jahr 1977 beschrieben sie eine Technik, die auf einem Puffer basiert, der den zuletzt verarbeiteten Text in einem verschiebbaren Fenster enthält [ZIV77]. Dieser Algorithmus wird im Allgemeinen als LZ77 bezeichnet. Das ZIP-Komprimierungsschema verwendet eine seiner Versionen (PKZIP, gzip, zipit etc.).

LZ77 und seine Varianten nutzen die Tatsache, dass sich Wörter und Phrasen innerhalb eines Textstroms (Bildmuster im Fall von GIF) wahrscheinlich wiederholen. Tritt eine Wiederholung auf, kann man die wiederholte Sequenz durch ein Kürzel ersetzen. Das Komprimierungsprogramm sucht nach solchen Wiederholungen und generiert währenddessen Kürzel, welche die wiederholten Sequenzen ersetzen. Bei Bedarf werden die Kürzel auf neue Sequenzen umdefiniert. Der Algorithmus muss so ausgelegt werden, dass das Dekomprimierungsprogramm imstande ist, die aktuelle Beziehung zwischen Kürzel und Sequenz aus den Quelldaten abzuleiten.

Bevor wir einen Blick auf die Details von LZ77 werfen, lassen Sie uns ein einfaches Beispiel betrachten[3]. Nehmen Sie den unsinnigen Satz

```
the brown fox jumped over the brown foxy jumping frog
```

welcher 53 Byte = 424 Bit lang ist. Der Algorithmus verarbeitet diesen Text von links nach rechts. Zu Anfang wird jedes Zeichen auf ein Muster von 9 Bit abgebildet, das aus einer binären 1 und dem 8-Bit-ASCII-Zeichen besteht. Mit fortschreitender Verarbeitung sucht der Algorithmus nach wiederholten Sequenzen. Stellt er eine Wiederholung fest, setzt der Algorithmus die Untersuchung bis zu deren Ende fort. Mit anderen Worten, bei jedem Auftreten einer Wiederholung schließt der Algorithmus so viele Zeichen wie möglich ein. Die erste auftretende Sequenz ist `the brown fox`. Diese Sequenz wird durch einen Zeiger auf die vorhergehende Sequenz und deren Länge ersetzt. In diesem Fall tritt die vorhergehende Sequenz von `the brown fox` 26 Zeichen vorher auf und ihre Länge

3 Grundlage ist ein Beispiel in [WEIS93]

beträgt 13 Zeichen. Nehmen Sie für dieses Beispiel zwei Optionen für die Codierung an, nämlich einen Zeiger von 8 Bit und eine Länge von 4 Bit oder einen Zeiger von 12 Bit und eine Länge von 6 Bit.

Ein Header von 2 Bit zeigt an, welche Option ausgewählt wurde, wobei 00 die erste und 01 die zweite Option anzeigt. Das zweite Auftreten von `the brown fox` wird daher als $<00_b><26_d><13_d>$ beziehungsweise 00 00011010 1101 codiert.

Der Rest der komprimierten Nachricht besteht aus dem Buchstaben `y`, der Sequenz $<00_b><27_d><5_d>$, welche das Leerzeichen gefolgt von `jump` ersetzt, sowie der Zeichenfolge `ing frog`.

Abbildung 5.9 zeigt die Abbildung dieser Komprimierung. Die komprimierte Nachricht besteht aus 35 Zeichen à 9 Bit und zwei Codes, insgesamt also $35 \times 9 + 2 \times 14 = 343$ Bit. Verglichen mit den 424 Bit der unkomprimierten Nachricht ergibt dies ein Komprimierungsverhältnis von 1,24.

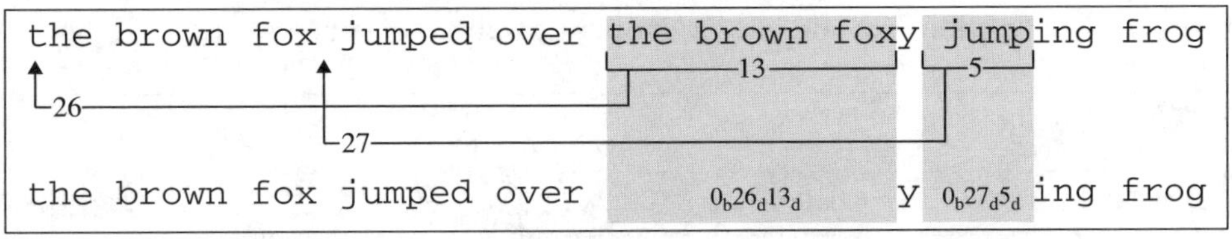

Abbildung 5.9: Beispiel eines LZ77-Schemas

5.5.1 Komprimierungsalgorithmus

Der Komprimierungsalgorithmus für LZ77 und seine Varianten verwendet zwei Puffer. Ein **Sliding-History-Puffer** enthält die letzten *N* Zeichen der Quelle, die verarbeitet worden sind, und ein **Look-Ahead-Puffer** beinhaltet die nächsten *L* Zeichen, die verarbeitet werden sollen (Abbildung 5.10a). Der Algorithmus versucht, zwei oder mehr Zeichen vom Anfang des Look-Ahead-Puffers auf eine Zeichenfolge des Sliding-History-Puffers abzubilden. Wird keine Übereinstimmung gefunden, wird das erste Zeichen im Look-Ahead-Puffer als 9-Bit-Zeichen ausgegeben und außerdem in das verschiebbare Fenster übertragen, wobei das älteste Zeichen in diesem Fenster wegfällt. Wird eine Übereinstimmung entdeckt, stellt der Algorithmus ihre Länge fest. Daraufhin wird der gefundene String als Tripel (Indikator, Zeiger, Länge) ausgegeben. Für eine Zeichenfolge der Länge *K* werden die ältesten *K* Zeichen im verschiebbaren Fenster vernachlässigt und die *K* Zeichen des codierten Strings werden in das Fenster übernommen.

Abbildung 5.10b zeigt die Arbeitsweise dieses Schemas für unsere Beispielsequenz. Das Bild geht von einem verschiebbaren Fenster von 39 Zeichen und einem Look-Ahead-Puffer von 13 Zeichen aus. Im oberen Teil des Beispiels wurden die ersten 40 Zeichen verarbeitet und die unkomprimierte Version der letzten 39 dieser Zeichen befindet sich im verschiebbaren Fenster. Der Rest der Quelle steht im vorausschauenden Fenster. Der Kompressionsalgorithmus sucht nach der nächsten Übereinstimmung, verschiebt fünf Zeichen aus dem Look-Ahead-Puffer in das verschiebbare Fenster und gibt den Code für diesen String aus. Der Zustand des Puffers nach diesen Operationen wird im unteren Teil der Abbildung gezeigt.

LZ77 ist effektiv und wird der Natur der aktuellen Eingabe gerecht, weist aber auch einige Nachteile auf. Der Algorithmus verwendet ein begrenztes Fenster, um im vorausgehenden Text nach Übereinstimmungen zu suchen. In einem im Verhältnis zum Fenster sehr langen Textblock werden viele mögliche Übereinstimmungen nicht gefunden. Man kann das Fenster vergrößern, handelt sich damit aber zwei Probleme ein: (1) Die Verarbeitungszeit des Algorithmus wächst, weil er für jedes Zeichen im verschiebbaren Fenster einen String-Vergleich mit dem vorausschauenden Puffer durchführen muss. (2) Das Feld Zeiger muss größer werden, um die längeren Sprünge abzudecken.

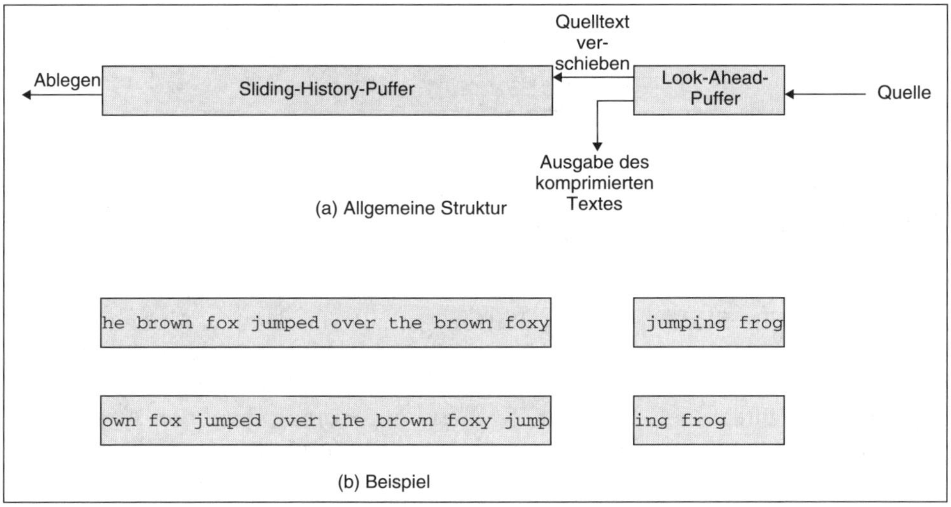

Abbildung 5.10: LZ77-Schema

5.5.2 Dekomprimierungsalgorithmus

Die Dekomprimierung von LZ77-komprimiertem Text ist einfach. Der Dekomprimierungsalgorithmus muss die letzten *N* Zeichen der dekomprimierten Ausgabe aufbewahren. Tritt ein codierter String auf, benutzt der Dekomprimierungsalgorithmus die Felder Zeiger und Länge, um den Code durch den richtigen Text zu ersetzen.

5.6 ANHANG 5B: Radix-64-Umwandlung

PGP und S/MIME machen beide Gebrauch von der Verschlüsselungstechnik, die als Radix-64-Umwandlung bezeichnet wird. Diese Technik bildet beliebige Binäreingaben in druckbare Zeichenausgabe ab. Diese Art der Verschlüsselung hat die folgenden wichtigen Eigenschaften:

1. Der Bereich dieser Funktion ist ein Zeichensatz, der übergreifend in allen Umgebungen darstellbar ist und keine spezielle Binärverschlüsselung dieses Zeichensatzes darstellt. Die Zeichen können auf diese Weise in jede von einem bestimmten System benötigte Form verschlüsselt werden. Das Zeichen »E« wird z.B. in ASCII-Systemen als hexadezimal 45 und in EBCDIC-Systemen als hexadezimal C5 dargestellt.
2. Der Zeichensatz enthält 65 druckbare Zeichen, von denen eines als Füllzeichen verwendet wird. Mit $2^6 = 64$ verfügbaren Zeichen kann jedes davon zur Darstellung von 6 Eingabebits verwendet werden.
3. Im Satzumfang sind keine Kontrollzeichen enthalten. Auf diese Weise kann eine mit Radix-64 übersetzte Nachricht Mail-Systeme durchlaufen, die den Datenstrom nach Kontrollzeichen abgreifen.
4. Der Bindestrich (»-«) wird nicht verwendet. Dieses Zeichen hat im Format von RCF 822 Bedeutung und sollte deswegen vermieden werden.

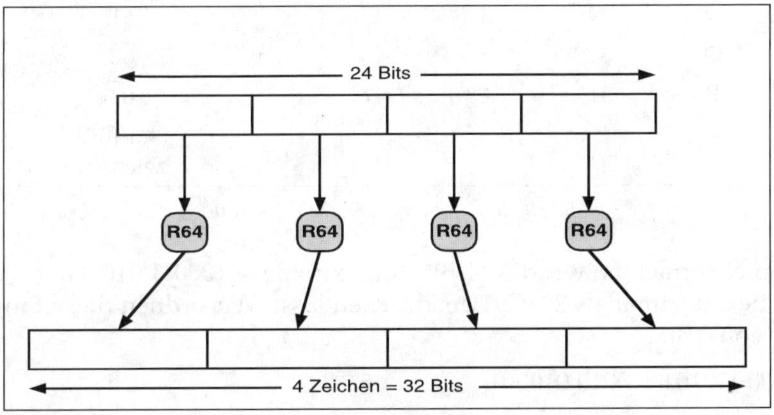

Abbildung 5.11: Druckbare Verschlüsselung von Binärdaten in Radix-64-Format

Abbildung 5.11 stellt das einfache Abbildungsschema dar. Die binäre Eingabe wird als Block von 3 Oktetten oder 24 Bit verarbeitet. Jeder Satz von 6 Bit im 24 Bit langen Block wird als ein Zeichen abgebildet. In der Abbildung werden die Zeichen in einer 8-Bit-Verschlüsselung dargestellt. In diesem typischen Fall wird jede 24-Bit-Eingabe zu einer 32-Bit-Ausgabe erweitert.

Die Tabelle 5.9 zeigt die Abbildung von 6-Bit-Eingabewerten in Zeichen. Der Zeichensatz besteht aus alphanumerischen Zeichen, einschließlich »+« und »/«. Das Zeichen »=« wird als Füllzeichen verwendet.

6-Bit-Wert	*Verschlüsseln-des Zeichen*	*6-Bit-Wert*	*Verschlüsseln-des Zeichen*	*6-Bit-Wert*	*Verschlüsseln-des Zeichen*	*6-Bit-Wert*	*Verschlüsseln-des Zeichen*
0	A	16	Q	32	g	48	w
1	B	17	R	33	h	49	x
2	C	18	S	34	i	50	y
3	D	19	T	35	j	51	z
4	E	20	U	36	k	52	0
5	F	21	V	37	l	53	1
6	G	22	W	38	m	54	2
7	H	23	X	39	n	55	3
8	I	24	Y	40	o	56	4
9	J	25	Z	41	p	57	5
10	K	26	a	42	q	58	6
11	L	27	b	43	r	59	7
12	M	28	c	44	s	60	8
13	N	29	d	45	t	61	9
14	O	30	e	46	u	62	+
15	P	31	f	47	v	63	/
						(Auffüll-zeichen)	=

Tabelle 5.9: Radix-64-Verschlüsselung

Als Beispiel betrachten wir die 24-Bit-Rohtextfolge 00100011 01011100 10010001, die sich hexadezimal als 235C91 ausdrücken lässt. Wir ordnen diese Eingabe in Blöcken von 6 Bit:

001000 110101 110010 010001

Die daraus filtrierten 6-Bit-dezimalen Werte sind 8, 53, 50 und 17. Schaut man diese in Tabelle 5.9 nach, so erhält man als Radix-64-Verschlüsselung die folgenden Zeichen: I1yR. Wenn diese Zeichen im 8-Bit-ASCII-Format mit einem auf Null gesetzten Paritätsbit gesetzt werden, erhalten wir:

01001001 0011001 01111001 01010010

Der sich ergebende Wert kann hexadezimal als 49317952 ausgedrückt werden.

Eingabedaten	
Binäre Darstellung	00100011 01011100 10010001
Hexadezimale Darstellung	235C91

Radix-64-Umwandlung der Eingabedaten	
Darstellung in Zeichen	I1yR
ASCII-Code (8 Bit, Null-Paritätsbit)	01001001 0011001 01111001 01010010
Hexadezimale Darstellung	49317952

5.7 ANHANG 5C: PGP-Zufallszahlengenerierung

PGP verwendet ein komplexes und leistungsstarkes Schema zur Erzeugung von zufälligen und pseudozufälligen Zahlen für eine Vielzahl von Anwendungszwecken. PGP erzeugt Zufallszahlen vom Inhalt und Zeitpunkt von Tastatureingaben von Benutzern und pseudozufällige Zahlen unter Verwendung eines Algorithmus, der auf dem von ANSI X9.17 basiert. PGP verwendet diese Zahlen für folgende Zwecke:

- Wirkliche Zufallszahlen:
  - werden zur Erzeugung von RSA-Schlüsselpaaren verwendet
  - liefern den Startparameter für den Pseudozahlen-Generator
  - liefern zusätzliche Eingaben während der Pseudozufallszahlen-Generierung
- Pseudozufällige Zahlen:
  - werden zur Erzeugung von Sitzungsschlüsseln verwendet
  - dienen der Erzeugung von Initialisierungsvektoren (IVs) zur Verwendung mit dem Sitzungsschlüssel bei der Verschlüsselung des CFB-Modus

5.7.1 Echte Zufallszahlen

PGP hält einen 256 Byte großen Puffer von zufälligen Bits vor. Jedes Mal, wenn PGP eine Tastatureingabe erwartet, zeichnet es den Zeitpunkt, zu dem es mit dem Warten beginnt, im 32-Bit-Format auf. Beim Tastenanschlag zeichnet es den Zeitpunkt und den 8-Bit-Wert der Eingabe auf. Zeit und Tastaturinformationen werden zur Erzeugung eines Schlüssels benutzt, der in Folge zur Verschlüsselung des aktuellen Werts des Zufallsbitpuffers verwendet wird.

5.7.2 Pseudozufallszahlen

Pseudozufallszahlen verwenden einen Startparameter von 24 Oktetten und erzeugen einen Sitzungsschlüssel aus 16 Oktetten und einen Initialisierungsvektor aus 8 Oktetten und einen neuen Startparameter für die nächste Pseudozufallszahlen-Generierung. Der Algorithmus verwendet folgende Datenstrukturen:

1. Eingabe
   - randseed.bin (24 Oktette): Ist diese Datei leer, wird sie mit 24 wirklich zufälligen Oktetten aufgefüllt.
   - Nachricht: Der Sitzungsschlüssel und der IV, die zur Verschlüsselung einer Nachricht verwendet werden, sind selbst Funktion dieser Nachricht. Dies trägt weiter zur Zufälligkeit des Schlüssels und des IV bei und wenn ein Eindringling bereits den Klartextinhalt der Nachricht kennt, ergibt sich kein sichtbarer Bedarf, sich des einmaligen Sitzungsschlüssels zu bemächtigen.
2. Ausgabe
   - K (24 Oktette): Die ersten sechzehn Oktette, K[0..15], enthalten einen Sitzungsschlüssel und die letzten Oktette, K[16..23], enthalten einen IV.
   - randseed.bin (24 Oktette): Ein neuer Startparameter-Wert wird in dieser Datei abgelegt.
3. Interner Datenaufbau
   - dtbuf (8 Oktette): Die ersten vier Oktette, dtbuf[0..3], werden mit dem aktuellen Wert Datum/Zeit initialisiert.
   - rkey (16 Oktette): der Verschlüsselungsschlüssel von CAST-128, der in allen Stufen des Algorithmus verwendet wird.
   - rseed (8 Oktette)
   - rbuf (8 Oktette): eine pseudozufällige Zahl, vom Algorithmus erzeugt.
   - K' (24 Oktette): zwischenzeitlicher Puffer für den neuen Wert von randseed.bin.

Der Algorithmus umfasst neun Schritte, G1 bis G9. Der erste und letzte Schritt sind verwirrende Schritte, die zur Wertminderung einer von einem Eindringling gestohlenen Datei randseed.bin gedacht sind. Die verbleibenden Schritte werden in Abbildung 5.12 dargestellt.

Die folgenden Schritte werden ausgeführt:

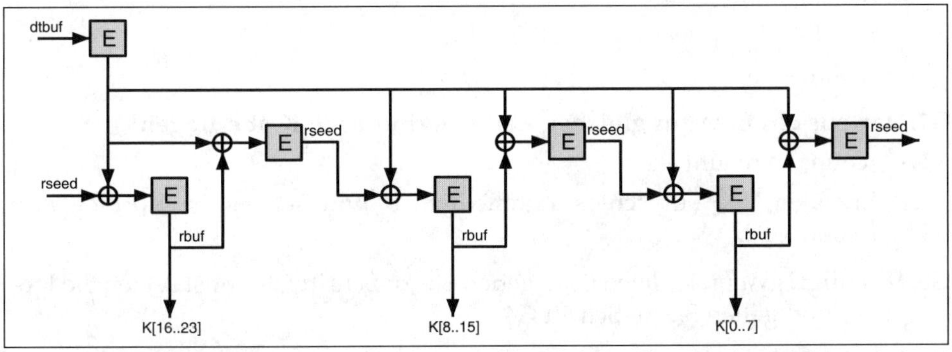

Abbildung 5.12: PGP-Sitzungsschlüssel- und IV-Generierung (Schritte G2 bis G9)

G1. [Vorbereitung des vorangegangen Startparameters]

- Kopieren Sie randseed.bin nach K[0..23].
- Nehmen Sie den Hash-Code der Nachricht (dieser wurde bereits erstellt, wenn die Nachricht gezeichnet wurde; ansonsten werden die ersten 4 K Oktette der Nachricht benutzt). Benutzen Sie das Ergebnis als Schlüssel, verwenden Sie einen Null-Initialisierungsvektor und verschlüsseln Sie K im CFB-Modus; speichern Sie das Ergebnis wiederum in K.

G2. [Bestimmung des Startparameters]

- Setzen Sie dtbuf [0..3] auf die Ortszeit (32 Bit). Setzen Sie dtbuf [4..7] alle auf Null. Kopieren Sie K[0..15] nach rkey. Kopieren Sie K[16..23] nach rseed.
- Verschlüsseln Sie den 64-Bit-dtbuf mithilfe des 128-Bit-rkey im ECB-Modus; speichern Sie das Ergebnis wiederum in dtbuf.

G3. [Vorbereitung zur Generierung von Zufallsoktetten] Setzen Sie rcount auf Null und k auf 23. Die Wiederholungsschleife durch die Schritte G4 bis G7 wird 24 Mal ausgeführt (k = 23...0), einmal für jedes Zufallsoktett, das erzeugt und in K platziert wird. Die Variable rcount ist die Anzahl von ungenutzten Zufallsoktetten in rbuf. Sie wird dreimal von 8 nach 0 runtergezählt, um somit die 24 Oktette zu erzeugen.

G4. [Sind Bytes verfügbar?] Wenn rcount = 0 gehen Sie zu Schritt G5, ansonsten zu Schritt G7.

G5. [Neue Zufallsoktette erzeugen]

- rseed ← rseed ⊕ dtbuf
- rbuf ← E_{rkey} [rseed]im ECB-Modus

G6. [Nächsten Startparameter erzeugen]

- rseed ← rbuf = dtbuf
- rseed ← E_{rkey} [rseed] im ECB-Modus
- rcount ← 8

G7. [Jeweils ein Byte zur gleichen Zeit von rbuf nach K übertragen]

- rcount ← rcount – 1
- Erzeugen Sie ein echtes Zufalls-Byte b und setzen Sie K[k] ← rbuf [rcount] ⊕ b

G8. [Erledigt?] Wenn k gleich 0 ist, gehen Sie zu Schritt G9, sonst setzen Sie k ← k – 1 und gehen Sie zu Schritt G4.

G9. [Nachbereitung des Startparameters und Werterückgabe]

- Erzeugen Sie 24 weitere Bytes mit den Schritten G4 bis G7 mit Ausnahme der XOR-Operation in einem Zufalls-Byte von G7. Platzieren Sie das Ergebnis im Speicher K'.
- Verschlüsseln Sie K' mit dem Schlüssel K [0..15] und IV K [16..23] im CFB-Modus; speichern Sie das Ergebnis in ranseed.bin.
- Geben Sie K zurück.

Es sollte nicht möglich sein, den Sitzungsschlüssel aus den in Schritt G9.a erzeugten 24 neuen Oktetten zu bestimmen. Aber um sicherzustellen, dass die gespeicherte Datei randseed.bin keine Informationen über den neuesten Sitzungsschlüssel bietet, werden die 24 neuen Oktette verschlüsselt. Das Ergebnis ist der neue Startparameter.

Dieser ausgereifte Algorithmus sollte kryptographisch sichere Pseudozufallszahlen liefern.

6 IP-Sicherheit

Die Internet-Gemeinde hat auf zahlreichen Gebieten anwendungsbezogene Sicherheitsmechanismen entwickelt; dazu gehören unter anderem die Bereiche E-Mail (S/MIME, PGP), Client-Server-Anwendungen (Kerberos) und Web-Zugang (Secure Sockets Layer). Dennoch müssen die Benutzer einige Sicherheitsregeln beachten, die sich quer durch die Protokollschichten auswirken. Ein Unternehmen kann zum Beispiel ein sicheres, privates TCP/IP-Netzwerk dadurch betreiben, dass Verbindungen zu nicht vertrauenswürdigen Servern nicht ermöglicht werden, dass nur verschlüsselte Datenpakete verschickt werden dürfen und dass ankommende Datenpakete zu authentifizieren sind. Beim Einrichten von Sicherheitsmechanismen auf IP-Ebene kann eine Organisation sichere Netzwerkverbindungen nicht nur für solche Anwendungen gewährleisten, die selbst Sicherheitsmechanismen enthalten, sondern auch für die vielen anderen Anwendungen, die auf Sicherheit keine Rücksicht nehmen.

Sicherheit auf IP-Ebene umfasst drei funktionale Bereiche: Authentifizierung, Vertraulichkeit und Schlüsselverwaltung. Durch die Authentifizierung wird sichergestellt, dass ein empfangenes Datenpaket auch wirklich von der im Header genannten Stelle versandt wurde und dass die empfangenen Daten nicht während der Übertragung verändert wurden. Die Möglichkeiten der Vertraulichkeit erlauben die Verschlüsselung von übertragenen Daten und verhindern damit das Aushorchen der Daten durch Unbefugte. Die Schlüsselverwaltung befasst sich mit dem sicheren Austausch von Schlüsseln.

Wir beginnen dieses Kapitel mit einem Überblick über IP-Sicherheit (IPSec) und einer Einführung in den Aufbau von IP-Sicherheit. Danach werden wir die drei funktionalen Bereiche einzeln ausführlich behandeln. Der Anhang dieses Kapitels enthält eine Beschreibung der Internet-Protokolle.

6.1 IP-Sicherheit – ein Überblick

1994 veröffentlichte das Internet Architecture Board (IAB) einen Bericht mit dem Titel *Security in the Internet Architecture* (RFC 1636). Dieser Bericht bestätigte die allgemein anerkannte Meinung, dass das Internet mehr und bessere Sicherheitsmechanismen benötige, und es wurden Schlüsselbereiche für solche Sicherheitsmechanismen heraus gearbeitet. Genannt wurden dabei die Sicherung der Netzwerkinfrastruktur gegen unberechtigtes Aushorchen, die Steuerung des Datenverkehrs in Netzwerken und die Notwendigkeit, direkte Verbindungen durch Authentifizierungs- und Verschlüsselungsmechanismen zu sichern.

Diese Anliegen sind in vollem Umfang gerechtfertigt. Als Bestätigung wurden 1998 im jährlichen Bericht des Computer Emergency Response Team (CERT) mehr als 1300 Sicherheitsunfälle aufgezählt, von denen nahezu 20.000 Unternehmen betroffen waren [CERT99]. Die ernsthaftesten Angriffe waren IP-Spoofing (dabei erzeugen Eindringlinge Datenpakete mit falschen IP-Adressen und nutzen Anwendungen mit Authentifizierung auf der Grundlage von IP-Adressen aus) und verschiedene Formen des Mitlesens und Aushorchens von Daten (hier untersuchen Angreifer übertragene Daten einschließlich der Anmeldeinformationen und des Inhalts von Datenbanken).

Als Antwort auf diese Veröffentlichung nahm das IAB Authentifizierung und Verschlüsselung als notwendige Sicherheitseigenschaften in das IP der nächsten Generation auf, das als IPv6 bezeichnet wird. Diese Sicherheitseigenschaften wurden zum Glück so entworfen, dass sie auch mit IPv4 anwendbar sind. So können Entwickler diese Eigenschaften bereits heute anbieten und die Produkte vieler Lieferanten enthalten schon jetzt einige IPSec-Fähigkeiten.

6.1.1 Anwendungen von IPSec[1]

IPSec stellt die Werkzeuge für eine sichere Datenkommunikation in einem LAN, in privaten oder öffentlichen WANs und im Internet bereit. Nachfolgend sind dafür einige Beispiele angegeben:

- **Sichere Verbindung von Zweigstellen über das Internet**: Ein Unternehmen ist in der Lage, über das Internet oder über ein öffentliches WAN ein sicheres virtuelles privates Netzwerk einzurichten. Das Unternehmen kann sich dann weitgehend auf das Internet verlassen und auf eigene Netze verzichten, um so Kosten und eigene Netzwerkverwaltung einzusparen.
- **Sicherer entfernter Zugriff über das Internet:** Ein Benutzer, dessen System mit IP-Sicherheitsprotokollen ausgestattet ist, kann einen Internet Service Provider (ISP) per Ortsgespräch erreichen und so einen sicheren Zugang zum Unternehmensnetzwerk erhalten. Dadurch lassen sich die Kosten für reisende Angestellte und Telearbeiter senken.
- **Einrichten von Extranet- und Internet-Verbindungen mit Partnern:** Mit IPSec lässt sich die Kommunikation mit anderen Unternehmen schützen, indem Authentifizierung und Vertraulichkeit sichergestellt werden und ein Mechanismus für den Austausch von Schlüsseln vereinbart wird.

1 Dieser Abschnitt beruht auf Unterlagen im IP Security Whitepaper von CyLAN Technologies, `http://www.cylan.com/files/whpaper.htm`, 1997

- **Verbessern der Sicherheit beim elektronischen Handel:** Einige Anwendungen im Web und beim elektronischen Handel verfügen zwar schon über eingebaute Sicherheitsprotokolle, dennoch lässt sich durch die Anwendung von IPSec die Sicherheit noch weiter erhöhen.

Das wichtigste Feature von IPSec, das diese unterschiedlichen Anwendungen unterstützt, ist das Verschlüsseln und/oder Authentifizieren des gesamten Datenverkehrs auf IP-Ebene. Damit lassen sich *alle* verteilten Anwendungen sichern, einschließlich entfernter Anmeldung, Client/Server, E-Mail, Dateiübertragung, Web-Zugriff usw.

Abbildung 6.1 zeigt ein typisches Szenario für die Anwendung von IPSec. Eine Organisation betreibt an verschiedenen Stellen lokale Netzwerke (LANs). Innerhalb jedes LAN erfolgt der Datenaustausch ungesichert. Für den Datenverkehr nach draußen, über private oder öffentliche WANs, finden IPSec-Protokolle Verwendung. Diese Protokolle arbeiten in Netzwerkkomponenten wie etwa Routern oder Firewalls, die jedes LAN mit der Außenwelt verbinden. Meist verschlüsselt und komprimiert die IPSec-Netzwerkkomponente alle in das WAN übertragenen Daten und entschlüsselt und dekomprimiert alle aus dem WAN hereinkommenden Daten; diese Vorgänge sind für die Arbeitsplatzrechner und die Server im LAN transparent. Auch mit einzelnen Benutzern, die sich in ein WAN einwählen, sind sichere Datenübertragungen möglich. Auf den Arbeitsplatzrechnern dieser Benutzer müssen nur IPSec-Protokolle eingerichtet werden, um die Sicherheit zu gewährleisten.

6.1.2 Vorteile von IPSec

[MARK97] zählt folgende Vorteile von IPSec auf:

- Wenn IPSec in einer Firewall oder einem Router implementiert ist, kann es für eine hohe Sicherheit beim gesamten Datenverkehr sorgen, der die Grenzen eines abgeschlossenen Netzwerks überschreitet. Innerhalb eines Unternehmens oder einer Abteilung verursacht der Datenverkehr jedoch keine zusätzliche Belastung durch sicherheitsbezogene Systemarbeiten.
- In einer Firewall kann IPSec nicht umgangen werden, wenn der gesamte von außen kommende Verkehr IP benutzen muss und wenn die Firewall die einzige Zugangsmöglichkeit aus dem Internet in das Unternehmen darstellt.
- IPSec ist unterhalb der Transportschicht (TCP, UDP) angesiedelt und somit für Anwendungen transparent. Die Software auf einem Benutzer- oder Serversystem muss deshalb nicht geändert werden, wenn IPSec in einer Firewall oder in einem Router implementiert wird. Selbst bei einer Implementation von IPSec in Endsystemen wird die Software auf höheren Ebenen einschließlich der Benutzersoftware nicht beeinflusst.

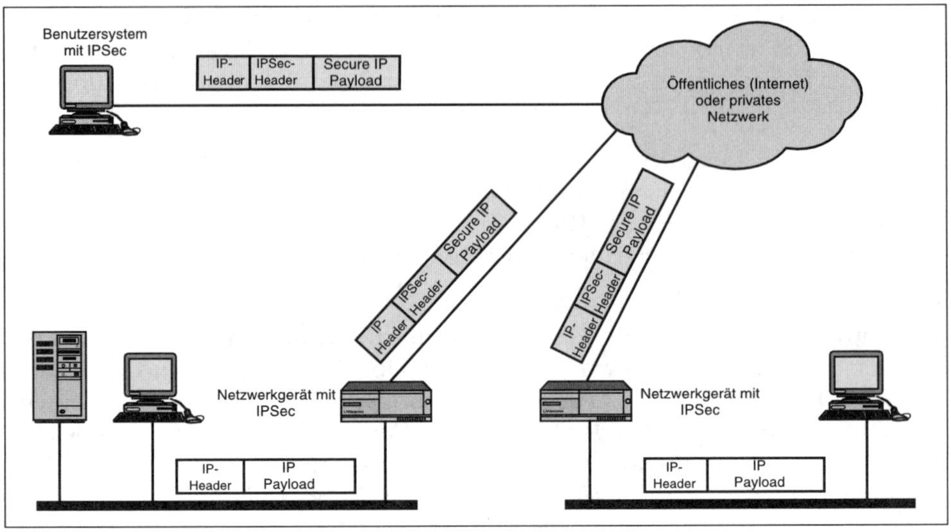

Abbildung 6.1: Ein IP-Sicherheitsszenario

- IPSec kann für Endbenutzer transparent sein. Es besteht keine Notwendigkeit, Benutzer über Sicherheitsmechanismen zu schulen, benutzerbezogene Schlüsselinformationen zu verteilen oder solche Informationen wieder einzusammeln, wenn Mitarbeiter das Unternehmen verlassen.
- Bei Bedarf bietet IPSec auch Sicherheiten für einzelne Benutzer. Dies kann für auswärtige Mitarbeiter nützlich sein oder wenn innerhalb eines Unternehmens ein sicheres virtuelles Teilnetz für sicherheitsbedürftige Anwendungen eingerichtet werden soll.

6.1.3 Routing-Anwendungen

Neben der Unterstützung von Endbenutzern und zum Schutz von Unternehmenssystemen und -netzen kann IPSec eine sehr wichtige Rolle beim Routing-Aufbau spielen, wie er für den Verkehr zwischen Netzwerken erforderlich ist. In [HUIT98] finden sich folgende Beispiele für den Einsatz von IPSec. IPSec kann sicherstellen, dass

- eine Router-Ankündigung (ein Router zeigt sein Vorhandensein an) von einem autorisierten Router stammt.
- eine Nachbar-Ankündigung (ein Router versucht, mit einem Router in einer anderen Routing-Domäne eine Nachbarbeziehung einzurichten oder aufrecht zu erhalten) von einem autorisierten Router stammt.

- eine zurückgeschickte Meldung von dem Router kommt, zu dem das ursprüngliche Datenpaket gesendet wurde.
- ein Routing Update nicht gefälscht ist.

Ohne solche Sicherheitsmaßnahmen kann ein Gegner Verbindungen unterbrechen oder übertragene Daten umlenken. Routing-Protokolle wie OSPF sollten oberhalb der Sicherheitsverbindungen zwischen Routern laufen, die durch IPSec festgelegt sind.

6.2 IP-Sicherheitsaufbau

Die Spezifikation von IPSec ist sehr komplex geworden. Um ein Gefühl für den Gesamtaufbau zu bekommen, werfen wir zunächst einen Blick auf die Dokumente, in denen IPSec definiert wird. Danach behandeln wir die IPSec-Dienste und erläutern das Konzept der Sicherheitsverknüpfung.

6.2.1 IPSec-Dokumente

Die Spezifikation von IPSec besteht aus zahlreichen Dokumenten. Die wichtigsten sind die RFCs 2401, 2402, 2406 und 2408 vom November 1998 (siehe Anhang C):

- RFC 2401: ein Überblick über den Sicherheitsaufbau.
- RFC 2402: Beschreibung einer Erweiterung der Paketauthentifizierung bei IPv4 und IPv6.
- RFC 2406: Beschreibung einer Erweiterung der Paketverschlüsselung bei IPv4 und IPv6.
- RFC 2408: Spezifikation von Möglichkeiten zur Schlüsselverwaltung.

Die Unterstützung dieser Eigenschaften ist für IPv6 bindend, für IPv4 empfohlen. In beiden Fällen werden die Sicherheitseigenschaften als Erweiterungs-Header implementiert, die dem normalen IP-Header folgen. Der Erweiterungs-Header für die Authentifizierung ist als Authentication Header bekannt; der für die Verschlüsselung wird Encapsulating Security Payload (ESP) Header genannt.

Zusätzlich zu diesen vier RFCs hat die vom IETF eingesetzte IP Security Protocol Working Group eine Reihe weiterer Abhandlungen veröffentlicht. Diese Dokumente sind in sieben Gruppen eingeteilt, die in Abbildung 6.2 dargestellt sind (RFC 2411):

- **Aufbau:** Behandelt die allgemeinen Konzepte, Sicherheitserfordernisse, Definitionen und Mechanismen, die die IPSec-Technik beschreiben.

- **Encapsulating Security Payload (ESP):** Behandelt das Paketformat und allgemeine Angaben zur Benutzung von ESP für die Verschlüsselung von Paketen und wahlweise für die Authentifizierung.
- **Authentication Header (AH):** Behandelt das Paketformat und allgemeine Angaben zur Benutzung des AH für die Authentifizierung von Paketen.
- **Verschlüsselungsalgorithmus:** Eine Reihe von Dokumenten, die die Anwendung verschiedener Verschlüsselungsalgorithmen für ESP beschreiben.
- **Authentication Algorithm:** Eine Reihe von Dokumenten, die die Anwendung verschiedener Authentifizierungsalgorithmen für AH und für die Authentifizierungsoption von ESP beschreiben.
- **Schlüsselverwaltung:** Dokumente, in denen Modelle der Schlüsselverwaltung erläutert werden.
- **Domain of Interpretation (DOI):** Enthält Werte, die von den anderen Dokumenten benötigt werden, um zueinander in Beziehung gesetzt zu werden. Dabei finden sich Kennzeichner für anerkannte Verschlüsselungs- und Authentifizierungsalgorithmen sowie Betriebsparameter wie zum Beispiel die Lebensdauer von Schlüsseln.

6.2.2 IPSec-Dienste

IPSec bietet Sicherheitsdienste auf IP-Ebene, indem es ein System in die Lage versetzt, die benötigten Sicherheitsprotokolle auszuwählen, die für die Dienste benötigten Algorithmen zu bestimmen und alle für die vorgesehene Verschlüsselung erforderlichen Daten bereitzustellen. Zwei Protokolle werden benutzt, um Sicherheit zu erzielen: ein Authentifizierungsprotokoll, festgelegt durch den Header des Protokolls (Authentifizierungs-Header – AH), und ein kombiniertes Verschlüsselungs- und Authentifizierungsprotokoll, festgelegt durch das Format des Pakets für dieses Protokoll, das Encapsulating Security Payload (ESP). Die Dienste sind:

- Zugriffskontrolle
- Verbindungslose Integrität
- Authentifizierung der Datenherkunft
- Zurückweisen von mehrfach gesendeten Paketen (eine Art teilweiser Folgeintegrität)
- Vertraulichkeit (Verschlüsselung)
- Beschränkte Verkehrsfluss-Vertraulichkeit

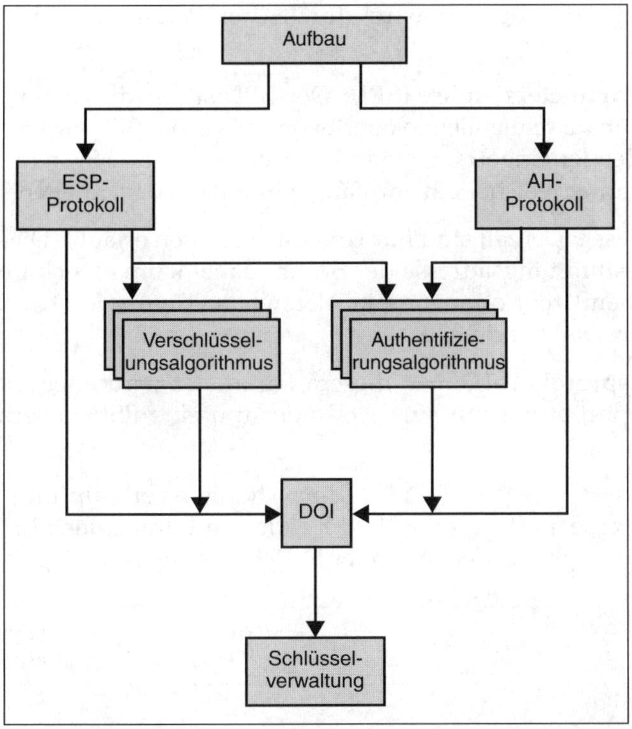

Abbildung 6.2: IPSec-Dokumentenüberblick

Tabelle 6.1 zeigt, welche Dienste sich der AH- und ESP-Protokolle bedienen. Für ESP gibt es zwei Fälle: mit und ohne die Authentifizierungsoption. Sowohl AH als auch ESP werden für die Zugriffskontrolle eingesetzt, und zwar durch die Verteilung kryptographischer Schlüssel und die Verwaltung des Datenflusses hinsichtlich dieser Sicherheitsprotokolle.

6.2.3 Sicherheitsverknüpfung (Security Association – SA)

Ein wichtiges Konzept, das sowohl bei Authentifizierungs- als auch bei Vertraulichkeitsmechanismen Verwendung findet, ist die Sicherheitsverknüpfung (Security Association – SA). Unter einer Verknüpfung verstehen wir hier eine Einwegbeziehung zwischen einem Absender und einem Empfänger von Daten, die Sicherheitsdienste für den abgewickelten Datenverkehr bietet. Wird dagegen eine Peer-to-Peer-Verbindung für einen sicheren Datenaustausch in beide Richtungen benötigt, dann sind auch zwei Sicherheitsverknüpfungen erforderlich. Sicherheitsdienste werden einer SA zur Benutzung von AH oder ESP angeboten, aber nicht beides zugleich.

Eine Sicherheitsverknüpfung wird durch drei Parameter eindeutig gekennzeichnet:

- **Security Parameters Index (SPI):** Der SPI ist ein dieser SA zugeordneter Bitstring mit ausschließlich lokaler Bedeutung. Der SPI wird in den AH- und den ESP-Header eingetragen, damit das empfangende System die SA erkennen kann, unter welcher ein empfangenes Paket zu bearbeiten ist.
- **IP-Zieladresse:** Derzeit sind nur Unicast-Adressen erlaubt. Dieser Parameter gibt die Bestimmungsadresse der SA an; dabei kann es sich um das System eines Endbenutzers oder um ein Netzwerksystem wie etwa einen Router oder ein Firewall handeln.
- **Sicherheitsprotokoll-ID:** Mit diesem Parameter wird angezeigt, ob es sich bei der Verknüpfung um eine AH- oder um eine ESP-Sicherheitsverknüpfung handelt.

Daraus folgt, dass in jedem IP-Paket[2] die Sicherheitsverknüpfung durch die Bestimmungsadresse im IPv4- oder IPv6-Header und durch den SPI in dem beigefügten Erweiterungs-Header (AH oder ESP) eindeutig festgelegt ist.

	AH	*ESP (nur Verschlüsselung)*	*ESP (Verschlüsselung und Authentifizierung)*
Zugriffskontrolle	x	x	x
Verbindungsfreie Integrität	x		x
Authentifizierung der Datenherkunft	x		x
Zurückweisen von wiederholten Paketen	x	x	x
Vertraulichkeit		x	x
Beschränkte Verkehrsfluss-Vertraulichkeit		x	x

Tabelle 6.1: IPSec-Dienste

2 In diesem Kapitel bezeichnet der Begriff IP-Paket entweder ein IPv4-Datagramm oder ein IPv6-Paket.

SA-Parameter

Bei jeder IPSec-Implementierung gibt es eine formale[3] Sicherheitsverknüpfungsdatenbank, in der die mit jeder SA verbundenen Parameter gespeichert werden. Eine Sicherheitsverknüpfung wird normalerweise durch folgende Parameter bestimmt:

- **Sequence Number Counter:** Ein 32-Bit-Wert, mit dem das Feld Sequence Number in AH- oder ESP-Headern erzeugt wird; es wird in Abschnitt 6.3 beschrieben (für alle Implementierungen erforderlich).
- **Sequence Counter Overflow:** Eine Marke, die anzeigt, ob bei einem Überlauf des Sequence Number Counter ein Protokoll zu erstellen ist und dann weitere Übertragungen von Paketen auf dieser SA unterbunden werden sollten (für alle Implementierungen erforderlich).
- **Anti-Replay Window:** Damit wird bestimmt, ob ein ankommendes AH- oder ESP-Paket ein Wiederholungspaket ist; es wird in Abschnitt 6.3 beschrieben (für alle Implementierungen erforderlich).
- **AH-Information:** Authentifizierungsalgorithmus, Schlüssel, Schlüssellebensdauer und weitere verwandte Parameter, die mit AH benutzt werden (für AH-Implementierungen erforderlich).
- **ESP-Information:** Verschlüsselungs- und Authentifizierungsalgorithmus, Schlüssel, Anfangswerte, Schlüssellebensdauer und weitere verwandte Parameter, die mit ESP benutzt werden (für ESP-Implementierungen erforderlich).
- **Lebensdauer dieser SA:** Ein Zeitintervall oder ein Byte-Zähler, nach dessen Ablauf eine SA durch eine neue SA (und einen neuen SPI) ersetzt oder beendet werden muss; außerdem eine Anzeige, welche dieser Aktionen durchzuführen sind (für alle Implementierungen erforderlich).
- **IPSec-Protokoll-Modus:** Tunnel, Transport oder Wildcard (für alle Implementierungen erforderlich). Diese Modi werden später in diesem Abschnitt erläutert.
- **MTU:** Jede auf dem Pfad beobachtete größte transportierte Einheit (Maximum Transmission Unit), also das größte Paket, das unfragmentiert übertragen werden kann, und Alterungsvariablen (für alle Implementierungen erforderlich).

3 Formal in dem Sinn, dass die von einer Sicherheitsverknüpfungsdatenbank gebotene Funktionalität in jeder IPSec-Implementierung vorhanden sein muss, dass aber der Weg, auf dem die Funktionalität erreicht wird, dem Implementierer überlassen bleibt.

Der Mechanismus der Schlüsselverwaltung zur Verteilung von Schlüsseln, ist nur über den Security Parameters Index mit den Authentifizierungs- und Vertraulichkeitsmechanismen gekoppelt. Deswegen wurden Authentifizierung und Vertraulichkeit unabhängig von jedem Mechanismus zur Schlüsselverwaltung bestimmt.

SA-Selektoren

IPSec bietet dem Benutzer sehr viele Möglichkeiten, um IPSec-Dienste auf IP-Traffic anzuwenden. Wir werden später sehen, dass sich SAs auf vielfältige Weise kombinieren lassen, um die gewünschte Benutzerkonfiguration zu erhalten. Weiterhin bietet IPSec sehr feine Abstufungen bei der Unterscheidung, welcher Teil des Verkehrs dem Schutz durch IPSec unterliegen muss und welcher Teil an IPSec vorbeigeleitet werden kann, indem man im ersten Fall den IP-Verkehr bestimmten SAs zuordnet.

Das Hilfsmittel, mit dem man IP-Traffic bestimmten SAs zuordnet (oder auch nicht, wenn der Verkehr an den SAs vorbeigeleitet werden soll), ist die formale Security Policy Database (SPD). In ihrer einfachsten Form enthält eine SPD Einträge, von denen jeder eine Teilmenge des IP-Traffic sowie die Punkte einer SA für diesen Traffic definiert. In komplexeren Umgebungen können sich auch mehrere Einträge auf eine einzige SA beziehen oder es können mehrere SAs mit einem einzigen SPD-Eintrag verknüpft sein. Für eine vollständige Erläuterung sei der Leser auf die entsprechende IPSec-Dokumentation verwiesen.

Jeder SPD-Eintrag wird durch eine Gruppe von IP- und Oberschichtprotokoll-Feldwerten definiert, durch die *Selektoren*. Mit ihnen wird im Wesentlichen der ausgehende Traffic so gefiltert, dass er zu einer bestimmten SA passt. Beim ausgehenden Traffic wird jedes einzelne IP-Paket nach den folgenden allgemeinen Regeln bearbeitet:

1. Vergleiche die Werte der entsprechenden Felder im Paket (die Selektorfelder) mit der SPD, um den passenden SPD-Eintrag zu finden, der seinerseits auf keine oder auf eine oder auf mehrere SAs verweist.
2. Bestimme die SA, sofern eine solche für dieses Paket vorhanden ist, und den zugehörigen SPI.
3. Führe die erforderlichen IPSec-Anweisungen aus (zum Beispiel AH- oder ESP-Anweisungen).

Folgende Selektoren kennzeichnen einen SPD-Eintrag:

- **IP-Zieladresse:** Dies kann eine einfache IP-Adresse, eine Aufzählung von Adressen, ein Adressbereich oder eine Maskierung für mehrere Adressen sein. Die beiden letzten Möglichkeiten sind nötig, wenn mehrere Zielsysteme mit gemeinsamer SA unterstützt werden sollen (wie etwa hinter einer Firewall).

- **IP-Quelladresse:** Auch dies kann eine einfache IP-Adresse, eine Aufzählung von Adressen, ein Adressbereich oder eine Maskierung für mehrere Adressen sein. Die beiden letzten Möglichkeiten sind nötig, wenn mehrere Ausgangssysteme mit gemeinsamer SA unterstützt werden sollen (wie etwa hinter einer Firewall).
- **UserID:** Eine Benutzerkennzeichnung des Betriebssystems. Es handelt sich dabei nicht um ein Feld im IP oder in einem Header der oberen Schichten, sondern diese Information ist verfügbar, falls IPSec im gleichen Betriebssystem läuft wie die Benutzeranwendung.
- **Sicherheitsstufe der Daten:** Liefert dem System Informationen über die Sicherheitsklassifizierung der übertragenen Daten (zum Beispiel Vertraulich oder Nicht klassifiziert).
- **Transportprotokoll:** Stammt vom IPv4-Protokoll oder vom Feld Next-Header im IPv6-Header. Dabei kann es sich um eine einzelne Protokollnummer, um eine Liste oder um einen Bereich von mehreren Protokollnummern handeln.
- **IPSec-Protokoll (AH oder ESP oder AH/ESP):** Falls vorhanden, stammt dieser Eintrag vom IPv4-Protokoll oder vom Feld Next-Header im IPv6-Header.
- **Quell- und Zielports:** Dies können einzelne TCP- oder UDP-Portnummern, eine Aufzählung von Portnummern oder eine Maskierung für mehrere Portnummern sein.
- **IPv6-Klasse:** Stammt vom IPv6-Header. Es kann ein bestimmter Wert für eine IPv6-Klasse oder eine Maskierung für mehrere Werte sein.
- **IPv6 Flow Label:** Stammt vom IPv6-Header. Es kann ein bestimmter Wert für ein IPv6-Flow-Label oder eine Maskierung für mehrere Werte sein.
- **IPv4 Type of Service (TOS):** Wird vom IPv4-Header geholt. Es kann ein bestimmter Wert für einen IPv4-TOS oder eine Maskierung für mehrere Werte sein.

6.2.4 Transport- und Tunnelmodus

Sowohl AH als auch ESP unterstützen zwei unterschiedliche Betriebsarten, den Transport- und den Tunnelmodus. Diese beiden Arbeitsweisen lassen sich am besten im Zusammenhang mit der Beschreibung von AH und ESP verstehen, die in den Abschnitten 6.3 und 6.4 behandelt werden. Im Folgenden finden Sie nur einen kurzen Überblick.

Transportmodus

Der Transportmodus bietet vorwiegend für die Protokolle der oberen Schichten Schutz. Das bedeutet, dass der durch den Transportmodus gewährte Schutz auf die Nutzinformation eines IP-Pakets ausgedehnt wird. Ein Beispiel ist ein TCP- oder ein UDP-Segment oder ein ICMP-Paket, die alle unmittelbar oberhalb des IP in einem Host-Protokollstapel arbeiten. Meistens wird der Transportmodus für eine direkte Kommunikation zwischen zwei Rechnern eingesetzt, zum Beispiel zwischen einem Client und einem Server oder zwischen zwei Arbeitsplatzrechnern. Wenn auf einem Rechner AH oder ESP über IPv4 eingesetzt wird, besteht die Nutzinformation aus den Daten, die unmittelbar dem IP-Header folgen. Bei IPv6 besteht die Nutzinformation aus den Daten, die dem IP-Header und zusätzlich vorhandenen IPv6-Headern folgen. Eine mögliche Ausnahme stellt der Destination Options Header dar, der in den Schutz mit einbezogen werden kann.

ESP im Transportmodus verschlüsselt und authentifiziert (falls gewünscht) die IP-Nutzinformation, aber nicht den IP-Header. AH im Transportmodus authentifiziert die IP-Nutzinformation und ausgewählte Teile des IP-Headers.

Tunnelmodus

Der Tunnelmodus bietet den Schutz des gesamten IP-Pakets. Um dies nach dem Hinzufügen der AH- und ESP-Felder zum IP-Paket zu erreichen, wird das gesamte Paket einschließlich der Sicherheitsfelder als Nutzinformation eines neuen »äußeren« IP-Pakets mit einem neuen äußeren IP-Header behandelt. Das ganze ursprüngliche Paket, also das innere Paket, reist durch einen »Tunnel« von einem Punkt eines IP-Netzwerks zu einem anderen. Kein Router kann entlang des Wegs den inneren IP-Header überprüfen. Weil das Originalpaket eingekapselt ist, kann das neue, größere Paket völlig andere Herkunfts- und Zieladressen aufweisen, was die Sicherheit erhöht. Der Tunnelmodus findet Verwendung, wenn es sich bei einem oder beiden Enden einer SA um ein Sicherheits-Gateway handelt, wie etwa um eine Firewall oder einen Router mit IPSec. Mit Hilfe des Tunnelmodus können mehrere Rechner in Netzwerken hinter Firewalls sicher miteinander kommunizieren, ohne dass IPSec installiert werden muss. Die von solchen Rechnern erzeugten ungeschützten Pakete werden mit Hilfe von Tunnelmodus-SAs durch externe Netzwerke »getunnelt«; die Tunnelmodus-SAs werden dabei durch die IPSec-Software in der Firewall oder im Sicherheits-Router an den Grenzen des lokalen Netzwerks aufgesetzt.

Im Folgenden sehen Sie ein Beispiel dafür, wie Tunnelmodus-IPSec arbeitet: Ein Rechner A in einem Netzwerk erzeugt ein IP-Paket mit einer Zieladresse auf einem Rechner B in einem anderen Netzwerk. Dieses Paket wird vom Rechner A zur Firewall oder zum Sicherheits-Router an der Grenze des eigenen Netzwerks übermittelt. Die Firewall filtert alle ausgehenden Pakete und stellt fest, ob eine

IPSec-Verarbeitung erforderlich ist. Wenn dieses Paket von A nach B IPSec benötigt, startet die Firewall eine IPSec-Verarbeitung und kapselt das Paket in einen äußeren IP-Header ein. Die Herkunftsadresse dieses äußeren IP-Pakets ist diese Firewall und die Bestimmungs-IP-Adresse kann die Firewall sein, die die Grenze zum lokalen Netzwerk des Rechners B bildet. Dieses Paket wird nun zur Firewall des Rechners B gebracht; Router, die das Paket unterwegs berührt, untersuchen jeweils nur den äußeren IP-Header. Die Firewall des Rechners B lässt den äußeren IP-Header verschwinden und das innere Paket wird beim Rechner B abgeliefert.

	Transportmodus-SA	*Tunnelmodus-SA*
AH	Authentifiziert die IP-Nutzinformation und ausgewählte Teile des IP-Headers und der IPv6-Extension-Header.	Authentifiziert das gesamte innere IP-Paket (den inneren Header und die IP-Nutzinformation) und ausgewählte Teile des äußeren IP-Headers und der äußeren IPv6-Extension-Header.
ESP	Verschlüsselt die IP-Nutzinformation und alle IPv6-Extension-Header nach dem ESP-Header.	Verschlüsselt das innere IP-Paket.
ESP mit Authentifizierung	Verschlüsselt die IP-Nutzinformation und alle IPv6-Extension-Header nach dem ESP-Header. Authentifiziert die IP-Nutzinformation, jedoch nicht den IP-Header.	Verschlüsselt und authentifiziert das innere IP-Paket.

Tabelle 6.2: Funktionalität von Tunnel- und Transportmodus

ESP im Tunnelmodus verschlüsselt und authentifiziert bei Bedarf das gesamte innere IP-Paket. AH im Tunnelmodus authentifiziert das ganze innere IP-Paket und ausgewählte Teile des äußeren IP-Headers.

Tabelle 6.2 fasst die Arbeitsweise des Transportmodus und des Tunnelmodus zusammen.

6.3 Authentifizierungs-Header

Der Authentifizierungs-Header bietet eine Unterstützung für die Datenintegrität und Authentifizierung von IP-Paketen. Bezüglich der Datenintegrität wird sichergestellt, dass während des Transports eines Pakets unentdeckte Veränderungen an dessen Inhalt nicht möglich sind. Bei der Authentifizierung wird ein Rechner oder eine Netzwerkkomponente in die Lage versetzt, den Benutzer oder eine Anwendung zu authentifizieren und den Datenverkehr entsprechend zu filtern. Dies ermöglicht auch Vorkehrungen gegen Address-Spoofing-Angriffe, wie sie im heutigen Internet zu beobachten sind. AH bietet auch Schutz gegen die Wiederholungsangriffe, die später in diesem Abschnitt behandelt werden.

Authentifizierung beruht auf der Benutzung eines Nachrichtenauthentifizierungscode (Message Authentication Code, MAC), wie er in Kapitel 3 beschrieben wird. Deshalb müssen beide Seiten gemeinsam einen vertraulichen Schlüssel teilen.

Der Authentifizierungs-Header besteht aus folgenden Feldern (Abbildung 6.3):

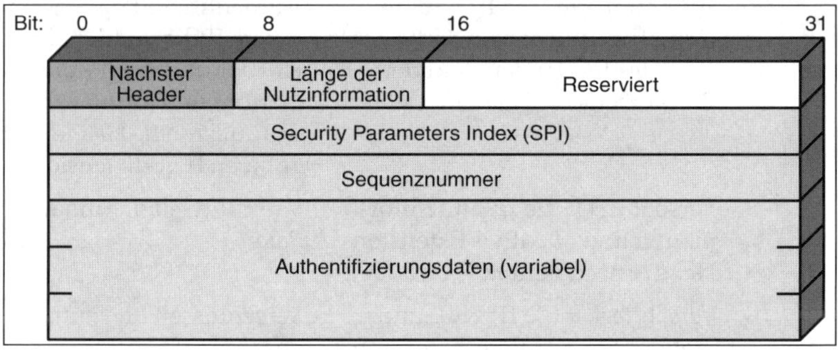

Abbildung 6.3: IPSec-Authentifizierungs-Header

- **Next Header (8 Bit):** Beschreibt den Typ des Headers, der diesem Header unmittelbar folgt.
- **Payload Length (8 Bit):** Länge des Authentifizierungs-Headers in 32-Bit-Worten minus 2. Ein Beispiel: Die übliche Länge des Authentifizierungsfeldes beträgt 96 Bit bzw. drei 32-Bit-Worte. Zusammen mit einem festen Drei-Wort-Header ergibt sich eine Header-Länge von sechs Worten, sodass das Feld Payload Length den Wert 4 erhält.
- **Reserved (16 Bit):** Derzeit nicht verwendet.
- **Security Parameters Index (32 Bit):** Bestimmt eine Sicherheitsverknüpfung.
- **Sequence Number (32 Bit):** Eine Zählvariable mit stetig ansteigenden Werten; dieses Feld wird später erläutert.
- **Authentication Data (variabel):** Ein Feld mit variabler Länge (jedoch ein ganzzahliges Vielfaches von 32-Bit-Worten), das den Integritätsprüfwert (Integrity Check Value, ICV) oder den MAC für dieses Paket enthält; dieses Feld wird später erläutert.

6.3.1 Wiederholungsvermeidung

Unter einem Wiederholungsangriff versteht man einen Anschlag, bei dem sich ein Angreifer eine Kopie eines authentifizierten Paketes aneignet und dieses erst mit Verzögerung zur ursprünglich vorgesehenen Bestimmungsadresse weiterleitet. Der Empfang mehrerer identischer authentifizierter IP-Pakete kann die Verbindung unterbrechen oder andere unerwünschte Folgen nach sich ziehen. Das Feld Sequence Number (Sequenznummer) dient dazu, derartige Angriffe zu vereiteln. Zunächst erörtern wir die Generierung von Sequenznummern durch den Absender, danach sehen wir, wie diese vom Empfänger verarbeitet werden.

Bei der Einrichtung einer neuen SA setzt der **Absender** einen Sequenznummer-Zähler auf Null. Jedes Mal, wenn ein Paket über diese SA gesendet wird, erhöht der Absender diesen Zähler und überträgt diesen Wert in das Sequenznummer-Feld. Der erste verwendete Wert ist also 1. Wenn die Option Anti-Replay aktiviert ist (das ist der Normalfall), darf der Absender nicht zulassen, dass die Sequenznummer nach dem Wert $2^{32} - 1$ wieder auf Null gesetzt wird. Andernfalls gäbe es mehrfache gültige Pakete mit gleicher Sequenznummer. Wird die Grenze von $2^{32} - 1$ erreicht, sollte der Absender diese SA beenden und eine neue SA mit neuem Schlüssel aufbauen.

IP ist ein verbindungsloser, unzuverlässiger Dienst, deshalb besteht weder eine Garantie dafür, dass die übertragenen Pakete in der richtigen Reihenfolge ankommen, noch dass alle Pakete beim Empfänger ankommen. Aus diesem Grund schreibt das IPSec-Authentifizierungsdokument vor, dass der **Empfänger** ein Fenster von der Größe W mit dem Standardwert $W = 64$ vorsehen muss. Die rechte Seite dieses Fensters stellt jeweils die größte Sequenznummer (N) eines gültigen Pakets dar, das bisher empfangen wurde. Für jedes ordnungsgemäß empfangene (das heißt korrekt authentifizierte) Paket mit einer Sequenznummer im Bereich von $N - W + 1$ bis N wird die entsprechende Stelle im Fenster markiert (Abbildung 6.4). Die ankommenden Daten werden beim Empfang eines Pakets folgendermaßen bearbeitet:

1. Ist das empfangene Paket neu und passt es in das Fenster, wird der MAC geprüft. Die entsprechende Stelle im Fenster wird markiert, sofern das Paket authentifiziert ist.

2. Ist das empfangene Paket neu und liegt es rechts vom Fenster, wird der MAC geprüft. Ist das Paket authentifiziert, wird das Fenster so weit nach rechts verschoben, dass die Sequenznummer zur rechten Begrenzung des Fensters werden kann; danach wird diese Stelle im Fenster markiert.

3. Liegt das empfangene Paket links vom Fenster oder schlägt die Authentifizierung fehl, wird das Paket nicht berücksichtigt; ein solches Ereignis sollte untersucht werden.

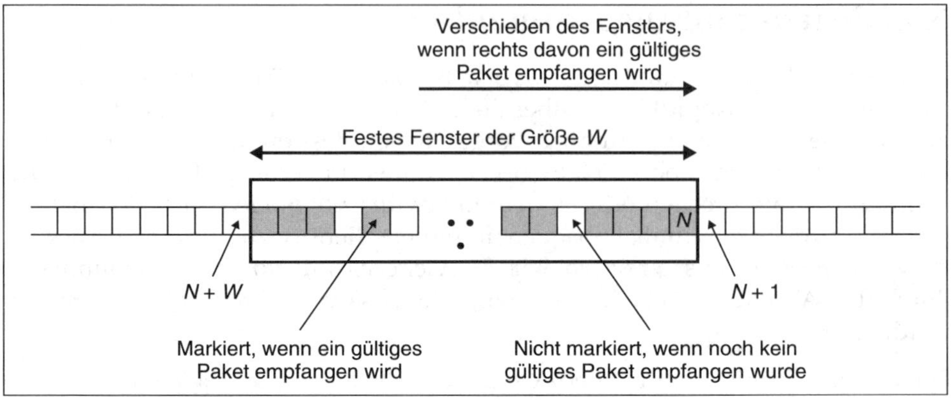

Abbildung 6.4: Verfahren zur Vermeidung von Wiederholungen

6.3.2 Integritätsprüfwert

Das Feld Authentication Data enthält einen Wert, der als Integrity Check Value (ICV) dient. Beim ICV handelt es sich um einen Message Authentication Code oder um eine verkürzte Version eines vom MAC-Algorithmus erzeugten Codes. Die derzeitige Spezifikation schreibt vor, dass eine regelgerechte Implementierung den beiden folgenden Vorgaben entsprechen muss:

- HMAC-MD5-96
- HMAC-SHA-1-96

Beide benutzen den HMAC-Algorithmus, die erste mit dem MH5-Hash-Code, die zweite mit dem SHA-1-Hash-Code (alle entsprechenden Algorithmen sind in Kapitel 3 beschrieben). In beiden Fällen wird zwar der volle HMAC-Wert berechnet, aber dann auf die ersten 96 Bit verkürzt, weil das die normale Länge des Feldes Authentication Data ist.

In die Berechnung des MAC fließen folgende Daten ein:

- IP-Header-Felder, die entweder während der Übertragung unveränderlich sind oder deren Wert sich bei Ankunft am Ende der SA in vorhersehbarer Weise ändert. Felder, die sich während der Übertragung verändern können oder deren Wert bei Ankunft nicht vorhersagbar ist, werden für diese Berechnung bei Sender und Empfänger auf Null gesetzt.
- Der AH-Header ohne das Feld Authentication Data. Das Feld Authentication Data wird für diese Berechnung bei Sender und Empfänger auf Null gesetzt.

- Alle Protokolldaten der oberen Schichten, von denen angenommen wird, dass sie während der Übertragung nicht verändert werden (zum Beispiel ein TCP-Segment oder ein inneres IP-Paket im Tunnelmodus).

Bei IPv4 sind die Felder Internet Header Length und Source Address Beispiele für unveränderliche Felder. Ein Beispiel für ein veränderliches, aber vorhersagbares Feld ist die Destination Address (mit losem oder festem Routing). Beispiele für veränderliche Felder, die vor der Berechnung des ICV auf Null gesetzt werden, sind die Felder Time to Live und Header Checksum. Beachten Sie, dass Absender- und Zieladresse geschützt sind, sodass Address-Spoofing unterbunden werden kann.

Bei IPv6 gibt es im Header beispielsweise folgende Felder: Version (unveränderlich), Destination Address (veränderlich, aber vorhersagbar) und Flow Label (veränderlich und vor der Berechnung auf Null gesetzt).

6.3.3 Transport- und Tunnelmodus

Abbildung 6.5 zeigt zwei Möglichkeiten für die Anwendung des IPSec-Authentifizierungsdienstes. Im einen Fall wird die Authentifizierung unmittelbar zwischen dem Server und dem Client vorgenommen. Dabei kann sich der Client im gleichen Netzwerk wie der Server oder in einem anderen Netzwerk befinden. Solange Client und Server einen gemeinsamen geschützten geheimen Schlüssel verwenden, ist der Authentifizierungsvorgang sicher; in diesem Fall wird eine Transportmodus-SA verwendet. Im anderen Fall authentifiziert sich ein entfernter Client selbst für die Unternehmens-Firewall, entweder für den Zugang zum gesamten Netzwerk oder weil der gewünschte Server keine Unterstützung für die Authentifizierung bietet. Dabei findet eine Tunnelmodus-SA Verwendung.

In diesem Abschnitt betrachten wir die Authentifizierung, wie sie vom AH vorgenommen wird, und die Position des Authentifizierungs-Headers im Tunnel- und Transportmodus. Diese Überlegungen unterscheiden sich ein wenig für IPv4 und IPv6. Abbildung 6.6a zeigt typische IPv4- und IPv6-Pakete. In diesem Fall ist die IP-Nutzinformation ein TCP-Segment; es kann sich jedoch auch um eine Dateneinheit für ein anderes Protokoll handeln, das IP verwendet, wie etwa UDP und ICMP.

Beim **Transportmodus-AH** unter IPv4 wird der AH hinter dem Original-IP-Header und vor der IP-Nutzinformation eingefügt (zum Beispiel ein TCP-Segment); Sie sehen das im oberen Teil der Abbildung 6.6b. Die Authentifizierung umfasst das gesamte Paket, jedoch ohne veränderliche Felder im IPv4-Header, die für die MAC-Berechnung auf Null gesetzt werden.

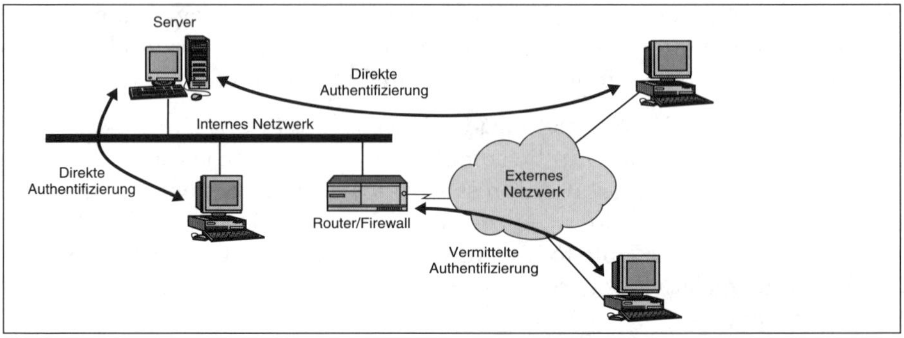

Abbildung 6.5: Direkte Authentifizierung im Vergleich mit vermittelter Authentifizierung

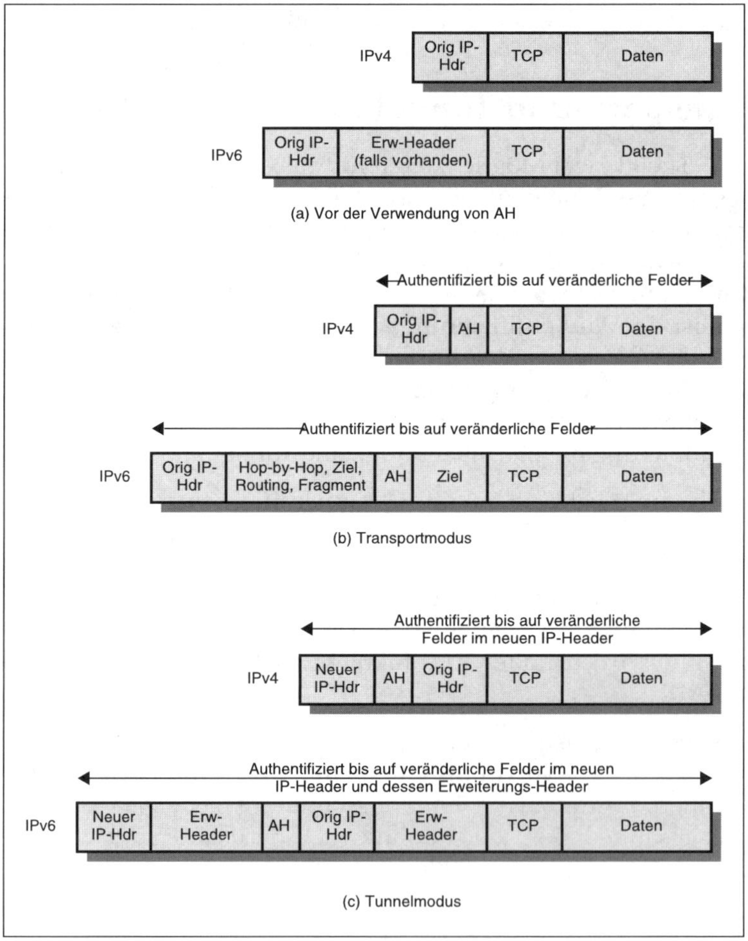

Abbildung 6.6: Umfang der AH-Authentifizierung

Bei IPv6 wird AH als direkte Nutzinformation betrachtet; das bedeutet, dass bei Routern auf der Strecke keine Prüfung oder Bearbeitung vorgenommen wird. Deshalb erscheint der AH nach dem Original-IPv6-Header und nach den Hop-by-Hop-, Routing- und Fragment-Extension-Headern. Der Destination-Options-Extension-Header kann vor oder nach dem AH-Header angeordnet sein, abhängig von der gewünschten Semantik. Auch hier umfasst die Authentifizierung das gesamte Paket ohne die veränderlichen Felder, die für die MAC-Berechnung auf Null gesetzt werden.

Beim **Tunnelmodus-AH** wird das gesamte ursprüngliche IP-Paket authentifiziert und der AH wird zwischen dem Original-IP-Header und einem neuen äußeren Header eingefügt (Abbildung 6.6c). Der innere IP-Header enthält die endgültige Herkunfts- und Zieladresse, während der äußere IP-Header davon abweichende IP-Adressen enthalten kann (zum Beispiel Adressen von Firewalls und anderen Sicherheits-Gateways).

Beim Tunnelmodus wird das gesamte innere IP-Paket einschließlich des vollständigen inneren IP-Headers durch AH geschützt. Der äußere IP-Header (und bei IPv6 auch die äußeren Erweiterungs-Header) wird mit Ausnahme der veränderlichen und nicht vorhersagbaren Felder geschützt.

6.4 Encapsulating Security Payload (ESP)

Die Encapsulating Security Payload stellt Vertraulichkeitsdienste bereit, einschließlich der Vertraulichkeit des Inhalts von Meldungen und der Vertraulichkeit bei beschränktem Verkehrsfluss. Wahlweise kann ESP auch die gleichen Authentifizierungsdienste wie AH bieten.

6.4.1 ESP-Format

Abbildung 6.7 zeigt das Format eines ESP-Pakets. Es enthält folgende Felder:

- **Security Parameters Index (32 Bit):** Bezeichnet eine Sicherheitsverknüpfung.
- **Sequence Number (32 Bit):** Eine Zählvariable mit stetig ansteigenden Werten; diese soll wie bei AH einen Schutz gegen Wiederholungsmechanismen bieten.
- **Payload Data (variabel):** Dies ist beim Transportmodus ein transportebenenbezogenes Segment, beim Tunnelmodus ein IP-Paket; es ist durch Verschlüsselung geschützt.
- **Padding (0 bis 255 Bytes):** Der Zweck dieses Feldes wird später erläutert.
- **Pad Length (8 Bit):** Gibt die Länge des vorigen Feldes in Bytes an.

- **Next Header (8 Bit) :** Gibt den Typ der Daten im Feld Payload Data an, indem der erste Header in dieser Nutzinformation identifiziert wird (zum Beispiel ein Erweiterungs-Header bei IPv6 oder ein Protokoll auf einer höheren Schicht wie TCP).
- **Authentication Data (variabel):** Ein Feld mit variabler Länge (jedoch ein ganzzahliges Vielfaches von 32-Bit-Worten), das den Integritätsprüfwert (Integrity Check Value, ICV) enthält, der aus dem ESP-Paket ohne das Feld Authentication Data errechnet wird.

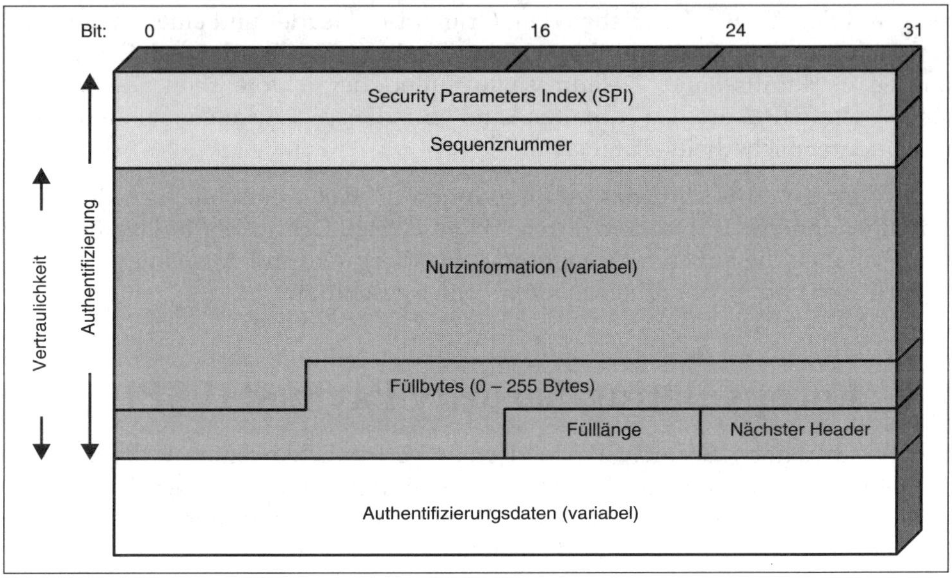

Abbildung 6.7: IPSec-ESP-Format

6.4.2 Verschlüsselungs- und Authentifizierungsalgorithmen

Die Felder Payload Data, Padding, Pad Length und Next Header werden durch den ESP-Dienst verschlüsselt. Benötigt der für die Nutzinformationverschlüsselung benutzte Algorithmus kryptographische Synchronisationsdaten, wie etwa einen Initialisierungsvektor (IV), dann können diese Daten ausdrücklich an den Beginn des Feldes Payload Data gebracht werden. Ein IV wird im Normalfall nicht verschlüsselt, obwohl er oft als Teil des verschlüsselten Textes gilt.

Die derzeitige Spezifikation schreibt vor, dass eine vollständige Implementierung DES im CBC-Modus (Cipher Block Chaining) unterstützen muss (siehe Kapitel 2). Einige andere Algorithmen wurden Begriffen im DOI-Dokument zugeordnet und können deshalb leicht zur Verschlüsselung verwendet werden; dazu gehören die Folgenden:

- Dreifacher DES
- RC5
- IDEA
- Dreifacher IDEA
- CAST
- Blowfish

Alle diese Algorithmen sind in Kapitel 3 beschrieben.

ESP unterstützt, ebenso wie AH, die Benutzung von MAC mit einer Standardlänge von 96 Bit. Wie bei AH schreibt die derzeitige Spezifikation auch hier vor, dass eine vollständige Implementierung HMAC-MD5-96 und HMAC-SHA-1-96 unterstützen muss.

6.4.3 Padding

Das Feld Padding hat mehrere Aufgaben:

- Wenn ein Verschlüsselungsalgorithmus verlangt, dass der Klartext das Vielfache einer bestimmten Anzahl von Bytes darstellen muss (zum Beispiel bei Blockverschlüsselung das Vielfache eines einzelnen Blocks), wird das Feld Padding verwendet, um den Text (einschließlich der Felder Payload Data, Padding, Pad Length und Next Header) bis zum gewünschten Umfang zu verlängern.
- Das ESP-Format schreibt vor, dass die Felder Pad Length und Next Header in einem 32-Bit-Wort rechtsbündig angeordnet werden. Daraus folgt, dass der verschlüsselte Text ein ganzzahliges Vielfaches von 32 Bit umfassen muss. Das Feld Padding wird verwendet, um diese Anordnung zu gewährleisten.
- Ein zusätzliches Auffüllen kann erfolgen, um einen Teilverkehr vertraulich fließen zu lassen, indem man die aktuelle Länge der Nutzinformation verschleiert.

6.4.4 Transport- und Tunnelmodus

Abbildung 6.8 zeigt zwei Möglichkeiten für die Anwendung der IPSec-ESP-Dienste. Im oberen Teil der Abbildung wird Verschlüsselung und wahlweise Authentifizierung unmittelbar zwischen zwei Rechnern vorgenommen. Abbildung 6.8b zeigt dagegen, wie sich mithilfe des Tunnelmodus ein *virtuelles privates Netzwerk* einrichten lässt. In diesem Beispiel verfügt ein Unternehmen über vier private Netzwerke, die über das Internet miteinander verbunden sind. Die Rechner in den internen Netzwerken verwenden das Internet zwar für den Transport der Daten, sie kommunizieren jedoch nicht mit anderen Rechnern im Internet. Am Ende der jeweiligen Tunnel am Sicherheits-Gateway jedes internen Netzwerks gestattet diese Konfiguration den Rechnern einer Umgehung der Implementierung der Sicherheitskomponenten. Die erste Technik wird also durch eine Transportmodus-SA unterstützt, während die zweite eine Tunnelmodus-SA einsetzt.

In diesem Abschnitt betrachten wir den Umfang von ESP für Transport- und Tunnelmodus. Die Überlegungen sehen für IPv4 und IPv6 etwas unterschiedlich aus. Wir beginnen wie bei der Erläuterung von AH mit den Paketformaten in Abbildung 6.6a.

Transportmodus ESP

Transportmodus ESP wird verwendet, um die mit IP übermittelten Daten (zum Beispiel ein TCP-Segment) zu verschlüsseln und wahlweise auch zu authentifizieren, wie es in Abbildung 6.9a gezeigt ist. Bei Verwendung von IPv4 wird bei diesem Modus der ESP-Header im IP-Paket unmittelbar vor dem Transportschicht-Header (zum Beispiel TCP, UDP, ICMP) eingesetzt und ein ESP-Trailer (Padding, Pad Length und Next Header-Felder) wird hinter dem IP-Paket angefügt. Ist Authentifizierung gewünscht, wird auch das Feld ESP Authentication Data noch hinter dem IP-Paket angebracht. Das ganze Transportschichtsegment und der ESP-Trailer werden verschlüsselt. Die Authentifizierung umfasst den gesamten verschlüsselten Text und den ESP-Header.

Bei IPv6 wird ESP als direkte Nutzinformation betrachtet; das heißt, es wird von zwischengelagerten Routern nicht geprüft oder bearbeitet. Deshalb erscheint der ESP-Header hinter dem IPv6-Base-Header und den Hop-by-Hop-, Routing- und Fragment-Erweiterungs-Headern. Der Destination-Options-Erweiterungs-Header kann sich vor oder nach dem ESP-Header befinden, abhängig von der gewünschten Semantik. Bei IPv6 umfasst Verschlüsselung das gesamte Transportschichtsegment, den ESP-Trailer und den Destination-Options-Erweiterungs-Header, sofern er sich hinter dem ESP-Header befindet. Auch hier umfasst die Authentifizierung den gesamten verschlüsselten Text und den ESP-Header.

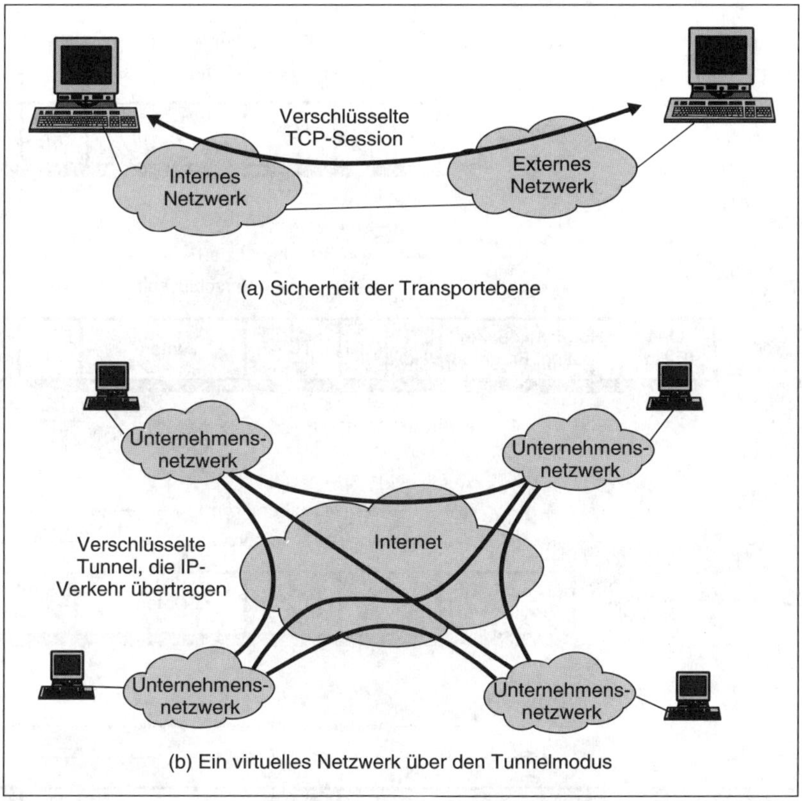

Abbildung 6.8: Transportmodus- versus Tunnelmodusverschlüsselung

Die Abläufe im Transportmodus lassen sich folgendermaßen zusammenfassen:

1. Beim Absender wird zunächst der aus dem ESP-Trailer und dem gesamten Transportschichtsegment bestehende Datenblock verschlüsselt, ehe anschließend der Klartext dieses Blocks durch den verschlüsselten Text ersetzt wird, um so das IP-Paket für die Übermittlung vorzubereiten. Anschließend erfolgt die Authentifizierung, sofern diese Option gewählt wurde.

2. Danach wird das Paket zur Zieladresse geschickt. Jeder zwischengelagerte Router muss zwar den IP-Header und weitere vorhandene Klartext-IP-Erweiterungs-Header prüfen und bearbeiten, aber er braucht den verschlüsselten Text selbst nicht zu überprüfen.

3. Der Bestimmungsrechner prüft und bearbeitet den IP-Header und weitere vorhandene Klartext-IP-Erweiterungs-Header. Danach entschlüsselt der Bestimmungsrechner den Rest des Pakets mithilfe des SPI im ESP-Header, um so das ursprüngliche Text-Transportschichtsegment wiederherzustellen.

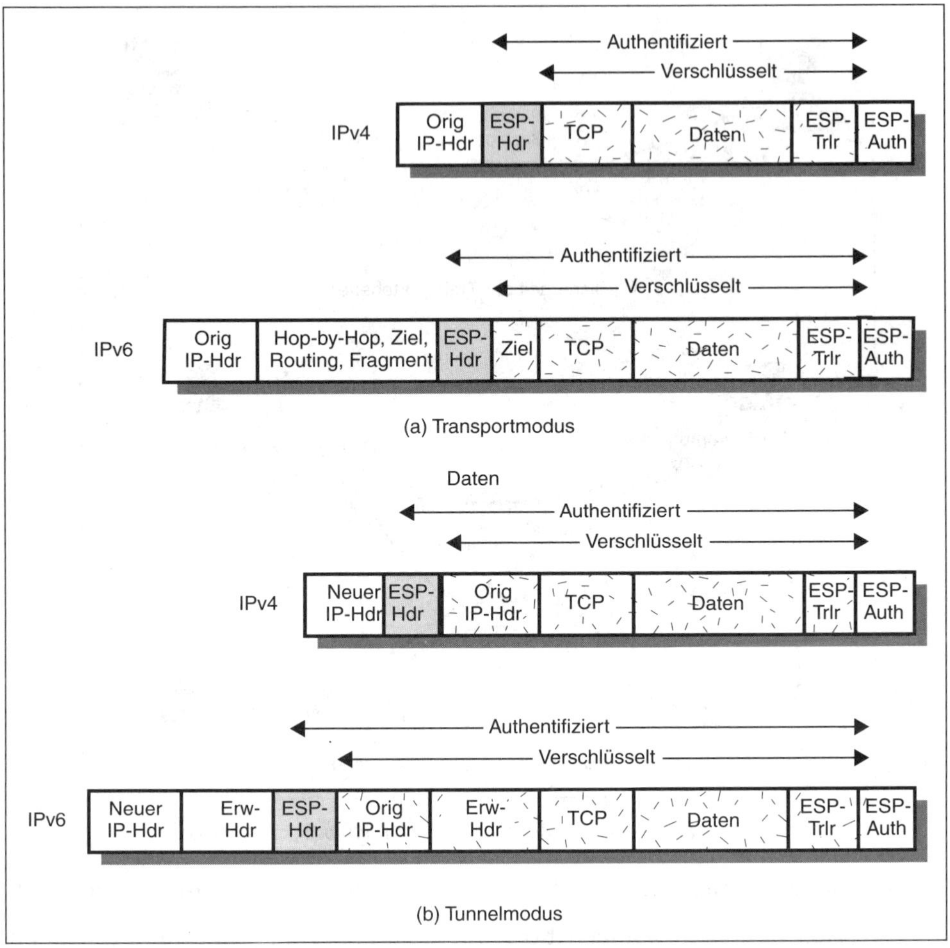

Abbildung 6.9: Umfang der ESP-Verschlüsselung und Authentifizierung

Die Abwicklung im Transportmodus bietet jeder Anwendung Vertraulichkeit, sodass man nicht für jede einzelne Anwendung einen eigenen Vertraulichkeitsalgorithmus vorsehen muss. Der Transportmodus ist darüber hinaus recht effizient, weil er die IP-Pakete nur wenig vergrößert. Ein Nachteil dieses Modus ist jedoch, dass eine Analyse des Nachrichtenaufkommens möglich ist.

Tunnelmodus ESP

Tunnelmodus ESP wird verwendet, um ein ganzes IP-Paket zu verschlüsseln (Abbildung 6.9b). Für diesen Modus wird der ESP-Header vor das Paket gesetzt und dann das Paket einschließlich des ESP-Trailers verschlüsselt. Man kann damit einer Analyse des Verkehrs der übertragenen Pakete entgegenwirken.

Der IP-Header enthält die Zieladresse und unter Umständen auch Übertragungsanweisungen und Informationen über Hop-by-Hop-Optionen; es ist deshalb nicht möglich, einfach das verschlüsselte IP-Paket mit vorgesetztem ESP-Header zu übertragen; zwischengelagerte Router könnten ein solches Paket nicht bearbeiten. Man muss deshalb den gesamten Block (ESP-Header, verschlüsselten Text und, falls vorhanden, Authentication Data) mit einem neuen IP-Header einkapseln, der zwar die für die eigentliche Übertragung notwendigen Informationen enthält, aber eine Analyse des Verkehrs der übertragenen Daten unmöglich macht.

Während sich der Transportmodus gut eignet, um Verbindungen zwischen Rechnern zu schützen, die ESP unterstützen, ist der Tunnelmodus nützlich für Verbindungen, bei denen eine Firewall oder andere Sicherheits-Gateways im Spiel sind, die ein Netzwerk gegenüber anderen Netzwerken abschirmen. Im zweiten Fall wird die Verschlüsselung nur zwischen dem externen Rechner und dem Sicherheits-Gateway oder zwischen zwei Sicherheits-Gateways wirksam. Das vermindert bei Rechnern im internen Netzwerk den Aufwand für die Verschlüsselung und es vereinfacht das Verteilen von Schlüsseln, weil deren Anzahl geringer sein kann. Außerdem verhindert es die Analyse des Verkehrs der übertragenen Daten auf der Basis der endgültigen Bestimmungsadresse.

Betrachten Sie einen Fall, bei dem ein externer Rechner mit einem anderen Rechner in einem internen Netzwerk kommunizieren möchte, das durch eine Firewall geschützt ist; ESP soll dabei im externen Rechner und in den Firewalls implementiert sein. Hier müssen folgende Schritte ablaufen, um ein Transportschichtsegment vom externen zum internen Rechner zu übermitteln:

1. Der Absender bereitet ein inneres IP-Paket mit der Zieladresse des inneren Rechners vor. Vor diesem Paket wird ein ESP-Header eingefügt; danach werden Paket und ESP-Trailer verschlüsselt und bei Bedarf um Authentifizierungsdaten ergänzt. Der so entstandene Block wird mit einem neuen IP-Header eingekapselt (Haupt-Header, wahlweise Erweiterungen wie Routing- und Hop-by-Hop-Optionen bei IPv6), der die Firewall als Zieladresse hat. So entsteht das äußere IP-Paket.
2. Das äußere IP-Paket wird zur Ziel-Firewall übertragen. Jeder zwischengelagerte Router muss zwar den äußeren IP-Header und weitere vorhandene IP-Erweiterungs-Header prüfen und bearbeiten, aber er braucht den verschlüsselten Text selbst nicht zu überprüfen.
3. Die Firewall am Ziel prüft und bearbeitet den äußeren IP-Header sowie weitere vorhandene äußere IP-Eweiterungs-Header. Danach entschlüsselt der Bestimmungsrechner den Rest des Pakets mithilfe des SPI im ESP-Header, um so das ursprüngliche innere IP-Paket wiederherzustellen. Dieses Paket wird dann ins innere Netzwerk übertragen.
4. Danach wird das innere Paket über keinen, einen oder mehrere Router im inneren Netzwerk zum Zielrechner geschickt.

6.5 Kombinationen von Sicherheitsverknüpfungen

Eine einzelne SA kann entweder das AH- oder das ESP-Protokoll implementieren, aber nicht beides. Es kann vorkommen, dass ein bestimmter Datenfluss Dienste von AH und ESP anfordert. Des Weiteren kann ein Datenfluss IPSec-Dienste zwischen Rechnern und, bei der gleichen Übertragung, getrennte Diensten zwischen Sicherheits-Gateways wie etwa Firewalls verlangen. In allen diesen Fällen muss man für den gleichen Datenstrom mehrfache SAs vorsehen, um die gewünschten IPSec-Dienste zu erhalten. Der Begriff *Verbund von Sicherheitsverknüpfungen* bezieht sich auf eine Folge von mehreren SAs, die einen Datenstrom bearbeiten müssen, um mehrere gewünschte IPSec-Dienste zu bekommen. Die in einem Verbund zusammengefassten SAs können an unterschiedlichen oder an den gleichen Zielen enden.

Sicherheitsverknüpfungen lassen sich auf zweierlei Weise zu Verbunden zusammenfassen:

- **Transport Adjacency:** Bezieht sich auf das Anwenden von mehr als einem Sicherheitsprotokoll auf dasselbe IP-Paket, ohne dabei den Tunnelmodus zu verwenden. Diese Möglichkeit, AH und ESP zu verbinden, erlaubt nur eine Verbindungsebene; eine weitere Verknüpfung bringt keinen weiteren Vorteil, weil die eigentliche Verarbeitung nur an einer IPSec-Instanz vorgenommen wird: am (endgültigen) Ziel.
- **Iterated Tunneling:** Bezieht sich auf die Anwendung mehrerer Schichten von Sicherheitsprotokollen, was durch IP-Tunneling möglich wird. Diese Vorgehensweise ermöglicht mehrere Verknüpfungsebenen, weil jeder Tunnel entlang eines Pfads an einem unterschiedlichen IPSec-Punkt beginnen oder enden kann.

Beide Möglichkeiten lassen sich verbinden, zum Beispiel bei einer Transport-SA zwischen Rechnern, die einen Teil des Weges durch eine Tunnel-SA zwischen Sicherheits-Gateways zurücklegt.

Beim Betrachten von SA-Verbunden entpuppen sich Reihenfolge und Methode, in der Authentifizierung und Verschlüsselung zwischen einem gegebenen Paar von Endpunkten angewendet werden, als interessantes Problem. Wir beschäftigen uns zunächst damit, bevor wir Sas betrachten, die mindestens einen Tunnel einbeziehen.

6.5.1 Authentifizierung plus Vertraulichkeit

Wenn ein IP-Paket, das Verschlüsselung und Authentifizierung benötigt, zwischen Rechnern übertragen werden soll, lassen sich beide Eigenschaften verknüpfen. Wir betrachten mehrere Möglichkeiten.

ESP mit Authentifizierungsoption

Diese Möglichkeit ist in Abbildung 6.9 dargestellt. Der Benutzer lässt zunächst ESP auf die zu schützenden Daten wirken und fügt danach ein Feld mit Authentifizierungsdaten an. Dabei sind zwei Fälle zu unterscheiden:

- **Transportmodus ESP:** Authentifizierung und Verschlüsselung wirken auf die zum Rechner geschickte IP-Nutzinformation, der IP-Header bleibt dabei jedoch ungeschützt.
- **Tunnelmodus ESP:** Die Authentifizierung wirkt auf das gesamte IP-Paket, das zur äußeren IP-Zieladresse (zum Beispiel einer Firewall) geschickt wird, und sie wird an diesem Ziel ausgeführt. Das gesamte innere IP-Paket erfährt einen Schutz durch Geheimhaltungsmechanismen und ist zur Übermittlung zum inneren IP-Ziel bestimmt.

In beiden Fällen wirkt sich die Authentifizierung auf den verschlüsselten Text und nicht auf den Klartext aus.

Transportnachbarschaft

Ein anderer Weg der Authentifizierung nach einer Verschlüsselung, besteht darin, zwei verbundene Transport-SAs zu benutzen, wobei die innere eine ESP-SA und die äußere eine AH-SA ist. Dabei wird ESP ohne die Authentifizierungsoption angewendet. Weil es sich bei der inneren SA um eine Transport-SA handelt, wirkt die Verschlüsselung auf die IP-Nutzinformation. Das entstehende Paket besteht aus einem IP-Header (und gegebenenfalls IPv6-Header-Erweiterungen), gefolgt von einem ESP. AH wird dann im Transportmodus angewendet, sodass die Authentifizierung den ESP und den ursprünglichen IP-Header (nebst Erweiterungen), jedoch ohne die veränderlichen Felder umfasst. Der Vorteil dieser Vorgehensweise gegenüber dem einfachen Einsatz einer ESP-SA mit Authentifizierungsoption besteht darin, dass die Authentifizierung mehr Felder abdeckt, einschließlich der IP-Adressen von Herkunft und Ziel. Ein Nachteil ist jedoch der größere Aufwand von zwei SAs im Vergleich zu einer SA.

Transport-Tunnel-Verbund

Die Authentifizierung vor der Verschlüsselung anzuwenden, kann aus verschiedenen Gründen vorteilhaft sein. Erstens werden so die Authentifizierungsdaten ebenfalls verschlüsselt, sodass es unmöglich ist, die Mitteilung abzufangen und die Authentifizierungsdaten unbemerkt zu verändern. Zweitens kann es wünschenswert sein, am Ziel die Authentifizierungsinformation zusammen mit dem eigentlichen Mitteilungstext zu speichern, um später darauf zurückzugreifen. Dies lässt sich bequemer durchführen, wenn die noch nicht verschlüsselte Mitteilung authentifiziert wurde; andernfalls müsste die Mitteilung abermals verschlüsselt werden, um die Authentifizierungsinformation zu überprüfen.

Eine Möglichkeit für eine Authentifizierung vor einer Verschlüsselung zwischen zwei Rechnern besteht in der Nutzung eines aus einer inneren AH-Transport-SA und einer äußeren ESP-Tunnel-SA bestehenden Verbunds. Dabei wirkt die Authentifizierung auf die IP-Nutzinformation und den IP-Header (und weitere Ergänzungen), jedoch nicht auf die veränderlichen Felder. Das entstehende IP-Paket wird dann vom ESP im Tunnelmodus bearbeitet; das Ergebnis ist, dass das gesamte authentifizierte innere Paket verschlüsselt und ein neuer äußerer IP-Header (mit Erweiterungen) hinzugefügt wird.

6.5.2 Grundlegende Kombinationen von Sicherheitsverknüpfungen

Das Dokument über die IPSec-Architektur enthält vier Beispiele für die Verbindung von SAs, die von IPSec-Hosts (zum Beispiel Arbeitsplatzrechner oder Server) oder Sicherheits-Gateways (zum Beispiel Firewalls oder Router) unterstützt werden müssen, wenn sie dieser Architektur entsprechen sollen. Diese sind in Abbildung 6.10 dargestellt. Der untere Teil jedes Teilbildes stellt die physikalische Verbindung dieser Elemente dar; der jeweils obere Teil zeigt die logische Verbindung über eine oder mehrere verknüpfte SAs. Jede SA kann dabei entweder ein AH oder ein ESP sein. Für direkte SAs kann der Tunnelmodus oder der Transportmodus gewählt werden; andernfalls muss man den Tunnelmodus nehmen.

Bei **Fall 1** besteht die gesamte Sicherheit zwischen Endsystemen, die über IPSec verfügen. Zwei beliebige Endsysteme, die über eine SA kommunizieren, müssen gemeinsam die passenden geheimen Schlüssel verwenden. Dabei gibt es folgende mögliche Kombinationen:

a. AH im Transportmodus

b. ESP im Transportmodus

c. AH gefolgt von ESP im Transportmodus (eine AH-SA innerhalb einer ESP-SA)

d. Eine der Möglichkeiten a, b oder c innerhalb eines AH oder ESP im Tunnelmodus

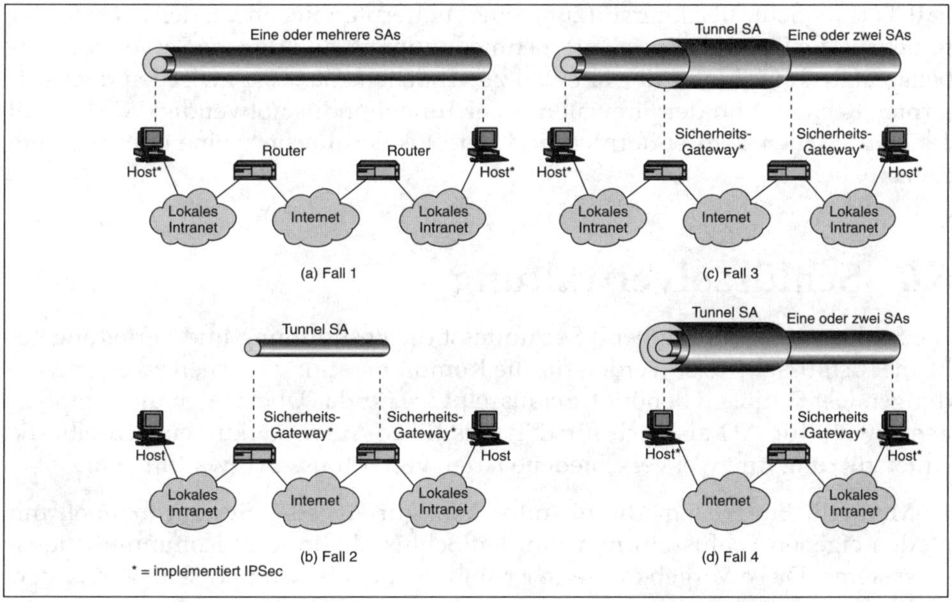

Abbildung 6.10: Grundlegende Sicherheitskombinationen

Es wurde schon beschrieben, wie man diese verschiedenen Kombinationen zum Unterstützen von Authentifizierung, Verschlüsselung, Authentifizierung vor Verschlüsselung und Authentifizierung nach Verschlüsselung verwenden kann.

Bei **Fall 2** wird die Sicherheit nur zwischen Gateways (Router, Firewalls usw.) gewährleistet, dabei wird IPSec auf keinem Rechner implementiert. Dieser Fall veranschaulicht die Unterstützung für ein einfaches virtuelles privates Netzwerk. Das Sicherheitsaufbaudokument bestimmt, dass für diesen Fall nur ein einfacher Tunnelmodus nötig ist. Der Tunnel kann AH, ESP oder ESP mit Authentifizierungsoption unterstützen. Verknüpfte Tunnel sind nicht erforderlich, weil die IPSec-Dienste auf das gesamte innere Paket wirken.

Fall 3 baut auf Fall 2 auf, indem eine direkte Sicherheitsverbindung hinzugefügt wird. Alle bei den Fällen 1 und 2 genannten Kombinationen sind auch hier möglich. Der Gateway-zu-Gateway-Tunnel bietet entweder Authentifizierung oder Vertraulichkeit oder beides für den gesamten Verkehr zwischen den Endsystemen. Falls es sich bei dem Gateway-zu-Gateway-Tunnel um ESP handelt, ist auch eine eingeschränkte Form von Vertraulichkeit möglich. Auf einzelnen Rechnern können beliebige zusätzliche IPSec-Dienste implementiert werden, die für vorhandene Anwendungen oder Benutzer mittels direkter SAs benötigt werden.

Fall 4 ermöglicht die Unterstützung eines entfernten Rechners, der über das Internet auf die Firewall eines Unternehmens zugreift, um danach Server oder Arbeitsplatzrechner hinter der Firewall zu erreichen. Dazu ist zwischen dem entfernten Rechner und der Firewall nur der Tunnelmodus notwendig. Wie bei Fall 1 sind zwischen dem entfernten und dem lokalen Rechner eine oder mehrere SAs möglich.

6.6 Schlüsselverwaltung

Die Schlüsselverwaltung bei IPSec umfasst die Bestimmung und Verteilung geheimer Schlüssel. Meist werden für die Kommunikation zwischen zwei Anwendungen vier Schlüssel benötigt: Schlüsselpaare für das Übertragen und Empfangen sowohl für AH als auch für ESP. Das IPSec-Aufbaudokument schreibt die Unterstützung für zwei verschiedene Arten von Schlüsselverwaltung vor:

- **Manuell:** Ein Systemadministrator konfiguriert jedes System manuell mit den eigenen Schlüsseln und mit den Schlüsseln anderer Kommunikationssysteme. Diese Vorgehensweise ist sinnvoll bei kleinen und selten veränderten Umgebungen.
- **Automatisch:** Ein automatisches System ermöglicht das Erzeugen von Schlüsseln für SAs auf Anforderung und es erlaubt den Einsatz von Schlüsseln in einem großen verteilten System mit häufig veränderlicher Konfiguration.

Das Standardprotokoll für die automatische Schlüsselverwaltung für IPSec ist unter dem Namen ISAKMP/Oakley bekannt und besteht aus folgenden Elementen:

- **Oakley-Protokoll zur Schlüsselbestimmung:** Dies ist ein Protokoll für den Austausch von Schlüsseln auf der Grundlage des Diffie-Hellman-Algorithmus, es bietet jedoch zusätzliche Sicherheit. Oakley ist generisch in dem Sinn, dass es keine bestimmten Formate vorschreibt.
- **Internet Security Association and Key Management Protocol (ISAKMP):** ISAKMP stellt ein Rahmenwerk für die Schlüsselverwaltung im Internet bereit und bietet eine besondere Protokollunterstützung einschließlich Formaten für die Behandlung von Sicherheitsmerkmalen.

ISAKMP selbst schreibt keinen bestimmten Algorithmus für den Austausch von Schlüsseln vor; ISAKMP besteht eher aus einer Menge von Nachrichtenarten, die die Benutzung vieler unterschiedlicher Algorithmen für den Austausch von Schlüsseln möglich machen. Oakley ist ein besonderer Algorithmus für den Schlüsselaustausch, der bei der Urversion von ISAKMP vorgeschrieben war.

Wir beginnen mit einem Überblick über Oakley, danach betrachten wir ISAKMP.

6.6.1 Oakley-Protokoll zur Schlüsselbestimmung

Oakley ist eine Erweiterung des Diffie-Hellman-Algorithmus für den Austausch von Schlüsseln. Erinnern Sie sich daran, dass Diffie-Hellman eine Wechselwirkung zwischen den Benutzern A und B beinhaltet. Dabei müssen zunächst zwei globale Parameter vereinbart werden: q, eine große Primzahl, und α, eine Primitivwurzel von q. A wählt eine Zufallszahl X_A als seinen privaten Schlüssel und übermittelt an B seinen öffentlichen Schlüssel $Y_A = \alpha^{XA}$. Entsprechend wählt B eine Zufallszahl X_B als seinen privaten Schlüssel und sendet an A seinen öffentlichen Schlüssel $Y_B = \alpha^{XB}$. Nun kann jede Seite den geheimen Schlüssel dieser Sitzung errechnen:

$$K = (Y_B)^{XA} \bmod q = (Y_A)^{XB} \bmod q = \alpha^{XAXB} \bmod q$$

Der Diffie-Hellman-Algorithmus weist zwei interessante Eigenschaften auf:

- Geheime Schlüssel werden nur generiert, wenn es nötig ist. Und man muss geheime Schlüssel nicht über längere Zeit hinweg speichern und sie so zunehmender Gefährdung aussetzen.
- Der Austausch erfordert außer einer Übereinkunft über die globalen Parameter keine weitere Infrastruktur.

Dennoch gibt es beim Diffie-Hellman-Algorithmus eine Reihe von Schwachstellen, die in [HUIT98] erläutert sind:

- Es gibt keinerlei Information über die Identität der Partner.
- Es sind »Man-in-the-Middle«-Angriffe Dritter möglich, bei denen ein Dritter C sich als B ausgibt, während er mit A kommuniziert, und sich als A ausgibt, während er mit B kommuniziert. A und B tauschen schließlich einen Schlüssel mit C aus, der dann den Datenaustausch belauschen und sich einschalten kann. Ein solcher »Man-in-the-Middle«-Angriff läuft folgendermaßen ab:
  - B versendet seinen öffentlichen Schlüssel Y_B in einer an A adressierten Nachricht (siehe Abbildung 3.11).
  - Der Feind (F) fängt diese Nachricht ab. F merkt sich den öffentlichen Schlüssel von B und schickt eine Nachricht an A, die Bs Benutzerkennung, aber Fs öffentlichen Schlüssel Y_F enthält. Beim Verschicken dieser Nachricht wird der Anschein erweckt, als komme sie vom Rechner von B. A empfängt diese Nachricht von F und speichert Fs öffentlichen Schlüssel mit Bs Benutzerkennung. Auf ähnliche Weise schickt F eine Nachricht an B mit Fs öffentlichem Schlüssel und gibt vor, dass die Nachricht von A komme.

- B berechnet einen geheimen Schlüssel K_1 auf der Basis von Bs privatem Schlüssel und Y_F. A berechnet einen geheimen Schlüssel K_2 auf der Basis von As privatem Schlüssel und Y_F. F berechnet unter Benutzung von Fs geheimem Schlüssel X_F K_1 und Y_B und berechnet ebenso K_2 und Y_A.
- Ab jetzt kann F Nachrichten zwischen A und B abfangen, die Verschlüsselung in geeigneter Weise verändern und die Nachrichten anschließend weitergeben, ohne dass A oder B bemerken, dass sie ihre Kommunikation nun mit F teilen.

- Der Diffie-Hellman-Algorithmus ist rechenintensiv. Dadurch ist er anfällig gegen einen »Verstopfungs«-Angriff, bei dem ein Gegner eine große Zahl von Schlüsseln verlangt. Das Opfer muss dann beträchtliche Rechenkapazitäten aufwenden, um nutzlose Schlüsselberechnungen statt wirklicher Aufgaben auszuführen.

Der Oakley-Algorithmus wurde entwickelt, um die Nachteile des Diffie-Hellman-Algorithmus zu beseitigen, dabei aber die Vorteile zu erhalten.

Eigenschaften des Oakley-Algorithmus

Der Oakley-Algorithmus wird durch fünf wichtige Eigenschaften charakterisiert:

1. Er benutzt zum Verhindern von »Verstopfungs«-Angriffen einen unter dem Namen Cookies bekannten Mechanismus.
2. Er ermöglicht es den beiden Partnern, eine *Gruppe* zu bilden; dadurch werden in Wirklichkeit die globalen Parameter des Schlüsselaustauschs bei Diffie-Hellman festgelegt.
3. Er benutzt Nonces (Zufallswerte), um gegen Wiederholungsangriffe sicher zu sein.
4. Er ermöglicht den Austausch von öffentlichen Diffie-Hellman-Schlüsseln.
5. Er authentifiziert den Diffie-Hellman-Austausch, um »Man-in-the-Middle«-Angriffe zu unterbinden.

Den Diffie-Hellman-Algorithmus haben wir schon diskutiert; nun verschaffen wir uns einen Überblick über die restlichen Elemente. Zuerst denken wir über das Problem der Verstopfungs-Angriffe nach. Bei einer solchen Attacke fälscht ein Angreifer die Absenderadresse eines berechtigten Benutzers und sendet dann einen öffentlichen Diffie-Hellman-Schlüssel an das Opfer. Danach errechnet das Opfer mithilfe einer modularen Potenzierung den geheimen Schlüssel. Wiederholte Nachrichten dieser Art können das System des Opfers mit sinnlosen Rechnungen *verstopfen*. Der **Cookie-Austausch** sieht vor, dass jede Seite in der ersten Nachricht eine Pseudozufallszahl, das Cookie, sendet, die von der anderen Seite bestätigt werden muss. Diese Bestätigung muss beim ersten Austausch eines Diffie-Hellman-Schlüssels wiederholt werden. Wird hier die Absenderadresse vergessen, bekommt der Angreifer keine Antwort. Auf diese Weise kann ein Angreifer einen Benutzer zwar zwingen, Bestätigungen zu erzeugen, aber nicht, Diffie-Hellman-Berechnungen durchzuführen.

ISAKMP schreibt vor, dass beim Erzeugen von Cookies drei grundlegende Anforderungen erfüllt sein müssen:

1. Das Cookie muss von den beteiligten Partnern abhängen. Dadurch wird verhindert, dass ein Angreifer ein Cookie dadurch erhält, dass er sich eine vorhandene IP-Adresse und einen UDP-Port aneignet und diese dann nutzt, um das Opfer mit Anforderungen von zufällig ausgewählten IP-Adressen oder Ports zu überschwemmen.
2. Es darf für niemand anderen als das sendende Individuum möglich sein, Cookies zu erzeugen, die dann von diesem Individuum anerkannt werden. Daraus folgt unmittelbar, dass das sendende Individuum bei der Generierung und der nachfolgenden Verifizierung eines Cookies lokale geheime Informationen anwenden wird. Es darf nicht möglich sein, solche geheimen Informationen aus einem einzelnen Cookie abzuleiten. Diese Vorschrift hat zur Folge, dass das sendende Individuum keine Sicherungskopien der Cookies anfertigen darf, die dann leichter zu entdecken wären, aber dennoch kann es bei Bedarf eine ankommende Cookie-Bestätigung verifizieren.
3. Die Verfahren zum Erzeugen und Überprüfen von Cookies müssen schnell sein, um Angriffe abzuwehren, deren Ziel die Überlastung der Rechnerleistung ist.

Die empfohlene Methode zum Erzeugen eines Cookies besteht darin, einen schnellen Hash-Algorithmus (zum Beispiel MD5) über die IP-Quell- und Zieladressen, die UDP-Quell- und Zielports und einen lokal generierten geheimen Wert laufen zu lassen.

Oakley unterstützt die Benutzung verschiedener **Gruppen** für den Austausch von Diffie-Hellman-Schlüsseln. Jede Gruppe schließt die Festlegung von zwei globalen Parametern und die Identität des Algorithmus ein. Die gegenwärtige Spezifikation enthält folgende Gruppen:

- Modulare Potenzierung mit einem 768-Bit-Modulus

  $q = 2^{768} - 2^{704} - 1 + 2^{64} \times (\lfloor 2^{638} \times \pi \rfloor + 149686)$
  $\alpha = 2$

- Modulare Potenzierung mit einem 1024-Bit-Modulus

  $q = 2^{1024} - 2^{960} - 1 + 2^{64} \times (\lfloor 2^{894} \times \pi \rfloor + 129093)$
  $\alpha = 2$

- Modulare Potenzierung mit einem 1024-Bit-Modul
  - Die Parameter müssen festgelegt werden.
- Elliptische Kurvengruppe über 2^{155}
  - Generator (hexadezimal): $X = 7B$, $Y = 1C8$
  - Elliptische Kurvenparameter (hexadezimal): $A = 0$, $Y = 7338F$
  - Elliptische Kurvengruppe über 2^{185}
  - Generator (hexadezimal): $X = 18$, $Y = D$
  - Elliptische Kurvenparameter (hexadezimal): $A = 0$, $Y = 1EE9$

Bei den ersten drei Gruppen handelt es sich um den klassischen Diffie-Hellman-Algorithmus, bei dem eine modulare Potenzierung verwendet wird. Bei den beiden letzten Gruppen wird die elliptische Kurve entsprechend Diffie-Hellman eingesetzt.

Oakley verwendet **Nonces** als Schutz gegen Wiederholungsangriffe; jeder Nonce ist eine lokal erzeugte Pseudozufallszahl. Nonces erscheinen in den Antworten und sind während eines Teils des Nachrichtenaustauschs verschlüsselt, um ihre Anwendung abzusichern.

Mit Oakley lassen sich drei unterschiedliche **Authentifizierungsarten** nutzen:

- **Digitale Signatur:** Der Datenaustausch wird durch das Unterschreiben eines gegenseitig erhältlichen Hash authentifiziert; jeder Partner verschlüsselt den Hash mit seinem privaten Schlüssel. Der Hash wird mithilfe wichtiger Parameter, wie etwa Benutzerkennung und Zufallszahlen, generiert.
- **Public-Key-Verschlüsselung:** Der Datenaustausch wird durch Verschlüsselungsparameter wie zum Beispiel Benutzerkennungen und Zufallszahlen mit dem privaten Schlüssel des Absenders authentifiziert.
- **Symmetrische Verschlüsselung:** Ein aus einem externen Mechanismus abgeleiteter Schlüssel kann benutzt werden, um den Datenaustausch durch symmetrische Verschlüsselung der Austauschparameter zu authentifizieren.

Beispiel für einen Oakley-Austausch

Die Oakley-Spezifikation enthält eine Reihe von Beispielen für den Datenaustausch, die unter diesem Protokoll erlaubt sind. Damit Sie eine Ahnung von Oakley bekommen, zeigen wir Ihnen als ein Beispiel die Spezifikation des so genannten aggressiven Oakley-Schlüsselaustauschs, der diesen Namen trägt, weil nur drei Nachrichten ausgetauscht werden.

Abbildung 6.11 zeigt das Protokoll des aggressiven Oakley-Schlüsselaustauschs. Im ersten Schritt übermittelt der Initiator (I) ein Cookie; für diesen Austausch wird die Gruppe und Is öffentlicher Diffie-Hellman-Schlüssel benutzt. I zeigt auch die angebotene Public-Key-Verschlüsselung, den Hash und die für diesen Austausch verwendeten Authentifizierungsalgorithmen an. In der Nachricht sind auch die Kennungen von I und der antwortenden Stelle (R) sowie Is Nonce für diesen Austausch enthalten. Schließlich fügt I eine Signatur mit Is privatem Schlüssel an, wodurch die beiden Kennungen, der Nonce, die Gruppe, der öffentliche Diffie-Hellman-Schlüssel und der angebotene Algorithmus unterzeichnet werden.

$I \rightarrow R$: CKY_I, OK_KEYX, GRP, g^x, EHAO, NIDP, ID_I, ID_R, N_I, $S_{KI}[ID_I \parallel ID_R \parallel N_I \parallel GRP \parallel g^x \parallel EHAO]$

$R \rightarrow I$: CKY_R, CKY_I,OK_KEYX, GRP, g^y, EHAS, NIDP, ID_R, ID_I, N_R, N_I, $S_{KR}[ID_R \parallel ID_I \parallel N_R \parallel N_I \parallel GRP \parallel g^y \parallel g^x \parallel EHAS]$

$I \rightarrow R$: CKY_I, CKY_R,OK_KEYX, GRP, g^x, EHAS, NIDP, ID_I, ID_R, N_I, N_R, $S_{KI}[ID_I \parallel ID_R \parallel N_I \parallel N_R \parallel GRP \parallel g^x \parallel g^y \parallel EHAS]$

Abkürzungen:

I = Initiator
R = Antwortender
CKY_I, CKY_R = Cookies des Initiators, des Antwortenden
OK_KEYX = Typ der Schlüsselaustauschnachricht
GRP = Name der Diffie-Hellmann-Gruppe für diesen Austausch
g^x, g^y = Öffentlicher Schlüssel des Initiators, des Antwortenden; g^{xy} = Sitzungsschlüssel für diesen Austausch
EHAO = Angebotene Funktionen für Verschlüsselung, Hash und Authentifizierung
NIDP = Zeigt an, dass der Rest dieser Nachricht nicht verschlüsselt ist
ID_I, ID_R = Kennung des Initiators, des Antwortenden
N_I, N_R = Der vom Initiator, vom Antwortenden gelieferte Nonce für diesen Austausch
$S_{KI}[X]$, $S_{KR}[X]$ = Zeigt die Signatur über X unter Verwendung des privaten Schlüssels des Initiators, des Antwortenden

Abbildung 6.11: Beispiel für einen aggressiven Oakley-Schlüsselaustausch

Sobald R die Nachricht erhält, überprüft R die Signatur und benutzt dazu Is öffentlichen Schlüssel. R quittiert die Nachricht, indem Is Cookie, Is Kennung, sein Nonce und seine Gruppe zurückgesendet werden. R fügt ebenfalls ein Cookie in die Nachricht ein, außerdem Rs öffentlichen Diffie-Hellman-Schlüssel, die ausgewählten Algorithmen (nur die angebotenen sind erlaubt), Rs Kennung sowie Rs Nonce für diesen Nachrichtenaustausch. Schließlich fügt R noch eine Signatur an, wobei Rs privater Schlüssel verwendet wird. Damit werden beide Kennungen, beide Nonces, die Gruppe, beide öffentlichen Diffie-Hellman-Schlüssel und die gewählten Algorithmen signiert.

Nach dem Erhalt der zweiten Nachricht verifiziert I die Signatur durch Anwendung von Rs öffentlichem Schlüssel. Die Nonce-Werte in der Nachricht stellen dabei sicher, dass dies nicht die Antwort auf eine frühere Nachricht ist. Um den Nachrichtenaustausch zu vervollständigen, muss I noch eine Nachricht an R zurücksenden und bestätigen, dass I den öffentlichen Schlüssel von R empfangen hat.

6.6.2 ISAKMP

ISAKMP definiert Prozeduren und Paketformate zum Einrichten, Behandeln, Verändern und Löschen von Sicherheitsverknüpfungen. Als wesentlicher Teil des SA-Umfeldes definiert ISAKMP Nutzinformationen für die Erzeugung von Austauschschlüsseln und Authentifizierungsdaten. Diese Nutzinformation-Formate bieten ein widerspruchsfreies logisches Gerüst, das unabhängig ist vom verwendeten Schlüsselaustauschprotokoll, vom Verschlüsselungsalgorithmus und vom Authentifizierungmechanismus.

ISAKMP-Header-Format

Eine ISAKMP-Nachricht besteht aus einem ISAKMP-Header, gefolgt von einer oder mehreren Nutzinformationen. Diese Informationen werden über ein Transportprotokoll übermittelt. Die Spezifikation schreibt vor, dass Implementierungen UDP für das Transportprotokoll unterstützen müssen.

Abbildung 6.12a zeigt das Header-Format für eine ISAKMP-Nachricht. Es enthält folgende Felder:

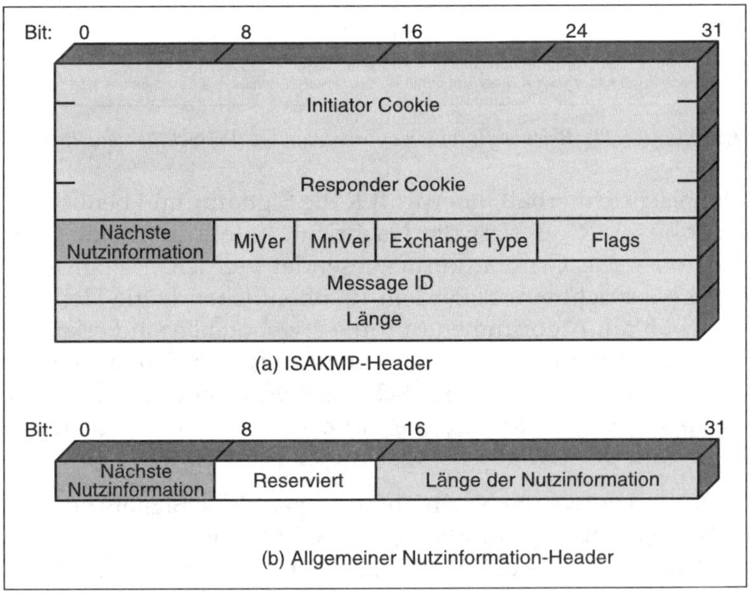

Abbildung 6.12: ISAKMP-Formate

- **Initiator Cookie (64 Bit):** Cookie des Individuums, das die Einrichtung, Bearbeitung oder das Löschen einer SA veranlasst hat.
- **Responder Cookie (64 Bit):** Cookie des antwortenden Individuums. Es ist bei der ersten Nachricht des Initiators leer.
- **Next Payload (8 Bit):** Gibt den Typ der ersten Nutzinformation in der Nachricht an; Nutzinformationen werden im folgenden Unterabschnitt beschrieben.
- **Major Version (4 Bit):** Gibt die verwendete Hauptversion von ISAKMP an.
- **Minor Version (4 Bit):** Gibt die verwendete Unterversion an.
- **Exchange Type (8 Bit):** Gibt den Austauschtyp an; dies wird später in diesem Abschnitt erläutert.
- **Flags (8 Bit:** Gibt bestimmte Optionen an, die für diesen ISAKMP-Austausch gewählt wurden. Bisher wurden zwei Bit definiert: Das Encryption Bit wird gesetzt, wenn alle Nutzinformationen nach dem Header mit dem Verschlüsselungsalgorithmus für diese SA verschlüsselt wurden. Mit dem Commit Bit wird sichergestellt, dass verschlüsselte Daten erst empfangen werden, wenn die SA-Verbindung aufgebaut ist.
- **Message ID (32 Bit):** Eindeutige Kennung für diese Nachricht.
- **Length (32 Bit):** Länge der gesamten Nachricht (Header und alle Nutzinformationen) in Oktetten.

ISAKMP-Typen von Nutzinformationen

Alle ISAKMP-Nutzinformationen beginnen mit dem gleichen generischen Nutzinformationen-Header, wie er in Abbildung 6.12b dargestellt ist. Das Feld Next Payload hat den Wert 0, wenn es sich um die letzte Nutzinformation dieser Nachricht handelt; andernfalls entspricht sein Wert dem Typ der folgenden Nutzinformation. Das Feld Payload Length gibt die Länge dieser Nutzinformation in Oktetten an, einschließlich des generischen Nutzinformation-Headers.

Tabelle 6.3 fasst die für ISAKMP definierten Nutzinformationstypen zusammen und zeigt die Felder oder Parameter, die Teil jeder Nutzinformation sind. Der Typ **SA-Payload** wird benutzt, um die Einrichtung einer SA in die Wege zu leiten. In dieser Nutzinformation legt der Domain of Interpretation-Parameter die DOI fest, unter der die Verarbeitung ablaufen soll. Die IPSec-DOI ist ein Beispiel, aber ISAKMP lässt sich auch in anderem Zusammenhang einsetzen. Der Situation-Parameter legt die Sicherheitsrichtlinien für die Verarbeitung fest; im Wesentlichen werden die für Verschlüsselung und Vertraulichkeit geforderten Sicherheitsebenen angegeben (zum Beispiel Vertraulichkeitsstufe und Sicherheitsstufe).

Die **Proposal Payload** enthält Informationen, die während der SA-Bearbeitung benötigt werden. Die Nutzinformation gibt das Protokoll für diese SA an (ESP oder AH), für welches Dienste und Mechanismen verarbeitet werden. Die Nutzinformation enthält auch den SPI des Absenders sowie die Anzahl der Transformationen. Jede einzelne Umwandlung ist in einer Transformations-Nutzinformation enthalten. Die Benutzung mehrerer Transformations-Nutzinformationen erlaubt es dem Absender, verschiedene Möglichkeiten anzubieten. Der Antwortende kann eine davon auswählen oder aber das Angebot zurückweisen.

Die **Transform Payload** definiert eine Sicherheits-Transformation, mit deren Hilfe der Kommunikationskanal für das beschriebene Protokoll gesichert wird. Der Parameter Transform # dient zum Identifizieren dieser speziellen Nutzinformation; der Antwortende kann ihn benutzen, um so das Annehmen dieser Transformation anzuzeigen. Die Felder Transform-ID und Attributes weisen auf eine bestimmte Transformation (zum Beispiel 3DES für ESP, HMAC-SHA-1-96 für AH) und ihre zugehörigen Eigenschaften (zum Beispiel Hash-Länge) hin.

Die **Key Exchange Payload** lässt sich für eine Vielzahl von Schlüsselaustauschtechniken verwenden, wie Oakley, Diffie-Hellman und des auf RSA beruhenden Nachrichtenaustauschs, wie er bei PGP zur Anwendung kommt.

Das Datenfeld Key Exchange enthält die zum Generieren eines Sitzungsschlüssels nötigen Daten und ist abhängig vom verwendeten Schlüsselaustauschalgorithmus.

Typ	*Parameter*	*Beschreibung*
Security Association (SA)	Domain of Interpretation, Situation	Wird verwendet zum Abhandeln von Sicherheitsattributen sowie zum Anzeigen der DOI und von Situationen, unter denen eine Bearbeitung möglich ist.
Proposal (P)	Nummer eines Vorschlags, Protokoll-ID, SPI-Größe, Anzahl der Transformationen, SPI	Wird während der Behandlung der SA verwendet; zeigt das verwendete Protokoll und die Anzahl der Transformationen an.
Transform (T)	Nummer einer Transformation, Transformations-ID, SA-Attribute	Wird während der Behandlung der SA verwendet; zeigt die verwendete Transformation und die zugehörigen SA-Attribute an.

Tabelle 6.3: ISAKMP-Nutzinformationtypen

Typ	*Parameter*	*Beschreibung*
Key Exchange (KE)	Daten für den Schlüsselaustausch	Unterstützt mehrere Techniken für den Schlüsselaustausch.
Identification (ID)	ID-Typ und -Daten	Wird zum Austausch von Identifizierungsdaten verwendet.
Certificate (CERT)	Verschlüsselung der Zertifizierung, Zertifizierungsdaten	Wird zur Übermittlung von Zertifikaten und anderen zertifizierungsbezogenen Informationen verwendet.
Certificate Request	# Cert-Types, Zertifikat-Typen, # Cert-Auths, Zertifikat-Autorisierungen	Wird zum Anfordern von Zertifikaten benutzt; gibt den Typ der angeforderten Zertifikate und die erlaubten Zertifikatautorisierungen an.
Hash (HASH)	Hash-Daten	Enthält Daten, die durch eine Hash-Funktion erzeugt wurden.
Signature (SIG)	Signatur-Daten	Enthält Daten, die durch eine Funktion zur digitalen Signatur erzeugt wurden.
NONCE	Zufallszahl-Daten	Enthält eine Zufallszahl.
Notification (N)	DOI, Protokoll-ID, SPI-Größe, Typ der Benachrichtigung, SPI, Benachrichtigungsdaten	Wird zum Übermitteln von Benachrichtigungen wie etwa Fehlerzuständen verwendet.
Delete (D)	DOI, Protokoll-ID, SPI-Größe, Anzahl der SPIs, eine oder mehrere SPIs	Kennzeichnet eine SA als nicht mehr gültig.

Tabelle 6.3: ISAKMP-Nutzinformationtypen (Forts.)

Die **Identification Payload** wird benutzt, um die Identität der kommunizierenden Stellen festzulegen; sie lässt sich auch für die Authentifizierung von Information verwenden. Üblicherweise enthält das Feld ID Data eine IPv4- oder IPv6-Adresse.

Die **Certificate Payload** übermittelt einen zertifizierten öffentlichen Schlüssel. Das Feld Certificate Encoding gibt den Typ des Zertifikats oder zertifikatbezogene Informationen an, wobei Folgendes enthalten sein kann:

- PKCS #7 wrapped X.509-Zertifikat
- PGP-Zertifikat

- DNS-gezeichneter Schlüssel
- X.509-Zertifikat – Signatur
- X.509-Zertifikat – Schlüsselaustausch
- Kerberos Token
- Certificate Revocation List (CRL)
- Authority Revocation List (ARL)
- SPKI-Zertifikat

An jedem Punkt eines ISAKMP-Austauschs kann der Absender eine **Certificate Request Payload** einbauen, um vom anderen kommunizierenden Individuum ein Zertifikat anzufordern. Die Nutzinformation-Liste kann mehr als einen erlaubten Zertifizierungstyp enthalten und es ist mehr als eine Zertifizierungsstelle zulässig.

Die **Hash Payload** enthält Daten, die von einer Hash-Funktion über einen Teil der Nachricht und/oder den ISAKMP-Status erzeugt wurden. Mit dieser Nutzinformation lassen sich die Daten in einer Nachricht auf Vollständigkeit überprüfen oder die beteiligten Individuen authentifizieren.

Die **Signature Payload** enthält Daten, die von einer Funktion für eine digitale Signatur über einen Teil der Nachricht und/oder den ISAKMP-Status erzeugt wurden. Mit ihr lassen sich die Daten in einer Nachricht auf Vollständigkeit prüfen und Dienste zur Nichtanfechtbarkeit von Nachrichten steuern.

Die **Nonce Payload** enthält Zufallsdaten, die man braucht, um eine Direktübertragung des Nachrichtenaustauschs zu garantieren und sie gegen Wiederholungsangriffe zu schützen.

Die **Notification Payload** enthält Fehler- oder Statusinformationen für diese SA oder diese SA-Behandlung. Hier können folgende ISAKMP-Fehlermeldungen auftreten:

Unzulässiger Nutzlasttyp	Unzulässige Protokoll-ID	Unzulässige Cert-Kodierung
DOI nicht unterstützt	Unzulässiger SPI	Unzulässiges Zertifikat
Situation nicht unterstützt	Unzulässige Transformations-ID	Fehlerhafte Cert-Anfragesyntax
Unzulässiger Cookie	Attribute nicht unterstützt	Unzulässige Cert-Autorisierung
Unzulässige Hauptversion	Kein Vorschlag angenommen	Unzuläsige Hash-Information

Unzulässige Zwischenversion	Falsche Vorschlagsyntax	Autorisierung fehlgeschlagen
Unzulässiger Austauschtyp	Nutzlast fehlerhaft	Unzulässige Unterschrift
Unzulässiges Flag	Unzulässige Schlüsselinformation	Adressbenachrichtigung
Unzulässige Nachrichten-ID		

Bisher wurde erst eine einzige Statusmeldung definiert: Connected. Zusätzlich zu diesen ISAKMP-Meldungen gibt es noch DOI-spezifische Nachrichten. Bei IPSec können auch noch folgende Mitteilungen erscheinen:

- **Responder-Lifetime**: Übermittelt die vom Antwortenden gewählte Lebensdauer der SA.
- **Wiederholungsstatus:** Mit dieser Meldung bestätigt der Antwortende, ob er eine Suche mit dem Ziel der Wiederholungsvermeidung vornimmt oder nicht.
- **Initial-Contact:** Informiert die andere Seite, dass es sich hier um die erste mit dem anderen System aufgebaute SA handelt. Der Empfänger dieser Benachrichtigung kann dann vorhandene SAs vernichten, die er für das System des Senders hat, vorausgesetzt, das sendende System hat einen Neustart vorgenommen und keinen Zugriff mehr auf diese SAs.

Die **Delete Payload** zeigt eine oder mehrere SAs an, die der Absender aus seiner Datenbank gelöscht hat und die deshalb nicht länger gültig sind.

ISAKMP-Austausch

ISAKMP bietet ein Gerüst für den Austausch von Nachrichten, wobei die **Nutzinformationtypen** als Bausteine dienen. Die Spezifikation enthält fünf Grundaustauschtypen, die unterstützt werden sollen; diese sind in Tabelle 6.4 dargestellt. In der Tabelle bezieht sich SA auf eine SA-Payload mit zugehörigen Protokoll- und Transformations-Nutzinformationen.

Base Exchange erlaubt die gleichzeitige Übermittlung von Schlüsselaustausch und Authentifizierungsdaten. Dadurch lässt sich die Anzahl der Übermittlungsvorgänge verringern, wenn auch auf Kosten eines fehlenden Identitätsschutzes. Die ersten beiden Nachrichten bieten Cookies und richten eine SA mit vereinbartem Protokoll und vereinbarten Transformationen ein; beide Seiten benutzen einen Nonce, um sich gegen Wiederholungsangriffe abzusichern. Mit den beiden letzten Nachrichten werden Schlüsselinformationen und Benutzerkennungen ausgetauscht; die AUTH-Payload dient dabei zum Authentifizieren der Schlüssel, der Kennungen und der Zufallszahlen der beiden ersten Nachrichten.

Austausch	*Anmerkung*
(a) Base Exchange	
(1) **I → R:** SA; NONCE	Startet eine ISAKMP-SA-Bearbeitung
(2) **R → I:** SA; NONCE	Einigung auf die Haupt-SA
(3) **I → R:** KE; ID_I; AUTH	Schlüssel wurde generiert; Identität des Initiators wurde vom Antwortenden überprüft
(4) **R → I:** KE; ID_R; AUTH	Identität des Antwortenden wurde vom Initiator überprüft; Schlüssel wurde generiert; SA wurde eingerichtet
(b) Identity Protection Exchange	
(1) **I → R:** SA	Startet eine ISAKMP-SA-Bearbeitung
(2) **R → I:** SA	Einigung auf die Haupt-SA
(3) **I → R:** KE; NONCE	Schlüssel wurde generiert
(4) **R → I:** KE; NONCE	Schlüssel wurde generiert
(5) * **I → R:** ID_I; AUTH	Identität des Initiators wurde vom Antwortenden überprüft
(6) * **R → I:** ID_R; AUTH	Identität des Antwortenden wurde vom Initiator überprüft; SA wurde eingerichtet
(c) Authentication Only Exchange	
(1) **I → R:** SA; NONCE	Startet eine ISAKMP-SA-Bearbeitung
(2) **R → I:** SA; NONCE; IDR; AUTH	Einigung auf die Haupt-SA; Identität des Antwortenden wurde vom Initiator überprüft
(3) **I → R:** ID_I; AUTH	Identität des Initiators wurde vom Antwortenden überprüft; die SA wurde eingerichtet
(d) Aggressive Exchange	
(1) **I → R:** SA; KE; NONCE; ID_I	Startet eine ISAKMP-SA-Bearbeitung und den Schlüsselaustausch
(2) **R → I:** SA; KE; NONCE; ID_R; AUTH	Identität des Initiators wurde vom Antwortenden überprüft; Schlüssel wurde generiert; Einigung auf die Haupt-SA
(3) * **I → R:** AUTH	Identität des Antwortenden wurde vom Initiator überprüft; SA wurde eingerichtet

Tabelle 6.4: ISAKMP-Austauschtypen

Austausch	*Anmerkung*
(e) Informational Exchange	
(1) * **I → R:** N/D	Fehler- oder Statusmeldung oder Löschen-Nachricht

Abkürzungen:
I = Initiator
R = Antwortender
* = bezeichnet eine Verschlüsselung der Nutzinformation ab dem ISAKMP-Header

Tabelle 6.4: ISAKMP-Austauschtypen (Forts.)

Identity Protection Exchange erweitert die Möglichkeiten von Base Exchange um den Schutz der Identität der Benutzer. Die beiden ersten Nachrichten richten die SA ein. Mit den beiden folgenden Nachrichten werden die Schlüssel ausgetauscht, zusammen mit Nonces als Schutz gegen Wiederholungsangriffe. Sobald der Sitzungsschlüssel errechnet ist, tauschen die beiden Partner Nachrichten mit authentifizierten Informationen aus, wie etwa digitale Signaturen und wahlweise Zertifikate zum Bestätigen der öffentlichen Schlüssel.

Authentication Only Exchange wird für gegenseitige Authentifizierung, jedoch ohne den Austausch von Schlüsseln eingesetzt. Die ersten beiden Nachrichten richten die SA ein. Zusätzlich verwendet der Antwortende die zweite Nachricht zum Übermitteln seiner Kennung; er schützt dabei seine Nachricht durch eine Authentifizierung. Mit der dritten Nachricht sendet der Initiator seine authentifizierte Kennung.

Der Typ **Aggressive Exchange** minimiert die Anzahl der übertragenen Nachrichten, indem kein Schutz der Kennungen geboten wird. In der ersten Nachricht schlägt der Initiator eine SA mit zugehörigem Protokoll sowie Transformationsoptionen vor. Der Initiator startet auch den Schlüsselaustausch und bietet seine Kennung an. In der zweiten Nachricht zeigt der Antwortende an, dass er die SA mit Protokoll und Transformation akzeptiert; er vervollständigt den Schlüsselaustausch und authentifiziert die übertragene Information. In der dritten Nachricht überträgt der Initiator das Ergebnis der Authentifizierung, das die vorhergehenden Informationen enthält und mit dem gemeinsamen geheimen Sitzungsschlüssel verschlüsselt ist.

Der Typ **Information Exchange** dient der Einweg-Übermittlung von SA-Verwaltungsdaten.

6.7 Empfohlene Lektüre und Web-Sites

IPv4 und IPv6 werden in [STAL00] ausführlicher behandelt. Gute Darstellungen über das Arbeiten im Internet und über IPv4 finden sich in [COME95] und [STEV94]. [HUIT98] bietet eine knappe technische Beschreibung der verschiedenen RFCs, die gemeinsam die Spezifikation von IPv6 ergeben; das Buch enthält eine Diskussion über den Zweck verschiedener technischer Eigenschaften und über die Funktionsweise des Protokolls. [MILL98] enthält ebenfalls eine Beschreibung von IPv6, legt den Schwerpunkt aber auf praktische Aufgaben und auf die Implementierung. [CHEN98] beschreibt gut einen IPSec-Entwurf. [DORA99] bietet eine umfassendere Darstellung von IPSec.

CHEN98 Cheng, P., u.a. »A Security Architecture for the Internet Protocol.« *IBM Systems Journal*, Nr. 1, 1998.

COME95 Comer, D. *Internetworking with TCP/IP, Volume I: Principles, Protocols and Architecture*. Upper Saddle River, NJ: Prentice Hall, 1995.

DORA99 Doraswamy, N. und Harkins, D. *IPSec*. Upper Saddle River, NJ: Prentice Hall, 1999. (In Deutsch: IPSec, Addison-Wesley, München, 2000)

HUIT98 Huitema, C. *IPv6: The New Internet Protocol*. Upper Saddle River, NJ: Prentice Hall, 1998. (In Deutsch: IPv6: Die neue Generation, Addison-Wesley, München, 2000)

MILL98 Miller, S. *IPv6: The New Internet Protocol*. Upper Saddle River, NJ: Prentice Hall, 1998.

STAL00 Stallings, W. *Data and Computer Communications, 6th edition*. Upper Saddle River, NJ: Prentice Hall, 2000.

STEV94 Stevens, W. *TCP/IP Illustrated, Volume 1: The Protocols*. Reading, MA: Addison-Wesley, 1994.

Empfohlene Web-Sites:

- **IP Security Protocol (ipsec) Charter:** Neueste RFCs und Internet-Entwürfe für IPSec
- **IP Security Working Group News:** Dokumente der Working Groups, Mail-Archive, relevante technische Veröffentlichungen und andere nützliche Unterlagen
- **IP Security (IPSEC) Resources:** Liste der Unternehmen, die IPSec implementieren, Überblick über das Implementieren und andere nützliche Unterlagen

6.8 Aufgaben

6.1 Bei der Beschreibung der AH-Verarbeitung wurde ausgeführt, dass nicht alle Felder eines IP-Headers in die MAC-Berechnung einbezogen werden.

a. Geben Sie für jedes Feld im IPv4-Header an, ob es unveränderlich, vorhersagbar veränderlich oder veränderlich (vor der ICV-Berechnung auf Null gesetzt) ist.

b. Tun Sie das Gleiche für den IPv6-Header.

c. Tun Sie das Gleiche für die IPv6-Erweiterungs-Header.

Begründen Sie Ihre Entscheidung für jedes einzelne Feld.

6.2 Bei Verwendung des Tunnelmodus wird ein neuer äußerer IP-Header gebildet. Beschreiben Sie für IPv4- und IPv6-Header die Beziehung jedes äußeren Header-Feldes und jedes Erweiterungs-Headers im äußeren Paket zum zugehörigen Feld des Erweiterungs-Headers im inneren IP-Paket. Anders gesagt: Geben Sie an, welche äußeren Werte sich von inneren Werten ableiten und welche äußeren Werte unabhängig von inneren Werten gebildet werden.

6.3 Zwischen zwei Rechnern wird direkte Authentifizierung und Verschlüsselung gewünscht. Zeichnen Sie Skizzen ähnlich den Abbildungen 6.6 und 6.9, die Folgendes zeigen:

a. Transportadjazenz mit einer vor der Authentifizierung erfolgten Verschlüsselung.

b. Eine in einer Tunnel-SA gebündelte Transport-SA mit einer vor der Authentifizierung erfolgten Verschlüsselung.

c. Eine in einer Tunnel-SA gebündelte Transport-SA mit einer vor der Verschlüsselung erfolgten Authentifizierung.

6.4 Das Dokument zum IPSec-Aufbau legt fest, dass bei Bündelung zweier Transportmodus-SAs (um AH- und ESP-Protokolle auf derselben direkten Verbindung zu erlauben) nur eine bestimmte Reihenfolge von Sicherheitsprotokollen geeignet ist: die Ausführung des ESP-Protokolls vor dem AH-Protokoll. Warum wird dieser Ansatz empfohlen und nicht eine Authentifizierung vor einer Verschlüsselung? ESP-Dokument 12.

6.5 a. Welcher der ISAKMP-Exchange-Typen (Tabelle 6.4) passt zum aggressiven Oakley-Schlüsselaustausch (Abbildung 6.11)?

b. Geben Sie für den aggressiven Oakley-Schlüsselaustausch an, welche Parameter einer Nachricht in welche ISAKMP-Nutzinformationstypen gehen.

6.9 Anhang 6A: Netzwerkarbeit und Internet-Protokolle

Dieser Anhang gibt einen Überblick über Internet-Protokolle. Wir beginnen mit einer Zusammenfassung der Aufgaben eines Internet-Protokolls bei der Netzwerkarbeit. Danach beschreiben wir IPv4 und IPv6, die beiden wichtigsten Internet-Protokolle.

6.9.1 Die Aufgabe eines Internet-Protokolls

Ein Internet-Protokoll (IP) stellt die technischen Möglichkeiten bereit, Endsysteme durch mehrere Netzwerke miteinander zu verbinden. Dafür wird IP in jedem Endsystem und in jedem Router implementiert (als Router bezeichnet man Geräte, mit denen Netzwerke miteinander verbunden werden). Für die Übertragung werden Benutzerdaten in ihrem Ursprungssystem in ein Paket von IP-Protokolldaten (Protocol Data Unit – PDU) eingekapselt. Diese PDU wird anschließend durch ein oder mehrere Netzwerke und verbindende Router geschleust, um schließlich das Bestimmungssystem zu erreichen.

Die Router müssen in der Lage sein, vielfältige Unterschiede zwischen Netzwerken zu bewältigen, u. a. folgende:

- **Adressierungssysteme:** Die Netzwerke können unterschiedliche Systeme für die Zuordnung von Adressen zu Geräten anwenden. Unter IEEE 802 erhalten zum Beispiel die in einem LAN angeschlossenen Geräte binäre 16-Bit- oder 48-Bit-Adressen; in einem Paketvermittlungssystem unter X.25 werden dagegen zwölfstellige dezimale Adressen verwendet, wobei in einer 48-Bit-Adresse jede Ziffer mit 4 Bit verschlüsselt wird. Man muss irgendeine Art einer globalen Netzwerkadressierung ebenso vorsehen wie einen Verzeichnisdienst.
- **Maximale Paketgrößen:** Es kann nötig sein, große Pakete aus einem Netzwerk in kleinere Stücke zu zerlegen, um sie in ein anderes Netzwerk zu übertragen; diesen Vorgang nennt man **Fragmentierung**. Zum Beispiel sind bei Ethernet Pakete mit einer Größe von maximal 1.500 Byte erlaubt; in X.25-Netzwerken sind dagegen Pakete mit maximal nur 1.000 Byte üblich. Also muss ein Paket, das von einem Ethernetsystem über einen Router in ein X.25-System übertragen werden soll, vom Router in zwei kleinere Teile fragmentiert werden.
- **Schnittstellen:** Die Hardware- und Software-Schnittstellen zu unterschiedlichen Netzwerken unterscheiden sich. Ein Router muss unabhängig von solchen Unterschieden arbeiten.

- **Zuverlässigkeit:** Unterschiedliche Netzwerkdienste können in großer Bandbreite von einer zuverlässigen virtuellen Direktverbindung bis zu einem unzuverlässigen Dienst alles bieten. Router sollten sich deshalb bei ihrer Arbeit nicht auf eine vermutete Netzwerkzuverlässigkeit verlassen.

Die Arbeitsweise eines Routers ist abhängig von einem Internet-Protokoll, wie es in Abbildung 6.13 dargestellt ist. In diesem Beispiel ist das Internet-Protokoll (IP) des TCP/IP-Protokollstapels für diese Aufgabe zuständig. IP muss in allen Endsystemen aller Netzwerke und ebenso in allen Routern implementiert sein. Außerdem benötigen alle Endsysteme IP-kompatible Protokolle, um erfolgreich Daten miteinander austauschen zu können. Die zwischengeschalteten Router müssen nur bis zu IP kompatibel sein.

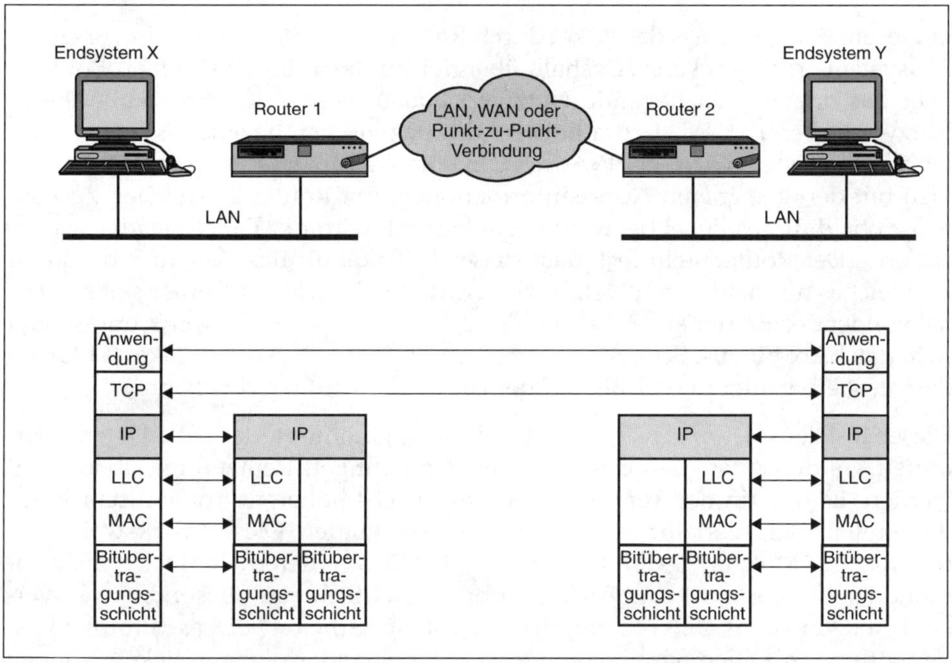

Abbildung 6.13: Beispiel einer TCP/IP-Konfiguration

Überlegen Sie, wie in Abbildung 6.13 ein Datenblock vom Endsystem *X* zum Endsystem *Y* übermittelt wird. Die IP-Schicht bei *X* erhält Datenblöcke, die vom TCP zu *Y* zu übertragen sind. Die IP-Schicht fügt einen Header hinzu, der die globale IP-Adresse von *Y* enthält. Diese Adresse besteht aus zwei Teilen, die das Netzwerk und das Endsystem angeben. Diesen Block bezeichnen wir im Folgenden als IP-Paket. Als Erstes erkennt IP, dass sich die Bestimmungsadresse (Y) in einem anderen Unternetzwerk befindet. Das Paket wird deshalb zunächst zu einem Router geschickt, in diesem Fall zu Router 1. Dazu übergibt IP seine

Daten zusammen mit der zugehörigen Adressinformation an LLC. LLC erzeugt eine LLC-PDU, die an die MAC-Schicht weitergegeben wird. Die MAC-Schicht macht daraus ein MAC-Paket, dessen Header die Adresse von Router 1 enthält.

Danach reist das Paket durch das LAN zu Router 1. Der Router entfernt das Paket sowie die LLC-Header und -Trailer und ermittelt aus dem IP-Header die endgültige Bestimmungsadresse der Daten, in diesem Fall *Y*. Nun muss der Router eine Routing-Entscheidung treffen. Dafür gibt es zwei Möglichkeiten:

1. Das ausgewählte Zielsystem *Y* ist direkt mit einem der Unternetzwerke verbunden, an die der Router angeschlossen ist.
2. Um das Zielsystem zu erreichen, müssen ein oder mehrere zusätzliche Router durchlaufen werden.

In diesem Beispiel muss das Paket durch Router 2 geroutet werden, bevor es das Zielsystem erreichen kann. Deshalb übergibt Router 1 das IP-Paket an Router 2 über das dazwischen liegende Netzwerk; dazu werden die Protokolle dieses Netzwerks benutzt. Wird zum Beispiel das dazwischen liegende Netzwerk unter X.25 betrieben, wird die IP-Adresse in eine X.25-Adresse eingepackt, zusammen mit den geeigneten Adressinformationen, um Router 2 erreichen zu können. Sobald dieses Paket bei Router 2 ankommt, wird der Paket-Header wieder entfernt. Der Router stellt fest, dass dieses IP-Paket für das System *Y* bestimmt ist, welches mit demselben Netzwerk verbunden ist wie der Router selbst. Deshalb bildet der Router ein Paket mit der Bestimmungsadresse von *Y* und sendet es in das LAN hinaus. Schließlich erreichen die Daten *Y*, wo das Paket, LLC und die Internet-Header und -Trailer voneinander getrennt werden können.

Dieser IP-Dienst ist unzuverlässig, da IP nicht garantiert, dass alle Daten übermittelt werden oder dass die Daten in der richtigen Reihenfolge übermittelt werden. Es liegt in der Verantwortung der nächsthöheren Protokollschicht, in diesem Fall TCP, hier auftretende Fehler zu korrigieren. Diese Arbeitsweise bietet ein hohes Maß an Flexibilität. Weil nämlich das Abliefern der Daten nicht garantiert wird, besteht keine Anforderung hinsichtlich einer besonderen Zuverlässigkeit in den Unternetzwerken. Deshalb arbeitet dieses Protokoll in Verbindung mit allen Subnetzwerktypen. Aufeinanderfolgende Pakete können auch auf unterschiedlichen Pfaden durch das Verbundnetz laufen, weil die Reihenfolge der Daten beim Abliefern nicht garantiert wird. So kann das Protokoll auf Überlastung und Fehler im Verbundnetz reagieren, indem es andere Routen auswählt.

6.9.2 IPv4

Über Jahrzehnte hinweg war das Internet-Protokoll (IP) Version 4 (RFC 791) das Fundament des TCP/IP-Protokolls. Abbildung 6.14a zeigt das Format des IP-Headers, der aus mindestens 20 Byte bzw. 160 Bit besteht. Die folgenden Felder sind enthalten:

- **Version (4 Bit):** Gibt die Versionsnummer an, um eine Weiterentwicklung des Protokolls zu ermöglichen; der Wert ist 4.
- **Internet Header Length (IHL) (4 Bit):** Länge des Headers in Worten zu je 32 Bit. Bei der kleinstmöglichen Headerlänge von 20 Oktetten hat dieses Feld den Wert 5.

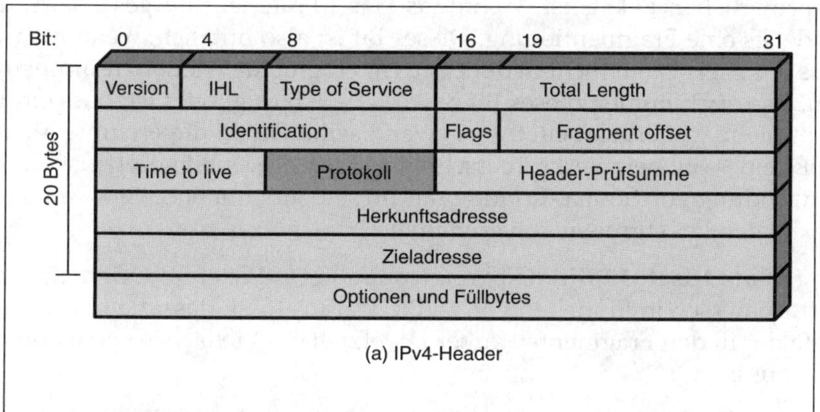

Abbildung 6.14: IP-Header

- **Type of Service (8 Bit):** Gibt für die IP-Module der Endsysteme und für die Router entlang des Paketpfads die relative Prioriät des IP-Pakets an.
- **Total Length (16 Bit):** Gesamtlänge des IP-Pakets in Bytes.
- **Identification (16 Bit):** Eine Sequenznummer, anhand derer, zusammen mit Ursprungsadresse, Bestimmungsadresse und Benutzerprotokoll, ein Paket eindeutig identifiziert werden kann. Das bedeutet, dass diese Kennzeichnung in Verbindung mit Ursprungsadresse, Bestimmungsadresse und Benutzerprotokoll eindeutig sein sollte, solange das Paket im Internet unterwegs ist.
- **Flags (3 Bit):** Nur zwei dieser Bits werden bisher benutzt: Bei einem fragmentierten Paket gibt das More-Bit an, ob dieses Fragment der letzte Teil des ursprünglichen Pakets ist. Wenn das Don't-Fragment-Bit gesetzt ist, unterbindet es eine Fragmentierung. Dieses Bit ist also nützlich, wenn man weiß, dass das Zielsystem nicht in der Lage ist, Fragmente wieder zusammenzufügen. Wie auch immer, dieses Bit bewirkt, wenn es gesetzt ist, dass ein Paket nicht mehr weiterbearbeitet wird, wenn seine Größe die erlaubte Maximalgröße eines Subnetzwerks überschreitet. Falls dieses Bit gesetzt ist, kann die Verwendung von Source-Routing ratsam sein, um Subnetzwerke mit kleinen maximalen Paketgrößen zu vermeiden.
- **Fragment Offset (13 Bit):** Gibt an, wohin dieses Paket im Originalpaket gehört, gemessen in Einheiten von 64 Bit. Daraus folgt, dass die Länge der Datenfelder in den Fragmenten außer im letzten ein Vielfaches von 64 Bit betragen muss.
- **Time to Live (TTL, 8 Bit):** Gibt an, wie viele Sekunden ein Paket noch im Verbundnetz bleiben darf. Jeder Router, der ein Paket bearbeitet, muss diesen Zähler um mindestens 1 vermindern. Dieser Zähler ist also etwas Ähnliches wie ein Hop-Zähler.
- **Protokoll (8 Bit):** Zeigt die nächsthöhere Protokollebene an, die das Datenfeld im Zielsystem empfangen soll. Dieses Feld gibt also den Typ des im Paket nach dem IP-Header folgenden Headers an.
- **Header-Prüfsumme (16 Bit):** Eine Prüfsumme, die sich jedoch nur auf den Header bezieht. Diese Prüfsumme wird in jedem Router neu geprüft und neu errechnet, weil sich der Inhalt einiger Felder im Header während der Übertragung verändern kann (zum Beispiel Time to Live und segmentierungsabhängige Felder). Das Feld wird so ermittelt, dass die Binärsumme aller 16-Bit-Worte im Header zusammen mit diesem Feld lauter Einsen ergibt. Dieses Feld wird zu Beginn mit 16 Nullen gefüllt.

- **Quelladresse (32 Bit):** Kann nach Wunsch unterschiedlich kodiert sein, um das gewünschte Netzwerk und das Endsystem in diesem Netzwerk anzugeben (7 und 24 Bit, 14 und 16 Bit oder 21 und 8 Bit).
- **Zieladresse (32 Bit):** Wie Herkunftsadresse aufgebaut.
- **Optionen (variabel):** Enthält die vom Absender gewünschten Optionen; Dazu können Sicherheitsvorschrift, Source Routing, Record Routing und Zeitmarkierung gehören.
- **Füllbytes (variabel):** Damit wird der Paket-Header so verlängert, dass seine Länge ein Vielfaches von 32 Bit beträgt.

6.9.3 IPv6

Die Internet Engineering Task Force (IETF), die Protokollstandards für das Internet entwickelt, gab 1995 eine Spezifikation für das Internet der nächsten Generation heraus, das als IPng bekannt wurde (RFC 1752). Diese Spezifikation führte zur Entwicklung eines weiteren Standards, der heute als IPv6 bekannt ist (RFC 2460). IPv6 bietet über das vorhandene IPv4 hinaus eine Reihe funktionaler Verbesserungen, um sich an die höheren Geschwindigkeiten heutiger Netzwerke und an die immer wichtiger werdenden gemischten Datenströme mit Bild- und Videodaten anzupassen. Aber die treibende Kraft hinter der Entwicklung des neuen Protokolls war der wachsende Bedarf an zusätzlichen Adressen. IPv4 benutzt zur Adressierung des Herkunfts- oder des Zielsystems eine 32-Bit-Adresse. Mit der extrem schnell wachsenden Größe des Internets und der an das Internet angeschlossenen privaten Netzwerke reichte diese Adresslänge nicht mehr aus, um alle Systeme zu bedienen, die Adressen benötigen. Abbildung 6.14b zeigt, dass IPv6 für Herkunfts- und Zieladressen Felder mit je 128 Bit verwendet. Es ist abzusehen, dass irgendwann alle Einrichtungen, die TCP/IP einsetzen, vom gegenwärtigen IP zu IPv6 migrieren werden, aber diese Umstellung wird viele Jahre, vielleicht sogar Jahrzehnte dauern.

IPv6-Header

Der IPv6-Header hat eine feste Länge von 40 Byte und besteht aus den folgenden Feldern (Abbildung 6.14b):

- **Version (4 Bit):** die Nummer des Internet-Protokolls, der Wert ist 6.
- **Traffic Class (8 Bit):** verwendbar von Knoten, die Daten absenden, und/oder von Routern, die Daten weiterleiten, um unterschiedliche Klassen und Prioritäten von IPv6-Paketen erkennen und unterscheiden zu können. Über die endgültige Nutzung dieses Feldes wird noch nachgedacht.

- **Flow Label (20 Bit):** kann von einem Rechner verwendet werden, um die Pakete zu kennzeichnen, die von den Routern in einem Netzwerk auf eine besondere Art behandelt werden müssen. Diese Kennzeichnung kann die Reservierung von Ressourcen und die Verarbeitung von Real-Time-Daten unterstützen.
- **Payload Length (16 Bit):** restliche Länge des IPv6-Pakets hinter dem Header (in Byte). Mit anderen Worten: Dies ist die Gesamtlänge aller Erweiterungs-Header einschließlich der Transportschicht-PDU.
- **Next Header (8 Bit):** gibt den Typ des Headers unmittelbar nach dem IPv6-Header an; es handelt sich entweder um einen IPv6-Erweiterungs-Header oder einen Header einer höheren Schicht, wie TCP oder UDP.
- **Hop Limit (8 Bit):** die noch verbleibende Anzahl von Hops für dieses Paket. Dieses Feld wird vom Ausgangsrechner auf irgendeinen Höchstwert gesetzt und von jedem Knoten, der das Paket weiterleitet, um 1 vermindert. Das Paket wird gelöscht, sobald dieses Feld den Wert Null erreicht.
- **Herkunftsadresse (128 Bit):** die Adresse des ursprünglichen Absenders des Pakets.
- **Zieladresse (128 Bit):** die Adresse des beabsichtigten Empfängers des Pakets. Dies muss nicht unbedingt das beabsichtigte letzte Zielsystem sein, wenn ein Routing-Erweiterungs-Header vorhanden ist; dieser Mechanismus wird später erklärt.

Der IPv6-Header ist zwar länger als der vorgeschriebene Teil des IPv4-Headers (40 Oktette gegenüber 20 Oktetten), dennoch enthält er weniger Felder (8 gegenüber 12). In den Routern sind deshalb pro Header weniger Verarbeitungsschritte nötig, was die Routing-Geschwindigkeit erhöhen sollte.

IPv6-Erweiterungs-Header

Ein IPv6-Paket enthält, wie eben beschrieben, einen IPv6-Header und keinen, einen oder mehrere Erweiterungs-Header. Außerhalb von IPSec wurden folgende Erweiterungs-Header definiert:

- **Hop-by-Hop Options Header:** legt besondere Optionen fest, die eine Hop-by-Hop-Verarbeitung benötigen.
- **Routing Header:** unterstützt ein ausgedehntes Routing, ähnlich dem IPv4-Source-Routing.
- **Fragment Header:** enthält Informationen über das Fragmentieren und Wiederzusammensetzen.

- **Authentication Header:** sorgt für die Unversehrtheit der Pakete und die Authentifizierung.
- **Encapsulating Security Payload Header:** sorgt für die Vertraulichkeit.
- **Destination Options Header:** enthält bei Bedarf Informationen, die vom Zielknoten zu überprüfen sind.

Der IPv6-Standard empfiehlt bei Verwendung mehrerer Erweiterungs-Header eine Anordnung in folgender Reihenfolge:

1. IPv6-Header: Vorgeschrieben, muss immer als Erstes erscheinen.
2. Hop-by-Hop Options Header
3. Destination Options Header: für Optionen, die vom ersten im Feld IPv6-Destination-Address genannten Zielsystem und anschließend von weiteren im Routing-Header aufgeführten Zielsystemen zu bearbeiten sind.
4. Routing Header
5. Fragment Header
6. Authentication Header
7. Encapsulating Security Payload Header
8. Destination Options Header: für Optionen, die nur vom endgültigen Zielsystem des Pakets zu bearbeiten sind.

Abbildung 6.15 zeigt als Muster ein IPv6-Paket, das für jeden nicht sicherheitsbezogenen Header ein Beispiel enthält. Beachten Sie, dass der IPv6-Header und jeder Erweiterungs-Header ein Feld Next Header enthält. Dieses Feld kennzeichnet den Typ des unmittelbar folgenden Headers. Handelt es sich beim nächsten Header um einen Erweiterungs-Header, dann gibt dieses Feld den Typ dieses Headers an. Im anderen Fall bezeichnet dieses Feld das Protokoll der darüber liegenden Schicht, die IPv6 verwendet (meistens ein Transportschichtprotokoll); dabei finden die gleichen Werte Verwendung wie im Feld IPv4-Protokoll. In der Abbildung ist TCP das Protokoll der darüber liegenden Schicht, deshalb bestehen die Daten dieser Schicht, die in einem IPv6-Paket befördert werden, aus einem TCP-Header und einem nachfolgenden Block mit Benutzerdaten.

Der **Hop-by-Hop Options Header** enthält optionale Information, die, wenn sie vorhanden ist, von jedem Router entlang des Pfades geprüft werden muss. Der Header besteht aus folgenden Feldern:

- **Next Header (8 Bit):** Bezeichnet den Typ des Headers, der diesem Header unmittelbar folgt.
- **Header Extension Length (8 Bit):** Länge dieses Headers (ohne die ersten 64 Bit) in Einheiten von 64 Bit.

- **Options:** Enthält eine oder mehrere Optionen. Jede Option besteht aus drei Teilfeldern: ein Kennzeichen, das den Typ der Option angibt, eine Länge und ein Wert.

Bisher wurde nur eine Option definiert: die Jumbo-Payload-Option, die man braucht, um IPv6-Pakete mit Nutzinformationen von mehr als $2^{16} - 1 = 65.535$ Oktetten zu versenden. Das Feld Option Data hat eine Länge von 32 Bit und gibt die Länge des Pakets (ohne den IPv6-Header) in Byte an. Für solche Pakete muss das Feld Payload Length im IPv6-Header auf Null gesetzt werden und es darf kein Fragment Header vorhanden sein. Mit dieser Option unterstützt IPv6 Paketgrößen von bis zu 4 Milliarden Oktetten. Dadurch wird die Übertragung großer Videopakete möglich und IPv6 ist in der Lage, die Kapazität beliebiger Übertragungsmedien immer bestmöglich auszulasten.

Der **Routing-Header** enthält eine Liste von einem oder mehreren Zwischenknoten, die von einem Paket auf dem Weg zum Ziel besucht werden. Alle Routing-Header beginnen mit einem aus vier 8-Bit-Feldern bestehenden 32-Bit-Block, gefolgt von Routing-Daten, die für einen bestimmten Routing-Typ typisch sind. Die vier 8-Bit-Felder sind Next Header, Header Extension Length, Routing-Typ und Segments Left.

- **Routing-Typ:** bezeichnet eine besondere Form des Routing-Headers. Wenn ein Router den Wert des Routing-Typ nicht erkennt, muss er das entsprechende Paket unterdrücken.
- **Segments Left:** Anzahl der explizit aufgeführten Zwischenknoten, die vor dem Erreichen des endgültigen Ziels noch besucht werden müssen.

Zusätzlich zu dieser allgemeinen Header-Definition sieht die IPv6-Spezifikation auch einen Type-0-Routing-Header vor. Bei Verwendung des Type-0-Routing-Header speichert der Quellknoten nicht die endgültige Zieladresse in den IPv6-Header. Stattdessen ist diese Adresse die letzte im Routing-Header aufgeführte Adresse und der IPv6-Header enthält die Bestimmungsadresse des ersten gewünschten Routers auf dem Pfad. Der Routing-Header wird erst überprüft, wenn das Paket den im IPv6-Header erwähnten Knoten erreicht. An diesem Punkt wird der Inhalt des IPv6-Header und des Routing-Header den neuen Gegebenheiten angepasst und das Paket weitergeleitet. Bei diesem Anpassungsvorgang wird die nächste zu besuchende Adresse in den IPv6-Header eingetragen und das Feld Segments Left im Routing-Header um 1 vermindert.

IPv6 benötigt einen IPv6-Knoten, um die Routen in einem empfangenen Paket mit Routing-Header umzudrehen und so das Paket zum Absender zurück zu senden.

Der **Fragment Header** wird von einer Quelle verwendet, wenn Daten fragmentiert werden müssen. Bei IPv6 können nur Quellknoten Daten fragmentieren, nicht die Router entlang des Pfads, den ein Paket zurücklegt.

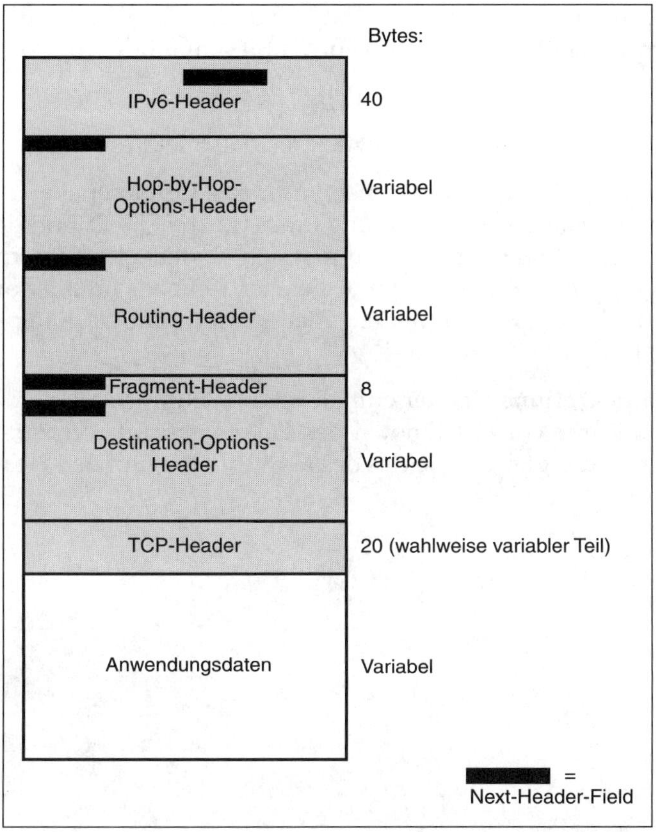

Abbildung 6.15: IPv6-Paket mit Erweiterungs-Header (der einen TCP-Teil enthält)

Um in den Genuss aller Vorteile der gesamten Netzwerkumgebung zu kommen, muss ein Knoten einen Pfadentdeckungsalgorithmus berechnen, um so die kleinste Maximum Transmission Unit (MTU) zu finden, die von jedem Subnetzwerk entlang des Pfads unterstützt wird. Mit anderen Worten: Mithilfe eines solchen Pfadentdeckungsalgorithmus kann ein Knoten die MTU des »Flaschenhals-Netzwerks« entlang des Pfads ermitteln. Mit diesem Wissen kann der Quellknoten dann die Daten so fragmentieren, dass sie zu jeder Zieladresse passen. Andernfalls muss der Quellknoten alle Pakete in Teile von je 1.280 Byte zerlegen, denn dies ist die minimale MTU, die von jedem Subnetzwerk unterstützt werden muss.

Zusätzlich zum Feld Next Header enthält der Fragment Header noch folgende Felder:

- **Fragment Offset (13 Bit):** gibt an, wohin im ursprünglichen Paket die Nutzinformation dieses Fragments gehört. Diese Stelle wird in Einheiten von 64

Bit angegeben. Das bedingt, dass die Länge der Datenfelder der Fragmente (außer dem letzten) ein Vielfaches von 64 Bit sein muss.

- **Res (2 Bit):** für zukünftigen Gebrauch.
- **M Flag (1 Bit):** 1 = weitere Fragmente folgen; 0 = letztes Fragment.
- **Identification (32 Bit):** vorgesehen, um das Originalpaket eindeutig zu kennzeichnen. Diese Kennzeichnung muss für die Quell- und die Zieladresse des Pakets während der Zeit, in der sich das Paket im Internet befindet, eindeutig sein. Alle Fragmente mit gleicher Kennzeichnung sowie gleicher Quell- und Zieladresse werden am Ziel wieder zum Originalpaket zusammengesetzt.

Der **Destination Options Header** enthält optionale Informationen, die, falls sie vorhanden sind, nur vom Zielknoten des Pakets geprüft werden. Das Format dieses Header ist das gleiche wie das des Hop-by-Hop Options Header.

7 Netzsicherheit

Praktisch alle Unternehmen, die meisten Behörden und viele Einzelpersonen verfügen heute über Web-Sites. Die Zahl der Personen und Firmen mit Internet-Zugang wächst rapide und alle benutzen Web-Browser mit grafischer Benutzeroberfläche. Ein Ergebnis dieser Entwicklung ist, dass Unternehmen begeistert sind angsichts der Möglichkeiten, die das Web für den elektronischen Handel bietet. Die Wirklichkeit jedoch sieht leider anders aus: Internet und Web sind extrem anfällig gegen unterschiedlichste Gefährdungen. Seit die Unternehmen diese Wirklichkeit entdeckt haben, wächst die Nachfrage nach sicheren Web-Diensten.

Das Thema der Netzsicherheit ist umfangreich und kann ohne Probleme ein ganzes Buch füllen (entsprechende Literaturempfehlungen finden Sie am Ende dieses Kapitels). Wir beginnen in diesem Kapitel mit einer Abhandlung über die allgemeinen Anforderungen an Netzsicherheit und konzentrieren uns dann auf zwei standardisierte Schemata, die als Teil des Handels im Web zunehmend an Bedeutung gewinnen: SSL/TLS und SET.

7.1 Überlegungen zur Netzsicherheit

Das World Wide Web ist im Wesentlichen eine Client/Server-Anwendung, die im Internet und in TCP/IP-Intranets läuft. Deshalb sind die Sicherheitswerkzeuge und -einführungen, die bislang in diesem Buch behandelt wurden, auch für die Sicherheit im Web relevant. Aber das Web lässt neue Herausforderungen entstehen, die nicht unbedingt im Zusammenhang mit Computern und Netzwerksicherheit stehen [GARF97]:

- Im Internet gibt es immer zwei Richtungen. Anders als bei der herkömmlichen Veröffentlichung von Informationen, auch anders als bei Videotext, Sprachsystemen oder Faxabrufen ist das Web gefährdet durch Angriffe aus dem Internet auf die Web-Server.
- Das Web dient in zunehmendem Maße als herausragende Präsentationsmöglichkeit für Informationen über Unternehmen und Produkte sowie als Plattform für Handelsbeziehungen. Ein guter Ruf kann leiden und es kann viel Geld kosten, wenn Web-Server angegriffen werden.
- Auch wenn Web-Browser sehr leicht zu benutzen sind, Web-Server relativ einfach zu konfigurieren und zu verwalten sind und es immer leichter wird, den Inhalt von Web-Seiten zu entwickeln, so ist doch die zugrunde liegende

Software außerordentlich kompliziert. Diese komplexe Software verbirgt möglicherweise viele Sicherheitsmängel. Die noch junge Geschichte des Web ist voll von Beispielen von neuen und verbesserten Systemen, die trotz sauberer Installation gegenüber einer Vielzahl von Sicherheitsangriffen empfindlich sind.

- Ein Web-Server kann als Abschussrampe in das gesamte Rechnernetz eines Unternehmens oder einer Behörde missbraucht werden. Ist ein Web-Server erst einmal unterwandert, kann sich ein Angreifer Zugriff auf Daten und Systeme verschaffen, die nicht einmal Teil des Web selbst sind, sondern mit dem Server im lokalen Netz verbunden sind.
- Meist sind gelegentliche und in Sicherheitsdingen ungeübte Benutzer die üblichen Kunden für Web-Dienste. Solche Benutzer sind sich der vorhandenen Sicherheitsrisiken meist nicht bewusst und sie verfügen auch nicht über die Werkzeuge oder das Wissen, um wirksame Gegenmaßnahmen zu ergreifen.

7.1.1 Bedrohungen der Netzsicherheit

Tabelle 7.1 enthält eine Zusammenstellung der Typen der Sicherheitsbedrohungen, denen man bei der Benutzung des Web begegnen kann. Diese Bedrohungen lassen sich in passive und aktive Angriffe aufteilen. Zu den passiven Angriffen gehört das Aushorchen des Netzwerkverkehrs zwischen Browser und Server sowie das Erlangen von Zugriffen auf Informationen in einer Web-Site, die eigentlich gesperrt ist. Zu den aktiven Angriffen zählt es, sich als ein anderer Benutzer auszugeben, Nachrichten zwischen Client und Server zu verfälschen und Informationen in einer Web-Site zu verändern.

Bedrohungen der Sicherheit im Web lassen sich auch nach dem Ort der Bedrohung klassifizieren: Web-Server, Web-Browser und das Netzwerk zwischen Browser und Server. Die Sicherheit von Servern und Browsern zählt zur Kategorie der Computersystemsicherheit; Teil 3 dieses Buchs behandelt die Systemsicherheit allgemein, er ist jedoch auch auf Web-Systeme anwendbar. Die Sicherheit bei der Übermittlung von Daten gehört zur Kategorie der Netzwerksicherheit und wird in diesem Kapitel behandelt.

	Bedrohungen	Folgen	Gegenmaßnahmen
Integrität	Veränderung der Benutzerdaten Trojanische Pferde Veränderung des Speichers Veränderung des Nachrichtenaustauschs	Verlust von Informationen Gefährdung der Maschine Gefährdung durch alle anderen Bedrohungen	Kryptographische Prüfsummen
Vertraulichkeit	Aushorchen des Netzes Diebstahl von Server-Daten Diebstahl von Client-Daten Information über den Netzwerkaufbau Information darüber, welcher Client mit dem Server verbunden ist	Verlust von Informationen Verlust von Vertraulichkeit	Verschlüsselung, Web-Proxies
Denial of Service	Abbrechen von Benutzeranwendungen Überschwemmen der Maschine mit gefälschten Anforderungen Füllen von Platten- oder Arbeitsspeicher Sperren der Maschine durch DNS-Angriffe	Zerstörung Ärger Abhalten der Benutzer von der Arbeit	Schwierig zu verhindern
Authentifizierung	Nachahmen berechtigter Benutzer Fälschen von Daten	Falsche Darstellung von Benutzern Falsche Informationen als richtige darstellen	Verschlüsselungstechniken

Tabelle 7.1: Ein Vergleich der Bedrohungen im Netz [RUBI97]

7.1.2 Vorgehensweisen zur Verkehrssicherheit im Netz

Es gibt verschiedene Ansätze, um im Web für Sicherheit zu sorgen. Die unterschiedlichen Möglichkeiten, die man sich bisher ausgedacht hat, ähneln sich zwar bei den angebotenen Diensten und in gewissem Grade auch bei den benutzten Mechanismen, aber sie unterscheiden sich hinsichtlich ihrer Anwendbarkeit und ihrer Anordnung im TCP/IP-Protokollstapel.

Abbildung 7.1 zeigt diesen Unterschied. Die Verwendung von IP-Sicherheit ist eine Möglichkeit, im Web für Sicherheit zu sorgen (Abbildung 7.1a). Der Vorteil von IPSec ist dass dessen Einsatz für Endbenutzer und Anwendungen transparent ist, und dass es sich um eine allgemein einsetzbare Lösung handelt. Weiterhin enthält IPSec eine Filtertechnik, sodass nur ausgewählte Datenpakete die IPSec-Verarbeitung zu belasten brauchen.

Eine andere vielseitig einsetzbare Lösung besteht in der Implementation der Sicherheitsmechanismen gleich oberhalb von TCP (Abbildung 7.1b). Das bekannteste Beispiel für diesen Ansatz ist der Secure Sockets Layer (SSL) und der darauf aufbauende Internet-Standard Transport Layer Security (TLS). Auf dieser Ebene hat man die Wahl zwischen zwei Implementierungen. Für eine umfassende Allgemeingültigkeit kann man SSL (oder TSL) als Teil des darunter liegenden Protokollstapels vorsehen, sodass es für die Anwendungen transparent ist. Als zweite Möglichkeit kann man SSL in besondere Pakete einpacken. Zum Beispiel verfügen die Browser Netscape und Microsoft Explorer über SSL und auch die meisten Web-Server unterstützen dieses Protokoll.

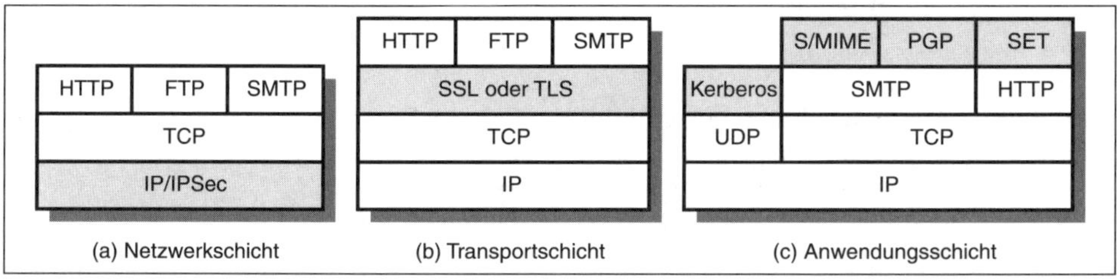

Abbildung 7.1: Relative Lage von Sicherheitseinrichtungen im TCP/IP-Protokollstapel

Anwendungsspezifische Sicherheitsdienste lassen sich in bestimmte Anwendungen einbetten; Abbildung 7.1c zeigt Beispiele dieser Arbeitsweise. Der Vorteil ist, dass der Dienst für die besonderen Bedürfnisse einer Anwendung maßgeschneidert werden kann. Secure Electronic Transaction (SET)[1] ist im Zusammenhang mit Netzsicherheit ein wichtiges Beispiel für diesen Ansatz.

Der Rest dieses Kapitels widmet sich der Beschreibung von SSL/TSL und SET.

1 Abbildung 7.1c zeigt SET über HTTP; dies ist eine übliche Implementierungsart. Bei einigen Implementierungen benutzt SET direkt TCP.

7.2 Secure-Socket-Layer-Sicherheit und Transportschichtsicherheit

SSL stammt ursprünglich von Netscape. Version 3 des Protokolls berücksichtigte Anregungen der Industrie und der Öffentlichkeit und wurde als Internet-Draft-Dokument veröffentlicht. Als man in der Folge übereinkam, dieses Protokoll als Internet-Standard einzureichen, wurde die TLS-Arbeitsgruppe innerhalb der IETF gebildet, um einen allgemeinen Standard zu entwickeln. Die gegenwärtigen Arbeiten an TLS haben zum Ziel, eine erste Version als Internet-Standard herauszubringen. Diese erste Version von TLS kann im Grunde als Version SSLv3.1 angesehen werden, sie ähnelt sehr stark der Version SSLv3 und ist dazu abwärtskompatibel.

Der Hauptteil dieses Abschnitts widmet sich der Erörterung von SSLv3. Am Ende des Abschnitts werden die wichtigsten Unterschiede zwischen SSLv3 und TLS beschrieben.

7.2.1 SSL-Aufbau

SSL wurde entworfen, um auf der Grundlage von TCP einen zuverlässigen, direkten und sicheren Dienst zu ermöglichen. Es handelt sich bei SSL nicht einfach um ein Protokoll, sondern eher um zwei Protokollschichten (siehe Abbildung 7.2).

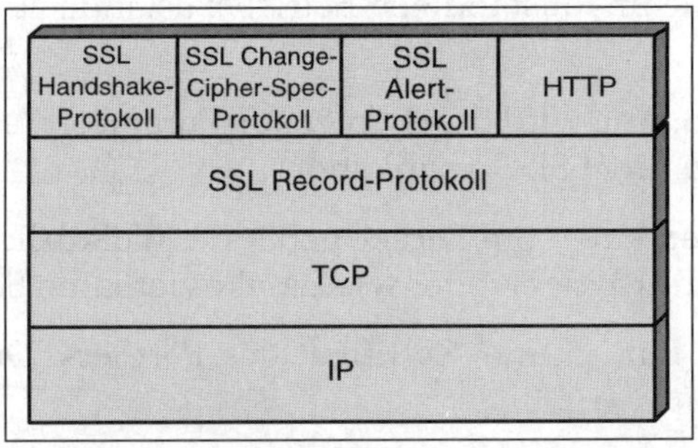

Abbildung 7.2: SSL-Protokollstapel

Das SSL-Record-Protokoll bietet grundlegende Sicherheitsdienste für unterschiedliche Protokolle in höheren Schichten. Insbesondere kann das Hypertext Transfer Protocol (HTTP) über SSL arbeiten (HTTP ist in RFC 2068 definiert und wickelt im Web den Übertragungungsdienst für Client/Server-Architekturen ab). Drei Protokolle auf einer höheren Schicht sind als Teil von SSL definiert: das Handshake-Protokoll, das Change-Cipher-Spec-Protokoll und das Alert-Protokoll. Diese SSL-spezifischen Protokolle sind nötig für die Verwaltung des Nachrichtenaustauschs unter SSL; sie werden später in diesem Abschnitt behandelt.

Zwei wichtige SSL-Konzepte sind die SSL-Sitzung und die SSL-Verbindung, die folgendermaßen definiert werden:

- **Verbindung:** Eine Verbindung ist im OSI-Schichtenmodell ein Transport, der einen geeigneten Diensttyp bereitstellt. Für SSL sind solche Verbindungen Peer-to-Peer-Beziehungen; die Verbindungen sind nicht dauerhaft. Jede Verbindung wird einer Sitzung zugeordnet.
- **Sitzung:** Eine SSL-Sitzung ist eine Verbindung zwischen einem Client und einem Server bzw. eine Sitzung. Sitzungen werden mithilfe des Handshake-Protokolls gebildet und legen eine Gruppe von Verschlüsselungsparametern fest, die von mehreren Verbindungen gemeinsam benutzt werden können. Man verwendet Sitzungen, damit man sich nicht für jede Verbindung aufs Neue mit neuen und aufwendigen Sicherheitsparametern beschäftigen muss.

Zwischen jedem Paar von Partnern (zum Beispiel bei Anwendungen wie HTTP auf Client und Server) können verschiedene sichere Verbindungen bestehen. Theoretisch sind zwischen zwei Partnern auch mehrere Sitzungen gleichzeitig möglich, aber diese Möglichkeit wird in der Praxis nicht verwendet.

Mit jeder Sitzung ist jederzeit eine Anzahl von Zuständen verbunden. Sobald eine Sitzung eingerichtet wird, gibt es je einen ständigen Betriebszustand für Lesen und Schreiben (das heißt für Empfangen und Senden). Zusätzlich werden während der Abwicklung des Handshake-Protokolls unvollständige Lese- und Schreibzustände erzeugt. Nach dem erfolgreichen Abschluss des Handshake-Protokolls werden die unvollständigen Betriebszustände zu ständigen Betriebszuständen.

Der Zustand einer Sitzung wird durch folgende Parameter festgelegt (diese Definitionen stammen aus der SSL-Spezifikation):

- **Session Identifier:** eine vom Server gebildete willkürliche Folge von Bytes zum Erkennen eines aktiven oder wieder aktivierbaren Sitzungszustands.
- **Peer Certificate:** Ein X509.v3-Zertifikat des Partners. Dieses Element kann leer sein.
- **Compression Method:** Der Algorithmus zum Komprimieren der Daten vor der Verschlüsselung.
- **Cipher Spec:** Legt den Verschlüsselungsalgorithmus (zum Beispiel keiner, DES usw.) und einen Hash-Algorithmus (wie etwa MD5 oder SHA-1) für die MAC-Berechnung fest. Mit diesem Parameter werden auch Verschlüsselungseigenschaften wie die Hash-Größe definiert.
- **Master Secret:** Secret mit einer Länge von 48 Byte, der von Client und Server benutzt wird.

- **Is Resumable:** Eine Marke, die anzeigt, ob die Sitzung zum Aufbau neuer Verbindungen geeignet ist.

Der Zustand einer Verbindung ergibt sich aus folgenden Parametern:

- **Server and Client Random:** Eine Byte-Folge, die für jede Verbindung von Server und Client festgelegt wird.
- **Server Write MAC Secret:** Der geheime Schlüssel, der in MAC-Anweisungen auf vom Server gesendete Daten angewendet wird.
- **Client Write MAC Secret:** Der geheime Schlüssel, der in MAC-Anweisungen auf vom Client gesendete Daten angewendet wird.
- **Server Write Key:** Der übliche Schlüssel für die Verschlüsselung von Daten, die vom Server verschlüsselt und vom Client entschlüsselt werden.
- **Client Write Key:** Der übliche Schlüssel für die Verschlüsselung von Daten, die vom Client verschlüsselt und vom Server entschlüsselt werden.
- **Initialization Vectors:** Wenn eine Blockverschlüsselung im CBC-Modus verwendet wird, muss für jeden Schlüssel ein Initialisierungsvektor (IV) bewahrt werden. Dieses Feld wird zunächst vom SSL-Handshake-Protokoll initialisiert. Der endgültige Verschlüsselungsblock jedes Satzes bleibt danach erhalten und wird für den folgenden Satz als IV verwendet.
- **Sequence Numbers:** Jeder Partner führt getrennte Zählvariablen für die gesendeten und die empfangenen Nachrichten jeder Verbindung. Sobald ein Partner eine Change-Cipher-Spec-Nachricht sendet oder empfängt, wird der entsprechende Zähler auf Null gesetzt. Diese Sequenznummern dürfen $2^{64} - 1$ nicht überschreiten.

7.2.2 SSL-Record-Protokoll

Das SSL-Record-Protokoll sieht zwei Dienste für SSL-Verbindungen vor:

- **Vertraulichkeit:** Das Handshake-Protokoll definiert einen gemeinsamen geheimen Schlüssel, der für die normale Verschlüsselung von SSL-Nutzinformationen verwendet wird.
- **Nachrichten-Integrität:** Das Handshake-Protokoll definiert außerdem einen gemeinsamen geheimen Schlüssel, mit dem ein Nachrichtenauthentifizierungscode (Message Authentication Code – MAC) gebildet wird.

Abbildung 7.3 zeigt die gesamte Aufgabe des SSL-Record-Protokolls. Das Record-Protokoll übernimmt eine zu übertragende Nachricht, fragmentiert die Daten in handhabbare Blöcke, komprimiert die Daten nach Wunsch, wendet einen MAC an, verschlüsselt, fügt einen Header hinzu und überträgt den entstandenen Satz in einem TCP-Segment. Empfangene Daten werden entschlüsselt, geprüft, dekomprimiert, zusammengesetzt und dann dem Benutzer auf einer höheren Schicht übergeben.

Der erste Schritt ist die **Fragmentierung**. Jede Nachricht auf einer oberen Schicht wird in Blöcke von 2^{14} Byte (16384 Bytes) oder weniger fragmentiert. Danach wird wahlweise die Komprimierung angewendet. Bei einer Komprimierung dürfen keine Informationen verloren gehen und die Länge der Daten darf sich höchstens um 1.024 Byte erhöhen.[2] In SSLv3 ist (ebenso wie in der gegenwärtigen Version von TLS) kein Komprimierungsalgorithmus vorgesehen, die Grundeinstellung für den Komprimierungsalgorithmus ist also leer.

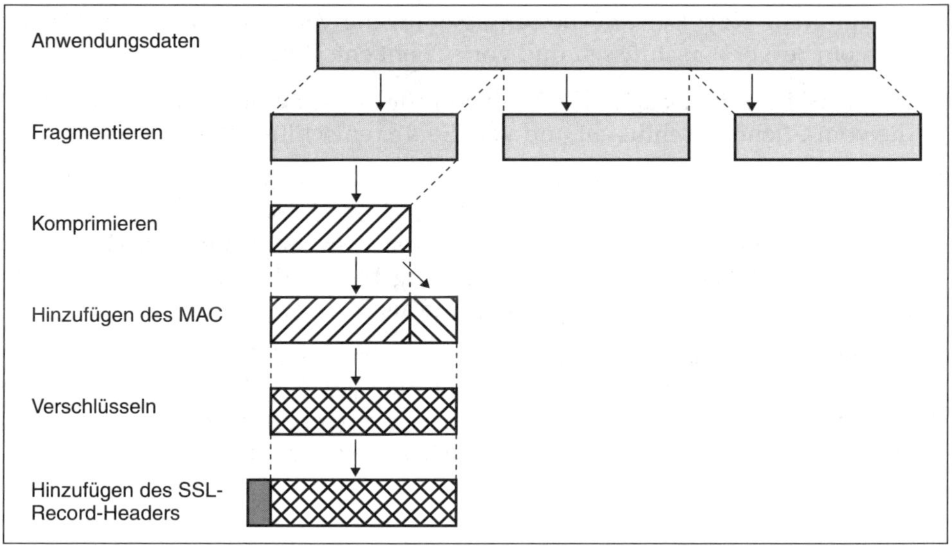

Abbildung 7.3: Aufgabe des SSL-Record-Protokolls

Der nächste Verarbeitungsschritt ist das Errechnen eines **Nachrichtenauthentifizierungscodes** über die komprimierten Daten; dafür wird ein gemeinsamer geheimer Schlüssel verwendet. Die Berechnung muss auf folgende Weise vorgenommen werden:

hash(MAC_write_secret || pad_2 ||
    hash(MAC_write_secret || pad_1 || seq_num || SSLCompressed.type ||
    SSLCompressed.length || SSLCompressed.fragment))

2 Natürlich erhofft man sich von einer Komprimierung eine Verkürzung der Daten und nicht eine Verlängerung. Es kann jedoch vorkommen, dass beim Komprimieren sehr kurzer Datenblöcke infolge der Formatierungsregeln das Ergebnis der Komprimierung länger ist als die ursprünglichen Daten.

Dabei bedeuten:

||	=	Verkettung
MAC_write_secret	=	Gemeinsamer geheimer Schlüssel
hash	=	Hash-Algorithmus zum Verschlüsseln; entweder MD5 oder SHA-1
pad_1	=	Das Byte 0x36 (0011 0110), für MD5 48-mal wiederholt (also 384 Bit), für SHA-1 40-mal wiederholt (also 320 Bit)
pad_2	=	Das Byte 0x5C (0101 1100), für MD5 48-mal wiederholt, für SHA-1 40-mal wiederholt
seq_num	=	Die Sequenznummer dieser Nachricht
SSLCompressed.type	=	Das Protokoll der höheren Ebene, das dieses Fragment zu bearbeiten hat
SSLCompressed.length	=	Die Länge des komprimierten Fragments
SSLCompressed.fragment	=	Das komprimierte Fragment (bei fehlender Komprimierung das unveränderte Fragment)

Beachten Sie, dass diese Berechnungsmethode sehr stark dem HMAC-Algorithmus ähnelt, der in Kapitel 3 vorgestellt wurde. Ein Unterschied besteht nur insoweit, als die beiden Pads bei SSLv3 verkettet sind, während sie bei HMAC durch ein exklusives Oder verbunden werden. Der MAC-Algorithmus für SSLv3 beruht auf dem originalen Internet-Draft für HMAC, bei dem eine Verkettung benutzt wurde.

Außerdem werden die komprimierte Nachricht und der MAC mithilfe einer symmetrischen Verschlüsselung **verschlüsselt**. Die Verschlüsselung darf den Datensatz nur um höchstens 1.024 Byte verlängern, sodass die Gesamtlänge also höchstens 2^{14} + 2.048 Byte betragen kann. Folgende Verschlüsselungsalgorithmen sind erlaubt:

Blockverschlüsselung		*Stromverschlüsselung*	
Algorithmus	Schlüssellänge	Algorithmus	Schlüssellänge
IDEA	128	RC4-40	40
RC2-40	40	RC4-128	128
DES-40	40		
DES	56		
3DES	168		
Fortezza	80		

Fortezza lässt sich bei der Verschlüsselung von Smart Cards einsetzen.

Bei der Stromverschlüsselung werden die komprimierte Nachricht und der MAC verschlüsselt. Beachten Sie, dass der MAC vor der Verschlüsselung berechnet und erst anschließend zusammen mit der komprimierten oder unkomprimierten Information selbst verschlüsselt wird.

Bei der Blockverschlüsselung können vor dem Verschlüsseln noch Bytes zum Auffüllen hinzugefügt werden. Dazu werden hinter dem MAC einige Bytes angehängt, denen ein Byte folgt, das die Anzahl der angehängten Bytes anzeigt. Bei diesem Verfahren werden gerade so viele Bytes hinzugefügt, dass die Gesamtlänge der zu verschlüsselnden Daten (Text, MAC und Auffüll-Bytes) ein ganzzahliges Vielfaches der Verschlüsselungsblocklänge ergibt. Ein Beispiel ist ein Klartext (oder bei Anwendung einer Komprimierung ein komprimierter Text) von 58 Byte mit einem MAC von 20 Byte (bei SHA-1), der mit einer Blocklänge von 8 Byte (zum Beispiel mit DES) verschlüsselt wird. Zusammen mit dem Byte, das die Anzahl der Auffüll-Bytes enthält, ergibt sich eine Länge von 79 Byte. Um eine durch 8 glatt teilbare Satzlänge zu erhalten, muss deshalb genau ein Byte hinzugefügt werden.

Als letzter Schritt bei der Verarbeitung des SSL-Record-Protokolls muss noch ein Header mit folgenden Feldern davor gesetzt werden:

- **Content Type (8 Bit):** Das Protokoll der nächsthöheren Schicht, welches das eingeschlossene Fragment bearbeiten soll.
- **Major Version (8 Bit):** Gibt die Hauptversion der benutzten SSL an. Bei SSLv3 ist der Wert 3.
- **Minor Version (8 Bit):** Gibt die Unterversion der benutzten SSL an. Bei SSLv3 ist der Wert 0.
- **Compressed Length (16 Bit):** Die Länge des Klartext-Fragments (oder bei Anwendung einer Komprimierung des komprimierten Fragments). Die größte mögliche Länge beträgt 2^{14} + 2.048 Byte.

Die bisher definierten Inhaltstypen sind Change_Cipher_Spec, Alert, Handshake und Application_Data. Bei den ersten drei Typen handelt es sich um SSL-spezifische Protokolle, die nachfolgend behandelt werden. Beachten Sie, dass kein Unterschied gemacht wird zwischen den Anwendungen, die SSL benutzen können (zum Beispiel HTTP); SSL wirkt nicht auf die von diesen Anwendungen erzeugten Dateninhalte.

Abbildung 7.4 zeigt das Format des SSL-Record.

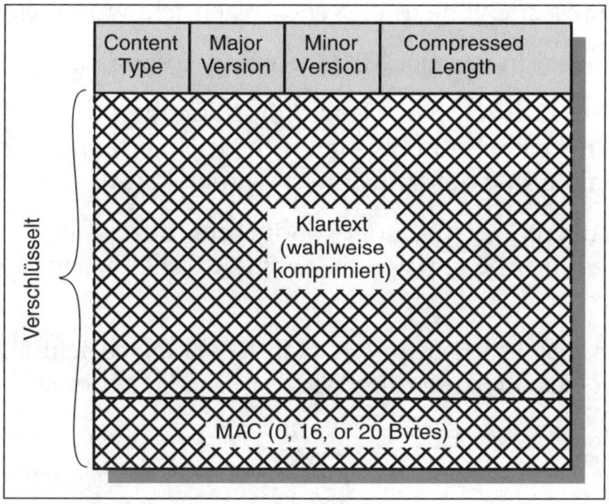

Abbildung 7.4: SSL-Datensatzformat

7.2.3 Change-Cipher-Spec-Protokoll

Das Change-Cipher-Spec-Protokoll ist eines der drei SSL-spezifischen Protokolle, die das SSL-Record-Protokoll verwenden, und es ist das einfachste. Dieses Protokoll besteht aus einer einfachen Nachricht (Abbildung 7.5a), die aus einem einzigen Byte mit dem Wert 1 besteht. Der einzige Zweck dieser Nachricht besteht darin, den unvollständigen Zustand in den aktuellen Zustand zu kopieren, wodurch das Verschlüsselungssystem dieser Verbindung auf einen neuen Stand gebracht wird.

7.2.4 Das Alert-Protokoll

Das Alert-Protokoll wird benutzt, um SSL-bezogene Warnungen zum gleichwertigen Partner zu übermitteln. Wie auch bei anderen Anwendungen, die SSL benutzen, werden Alert-Nachrichten komprimiert und verschlüsselt, wie es durch den aktuellen Zustand festgelegt wird.

Jede Nachricht in diesem Protokoll besteht aus zwei Bytes (Abbildung 7.5b). Das erste Byte hat den Wert 1 (Warnung) oder 2 (schwerer Fehler), um die Bedeutung einer Nachricht mitzuteilen. Bei schweren Fehlern beendet SSL unmittelbar die Verbindung. Andere Verbindungen der gleichen Sitzung können zwar weiterlaufen, neue Verbindungen aber können während dieser Sitzung nicht mehr aufgebaut werden. Das zweite Byte enthält einen Code, der einen bestimmten Alarm anzeigt. Zunächst zählen wir die Meldungen auf, die immer als schwere Fehler gelten (die Definitionen stammen aus der Spezifikation von SSL):

- **unexpected_message:** Eine unpassende Nachricht wurde empfangen.
- **bad_record_mac:** Ein falscher MAC wurde empfangen.
- **decompression_failure:** Der Algorithmus für die Dekomprimierung empfing unkorrekte Daten (zum Beispiel wenn nicht oder nicht innerhalb der erlaubten Maximalgröße dekomprimiert werden kann).
- **handshake_failure:** Der Absender konnte keine akzeptable Menge von Sicherheitsparametern bearbeiten, wie sie durch die erhältlichen Optionen vorgegeben werden.
- **illegal_parameter:** Ein Feld in der Handshake-Nachricht lag außerhalb des erlaubten Bereichs oder stand im Widerspruch zu anderen Feldern.

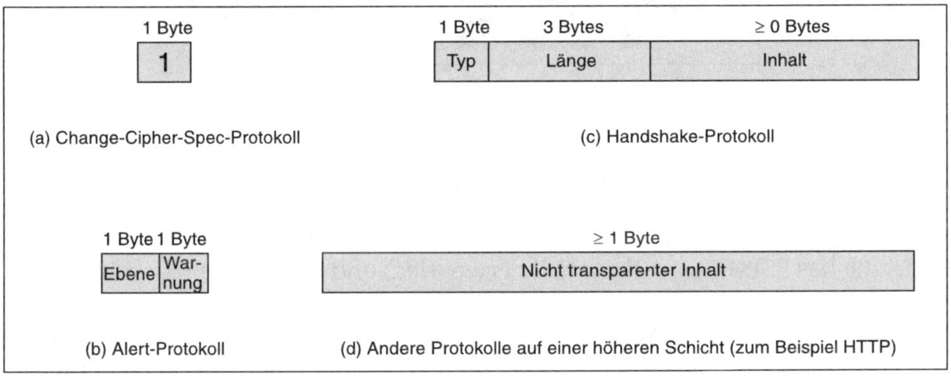

Abbildung 7.5: Nutzinformation des SSL-Record-Protokolls

Im Folgenden sind die restlichen Warnungen dargestellt:

- **close_notify:** Teilt dem Empfänger mit, dass der Absender auf dieser Verbindung keine weiteren Nachrichten senden wird. Jeder Partner muss als letzte Nachricht einer Verbindung eine Close_Notify-Warnung senden.
- **no_certificate:** Kann als Antwort auf eine Zertifikatanforderung gesendet werden, falls kein passendes Zertifikat verfügbar ist.
- **bad_certificate:** Ein empfangenes Zertifikat war unvollständig oder falsch (es enthielt zum Beispiel eine nicht nachprüfbare Signatur).
- **unsupported_certificate:** Der Typ des empfangenen Zertifikats wird nicht unterstützt.
- **certificate_revoked:** Ein Zertifikat wurde vom Unterzeichner zurückgerufen.
- **certificate_expired:** Ein Zertifikat ist abgelaufen.

- **certificate_unknown:** Einige andere nicht genau spezifizierte Gründe sind beim Bearbeiten des Zertifikats aufgetreten, die dazu führten, dass das Zertifikat als ungültig gekennzeichnet wurde.

7.2.5 Das Handshake-Protokoll

Der komplizierteste Teil des SSL-Protokolls ist das Handshake-Protokoll. Dieses Protokoll erlaubt es dem Server und dem Client, den jeweils anderen zu authentifizieren und eine Verschlüsselung und einen MAC-Algorithmus mit Schlüsseln zu bearbeiten, die dem Schutz der in einem SSL-Satz übermittelten Daten dienen.

Das Handshake-Protokoll besteht aus mehreren Nachrichten, die nacheinander zwischen Client und Server ausgetauscht werden. Alle haben das in Abbildung 7.5c gezeigte Format und jede Nachricht besteht aus drei Feldern:

- **Typ (1 Byte):** zeigt eine von zehn Nachrichten an. In Tabelle 7.2 sind alle Nachrichtentypen aufgeführt.
- **Länge (3 Byte):** die Länge der Nachricht in Byte.
- **Inhalt ($\geq$ 1 Byte):** die zu dieser Nachricht gehörenden Parameter; sie sind ebenfalls in Tabelle 7.2 zu finden.

Nachrichtenart	*Parameter*
hello_request	Keine
client_hello	Version, Random, Session-ID, Cipher Suite, Komprimierungsmethode
server_hello	Version, Random, Session-ID, Cipher Suite, Komprimierungsmethode
certificate	Kette von X.509v3-Zertifikaten
server_key_exchange	Parameter, Signatur
certificate_request	Typ, Zertifizierungsstellen
server_done	Keine
certificate_verify	Signatur
client_key_exchange	Parameter, Signatur
finished	Hash-Wert

Tabelle 7.2: Nachrichtenarten des SSL-Handshake-Protokolls

Abbildung 7.6 zeigt den ersten Austausch von Nachrichten, wie er für den Aufbau einer logischen Verbindung zwischen Client und Server ablaufen muss; dabei lassen sich vier Phasen erkennen.

Phase 1: Einrichten der Sicherheitsfähigkeiten

In dieser Phase wird eine logische Verbindung initialisiert und die mit ihr verknüpften Sicherheitseigenschaften werden festgelegt. Der Nachrichtenaustausch beginnt beim Client, welcher eine Nachricht **client_hello** mit folgenden Parametern sendet:

- **Version:** die höchste SSL-Version, die dieser Client versteht.
- **Random:** eine vom Client gebildete Zufallsstruktur, die aus einer 32 Bit langen Zeitmarke und 28 Byte mit Zufallszahlen besteht. Diese Werte dienen als Nonces und werden während des Schlüsselaustauschs verwendet, um Wiederholungsangriffen vorzubeugen.
- **SessionID:** ein Sitzungskennzeichen mit variabler Länge. Ein von Null verschiedener Wert zeigt an, dass der Client die Parameter einer bestehenden Verbindung erneuern oder in dieser Sitzung eine neue Verbindung bilden will. Der Wert Null bedeutet, dass der Client eine neue Verbindung in einer neuen Sitzung bilden will.
- **CipherSuite:** Dies ist eine Liste mit Kombinationen von Verschlüsselungsalgorithmen, die von diesem Client unterstützt werden; sie ist nach abnehmender Bedeutung sortiert. Jedes Element der Liste (also jede Cipher Suite) definiert einen Algorithmus für den Schlüsselaustausch und ein CipherSpec; beides wird anschließend beschrieben.
- **Compression Method:** Diese Liste enthält die vom Client unterstützten Komprimierungsmethoden.

Nach dem Senden der Nachricht client_hello wartet der Client auf die Nachricht **server_hello**, die die gleichen Parameter enthält wie die Nachricht client_hello. Für die Nachricht server_hello gelten die folgenden Regeln. Das Versionsfeld enthält den niedrigeren Wert von diesen beiden Werten: vom Client empfohlene Version/höchste vom Server unterstützte Version. Das Random-Feld wird vom Server gefüllt und ist unabhängig vom Random-Feld des Client. Wenn das Feld SessionID des Client nicht Null ist, verwendet der Server diesen Wert; wenn nicht, enthält das Feld SessionID des Servers den Wert für eine neue Sitzung. Das Feld CipherSuite enthält eine einzelne Cipher Suite, die vom Server aus den vom Client vorgeschlagenen Möglichkeiten ausgewählt wurde. Das Feld Compression Method gibt die Art der Komprimierung an, die vom Server aus den vom Client vorgeschlagenen Möglichkeiten ausgewählt wurde.

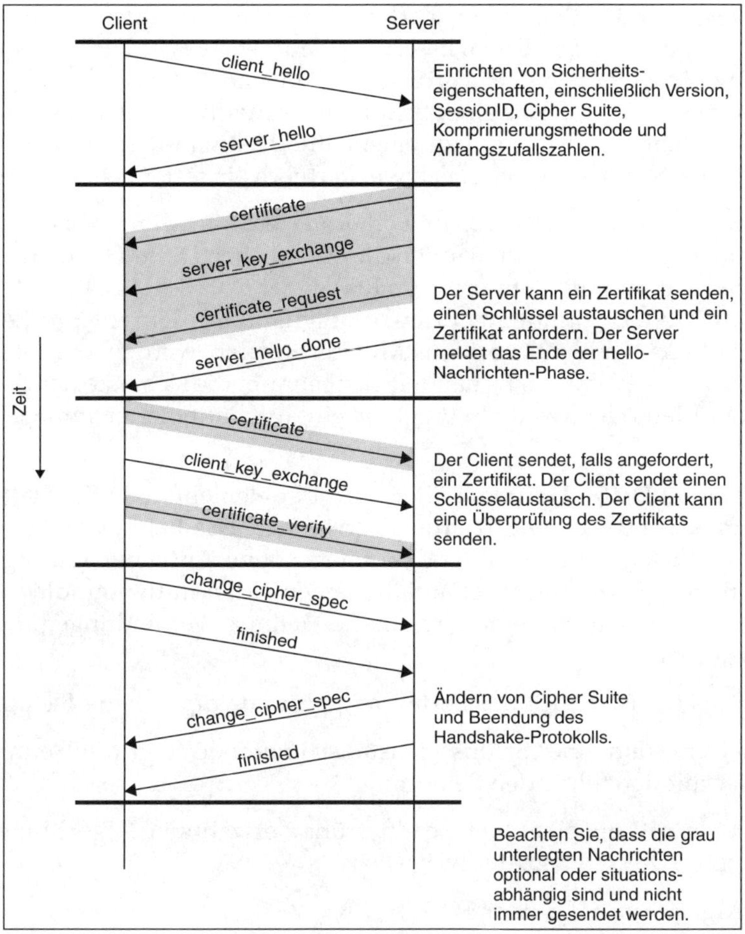

Abbildung 7.6: Aktion des Handshake-Protokolls

Das erste Element im Parameter Cipher Suite gibt die Methode für den Schlüsselaustausch an (zum Beispiel den Weg, auf dem kryptographische Schlüssel für eine herkömmliche Verschlüsselung und MAC ausgetauscht werden). Die folgenden Schlüsselaustauschmethoden werden unterstützt:

- **RSA:** Der geheime Schlüssel wird mit dem öffentlichen RSA-Schlüssel des Empfängers verschlüsselt. Dabei muss ein Public-Key-Zertifikat für den Schlüssel des Empfängers verfügbar gemacht werden.
- **Fixed Diffie-Hellman:** Dies ist ein Diffie-Hellman-Schlüsselaustausch, bei dem das Zertifikat des Servers die öffentlichen Diffie-Hellman-Parameter enthält, die von einer Zertifizierungsstelle (CA) zertifiziert wurden. Das

bedeutet, dass das Public-Key-Zertifikat die Parameter des Diffie-Hellman-Public-Key enthält. Der Client liefert die Parameter seines Diffie-Hellman-Public-Key entweder in einem Zertifikat (wenn eine Authentifizierung des Client erwünscht ist) oder in einer Schlüsselaustauschnachricht. Bei dieser Methode entsteht auf der Grundlage einer Diffie-Hellman-Berechnung mit festen öffentlichen Schlüsseln zwischen zwei Partnern ein fester geheimer Schlüssel.

- **Ephemeral Diffie-Hellman:** Mit dieser Technik werden geheime Einmalschlüssel erzeugt. Dazu werden die öffentlichen Diffie-Hellman-Schlüssel ausgetauscht und mit dem privaten RSA- oder DSS-Schlüssel des Absenders authentifiziert. Der Empfänger kann die Signatur mit dem entsprechenden öffentlichen Schlüssel überprüfen. Mit Zertifikaten werden die öffentlichen Schlüssel authentifiziert. Es handelt sich hier um die sicherste der drei Diffie-Hellman-Methoden, weil als Ergebnis ein authentifizierter Einmalschlüssel entsteht.
- **Anonymous Diffie-Hellman:** Hier wird der elementare Diffie-Hellman-Algorithmus ohne Authentifizierung verwendet. Das heißt, jede Seite sendet ihre öffentlichen Diffie-Hellman-Parameter ohne Authentifizierung zur anderen Seite. Dieser Ansatz ist anfällig gegen »Man-in-the-middle«-Angriffe, bei denen der Angreifer anonyme Diffie-Hellman-Verbindungen mit beiden Seiten aufbaut.
- **Fortezza:** Dies ist die für das Fortezza-Verfahren vorgesehene Technik.

Nach der Definition einer Schlüsselaustauschmethode folgt die Definition der CipherSpec mit den folgenden Feldern:

- **CipherAlgorithm:** einer der schon früher erwähnten Algorithmen: RC4, RC2, DES, 3DES, DES40, IDEA, Fortezza
- **MACAlgorithm:** MD5 oder SHA-1
- **CipherType:** Datenstrom oder Block
- **IsExportable:** Ja oder Nein
- **HashSize:** 0, 16 (für MD5) oder 20 (für SHA-1) Byte
- **Key Material:** eine Folge von Bytes mit Daten, die zum Generieren der Schreibschlüssel benötigt werden
- **IV Size:** Die Größe des Anfangswerts für Verschlüsselung mit Cipher Block Chaining (CBC)

Phase 2: Server-Authentifizierung und Schlüsselaustausch

Der Server beginnt diese Phase mit dem Senden seines Zertifikats, sofern dieses authentifiziert werden muss; die Nachricht enthält ein oder mehrere X.509-Zertifikate. Eine solche **Zertifizierungsnachricht** ist für jede vereinbarte Schlüsselaustauschmethode außer für Anonymous Diffie-Hellman erforderlich. Beachten Sie, dass diese Zertifizierungsnachricht bei Fixed Diffie-Hellman als Schlüsselaustauschnachricht des Servers dient, weil sie die öffentlichen Diffie-Hellman-Parameter des Servers enthält.

Danach kann eine **server_key_exchange-Nachricht** gesendet werden, falls das erforderlich ist. In zwei Fällen kann man davon absehen: (1) wenn der Server ein Zertifikat mit festen Diffie-Hellman-Parametern gesendet hat; (2) wenn ein RSA-Schlüsselaustausch benutzt wird. Die server_key_exchange-Nachricht ist für folgende Schlüsselaustauschmethoden vorgeschrieben:

- **Anonymous Diffie-Hellman:** Der Inhalt der Nachricht besteht aus den beiden globalen Diffie-Hellman-Werten (eine Primzahl und eine Primitivwurzel dieser Zahl) und zusätzlich aus dem öffentlichen Diffie-Hellman-Schlüssel des Servers (siehe Abbildung 3.10).
- **Ephemeral Diffie-Hellman:** Der Inhalt der Nachricht enthält die drei Parameter für Anonymous Diffie-Hellman, zusätzlich jedoch eine Signatur für diese Parameter.
- **RSA-Schlüsselaustausch, bei dem der Server RSA verwendet, aber einen nur zum Zeichnen bestimmten RSA-Schlüssel besitzt:** Hier kann der Client nicht einfach einen geheimen Schlüssel senden, der mit dem öffentlichen Schlüssel des Servers verschlüsselt wurde. Stattdessen muss der Server ein Paar von temporären öffentlichen oder privaten RSA-Schlüsseln erzeugen und den öffentlichen Schlüssel mithilfe der Nachricht server_key_exchange versenden. Der Inhalt der Nachricht enthält die beiden Parameter des temporären öffentlichen RSA-Schlüssels (Exponent und Modulus, siehe Abbildung 3.8) und zusätzlich eine Signatur dieser Parameter.
- **Fortezza**

Einige weitere Einzelheiten der Signaturen werden garantiert. Wie üblich wird eine Signatur gebildet, indem man den Hash einer Nachricht nimmt und diesen mit dem öffentlichen Schlüssel des Absenders verschlüsselt. In diesem Fall ist der Hash folgendermaßen definiert:

```
hash(ClientHello.random || ServerHello.random || ServerParams)
```

Dadurch deckt der Hash nicht nur die Diffie-Hellman- oder RSA-Parameter ab, sondern auch die Nonces aus den ersten beiden Hello-Nachrichten. Dies bietet Sicherheit gegen Wiederholungsangriffe und Zahlendreher. Bei einer DSS-

Signatur wird der Hash über den SHA-1-Algorithmus gebildet. Bei einer RSA-Signatur wird ein MD5- und ein SHA-1-Hash berechnet, anschließend wird die Verkettung der beiden Hashes (36 Byte) mit dem öffentlichen Schlüssel des Servers verschlüsselt.

Danach kann ein Server, der nicht Anonymous Diffie-Hellman verwendet, ein Zertifikat vom Client anfordern. Die **certificate_request-Nachricht** enthält zwei Parameter: certificate_type und certificate_authorities. Der Parameter certificate_type gibt den Algorithmus für den öffentlichen Schlüssel und dessen Anwendung an:

- RSA, nur Signatur
- DSS, nur Signatur
- RSA für Fixed Diffie-Hellman; hier wird die Signatur nur für die Authentifizierung verwendet, indem ein signiertes Zertifikat mit RSA gesendet wird
- DSS für Fixed Diffie-Hellman; auch hier hier wird die Signatur nur für die Authentifizierung verwendet
- RSA für Ephemeral Diffie-Hellman
- DSS für Ephemeral Diffie-Hellman
- Fortezza

Der zweite Parameter in der Nachricht certificate_request ist eine Liste der unterschiedlichen Namen der gültigen Zertifizierungsstellen.

Die letzte Nachricht in Phase 2 – sie ist immer erforderlich – ist die server_done-Nachricht, mit der der Server das Ende der hello-Nachricht und anderer zugehöriger Nachrichten anzeigt. Nach dem Senden dieser Nachricht wartet der Server auf eine Antwort des Client. Die Nachricht hat keine Parameter.

Phase 3: Client-Authentifizierung und Schlüsselaustausch

Nach dem Empfang der Nachricht server_done sollte der Client überprüfen, ob der Server – falls erforderlich – ein gültiges Zertifikat übermittelt hat, und kontrollieren, ob die Parameter der server_hello-Nachricht in Ordnung sind. Wenn dies alles zufriedenstellend ist, sendet der Client eine oder mehrere Nachrichten zum Server zurück.

Wenn der Server ein Zertifikat verlangt hat, beginnt der Client diese Phase mit dem Senden einer **Zertifizierungsnachricht**. Falls kein passendes Zertifikat erhältlich ist, antwortet der Client statt dessen mit einer no_certificate-Warnung.

Danach folgt die client_key_exchange-Nachricht, die in dieser Phase gesendet werden muss. Der Inhalt dieser Nachricht hängt von der Art des Schlüsselaustauschs ab:

- **RSA:** Der Client erzeugt einen 48 Byte langen *Pre-master Secret* und verschlüsselt mit dem öffentlichen Schlüssel des Zertifikats des Servers oder mit dem temporären RSA-Schlüssel aus einer server_key_exchange-Nachricht. Wie sich daraus ein *Master Secret* errechnen lässt, wird später gezeigt.
- **Ephemeral oder Anonymous Diffie-Hellman:** Die öffentlichen Diffie-Hellman-Parameter des Client werden gesendet.
- **Fixed Diffie-Hellman:** Die öffentlichen Diffie-Hellman-Parameter des Client werden in einer Zertifizierungsnachricht gesendet; diese Nachricht ist also leer.
- **Fortezza:** Die Fortezza-Parameter des Client werden gesendet.

Schließlich kann der Client in dieser Phase eine **certificate_verify-Nachricht** übermitteln und damit ausdrücklich die Überprüfung eines Zertifikats eines Client ermöglichen. Diese Nachricht wird nur nach einem Client-Zertifikat gesendet, das signiert werden kann (also nach allen Zertifikaten außer denen, die Fixed-Diffie-Hellman-Parameter enthalten). Diese Nachricht signiert einen aus den vorhergehenden Nachrichten gebildeten Hash-Code mit folgender Form:

```
CertificateVerify.signature.md5_hash
        MD5(master_secret || pad_2 || MD5(handshake_messages ||
        master_secret || pad_1));
Certificate.signature.sha_hash
        SHA(master_secret || pad_2 || SHA(handshake_messages ||
        master_secret || pad_1));
```

Dabei sind pad_1 und pad_2 die früher definierten Werte für den MAC, handshake_messages bezieht sich auf alle nach client_hello gesendeten oder empfangenen Handshake-Protokoll-Nachrichten und master_secret ist das berechnete Secret, dessen Bildung später in diesem Abschnitt erklärt wird. Wenn der Benutzer als privaten Schlüssel DSS benutzt, dann wird damit der SHA-1-Hash verschlüsselt. Benutzt der Benutzer dagegen RSA, wird damit die Verkettung der MD5- und SHA-1-Hashes verschlüsselt. In jedem Fall wird damit überprüft, ob der private Schlüssel für das Zertifikat des Client auch wirklich dem Client gehört. Selbst wenn jemand das Zertifikat des Client missbrauchen sollte, kann er oder sie diese Nachricht nicht senden.

Phase 4: Beendigung

Mit dieser Phase wird das Einrichten einer sicheren Verbindung vervollständigt. Der Client sendet eine **change_cipher_spec-Nachricht** und kopiert das unvollständige CipherSpec in das aktuelle CipherSpec. Beachten Sie, dass diese Nachricht nicht als Teil des Handshake-Protokolls betrachtet wird, sondern dass es mithilfe des Change-Cipher-Spec-Protokolls versendet wird. Unmittelbar danach sendet der Client die **finished-Nachricht** unter den neuen Algorithmen, Schlüsseln und Secrets. Die finished-Nachricht bestätigt, dass Schlüsselaustausch und Authentifizierung erfolgreich verlaufen sind; sie wird durch Verkettung von zwei Hash-Werten gebildet:

MD5(master_secret || pad_2 || MD5(handshake_messages || Sender || master_secret || pad_1))
SHA(master_secret || pad_2 || SHA(handshake_messages || Sender || master_secret || pad_1))

Dabei ist Sender ein Code, der ausweist, dass der Client der Absender ist, und handshake_messages ist die Gesamtheit aller Daten aller handshake-Nachrichten mit Ausnahme dieser Nachricht.

Als Antwort auf diese beiden Nachrichten sendet der Server seine eigene change_cipher_spec-Nachricht, überträgt das unvollständige ins aktuelle CipherSpec und sendet seine finished-Nachricht. Nun ist das Handshake-Verfahren abgeschlossen und Client und Server können mit dem Austausch von Anwendungsdaten beginnen.

7.2.6 Kryptographische Berechnungen

Zwei weitere Punkte sind bemerkenswert: die Erzeugung eines gemeinsamen Master Secret mithilfe des Schlüsselaustauschs und die Generierung kryptographischer Parameter aus dem Master Secret.

Erzeugung des Master Secret

Das gemeinsame Master Secret ist ein Einmalschlüssel, der aus 48 Byte (384 Bit) besteht und für diese Sitzung mithilfe des sicheren Schlüsselaustauschs erzeugt wird. Der Schlüssel entsteht in zwei Schritten. Zunächst wird ein pre_master_secret ausgetauscht; danach errechnen beide Partner das Master Secret. Für den Austausch des pre_master_secret gibt es zwei Möglichkeiten:

- **RSA:** Der Client erzeugt ein pre_master_secret mit einer Länge von 48 Byte, verschlüsselt es mit dem öffentlichen RSA-Schlüssel des Servers und schickt es dann zum Server. Der Server entschlüsselt den Text unter Verwendung seines privaten Schlüssels und erhält so das pre_master_secret.
- **Diffie-Hellman:** Client und Server erzeugen je einen öffentlichen Diffie-Hellman-Schlüssel und tauschen diesen gegenseitig aus. Danach erzeugt jede Seite durch die Diffie-Hellman-Berechnung das gemeinsame pre_master_secret.

Nun berechnen beide Seiten das Master Secret nach folgender Regel:

master_secret = MD5(pre_master_secret || SHA('A' || pre_master_secret ||
ClientHello.random || ServerHello.random)) ||
MD5(pre_master_secret(|| SHA('BB' || pre_master_secret ||
ClientHello.random || ServerHello.random)) ||
MD5(pre_master_secret || SHA('CCC' || pre_master_secret ||
ClientHello.random || ServerHello.random))

ClientHello.random und ServerHello.random sind dabei die beiden Zufallswerte, die in den ersten Hello-Nachrichten ausgetauscht wurden.

Generierung kryptographischer Parameter

CipherSpecs verlangt ein vom Client geschriebenes MAC-Secret, ein vom Server geschriebenes MAC-Secret, einen vom Client geschriebenen Schlüssel, einen vom Server geschriebenen Schlüssel, einen vom Client geschriebenen Initialisierungsvektor (IV) und einen vom Server geschriebenen IV, die in dieser Reihenfolge aus dem Master Secret erzeugt werden. Dies geschieht durch Zerlegen des Master Secret in eine Folge von Sicherheits-Bytes, deren Länge so bemessen sein muss, dass alle nötigen Parameter darin Platz finden.

Bei der Erzeugung des Schlüsselmaterials aus dem Master Secret kommt das gleiche Format zur Anwendung, wie es bei der Erzeugung des Master Secret aus dem pre_master_secret verwendet wird:

key_block = MD5(master_secret || SHA('A' || master_secret ||
ServerHello.random || ClientHello.random)) ||
MD5(master_secret || SHA('BB' || master_secret ||
ServerHello.random || ClientHello.random)) ||
MD5(master_secret || SHA('CCC' || master_secret ||
ServerHello.random || ClientHello.random)) || ...

und so weiter, bis genügend Bytes erzeugt wurden. Das Ergebnis dieser algorithmischen Struktur ist eine Pseudozufallsfunktion. Das Master Secret kann man als den pseudozufälligen Startparameter für diese Funktion ansehen. Die Zufallszahlen des Client und des Server sind sozusagen die Salt-Werte, um die Kryptoanalyse noch weiter zu erschweren (siehe Kapitel 9, in dem die Anwendung von Salt-Werten beschrieben wird).

7.2.7 Sicherheit der Transportschicht

TLS ist eine Standardisierungsbewegung innerhalb der IETF, deren Ziel es ist, eine Internet-Standardversion für SSL zu erarbeiten. Der gegenwärtig vorliegende Standardisierungsvorschlag für TLS ähnelt stark SSLv3; er wurde als RFC 2246 veröffentlicht. Dieser Abschnitt befasst sich mit den Unterschieden.

Versionsnummer

Das Format ist bei TLS das Gleiche wie bei SSL (Abbildung 7.4) und die Felder im Header haben die gleiche Bedeutung. Es gibt nur einen einzigen Unterschied: Der gegenwärtige Entwurf von TLS hat die Versionsnummer 3 und die Unterversionsnummer 1.

Nachrichtenauthentifizierungscode

Zwischen den MAC-Schemata von TLS und SSLv3 bestehen zwei Unterschiede: der eigentliche Algorithmus und die Methode der MAC-Berechnung. TLS benutzt dazu den in RFC 2104 veröffentlichten HMAC-Algorithmus. Erinnern Sie sich an Kapitel 3, in dem HMAC so festgelegt wurde:

$$HMAC_K = H[(K^+ \oplus opad) \| H[(K^+ \oplus ipad) \| M]]$$

mit:

H = eingebettete Hash-Funktion (für TLS entweder MD5 oder SHA-1)

M = Nachrichteneingabe für HMAC

K^+ = geheimer Schlüssel, links mit so vielen Nullen aufgefüllt, dass er ebenso lang ist wie die Blocklänge des Hash-Codes (für MD5 und SHA-1: Blocklänge = 512 Bit)

ipad = 00110110 (hexadezimal 36), 64-mal wiederholt (512 Bit)

opad = 01011100 (hexadezimal 5C), 64-mal wiederholt (512 Bit)

SSLv3 verwendet den gleichen Algorithmus, außer dass die Auffüll-Bytes mit dem geheimen Schlüssel verkettet sind und nicht mit exklusivem Oder mit dem bis zur Blocklänge aufgefüllten geheimen Schlüssel verknüpft werden. Die erreichte Sicherheit sollte jedoch in beiden Fällen etwa gleich sein.

Bei der MAC-Berechnung für TLS werden die Felder berücksichtigt, die im folgenden Ausdruck angegeben sind:

HMAC_hash(MAC_write_secret, seq_num || TLSCompressed.type ||
TLSCompressed.version || TLSCompressed.length || TLSCompressed.fragment)

Die MAC-Berechnung berücksichtigt alle Felder, die auch in die SSLv3-Berechnung einfließen, und zusätzlich das Feld TLSCompressed.version, das die Version des verwendeten Protokolls angibt.

Pseudozufallsfunktion

TLS benutzt eine Pseudozufallsfunktion (Pseudorandom Function – PRF), um Secrets zwecks Erzeugung oder Überprüfung von Schlüsseln in Datenblöcke zu erweitern. Das Ziel ist, einen relativ kleinen gemeinsamen Secret-Wert zu verwenden, aber längere Datenblöcke auf eine Weise zu erzeugen, die gegenüber Angriffen auf Hash-Funktionen und MACs sicher ist. Die PRF beruht auf der folgenden Funktion zum Erweitern von Daten (Abbildung 7.7):

P_hash(secret, seed) = HMAC_hash(secret, A(1) || seed ||
HMAC_hash(secret, A(2) || seed ||
HMAC_hash(secret, A(3) || seed || ...

mit:

A(0) = seed
A(i) = HMAC_hash(secret, A(i – 1))

Die Datenerweiterungsfunktion benutzt den HMAC-Algorithmus entweder mit MD5 oder mit SHA-1 als zugrunde liegender Hash-Funktion. Wie wir gesehen haben, kann die Berechnung von P_hash so oft wiederholt werden, bis die gewünschte Datenmenge erzeugt worden ist. Sollen zum Beispiel 64 Byte mit P_SHA-1 erzeugt werden, muss man vier Berechnungsschleifen durchlaufen, wobei 80 Byte entstehen; die letzten 16 Byte werden nicht berücksichtigt. Die viermalige Wiederholung von P_MD5 liefert dagegen genau 64 Byte. Beachten Sie, dass HMAC bei jeder wiederholten Berechnung zweimal ausgeführt wird, wobei der zugrunde liegende Hash-Algorithmus jeweils zweimal durchlaufen wird.

Um möglichst sicher zu sein, benutzt PRF zwei Hash-Algorithmen. Diese Algorithmen werden so miteinander verknüpft, dass die Sicherheit garantiert bleibt, wenn mindestens einer der beiden Algorithmen sicher bleibt. Die Definition von PRF sieht folgendermaßen aus:

PRF(secret, label, seed) = P_MD5(S1, label || seed ⊕ P_SHA-1(S2, label || seed)

PRF verwendet als Eingabe einen Secret-Wert, ein kennzeichnendes Label und einen Seed-Wert und erzeugt ein Ergebnis in beliebiger Länge. Das Ergebnis ergibt sich durch die Teilung des Secret-Werts in zwei Hälften (S1 und S2) und die Anwendung von P_hash auf beide Hälften, wobei bei der einen Hälfte MD5 und bei der anderen SHA-1 angewendet wird. Die beiden Teilergebnisse werden mit exklusivem Oder verknüpft und ergeben so das Gesamtergebnis. Um jeweils die gleiche Datenmenge zu erzeugen, die dann als Eingabe für die Funktion Exklusiv-Oder dient, muss die Funktion P_MD5 grundsätzlich öfter wiederholt werden als P_SHA-1.

Alarmcodes

TLS unterstützt alle in SSLv3 definierten Alarmcodes außer no_certificate. In TLS gibt es einige zusätzliche Codes; darunter gelten die folgenden immer als schwere Fehler:

- **decryption_failed:** Ein verschlüsselter Text wurde in ungültiger Weise entschlüsselt; entweder entspricht seine Länge nicht einem geraden Vielfachen der Blocklänge oder die überprüften Auffüllwerte sind falsch.

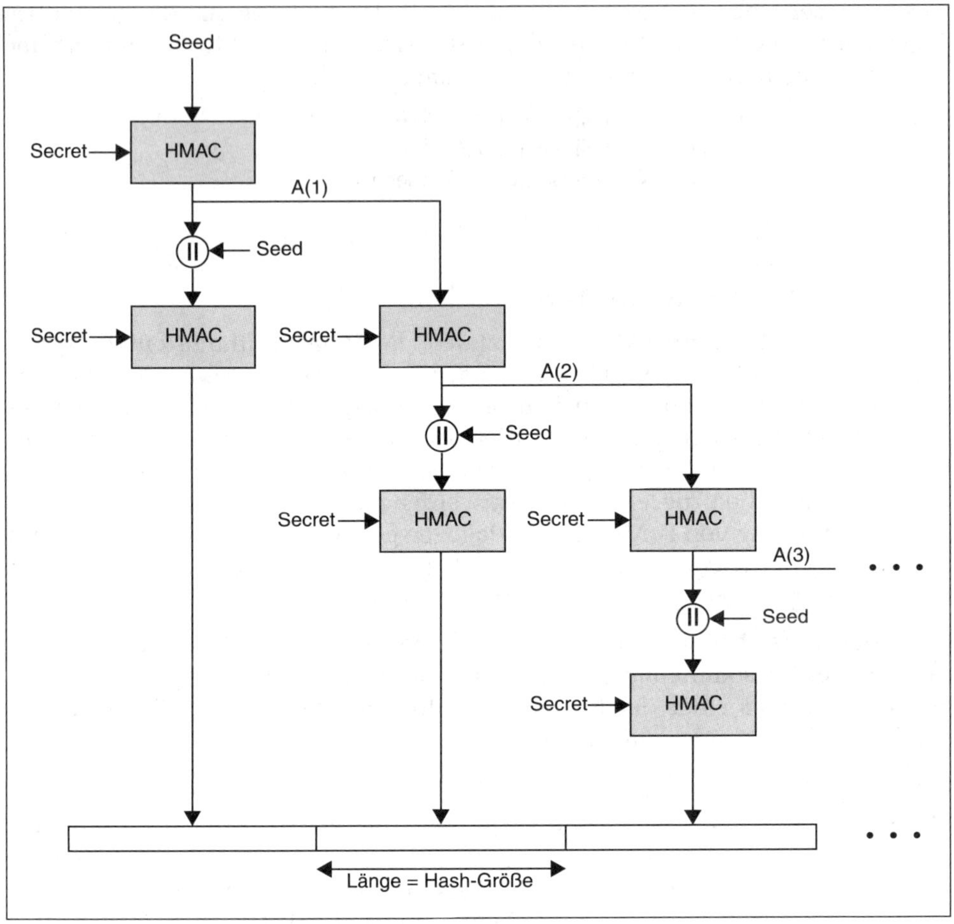

Abbildung 7.7: TLS-Funktion P_hash (secret, seed)

- **record_overflow:** Ein TLS-Satz wurde empfangen mit einer Nutzinformation (verschlüsselter Text), deren Länge 2^{14} + 2.048 Byte übersteigt, oder der entschlüsselte Text ergibt eine Länge von mehr als 2^{14} + 1.024 Byte.
- **unknown_ca:** Eine gültige Zertifikat-Kette oder -Teilkette wurde empfangen, aber das Zertifikat wurde nicht anerkannt, weil das CA-Zertifikat nicht lokalisiert werden konnte oder weil es nicht zu einer bekannten, vertrauenswürdigen CA passte.
- **access_denied:** Ein gültiges Zertifikat wurde empfangen, aber nach Anwendung der Zugriffssteuerung beschloss der Absender, den Datenaustausch nicht fortzusetzen.

- **decode_error:** Eine Nachricht konnte nicht entschlüsselt werden, weil ein Feld außerhalb seines Wertebereichs lag oder weil die Länge der Nachricht falsch war.
- **export_restriction:** Ein Nachrichtenaustausch wurde entdeckt, der nicht den Exportbeschränkungen hinsichtlich der Schlüssellänge entspricht.
- **protocol_version:** Die Protokollversion, mit der der Client zu arbeiten versuchte, wurde zwar erkannt, sie wird aber nicht unterstützt.
- **insufficient_security:** Kommt statt handshake_failure zurück, wenn ein Nachrichtenaustausch fehlerhaft war, besonders, wenn der Server eine sicherere Verschlüsselung verlangt als sie vom Client unterstützt wird.
- **internal_error:** Wegen eines internen Fehlers, der weder mit dem Partner noch mit dem Protokoll zusammenhängt, kann die Verbindung nicht fortgesetzt werden.

Dieses sind die restlichen neuen Alarmcodes:

- **decrypt_error:** Ein Verschlüsselungsversuch beim Handshake schlug fehl. Dazu zählen auch diese Fehler: Eine Signatur kann nicht bestätigt werden, ein Schlüsselaustausch kann nicht entschlüsselt werden oder eine Finished-Nachricht kann nicht bestätigt werden.
- **user_canceled:** Dieses Handshake wurde aus einem Grund abgebrochen, der keinem Protokollfehler zuzuordnen ist.
- **no_renegotiation:** Dieser Code wird nach dem Handshaking zu Beginn vom Client als Antwort auf eine hello-Anforderung des Servers oder vom Server als Antwort auf ein hello des Client gesendet. Jede dieser Nachrichten bewirkt normalerweise eine erneute Verbindungsaufnahme, aber dieser Alarmcode zeigt an, dass der Absender keine neue Verbindung aufnehmen kann. Diese Meldung ist immer eine Warnung.

Verschlüsselungssysteme

Zwischen den Verschlüsselungssystemen unter SSLv3 und TLS gibt es einige kleine Unterschiede:

- **Schlüsselaustausch:** TLS unterstützt alle bei SSLv3 vorgesehenen Schlüsselaustauschtechniken außer Fortezza.
- **Symmetrische Verschlüsselungsalgorithmen:** TLS umfasst alle bei SSLv3 vorhandenen symmetrischen Verschlüsselungsalgorithmen außer Fortezza.

Arten der Client-Zertifizierung

TLS bestimmt für die folgenden Zertifikattypen, dass sie in einer certificate_request-Nachricht angefordert werden können: rsa_sign, dss_sign, rsa_fixed_dh, dss_fixed_dh. Diese sind auch alle in SSLv3 vorgesehen. Zusätzlich enthält SSLv3 rsa_ephemeral, dss_ephemeral_dh und fortezza_kea. Ephemeral Diffie-Hellman bezieht das Signieren der Diffie-Hellman-Parameter mit RSA oder DSS ein; TLS verwendet dafür rsa-sign und dss-sign; ein gesonderter Signaturtyp ist zum Signieren der Diffie-Hellman-Parameter nicht nötig. TLS enthält nicht das Fortezza-Schema.

Certificate_Verify- und Finished-Nachrichten

In der Certificate_Verify-Nachricht werden die MD5- und SHA-1-Hashes ausschließlich über Handshake-Nachrichten berechnet. Erinnern Sie sich daran, dass die Hash-Berechnung bei SSLv3 auch die Master Secrets und die Füllbytes enthielt; diese zusätzlichen Felder bewirkten jedoch keine Erhöhung der Sicherheit.

Wie bei der Finished-Nachricht bei SSLv3 basiert auch die Finished-Nachricht bei TLS auf einem Hash über einem gemeinsamen Master Secret, den vorhergehenden Handshake-Nachrichten und einem Label, das Client oder Server identifiziert. Die Berechnung selbst unterscheidet sich ein wenig. Für TLS gilt:

PRF(master_secret, finished_label, MD5(handshake_messages) ||
SHA-1(handshake_messages))

Dabei ist finished_label die Zeichenkette »client finished« für den Client und »server finished« für den Server.

Kryptographische Berechnungen

Die Berechnung des pre_master_secret erfolgt für TLS genauso wie für SSLv3. Auch das master_secret wird bei TLS wie bei SSLv3 als Hash-Funktion des pre_master_secret und der beiden Hello-Zufallszahlen berechnet. Die Form der Berechnung des master_secret bei TLS unterscheidet sich jedoch von der bei SSLv3; sie wird wie folgt definiert:

master_secret =
  PRF(pre_master_secret, »master secret«, ClientHello.random || ServerHello.random)

Der Algorithmus wird berechnet, bis 48 Byte mit Pseudozufallszahlen erzeugt wurden. Das Schlüsselblockmaterial (MAC geheime Schlüssel, Sitzungs-Verschlüsselungsschlüssel und IVs) wird nach folgender Regel berechnet:

key_block=
  PRF(master_secret, "key expansion", SecurityParameters.server_random ||
    SecurityParameters.client_random)

bis genügend Ausgabe erzeugt wurde. Wie bei SSLv3 ist key_block auch hier eine Funktion des master_secret und der Client- und Server-Zufallszahlen, für TLS unterscheidet sich jedoch der Algorithmus.

Auffüllen

In SSL müssen vor der Verschlüsselung der Benutzerdaten mindestens so viele Bytes aufgefüllt werden, dass die Gesamtlänge der zu verschlüsselnden Daten ein Vielfaches der Blocklänge der Verschlüsselungsdaten ist. Auch bei TLS kann man mit beliebig vielen Bytes auffüllen (höchstens jedoch 255 Byte), sodass die Gesamtlänge ein Vielfaches der Blocklänge der Verschlüsselungsdaten wird. Wenn zum Beispiel der Klartext (oder bei Verschlüsselung der verschlüsselte Text) plus MAC plus padding.length-Byte 79 Byte lang ist, kann man mit 1, 9, 17 usw. bis zu 249 Byte auffüllen. Mit variablen Auffülllängen arbeitet man, um Angriffe zu vereiteln, die auf der Ermittlung der Länge der ausgetauschten Nachrichten beruhen.

7.3 Secure Electronic Transactions (SET)

SET ist eine offene Verschlüsselungs- und Sicherheitsspezifikation, die zum Schutz von Kreditkartentransaktionen im Internet erarbeitet wurde. Die aktuelle Version, SETv1, entstand aus der Forderung nach Sicherheitsstandards von MasterCard und Visa im Februar 1996. Eine Vielzahl von Unternehmen war an der Entwicklung der ursprünglichen Spezifikation beteiligt, darunter IBM, Microsoft, Netscape, RSA, Terisa und Verisign. Seit 1996 wurden zahlreiche Konzepte erarbeitet und getestet und 1998 waren schließlich die ersten Produkte verfügbar, die den SET-Vorgaben entsprachen.

SET selbst ist kein Zahlungssystem. Es ist eher eine Menge von Sicherheitsprotokollen und Formaten, die den Benutzer in die Lage versetzen, die vorhandene Kreditkarteninfrastruktur in einem offenen Netzwerk wie dem Internet mit hoher Sicherheit zu nutzen. Im Wesentlichen bietet SET drei Dienste:

- Es stellt einen sicheren Kommunikationsweg für alle Parteien bereit, die an einer Transaktion beteiligt sind.
- Es bietet Vertraulichkeit durch die Verwendung digitaler Zertifikate gemäß X.509v3.
- Es stellt die Geheimhaltung sicher, weil die Information für die Partner einer Transaktion nur erhältlich ist, wenn das notwendig ist.

SET ist eine komplizierte Spezifikation, die im Mai 1997 in drei Büchern herausgegeben wurde:

- **Buch 1:** Business Description (80 Seiten)
- **Buch 2:** Programmer's Guide (629 Seiten)
- **Buch 3:** Format Protocol Definition (262 Seiten)

Insgesamt sind das 971 Seiten mit Spezifikationen. Im Gegensatz dazu umfassen die Spezifikationen für SSLv3 nur 63 Seiten und die für TLS nur 71 Seiten. Wir können in diesem Abschnitt natürlich nur eine Zusammenfassung der vielseitigen Spezifikation wiedergeben.

7.3.1 Überblick über SET

Wir beginnen unsere Diskussion über SET mit einem Überblick über die betrieblichen Notwendigkeiten für SET, seine wichtigsten Eigenschaften und die Beteiligten an einer SET-Transaktion.

Bedingungen

Buch 1 der SET-Spezifikation zählt die folgenden betrieblichen Notwendigkeiten für einen sicheren Zahlungsverkehr mit Kreditkarten im Internet und in anderen Netzen auf:

- **Gewährleistung der Vertraulichkeit der Zahlungs- und Bestellinformation:** Es muss sichergestellt werden, dass diese Information der Karteninhaber sicher und nur für den beabsichtigten Empfänger zugänglich ist. Vertraulichkeit vermindert auch das Betrugsrisiko durch einen Partner der Transaktion oder durch böswillige Dritte. SET stellt Vertraulichkeit durch die Verwendung von Verschlüsselungsmethoden sicher.
- **Sicherstellung der Integrität aller übermittelten Daten:** Das bedeutet, dass gewährleistet werden muss, dass am Inhalt von SET-Nachrichten während der Übermittlung keine Änderungen vorgenommen werden können. Diese Sicherheit erreicht man durch die Verwendung digitaler Signaturen.
- **Gewährleistung der Authentifizierung, dass der Besitzer einer Kreditkarte auch der rechtmäßige Benutzer des entsprechenden Kreditkartenkontos ist:** Ein Mechanismus, der einen Karteninhaber mit einer bestimmten Kontonummer verbindet, vermindert Betrugsmöglichkeiten und die Gesamtkosten der Abwicklung von Zahlungsvorgängen mit Kreditkarten. Zum Überprüfen, ob der Besitzer einer Kreditkarte auch der rechtmäßige Benutzer des zugehörigen Kreditkartenkontos ist, verwendet man digitale Signaturen und Zertifikate.

- **Gewährleistung der Authentifizierung, dass ein Händler Kreditkartentransaktionen über seine Beziehung mit einer Finanzinstitution annehmen kann:** Dies ist die Entsprechung zur vorhergehenden Bedingung. Karteninhaber müssen in der Lage sein, Händler zu erkennen, mit denen sichere Transaktionen möglich sind. Auch hierfür werden digitale Signaturen und Zertifikate verwendet.
- **Durch die Benutzung der besten Sicherheitsmaßnahmen und Systementwurfstechniken sicherstellen, dass alle berechtigten Partner beim elektronischen Zahlungsverkehr geschützt werden:** SET ist eine sehr bewährte Spezifikation auf der Grundlage anerkannt sicherer kryptographischer Algorithmen und Protokolle.
- **Entwerfen eines Protokolls, das weder von den Transportsicherheitsmechanismen abhängt noch deren Nutzung verhindert:** SET lässt sich über einen »einfachen« TCP/IP-Stapel sicher betreiben und stört nicht die Benutzung anderer Sicherheitsmechanismen wie IPSec und SSL/TLS.
- **Ermöglichung und Unterstützung der Interoperabilität zwischen Software und Netzwerk-Providern:** Protokoll und Formate von SET sind unabhängig von der verwendeten Hardware, vom Betriebssystem und von Web-Software.

Haupteigenschaften von SET

Mit folgenden Eigenschaften erfüllt SET die soeben dargestellten Anforderungen:

- **Vertraulichkeit der Information:** Kreditkartenkonto und Zahlungsinformation eines Karteninhabers werden gesichert, wenn sie über das Netzwerk übertragen werden. Eine wichtige Eigenschaft von SET ist, dass eine Entschlüsselung der Kreditkartennummer des Karteninhabers während der Übertragung verhindert wird; dies kann nur bei der kontoführenden Bank erfolgen. Herkömmliche Verschlüsselung durch DES wird eingesetzt, um Vertraulichkeit zu gewährleisten.
- **Datenintegrität:** Zahlungsinformationen, die von Karteninhabern zu Händlern übertragen werden, bestehen aus Bestellinformationen, persönlichen Daten und Zahlungshinweisen. SET garantiert, dass diese Nachrichteninhalte während der Übertragung nicht verändert werden. Digitale RSA-Signaturen mit SHA-1-Hash-Codes sorgen für die Integrität der Nachrichten. Manche Nachrichten werden auch mit HMAC und SHA-1 geschützt.
- **Authentifizierung des Kontos des Karteninhabers:** SET ermöglicht den Händlern die Überprüfung, ob ein Karteninhaber der rechtmäßige Benutzer einer gültigen Kreditkartenkontonummer ist. Bei SET wird dafür ein digitales Zertifikat gemäß X.509v3 mit RSA-Signaturen verwendet.

- **Authentifizierung des Händlers:** Mit SET kann ein Karteninhaber überprüfen, ob ein Händler eine Beziehung mit einer Bank hat und Zahlungen mit Kreditkarte annehmen darf. Auch dafür wird bei SET ein digitales Zertifikat gemäß X.509v3 mit RSA-Signaturen benutzt.

Beachten Sie, dass SET im Gegensatz zu IPSec und SSL/TLS nur jeweils einen kryptographischen Algorithmus vorsieht. Das macht Sinn, weil SET eine Einzelanwendung mit speziell dafür vorgesehenen Einzelanforderungen ist, während IPSec und SSL/TLS dafür gedacht sind, eine größere Anzahl von Anwendungen zu unterstützen.

Beteiligte an SET

Abbildung 7.8 zeigt folgende Beteiligte an einem SET-System:

- **Karteninhaber:** In der elektronischen Umgebung kommunizieren Kunden und Firmeneinkäufer mit Händlern mithilfe ihrer PCs über das Internet. Ein Karteninhaber ist ein rechtmäßiger Besitzer einer Zahlungskarte (zum Beispiel EC-Karte, Visa oder Eurocard), die von einer Bank ausgegeben wurde.
- **Händler:** Ein Händler ist eine Person oder Organisation, die einem Karteninhaber Waren oder Dienstleistungen verkaufen möchte. Diese Waren und Dienstleistungen werden üblicherweise über eine Web-Site oder per E-Mail angeboten. Ein Händler, der Zahlungen über Zahlungskarten annimmt, muss eine Beziehung zu einem Vermittler haben.
- **Kartenausgeber:** Hier handelt es sich um ein Finanzunternehmen wie etwa eine Bank, das dem Karteninhaber die Zahlungskarte ausgibt. Konten werden meistens per Post oder persönlich beantragt und eröffnet. Der Kartenausgeber ist verantwortlich für die Begleichung der Rechnungen des Karteninhabers.
- **Vermittler:** Dies ist ein Finanzunternehmen, das für einen Händler ein Konto eröffnet und die Autorisierung der Zahlungskarten und die eigentlichen Zahlungen abwickelt. Meistens akzeptieren Händler die Kreditkarten mehrerer Unternehmen, sie legen aber keinen Wert darauf, mit allen diesen Unternehmen getrennt abzurechnen. Der Vermittler bietet dem Händler die Gewähr, dass ein bestimmtes Kreditkartenkonto vorhanden ist und dass der geplante Kauf nicht die Kreditlinie übersteigt. Auch den elektronischen Zahlungsverkehr zum Konto des Händlers wickelt der Vermittler ab. Der Vermittler erhält nachträglich vom Kartenausgeber eine Vergütung für die über seine Zahlungsnetzwerke elektronisch abgewickelten Zahlungen.
- **Payment-Gateway:** Dies ist eine vom Vermittler oder von einer dritten Stelle betriebene Funktion, die Informationen über die Händlerbezahlung abwickelt. Das Payment-Gateway ist die Schnittstelle zwischen SET und den vorhandenen Netzwerken für die Autorisierung und die Abwicklung der Zah-

lungsfunktionen von Bankkarten. Der Händler tauscht über das Internet SET-Nachrichten mit dem Payment-Gateway aus, während das Payment-Gateway über eine Direktverbindung oder über ein Netzwerk Kontakt mit dem Finanzsystem des Vermittlers hat.

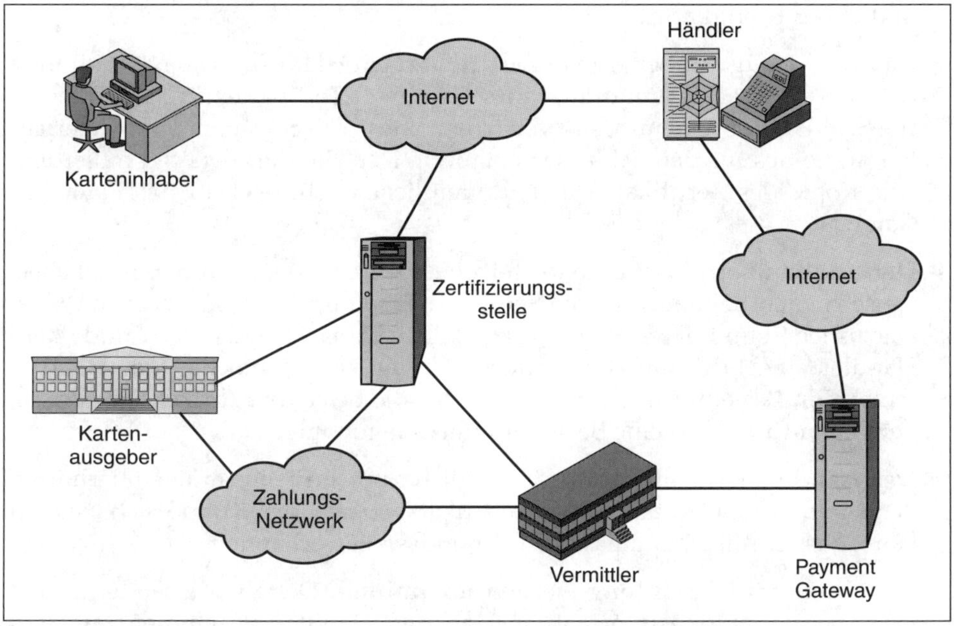

Abbildung 7.8: Komponenten des sicheren elektronischen Zahlungsverkehrs

- **Certification Authority (CA):** Dies ist eine Einrichtung, die vertrauenswürdig ist, Public-Key-Zertifikate gemäß X.509v3 für Karteninhaber, Händler und Payment-Gateways zu liefern. Der Erfolg von SET wird vom Vorhandensein einer CA-Infrastruktur für diesen Zweck abhängen. Schon im letzten Kapitel wurde beschrieben, dass eine Hierarchie von CAs vorgesehen ist, sodass Teilnehmer nicht durch eine oberste Zertifizierungsstelle direkt zertifiziert werden müssen.

Es folgt nun eine kurze Beschreibung des Ablaufs der für eine Transaktion nötigen Ereignisse. Danach werfen wir einen Blick auf einige kryptographische Einzelheiten.

1. **Der Kunde eröffnet ein Konto.** Der Kunde erhält ein Kreditkartenkonto, zum Beispiel Visa oder Eurocard, bei einer Bank, die den elektronischen Zahlungsverkehr und SET unterstützt.

2. **Der Kunde erhält ein Zertifikat.** Nach der üblichen Überprüfung seiner Personalien erhält der Kunde ein von der Bank signiertes digitales Zertifikat gemäß X.509v3. Das Zertifikat bestätigt den öffentlichen RSA-Schlüssel des Kunden und dessen Gültigkeitszeitraum. Es stellt außerdem eine von der Bank garantierte Beziehung her zwischen dem Schlüsselpaar des Kunden und seiner Kreditkarte.

3. **Händler verfügen über eigene Zertifikate.** Ein Händler, der eine bestimmte Art von Kreditkarte annimmt, muss über zwei Zertifikate für zwei öffentliche Schlüssel in seinem Besitz verfügen: eines zum Signieren von Nachrichten und eines für den Schlüsselaustausch. Der Händler benötigt außerdem eine Kopie des Zertifikats für den öffentlichen Schlüssel für das Payment-Gateway.

4. **Der Kunde übermittelt eine Bestellung.** Dazu muss der Kunde möglicherweise zunächst einmal die Web-Seiten des Händlers durchsuchen, um Waren auszusuchen und deren Preise festzustellen. Danach sendet der Kunde dem Händler eine Liste mit den Artikeln, die er kaufen möchte; der Händler schickt ein Bestellformular zurück, in das die bestellten Artikel, ihre Preise, der Gesamtpreis und eine Bestellnummer eingetragen sind.

5. **Der Händler wird überprüft.** Zusätzlich zum Bestellformular übermittelt der Händler eine Kopie seines Zertifikats, sodass der Kunde sicherstellen kann, dass er mit einer zulässigen Verkaufsstelle verhandelt.

6. **Bestellung und Bezahlung werden übermittelt.** Der Kunde sendet Bestellungs- und Zahlungsinformationen an den Händler, zusammen mit dem Zertifikat des Kunden. Mit der Bestellung wird der Kauf der Artikel im Bestellformular bestätigt. Die Zahlungsinformationen enthalten Einzelheiten über die Kreditkarte; diese Zahlungsinformationen sind so verschlüsselt, dass sie vom Händler nicht gelesen werden können. Mit dem Zertifikat des Kunden kann der Händler den Kunden eindeutig erkennen.

7. **Der Händler fordert die Autorisierung der Bezahlung.** Der Händler schickt die Zahlungsinformationen an das Payment-Gateway und fordert dort die Bestätigung dafür an, dass die Kreditlinie des Kunden für diesen Kauf ausreicht.

8. **Der Händler bestätigt den Auftrag.** Der Händler sendet eine Auftragsbestätigung an den Kunden.

9. **Der Händler liefert die Waren oder Dienstleistungen.** Der Händler verschickt die Waren oder liefert die Dienstleistungen an den Kunden.

10. **Der Händler fordert die Bezahlung.** Diese Forderung wird an das Payment-Gateway geschickt, das den gesamten Zahlungsverkehr abwickelt.

7.3.2 Duale Signatur

Bevor wir uns mit den Einzelheiten des SET-Protokolls beschäftigen, wollen wir eine wichtige Innovation betrachten, die bei SET eingeführt wurde: die duale Signatur. Der Zweck der dualen Signatur liegt darin, zwei Nachrichten zu verbinden, die für zwei verschiedene Empfänger gedacht sind. In diesem Fall möchte der Kunde die Informationen über seine Bestellung (Order Information – OI) zum Händler schicken und die Informationen über seine Zahlung (Payment Information – PI) zur Bank. Der Händler muss die Nummer der Kreditkarte des Kunden nicht kennen und die Bank hat kein Interesse an den Einzelheiten der Bestellung des Kunden. Durch die getrennte Abwicklung beider Vorgänge wird dem Kunden eine besondere Vertraulichkeit geboten. Dennoch muss zwischen beiden Vorgänge irgendeine Beziehung bestehen bleiben, damit zum Beispiel bei Bedarf spätere Beschwerden geklärt werden können. Außerdem ist die Verbindung nötig, damit der Kunde überprüfen kann, dass diese Zahlung für diese Bestellung gedacht ist und nicht für irgendwelche anderen Waren oder Dienstleistungen.

Am folgenden Beispiel sehen Sie, dass eine solche Verbindung vorhanden sein muss: Stellen Sie sich vor, dass die Kunden dem Händler zwei Nachrichten schicken, eine signierte OI und eine signierte PI, und dass der Händler die PI an die Bank weiterleitet. Wenn sich der Händler eine andere OI dieses Kunden aneignen kann, könnte er behaupten, dass diese OI zur PI gehört und nicht die ursprüngliche. Die Verbindung verhindert das.

Abbildung 7.9 verdeutlicht die Benutzung der dualen Signatur, die den Anforderungen des vorherigen Abschnitts entspricht. Der Kunde nimmt den Hash (mit SHA-1) der PI und den Hash der OI. Dann werden diese beiden Hashes verkettet und der Hash des Ergebnisses ermittelt. Schließlich verschlüsselt der Kunde den endgültigen Hash mit seinem oder ihrem privaten Signaturschlüssel und erzeugt so eine doppelte Signatur. Diese Operation lässt sich so zusammenfassen:

$$DS = E_{KR_c}[H(H(PI) \| H(OI))]$$

mit KR_c als privatem Signaturschlüssel des Kunden. Nehmen Sie nun an, dass der Händler über die duale Signatur (DS), die OI und über einen Message Digest für die PI (PIMD) verfügt. Der Händler kennt auch den öffentlichen Schlüssel des Kunden, den er aus dem Zertifikat des Kunden entnehmen konnte. Dann kann der Händler die beiden folgenden Größen berechnen:

$$H(PIMD \| H(OI)) \text{ und } D_{KU_c}[DS]$$

mit KU_c als öffentlichem Signaturschlüssel des Kunden. Wenn diese beiden Größen gleich sind, hat der Händler die Signatur bestätigt. Ganz ähnlich kann die Bank Folgendes ermitteln, wenn sie im Besitz von DS, PI, des Message Digest für OI (OIMD) und des öffentlichen Schlüssels des Kunden ist:

$$H(H(PI) \| OIMD) \text{ and } D_{KU_c}[DS]$$

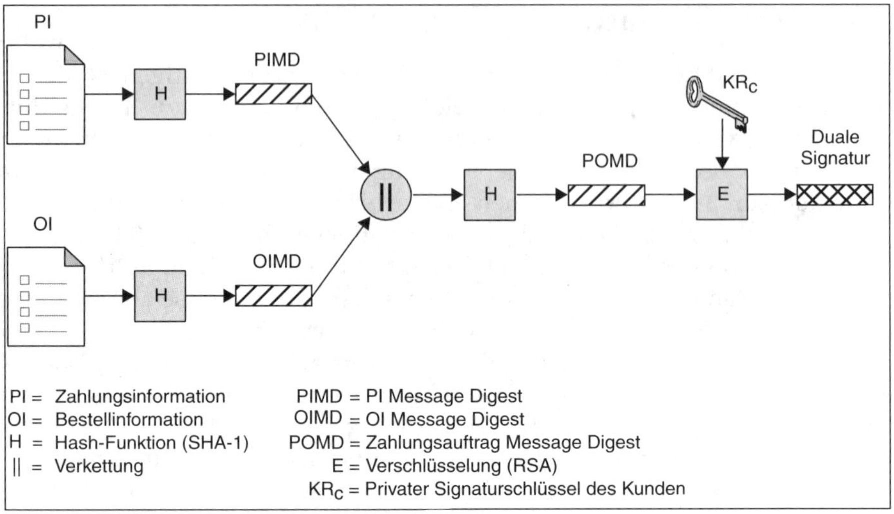

Abbildung 7.9: Aufbau einer dualen Signatur

Auch hier gilt: Wenn diese beiden Größen gleich sind, hat die Bank die Signatur bestätigt. Zusammengefasst ergibt sich:

1. Der Händler hat die OI erhalten und die Signatur bestätigt.
2. Die Bank hat die PI erhalten und die Signatur bestätigt.
3. Der Kunde hat die OI und die PI verbunden und kann die Verbindung überprüfen.

Nehmen Sie zum Beispiel an, dass der Händler zu seinem Vorteil eine OI in dieser Transaktion ersetzen möchte. Dazu müsste er eine andere OI finden, deren Hash zur vorhandenen OIMD passt. Mit SHA-1 scheint das nicht machbar zu sein; deshalb kann der Händler keine andere OI mit dieser PI verknüpfen.

7.3.3 Zahlungsprozess

Tabelle 7.3 führt die von SET unterstützten Transaktionstypen auf. Im Folgenden betrachten wir einige Einzelheiten dieser Transaktionen:

- Kaufanfrage
- Zahlungsautorisierung
- Zahlungsannahme

Kaufanfrage

Nachdem der Karteninhaber gesucht, ausgewählt und bestellt hat, beginnt der Austausch von Nachrichten für die Kaufanfrage. Diese Vorbereitungsphase ist beendet, wenn der Händler ein ausgefülltes Bestellformular zum Kunden sendet. Alles läuft ab wie zuvor, aber SET wird nicht eingesetzt.

Der Dialog für die Kaufanfrage besteht aus vier Nachrichten: Startanfrage, Startantwort, Kaufanfrage und Kaufantwort.

Um SET-Nachrichten zum Händler schicken zu können, muss der Karteninhaber über eine Kopie der Zertifikate des Händlers und des Payment-Gateways verfügen. Der Kunde fordert die Zertifikate in der **Startanfrage** an, die er an den Händler schickt. Diese Nachricht enthält die Marke der Kreditkarte des Kunden; sie enthält auch eine Kennung, die diesem Nachrichtenpaar vom Kunden zugewiesen wird, und eine Zufallszahl, um Aktualität zu gewährleisten.

Der Händler erzeugt eine Antwort und signiert sie mit seinem privaten Signaturschlüssel. Die Antwort enthält die Zufallszahl des Kunden, eine weitere Zufallszahl für die Antwort des Kunden und eine Transaktionskennung für diese Kauftransaktion. Zusätzlich zur signierten Nachricht enthält die **Startantwort** das Signaturzertifikat des Händlers und das Schlüsselaustausch-Zertifikat des Payment-Gateway.

Registrierung des Karteninhabers	Karteninhaber müssen sich bei einer CA registrieren lassen, bevor sie SET-Nachrichten zu Händlern schicken können.
Registrierung des Händlers	Händler müssen sich bei einer CA registrieren lassen, bevor sie SET-Nachrichten mit Kunden und Payment Gateways austauschen können.
Kaufanfrage	Eine vom Kunden zum Händler übermittelte Nachricht, die OI für den Händler und PI für die Bank enthält.
Zahlungsautorisierung	Nachrichtenaustausch zwischen Händler und Payment Gateway, um ein Kreditkartenkonto mit dem für einen Kauf fälligen Betrag zu belasten.
Zahlungsannahme	Erlaubt es dem Händler, eine Zahlung vom Payment-Gateway anzufordern.
Nachfrage nach dem Status eines Zertifikats	Falls die CA eine Zertifikatanforderung nicht schnell abwickeln kann, sendet sie dem Karteninhaber oder Händler eine Antwort und zeigt damit an, dass der Anforderer es später noch einmal versuchen soll. Der Karteninhaber oder Händler sendet danach eine *Nachfrage nach einem Zertifikat*, um den Status der Zertifikatsanforderung zu bestimmen und das Zertifikat zu erhalten, sobald die Anforderung erfolgreich war.

Tabelle 7.3: SET-Transaktionstypen

Nachfrage nach dem Status einer Bestellung	Erlaubt dem Karteninhaber die Prüfung des Abwicklungsstatus einer Bestellung, nachdem die Kaufantwort empfangen wurde. Beachten Sie, dass diese Nachricht keine Informationen über den Status stornierter Waren enthält, dass aber der Status der Autorisierung, der Annahme und der Kreditabwicklung mitgeteilt wird.
Autorisierung rückgängig machen	Erlaubt einem Händler das Berichtigen früherer Autorisierungsanfragen. Falls eine Bestellung nicht vollständig zu Ende gebracht wurde, macht der Händler die gesamte Autorisierung rückgängig. Wenn nur Teile einer Bestellung nicht zu Ende gebracht wurden (etwa wenn Waren storniert wurden), storniert der Händler nur einen Teil der Autorisierung.
Annahme rückgängig machen	Erlaubt einem Händler das Berichtigen von Fehlern bei Zahlungsanfragen, zum Beispiel Beträge, die von einem Datenerfasser falsch eingegeben wurden.
Gutschrift	Erlaubt es einem Händler, eine Gutschrift auf ein Kreditkartenkonto zu buchen, zum Beispiel wenn Waren zurückgegeben wurden oder wenn sie unterwegs beschädigt wurden. Beachten Sie, dass die SET-Kredit-Nachricht immer vom Händler angestoßen wird, nicht vom Karteninhaber. Jede Kommunikation zwischen Karteninhaber und Händler, die zu einer Gutschrift führt, wird außerhalb von SET abgewickelt.
Gutschrift rückgängig machen	Erlaubt einem Händler die Berichtigung einer zuvor angeforderten Gutschrift.
Zertifikatanfrage beim Payment Gateway	Erlaubt es einem Händler, beim Payment-Gateway anzufragen und eine Kopie des aktuellen Austauschschlüssels und der Signaturzertifikate zu erhalten.
Verwalten von Großaufträgen	Erlaubt es einem Händler, mit dem Payment Gateway Informationen über Großaufträge auszutauschen.
Fehlermeldung	Zeigt an, dass eine Nachricht vom Empfänger abgewiesen wird, weil Format oder Inhalt nicht den Vorgaben entsprechen.

Tabelle 7.3: SET-Transaktionstypen (Forts.)

Der Karteninhaber bestätigt die Zertifikate des Händlers und des Gateway mithilfe ihrer jeweiligen CA-Signaturen und erzeugt dann die OI und die PI. Die vom Händler zugewiesene Transaktions-ID wird sowohl in der OI als auch in der PI platziert. Die OI enthält nicht die expliziten Bestellinformationen wie Anzahl und Preis der Waren. Vielmehr enthält sie einen Verweis auf die Bestellung, der im Austausch zwischen Händler und Kunde während der Einkaufsphase vor der ersten SET-Nachricht erzeugt wurde. Danach bereitet der Karteninhaber die Nachricht **Kaufanfrage** vor (Abbildung 7.10). Dafür erzeugt der Karteninhaber einen symmetrischen Einmalschlüssel K_s. Die Nachricht enthält Folgendes:

1. **Informationen über den Kauf.** Diese Informationen werden vom Händler an das Payment Gateway weitergegeben und enthalten:
   - Die PI
   - Die duale Signatur, berechnet aus der PI und der OI und signiert mit dem privaten Schlüssel des Kunden
   - Den OI Message Digest (OIMD)

   Der OIMD wird, wie schon früher erwähnt, vom Payment Gateway für die Erkennung der dualen Signatur benötigt. Alle diese Teile werden mit K_s verschlüsselt.
   - Der digitale Umschlag. Dieser wird gebildet, indem K_s mit dem öffentlichen Austauschschlüssel des Payment Gateway verschlüsselt wird. Er heißt digitaler Umschlag, weil er geöffnet (entschlüsselt) werden muss, bevor die anderen aufgeführten Bestandteile gelesen werden können.

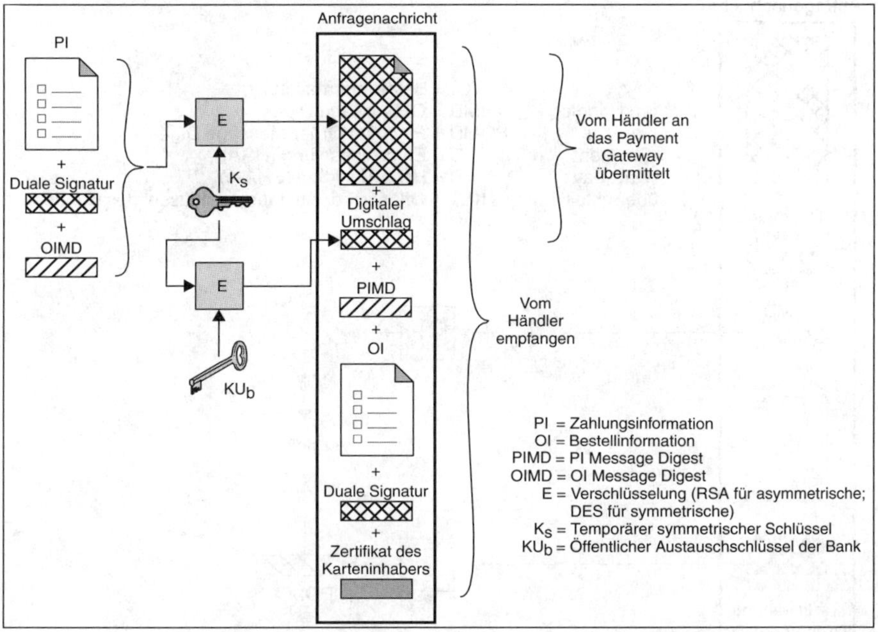

Abbildung 7.10: Senden einer Kaufanfrage durch den Karteninhaber

Der Händler erfährt nicht den Wert von K_s und kann deshalb keine dieser zahlungsbezogenen Informationen lesen.

2. **Informationen über die Bestellung.** Diese Informationen werden vom Händler benötigt und enthalten
   - Die OI
   - Die duale Signatur, berechnet aus PI und OI, signiert mit dem privaten Schlüssel des Kunden
   - Der PI Message Digest (PIMD)

   Der PIMD wird vom Händler zum Erkennen der dualen Signatur benötigt. Beachten Sie, dass die OI unverschlüsselt übertragen wird.
3. **Zertifikat des Karteninhabers.** Dies enthält den öffentlichen Signaturschlüssel des Karteninhabers und wird vom Händler und vom Payment Gateway benötigt.

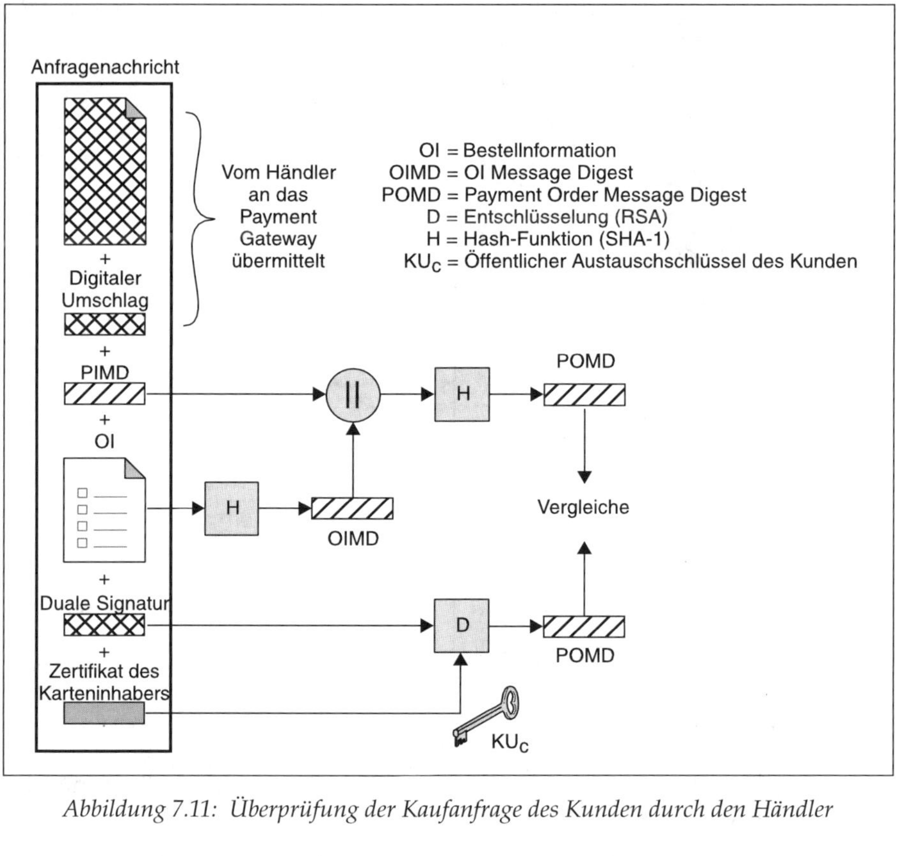

Abbildung 7.11: Überprüfung der Kaufanfrage des Kunden durch den Händler

Wenn der Händler eine Kaufanfrage erhält, führt er folgende Schritte aus (Abbildung 7.11):

1. Bestätigt die Zertifikate des Karteninhabers mithilfe dessen CA-Signaturen.
2. Bestätigt die duale Signatur unter Verwendung des öffentlichen Schlüssels des Kunden. Dies stellt sicher, dass sich niemand während der Übertragung an der Bestellung zu schaffen macht und dass sie mit dem privaten Schlüssel des Karteninhabers signiert wurde.
3. Bearbeitet die Bestellung und gibt die Zahlungsinformationen für die Autorisierung an das Payment Gateway weiter (wird später beschrieben).
4. Sendet eine Kaufantwort an den Karteninhaber.

Die **Kaufantwort**-Nachricht enthält einen Antwortblock, der die Bestellung bestätigt und die entsprechende Transaktionsnummer nennt. Der Block und seine Signatur werden zusammen mit dem Signaturzertifikat des Händlers zum Kunden geschickt.

Nach dem Erhalt der Kaufantwort-Nachricht erhält die Software des Karteninhabers das Zertifikat des Händlers und die Signatur im Antwortblock. Als Letztes werden aufgrund dieser Antwort noch einige Aktionen gestartet. Zum Beispiel kann dem Benutzer eine Nachricht angezeigt oder der Status der Bestellung in einer Datenbank auf den neuesten Stand gebracht werden.

Zahlungsautorisierung

Während der Bearbeitung der Bestellung eines Karteninhabers autorisiert der Händler die Transaktion mit dem Payment Gateway. Die Zahlungsautorisierung stellt sicher, dass die Transaktion vom Kartenausgeber nicht abgelehnt wird; damit wird also garantiert, dass der Händler sein Geld bekommt. Der Händler kann deshalb dem Kunden die Waren oder Dienstleistungen übergeben. Die Information über die Zahlungsautorisierung besteht aus zwei Nachrichten: Autorisierungsanforderung und Autorisierungantwort.

Der Händler sendet an das Payment Gateway eine **Autorisierungsanforderung**, die aus folgenden Teilen besteht:

1. **Information über den Kauf.** Diese Information kommt vom Kunden und enthält:
   - Die PI
   - Die duale Signatur, berechnet aus PI und OI, signiert mit dem privaten Schlüssel des Kunden
   - Der OI Message Digest (OIMD)
   - Den digitalen Umschlag

2. **Information über die Autorisierung.** Diese Information wird vom Händler erstellt und enthält:
   - Einen Autorisierungsblock mit der Transaktionsnummer, signiert mit dem privaten Schlüssel des Händlers und verschlüsselt mit einem vom Händler erzeugten symmetrischen Einmalschlüssel
   - Einen digitalen Umschlag, der durch Verschlüsselung des Einmalschlüssels mit dem öffentlichen Schlüssel des Payment Gateway gebildet wird
3. **Zertifikate.** Der Händler sendet das Zertifikat des Schlüssels des Karteninhabers (erforderlich zum Prüfen der dualen Signatur), das Zertifikat des Schlüssels des Händlers (erforderlich zum Prüfen der Signatur des Händlers) und das Schlüsselaustausch-Zertifikat des Händlers (erforderlich in der Antwort des Payment Gateway).

Das Payment Gateway wickelt folgende Aufgaben ab:

1. Es prüft alle Zertifikate.
2. Es entschlüsselt zunächst den digitalen Umschlag des Autorisierungsblocks (um den symmetrischen Schlüssel zu erhalten) und danach den eigentlichen Autorisierungsblock.
3. Es prüft die Signatur des Händlers für den Autorisierungsblock.
4. Es entschlüsselt zunächst den digitalen Umschlag des Zahlungsblocks (um den symmetrischen Schlüssel zu erhalten) und danach den eigentlichen Zahlungsblock.
5. Es prüft die duale Signatur für den Zahlungsblock.
6. Es prüft, ob die vom Händler erhaltene Transaktionsnummer zu der in der PI (indirekt) vom Kunden erhaltenen passt.
7. Es fordert vom Kartenaussteller eine Autorisierung an und erhält diese.

Nach dem Erhalt der Autorisierung vom Kartenaussteller sendet das Payment Gateway dem Händler eine **Autorisierungsantwort** zurück. Sie enthält folgende Elemente:

1. **Information über die Autorisierung.** Sie enthält einen Autorisierungsblock, signiert mit dem privaten Schlüssel des Gateway und verschlüsselt mit einem vom Gateway erzeugten symmetrischen Einmalschlüssel. Sie enthält außerdem einen digitalen Umschlag, der den mit dem öffentlichen Austauschschlüssel des Händlers verschlüsselten Einmalschlüssel in sich birgt.
2. **Information über die Annahme.** Diese Information wird benutzt, um die Zahlung später wirksam werden zu lassen. Dieser Block ist gleich aufgebaut wie (1), er enthält eine signierte, verschlüsselte Information zusammen mit

einem digitalen Umschlag. Diese verschlüsselte Information wird vom Händler nicht bearbeitet, sondern muss zusammen mit einer Zahlungsanforderung zurück gesendet werden.

3. **Das Zertifikat.** Zertifikat für den Signaturschlüssel des Gateway.

Nach Erhalt der Autorisierung des Gateway kann der Händler dem Kunden die Waren oder Dienstleistungen liefern.

Zahlungsannahme

Um Zahlungen zu erhalten, übermittelt der Händler dem Payment Gateway eine Transaktion für die Zahlungsannahme, die aus zwei Nachrichten besteht, einer Zahlungsanforderung und einer Zahlungsantwort.

Für die **Zahlungsanforderung** erzeugt, signiert und verschlüsselt der Händler einen Zahlungsanforderungsblock, der den Zahlungsbetrag und die Transaktionsnummer enthält. Die Nachricht enthält auch die schon vorher (in der Autorisierungsantwort) erhaltene Annahmeinformation für diese Transaktion, ebenso wie die Zertifikate von Signaturschlüssel und Schlüsselaustausch des Händlers.

Sobald das Payment Gateway die Zahlungsanforderungsnachricht erhält, entschlüsselt und prüft es den Zahlungsanforderungsblock sowie den Block mit der Annahmeinformation. Danach erzeugt es eine Verrechnungsanfrage, die über das private Zahlungsnetzwerk zum Kartenausgeber gesendet wird. Diese Anforderung bewirkt, dass dem Konto des Händlers entsprechende Beträge gutgeschrieben werden.

Danach informiert das Gateway den Händler mit einer **Zahlungsantwort** über die erfolgte Zahlung. Diese Nachricht enthält einen Zahlungsantwortblock, den das Gateway signiert und verschlüsselt. Außerdem enthält die Nachricht das Zertifikat des Signaturschlüssels des Gateway. Die Software des Händlers speichert die Zahlungsantwort, um sie später mit der vom Vermittler erhaltenen Zahlung abzugleichen.

7.4 Empfohlene Lektüre und Web-Sites

[RUBI97] und [GARF97] sind zwei gute Darstellungen über Web-Sicherheit; das zweite Buch setzt etwas mehr technische Schwerpunkte. Der detaillierteste Überblick über SET ist in Buch 1 der Spezifikation enthalten, das man auf den Web-Sites von MasterCard und VISA findet. Zwei andere gründliche Abhandlungen sind [MACG97] und [DREW99].

DREW99 Drew, G. *Using SET for Secure Electronic Commerce*. Upper Saddle River, NJ: Prentice Hall, 1999.

GARF97 Garfinkel, S. und Spafford, G. *Web Security & Commerce*. Cambridge, MA: O'Reilly and Associates, 1997.

MACG97 Macgregor, R., Ezvan, C., Liguori, L. und Han, J. *Secure Electronic Transactions: Credit Card Payment on the Web in Theory and Practice*. IBM RedBook SG24-4978-00, 1997. Erhältlich unter `www.redbooks.ibm.com/SG244978`.

RUBI97 Rubin, A., Geer, D. und Ranum, M. *Web Security Sourcebook*. New York: Wiley, 1997.

Empfohlene Web-Sites:

- **Netscape's SSL-Page:** Enthält die SSL-Spezifikation
- **Transport Layer Security Charter:** Die aktuellsten RFCs und Internet-Drafts für TLS
- **MasterCard SET-Site:** Nützliche Information über SET-Anwendungen und SET-Vertriebsstellen
- **Visa Electronic Commerce Site:** Ähnliche Informationen wie bei MasterCard
- **SETCo:** Die aktuellsten SET-Dokumente, Glossar und andere Informationen

7.5 Aufgaben

7.1 Warum gibt es in SSL und TLS ein gesondertes Change-Cipher-Spec-Protokoll, anstatt eine change_cipher_spec-Nachricht in das Handshake-Protokoll aufzunehmen?

7.2 Betrachten Sie die folgenden Bedrohungen der Web-Sicherheit und beschreiben Sie, wie jede von ihnen mit einer besonderen Eigenschaft von SSL abgewehrt werden kann.

a. Brute-Force-Angriff auf die Verschlüsselung: das komplette Durchsuchen aller möglichen Schlüssel, um so einen der bekannten Verschlüsselungsalgorithmen zu finden.

b. Angriff mit einem Wörterbuch mit bekanntem Klartext: Viele Nachrichten enthalten vorhersagbaren Klartext, wie etwa die Anweisung GET in HTTP. Ein Angreifer erstellt sich zunächst ein Wörterbuch, das jede denkbare Verschlüsselung einer solchen vorhersagbaren Klartextnachricht enthält. Wenn eine verschlüsselte Nachricht abgefangen wird, entnimmt der Angreifer einen Teil, der die verschlüsselte Klartextnachricht enthält, und sucht in seinem Wörterbuch nach dem verschlüsselten Text. Der verschlüsselte Text sollte dann zu einem Eintrag passen, der mit dem gesuchten geheimen Schlüssel verschlüsselt wurde. Bei mehreren Treffern kann man jeden mit dem vollen verschlüsselten Text vergleichen, um so den richtigen zu finden. Dieser Angriff ist bei kleinen Schlüssellängen (zum Beispiel 40-Bit-Schlüssel) besonders wirksam.

c. Wiederholungsangriff: Vorhergehende SSL-Handshake-Nachrichten werden erneut geschickt.

d. Man-in-the-middle-Angriff: Ein Angreifer schaltet sich während des Schlüsselaustauschs in die Verbindung ein und gibt sich dem Server gegenüber als Client und dem Client gegenüber als Server aus.

e. Passwort ausschnüffeln: Passwörter in HTTP oder in einem anderem Anwendungsverkehr werden abgehört.

f. IP-Spoofing: Benutzt erfundene IP-Adressen, um einen Rechner zu verleiten, gefälschte Daten zu akzeptieren.

g. IP-Entführung: Eine aktive authentifizierte Verbindung zwischen zwei Rechnern wird unterbrochen und der Angreifer nimmt den Platz eines der beiden Rechner ein.

h. SYN-Flooding: Ein Angreifer fordert mit TCP-SYN-Nachrichten eine Verbindung an, antwortet aber nicht auf die letzte Nachricht, nach der die Verbindung vollständig aufgebaut wird. Das angegriffene TCP-Modul lässt im Normalfall die »halboffene Verbindung« für einige Minuten bestehen. Wiederholte SYN-Nachrichten können dann das TCP-Modul verstopfen.

7.3 Ist es, in Anbetracht des in diesem Kapitel Dargestellten, bei SSL möglich, dass ein Empfänger SSL-Sätze, die außerhalb der Reihe ankommen, ein weiteres Mal anfordert? Falls ja, erklären Sie, wie das geschehen kann. Wenn nicht, warum nicht?

Sicherheit in der Netzwerkverwaltung 8

Netzwerke und verteilte Verarbeitungssysteme sind von besonderer und wachsender Bedeutung im Geschäftsleben, in der Verwaltung und anderen Organisationen. In einem bestehenden Unternehmen geht der Trend zu größeren und komplexeren Netzwerken, die mehr Anwendungen und mehr Benutzer unterstützen. Da diese Netzwerke über die Maßen wachsen, werden zwei Tatsachen schmerzhaft offenkundig:

- Das Netzwerk und die damit verbundenen Quellen und verteilten Anwendungen werden für Unternehmen unentbehrlich.
- Es gibt mehr Ansatzpunkte für mögliche Fehler, wodurch das Netzwerk oder Teile davon ausfallen können oder die Leistungsfähigkeit auf ein nicht annehmbares Maß abfällt.

Ein weitläufiges Netzwerk kann nicht allein durch menschliche Anstrengungen aufgebaut und verwaltet werden. Die Vielschichtigkeit eines solchen Systems zwingt einen zur Verwendung automatisierter Verwaltungswerkzeuge für Netzwerke. Enthält das Netzwerk Ausstattung unterschiedlicher Hersteller, d.h. es ist heterogen, erhöht sich der Bedarf an derartigen Werkzeuge und desgleichen wächst die Schwierigkeit, diese Werkzeuge zur Verfügung zu stellen. Als Antwort auf diese Bedürfnisse wurden Standards entwickelt, die sich mit Netzwerkverwaltung, Schutzdiensten, Protokollen und Verwaltungsinformationen befassen. Der am häufigsten verwendete Standard ist das Simple Network Management Protocol (SNMP).

Seit seiner Veröffentlichung im Jahre 1988 hat SNMP in einer wachsenden Anzahl von Netzwerken und zunehmend komplexeren Umgebungen Verwendung gefunden. Die Verwendung von SNMP machte die Bereitstellung eines Sicherheitsmechanismus als Teil der Netzwerkverwaltung zunehmend dringlicher. Um einen Sicherheitsmechanismus zu bieten, entwickelte man die Version 2 von SNMP.[1] Die Verbesserung der Sicherheitsmaßnahmen fand ihre Fortsetzung mit SNMPv3.

Dieses Kapitel beschreibt die einfachen Sicherheitsaspekte, die in SNMPv1 zur Verfügung stehen, und den weitaus umfangreicheren Satz von Sicherheitsmerkmalen, der von SNMPv3 geboten wird.

---

1 Die Version 2 wird als SNMPv2 bezeichnet. Um die neue Version von der ursprünglichen Version zu unterscheiden, wird Letztere allgemein als SNMPv1 bezeichnet.

8.1 Die Grundlagen von SNMP

Dieser Abschnitt bietet einen Überblick des SNMP zugrunde liegenden Konzepts.

8.1.1 Aufbau der Netzwerkverwaltung

Ein Netzwerkverwaltungssystem, eine Sammlung von Werkzeugen zur Überwachung und Steuerung von Netzwerken, ist im folgenden Sinne integriert:

- Eine einzige Benutzeroberfläche mit leistungsstarken, aber benutzerfreundlichen Befehlen, um die meisten oder alle Aufgaben der Netzwerkverwaltung wahrzunehmen.
- Eine Mindestmenge von separater Ausrüstung, d.h., die meiste Hard- und Software, die für die Netzwerkverwaltung benötigt wird, ist in der vorhandenen Ausstattung integriert.

Ein Netzwerkverwaltungssystem besteht aus inkrementellen Ergänzungen zur Hard- und Software, die in vorhandenen Netzwerkkomponenten eingebaut werden. Die Software, die für die Aufgaben der Netzwerkverwaltung verwendet wird, befindet sich in den Host-Rechnern und Kommunikations-Prozessoren (z.B. Front-End-Prozessoren, Terminal-Cluster-Controller). Ein Netzwerkverwaltungssystem ist so angelegt, dass das gesamte Netzwerk als einheitliche Architektur zu betrachtet wird, mit Adressen und Etiketten, die jedem Punkt zugeordnet sind, sowie mit den speziellen Attributen der einzelnen Elemente und Verknüpfungen, die dem System bekannt sind. Die aktiven Elemente des Netzwerks liefern regelmäßig eine Meldung über ihren Status an das Netzwerkkontrollzentrum.

Das für SNMP verwendete Modell der Netzwerkverwaltung enthält folgende wesentliche Elemente:

- Verwaltungs-Arbeitsstation
- Verwaltungs-Agent
- Verwaltungs-Informationsbasis (Management Information Base, MIB)
- Verwaltungs-Protokoll des Netzwerks

Die **Verwaltungs-Arbeitsstation** ist normalerweise ein eigenständiges Gerät, kann aber auch in ein verteiltes System eingefügt sein. In beiden Fällen dient die Verwaltungs-Arbeitsstation als Schnittstelle zwischen menschlichem Netzwerkverwalter und Netzwerkverwaltungssystem. Die Verwaltungs-Arbeitsstation enthält zumindest Folgendes:

- Eine Reihe von Verwaltungsanwendungen zur Datenanalyse, Fehlerbehebung usw.
- Eine Schnittstelle, mit deren Hilfe der Netzwerkverwalter das Netzwerk überwachen und verwalten kann
- Die Fähigkeit, die Anforderungen des Netzwerkverwalters hinsichtlich des Überwachens und Steuerns entfernter Elemente im Netzwerk umzusetzen
- Eine Datenbank mit aus MIBs extrahierten Informationen über alle verwalteten Einheiten im Netzwerk

Nur die beiden letzten Elemente sind Gegenstand der SNMP-Normung.

Der andere aktive Teil im Netzwerkverwaltungssystem ist der **Verwaltungs-Agent**. Grundlegende Elemente wie Hosts, Bridges, Router und Hubs können mit SNMP ausgestattet sein, sodass sie von einer Verwaltungs-Arbeitsstation gesteuert werden können. Der Verwaltungs-Agent antwortet auf Anfragen nach Informationen von einer Verwaltungs-Arbeitsstation und erfüllt deren Anforderungen nach Aktionen und kann sie asynchron mit wichtigen, aber nicht angeforderten Informationen beliefern.

Um die Ressourcen im Netzwerk zu verwalten, werden diese als Objekte dargestellt. Jedes Objekt ist im Wesentlichen eine Datenvariable, die einen Aspekt des verwalteten Agenten darstellt. Die Sammlung der Objekte wird als **Management Information Base** (MIB) bezeichnet. Die MIB arbeitet als eine Sammlung von Zugriffspunkten auf den Agenten für die Verwaltungs-Arbeitsstation. Diese Objekte sind für Systeme einer bestimmten Klasse genormt (z.B. unterstützen Bridges die gleichen Verwaltungsobjekte). Eine Verwaltungs-Arbeitsstation führt die Überwachungsfunktion durch Abruf der Werte von MIB-Objekten durch. Eine Verwaltungs-Arbeitsstation kann eine Aktion initiieren, die einen Agenten betrifft, oder sie kann die Konfigurationseinstellungen eines Agenten durch Ändern der Werte bestimmter Variablen umsetzen.

Die Verwaltungs-Arbeitsstationen und Agenten sind durch ein **Netzwerkverwaltungsprotokoll** verbunden. Das Protokoll zur Verwaltung des TCP/IP-Netzwerks ist das Simple Network Management Protocol (SNMP). Es enthält folgende Schlüsselfunktionen:

- **Get:** befähigt die Verwaltungs-Arbeitsstation zum Abruf von Objektwerten beim Agenten.
- **Set:** befähigt die Verwaltungs-Arbeitsstation, den Objektwert beim Agenten zu setzen.
- **Trap:** befähigt einen Agenten, einer Verwaltungs-Arbeitsstation wichtige Ereignisse mitzuteilen.

8.1.2 Aufbau des Netzwerkverwaltungsprotokolls

Die Spezifikation von SNMP wurde 1988 ausgegeben und entwickelte sich schnell zum dominierenden Netzwerkverwaltungsstandard. Einige Händler verkaufen spezielle Rechner zur Netzwerkverwaltung, die auf SNMP basieren, und die meisten Entwickler von Bridges, Routern, Arbeitsplatzrechnern und PCs bieten SNMP-Agent-Pakete an, die es ihren Produkten ermöglichen, von einer SNMP-Verwaltungsstation gesteuert zu werden.

Wie der Name schon sagt, ist SNMP ein einfaches Hilfsmittel zur Netzwerkverwaltung. Es bestimmt eine begrenzte, einfach zu implementierende Management Information Base (MIB) von skalaren Variablen sowie zweidimensionalen Tabellen und es legt ein abgespecktes Protokoll fest, das es einem Verwalter ermöglicht, Variablen der MIB zu erhalten und zu setzen. Auch ermöglicht es einem Agenten, nicht angeforderte Meldungen zu versenden, so genannte *Traps*. In dieser Einfachheit liegt die Stärke von SNMP. SNMP ist einfach zu implementieren und benötigt geringe Prozessor- und Netzwerkressourcen. Auch die Strukturen des Protokolls und die MIB sind hinreichend klar aufgebaut, sodass es nicht schwierig ist, Interoperabilität zwischen Verwaltungsstationen und Agenten-Software von verschiedenen Entwicklern zu erreichen.

Die drei grundlegenden Spezifikationen werden im Folgenden dargestellt:

- **Structure and Identification of Management Information for TCP/IP-Based Networks (RFC 1155):** beschreibt, wie verwaltete Objekte in der MIB bestimmt werden.
- **Management Information Base for Network Management of TCP/IP-Based Internets: MIB-II (RFC 1213):** beschreibt die verwalteten Objekte der MIB.
- **Simple Network Management Protocol (RFC 1157):** bestimmt das Protokoll, das zur Verwaltung der Objekte verwendet wird.

SNMP, das Protokoll der Anwendungsebene, wurde als Teil des TCP/IP-Protokollstapels entwickelt. Es ist ausgelegt, über das User Datagramm Protocol (UDP) des RFC 768 abzulaufen. Für eine selbständige Verwaltungsstation steuert ein Verwaltungsprozess den Zugriff auf die zentrale MIB auf der Verwaltungsstation und er bietet eine Schnittstelle zum Netzwerkverwalter. Der Verwaltungsprozess basiert auf SNMP, welches oberhalb von UDP, IP und den relevanten netzwerkabhängigen Protokollen (z. B. Ethernet, FDDI, X.25) implementiert wird.

Jeder Agent muss zudem SNMP, UDP und IP implementieren. Zusätzlich gibt es einen Prozess, der die SNMP-Nachrichten interpretiert und die MIB des Agenten steuert. Für ein Gerät, das andere Anwendungen unterstützt, ist FTP, TCP oder UDP notwendig.

Abbildung 8.1 stellt den Protokollinhalt von SNMP dar. Von einer Verwaltungs-Arbeitsstation ausgehend werden zum Zwecke einer Verwaltungsanwendung drei Arten von SNMP-Nachrichten ausgegeben: GetRequest, GetNextRequest und SetRequest. Die ersten beiden sind Abwandlungen der Funktion Get. Alle drei Funktionen sind dem Agenten in Form einer Nachricht GetResponse bekannt, die zur Verwaltungsanwendung durchgereicht wird. Zusätzlich kann ein Agent eine Trap-Nachricht als Antwort auf ein Ereignis erzeugen, das die MIB und die untergeordneten Ressourcen angesprochen hat.

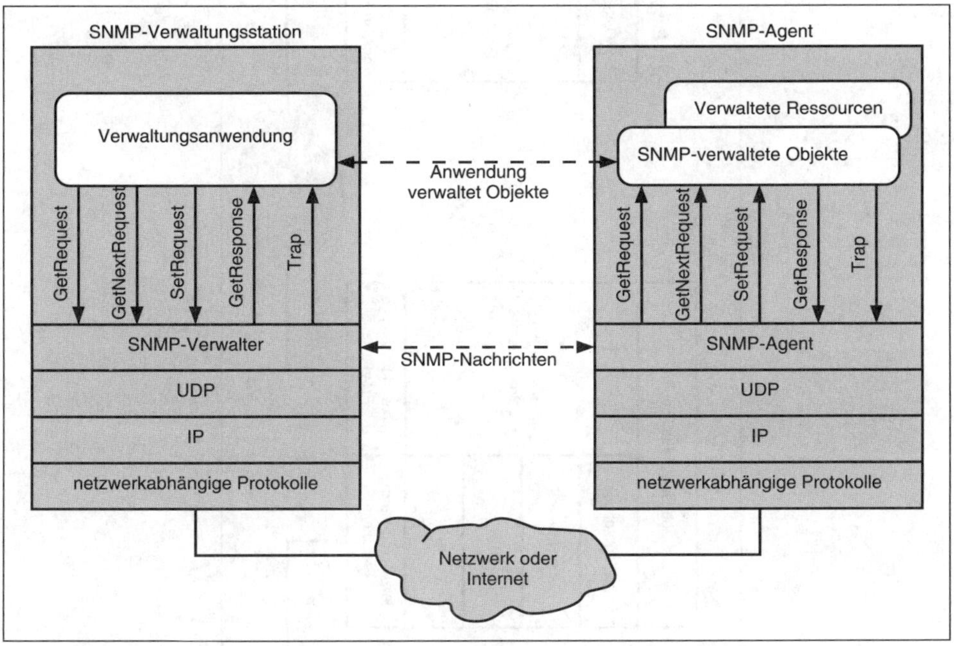

Abbildung 8.1: Die Funktion von SNMP

Da SNMP auf UDP aufbaut, das ein verbindungsloses Protokoll ist, stellt sich auch SNMP verbindungslos dar. Es bestehen keine fortlaufenden Verbindungen zwischen Station und Agent. Dagegen stellt jede Änderung eine eigenständige Aktion zwischen Verwaltungs-Arbeitsstation und Agenten dar.

8.1.3 Proxies

Sämtliche Agenten in SNMPv1 müssen wie die Verwaltungs-Arbeitsstationen UDP und IP unterstützen. Das beschränkt die direkte Verwaltung auf einige Geräte und schließt andere Geräte aus, wie z. B. Bridges und Modems, die keinen Teilbereich des TCP/IP-Protokolls unterstützen. Darüber hinaus kann eine Anzahl von kleinen Systemen (Personalcomputer, Workstations und programmierbare Kontrolleinheiten) vorhanden sein, die auf TCP/IP zur Unterstützung ihrer Anwendungen zurückgreifen, für die aber die zusätzliche Belastung durch SNMP, Agenten-Logik und MIB-Pflege nicht wünschenswert ist.

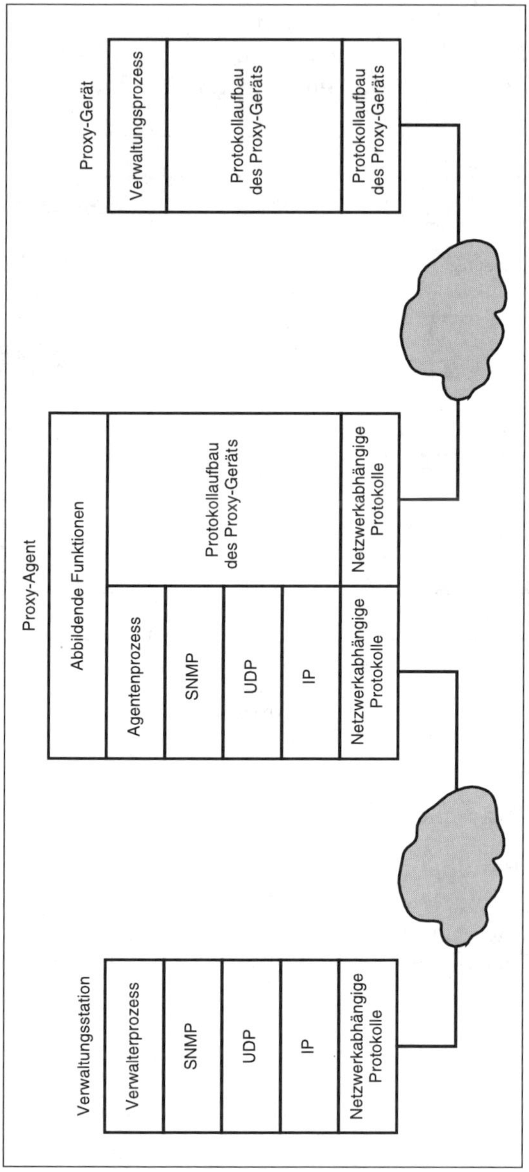

Abbildung 8.2: Proxy-Konfiguration

Um Geräten entgegenzukommen, die SNMPv1 nicht implementieren, wurde das Konzept des Proxy entwickelt. In dieser Umgebung steht der Agent von SNMP als ein Stellvertreter für ein oder mehrere Geräte; das heißt, der SNMP-Agent handelt zum Vorteil der entsprechenden Geräte.

Abbildung 8.2 stellt eine Protokollarchitektur dar, die oft verwendet wird. Die Verwaltungs-Arbeitsstation schickt Fragen, die ein Gerät betreffen, an den Proxy-Agenten. Der Proxy-Agent wandelt jede Anfrage in das Verwaltungsprotokoll um, das von diesem Gerät verwendet wird. Erreicht eine Antwort auf eine Frage den Agenten, so gibt dieser die Antwort an die Verwaltungs-Arbeitsstation zurück. Wenn eine Ereignisbestätigung vom Gerät an den Proxy erfolgt, wird demgemäß vom Proxy eine Nachricht in Form einer Trap-Nachricht an die Verwaltungs-Arbeitsstation gesendet.

SNMPv2 erlaubt nicht nur die Verwendung der TCP/IP-Protokollumgebung, sondern auch anderer. Im Besonderen soll SNMPv2 auf die OSI-Protokollreihe aufsetzen. Auf diese Weise kann SNMPv2 für die Handhabung einer größeren Vielzahl von Netzwerkanwendungen eingesetzt werden. In Bezug auf Proxies kann jedes Gerät, das SNMPv2 nicht anwendet, nur mithilfe von Proxies verwaltet werden. Das schließt sogar Geräte von SNMPv1 mit ein. Das heißt, wenn ein Gerät die Agent-Software für SNMPv1 enthält, kann es von einem SNMPv2-Verwalter nur durch ein Proxy-Gerät angesprochen werden, das über den SNMPv2-Agenten und die SNMPv1-Verwaltungssoftware verfügt.

Die in den vorhergehenden Abschnitten beschriebenen Fälle werden in SNMPv2 als fremde Proxy-Beziehungen bezeichnet. Zusätzlich verfügt SNMPv2 über eine systemeigene Proxy-Beziehung, mit der das entsprechende Gerät SNMPv2 unterstützen kann. In diesem Fall kommuniziert ein SNMPv2-Verwalter mit einem SNMPv2-Knoten, der als Agent fungiert. Dieser Knoten handelt dann als Verwalter, um das Gerät hinter dem Proxy zu erreichen, das die Funktion eines SNMPv2-Agenten innehat. Der Grund für die Unterstützung dieser Art von Umleitung ist der Wunsch, Benutzern die Möglichkeit zu geben, eine hierarchische und dezentralisierte Netzwerkverwaltung konfigurieren zu können, wie später gezeigt wird.

8.1.4 SNMPv2

Die Stärke von SNMP ist seine einfache Anwendung. SNMP bietet eine Grundausstattung von Werkzeugen zur Netzwerkverwaltung in einem Umfang, der leicht zu implementieren und zu konfigurieren ist. Da sich aber Benutzer immer mehr auf die Fähigkeit von SNMP verlassen haben, immer größere Netzwerke mit ständig wachsenden Anforderungen zu verwalten, wurden seine Schwachstellen offensichtlich. Diese Schwachstellen lassen sich in drei Gruppen aufteilen:

- Mängel bei der Unterstützung für verteilte Netzwerkverwaltung
- Funktionelle Schwachstellen
- Sicherheitsschwachstellen

Die ersten beiden Kategorien von Schwachstellen werden durch SNMPv2 behoben, welches 1993 ausgegeben wurde, mit einer überarbeiteten Version von 1996 (aktuell RFCs 1901, 1904 bis 1908, 2578 und 2579). SNMPv2 fand schnell Unterstützung und eine Reihe von Händlern kündigten Produkte innerhalb weniger Monate nach der Ausgabe des Standards an. Die Sicherheitsschwachstellen wurden mit SNMPv3 beseitigt.

Im Rest dieses Unterabschnitts fassen wir kurz die neuen Merkmale von SNMPv2 zusammen. Die Sicherheitsmerkmale von SNMPv1 und SNMPv3 werden detailliert in den Abschnitten 8.2 und 8.3 betrachtet.

Verteilte Netzwerkverwaltung

In einem traditionellen zentralisierten Netzwerkverwaltungsschema übernimmt ein Host die Funktion der Netzwerkverwaltungsstation; dort können ein oder zwei andere Verwaltungsstationen als Sicherung vorhanden sein. Die übrigen Geräte im Netzwerk enthalten Agenten-Software und eine MIB, um die Überwachung und Steuerung von der Verwaltungsstation aus zu ermöglichen. Mit wachsender Größe und zunehmendem Verkehr in Netzwerken wird so ein zentralisiertes System unpraktisch. Auf die Verwaltungsstation wird zu viel Last geladen und es gibt zu viel Verkehr mit Berichten jedes Agenten, der seinen Weg durch das gesamte Netzwerk bis hin zu Hauptstellen finden muss. Unter diesen Umständen funktioniert ein dezentralisiertes, verteiltes System am besten (z.B. Abbildung 8.3). In einem dezentralisierten Netzwerkverwaltungsschema kann es mehrere Top-Level-Verwaltungsstationen geben, die als Verwaltungs-Server betrachtet werden können. Jeder dieser Server könnte direkt einen Teil des gesamten Pools der Agenten verwalten. Allerdings verteilt der Verwaltungs-Server für viele der Agenten die Verantwortung an einen Zwischenverwalter. Der Zwischenverwalter übernimmt die Aufgaben des Verwalters, die Agenten in seinem Zuständigkeitsbereich zu überwachen und zu steuern. Er übernimmt auch die Aufgaben eines Agenten, Informationen zu liefern und Steuerung von einem übergeordneten Verwaltungs-Server anzunehmen. Dieser Aufbau verteilt die Verarbeitungslast und reduziert den gesamten Netzwerkverkehr.

SNMPv2 unterstützt bereits sowohl die stark zentralisierte Netzwerkverwaltung als auch die verteilte Variante. Im letzteren Fall funktionieren einige Systeme sowohl als Verwalter als auch als Agent. In der Rolle des Agenten akzeptiert ein entsprechendes System Befehle von einem übergeordneten Verwaltungssystem. Einige dieser Befehle beziehen sich auf die lokale MIB des Agenten. Andere Befehle erfordern es, dass der Agent als Proxy für entfernte Geräte agiert. In diesem Fall übernimmt der Proxy-Agent zunächst die Rolle des Verwalters, um auf Informationen des entfernten Agenten zuzugreifen, und dann die Rolle des Agenten, um Informationen an einen übergeordneten Verwalter weiterzuleiten.

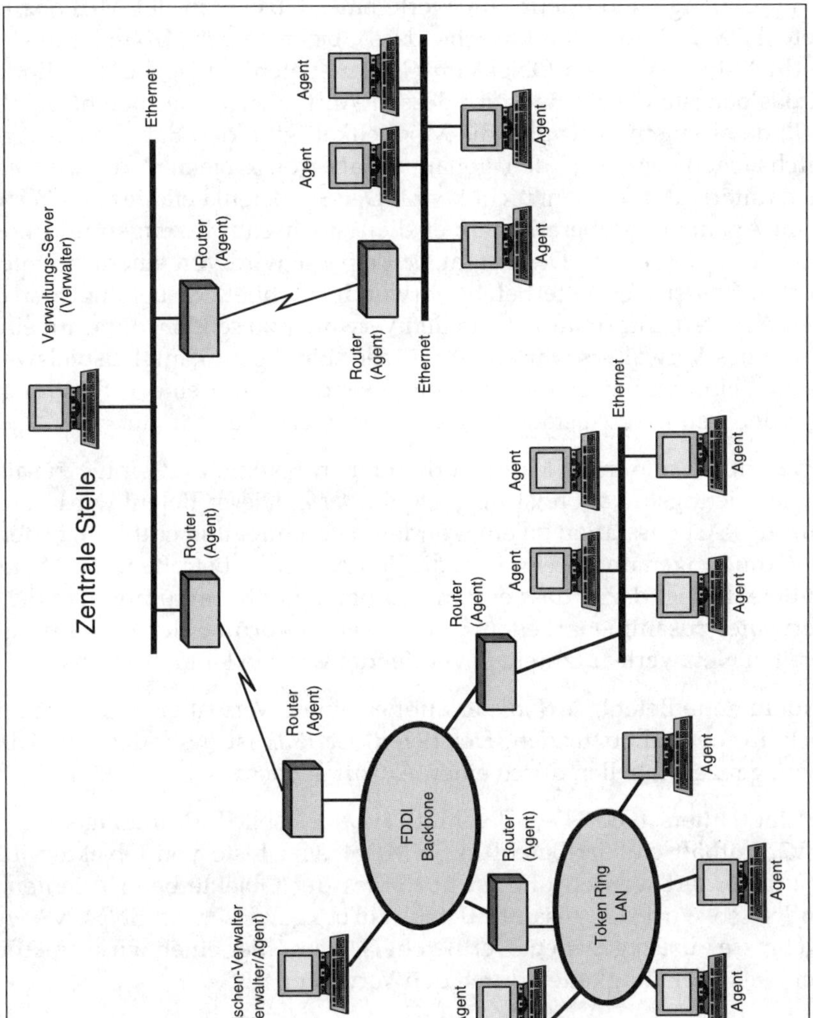

Abbildung 8.3: Beispielkonfiguration für verteilte Netzwerkverwaltung

Funktionale Erweiterungen

Die Tabelle 8.1 zeigt die funktionalen Erweiterungen, die mit SNMPv2 erreicht wurden. Beide Protokolle sind in Ausdrücken eines Befehlssatzes definiert. Im Falle von SNMPv1 sind fünf Befehle vorhanden. Der Befehl *Get* wird vom Verwalter an den Agenten erteilt, um Werte eines Objekts in der MIB abzurufen. Der Befehl *GetNext* nutzt die Tatsache, dass Objekte in der MIB in Baumstruktur angeordnet sind. Wird ein Objekt im *GetNext*-Befehl angegeben, so findet der Agent das nächste Objekt und gibt dessen Wert zurück. Der Befehl *GetNext* ist sinnvoll, da er einem Verwalter die Möglichkeit gibt, den Baum eines Agenten zu durchsuchen, wenn er den genauen Satz von Objekten, die von diesem Agenten unterstützt werden, nicht kennt. Der *Set*-Befehl befähigt den Verwalter, Werte im Agenten zu überarbeiten; er dient auch zum Erzeugen und Löschen von Tabellenzeilenreihen. Der Befehl *GetResponse* wird von einem Agenten zur Antwort auf einen Verwalterbefehl verwendet. Schließlich befähigt der Befehl *Trap* den Agenten, Informationen an den Verwalter zu senden, ohne auf eine Anforderung des Verwalters warten zu müssen. Ein Agent kann beispielsweise so eingestellt sein, dass er einen *Trap*-Befehl sendet, wenn eine Verbindung fehlschlägt oder wenn der Austausch einen Grenzwert überschreitet.

SNMPv2 enthält alle in SNMPv1 vorhandenen Befehle und einige zusätzliche neue. Der wichtigste davon ist der Befehl *Inform*. Dieser Befehl wird von einer Verwaltungs-Arbeitsstation zu einer anderen gesendet und enthält wie der *Trap*-Befehl Bedingungen und Ereignisse, die den Absender betreffen. Der Vorteil des *Inform*-Befehls liegt darin, dass er zum Aufbau einer Konfiguration, in der mehrere Verwalter zusammenarbeiten, um die Verantwortung der Verwaltung in einem weiten Netzwerk aufzuteilen, verwendet werden kann.

Der andere neue Befehl, *GetBulk*, erlaubt es einem Verwalter, einen großen Datenblock auf einmal abzurufen. Der Befehl *GetBulk* ist besonders zur Übertragung von ganzen Tabellen durch einen Aufruf gedacht.

Ein letzter Unterschied: Der Befehl *Get* ist in SNMPv1 intelligenter als in SNMPv2. Enthält ein *Get*-Befehl in SNMPv1 eine Liste von Objekten, für die Werte angefordert werden und ist nur eines der Objekte beim Agenten nicht vorhanden, so wird der gesamte Befehl zurückgewiesen. In SNMPv2 werden Teilergebnisse zurückgegeben. Der Befehl *Get* lässt hier einen wirksameren Einsatz der Netzwerkfähigkeiten durch den Verwalter zu.

SNMPv1 PDU	*SNMPv2 PDU*	*Richtung*	*Beschreibung*
GetRequest	GetRequest	Verwalter an Agent	Fordert einen Wert für alle aufgelisteten Objekte an
GetNextRequest	GetNextRequest	Verwalter an Agent	Fordert den nächsten Wert für alle aufgelisteten Objekte an
–	GetBulkRequest	Verwalter an Agent	Fordert mehrere Werte an
SetRequest	SetRequest	Verwalter an Agent	Bestimmt Werte für alle aufgelisteten Objekte
–	InformRequest	Verwalter an Verwalter	Überträgt unangeforderte Informationen
GetResponse	Response	Agent an Verwalter oder Verwalter an Verwalter (SNMPv2)	Antwortet auf eine Verwalter-Anforderung
Trap	SNMPv2-Trap	Agent an Verwalter	Überträgt unangeforderte Informationen

Tabelle 8.1: Vergleich von SNMPv1- und SNMPv2-Protokolldatenbefehlen

8.2 SNMPv1-Verbundeinrichtungen

SNMPv1, wie in RFC 1157 definiert, weist nur eine elementare Sicherheitsfunktion auf, die auf dem Konzept des Verbunds basiert.

8.2.1 Verbunde und Verbundnamen

Wie auch andere verteilte Anwendungen umfasst die Netzwerkverwaltung die Wechselbeziehung zwischen einigen Anwendungseinheiten, die durch ein Anwendungsprotokoll unterstützt werden. Im Falle der SNMP-Netzwerkverwaltung bestehen die Anwendungseinheiten aus den Verwalter- und Agentenanwendungen, die SNMP einsetzen.

Die SNMP-Netzwerkverwaltung weist einige Eigenschaften auf, die nicht typisch für alle verteilten Systeme sind. Die Anwendung umfasst eine Beziehung von einem Einzelnen zu mehreren; in diesem Fall zwischen einem Verwalter und einer Reihe von Agenten: Der Verwalter hat die Möglichkeit, Objekte mit *Set* und *Get* im Agenten zu ändern und Traps von den Agenten zu empfangen. Von der Wirkung oder der Kontrolle aus gesehen »verwaltet« er eine Anzahl von Agenten. Es kann eine Reihe von Verwaltern geben, von denen jeder alle Agenten oder einen Teil von ihnen in der Konfiguration verwalten. Diese Teilmengen können sich überschneiden.

Wir müssen die SNMP-Netzwerkverwaltung auch als eine Beziehung zwischen einem Agenten und mehreren Verwaltern ansehen. Jeder Agent kontrolliert seine eigene lokale MIB und muss die Verwendung dieser MIB durch eine Anzahl von Verwaltern überwachen können. Es bestehen drei Gesichtspunkte dieser Kontrolle:

- **Authentifizierungs-Dienst:** Der Agent kann den Zugriff auf die MIB auf berechtigte Verwalter begrenzen wollen.
- **Zugriffsrichtlinien:** Der Agent möchte unterschiedliche Zugriffsprivilegien an verschiedene Verwalter vergeben wollen.
- **Proxy-Dienst:** Der Agent kann sich als Proxy für andere Agenten betätigen. Das kann die Implementierung des Authentifizierungsdienstes und/oder der Zugriffsrichtlinie für die anderen Agenten im Proxy-System erforderlich machen.

Alle diese Aspekte betreffen Sicherheitsfragen. In einer Umgebung, in der die Verantwortung für Netzwerkkomponenten aufgeteilt ist, so wie unter einer Anzahl von Verwaltungseinheiten, müssen Agenten sich selbst und ihre MIBs vor ungewolltem/unberechtigtem Zugriff schützen. SNMP, wie in RFC 1157 definiert, bietet nur eine einfache und begrenzte Möglichkeit für eine derartige Sicherheit, nämlich das Konzept des Verbunds.

Ein **SNMP-Verbund** ist eine Beziehung zwischen SNMP-Agenten und SNMP-Verwaltern, die Authentifizierung, Zugriffskontrolle und Proxy-Eigenschaften festlegt. Das Konzept des Verbunds ist lokaler Art, vom Agenten definiert. Der Agent legt einen Verbund für jede gewünschte Kombination aus Authentifizierung, Zugriffskontrolle und Proxy-Eigenschaften fest. Jeder Verbund erhält einen (innerhalb dieses Agenten) eindeutigen Verbundnamen und die Verwalter in diesem Verbund werden mit diesem Namen beliefert und müssen ihn in jedem Get- und Set-Befehl verwenden. Der Agent kann eine Anzahl von Verbunden mit sich überschneidenden Verwalterzugehörigkeiten einrichten.

Da Verbunde lokal durch den Agenten definiert werden, kann ein gleicher Name durch unterschiedliche Agenten verwendet werden. Die Namensidentität ist irrelevant und weist keine Zusammenhänge zwischen den definierten Verbunden auf. So muss ein Verwalter den Bezug des Namens oder der Namen von Verbunden kennen, die mit allen Agenten, auf die er zugreifen will, verbunden sind.

8.2.2 Authentifizierungsdienst

Der Zweck des Authentifizierungsdienstes von SNMPv1 ist, dem Empfänger zu versichern, dass die Nachricht von SNMPv1 von der Quelle stammt, von der sie zu kommen behauptet. SNMPv1 bietet nur ein triviales Schema der Authentifizierung. Jede Nachricht (*Get*- oder *Set*-Anforderung) von einem Verwalter an einen Agenten schließt einen Verbundnamen ein. Dieser Name funktioniert wie ein Passwort und von der Nachricht wird angenommen, dass sie authentifiziert ist, wenn der Absender das Passwort kennt.

Aufgrund dieser einschränkenden Form der Authentifizierung weigern sich viele Netzwerkverwalter, etwas anderes als Netzwerk-Monitoring zuzulassen in diesem Fall *Get*- und *Trap*-Operationen. Die Netzwerkkontrolle über eine Set-Operation ist eindeutig ein empfindlicherer Bereich. Der Verbundname kann verwendet werden, um eine Authentifizierungsprozedur auszulösen, wobei der Name einfach zu Beginn zur Passwort-Kontrolle verwendet wird. Die Authentifizierungsprozedur könnte den Einsatz von Ver- und Entschlüsselung für sicherere Authentifizierungsfunktionen mit sich bringen. Das geht über den Rahmen der RFC 1157 hinaus.

8.2.3 Zugriffsrichtlinien

Mit der Definition eines Verbunds begrenzt ein Agent den Zugriff zu seiner MIB auf einen ausgewählten Satz von Verwaltern. Wird mehr als ein Verbund verwendet, kann der Agent unterschiedliche MIB-Kategorien verschiedenen Verwaltern zugänglich machen. Es gibt zwei Gesichtspunkte bei dieser Zugriffskontrolle:

- **SNMP-MIB-Ansicht:** eine Untermenge der Objekte innerhalb einer MIB. Unterschiedliche MIB-Ansichten können für jeden Verbund definiert werden. Die Gruppe der Objekte in einer Ansicht muss nicht zu einem einzelnen Teilbaum der MIB gehören.
- **SNMP-Zugriffsmodus:** ein Element der Menge {READ-ONLY, READ-WRITE}. Für jeden Verbund wird ein Zugriffsmodus definiert.

Die Kombination aus MIB-Ansicht und Zugriffsmodus wird als **SNMP-Verbundprofil** bezeichnet. Auf diese Weise besteht ein Verbundprofil aus einem festgelegten Teil der MIB des Agenten und einem Zugriffsmodus für diese Objekte. Der Zugriffsmodus von SNMP wird einheitlich auf alle Objekte in der MIB-Ansicht angewendet. Wird der Zugriffsmodus READ-ONLY (Nur Lesen) ausgewählt, wird er somit für alle Objekte in der Ansicht angewandt und beschränkt den Zugriff des Verwalters auf diese Ansicht auf Read-Only-Operationen.

Ein Verbundprofil ist mit jedem vom Agenten definierten Verbund verknüpft; die Verknüpfung eines SNMP-Verbunds mit einem SNMP-Verbundprofil wird als **SNMP-Zugriffsrichtlinie** bezeichnet. Abbildung 8.4 veranschaulicht die verschiedenen eingeführten Konzepte.

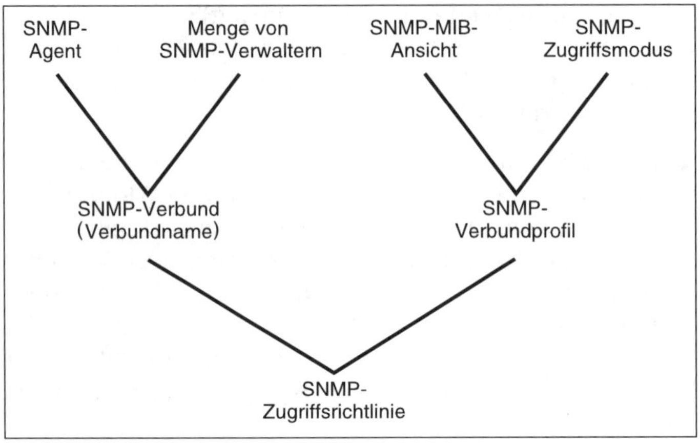

Abbildung 8.4: SNMPv1-Verwaltungskonzepte

8.2.4 Proxy-Dienst

Das Konzept des Verbunds ist ebenfalls hilfreich bei der Unterstützung des Proxy-Dienstes. Bedenken Sie, dass ein Proxy ein SNMP-Agent ist, der stellvertretend für andere Geräte handelt. Gewöhnlich sind die anderen Geräte fremd, in dem Sinn, dass sie nicht TCP/IP und SNMP unterstützen. In einigen Fällen kann das über den Proxy angesprochene System SNMP unterstützen, aber der Proxy wird verwendet, um die Interaktion zwischen Netzwerkverwaltungssystemen und dem vom Proxy verwalteten Gerät zu minimieren.

Für jedes Gerät, das der Proxy vertritt, besitzt er eine SNMP-Zugriffsrichtlinie. Somit weiß der Proxy, welche MIB-Objekte verwendet werden können, um das entsprechende System (die MIB-Ansicht) und ihren Zugriffsmodus zu verwalten.

8.3 SNMPv3

1998 erarbeitete die IETF-SNMPv3-Arbeitsgruppe eine Reihe von Vorschlägen zu Internet-Standards, nämlich die RFCs 2570 bis 2575. Dieses Dokument definiert ein Rahmenwerk, um Sicherheitseigenschaften in eine allgemeine Fähigkeit einzubetten, die entweder SNMPv1- oder SNMPv2-Funktionalität beinhaltet. Außerdem definieren die Dokumente eine Reihe von spezifischen Fähigkeiten bezüglich der Netzwerksicherheit und der Zugriffssteuerung.

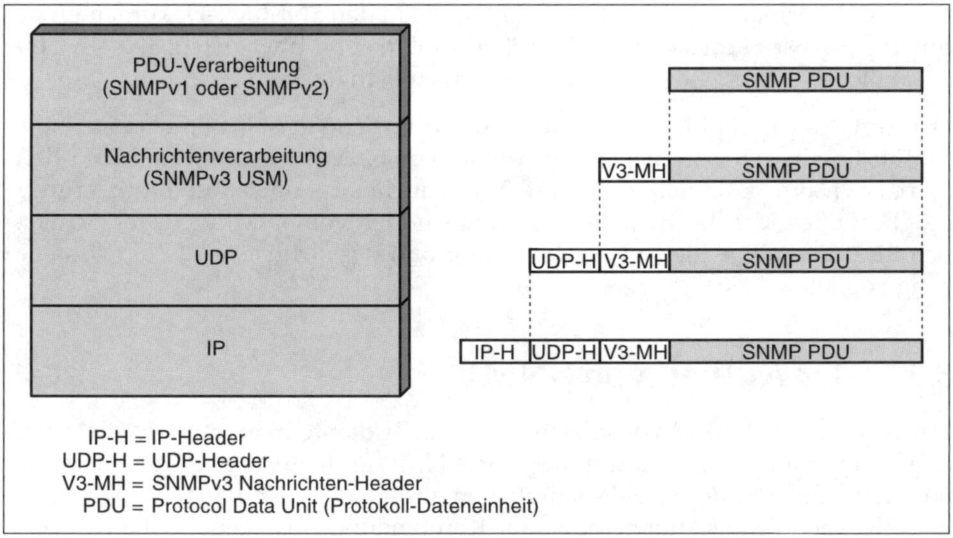

Abbildung 8.5: SNMP-Protokollaufbau

Hierbei muss man im Auge behalten, dass SNMPv3 kein Ersatz für SNMPv1 und/oder SNMPv2 ist. SNMPv3 definiert eine Sicherheitsfähigkeit, die in Verbindung mit SNMPv2 (vorzugsweise) oder mit SNMPv1 genutzt werden kann. Zusätzlich beschreibt RFC 2571 einen Aufbau, in den alle aktuellen und zukünftigen Versionen von SNMP passen. RFC 2575 beschreibt eine Möglichkeit zur Zugriffssteuerung, die unabhängig von den Kernfähigkeiten von SNMPv3 arbeiten soll. In diesem Abschnitt geben wir einen Überblick und stellen die Fähigkeiten, die in den RFCs 2570 bis 2575 definiert sind, dar.

Abbildung 8.5 zeigt die Beziehungen zwischen den verschiedenen Versionen von SNMP anhand der verwendeten Formate. Informationen werden zwischen einer Verwaltungsstation und einem Agenten in Form einer SNMP-Nachricht ausgetauscht. Verarbeitungsprozesse bezüglich der Sicherheit finden auf Ebene der Nachricht statt. Beispielsweise spezifiziert SNMPv3 ein Benutzersicherheitsmodell, das die Felder im Header der Nachricht benutzt. Die Nutzinformation einer SNMP-Nachricht ist entweder eine SNMPv1- oder eine SNMPv2-Protokoll-Dateneinheit (PDU). Eine PDU beschreibt einen Typ von Verwaltungsaktionen (z. B. hole oder setze ein verwaltetes Objekt) und eine Liste von Variablennamen, die sich auf diese Aktion beziehen.

Die RFC 2570 bis 2575 beschreiben einen allgemeinen Aufbau und spezifische Nachrichtenstrukturen sowie Sicherheitseigenschaften, aber sie definieren kein neues SNMP-PDU-Format. Folglich müssen die existierenden SNMPv1- bzw. SNMPv2-PDU-Formate innerhalb des neuen Aufbaus verwendet werden. Eine Implementierung, die SNMPv3 genannt wird, besteht aus Sicherheits- sowie strukturellen Eigenschaften, die in den RFCs 2570 bis 2575 definiert sind, sowie dem PDU-Format und der Funktionalität, die in den SNMPv2-Dokumenten definiert sind. Dies liest sich in RFC 2570 wie folgt: »SNMPv3 gleicht SNMPv2 mit zusätzlichen Sicherheits- und administrativen Fähigkeiten.«

Der Rest des Abschnitts ist wie folgt strukturiert. Zunächst geben wir eine kurze Einführung in den grundlegenden Aufbau von SNMP, wie er im RFC 2571 definiert ist. Dann beschreiben wir die Vertraulichkeits- und Authentifizierungsmöglichkeiten, die das Benutzersicherheitsmodell von SNMPv3 bietet. Schließlich diskutieren wir die Zugriffssteuerung und das sichtbasierte Zugriffssteuerungsmodell.

8.3.1 Der Aufbau von SNMP

Der Aufbau von SNMP, wie er sich in RFC 2571 darstellt, besteht aus einer verteilten, interagierenden Sammlung von SNMP-Einheiten. Jede Einheit implementiert einen Teil der SNMP-Fähigkeiten und kann als Knoten für einen Agenten, als Verwaltungsknoten oder als Kombination aus beidem dienen. Jede SNMP-Einheit besteht aus einer Sammlung von Modulen, die miteinander interagieren, um Dienste anzubieten. Diese Interaktionen können modellhaft als eine Reihe von abstrakten Grundelementen und Parametern dargestellt werden.

Der Aufbau in RFC 2571 spiegelt eine Schlüsselbedingung bezüglich des Designs von SNMPv3 wider: der Entwurf eines modularen Aufbaus, der erstens eine Implementierung in vielen unterschiedlichen operationalen Umgebungen erlaubt, von denen einige minimale, kostengünstige Funktionalität benötigen und andere wiederum zusätzliche Eigenschaften unterstützen, um große Netzwerke zu verwalten. Zweitens muss es ermöglicht werden, Teile des Aufbaus zu standardisieren, auch wenn noch nicht überall ein Konsens erreicht worden ist; und drittens müssen alternative Sicherheitsmodelle integrierbar sein.

Die SNMP-Einheit

Jede SNMP-Einheit beinhaltet einen einzigen SNMP-Betreiber. Ein SNMP-Betreiber implementiert Funktionen für das Senden und Empfangen von Nachrichten, die Authentifizierung und Verschlüsselung/Entschlüsselung sowie die Zugriffssteuerung zu verwalteten Objekten. Diese Funktionen werden als Dienste einer oder mehreren Anwendungen zur Verfügung gestellt, die mit dem SNMP-Betreiber konfiguriert sind und eine SNMP-Einheit bilden.

Sowohl der SNMP-Betreiber als auch die Anwendungen, die er unterstützt, sind als Sammlung unterschiedlicher Module definiert. Dieser Aufbau hat mehrere Vorteile. Erstens bestimmt sich die Rolle einer SNMP-Einheit danach, welche Module in ihr implementiert sind. Bestimmte Module werden für einen SNMP-Agenten benötigt, während bestimmte andere Module (Überschneidungen sind möglich) für einen SNMP-Verwalter gebraucht werden. Zweitens verleiht die modulare Struktur der Spezifikation die Möglichkeit, verschiedene Versionen eines jeden Moduls zu definieren. Dies wiederum macht es zum einen möglich, alternative oder verbesserte Fähigkeiten für gewisse Aspekte von SNMP zu definieren, ohne gleich eine neue Version des gesamten Standards, z.B. SNMPv4 zu benötigen, und zum anderen wird es möglich, Koexistenz und Übergangsstrategien klar festzulegen.

Um ein besseres Verständnis für die Rolle eines jeden Moduls und seiner Beziehung zu anderen Modulen zu bekommen, ist es das Beste, sich ihren Gebrauch in traditionellen SNMP-Verwaltern und -Agenten anzusehen. Der Terminus *traditionell*, im Sinne von *rein*, wird hier benutzt, um die Tatsache zu betonen, dass eine gegebene Implementierung kein reiner Verwalter oder Agent sein muss, sondern Module haben kann, die es der Einheit erlauben, sowohl Verwaltungsaufgaben als auch Agentenaufgaben auszuführen.

Abbildung 8.6 basiert auf einer Abbildung im RFC 2571 und ist ein Blockdiagramm eines **traditionellen SNMP-Verwalters**. Ein traditioneller SNMP-Verwalter interagiert mit SNMP-Agenten, indem er Befehle ausgibt (get, set) und Trap-Nachrichten empfängt; der Verwalter kann auch mit anderen Verwaltern interagieren, indem er Inform Request PDUs ausgibt, die Alarmzwecken dienen, und Inform Response PDUs empfängt, die diese Inform Requests beantworten. In der SNMPv3-Terminologie umfasst ein traditioneller SNMP-Verwalter drei Kategorien von Anwendungen. Die Befehlsgenerator-Anwendungen überwachen und manipulieren die zu verwaltenden Daten bei entfernten Agenten. Sie benutzen SNMPv1 und/oder SNMPv2-PDUs, wie Get, GetNext, GetBulk und Set. Eine Urheber-Benachrichtigungs-Anwendung startet asynchrone Nachrichten. Im Falle eines traditionellen Verwalters wird die Inform-Request-PDU für diese Anwendung benutzt. Eine Empfänger-Benachrichtigungs-Anwendung verarbeitet ankommende asynchrone Nachrichten, wie Inform Request, SNMPv2-Trap und SNMPv1-Trap-PDUs. Im Falle einer ankommenden Inform-Request-PDU antwortet die Empfänger-Benachrichtigungs-Anwendung mit einer Response-PDU.

Alle eben beschriebenen Anwendungen benutzen die Dienste, die der SNMP-Betreiber für diese Einheit zur Verfügung stellt. Der SNMP-Betreiber hat zwei allgemeine Funktionen:

- Er nimmt ausgehende PDUs von SNMP-Anwendungen an, führt die notwendige Verarbeitung aus, inklusive des Einfügens des Authentifizierungscodes und deren Verschlüsselung, und dann verpackt er die PDUs in Nachrichten und macht sie versandfertig.
- Er nimmt SNMP-Nachrichten aus der Transportschicht an, führt die notwendige Verarbeitung aus, inklusive der Authentifizierung und der Entschlüsselung, und dann extrahiert er die PDUs aus den Nachrichten und leitet diese zu der entsprechenden SNMP-Anwendung weiter.

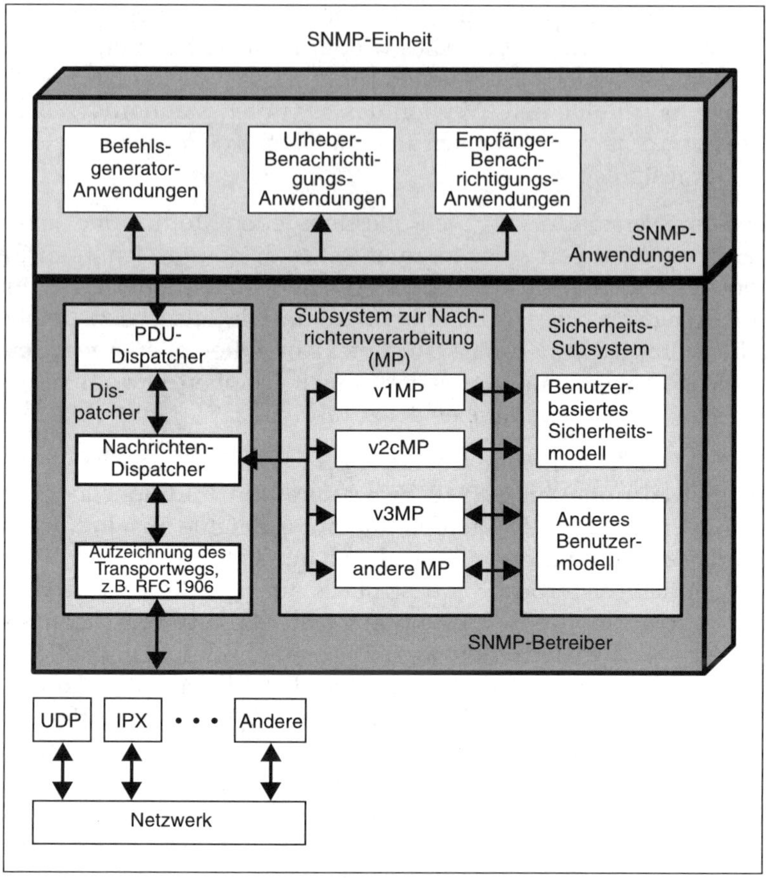

Abbildung 8.6: Traditioneller SNMP-Verwalter

Innerhalb eines traditionellen Verwalters beinhaltet der SNMP-Betreiber einen Dispatcher, ein Subsystem zur Nachrichtenverarbeitung und ein Sicherheits-Subsystem. Der Dispatcher ist eine einfache Verkehrsverwaltung. Für ausgehende PDUs nimmt der Dispatcher PDUs von Anwendungen an und führt folgende Funktionen aus. Der Dispatcher bestimmt für jede PDU, welche Art von Nachrichtenverarbeitung benötigt wird (d.h. für SNMPv1, SNMPv2c oder SNMPv3), und leitet die PDU zum entsprechenden Nachrichtenverarbeitungsmodul im Nachrichtenverarbeitungssubsystem. Anschließend gibt das Nachrichtenverarbeitungssubsystem eine Nachricht aus, die diese PDU samt den entsprechenden Headern enthält. Der Dispatcher ordnet die Nachricht dann zur Übertragung einer Transportschicht zu.

Der Dispatcher nimmt ankommende Nachrichten aus der Transportschicht an und führt die folgenden Funktionen aus. Der Dispatcher leitet jede Nachricht zum entsprechenden Nachrichtenverarbeitungsmodul weiter. Anschließend gibt das Nachrichtenverarbeitungssubsystem die PDU aus, die in der Nachricht enthalten ist. Dann leitet der Dispatcher diese PDU an die entsprechende Anwendung weiter.

Das Nachrichtenverarbeitungssubsystem nimmt ausgehende PDUs vom Dispatcher an und bereitet diese zur Übertragung vor, indem es ihnen den entsprechenden Nachrichten-Header gibt und sie dann an den Dispatcher zurückgibt. Das Nachrichtenverarbeitungssubsystem nimmt auch ankommende Nachrichten vom Dispatcher an, verarbeitet jeden Nachrichten-Header und gibt die beigefügte PDU dem Dispatcher zurück. Eine Implementierung des Nachrichtenverarbeitungssubsystems kann ein einziges Nachrichtenformat unterstützen, das zu einer einzigen Version von SNMP passt (SNMPv1, SNMPv2c, SNMPv3), oder sie kann eine Anzahl von Modulen enthalten, von denen jedes eine andere Version von SNMP unterstützt.

Das Sicherheitssubsystem führt Authentifizierungs- und Verschlüsselungsfunktionen aus. Jede ausgehende Nachricht wird vom Nachrichtenverarbeitungssubsystem zum Sicherheitssubsystem weitergeleitet. Abhängig vom benötigten Dienst, verschlüsselt nun das Sicherheitssubsystem die beigefügte PDU und möglicherweise einige Felder im Nachrichten-Header. Außerdem könnte es einen Authentifizierungscode generieren und ihn in den Nachrichten-Header einfügen. Die verarbeitete Nachricht wird dann an das Nachrichtenverarbeitungssubsystem zurückgegeben. In ähnlicher Weise wird jede ankommende Nachricht an das Sicherheitssubsystem weitergeleitet, und zwar vom Nachrichtenverarbeitungssubsystem. Falls nötig, kontrolliert das Sicherheitssubsystem den Authentifizierungscode und führt eine Entschlüsselung durch. Dann gibt es die verarbeitete Nachricht an das Nachrichtenverarbeitungssubsystem zurück. Eine Implementierung des Sicherheitssubsystems kann ein oder mehrere verschiedene Sicherheitsmodelle unterstützen. Bis jetzt gibt es nur ein definiertes Sicherheitsmodell, das benutzerbasierte Sicherheitsmodell für SNMPv3, das in RFC 2574 spezifiziert ist.

Abbildung 8.7 basiert auf einer Abbildung in RFC 2571 und ist ein Blockdiagramm eines **traditionellen SNMP-Agenten**. Der traditionelle Agent enthält drei Arten von Anwendungen. Befehlsbeantwortungs-Anwendungen gewähren Zugang zu den Verwaltungsdaten. Diese Anwendungen antworten auf ankommende Anfragen, indem sie verwaltete Objekte abrufen und/oder setzen und dann eine Response-PDU ausgeben. Eine Urheber-Benachrichtigungs-Anwendung startet asynchrone Nachrichten; im Falle eines traditionellen Agenten wird die SNMPv2-Trap oder die SNMPv1-Trap-PDU für diese Anwendung genutzt. Eine Proxy-Weiterleitungs-Anwendung leitet Nachrichten zwischen Einheiten weiter.

Der SNMP-Betreiber für einen traditionellen Agenten verfügt über sämtliche Komponenten, die auch ein SNMP-Betreiber für einen traditionellen Verwalter besitzt, plus ein Zugriffssteuerungssubsystem. Dieses Subsystem stellt Autorisierungsdienste zur Verfügung, die den Zugang zu MIBs bezüglich des Einlesens und des Setzens von Verwaltungsobjekten steuern. Diese Dienste werden auf Grundlage des Inhalts von PDUs ausgeführt. Eine Implementierung des Sicherheitssubsystems kann eines oder mehrere verschiedene Zugriffssteuerungsmodelle unterstützen. Bis jetzt ist nur ein einziges Sicherheitsmodell definiert und zwar das sichtbasierte Zugriffssteuerungsmodell, das in RFC 2575 spezifiziert ist.

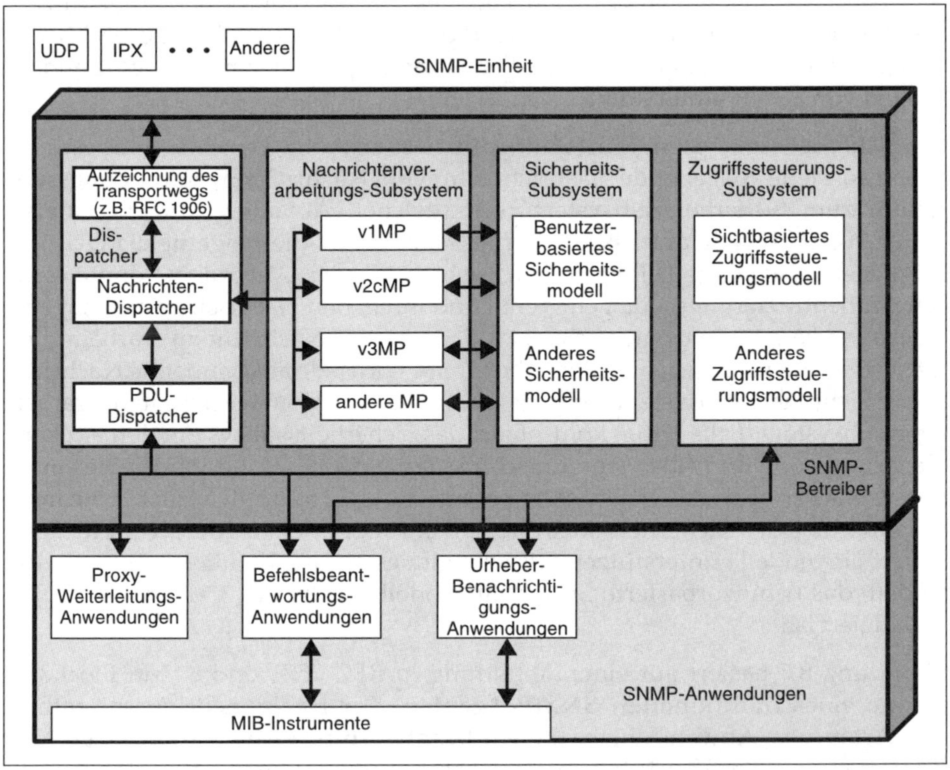

Abbildung 8.7: Traditioneller SNMP-Agent

Zu beachten ist, dass sicherheitsrelevante Funktionen in zwei separaten Subsystemen organisiert sind, dem Sicherheitssubsystem und der Zugriffssteuerung. Dies ist ein hervorragendes Beispiel für ein gutes modulares Design, weil die beiden Subsysteme ganz unterschiedliche Funktionen ausführen, und deshalb ist es sinnvoll, in diesen beiden Gebieten die Standardisierung unabhängig voneinander voranzutreiben. Das Sicherheitssubsystem beschäftigt sich mit dem Datenschutz und der Authentifizierung und arbeitet auf der Grundlage von SNMP-Nachrichten. Das Zugriffssteuerungssubsystem beschäftigt sich mit autorisiertem Zugang zu Verwaltungsdaten und arbeitet auf der Grundlage von SNMP-PDUs.

Terminologie

Die Tabelle 8.2 definiert kurz einige Termini, die in RFC 2571 vorgestellt werden. Jeder SNMP-Einheit ist eine einzigartige snmpEngineID zugewiesen. Zum Zwecke der Zugriffssteuerung wird angenommen, dass jede SNMP-Einheit eine Reihe von Kontexten verwalteter Informationen bearbeitet, von denen jeder einen contextName hat, der innerhalb dieser Einheit einzigartig ist. Um hervorzuheben, dass es eine einzige Verwaltung innerhalb einer Einheit gibt, hat jede Einheit eine eindeutige contextEngineID. Da eine direkte Korrespondenz zwischen dem Kontext-Betreiber und dem SNMP-Betreiber in dieser Einheit besteht, ist die contextEngineID im Wert übereinstimmend mit der snmpEngineID.

Die Zugriffssteuerung wird vom spezifischen Kontext bestimmt, für den Zugriff erbeten wird, sowie von der Identität des Benutzers, der Zugriff erbittet; letztere Identität wird als Prinzipal ausgedrückt, der ein Mensch oder eine Anwendung sein kann, oder eine Gruppe von Menschen oder Anwendungen.

Andere wichtige Termini beziehen sich auf die Verarbeitung von Nachrichten. Das snmpMessageProcessingModel bestimmt das Nachrichtenformat und die SNMP-Version, mit der die Nachrichten verarbeitet werden. Das snmpSecurityModel bestimmt das Sicherheitsmodell, das zu benutzen ist. Der snmpSecurityLevel bestimmt, welche Sicherheitsdienste für diese spezifische Operation abgefragt werden. Der Benutzer kann ausschließlich die Authentifizierung abfragen oder die Authentifizierung einschließlich Vertraulichkeit (Verschlüsselung) oder keines von beidem.

snmpEngineId	Einzigartiger und unzweideutiger Bezeichner eines SNMP-Betreibers sowie der SNMP-Einheit, die zu diesem Betreiber gehört. Er wird nach Konvention durch eine Kette von Oktetten bestimmt.
contextEngineID	Bezeichnet einzigartig eine SNMP-Einheit, die eine Kontext-Instanz mit einem bestimmten contextName realisiert.
contextName	Bezeichnet einen bestimmten Kontext innerhalb eines SNMP-Betreibers. Er wird als Parameter zum Dispatcher und zum Zugriffssteuerungssubsystem weitergeleitet.
scopedPDU	Ein Datenblock, der aus einer contextEngineID, einem contextName und einer SNMP-PDU besteht. Er wird als Parameter weitergeleitet zum/vom Sicherheitssubsystem.
snmpMessage-ProcessingModel	Bezeichnet eindeutig ein Nachrichtenverarbeitungsmodell des Nachrichtenverarbeitungssubsystems. Mögliche Werte sind SNMPv1, SNMPv2c und SNMPv3. Es ist durch eine textuelle Konvention definiert, mit einer Syntax aus Ganzzahlen.
snmpSecurity-Model	Bezeichnet eindeutig ein Sicherheitsmodell des Sicherheitssubsystems. Mögliche Werte sind SNMPv1, SNMPv2c und USM. Es ist durch eine textuelle Konvention definiert, mit einer Syntax aus Ganzzahlen.
snmpSecurityLevel	Eine Sicherheitsebene, auf der SNMP-Nachrichten gesendet werden können oder auf der Operationen verarbeitet werden. Dies äußert sich darin, ob Authentifizierung und/oder Vertraulichkeit zur Verfügung gestellt werden oder nicht. Die alternativen Werte sind: noAuthnoPriv, authNoPriv und authPriv. Sie ist durch eine textuelle Konvention definiert, mit einer Syntax aus Ganzzahlen.
Prinzipal	Die Einheit, in deren Namen Dienste zur Verfügung gestellt werden oder eine Verarbeitung stattfindet. Ein Prinzipal kann ein Mensch sein, der in einer bestimmten Rolle agiert; es kann sich um eine Gruppe von Menschen handeln, von denen jeder in einer bestimmten Rolle agiert, oder um eine Anwendung, oder eine Reihe von Anwendungen; oder eine Kombination aus allem.
securityName	Eine vom Menschen lesbare Zeichenkette, die einen Prinzipal repräsentiert. Sie wird als Parameter an alle SNMP-Komponenten (Dispatcher, Nachrichtenverarbeitung, Sicherheit, Zugriffssteuerung) weitergegeben.

Tabelle 8.2: SNMPv3-Terminologie

SNMPv3-Anwendungen

Die Dienste zwischen den Modulen in einer SNMP-Einheit sind in den RFCs in Form von Grundelementen und Parametern definiert. Ein Grundelement spezifiziert die Funktion, die ausgeführt werden soll, und die Parameter werden benutzt, um Daten- und Kontrollinformationen weiterzuleiten. Wir können uns diese Grundelemente und Parameter als eine formalisierte Weise der Definition von SNMP-Diensten vorstellen. Die Form eines Grundelements ist abhängig von der Implementierung; ein Beispiel ist der Aufruf einer Prozedur. In der Diskussion, die nun folgt, ist es vielleicht hilfreich, die Abbildung 8.8 im Auge zu behalten, die auf einer Abbildung im RFC 2571 basiert, in der man sehen kann, wie sich die Grundelemente zusammenfügen. Abbildung 8.8a zeigt die Abfolge der Ereignisse, mit der ein Befehlsgenerator oder eine Urheber-Benachrichtigungs-Anwendung das Senden einer PDU erbittet, und wie dann die passende Antwort an diese Anwendung zurückgegeben wird. Diese Ereignisse werden beim Verwalter umgesetzt. Abbildung 8.8b zeigt die dazugehörigen Ereignisse beim Agenten. Die Abbildung zeigt, wie eine ankommende Nachricht im Dispatch der beigefügten PDU landet, die sich an eine Anwendung richtet, und wie die Antwort dieser Anwendung dann in einer ausgehenden Nachricht resultiert. Beachten Sie, dass einige der Pfeile im Diagramm mit dem Namen eines Grundelements beschriftet sind und einen Aufruf repräsentieren. Unbeschriftete Pfeile repräsentieren den Rücklauf des Aufrufs, und die Schraffierung zeigt, dass Aufruf und Rücklauf zusammenpassen.

RFC 2573 definiert allgemein die Prozeduren, denen jede Art von Anwendung folgt, wenn sie PDUs für die Übertragung generiert oder ankommende PDUs verarbeitet. In jedem Fall werden die Prozeduren durch ihre Interaktion mit dem Dispatcher mittels der Dispatcher-Grundelemente definiert.

Eine **Befehlsgenerator-Anwendung** macht Gebrauch von den sendPdu- und processResponsePdu-Dispatcher-Grundelementen. Die sendPdu versorgt den Dispatcher mit Informationen über das intendierte Ziel, Sicherheitsparameter und die eigentliche PDU, die gesendet werden soll. Der Dispatcher ruft dann das Nachrichtenverarbeitungsmodell auf, das dann seinerseits das Sicherheitsmodell aufruft, um die Nachricht vorzubereiten. Der Dispatcher gibt die vorbereitete Nachricht an die Transportschicht (z.B. UDP) zur Übertragung weiter. Wenn die Nachrichtenvorbereitung fehlschlägt, ist der Rücklaufwert des Grundelements der sendPdu, der vom Dispatcher gesetzt wird, ein Anzeichen für den Fehler. Wenn die Nachrichtenvorbereitung erfolgreich ist, weist der Dispatcher dieser PDU einen sendPduHandle-Bezeichner zu und gibt diesen Wert an den Befehlsgenerator zurück. Der Befehlsgenerator speichert den sendPduHandle, sodass er die nachfolgende Antwort-PDU der ursprünglichen Anfrage zuordnen kann.

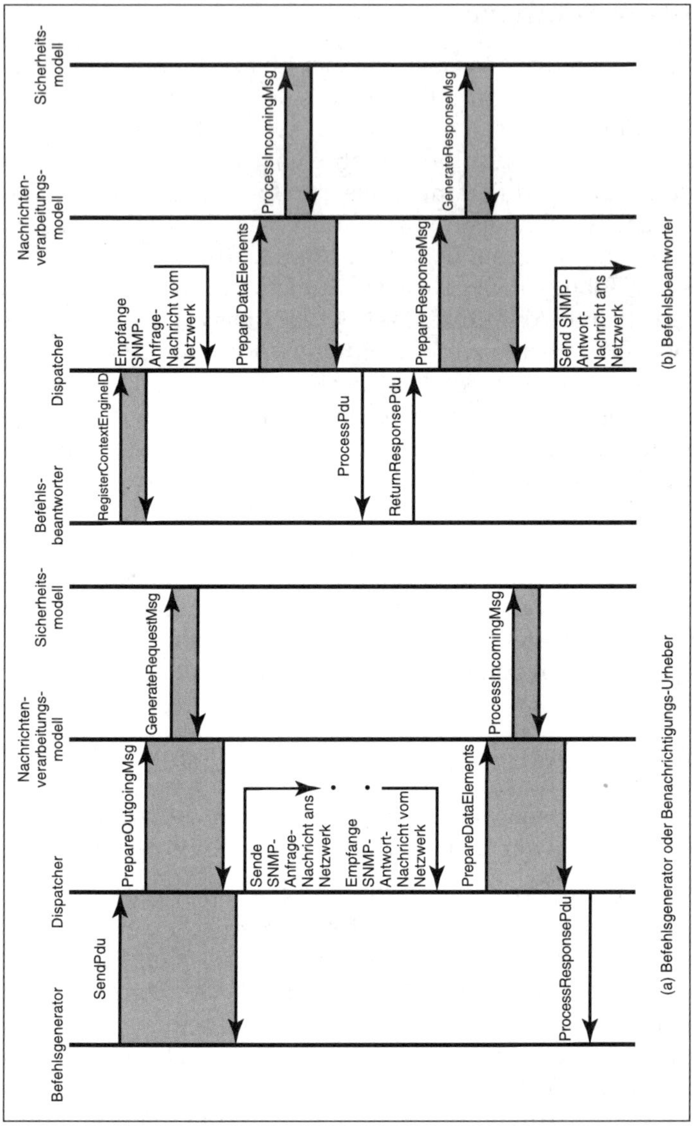

Abbildung 8.8: SNMPv3-Fluss

Der Dispatcher liefert jede ankommende Antwort-PDU an die richtige Befehlsgenerator-Anwendung aus, wobei er das processResponsePdu-Grundelement benutzt.

Eine **Befehlsbeantwortungs-Anwendung** benutzt vier Dispatcher-Grundelemente (registerContextEngineID, unregisterContextEngineID, processPdu, returnResponsePdu) und ein Zugriffssteuerungs-Subsystem-Grundelement (isAccessAllowed).

Das Grundelement registerContextEngineId befähigt eine Befehlsbeantwortungs-Anwendung, sich selbst mit einem SNMP-Betreiber zu verbinden, um bestimmte PDU-Arten für einen Kontextbetreiber zu verarbeiten. Wenn sich ein Befehlsbeantworter registriert hat, werden alle asynchron empfangenen Nachrichten, welche die registrierte, unterstützte Kombination von contextEngineID und pduType enthalten, zu dem Befehlsbeantworter gesendet, der sich registriert hat, diese Kombination zu unterstützen. Der Befehlsbeantworter kann sich vom SNMP-Betreiber lösen, indem er das unregisterContextEngineID-Grundelement benutzt.

Der Dispatcher liefert jede ankommende Anfrage-PDU an die richtige Befehlsbeantwortungs-Anwendung aus und benutzt hierzu das processPdu-Grundelement. Der Befehlsbeantworter vollzieht dann folgende Schritte:

- Der Befehlsbeantworter prüft den Inhalt der Anfrage-PDU. Die Operationsart muss eine der Arten sein, die vorher von dieser Anwendung registriert wurden.
- Der Befehlsbeantworter bestimmt, ob der Zugriff auf die in dieser PDU angefragte Verwaltungsoperation gestattet wird. Zu diesem Zweck wird das isAccessAllowed-Grundelement aufgerufen. Der securityModel-Parameter zeigt an, welches Sicherheitsmodell vom Zugriffssteuerungssubsystem zu benutzen ist, um auf diesen Aufruf zu antworten. Das Zugriffssteuerungssubsystem bestimmt, ob der anfragende Prinzipal (securityName) auf dieser Sicherheitsebene (securityLevel) die Erlaubnis hat, die Verwaltungsoperation (viewType) auf das Verwaltungsobjekt (variableName) in diesem Kontext (contextName) abzufragen und anzuwenden.
- Wenn der Zugriff gestattet wird, führt der Befehlsbeantworter die Verwaltungsoperation aus und bereitet eine Antwort-PDU vor. Wird der Zugriff verweigert, bereitet der Befehlsbeantworter die entsprechende Antwort-PDU vor, um die Verweigerung zu signalisieren.
- Der Befehlsbeantworter ruft den Dispatcher mit einem returnResponsePdu-Grundelement auf, um die Antwort-PDU zu senden.
  - Eine **Benachrichtigungsgenerator-Anwendung** folgt den gleichen allgemeinen Prozeduren wie eine Befehlsgenerator-Anwendung. Wenn eine Informations-Anfrage-PDU zu senden ist, werden die beiden sendPdu- und processResponsePdu-Grundelemente in der gleichen Weise genutzt wie für Befehlsgenerator-Anwendungen. Wenn eine Trap-PDU zu senden ist, wird lediglich das sendPdu-Grundelement benutzt.
  - Eine **Benachrichtigungs-Empfangs-Anwendung** folgt einer Untermenge der allgemeinen Prozeduren, wie bei einer Befehlsbeantwortungs-Anwendung. Der Benachrichtigungs-Empfänger muss sich erst registrieren, um Informations- und/oder Trap-PDUs zu empfangen. Beide Arten von

PDUs werden mittels eines processPdu-Grundelements empfangen. Was die Informations-PDU angeht, so wird ein returnResponsePdu-Grundelement zur Beantwortung benutzt.

- Eine **Proxy-Weiterleitungs-Anwendung** nutzt Dispatcher-Grundelemente, um SNMP-Nachrichten weiterzuleiten. Der Proxy-Weiterleiter handhabt vier Grundtypen von Nachrichten:

- Nachrichten, die PDU-Arten von einer Befehlsgenerator-Anwendung enthalten. Der Proxy-Weiterleiter bestimmt entweder den Ziel-SNMP-Betreiber oder einen SNMP-Betreiber, der näher oder stromabwärts zum Ziel liegt, und sendet die entsprechende Anfrage-PDU.
- Nachrichten, die PDU-Arten von einer Benachrichtigungs-Urheber-Anwendung enthalten. Der Proxy-Weiterleiter bestimmt, welche SNMP-Betreiber die Benachrichtigung empfangen sollen, und sendet die entsprechende(n) Benachrichtigungs-PDU(s).
- Nachrichten, die eine Art von Antwort-PDU enthalten. Der Proxy-Weiterleiter bestimmt, welche vorher weitergeleitete Anfrage oder Benachrichtigung, sofern es welche gibt, zu dieser Antwort passt, und sendet die entsprechende Antwort-PDU.
- Nachrichten, die eine Berichtsanzeige enthalten. Berichts-PDUs sind SNMPv3-Betreiber-zu-Betreiber-Kommunikationen. Der Proxy-Weiterleiter bestimmt, welche vorher weitergeleitete Anfrage oder Benachrichtigung, sofern es welche gibt, zu dieser Berichtsanzeige passt, und leitet die Berichtsanzeige zurück zum Sender der Anfrage oder der Benachrichtigung.

8.3.2 Nachrichtenverarbeitung und das Benutzer-Sicherheitsmodell

Die Nachrichtenverarbeitung beinhaltet ein Allzweck-Nachrichtenverarbeitungsmodell und ein spezifisches Sicherheitsmodell. Diese Beziehung wird in Abbildung 8.8 dargestellt.

Nachrichtenverarbeitungsmodell

RFC 2572 definiert ein Allzweck-Nachrichtenverarbeitungsmodell. Dieses Modell ist verantwortlich für die Annahme der PDUs vom Dispatcher, ihre Verkapselung in Nachrichten und das Aufrufen des Benutzer-Sicherheitsmodells (User Security Model – USM) zum Einfügen sicherheitsrelevanter Parameter in den Nachrichten-Header. Das Nachrichtenverarbeitungsmodell nimmt zudem ankommende Nachrichten an, ruft das USM zur Verarbeitung sicherheitsrelevanter Parameter im Nachrichten-Header auf und liefert dem Dispatcher die verkapselten PDUs.

Abbildung 8.9 illustriert die Nachrichtenstruktur. Die ersten fünf Felder werden für ausgehende Nachrichten vom Nachrichtenverarbeitungsmodell generiert und bei ankommenden Nachrichten von ihm verarbeitet. Die nächsten sechs Felder zeigen Sicherheitsparameter, die vom USM benutzt werden. Schließlich konstituiert die PDU, zusammen mit der contextEngineID und dem contextName eine *eingeteilte PDU*, die für die PDU-Verarbeitung benutzt wird. Die ersten fünf Felder sind die folgenden:

- **msgVersion:** gesetzt auf snmpv3(3).
- **msgID:** ein eindeutiger Bezeichner, der zwischen zwei SNMP-Einheiten benutzt wird, um Anfrage- und Antwortnachrichten zu koordinieren. Außerdem wird er vom Nachrichtenprozessor zur Koordination der Verarbeitung der Nachricht durch die verschiedenen Subsystemmodelle innerhalb des Aufbaus benutzt. Der Bereich, in dem diese ID liegen kann, erstreckt sich von 0 bis $2^{31} - 1$.

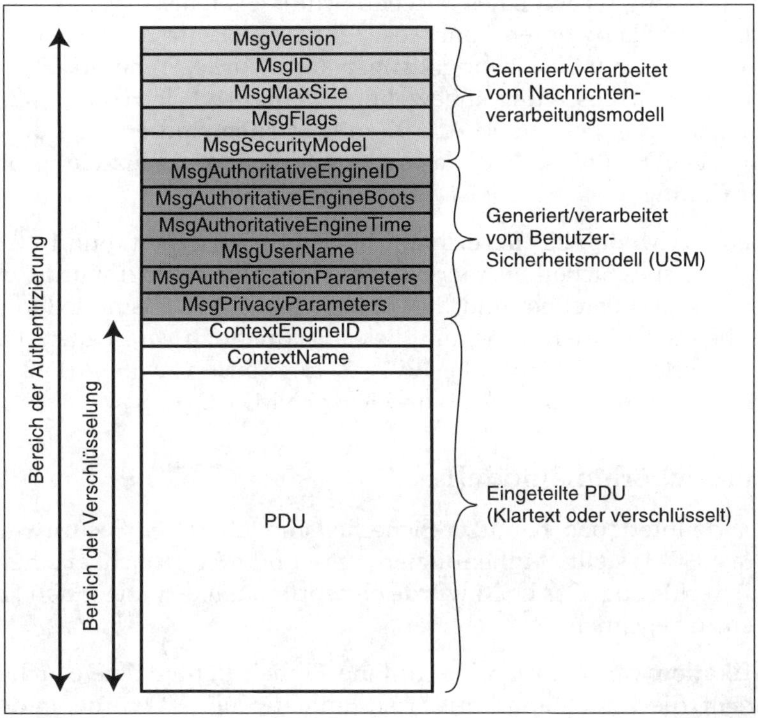

Abbildung 8.9: SNMP-Nachrichtenformat mit dem Benutzersicherheitsmodell

- **msgMaxSize:** überträgt die maximale Größe einer Nachricht in Oktetten, die vom Absender der Nachricht unterstützt werden, und zwar in einem Bereich von 484 bis $2^{31} - 1$. Dieses ist die maximale Segmentgröße, die der Absender von einem anderen SNMP-Betreiber annehmen kann (egal, ob es eine Antwort oder irgendeine andere Nachrichtenart ist).
- **msgFlags:** Eine Oktett-Kette, die drei Flags in den drei niedrigstwertigen Bits enthält: reportableFlag, privFlag, authFlag. Wenn reportableFlag gleich 1 ist, muss eine Berichts-PDU an den Absender zurückgehen und zwar unter jenen Bedingungen, die die Entstehung einer Berichts-PDU verursachen können; wenn das Flag Null ist, muss keine Berichts-PDU gesendet werden. Das reportableFlag wird vom Absender auf 1 gesetzt und zwar für alle Nachrichten, die eine Anfrage (Get, Set) oder eine Information enthalten, und es wird von ihm auf 0 gesetzt für alle Nachrichten, die eine Antwort, ein Trap oder eine Berichts-PDU enthalten. Es wird nur in Fällen benutzt, in denen der PDU-Anteil der Nachricht nicht entschlüsselt werden kann (z.B. wenn die Entschlüsselung wegen eines falschen Schlüssels fehlschlägt). Das privFlag und das authFlag werden vom Absender gesetzt, um die Sicherheitsebene anzuzeigen, die auf die Nachricht angewandt wurde. Wenn privFlag gleich 1 ist, wurde Verschlüsselung angewendet, wenn privFlag = 0 gilt, wurde Authentifizierung angewendet. Alle Kombinationen sind erlaubt, außer privFlag = 1 UND authFlag = 0; das bedeutet, dass Verschlüsselung ohne Authentifizierung nicht erlaubt ist.
- **msgSecurityModel:** ein Bezeichner im Bereich zwischen 0 und $2^{31} - 1$, der anzeigt, welches Sicherheitsmodell vom Absender benutzt wurde, um diese Nachricht vorzubereiten, und damit, welches Sicherheitsmodell vom Empfänger benutzt werden muss, um diese Nachricht zu verarbeiten. Die reservierten Werte sind 1 für SNMPv1, 2 für SNMPv2c (SNMPv2 mit der SNMPv1-Verbund-Möglichkeit) und 3 für SNMPv3.

Benutzer-Sicherheitsmodell

RFC 2574 definiert das Benutzer-Sicherheitsmodell (User Security Model – USM). Das USM stellt Authentifizierungs- und Vertraulichkeitsdienste für SNMP zur Verfügung. Das USM wurde entworfen, um den folgenden Hauptbedrohungen zu begegnen:

- **Modifikation von Informationen:** Eine Einheit könnte eine durchgehende Nachricht, die von einer autorisierten Einheit generiert wurde, in der Weise verändern, dass sie unautorisierte Verwaltungsoperationen veranlasst, einschließlich des Setzens von Objektwerten. Die grundlegende Befürchtung bei dieser Bedrohung ist, dass eine unautorisierte Einheit jegliche Verwaltungsparameter, auch jene, die sich auf Konfiguration, Operationen und Kontenverwaltung beziehen, verändern könnte.

- **Maskierung:** Verwaltungsoperationen, die für eine bestimmte Einheit nicht autorisiert sind, könnten von ihr dennoch angefragt werden, indem sie die Identität einer autorisierten Einheit annimmt.
- **Modifikation des Nachrichtenstroms:** SNMP wurde so entworfen, dass es über ein verbindungsloses Transportprotokoll operiert. Damit entsteht die Gefahr, dass SNMP-Nachrichten neu geordnet, verzögert oder noch einmal gesendet (dupliziert) werden könnten, um unautorisierte Verwaltungsoperationen zu veranlassen. Beispielsweise könnte eine Nachricht zum Neustart eines Geräts kopiert und später noch einmal gesendet werden.
- **Offenlegung:** Eine Einheit könnte den Austausch zwischen einem Verwalter und einem Agenten beobachten und dadurch wichtige Ereignisse kennen lernen. Beispielsweise könnte die Beobachtung eines Befehls zur Passwortänderung den Angreifer befähigen, die neuen Passwörter in Erfahrung zu bringen.

USM soll nicht gegen die folgenden beiden Bedrohungen schützen:

- **Denial of Service:** Ein Angreifer könnte den Austausch zwischen einem Verwalter und einem Agenten verhindern.
- **Analyse des Datenverkehrs:** Ein Angreifer könnte das allgemeine Muster des Datenverkehrs zwischen Verwaltern und Agenten beobachten.
- Das Fehlen einer Gegenmaßnahme im Zusammenhang mit der Denial-of-Service-Bedrohung mag aus zweierlei Gründen gerechtfertigt sein: Erstens lassen sich Denial-of-Service-Angriffe in vielen Fällen nicht von jenen Netzwerkproblemen unterscheiden, mit denen eine lebendige Netzwerkverwaltungs-Anwendung in der Praxis fertig werden muss. Zweitens wird ein Denial-of-Service-Angriff wahrscheinlich alle Arten des Austauschs unterbrechen. Er ist daher eine Angelegenheit der allgemeinen Sicherheitsvorkehrungen, nicht eine der Einbettung in ein Netzwerkverwaltungsprotokoll. Was die Datenverkehrsanalyse betrifft, sind viele Verkehrsmuster der Netzwerkverwaltung vorhersehbar (z. B. werden Einheiten vielleicht über SNMP-Befehle verwaltet, die auf einer regelmäßigen Basis von einer oder wenigen Verwaltungsstationen erteilt werden) und deshalb bietet es keinen bedeutenden Vorteil, sich gegen die Beobachtung dieser Verkehrsmuster zu schützen.

Kryptographische Funktionen

Für USM sind zwei kryptographische Funktionen definiert: Authentifizierung und Verschlüsselung. Um diese Funktionen zu unterstützen, benötigt ein SNMP-Betreiber zwei Werte: einen Privacy-Schlüssel (privKey) und einen Authentifizierungsschlüssel (authKey).

Für die folgenden Benutzer werden separate Werte dieser beiden Schlüssel bereitgehalten:

- **Lokaler Benutzer:** jeder Prinzipal an diesem SNMP-Betreiber, für den Verwaltungsoperationen autorisiert werden.
- **Entfernter Benutzer:** jeder Prinzipal an einem entfernten SNMP-Betreiber, für den eine Kommunikation gewünscht wird.

Diese Werte sind Benutzerattribute und werden für jeden relevanten Benutzer gespeichert. Die Werte von privKey und authKey sind über SNMP nicht zugänglich.

USM erlaubt die Benutzung von zwei alternativen Authentifizierungsprotokollen: HMAC-MD5-96 und HMAC-SHA-96. HMAC, das in Kapitel 3 beschrieben ist, benutzt eine sichere Hash-Funktion und einen geheimen Schlüssel, um einen Nachrichtenauthentifizierungscode zu erstellen. Für HMAC-MD5-96 wird HMAC mit MD5 als zugrunde liegender Hash-Funktion benutzt. Ein 16-Oktett-authKey (128-Bit) wird als Eingabe für den HMAC-Algorithmus verwendet. Der Algorithmus produziert eine 128-Bit-Ausgabe, die in 12 Oktette (96 Bits) geteilt wird. Für HMAC-SHA-96 ist die zugrunde liegende Hash-Funktion SHA-1. Der authKey hat eine Länge von 20 Oktetten. Der Algorithmus produziert eine Ausgabe von 20 Oktetten, die wiederum in 12 Oktette geteilt werden.

USM benutzt den Cipher-Block-Chaining-(CBC)-Modus des Data Encryption Standard (DES) für Verschlüsselung. Ein 16-Oktett-privKey wird als Eingabe für das Verschlüsselungsprotokoll verwendet. Die ersten 8 Oktette (64 Bits) dieses privKey werden als DES-Schlüssel verwendet. Weil ein DES-Schlüssel lediglich einen 56-Bit-Schlüssel benötigt, wird das niedrigstwertige Bit eines jeden Oktetts ignoriert. Für den CBC-Modus benötigt man einen 64-Bit-Initialisierungsvektor (IV). Die letzten 8 Oktette von privKey enthalten einen Wert, der zur Generierung dieses Initialisierungsvektors verwendet wird.

Maßgebliche und unmaßgebliche Betreiber

In jeder Nachrichtenübertragung wird einer der beiden Betreiber, Überträger oder Empfänger, der maßgebliche SNMP-Betreiber. Dies richtet sich nach folgenden Regeln:

- Wenn eine SNMP-Nachricht eine Nutzinformation enthält, die eine Antwort erwartet (z.B. eine Get, GetNext, GetBulk, Set oder Informations-PDU), dann ist der Empfänger solcher Nachrichten maßgeblich.
- Wenn eine SNMP-Nachricht eine Nutzinformation enthält, die keine Antwort erwartet (z.B. eine SNMPv2-Trap, Antwort- oder Berichts-PDU), dann ist der Absender solcher Nachrichten maßgeblich.

Folglich ist der Empfänger sowohl für Nachrichten maßgeblich, die im Namen eines Befehlsgenerators gesendet wurden, als auch für Informationsnachrichten, die von einem Benachrichtigungsurheber stammen. Der Absender ist dagegen für Nachrichten maßgeblich, die im Namen eines Befehlsbeantworters gesendet wurden, und für Trap-Nachrichten, die von einem Benachrichtigungsurheber stammen. Diese Zuweisung dient zwei Zwecken:

- Die Rechtzeitigkeit einer Nachricht wird mit Bezug auf eine Uhr bestimmt, die der maßgebliche Betreiber zur Verfügung stellt. Wenn ein maßgeblicher Betreiber eine Nachricht sendet (Trap, Antwort, Bericht), dann enthält sie den gegenwärtigen Wert seiner Uhr, sodass sich der unmaßgebliche Empfänger nach jener Uhr synchronisieren kann. Wenn ein unmaßgeblicher Betreiber eine Nachricht sendet (Get, GetNext, GetBulk, Set, Inform), enthält sie die gegenwärtige Schätzung des Zeitwerts am Ziel, was dem Ziel die Einschätzung der Rechtzeitigkeit der Nachricht erlaubt.
- Ein Schlüssel-Lokalisierungs-Prozess, der später beschrieben wird, erlaubt es einem einzelnen Prinzipal, Schlüssel zu besitzen, die in mehreren Betreibern gespeichert sind; diese Schlüssel werden auf den maßgeblichen Betreiber hin lokalisiert und zwar in einer solchen Weise, dass der Prinzipal für einen einzigen Schlüssel verantwortlich ist, dabei aber das Risiko vermeidet, mehrere Kopien des gleichen Schlüssels in einem verteilten Netzwerk zu speichern.

Es ist sinnvoll, den Empfänger von Befehlsgenerator- und Informations-PDUs zum maßgeblichen Betreiber und damit verantwortlich für die Überprüfung der Rechtzeitigkeit der Nachrichten zu machen. Wenn eine Antwort oder ein Trap verzögert oder nochmals gesendet wird, sollte wenig Schaden entstehen. Dennoch resultieren Befehlsgenerator-PDUs – und in gewissem Umfang Informations-PDUs – in Verwaltungsoperationen, wie zum Beispiel dem Lesen und dem Setzen von MIB-Objekten. Folglich ist es wichtig sicherzustellen, dass solche PDUs nicht nochmals gesendet oder verzögert werden, damit keine unerwünschten Effekte entstehen.

USM-Nachrichtenparameter

- Wenn eine ausgehende Nachricht vom Nachrichtenverarbeiter zum USM weitergeleitet wird, fügt das USM die sicherheitsrelevanten Parameter in den Nachrichten-Header ein. Wenn eine ankommende Nachricht vom Nachrichtenverarbeiter zum USM weitergeleitet wird, verarbeitet das USM die Werte, die in jenen Feldern enthalten sind. Die sicherheitsrelevanten Parameter sind die folgenden:
- **msgAuthoritativeEngineID:** Die snmpEngineID des maßgeblichen SNMP-Betreibers, der am Nachrichtenaustausch beteiligt ist. Somit bezieht sich dieser Wert auf die Quelle einer Trap-, Antwort- oder Berichtsnachricht und auf das Ziel einer Get-, GetNext-, GetBulk-, Set- oder Inform-Nachricht.

- **msgAuthoritativeEngineBoots:** der snmpEngineBoots-Wert des maßgeblichen SNMP-Betreibers, der in den Austausch dieser Nachricht involviert ist. Das Objekt snmpEngineBoots ist eine Ganzzahl im Bereich von 0 bis $2^{31} - 1$, die die Zahl der Initialisierungen bzw. Reinitialisierungen dieses SNMP-Betreibers seit seiner ersten Konfiguration angibt.
- **msgAuthoritativeEngineTime:** der snmpEngineTime-Wert des maßgeblichen SNMP-Betreibers, der in den Austausch dieser Nachricht involviert ist. Das Objekt snmpEngineTime ist eine Ganzzahl im Bereich von 0 bis $2^{31} - 1$, die die Zahl der Sekunden angibt, die vergangen sind, seit dieser maßgebliche SNMP-Betreiber das snmpEngineBoots-Objekt zuletzt erhöht hat. Jeder maßgebliche SNMP-Betreiber ist dafür verantwortlich, seinen eigenen snmp EngineTime-Wert einmal pro Sekunde zu erhöhen. Ein unmaßgeblicher Betreiber ist dafür verantwortlich, seine Schätzung der snmpEngineTime für jeden entfernten maßgeblichen Betreiber zu erhöhen, mit dem er kommuniziert.
- **msgUserName:** der Benutzer (Prinzipal), in dessen Namen die Nachricht ausgetauscht wird.
- **msgAuthenticationParameters:** Leerwert, wenn keine Authentifizierung für diesen Austausch benutzt wird. Andernfalls ist dies ein Authentifizierungsparameter. In der augenblicklichen Definition des USM ist der Authentifizierungs-Parameter ein HMAC-Nachrichten-Authentifizierungs-Code.
- **msgPrivacyParameters:** Leerwert, wenn keine Vertraulichkeit für diesen Austausch verwendet wird. Andernfalls ist dies ein Vertraulichkeitsparameter. In der augenblicklichen Definition des USM ist der Vertraulichkeits-Parameter ein Wert, der benutzt wird, um den Anfangswert im DES-CBC-Algorithmus zu bilden.
- Abbildung 8.10 fasst die Arbeitsweise des USM zusammen. Bei der Nachrichtenübertragung wird die Verschlüsselung zuerst durchgeführt, sofern sie benötigt wird. Die gültige PDU wird verschlüsselt und in der Nutzinformation der Nachrichten platziert. Der msgPrivacyParameters-Wert wird auf den Wert gesetzt, der nötig ist, um den Anfangswert zu generieren. Dann wird die Authentifizierung durchgeführt, sofern sie benötigt wird. Die komplette Nachricht, einschließlich der gültigen PDU, wird zum Input für HMAC, und der resultierende Authentifizierungscode wird in msgAuthenticationParameters platziert. Bei ankommenden Nachrichten wird zuerst die Authentifizierung durchgeführt, sofern sie benötigt wird. USM vergleicht zunächst die ankommende MAC mit der MAC, die es berechnet hat; wenn die beiden Werte übereinstimmen, wird angenommen, dass die Nachricht authentisch ist (sie kommt von der angenommenen Quelle und ist während der Übertragung nicht verändert worden). Dann überprüft USM, ob die Nachricht innerhalb eines gültigen Zeitfensters liegt, welches später noch erklärt wird. Ist dies nicht der Fall, wird sie als nicht authentisch abgelehnt. Schließlich, wenn die gültige PDU verschlüsselt worden ist, führt USM eine Entschlüsselung durch und gibt den Klartext aus.

USM-Rechtzeitigkeitsmechanismen

- USM beinhaltet eine Reihe von Rechtzeitigkeitsmechanismen, um Nachrichtenverzögerungen und dem nochmaligen Senden von Nachrichten vorzubeugen. Jeder SNMP-Betreiber, der als maßgeblicher Betreiber fungieren kann, muss zwei Objekte besitzen, snmpEngineBoots und snmpEngineTime, die sich auf seine lokale Zeit beziehen.

Wenn zuerst ein SNMP-Betreiber eingerichtet wird, werden diese beiden Objekte auf Null gesetzt.

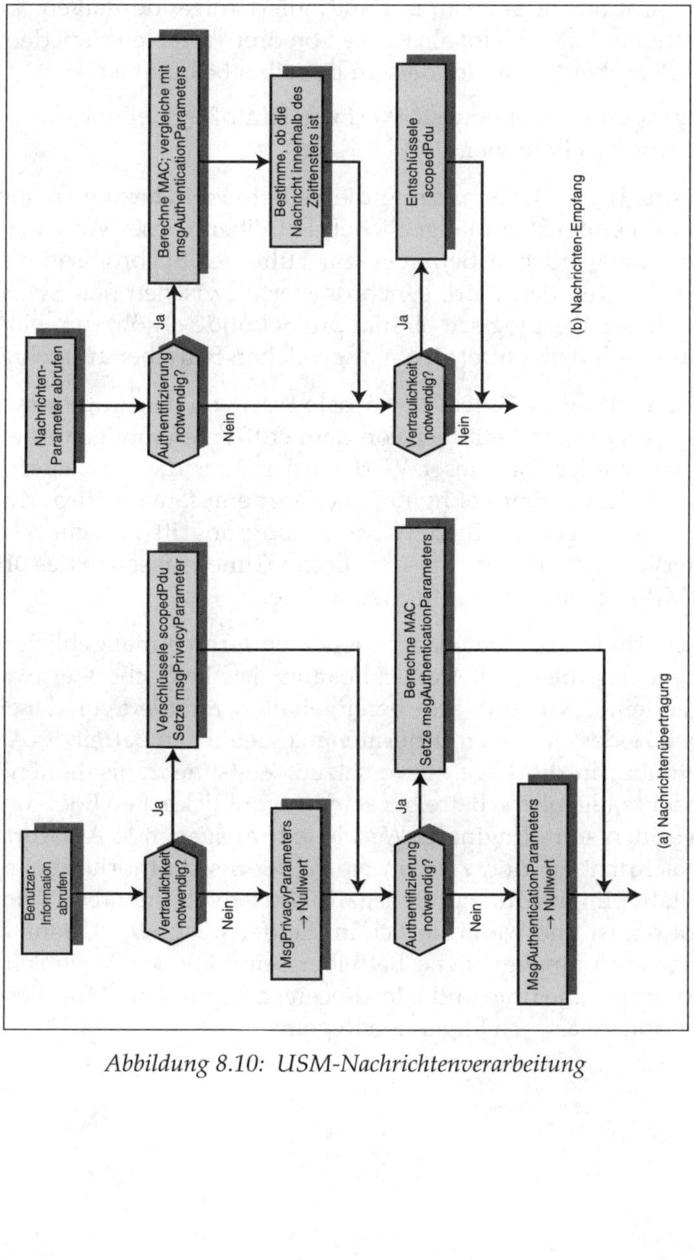

Abbildung 8.10: USM-Nachrichtenverarbeitung

Danach wird snmpEngineTime einmal pro Sekunde erhöht. Wenn snmpEngineTime jemals seinen maximalen Wert erreicht ($2^{31} - 1$), wird snmpEngineBoots erhöht, so als ob das System neu hochgefahren wäre. snmpEngineTime ist auf 0 zurückgesetzt und beginnt sich wieder zu erhöhen.

Indem er einen Synchronisationsmechanismus benutzt, erhält ein unmaßgeblicher Betreiber eine Schätzung der Zeitwerte eines jeden maßgeblichen Betreibers, mit dem er kommuniziert. Diese geschätzten Werte werden in jeder ausgehenden Nachricht platziert und befähigen den empfangenden maßgeblichen Betreiber zu bestimmen, ob die ankommende Nachricht rechtzeitig ist oder nicht.

Der Synchronisationsmechanismus funktioniert folgendermaßen: Ein unmaßgeblicher Betreiber hält eine lokale Kopie von drei Variablen für jeden maßgeblichen SNMP-Betreiber bereit, der diesem Betreiber bekannt ist:

- **snmpEngineBoots:** Der neueste Wert von snmpEngineBoots für den entfernten maßgeblichen Betreiber.
- **snmpEngineTime:** Die Schätzung dieses Betreibers bezüglich snmpEngineTime für den entfernten maßgeblichen Betreiber. Dieser Wert wird mit dem entfernten maßgeblichen Betreiber mit Hilfe des Sychronisationsprozesses, der später beschrieben wird, synchronisiert. Zwischen den Synchronisationen wird dieser Wert logisch einmal pro Sekunde erhöht, um eine lose Synchronisation mit dem entfernten maßgeblichen Betreiber aufrechtzuerhalten.
- **latestReceivedEngineTime:** Der höchste Wert von msgAuthoritativeEngineTime, der von diesem Betreiber von dem entfernten maßgeblichen Betreiber empfangen worden ist; dieser Wert wird immer dann erneuert, wenn ein größerer msgAuthoritativeEngineTime-Wert empfangen wird. Zweck dieser Variablen ist es, gegen einen Wiederholungsangriff zu schützen, was die kontinuierliche Schätzung von snmpEngineTime von seiten des unmaßgeblichen SNMP-Betreibers unterbrechen würde.

Ein Satz dieser drei Variablen wird für jeden entfernten maßgeblichen Betreiber bereitgehalten, der diesem Betreiber bekannt ist. Logischerweise werden die Werte in irgendeiner Art von Cache bereitgehalten, indiziert von der eindeutigen snmpEngineID jedes einzelnen entfernten maßgeblichen Betreibers. Um unmaßgebliche Betreiber in die Lage zu versetzen, Zeitsynchronisationen vorzunehmen, fügt jeder maßgebliche Betreiber seine augenblicklichen Boot- und Zeitwerte wie auch seinen snmpEngineID-Wert in jede ausgehende Antwort-, Berichts- oder Trap-Nachricht ein und zwar in die Felder msgAuthoritativeEngineBoots, msgAuthoritativeEngineTime und msgAuthoritativeEngineID. Wenn die Nachricht authentisch ist und wenn sie sich im Zeitfenster bewegt, dann aktualisiert der empfangende unmaßgebliche Betreiber seine lokalen Variablen (snmpEngineBoots, snmpEngineTime und latestReceivedEngineTime) für diesen entfernten Betreiber und zwar nach folgenden Regeln:

1. Eine Aktualisierung findet statt, wenn mindestens eine der beiden folgenden Bedingungen erfüllt ist:
   – (msgAuthoritativeEngineBoots > snmpEngineBoots) ODER
   – [(msgAuthoritativeEngineBoots = snmpEngineBoots) UND
   – (msgAuthoritativeEngineTime > latestReceivedEngineTime)]

Die erste Bedingung besagt, dass eine Aktualisierung stattfinden soll, wenn sich der Boot-Wert des maßgeblichen Betreibers seit der letzten Aktualisierung erhöht hat.

Die zweite Bedingung besagt Folgendes: Wenn der Boot-Wert nicht erhöht wurde, sollte eine Aktualisierung vorgenommen werden, wenn die eingehende EngineTime größer als die letzte erhaltene EngineTime ist. Die eingehende EngineTime wird kleiner als die letzte erhaltene EngineTime sein, wenn die beiden Nachrichten außerhalb der Reihenfolge ankommen, was bei einem Wiederholungsangriff passieren kann; in jedem Fall wird der empfangende Betreiber keine Aktualisierung vornehmen.

2. Wenn eine Aktualisierung gefordert ist, dann werden die folgenden Veränderungen vorgenommen:
   – Setze snmpEngineBoots auf den Wert von msgAuthoritativeEngineBoots
   – Setze snmpEngineTime auf den Wert von msgAuthoritativeEngineTime
   – Setze latestReceivedEngineTime auf den Wert von msgAuthoritativeEngineTime

Wenn wir diese Logik umdrehen, sehen wir, dass bei msgAuthoritativeEngineBoots < snmpEngineBoots keine Aktualisierung erfolgt. Solch eine Nachricht wird als nicht authentisch angesehen und muss ignoriert werden. Wenn msgAuthoritativeEngineBoots = snmpEngineBoots, aber msgAuthoritativeEngineTime < latestReceivedEngineTime, dann erfolgt wiederum keine Aktualisierung. In diesem Fall mag die Nachricht authentisch sein, aber sie könnte fehlgeordnet sein und in diesem Fall ist eine Aktualisierung von snmpEngineTime nicht garantiert.

Beachten Sie, dass die Synchronisation nur dann eingesetzt wird, wenn der Authentifizierungsdienst für diese Nachricht in Benutzung ist und über HMAC bestimmt wurde, dass diese authentisch ist. Diese Einschränkung ist sehr wichtig, weil der Bereich der Authentifizierung msgAuthoritativeEngineID, msgAuthoritativeEngineBoots und msgAuthoritativeEngineTime umfasst und folglich absichert, dass diese Werte gültig sind.

SNMPv3 schreibt vor, dass eine Nachricht innerhalb eines vernünftigen Zeitfensters empfangen werden muss, um Verzögerungs- und Wiederholungsangriffe zu vermeiden. Das Zeitfenster sollte so klein wie möglich gewählt werden, wobei die Genauigkeit der involvierten Uhren, Verzögerungen durch lange

Übertragungswege und die Frequenz der Synchronisierung der Uhren zu beachten sind. Ist das Zeitfenster zu klein, werden authentische Nachrichten als nicht authentisch zurückgewiesen. Andererseits erhöht ein großes Zeitfenster die Anfälligkeit gegen böswillige Verzögerungen von Nachrichten. Wir betrachten den wichtigeren Fall eines maßgeblichen Empfängers; Rechtzeitigkeitstests durch unmaßgebliche Empfänger weichen leicht ab. Mit jeder ankommenden Nachricht, die authentifiziert worden ist und deren msgAuthoritativeEngineID dieselbe ist wie der Wert von snmpEngineID für diesen Betreiber, führt der Betreiber einen Vergleich der Werte von msgAuthoritativeEngineBoots und msgAuthoritativeEngineTime aus der ankommenden Nachricht mit den Werten von snmpEngineBoots und snmpEngineTime durch, die dieser Betreiber selbst bereitstellt. Die ankommende Nachricht wird dann als außerhalb des Zeitfensters liegend angesehen, wenn eine der folgenden Bedingungen wahr ist:

- SnmpEngineBoots = $2^{31} - 1$ ODER
- MsgAuthoritativeEngineBoots ≠ snmpEngineBoots ODER
- Der Wert von msgAuthoritativeEngineTime weicht von dem von snmpEngineTime um mehr als ±150 Sekunden ab

Die erste Bedingung sagt, dass keine ankommende Nachricht mehr als authentisch angesehen werden kann, wenn snmpEngineBoots sein Maximum erreicht. Die zweite Bedingung besagt, dass eine eingehende Nachricht eine BootTime haben muss, die der BootTime des lokalen Betreibers entspricht. Wenn beispielsweise der lokale Betreiber neu gestartet wurde und der entfernte Betreiber seit dem Neustart nicht mit dem lokalen Betreiber synchronisiert wurde, werden die Nachrichten des entfernten Betreibers als nicht authentisch angesehen. Die letzte Bedingung besagt, dass die Zeit der eingehenden Nachricht größer als die lokale Zeit weniger 150 Sekunden sein muss und geringer als die lokale Zeit plus 150 Sekunden.

- Wenn eine Nachricht als außerhalb des Zeitfensters liegend angesehen wird, dann wird sie als nicht authentisch betrachtet und eine Fehlermeldung (notInTimeWindow) wird an das aufrufende Modul ausgegeben.
- Wiederum wird wie bei der Synchronisation die Rechtzeitigkeitsüberprüfung nur vorgenommen, wenn der Authentifizierungsdienst verwendet wird und die Nachricht authentisch ist, sodass die Gültigkeit der Header-Felder gewährleistet ist.

Schlüssel-Lokalisierung

Eine Voraussetzung für die Benutzung der Authentifizierungs- und Vertraulichkeitsdienste von SNMPv3 ist, dass für jede Kommunikation zwischen einem Prinzipal an einem unmaßgeblichen Betreiber und einem entfernten maßgeblichen Betreiber ein geheimer Authentifizierungsschlüssel und ein geheimer Vertraulichkeitsschlüssel geteilt werden müssen. Diese Schlüssel ermöglichen es einem Benutzer an einem unmaßgeblichen Betreiber (typischerweise einem Verwaltungssystem) Authentifizierung und Vertraulichkeit mit entfernten, maßgeblichen Systemen einzusetzen, die der Benutzer verwaltet (typischerweise Agentensysteme). RFC 2574 gibt Richtlinien für die Schaffung, Aktualisierung und Verwaltung dieser Schlüssel vor. Um die Belastungen durch die Schlüsselverwaltung für den Prinzipal klein zu halten, braucht jeder Prinzipal nur einen einzigen Authentifizierungs- und einen einzigen Verschlüsselungsschlüssel. Diese Schlüssel werden nicht in einer MIB gespeichert und sind nicht über SNMP zugänglich. In diesem Abschnitt betrachten wie zuerst die Technik zur Generierung dieser Schlüssel aus einem Passwort. Anschließend widmen wir uns dem Konzept der Schlüssel-Lokalisierung, das es einem Prinzipal ermöglicht, einen eindeutigen Authentifizierungs- und Verschlüsselungsschlüssel mit jedem entfernten Betreiber zu teilen und gleichzeitig lokal nur einen einzigen Authentifizierungs- und Verschlüsselungsschlüssel zu verwenden. Diese beiden Techniken sind in [BLUM97a] beschrieben.

Der Benutzer benötigt einen 16-Oktett-Vertraulichkeitsschlüssel und einen Authentifizierungsschlüssel von entweder 16 oder 20 Oktetten Länge. Für Schlüssel, die von Menschen benutzt werden, ist es wünschenswert, ein für Menschen lesbares Passwort zu benutzen und keinen Bit-Ketten-Schlüssel. Demgemäß definiert RFC 2574 einen Algorithmus zur Gewinnung eines 16- bzw. 20-Oktett-Schlüssels aus einem Benutzerpasswort. USM macht keine Einschränkungen bezüglich des Passworts selbst, jedoch sollten die lokalen Verwaltungsrichtlinien vorschreiben, dass der Benutzer keine Passwörter wählt, die leicht zu erraten sind. Die Generierung eines Schlüssels aus einem Passwort geschieht folgendermaßen:

- Man nehme das Benutzerpasswort als Eingabe und produziere eine Kette der Länge 2^{20} Oktette (1.048.576 Oktette), indem man den Passwortwert so oft wie nötig wiederholt und den letzten Wert wenn nötig abschneidet, um die Kette digest0 zu bilden. Ein 8-Zeichen-Passwort (2^3 Oktetts) würde beispielsweise 2^{17} Mal miteinander verkettet, um digest0 zu bilden.
- Wenn ein 16-Oktett-Schlüssel gewünscht wird, nimmt man den MD5-Hash von digest0, um digest1 zu bilden. Wenn ein 20-Oktett-Schlüssel gewünscht wird, nimmt man den SHA-1-Hash von digest0, um digest1 zu bilden. Die Ausgabe ist der Benutzerschlüssel.

Ein Vorteil dieser Methode ist, dass dieses Vorgehen weitgehend einen Brute-Force-Angriff über ein Wörterbuch ausschaltet, bei dem ein Gegner viele verschiedene Passwörter ausprobiert, den Schlüssel aus jedem erzeugt und dann testet, ob der resultierende Schlüssel mit den Authentifizierungs- oder Verschlüsselungsdaten, die er besitzt, funktioniert. Wenn beispielsweise ein Angreifer eine authentifizierte Nachricht abfängt, könnte er versuchen, den HMAC-Wert mit verschiedenen möglichen Benutzerschlüsseln zu erzeugen.

Bei einer Übereinstimmung kann der Angreifer annehmen, dass er das Passwort entdeckt hat. Der gerade beschriebene Zwei-Schritt-Prozess erhöht den Zeitaufwand für einen solchen Angriff bedeutend.

Ein weiterer Vorteil dieser Technik ist, dass sie die Benutzerschlüssel von jeglichem speziellen Netzwerkverwaltungssystem (Network Management System – NMS) entkoppelt. Kein NMS braucht Werte von Benutzerschlüsseln zu speichern. Statt dessen wird ein Benutzerschlüssel aus dem Benutzerpasswort jenes Benutzers generiert, wenn er gebraucht wird. [BLUM97b] listet die folgenden Überlegungen auf, die die Benutzung einer von NMS unabhängigen Passwortlösung motivieren:

- Wenn ein Schlüssel gespeichert und nicht aus einem Passwort generiert werden soll, ist es eine Alternative, einen zentralisierten Aufbewahrungsort für geheime Schlüssel anzulegen. Dies hat aber umgekehrt Auswirkungen auf die allgemeine Maßgeblichkeit und kann die Fehlerbehebung unmöglich machen, wenn der Aufbewahrungsort selbst nicht zugänglich ist, wenn es nötig ist.
- Wenn man andererseits doppelte Aufbewahrungsorte anlegt, gefährdet dies die allgemeine Sicherheit, indem es potenziellen Angreifern mehr Ziele bietet.
- Wenn entweder zentralisierte oder mehrere doppelte Aufbewahrungsorte benutzt werden, müssen diese an einem sicheren Ort angelegt werden. Dies kann die Möglichkeiten einschränken, während der Brandbekämpfung »vorn an der Spritze« zu sein (d.h. bei der Fehlerbehebung, wenn unvorhersehbare Segmente des Netzwerks nicht arbeiten und/oder für nicht absehbare Zeit unzugänglich sind).

Ein einzelnes Passwort reicht aus, um einen einzelnen Schlüssel sowohl für die Authentifizierung als auch für die Verschlüsselung zu generieren. Sicherer ist es, zwei Passwörter zu verwenden: eines für die Generierung eines Authentifizierungsschlüssels, und eines, um einen anderen Verschlüsselungsschlüssel zu generieren.

Ein lokalisierter Schlüssel ist im RFC 2574 als ein geheimer Schlüssel definiert, der zwischen einem Benutzer und einem maßgeblichen SNMP-Betreiber geteilt wird. Das Ziel ist, dass der Benutzer nur einen einzigen Schlüssel braucht (oder zwei, wenn sowohl Authentifizierung als auch Vertraulichkeit benötigt werden) und sich deshalb nur ein Passwort merken muss. Die eigentlichen Geheimnisse, die ein bestimmter Benutzer mit jedem maßgeblichen SNMP-Betreiber teilt, sehen anders aus. Den Prozess, in dem ein einzelner Benutzerschlüssel in mehrere eindeutige Schlüssel konvertiert wird, einen für jeden entfernten SNMP-Betreiber, bezeichnet man als Lokalisierung. [BLUM97a] erläutert die Motivation für diese Strategie, was wir hier zusammenfassen. Wir können die folgenden Ziele der Schlüsselverwaltung definieren:

- Jeder SNMP-Agent in einem verteilten Netzwerk hat seinen eigenen, eindeutigen Schlüssel für jeden Benutzer, der autorisiert ist, ihn zu verwalten. Wenn mehrere Benutzer als Verwalter autorisiert sind, hat der Agent einen eindeutigen Authentifizierungsschlüssel und einen eindeutigen Verschlüsselungsschlüssel für jeden Benutzer. Daraus folgt: Wenn der Schlüssel für einen Benutzer aufgedeckt wird, werden die Schlüssel der anderen Benutzer nicht aufgedeckt.
- Die Schlüssel für einen Benutzer an unterschiedlichen Agenten sind unterschiedlich. Daraus folgt: Wenn ein Agent aufgedeckt wird, sind nur die Schlüssel für diesen Agenten aufgedeckt und nicht die verwendeten Schlüssel für andere Agenten.
- Netzwerkverwaltung kann von jedem Ort im Netzwerk ausgeführt werden, gleichgültig, ob ein präkonfiguriertes Netzwerkverwaltungssystem (NMS) verfügbar ist. Dieses ermöglicht einem Benutzer die Durchführung von Verwaltungsfunktionen von einer beliebigen Verwaltungsstation aus. Diese Fähigkeit wird durch den zuvor beschriebenen Passwort-zu-Schlüssel-Algorithmus ermöglicht.

Folgende Dinge sind zu vermeiden:

- Ein Benutzer muss sich eine große Anzahl von Schlüsseln merken oder irgendwie verwalten, eine Zahl, die mit der Hinzunahme neuer zu verwaltender Agenten wächst.
- Ein Gegner, der den Schlüssel für einen Agenten in Erfahrung bringt, ist damit in der Lage, für jeden Benutzer jeden anderen Agenten zu verkörpern oder jeden Benutzer für jeden anderen Agenten.

Um die eben beschriebenen Ziele und Überlegungen anzugehen, wird ein einzelner Benutzerschlüssel mithilfe einer nicht umkehrbaren Einwegfunktion (d.h. einer sicheren Hash-Funktion) in verschiedene lokalisierte Schlüssel für verschiedene authentifizierte Betreiber (verschiedene Agenten) umgewandelt. Die Prozedur sieht folgendermaßen aus:

- Bilde die Kette digest2 durch Verkettung von digest1 (wie vorhin beschrieben), dem Wert von snmpEngineID des maßgeblichen Betreibers und digest1.
- Für einen 16-Oktett-Schlüssel nimmt man den MD5-Hash von digest2, wenn ein 20-Oktett-Schlüssel gewünscht wird, nimmt man den SHA-1-Hash von digest2. Die Ausgabe ist der lokalisierte Schlüssel des Benutzers.

Der resultierende lokalisierte Schlüssel kann dann auf dem Agentensystem in einer sicheren Art und Weise konfiguriert werden. Wegen der Einweg-Natur von MD5 und SHA-1 ist es für einen Gegner unmöglich, einen Benutzerschlüssel in Erfahrung zu bringen, selbst wenn es ihm gelingen sollte, den lokalisierten Schlüssel zu entdecken.

Abbildung 8.11 fasst den Schlüssel-Lokalisierungsprozess zusammen.

8.3.3 Sichtbasierte Zugriffssteuerung

Die Zugriffssteuerung ist eine Sicherheitsfunktion, die auf PDU-Ebene ausgeführt wird. Ein Zugriffssteuerungsdokument definiert alle Mechanismen, um zu bestimmen, ob Zugriff zu einem verwalteten Objekt in einem lokalen MIB durch einen entfernten Prinzipal gewährt werden soll. Wie man sich vorstellen kann, können mehrere Zugriffsmechanismen definiert werden. Die SNMPv3-Dokumente definieren das sichtbasierte Zugriffssteuerungsmodell (View-Based Access Control Model – VACM). VACM selbst benutzt eine MIB, welche die Zugriffssteuerungspolitik für diesen Agenten definiert, und es ermöglicht die Benutzung einer entfernten Konfiguration.

VACM weist zwei wichtige Merkmale auf:

- VACM bestimmt, ob Zugriff zu einem verwalteten Objekt in einer lokalen MIB durch einen entfernten Prinzipal gewährt wird.
- VACM benutzt eine MIB, welche die
  - die Zugriffsrichtlinien für diesen Agenten definiert,
  - die Benutzung entfernter Konfiguration ermöglicht.

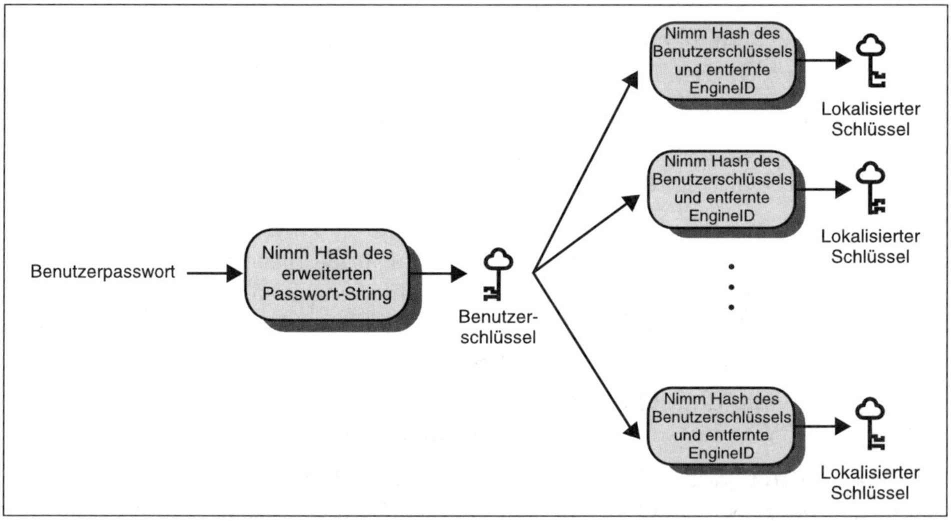

Abbildung 8.11: Schlüssel-Lokalisierungsprozess

Elemente des VACM-Modells

RFC 2575 definiert fünf Elemente, aus denen das VACM besteht: Gruppen, Sicherheitsebenen, Kontexte, MIB-Ansichten und Zugriffsrichtlinien.

Eine **Gruppe** wird definiert als ein Satz von null oder mehr <securityModel, securityName> Tupel, in deren Namen auf SNMP-Verwaltungsobjekte zugegriffen werden kann. Ein securityName bezieht sich auf einen Prinzipal und die Zugriffsrechte für alle Prinzipale in einer gegebenen Gruppe sind identisch. Es gibt einen eindeutigen groupName für jede Gruppe. Das Gruppenkonzept ist ein nützliches Werkzeug, um Verwalter bezüglich ihrer Zugriffsrechte zu kategorisieren. Beispielsweise haben alle Verwalter der höchsten Ebene einen anderen Satz von Zugriffsrechten als die Verwalter der mittleren Ebene.

Jede gegebene Kombination aus securityModel und securityName kann höchstens zu einer Gruppe gehören. Das heißt, für diesen Agenten kann ein gegebener Prinzipal, dessen Kommunikation durch ein gegebenes securityModel geschützt wird, nur zu einer Gruppe gehören.

Die Zugriffsrechte für eine Gruppe können unterschiedlich sein. Dies hängt von der **Sicherheitsebene** der Nachricht ab, die die Anfrage enthält. Beispielsweise kann ein Agent einen Nur-Lese-Zugriff für eine Anfrage gewähren, die in einer nicht authentifizierten Nachricht kommuniziert wird, aber die Authentifizierung für Schreibzugriff verlangen. Weiterhin kann er für gewisse vertrauliche Objekte verlangen, dass die Anfrage und ihre Antwort mithilfe des Vertraulichkeitsdienstes kommuniziert wird.

Ein **MIB-Kontext** ist eine benannte Untergruppe der Objektinstanzen in der lokalen MIB. Kontexte sind ein nützlicher Weg, um Objekte mit verschiedenen Zugriffspolitiken zu größeren Sammlungen zusammenzufassen.

Der Kontext ist ein Konzept, das sich auf die Zugriffsteuerung bezieht. Wenn eine Verwaltungsstation mit einem Agenten interagiert, um auf Verwaltungsinformationen auf dem Agenten Zugriff zu nehmen, dann findet die Interaktion zwischen einem Verwaltungs-Prinzipal und dem SNMP-Betreiber des Agenten statt. Die Zugriffssteuerungsprivilegien drücken sich in einer MIB-Ansicht aus, die für diesen Prinzipal und diesen Kontext gilt. Kontexte haben die folgenden Schlüsselmerkmale:

- Eine SNMP-Einheit, die eindeutig durch eine contextEngineID identifiziert wird, kann mehr als einen Kontext haben.
- Ein Objekt oder eine Objektinstanz kann in mehr als einem Kontext erscheinen.
- Wenn mehrere Kontexte existieren, um eine einzige Objektinstanz zu identifizieren, müssen sein contextName und seine contextEngineID zusätzlich zu seinem Objekttyp und seiner Instanz identifiziert werden.

Oft möchten wir den Zugriff einer bestimmten Gruppe auf eine Untergruppe der auf dem Agenten verwalteten Objekte beschränken. Um dieses Ziel zu erreichen, wird der Zugriff auf einen Kontext mithilfe einer **MIB-Ansicht** realisiert, die einen spezifischen Satz von verwalteten Objekten (und wahlweise von spezifischen Objektinstanzen) definiert. VACM benutzt eine mächtige und flexible Technik zur Definition von MIB-Ansichten, die auf den Konzepten von Ansichten-Unterbäumen und Ansichten-Familien basiert. Die MIB-Ansicht ist als Sammlung definiert oder als Familie von Unterbäumen, wobei jeder Unterbaum entweder in die Ansicht einbezogen oder aus ihr ausgeschlossen wird.

Die verwalteten Objekte in einer lokalen Datenbank werden hierarchisch oder mithilfe eines Baums organisiert. Diese Organisation basiert auf den Objektbezeichnern der Objekte. Diese lokale Datenbank umfasst eine Untergruppe aller Objektarten, die gemäß der Internet-Standard Structure of Management Information (SMI) definiert sind, und beinhaltet Objektinstanzen, deren Bezeichner mit den SMI-Konventionen konform gehen.

SNMPv3 beinhaltet das Konzept eines Unterbaums. Ein Unterbaum ist einfach ein Knoten in der Benennungshierarchie der MIB und aller ihrer untergeordneten Elemente. Formaler gesprochen, ein Unterbaum kann als der Satz aller Objekte und Objektinstanzen definiert werden, die ein gemeinsames ASN.1-OBJEKT-BEZEICHNER-Präfix in ihrem Namen haben. Das längste gemeinsame Präfix aller Instanzen im Unterbaum ist der Objektbezeichner des Elternknotens dieses Unterbaums.

Verbunden mit jedem Eintrag in der vacmAccessTable sind drei MIB-Ansichten, jeweils eine zum Lese-, Schreib- und zum Benachrichtigungszugriff. Jede MIB-Ansicht besteht aus einem Satz von Ansichts-Unterbäumen. Jeder Ansichts-Unterbaum in der MIB-Ansicht ist als eingeschlossen oder ausgeschlossen spezifiziert. Das heißt, die MIB-Ansicht schließt alle Objektinstanzen, die in diesem Unterbaum enthalten sind, entweder ein oder aus. Zusätzlich wird eine Ansichtsmaske definiert, um die benötigte Menge an Konfigurationsinformationen zu reduzieren, wenn eine feingliedrige Zugriffssteuerung notwendig ist (z.B. Zugriffssteuerung auf Objektinstanzebene).

VACM befähigt einen SNMP-Betreiber, so konfiguriert zu werden, dass er einen speziellen Satz von Zugriffsrechten erzwingen kann, welche die **Zugriffsrichtlinien** bilden. Die Bestimmung des Zugriffs hängt von folgenden Faktoren ab:

- Dem **Prinzipal**, der Zugriff erbittet. VACM macht es möglich, dass ein Agent verschiedene Zugriffsprivilegien für verschiedene Benutzer festlegt. Beispielsweise hat ein Verwaltersystem, das für die netzwerkweite Konfiguration verantwortlich ist, breit gefächerte Möglichkeiten, Dinge im lokalen MIB zu verändern, während ein Verwalter auf mittlerer Ebene mit Überwachungsverantwortlichkeiten lediglich einen Nur-Lese-Zugriff hat und weiterhin dahingehend eingeschränkt sein kann, dass er nur Zugriff auf eine Untergruppe des lokalen MIB hat. Wie schon erläutert wurde, werden Prinzipale Gruppen zugewiesen und die Zugriffspolitik wird mit Bezug auf Gruppen spezifiziert.

- Der **Sicherheitsebene**, auf der die Anfrage in einer SNMP-Nachricht kommuniziert wurde. Typischerweise wird ein Agent die Benutzung von Authentifizierung verlangen, wenn Nachrichten eine Setzenanfrage enthalten (Schreiboperation).
- Dem **Sicherheitsmodell**, das benutzt wird, um die Anfragenachrichten zu verarbeiten. Wenn mehrere Sicherheitsmodelle auf einem Agenten implementiert sind, kann der Agent so konfiguriert sein, dass er verschiedene Ebenen des Zugriffs auf Anfragen zur Verfügung stellt, die durch Nachrichten kommuniziert werden, die von verschiedenen Sicherheitsmodellen verarbeitet werden. Beispielsweise können bestimmte Punkte verfügbar sein, wenn die Anfrage-Nachricht mit USM kommt, aber nicht, wenn das Sicherheitsmodell SNMPv1 ist.
- Dem **MIB-Kontext** für die Anfrage.
- Der spezifischen **Objektinstanz**, für die Zugriff erbeten wird. Einige Objekte enthalten vertraulichere Informationen als andere und darum muss die Zugriffspolitik von der spezifischen Objektinstanz abhängen, die angefragt wurde.
- Der **Art des Zugriffs**, die angefragt wurde (Lesen, Schreiben, Benachrichtigen). Lesen, Schreiben und Benachrichtigen sind unterschiedliche Verwaltungsoperationen und es können verschiedene Zugriffssteuerungsrichtlinien für jede von diesen Operationen gelten.

Zugriffssteuerungsverarbeitung

Eine SNMP-Anwendung ruft VACM über das isAccessAllowed-Grundelement auf und zwar mit den Eingabeparametern securityModel, securityName, securityLevel, viewType, contextName und variableName. Jeder dieser Parameter wird benötigt, um die Zugriffssteuerungsentscheidung zu treffen. Anders ausgedrückt, das Zugriffssteuerungssubsystem ist so definiert, dass es ein sehr flexibles Werkzeug darstellt, um die Zugriffssteuerung auf dem Agenten zu konfigurieren, indem es die Komponenten der Zugriffssteuerungsentscheidung in sechs separate Variablen aufteilt.

Abbildung 8.12, adaptiert von einer Abbildung im RFC 2575, stellt die Eingabevariablen anschaulich dar und zeigt, wie die verschiedenen Tabellen der VACM-MIB beim Treffen der Zugriffssteuerungsentscheidung ins Spiel kommen.

- **Wer:** Die Kombination von securityModel und securityName definiert das *Wer* dieser Operation. Sie identifiziert einen gegebenen Prinzipal, dessen Kommunikation durch ein gegebenes securityModel geschützt wird. Diese Kombination gehört zu höchstens einer Gruppe bei diesem SNMP-Betreiber. Der vacmSecurityToGroupTable stellt den groupName bei gegebenem securityModel und securityName zur Verfügung.

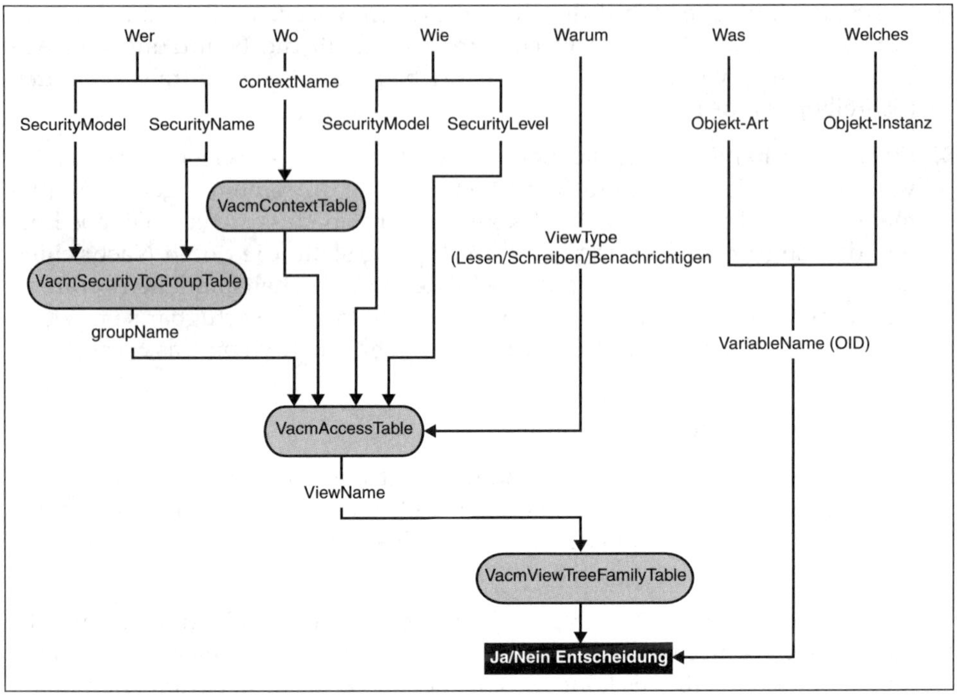

Abbildung 8.12: VACM-Logik

- **Wo:** Der contextName spezifiziert, *wo* das gewünschte Verwaltungsobjekt zu finden ist. Der vacmContextTable enthält eine Liste der anerkannten contextNames.
- **Wie:** Die Kombination von securityModel und securityLevel definiert, *wie* die ankommende Anfrage oder Inform-PDU geschützt war. Die Kombination von wer, wo und wie identifiziert Null- oder Eins-Einträge in der vacmAccessTable.
- **Warum:** Der ViewType spezifiziert, *warum* Zugriff erbeten wird: für eine Lese-, Schreib- oder Benachrichtigungsoperation. Der gewählte Eintrag im vacmTable enthält einen MIBviewName für jede dieser drei Arten von Operationen und viewType wird benutzt, um einen spezifischen viewName zu wählen. Dieser viewName wählt die entsprechende MIB-Ansicht von vacmViewTreeFamilyTable.
- **Was:** Der variableName ist ein Objektbezeichner, dessen Präfix eine spezifische Objektart identifiziert und dessen Suffix eine spezifische Objektinstanz identifiziert. Die Objektart zeigt an, welche Art von Verwaltungsinformation erbeten wird.
- **Welches:** Die Objektinstanz zeigt an, *welches* spezifische Stück Information erbeten wird.

Schließlich wird variableName mit der erhaltenen MIB-Ansicht verglichen. Wenn der variableName einem Element in der MIB-Ansicht entspricht, wird Zugriff gewährleistet

Motivation

Die Konzepte, die VACM ausmachen, scheinen in einer ziemlich komplexen Definition der Zugriffssteuerung zu resultieren. Der Grund für die Vorstellung dieser Konzepte ist, die Beziehungen klarzulegen, die in den Zugriff auf Verwaltungsinformationen involviert sind, und den Speicher- und Verarbeitungsanforderungen beim Agenten zu minimieren. Um diese Gründe zu verstehen, bedenken Sie Folgendes. In SNMPv1 wird das Gemeinschaftskonzept benutzt, um die folgenden sicherheitsrelevanten Informationen zu repräsentieren:

- Die Identität der anfragenden Einheit (Verwaltungsstation)
- Die Identität der ausführenden Einheit (Agent, der für sich selbst agiert oder für eine Einheit mit Proxy)
- Die Identität des Orts, an dem der Zugriff auf die Verwaltungsinformation erfolgt (Agent oder Einheit mit Proxy)
- Authentifizierungsinformationen
- Zugriffssteuerungsinformationen (Autorisierung für die Ausführung der benötigten Operation)
- MIB-Ansichtsinformationen
- Indem man alle diese Konzepte in eine einzige Variable steckt, gehen Flexibilität und Funktionalität verloren. VACM stellt den gleichen Satz von sicherheitsrelevanten Informationen zur Verfügung und benutzt hierzu verschiedene Variablen für jeden Aspekt. Dies ist eine wichtige Verbesserung gegenüber SNMPv1. Es trennt mehrere Konzepte, sodass Werte jedem einzelnen separat zugewiesen werden können.

8.4 Empfohlene Lektüre und Web-Sites

[STAL99] beschäftigt sich umfassend und detailliert mit SNMP, SNMPv2 und SNMPv3; das Buch gibt auch einen Überblick über die Netzwerkverwaltungstechnologie.

STAL99 Stallings, W. *SNMP, SNMPv2, SNMPv3, and RMON 1 and 2*. Reading, MA: Addison-Wesley, 1999.

Empfohlene Web-Sites:

- **IETF SNMPv3-Arbeitsgruppe:** stellt die neuesten Kopien von RFCs bezüglich SNMPv3 und Internet-Draft-Dokumenten zur Verfügung, dazu einen Abriss der vergangenen und zukünftigen Arbeit.
- **SNMPv3-Web-Site:** von der Technischen Universität in Braunschweig. Sie bietet Links zu RFCs und Internet-Entwürfen, zu Kopien von Klärungen und vorgeschlagenen Änderungen der Arbeitsgruppe. Außerdem bietet sie Links zu Firmen, die SNMPv3-Implementierungen verkaufen.
- **Die einfache Web-Site:** von der Universität Twente; eine gute Informationsquelle zu SNMP, einschließlich Verweisen auf zahlreiche Public-Domain-Implementationen und Listen von Büchern und Artikeln.

8.5 Aufgaben

8.1 SNMPv1 definiert einen Datentyp, der als Eichung bezeichnet wird, und hat die folgende Erklärung für die Semantik dieses Typs:

> Dieser anwendungsweite Typus repräsentiert eine nicht-negative Ganzzahl, die sich erhöhen oder verringern kann, sich aber bei einem maximalen Wert verriegelt. Dieser Standard spezifiziert einen maximalen Wert von $2^{31} - 1$ (4294967295 dezimal) für Eichungen.

Unglücklicherweise wurde das Wort *verriegelt* nicht definiert und daraus resultierten zwei unterschiedliche Interpretationen. Der SNMPv2-Standard beseitigte diese Zweideutigkeit mit der folgenden Definition:

> Der Wert einer Eichung hat seinen maximalen Wert immer dann, wenn die Information, die gebildet wird größer/gleich diesem maximalen Wert ist; wenn die Information, die gebildet wird, anschließend unter den maximalen Wert sinkt, sinkt auch die Eichung.

a. Was ist die alternative Interpretation?

b. Erörtern Sie die Stärken und Schwächen der beiden Interpretationen.

8.2 In SNMPv1 wird jedes Objekt in einer MIB so definiert, dass es eine MIB-Zugriffskategorie hat, der einer der folgenden Werte zugewiesen werden kann: Nur-Lesen, Lesen-Schreiben, Nur-Schreiben und Nicht-Zugänglich. Lesen wird erreicht durch eine Get- oder Trap-Operation, Schreiben erfolgt durch eine Set-Operation. Im Falle von Nur-Schreiben kann das Objekt für Get- und Trap-Operationen verfügbar sein, aber dies ist abhängig von der Implementierung. Die MIB-Zugriffskategorie spezifiziert den maximalen Zugriff, der für ein Objekt gestattet wird, aber in der SNMPv1-Verbund-möglichkeit kann der Zugriffsmodus diesen Zugriff für ein gegebenes Verbundprofil weiter beschränken. Füllen Sie folgende Tabelle aus, um den gewährten Zugriff zu zeigen.

MIB-Zugriffskategorie	*SNMP-Zugriffsmodus*	
	Nur-Lesen	Lesen-Schreiben
Nur-Lesen		
Lesen-Schreiben		
Nur-Schreiben		
Nicht-Zugänglich		

8.3 a. RFC 2574 legt für einen unmaßgeblichen Betreiber fest, dass die Werte von msgAuthoritativeEngineBoots und msgAuthoritativeEngineTime in einem ausgehenden Nachrichten-Header nur dann gesetzt werden, wenn die Nachricht vom maßgeblichen Empfänger zu authentifizieren ist. Warum ist diese Einschränkung sinnvoll?

b. Für eine Antwortnachricht von einem maßgeblichen Betreiber hingegen werden die Werte von msgAuthoritativeEngineBoots und msgAuthoritativeEngineTime im ausgehenden Nachrichten-Header immer gesetzt. Warum mag das so sein?

8.4 RFC 2574 spezifiziert, dass die Uhrensynchronisierung (die Aktualisierung der Uhr, basierend auf ankommenden Werten) vor der Zeitfensterüberprüfung stattfindet (Überprüfung, ob die ankommende Nachricht rechtzeitig ist). Das bedeutet, dass ein unmaßgeblicher Betreiber seine Schätzung der Uhr des maßgeblichen Betreibers aktualisiert, wenn die empfangene Nachricht authentisch ist, selbst wenn die Nachricht nicht innerhalb des Zeitfensters liegt. Seit der Publikation des RFC hat es anhaltende Diskussionen über diesen Tatbestand in der SNMPv3-Mailing-Liste gegeben, aber bis heute scheint es keine Änderung des Wortlauts des Standards zu geben. Es ist lehrreich, die entsprechenden Implikationen zu betrachten. Definieren wir Folgendes:

MAEB = msgAuthoritativeEngineBoots
MAET = msgAuthoritativeEngineTime
SEB = lokale Schätzung von snmpEngineBoots für den entfernten maßgeblichen Betreiber
SET = lokale Schätzung von snmpEngineTime für den entfernten maßgeblichen Betreiber
LRET = latestReceivedEngineTime

Nun nehmen wir an, dass ein unmaßgeblicher Betreiber eine Nachricht empfängt, sodass gilt:

(MAEB = SEB) UND [LRET < MAET < (SET – 150)]

Dann sind die Bedingungen für eine Uhrenaktualisierung erfüllt und so geht es vor sich:

SET := MAET; LRET := MAET

Nun kommen wir zur Zeitfensterüberprüfung, dort haben wir Folgendes:

(MAEB = SEB) UND (MAET = SET)

Also erklären wir die Nachricht als rechtzeitig. Nehmen wir jedoch an, wir hätten die Zeitfensterüberprüfung als Erstes gemacht. Wäre die Nachricht dann rechtzeitig erklärt worden oder nicht?

8.5 In der ursprünglich veröffentlichten Version der USM-Spezifikation (RFC 2274) findet sich bei der Diskussion um Uhrensynchronisierungs- und Zeitfensterüberprüfungsprozeduren folgendes Statement: »Beachten Sie, dass diese Prozedur keine automatische Zeitsynchronisierung erlaubt, wenn der unmaßgebliche SNMP-Betreiber in einer echten out-of-sync-Situation ist, wodurch der maßgebliche SNMP-Betreiber 150 Sekunden hinter dem unmaßgeblichen SNMP-Betreiber ist.« Dieses Statement wurde in der überarbeiteten Version (RFC 2574) fallen gelassen, nachdem der Autor die Arbeitsgruppe darauf hingewiesen hatte, dass dieser Satz nicht immer wahr sei. Benutzen Sie das Beispiel in 8.4 und zeigen Sie, dass der Satz nicht immer wahr ist.

8.6 SNMPv3 nimmt an, dass es sichere Mittel gibt, lokalisierte Schlüssel an authentifizierte (Agenten-)Systeme auszuliefern. Diese sichere Auslieferung geht über den Bereich von SNMPv3 hinaus. Sie kann manuell oder durch irgendein anderes sicheres Protokoll erfolgen. Ist erst einmal ein Anfangsschlüssel (oder Schlüsselpaar für Authentifizierung und Vertraulichkeit) an einen Agenten ausgeliefert, so stellt SNMPv3 einen Mechanismus zur sicheren Aktualisierung der Schlüssel zur Verfügung. Es ist wünschenswert, dass die Schlüssel von Zeit zu Zeit geändert werden, um die Sicherheit zu erhöhen. Ein Benutzer selbst könnte den Prozess der Schlüsseländerung durch Anfrage initiieren und ein neues Passwort angeben. Alternativ könnte das Netzwerkverwaltungssystem (NMS) den Prozess initiieren, indem es nach einem neuen Passwort fragt. In beiden Fällen wird der Benutzerschlüssel beim NMS aktualisiert. Das NMS kann dann einen lokalisierten Schlüssel für jeden kommunizierenden Agenten berechnen. Das NMS muss dann sicher mit jedem Agenten kommunizieren, um den Agenten zu veranlassen, seinen lokalisierten Schlüssel zu aktualisieren. Natürlich kann das NMS den Schlüssel nicht einfach als Klartext über das Netzwerk senden. Es bieten sich zwei Möglichkeiten:

- Verschlüsselung des neuen Schlüssels, indem man den alten Schlüssel als Verschlüsselungsschlüssel benutzt
- Die Benutzung irgendeiner Einweg-Funktion, um einen Wert aus dem Schlüssel zu gewinnen; Anwendung der Exklusive-Oder-Funktion (XOR) auf diesen Wert und den neuen Schlüssel und Übersendung des Ergebnisses zum Agenten. Der Agent kann dann das ankommende Ergebnis XOR(en) mit der gleichen Funktion, die für den alten Schlüssel galt, um den neuen zu produzieren.

SNMPv3 benutzt eine Variante der zweiten Methode. Was für einen Vorteil bietet sie im Vergleich zur ersten Methode?

8.7 Die SNMPv3-Vorgehensweise beinhaltet die Benutzung eines KeyChange-Objekts in der MIB des Zielsystems. Ein entfernter Prinzipal oder NMS setzt dieses Objekt, das dann automatisch vom Agenten benutzt wird, um den entsprechenden Schlüssel zu aktualisieren. Der Algorithmus funktioniert in zwei Phasen, einer findet statt beim anfragenden Betreiber und einer beim entfernten Agenten-Betreiber. Der Prozess beginnt, wenn der Anfragende den existierenden Schlüssel keyOld in einen neuen Wert keyNew aktualisieren möchte. Der Anfragende vollzieht die folgenden Schritte:

1. Er generiert einen Wert *zufällig*, entweder mit einem Pseudo-Zufallsgenerator oder einem echten Zufallsgenerator.
2. Berechnung

   digest = Hash(keyOld || random)
3. wobei der Hash entweder MD5 oder SHA-1 ist, abhängig davon, ob ein 16-Oktett- oder ein 20-Oktett-Schlüssel gewünscht wird, und das Symbol || steht für Verkettung.

   Berechnung delta = digest ⊕ keyNew
   protocolKeyChange = (zufällig || delta)

   wobei ⊕ die Exklusiv-Oder-Operation ist.
4. Der Wert protocolKeyChange wird dann zum Agenten in einem Set-Befehl gesendet, um eine KeyChange-Objekt-Instanz in der MIB des Agenten zu aktualisieren.

Was muss der Agent mit dem ankommenden Wert tun, um den Schlüssel zu aktualisieren?

8.8 Eine einfachere Prozedur als die in der vorherigen Aufgabe würde die XOR-Funktion auf den keyOld und den keyNew anwenden und diesen Wert übertragen. Der Empfänger nimmt dann den XOR des empfangenen Werts und keyOld, um KeyNew zu produzieren. Weil der Angreifer key-

Old nicht kennt, kann er nicht auf den Wert von keyNew schließen. Welches sind die Vorteile gegenüber der Benutzung von Zufallszahlen und sicheren Einweg-Hash-Funktionen der Aufgabe 8.7?

Teil 3
Systemsicherheit

Teil 3 betrachtet Themen der Sicherheit auf Systemebene, einschließlich der Bedrohung durch Eindringlinge und Viren und entsprechender Gegenmaßnahmen sowie der Verwendung von Firewalls und gesicherten Systemen.

Kapitel 9 Eindringlinge und Viren

Kapitel 9 untersucht eine Vielzahl von Bedrohungen des Informationszugriffs und Informationsdienstes, die durch Hacker und Programme entstehen, welche die Schwachstellen in netzwerkbasierten Rechensystemen ausnutzen. Das Kapitel beginnt mit einer Besprechung der Angriffsarten, die durch unrechtmäßige Benutzer oder Eindringlinge erfolgen können, und analysiert verschiedene Ansätze zur Vorsorge und Entdeckung. Anschließend werden programmierte Bedrohungen, z.B. Viren, erörtert.

Kapitel 10 Firewalls

Ein Standardverfahren zum Schutz lokaler Rechensysteme vor externen Bedrohungen ist der Einsatz einer Firewall. Kapitel 10 zeigt die Prinzipien beim Entwurf einer Firewall und betrachtet besondere Techniken.

9 Eindringlinge und Viren

Ein besonderes Sicherheitsproblem für vernetzte Systeme ist ein feindlicher oder zumindest unerwünschter Zugang durch Benutzer oder Software. Dies umfasst das unberechtigte Anmelden auf einer Maschine oder, im Falle eines berechtigten Benutzers, die Nutzung von Privilegien und Funktionen, zu deren Nutzung keine Berechtigung bestand. Unbefugter Zugang durch Software kann in Form von Viren, Würmern oder Trojanischen Pferden stattfinden.

All diese Angriffe stehen im Zusammenhang mit der Sicherheit von Netzwerken, denn Zugang zu einem System kann man über ein Netzwerk erreichen. Diese Angriffe sind aber nicht nur auf netzwerkbasierte Angriffe beschränkt. Ein Benutzer mit Zugang zu einem lokalen Terminal kann unberechtigten Zugang ohne die Hilfe eines Netzwerks erlangen. Ein Virus oder ein Trojanisches Pferd kann auch über eine Diskette in ein System eingebracht werden. Nur der Wurm ist eine typische Netzwerkerscheinung. Unberechtigter Zugriff ist deshalb ein Begriff, bei dem sich Netzwerk- und Computersicherheit überlappen.

Da der Schwerpunkt dieses Buchs auf der Netzwerksicherheit liegt, streben wir keine umfassende Analyse der Angriffe oder der Sicherheitsgegenmaßnahmen gegenüber unberechtigtem Zugriff an. Statt dessen enthält dieses Kapitel einen allgemeinen Überblick über diese Belange.

Dieses Kapitel beginnt mit dem Thema Eindringlinge. Als Erstes untersuchen wir die Art des Angriffs, um dann die Strategien für eine Abwehr und, falls diese versagen, die Erkennung zu betrachten. Danach besprechen wir das viel diskutierte Thema Viren.

9.1 Eindringlinge

Abgesehen von Viren ist der Eindringling, generell als Hacker oder Cracker bezeichnet, eine der größten Gefahren für die Sicherheit. In einer bedeutsamen frühen Studie bezeichnet Anderson [ANDE80] drei Typen von Eindringlingen:

- **Getarnter Benutzer**: ein Individuum, das nicht berechtigt ist, einen Computer zu nutzen, und das versucht, in die Zugangskontrollen eines Systems einzudringen, um einen legitimen Benutzer-Account zu verwenden.
- **Missbrauch treibender Benutzer**: Ein legitimierter Benutzer, der Daten, Programme oder andere Ressourcen verwendet, für die er keine Berechtigung hat, oder der mit seiner Berechtigung diese Privilegien missbräuchlich nutzt.

- **Heimlicher Benutzer:** Ein Individuum, das die Systemkontrolle erlangt und diese Kontrolle verwendet, um Überprüfungen und Zugangsberechtigungen zu entgehen oder diese Prüfungen unterdrückt.

Der getarnte Benutzer ist ein Außenstehender; der Missbrauch treibende Benutzer ist immer ein Insider und der heimliche Benutzer kann ein Außenstehender oder ein Insider sein.

Angriffe von Eindringlingen reichen von gutartig bis gefährlich. Am gutartigen Ende der Skala stehen Benutzer, die ein Netzwerk einfach nur erforschen wollen, um zu sehen, was es dort gibt. Am gefährlichen Ende finden sich Eindringlinge, die privilegierte Daten lesen, Änderungen an diesen durchführen oder ein System unterwandern wollen.

Die Bedrohung durch Eindringlinge wurde schon oft beschrieben, besonders nach dem bekannten Fall von »Wily Hacker« aus den Jahren 1986–1987, der von Cliff Stoll [STOL88, 89] dokumentiert wurde.

1990 folgten landesweite Maßnahmen gegen illegale Hacker mit Verhaftungen, Anklagen, einem dramatischen Schauprozess, verschiedenen Verurteilungen und der Beschlagnahmung großer Mengen von Daten und Computern [STER92]. Viele dachten, damit wäre das Problem unter Kontrolle gebracht.

Fakt ist aber, dass dieses Problem keineswegs unter Kontrolle ist. So berichtete zum Beispiel eine Gruppe der Bell Labs [BELL92, BELL93] von andauernden Angriffen auf ihr Computersystem über das Internet aus den verschiedensten Richtungen. Während des Berichtzeitraums geschah Folgendes:

- Versuche, die Passwortdatei (später besprochen) mehr als einmal am Tag zu kopieren
- Verdächtige Remote Procedure Calls mehrmals die Woche
- Versuche, eine Verbindung zu einer nicht existierenden »Köder«-Einheit herzustellen, mindestens alle zwei Wochen

Gutartige Eindringlinge können toleriert werden, auch wenn sie Ressourcen verbrauchen und damit die Arbeit von legitimierten Benutzern verlangsamen. Aber man kann niemals vorhersagen, ob ein Eindringling gutartig oder bösartig ist. Deshalb gibt es auch für Systeme mit weniger empfindlichen Daten einen Grund, dieses Problem zu kontrollieren.

Ein Beispiel, das die Bedrohung dramatisch illustriert, passierte an der texanischen A&M-Universität [SAFF93]. Im August 1992 wurde festgestellt, dass einer der Computer im Computerzentrum benutzt wurde, um Computer an anderen Orten über das Internet anzugreifen. Durch Beobachtungen der Aktivitäten fand das Personal des Computerzentrums heraus, dass einige Eindringlinge von außerhalb Passwortsuchroutinen auf verschiedenen Computern laufen ließen (das System besteht aus 12000 vernetzten Computern). Das Zentrum entfernte die betroffenen Computer aus dem Netz, schloss bekannte Sicherheitslücken und stellte den normalen Betrieb wieder her. Einige Tage später stellte ein Systemmanager fest, dass die Angriffe wieder begonnen hatten. Es stellte sich heraus, dass diese Angriffe sehr viel hochentwickelter waren, als man angenommen hatte. Es wurden Dateien mit Hunderten von Passwörtern gefunden, einschließlich derer von Hauptrechnern, von denen angenommen wurde, dass sie sicher seien. Außerdem war einer der Rechner als Hackermailbox eingerichtet, die von den Hackern benutzt wurde, um Kontakt aufzunehmen und Techniken und Fortschritte auszutauschen.

Eine Analyse dieses Angriffs ergab, dass es zwei Arten von Hackern gab. Die Hacker der höheren Ebene waren raffinierte Benutzer mit Wissen über die Systemtechnologie; die der niedrigeren Ebene waren »Fußvolk«, die nur die zur Verfügung gestellten Programme verwendeten, ohne zu wissen, wie diese eigentlich funktionieren. Diese Teamarbeit kombinierte zwei der gefährlichsten Waffen der Armee der Eindringlinge: hochintelligentes Wissen über das Eindringen und die Bereitschaft, endlose Stunden damit zu verbringen, »Türen« in das System auf Schwachstellen abzuklopfen.

Aus dem zunehmenden Bewusstsein des Eindringlingsproblems resultierte die Einrichtung von verschiedenen Computer Emergency Response Teams (CERTs). Diese haben die Aufgabe, Informationen über Schwachstellen zu sammeln und sie an die Systemmanager zu verteilen. Unglücklicherweise können die Hacker auch Zugang zu diesen Berichten erhalten. In vorliegendem Fall der A&M ergaben spätere Analysen, dass die Hacker Programme erstellt hatten, die Computer auf wirklich jede Schwachstelle untersuchten, die vom CERT bekannt gegeben wurde. Wenn ein Rechner nicht sofort anhand der CERT-Ratschläge geändert wurde, war er weit offen für alle Angriffe.

Zusätzlich zu den Programmen der Passwortentschlüsselung hatten die Eindringlinge eine Anmeldesoftware installiert, welche die Passwörter der sich anmeldenden Benutzer abfing. Dieses machte es möglich, ein beachtliche Sammlung von Passwörtern über die Mailbox, die auf dem Rechner eines der Opfer installiert wurde, zu verteilen.

Wir beginnen diesen Abschnitt mit einer Betrachtung der Verfahren, die für das Eindringen verwendet werden. Danach werden Möglichkeiten zur Vorbeugung gegen diese Angriffe erörtert. Funktioniert diese nicht mehr, bildet das Aufspüren von Eindringlingen die zweite Verteidigungslinie. Sie wird im letzten Unterabschnitt behandelt.

9.1.1 Techniken des Eindringens

Die Absicht eines Eindringlings ist es, Zugang zu einem System zu erhalten oder die Anzahl der verfügbaren Berechtigungen zu erhöhen. In jedem Fall braucht er dazu Information, die eigentlich geschützt sein sollte. In den meisten Fällen ist diese Information das Benutzerpasswort. Mit Kenntnis einiger Passwörter anderer Benutzer kann sich ein Eindringling beim System anmelden und alle Berechtigungen des legitimierten Benutzers ausprobieren.

Ein System hat normalerweise immer eine Datei, die einen berechtigten Benutzer mit einem Passwort verbindet. Wenn diese Datei ohne Schutz abgespeichert wird, ist es ein Leichtes, Zugang zu dieser zu bekommen und die Passwörter einzusetzen. Eine Passwortdatei kann folgendermaßen geschützt werden:

- **Einweg-Verschlüsselung:** Das System speichert nur eine verschlüsselte Form des Benutzerpassworts. Wenn der Benutzer sein Passwort eingibt, verschlüsselt das System dieses und vergleicht es mit dem abgespeicherten Passwort. In der Praxis führt das System nur eine Einweg-Transformation durch (nicht umkehrbar), in der das Passwort verwendet wird, um einen Schlüssel für die Verschlüsselungsfunktion zu schaffen und ein Ergebnis mit fester Länge zu erstellen.
- **Zugriffskontrolle:** Der Zugriff auf die Passwortdatei ist auf einen oder wenige Benutzer beschränkt.

Wenn eine dieser beiden Möglichkeiten verwendet wird, ist für einen Eindringling schon einiger Aufwand notwendig, um Passwörter auszuspähen. Auf der Basis von Literaturuntersuchungen und Befragungen einiger Hacker erläutert [ALVA90] folgende Verfahren für das Ermitteln von Passwörtern:

1. Teste Standardpasswörter mit Standardzugriffen, die mit einem System ausgeliefert werden. Viele Systemadministratoren machen sich nicht die Mühe, diese zu ändern.
2. Teste ausgiebig alle kurzen Passworte (solche mit einem oder bis zu drei Zeichen)
3. Teste Passwörter im Online-Wörterbuch oder eine Liste von wahrscheinlichen Passwörtern. Beispiele dafür gibt es in vielen Hackermailboxen.
4. Sammle Informationen über Benutzer, wie den vollen Namen, den Namen ihrer Ehefrau und Kinder, Bilder und Bücher in ihren Büros, die mit einem Hobby verbunden sind.
5. Teste Telefonnummern, Versicherungsnummern und Zimmernummern.
6. Versuche es mit der Nummer seines Autokennzeichens.

7. Benutze ein Trojanisches Pferd (beschrieben in Abschnitt 9.2), um Einschränkungen im Zugriff zu umgehen.

8. Höre die Leitung zwischen dem System und einem Benutzer ab.

Die ersten sechs Möglichkeiten sind verschiedene Wege, um ein Passwort herauszufinden. Wenn ein Eindringling ein geratenes Passwort prüfen will, muss er sich beim System anmelden. Hierbei handelt es sich um einen langwierigen Angriff, dem leicht begegnet werden kann. Zum Beispiel kann das System nach drei vergeblichen Versuchen die Anmeldung abbrechen, um so den Eindringling dazu zu zwingen, wieder eine Verbindung aufzubauen. Unter diesen Umständen ist es nicht sinnvoll, mehr als eine Handvoll Passwörter zu probieren. Es ist jedoch unwahrscheinlich, dass ein Eindringling diese Methode verwendet. Wenn zum Beispiel ein Hacker mit niedrigen Privilegien Zugriff auf eine verschlüsselte Passwortdatei erhalten kann, dann geht er so vor, dass er diese abfängt und den Verschlüsselungsalgorithmus so lange probiert, bis ein gültiges Passwort herauskommt, das ihn mit höheren Privilegien versorgt.

Rate-Angriffe sind ebenfalls möglich und sogar sehr effektiv, wenn eine große Anzahl von Versuchen automatisch durchgeführt und ein Rateversuch nicht als solcher festgestellt werden kann. Später in diesem Abschnitt wird dieses Thema noch näher besprochen.

Der siebten Angriffsmethode in der Liste, dem Trojanischen Pferd, kann nur schwer begegnet werden. Ein Beispiel für ein Programm, das die Zugangskontrolle umgeht, wurde in [ALVA90] gezeigt. Ein Benutzer mit niedrigen Privilegien schrieb ein Spieleprogramm, das der Systemoperator in seiner Freizeit benutzen konnte. Das Programm war wirklich ein Spiel, aber es enthielt auch einen Code, der die unverschlüsselte, aber zugriffsgeschützte Passwortdatei, in eine Benutzerdatei kopierte. Da das Spiel im Modus des hochprivilegierten Bearbeiters lief, konnte es Zugriff auf die Passwortdatei erhalten.

Das achte Verfahren in der Liste hat etwas mit physischer Sicherheit zu tun. Davor kann man sich durch Verbindungsverschlüsselung schützen, die in Kapitel 2 besprochen wurde.

Wir wenden uns jetzt der Diskussion der zwei prinzipiellen Gegenmaßnahmen zu: der Vorsorge und der Entdeckung. Die Vorsorge ist ein herausforderndes Ziel der Sicherheit und immer ein harter Kampf. Die Schwierigkeit besteht darin, dass ein Verteidiger alle möglichen Arten von Angriffen erwarten muss, während der Angreifer frei darin ist, den Schwachpunkt in der Verteidigungskette zu suchen und dort anzusetzen. Die Entdeckung befasst sich deshalb damit, aus den Angriffen zu lernen, vor oder nach deren Erfolg.

9.1.2 Passwortschutz

Die erste Verteidigungslinie gegen Eindringlinge bildet das Passwortsystem. Fast alle Systeme für mehrere Benutzer fordern den Teilnehmer nicht nur zur Angabe eines Namens oder der ID auf, sondern ebenfalls zur Angabe eines Passworts. Dieses Passwort kennzeichnet die ID des sich anmeldenden Benutzers in einem System. Außerdem stellt die ID einen Sicherheitsfaktor auf folgende Weisen dar:

- Die ID legt fest, ob der Benutzer berechtigt ist, Zugriff auf das System zu bekommen. In einigen Systemen wird nur denjenigen Zugang gewährt, deren ID schon im System vorhanden ist.

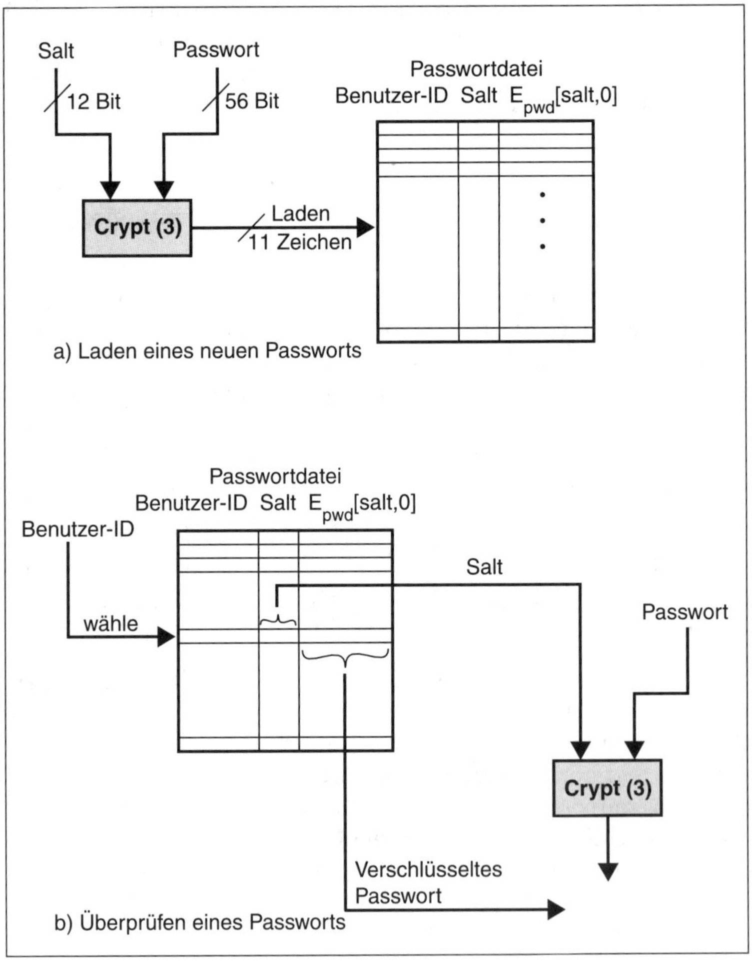

Abbildung 9.1: UNIX-Passwortschema

- Die ID legt die Privilegien des Benutzers fest. Einige Benutzer können den Status eines »Supervisors« oder »Superusers« erhalten, der es ihnen ermöglicht, Dateien zu lesen und Funktionen auszuführen, die besonders durch das System geschützt sind. Einige Systeme haben einen Gast- oder anonymen Status und die Benutzer dieses Status haben beschränkte Privilegien.
- Die ID bietet eine variable Zugriffssteuerung. Zum Beispiel kann die Eingabe der IDs anderer Benutzer in eine Liste Zugang zu den eigenen Dateien gewähren.

9.1.3 Die Anfälligkeit von Passwörtern

Um das Wesen eines Angriffs zu verstehen, lassen Sie uns ein Schema betrachten, das in UNIX-Systemen weit verbreitet ist, in dem Passwörter niemals unverschlüsselt gespeichert sind. Folgende Prozedur wird dort angewendet (siehe Abbildung 9.1a). Jeder Benutzer legt ein Passwort aus acht druckbaren Zeichen fest. Dieses wird in einen 56-Bit-Wert umgesetzt (unter der Verwendung von 7-Bit-ASCII), der als Schlüssel in eine Verschlüsselungsroutine eingegeben wird. Dieser Algorithmus, auch bekannt unter dem Namen Crypt(3), basiert auf DES. Der DES-Algorithmus wird mithilfe eines »Salt«-Werts von 12 Bit verändert. Normalerweise bestimmt sich dieser Wert aus der Zeit, zu der das Passwort zugewiesen wurde. Der modifizierte DES-Algorithmus wird mit einem 64-Bit-Datenblock berechnet, bestehend aus Nullen. Das Ergebnis dieser Berechnung wird als Eingabe für eine zweite Verschlüsselung verwendet. Dieser Prozess wird 25 Mal wiederholt. Der resultierende 64-Bit-Wert wird in eine Zeichenkette von 11 Zeichen umgewandelt. Das verschlüsselte Passwort wird dann, zusammen mit einer Klartextkopie des »Salt«, in der Passwortdatei unter der betreffenden ID gespeichert.

Das »Salt« dient hierbei drei Zwecken:

- Es verhindert, dass doppelte Passwörter in der Passwortdatei sichtbar werden. Auch wenn zwei Benutzer das gleiche Passwort wählen, so wird die zugewiesene Zeit unterschiedlich sein und die »erweiterten« Passwörter werden unterschiedlich aussehen.
- Es vergrößert die Passwortlänge, ohne dass der Benutzer sich zwei zusätzliche Zeichen merken muss. Außerdem wird die Anzahl der möglichen Passwörter mit dem Faktor 4096 erhöht, was ein Erraten erheblich erschwert.
- Es verhindert eine Hardware-Implementation der DES, die einem Brute-Force-Angriff mit Raten kaum Widerstand leisten könnte.

Wenn ein Benutzer sich bei einem UNIX-System anmelden will, muss er seine ID und das Passwort angeben. Das System verwendet die ID als Index für die Passwortdatei, um den offenen »Salt«-Text und das verschlüsselte Passwort zu finden. Diese beiden werden in die Verschlüsselungsroutine eingegeben. Stimmt das Ergebnis mit dem verschlüsselten Passwort überein, wird das Passwort akzeptiert.

Die Verschlüsselungsroutine wurde gegen Rateangriffe entworfen. Die Software-Implementation ist langsam im Vergleich zur Hardware-Version und die Verwendung von 25 Berechnungen macht das System 25-mal langsamer. Es hat jedoch an dem ursprünglichen Algorithmus zwei Änderungen gegeben. Zum einen wurde die Geschwindigkeit durch neuere Algorithmen vergrößert. Zum Beispiel hat der Internet-Wurm ein Online-Raten von einigen hundert Passwörtern in einer relativ kurzen Zeit durch einen besseren Verschlüsselungsalgorithmus ermöglicht, als er in angegriffenen UNIX-Systemen üblich ist. Zum anderen steigt beständig die Geschwindigkeit der Hardware, sodass die Routinen schneller abgearbeitet werden können.

Somit gibt es zwei Bedrohungen für die UNIX-Passwortroutinen. Ein Benutzer kann Zugriff auf das System über den Gastzugang oder auf andere Art erlangen und ein Passworterkennungsprogramm, auch Passwort-Cracker genannt, auf dem System ablaufen lassen. Der Angreifer ist so in der Lage, Hunderte, wenn nicht sogar Tausende von Passwörtern mit wenig Speicherplatz zu probieren. Dazu kann er, wenn es ihm gelingt, die Passwortdatei zu kopieren, in aller Ruhe ein Erkennungsprogramm auf dem eigenem Rechner darauf anzusetzen. Dieses ermöglicht es ihm, in einer relativ kurzen Zeit Tausende von Passwörtern zu testen.

Beispielsweise berichtete man von einem extrem schnellen Passwort-Cracker im Internet im August 1993 [MADS93]. Mithilfe eines Parallelrechners der »Thinking Machines Corporation« wurden 1560 Verschlüsselungen pro Sekunde je Vektoreinheit berechnet. Mit vier Vektoreinheiten pro Prozessknoten (eine Standardkonfiguration) konnten 800.000 Verschlüsselungen pro Sekunde auf einem 128-Knotenrechner (was eine bescheidene Größe ist) und 6,4 Millionen Verschlüsselungen pro Sekunde auf einem 1024-Knotenrechner bestimmt werden.

Länge	*Nummer*	*Gesamtanteil*
1	55	0,004
2	87	0,006
3	212	0,02
4	449	0,03
5	1260	0,09
6	3035	0,22
7	2917	0,21
8	5772	0,42
Gesamt	13787	1,0

Tabelle 9.1: Beobachtete Passwortlängen [SPAF92a]

Selbst diese erstaunlichen Erkennungsraten machen es für einen Angreifer nicht einfacher, die stumpfsinnige Brute-Force-Technik (alle Möglichkeiten von Zeichen ausprobieren, um ein Passwort zu erhalten) anzuwenden. Statt dessen verlassen sich Passwort-Cracker auf die Tatsache, dass viele Leute sich einfach zu merkende Passwörter benutzen.

Wenn sie ein eigenes Passwort auswählen dürfen, suchen sich manche Benutzer eines aus, das viel zu kurz ist. Das Ergebnis einer Studie der Purdue-Universität ist in Tabelle 9.1 zusammengefasst. Die Studie beobachtete Passwortänderungsmöglichkeiten auf 54 verschiedenen Rechnern, die ungefähr 7000 Benutzer repräsentieren. Beinahe 3% waren drei Zeichen lang oder kürzer. Ein Angreifer kann damit beginnen, alle Passwörter mit einer Länge von drei oder weniger auszuprobieren. Eine einfache Gegenmaßnahme besteht darin, alle Passwörter mit weniger als sechs Zeichen zurückzuweisen oder zu verlangen, dass alle Passwörter acht Stellen lang sind. Die meisten Benutzer würden sich über eine solche Einschränkung nicht beklagen.

Die Passwortlänge ist nicht das einzige Problem. Viele Menschen suchen sich ein leicht zu erratendes Passwort aus, wenn sie aufgefordert werden, sich ein eigenes Passwort zu wählen, wie zum Beispiel ihren eigenen Namen, ihren Straßennamen, ein weit verbreitetes Wörterbuchwort und so weiter. Das macht das Erkennen von Passwörtern sehr leicht. Der Cracker muss einfach nur die Passwortdatei mit einer Liste von üblichen Passwörtern vergleichen. Da viele Leute leicht zu erratende Passwörter wählen, dürfte diese Strategie auf fast allen System funktionieren.

Eine Demonstration der Effektivität dieser Passworterkennung wurde in [KLEI90] beschrieben. Aus verschiedenen Quellen hat der Autor 14.000 verschlüsselte UNIX-Passwörter gesammelt. Das Ergebnis, das der Autor als erschreckend bezeichnet, ist in Tabelle 9.2. dargestellt. Alles in allem wurde ein Viertel der Passwörter erraten. Folgende Strategie kam dabei zur Anwendung:

1. Versuche den Namen, die Initialen, den Zugriffsnamen oder relevante persönliche Informationen des Benutzers. Insgesamt wurden 130 verschiedene Permutationen für jeden Benutzer probiert.
2. Versuche Wörter aus verschiedenen Wörterbüchern. Der Autor trug eine Liste von über 60000 Wörtern, einschließlich eines Online-Lexikons des Systems, und verschiedene andere Listen zusammen.
3. Versuche verschiedene Variationen der Worte von Punkt 2. Dazu gehört auch der Ersatz des ersten Zeichens durch einen Großbuchstaben oder ein Kontrollzeichen, alles in Großbuchstaben, Umdrehen des Wortes, Ersatz des Buchstaben »o« durch die Ziffer »Null« und so weiter. Diese Veränderungen vergrößern die Liste noch einmal um ca. 1 Million Einträge.
4. Versuche verschiedene Großschreibungen der Worte von Punkt 2, die nicht in Punkt 3 berücksichtigt wurden. Dies erweitert die Liste um fast 2 Millionen weitere Wörter.

Passworttyp	*Suchgröße*	*Anzahl der Übereinstimmungen*	*Anzahl der Übereinstimmungen in Prozent*	*Kosten-Nutzen-Verhältnis*[a]
Benutzer-/ Zugriffsname	130	368	2,7%	2,830
Zeichenfolgen	866	22	0,2%	0,025
Zahlen	427	9	0,1%	0,021
Chinesisch	392	56	0,4%	0,143
Ortsnamen	628	82	0,6%	0,131
Allgemeine Namen	2239	548	4,0%	0,245
Frauennamen	4280	161	1,2%	0,038
Männernamen	2866	140	1,0%	0,049
Ungewöhnliche Namen	4955	130	0,9%	0,026
Mythen & Legenden	1246	66	0,5%	0,053
aus Shakespeare	473	11	0,1%	0,023
Sportausdrücke	238	32	0,2%	0,134
Science Fiction	691	59	0,4%	0,085
Filme und Darsteller	99	12	0,1%	0,121
Zeichentrickfilme	92	9	0,1%	0,098
Berühmte Personen	290	55	0,4%	0,190
Phrasen und Muster	933	253	1,8%	0,271
Nachnamen	33	9	0,1%	0,273
Biologie	58	1	0,0%	0,017
Systemlexikon	19683	1027	7,4%	0,052
Rechnernamen	9018	132	1,0%	0,015
Mnemoniken	14	2	0,0%	0,143
Bibel	7225	83	0,6%	0,011
Diverse Worte	3212	54	0,4%	0,017
Jiddische Worte	56	0	0,0%	0,000
Asteroiden	2407	19	0,1%	0,007
Gesamt	62727	3340	24,2%	0,053

Tabelle 9.2: Geklaute Passwörter aus einer Beispielmenge von 13.797 Accounts [KLEI90]

a. Berechnet aus der Anzahl der Übereinstimmungen geteilt durch die Suchgröße. Je mehr Wörter getestet werden mussten, desto kleiner ist das Kosten-Nutzen-Verhältnis.

Dieser Test brachte fast 3 Millionen Worte hervor. Wenn man den schnellsten Thinking Machines Rechner verwendet, wie schon zuvor beschrieben, würde eine Rechenzeit von ca. einer Stunde dabei herauskommen, um alle Worte zu verschlüsseln. Dabei muss man immer daran denken, dass diese Suche eine Erfolgsaussicht von fast 25% haben kann, wobei schon ein einziger Treffer unter Umständen in einem System einen Großteil der Zugriffsrechte ermöglicht.

Zugriffssteuerung

Eine Möglichkeit, einen Angriff auf die Passwörter abzuwehren, besteht darin, den Zugriff auf die Passwortdatei zu verweigern. Wenn der verschlüsselte Teil dieser Datei nur für privilegierte Benutzer lesbar ist, dann kann ein Gegenspieler diese nicht ohne Kenntnis des Passworts eines privilegierten Benutzers lesen. [SPAF92a] beschreibt verschiedene Mängel dieser Strategie:

- Viele Systeme, auch die meisten UNIX-Systeme, sind sehr anfällig für nicht vorhergesehene Einbrüche. Wenn ein Angreifer einmal Zugriff auf irgendeine Art und Weise erlangt hat, kann er oder sie den Wunsch haben, verschiedene Passwörter für verschiedene Zugriffsrechte zu bekommen, um das Risiko der Entdeckung zu verringern. Oder ein Benutzer mit Zugriffsrechten will auf die Rechte eines anderen Benutzers zugreifen, um privilegierte Daten zu erhalten oder das System zu sabotieren.
- Ein Schutzausfall könnte alle Passwörter offen legen und gefährdet alle Zugriffsrechte.
- Einige Benutzer haben Zugriff auf andere Rechner mit anderen Schutzmechanismen und verwenden dort das gleiche Passwort. Ist das Passwort auf einer Anlage lesbar, kann es das andere System gefährden.

Deshalb besteht die effektivste Strategie darin, Benutzer dazu zu bringen, schwer zu erratende Passwörter zu wählen.

9.1.4 Strategien zur Passwortwahl

Was man aus den beiden zuvor angeführten Experimenten (Tabelle 9.1 und 9.2) lernen kann, ist, dass viele Benutzer von sich aus ein Passwort wählen, das zu kurz oder zu leicht zu erraten ist. Das andere Extrem wäre, dass viele Benutzer ein Passwort aus acht zufälligen, druckbaren Zeichen wählen, das überhaupt nicht zu cracken wäre. Aber es wäre für viele Benutzer auch nicht mehr möglich, sich an dieses Passwort zu erinnern. Selbst wenn wir das Passwortuniversum auf Zeichenfolgen limitieren, bleibt dieses glücklicherweise noch so groß, dass ein Raten kaum zum Erfolg führt. Unser Ziel ist es dann, alle erratbaren Passwörter zu eliminieren und einem Benutzer trotzdem die Wahl eines Passworts zu erlauben, das er sich merken kann. Vier Grundtechniken werden angewendet:

- Ausbildung der Benutzer
- Computergenerierte Passwörter
- Reaktive Passwortüberprüfung
- Proaktive Passwortüberprüfung

Benutzer können darüber belehrt werden, wie wichtig es ist, ein Passwort zu wählen, das schwer zu erraten ist. Sie können mit Regeln versorgt werden, wie man ein gutes Passwort findet. Tabelle 9.3 bietet dazu einige Vorschläge. Diese Strategie der **Ausbildung der Benutzer** ist bei Systemen mit einer großen oder wechselnden Benutzeranzahl fast unmöglich. Viele Benutzer würden solche Hilfestellungen einfach ignorieren. Andere können nicht beurteilen, ob sie nun ein gutes Passwort haben oder nicht. Zum Beispiel gehen viele Benutzer fälschlicherweise davon aus, dass das Passwort dadurch, dass sie es rückwärts oder den letzten Buchstaben groß schreiben, nicht zu erraten ist.

Computergenerierte Passwörter haben ebenfalls ihre Nachteile. Wenn sie absolut zufällig sind, kann sich der Benutzer nicht daran erinnern. Selbst wenn es aussprechbar wäre, könnte der Benutzer Schwierigkeiten haben, es sich zu merken. Das erhöht die Versuchung, es aufzuschreiben. Im Allgemeinen haben computergenerierte Passwörter eine niedrige Akzeptanz bei den Benutzern. FIPS PUB 181 definiert einen der besten automatischen Passwortgeneratoren. Dieser Standard enthält nicht nur eine Beschreibung des Ansatzes, sondern auch den Quellcode in C für den Algorithmus. Dieser erzeugt aussprechbare Silben und verknüpft diese zu Wörtern. Ein Zufallsgenerator erzeugt eine Zeichenkette, aus der die Silben und Wörter gebildet werden.

Eine **reaktive Passwortüberprüfung** lässt auf dem System einen eigenen Passwort-Cracker laufen, um erratbare Passwörter zu finden. Das System löscht jedes erratene Passwort und merkt sich den Benutzer. Dieses System hat aber einige Nachteile. Zum einen ist es sehr auslastungsintensiv, wenn es konsequent durchgeführt wird. Ein entschlossener Gegner, der in der Lage ist, die Passwortdatei zu erhalten, kann die volle CPU-Zeit über Stunden oder Tage beanspruchen. Damit ist eine reaktive Passwortüberprüfung entschieden im Nachteil. Weiterhin bleibt jedes Passwort anfällig, bis der reaktive Passwortchecker es überprüft hat.

Ein sehr vielversprechender Versuch, Passwortsicherheit zu erreichen, ist die **proaktive Passwortüberprüfung**. Dabei kann der Benutzer sich sein eigenes Passwort wählen. Das System überprüft dann das Passwort daraufhin, ob es zulässig ist, und wenn dieses nicht der Fall ist, wird es abgewiesen. Diese Überprüfungsprogramme basieren darauf, dass ein Benutzer mit angemessener Anleitung durch das System ein erinnerbares Passwort aus einem großen Passwortraum wählt, das nicht durch einen Wörterbuchangriff herausgefunden werden kann.

Der Trick mit diesem proaktiven Passwortprüfer ist, ein Gleichgewicht zwischen Benutzerakzeptanz und Strenge zu erreichen. Wenn das System zu viele Passwörter abweist, werden Benutzer annehmen, es sei zu schwer, ein richtiges Passwort zu wählen. Wenn das System zu einfache Algorithmen für die Auswahl der richtigen Passwörter verwendet, können Passwortcracker ihre Ratetechnik verbessern. Mit diesen Aspekten im Hinterkopf betrachten wir eine mögliche Ausführung eines proaktiven Passwortcheckers.

Die erste Methode ist die Aufstellung bestimmter Regeln. Folgende Regeln können gefordert werden:

- Alle Passwörter müssen mindestens acht Zeichen lang sein.
- In den ersten acht Zeichen muss mindestens je ein Zeichen groß und klein geschrieben, eine Zahl und ein Satzzeichen sein.

Diese Regeln können mit Ratschlägen für den Benutzer gekoppelt sein. Auch wenn diese Vorgehensweise besser als nur die Benutzerausbildung ist, so reicht sie nicht aus, um Passwort-Cracker abzuwehren. Dieses Verfahren informiert sie darüber, welches Passwort sie *nicht* ausprobieren müssen, doch die Möglichkeit des Passwortdiebstahls besteht weiterhin.

Eine weitere Möglichkeit ist der Vergleich mit einer Liste von »schlechten« Passwörtern. Wenn ein Benutzer ein Passwort wählt und eingibt, überprüft das System, ob es in dieser Liste enthalten ist. Dieses Verfahren hat zwei Probleme:

- **Speicherplatz:** Die Liste muss sehr lang sein, um effektiv zu sein. Die in der Purdue-Studie [SPAF92a] verwendete Liste belegt mehr als 30 Megabyte Speicherplatz.
- **Zeit:** Der Zeitaufwand für den Vergleich einer langen Liste ist ebenfalls recht groß. Außerdem müssen ähnliche Einträge überprüft werden, die entweder in der Liste enthalten sind oder aber berechnet werden müssen.

Es gibt zwei vielversprechende Techniken, einen proaktiven Passwortprüfer zu entwickeln, der darauf basiert, die Passwörter anhand einer Liste zu überprüfen und notfalls abzulehnen. Eine davon entwickelt ein Markov-Modell für die Erstellung von erratbaren Passwörtern [DAVI93]. Abbildung 9.2 zeigt eine vereinfachte Version eines solchen Modells. Dieses Modell zeigt eine Sprache, die aus einem Alphabet mit drei Zeichen besteht. Die Aufgabe des Systems besteht darin, jederzeit den nächsten möglichen Buchstaben zu identifizieren. Der Wert vom Übergang auf den anderen Zustand bestimmt die Wahrscheinlichkeit, dass ein Buchstabe auf den anderen folgt. Die Wahrscheinlichkeit, dass der nächste Wert b ist, wenn der aktuelle Wert a ist, beträgt also 0,5.

Grundsätzlich ist das Markov-Modell ein Quadrupel $[m, A, T, k]$, in dem m die Anzahl der Zustände, A der Abstand der Zustände, T die Matrix der Übergangswahrscheinlichkeiten und k die Ordnung des Modells ist. Für ein Modell der *k*ten Ordnung ist die Wahrscheinlichkeit des Übergangs zu einem bestimmten Buchstaben abhängig von den *k* vorhergehenden Buchstaben, die erzeugt wurden. In Abbildung 9.2 ist ein einfaches Modell erster Ordnung dargestellt.

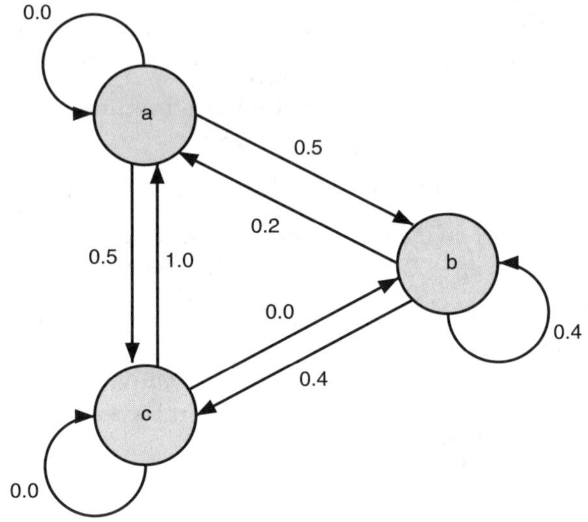

M = {3, {a, b, c} , T, 1 } wobei

$$T = \begin{bmatrix} 0.0 & 0.5 & 0.5 \\ 0.2 & 0.4 & 0.4 \\ 1.0 & 0.0 & 0.0 \end{bmatrix}$$

z.B. Zeichenkette wahrscheinlich aus dieser Sprache: abbcacaba

z.B. Zeichenkette wahrscheinlich nicht aus dieser Sprache: aacccbaaa

Abbildung 9.2: Beispiel eines Markov-Modells

Die Autoren berichten von der Entwicklung eines Modells zweiter Ordnung. Als Erstes wird ein Wörterbuch der erratbaren Wörter angelegt. Dann wird die Übergangsmatrix folgendermaßen berechnet:

1. Bestimme die Häufigkeitsmatrix f, in der f(*i*, *j*, *k*) die Anzahl des Auftretens der Dreiergruppen bestehend aus dem *i*ten, *j*ten und *k*ten Zeichen ist. Als Beispiel: Das Wort *parsnips* enthält die Dreiergruppen par, ars, rsn, sni, nip und ips.

2. Für jede Zweiergruppe *ij* berechne f(*i*, *j*, ∞) als die Gesamtzahl der Dreiergruppen beginnend mit *ij*. Zum Beispiel ist f(a, b, ∞) die Anzahl aller Dreiergruppen der Kombination aba, abb, abc und so weiter.

3. Berechne die Einträge der Matrix T folgendermaßen:

   $T(i, j, k) = f(i, j, k) / (i, j, \infty)$

Das Ergebnis ist ein Modell, das die Struktur der Wörter in dem Wörterbuch wiedergibt. Mit diesem Modell wird die Frage »Ist dies ein schlechtes Passwort?« in die Frage »Wurde diese Zeichenfolge (Passwort) durch ein Markov-Modell erstellt?« transformiert. Für ein vorgegebenes Passwort können alle Übergangswahrscheinlichkeiten für alle Dreiergruppen bestimmt werden. Ein statistischer Standardtest kann dann bestimmen, ob ein Passwort für das Modell geeignet oder ungeeignet ist. Passwörter, die wahrscheinlich durch das Modell erzeugt werden können, werden zurückgewiesen. Die Autoren berichten von guten Ergebnissen bei Modellen zweiter Ordnung. Ihr System bestimmte fast alle Passwörter in ihrem Wörterbuch und schließt nicht allzuviele gute Passwörter aus, wodurch es benutzerunfreundlich erscheinen könnte.

Ein völlig anderer Versuch wurde von Spafford [SPAF92a, SPAF92b] dargestellt. Er basiert auf der Anwendung eines Bloomfilters [BLOO70]. Als Erstes erklären wir die Funktion dieses Bloomfilters. Ein Bloomfilter der Ordnung k besteht aus k unabhängigen Hash-Funktionen $H_1(x)$, $H_2(x)$,...., $H_k(x)$, in der jede Funktion das Passwort in einen Hash-Wert im Bereich von 0 bis N-1 abbildet. Also gilt:

$$H_i(X_j) = y \qquad 1 \le i \le k; \qquad 1 \le j \le D; \qquad 0 \le y \le N-1$$

wobei

X_j = das $j$te Wort im Passwortwörterbuch
D = Anzahl der Wörter im Passwortwörterbuch

Das folgende Verfahren wird dann auf das Wörterbuch angewendet:

1. Eine Hash-Tabelle von N Bits wird definiert, in der alle Bits auf 0 gesetzt sind.
2. Für jedes Passwort werden seine k Teilpasswörter berechnet und alle entsprechenden Bits werden auf 1 gesetzt. Das bedeutet, wenn $H_i(X_j) = 67$ für einige (i, j), dann wird das Bit 67 in der Hash-Tabelle auf 1 gesetzt; ist dieses Bit schon auf 1, so bleibt es bestehen.

Wenn dem Checker ein neues Passwort eingegeben wird, werden seine k Hash-Werte berechnet. Wenn alle korrespondierenden Werte der Hash-Tabelle auf 1 gesetzt sind, wird das Passwort abgewiesen. Alle Passwörter des Wörterbuchs werden abgewiesen. Aber es gibt auch einige »falsche Positive«, also Passwörter, die nicht im Wörterbuch sind, aber eine Übereinstimmung in der Hash-Tabelle erzeugen. Um dieses zu erkennen, muss man sich ein Schema mit zwei Hash-Funktionen vorstellen. Wir gehen davon aus, dass zum Beispiel die beiden Passworte *undertaker* und *hulkhogan* im Wörterbuch sind, *xG%#jj98* aber nicht. Weiterhin nehmen wir an:

H_1(undertaker) = 25	H_1(hulkhogan) = 83	H_1(xG%#jj98) = 665
H_2(undertaker) = 998	H_2(hulkhogan) = 665	H_2(xG%#jj98) = 998

Wenn das Passwort xG%#jj98 in das System eingegeben wird, wird es zurückgewiesen, auch wenn es nicht im Wörterbuch ist. Wenn es zu viele von diesen falschen Positiven gibt, wird es für den Benutzer schwierig, ein Passwort auszuwählen. Daher ist es sinnvoll, ein Hash-Schema zu entwerfen, das falsche Positive minimiert. Es lässt sich zeigen, dass die Wahrscheinlichkeit von falschen Positiven näherungsweise angenommen werden kann mit:

$$P \approx (1 - e^{-kD/N})^k = (1 - e^{-k/R})^k$$

oder gleich

$$R \approx \frac{-k}{\ln(1 - P^{1/k})}$$

wobei

k = Anzahl der Hash-Funktionen
N = Anzahl der Bit in der Hash-Tabelle
D = Anzahl der Wörter im Wörterbuch
R = N/D, Verhältnis von Größe der Hash-Tabelle (Bit) zur Wörterbuchgröße (Wörter)

In Abbildung 9.3 ist P als eine Funktion von R für verschiedene Werte von k abgetragen. Wir gehen von einer Wörterbuchgröße von 1 Million Wörtern aus und wollen eine Wahrscheinlichkeit für die Zurückweisung eines Wortes, das nicht im Wörterbuch ist, von 0,01 erreichen. Wenn wir sechs Hash-Funktionen wählen, ist das erforderliche Verhältnis $R = 9{,}6$. Dafür benötigen wir eine Hash-Tabelle von $9{,}6 \times 10^6$ Bits oder ca. 1,2 Mbyte Speicherplatz. Im Verhältnis dazu würde aber das Speichern des Wörterbuchs Speicher in der Größenordnung von 8 Mbyte benötigen. Man erreicht also eine Reduzierung um den Faktor 7. Weiterhin benötigt das Passwort-Checking eine geradlinige Berechnung von sechs Hash-Funktionen und ist unabhängig von der Größe des Wörterbuchs, während bei der Verwendung des Gesamtwörterbuches ein beträchtlich größerer Aufwand erforderlich wäre.[1]

1 Das Markov-Modell und der Bloomfilter arbeiten mit Wahrscheinlichkeiten. Beim Markov-Modell gibt es eine geringe Wahrscheinlichkeit, dass einige Wörter des Wörterbuchs nicht erkannt werden, und ebenso, dass einige Wörter, die nicht im Wörterbuch enthalten sind, abgewiesen werden. Im Falle des Bloomfilters gibt es eine geringe Wahrscheinlichkeit, dass einige Wörter, die nicht im Wörterbuch enthalten sind, zurückgewiesen werden.

9.1.5 Erkennung von Eindringlingen

Zwangsläufig wird die beste Vorsorge gegen Eindringlinge irgendwann versagen. Eine zweite Verteidigungslinie ist deshalb die Erkennung von Eindringlingen und dieses ist seit Jahren Hauptbestandteil vieler Untersuchungen. Dieses Interesse motiviert sich aus einer Anzahl von Annahmen, wie zum Beispiel:

1. Wenn ein Eindringen rechtzeitig genug erkannt wird, kann der Eindringling identifiziert und aus dem System entfernt werden, bevor er Schaden anrichtet oder Daten verändert werden. Auch wenn die Erkennung nicht schnell erfolgte, ist trotzdem der angerichtete Schaden kleiner, je eher dieses passiert.
2. Ein effektives System zur Erkennung von Eindringlingen wirkt abschreckend und verhindert damit das Eindringen.
3. Das Erkennen von Eindringlingen ermöglicht eine Sammlung von Techniken und kann so die Einrichtungen zur Abwehr solcher Versuche verstärken.

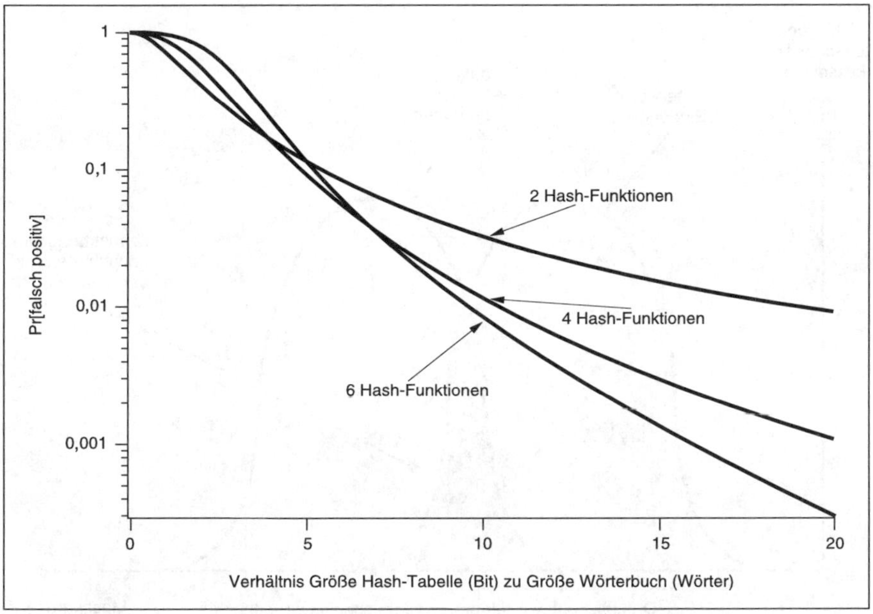

Abbildung 9.3: Wirksamkeit des Bloomfilters

Das Erkennen von Eindringlingen basiert darauf, dass das Verhalten anders als das normaler Benutzer ist, was sich quantitativ erfassen lässt. Natürlich kann man keine exakte Unterscheidung zwischen einem Angriff durch einen Eindringling und dem normalen Verhalten eines berechtigten Benutzers treffen. Eher muss man davon ausgehen, dass es Überschneidungen gibt.

Abbildung 9.4 zeigt in sehr abstrakter Form, vor welchen Aufgaben ein Designer eines Systems zur Erkennung von Eindringlingen steht. Auch wenn das typische Verhalten eines Eindringlings sich von dem eines berechtigten Benutzers unterscheidet, gibt es doch Überlappungen dieser Verhalten. Deshalb würde eine weitgefasste Interpretation des Verhaltens von Eindringlingen zwar zur Überführung einer größeren Anzahl von solchen führen, aber auch zu vermehrten »falschen Positiven«, oder berechtigte Benutzer werden als Eindringlinge identifiziert. Auf der anderen Seite führt ein Verringern der falschen Positiven durch eine strengere Interpretation des Verhaltens von Eindringlingen zu falschen Negativen, es werden Eindringlinge nicht als solche erkannt. Es muss also ein Kompromiss in der Erkennung von Eindringlingen gefunden werden.

In einer Studie von Anderson [ANDE80] wird erläutert, dass man vernünftig zwischen einem getarnten Benutzer und einem berechtigten Benutzer unterscheiden kann. Verhaltensmuster von berechtigten Benutzern können durch Beobachtung der Vergangenheit festgestellt werden und merkliche Abweichungen von diesen Mustern lassen sich erkennen.

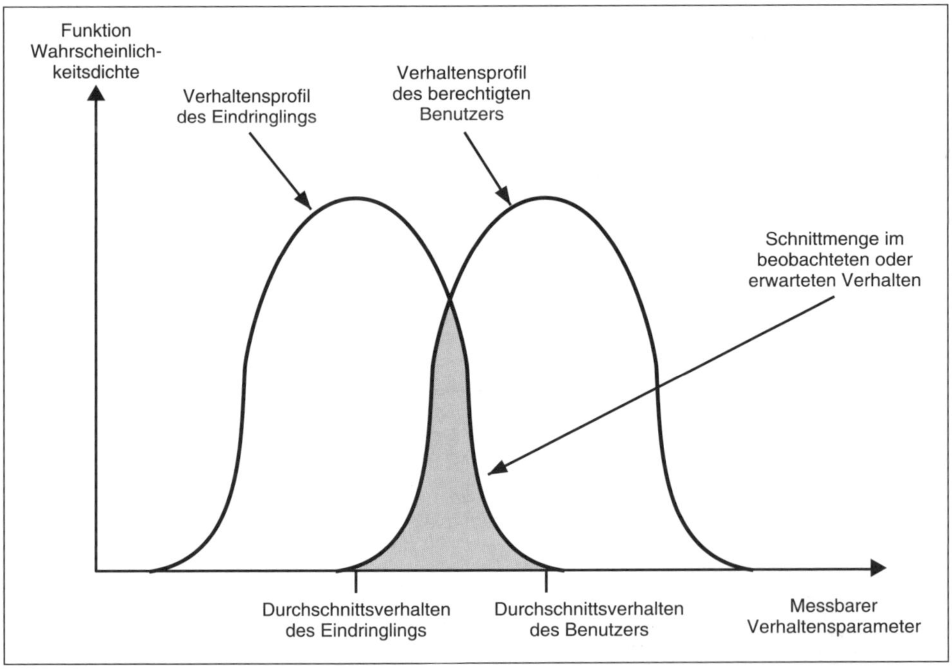

Abbildung 9.4: Muster des Verhaltens von Eindringlingen und berechtigten Benutzern

Anderson führt aus, dass das Erkennen eines missbrauchenden Benutzers (berechtigter Benutzer, der sich unerlaubt verhält) schwieriger ist, da der Unterschied im Verhalten sehr klein ist. Anderson schließt daraus, dass deshalb eine solche Verletzung nicht nur durch die Suche nach anormalen Verhalten erkennbar ist. Das Verhalten von unberechtigten Benutzern ist trotzdem durch eine intelligente Definition der Bedingungen möglich, die eine unerlaubte Nutzung vermuten lassen. Schließlich liegt die Entdeckung von heimlichen Benutzern außerhalb der Anwendung automatisierter Techniken. Diese Beobachtungen aus dem Jahre 1980 sind heute immer noch gültig.

[PORR92] stellt folgende Methoden zur Erkennung von Eindringlingen dar:

1. **Statistische Erkennung von Anomalien**: Diese Methode nutzt die Sammlung von Daten bezogen auf das Verhalten von berechtigten Benutzern während einer bestimmten Zeitspanne. Danach werden statistische Tests auf das beobachtete Verhalten angewendet, um mit einem hohen Maß an Wahrscheinlichkeit festzustellen, ob das Verhalten das eines berechtigten Benutzers ist.
   - Grenzwerterkennung: Diese Methode definiert vom Benutzer unabhängige Grenzwerte für die Häufigkeit des Auftretens von verschiedenen Ereignissen.
   - Profilabhängig: Das Aktivitätsprofil jedes Benutzers wird ermittelt und verwendet, um Änderungen im Verhalten zu erkennen.
2. **Regelabhängige Erkennung:** Diese Methode definiert eine Reihe von Regeln, die verwendet werden können, um ein bestimmtes Verhalten einem Eindringling zuzuordnen.
   - Erkennung abweichenden Verhaltens: Regeln werden aufgestellt, um Abweichungen von bisherigen Verhaltensmustern zu erkennen.
   - Erkennung von Eindringungen: ein Expertensystem, das nach auffälligem Verhalten sucht.

Kurz gesagt, die statistische Methode versucht normales oder erwartetes Verhalten zu definieren, während die regelabhängige Methode versucht, ordnungsgemäßes Verhalten zu definieren.

Abhängig von den schon erwähnten Typen von Angreifern ist die Erkennung statistischer Anomalien dazu geeignet, getarnte Benutzer zu erkennen, die nicht das Verhaltensmuster derjenigen Zugriffsberechtigung nachahmen können, die sie nutzen. Diese Techniken sind aber nicht in der Lage, missbrauchende Benutzer korrekt zu behandeln. Für solche Angriffe sind regelabhängige Methoden besser geeignet, um Ereignisse und Abläufe zu erkennen, die im Kontext ein Eindringen zeigen. In der Praxis sollte ein System eine Kombination dieser Methoden anwenden, um effektiv gegen eine große Anzahl von Angriffen zu sein.

Prüfaufzeichnungen

Eine fundamentale Möglichkeit für die Erkennung von Eindringlingen sind Prüfaufzeichnungen. Einige Aufzeichnungen der momentan laufenden Aktivitäten von Benutzern werden in ein System zur Erkennung von Eindringlingen eingegeben. Es werden üblicherweise zwei Arten angewendet:

- **Systemeigene Prüfaufzeichnungen:** Fast alle Systeme, die mit Mehrfachbenutzern arbeiten, setzen eine Software ein, welche die Benutzeraktivitäten registrieren soll. Der Vorteil der Verwendung dieser Informationen liegt darin, dass keine zusätzliche Software für die Aufzeichnung dieser Daten gebraucht wird. Der Nachteil ist der, dass die systembedingte Aufzeichnung nicht alle nötigen Informationen bzw. diese in ungeeigneter Form enthält.
- **Erkennungsgeeignete Prüfaufzeichnungen:** Ein Sammelsystem zur Erstellung von Prüfaufzeichnungen kann implementiert werden, die nur diejenigen Informationen enthalten, die das System zur Erkennung von Eindringlingen benötigt. Ein Vorteil dieser Methode wäre, dass es systemunabhängig ist und auf eine Vielzahl anderer Systeme übertragen werden könnte. Der Nachteil ist ein Zusatzaufwand, da jetzt zwei Registrationssysteme auf einem Rechner laufen.

Ein gutes Beispiel für eine erkennungsgeeignete Prüfaufzeichnung wurde von Dorothy Denning [DENN87] entwickelt. Jeder Eintrag der Aufzeichnungen enthält folgende Informationen:

- **Subjekt:** Der Ausführende einer Aktion. Hierbei handelt es sich normalerweise um einen Terminal-Benutzer, es kann sich aber auch um einen Prozess handeln, der durch Aufruf von Benutzern oder einer Gruppe von Benutzern ausgeführt wird. Jede Aktivität wird durch Befehle eines Subjekts ausgelöst. Subjekte können in verschiedene Zugriffsklassen eingeteilt werden und diese Einteilungen können sich überschneiden.
- **Aktion:** Ein Vorgang, der durch ein Subjekt an oder mit einem Objekt ausgeführt wird; Beispiele sind die Anmeldung, Lesen, E/A-Vorgänge und Ausführungen.
- **Objekt:** Empfänger von Aktionen. Beispiele sind Dateien, Programme, Nachrichten, Datensätze, Terminals, Drucker und benutzer- oder programmerstellte Strukturen. Wenn ein Subjekt der Empfänger einer Aktion ist, wie zum Beispiel elektronische Post, dann wird das Subjekt zum Objekt. Objekte können in Typen eingeteilt werden. Die Abgrenzung der Objekte variiert durch Objekttypen und Umgebung. Zum Beispiel können Aktionen in einer Datenbank für die Datenbank als solche oder für einen Datensatz aufgezeichnet werden.
- **Ausnahmebedingung:** Stellt fest, ob und welche Ausnahmebedingung als Ergebnis erreicht wurde.
- **Ressourcenauslastung:** Eine Liste von quantitativen Elementen, in der jedes Element die Menge an genutzten Ressourcen wiedergibt (z. B. Anzahl der ausgedruckten oder angezeigten Zeilen, Anzahl der Datensätze, die gelesen oder geschrieben wurden, Prozessorzeit, benutzte E/A-Einheiten, Sitzungszeit).
- **Zeitmarken:** Eindeutige Zeit- und Datumsmarken für den Zeitpunkt, an dem eine Aktion stattgefunden hat.

Die meisten Benutzervorgänge werden durch eine bestimmte Anzahl von Aktionen aufgerufen. Zum Beispiel enthält der Vorgang Dateikopie die Ausführung eines Benutzerbefehls, der die Zugangsüberprüfung enthält und die Kopie einleitet, dazu das Lesen aus einer Datei und das Schreiben in eine andere. Betrachten wir folgenden Befehl

```
COPY GAME.EXE TO <Library>GAME.EXE
```

aufgerufen von Smith, um eine ausführbare Datei GAME.EXE von dem aktuellen in das Verzeichnis <Library> zu kopieren. Die folgenden Prüfaufzeichnungen werden erzeugt:

```
Smith   execute   <Library>COPY.EXE  0            CPU = 00002     11058721678
Smith   read      <Smith>GAME.EXE    0            RECORDS = 0     11058721679
Smith   execute   <Library>COPY.EXE  write-viol   RECORDS = 0     11058721680
```

In diesem Fall wird der Kopiervorgang abgebrochen, da Smith keine Schreiberlaubnis für <Library> hat.

Die Zerlegung von Benutzervorgängen in elementare Aktionen hat drei Vorteile:

1. Da Objekte die zu schützenden Inhalte des Systems sind, kann eine Prüfaufzeichnung jedes Verhalten, das ein Objekt beeinflusst, feststellen. Deshalb kann das System Versuche feststellen, die Zugangskontrollen umgehen (durch die Erkennung einer Abnormalität in der Anzahl der zurückgemeldeten Ausführungsbedingungen), und es kann ebenfalls erfolgreiche Unterwanderungen durch Erkennung von Abnormitäten in einem Satz von Objekten, die für ein Subjekt zugänglich sind, feststellen.
2. Prüfaufzeichnungen von Einzelobjekten und Einzelaktionen vereinfachen das Modell und die Implementation.
3. Aufgrund der Simplizität und eindeutigen Struktur der Prüfaufzeichnungen ist es relativ einfach, diese Informationen oder Teile davon durch Abbilden von existierenden systembedingten Prüfaufzeichnungen auf erkennungsgeeignete Prüfaufzeichnungen zu erhalten.

Statistische Erkennung von Anomalien

Wie schon beschrieben, teilt sich die statistische Erkennung von Anomalien in zwei große Gruppen: Grenzwerterkennung und profilabhängige Systeme. Grenzwerterkennung nutzt das Auszählen von Vorgängen eines speziellen Ereignistyps innerhalb einer bestimmten Zeit. Wird hierbei ein bestimmter Grenzwert überschritten, wird ein Eindringen ins System angenommen.

Grenzwertanalysen allein sind eine einfache und uneffektive Art der Erkennung auch von wenig intelligenten Angriffen. Sowohl der Grenzwert als auch das Zeitintervall müssen festgelegt werden. Aufgrund der Verschiedenartigkeit der Benutzer erzeugen diese Grenzwerte entweder eine große Zahl von falschen Positiven oder Negativen. Trotzdem könnte die einfache Grenzwerterkennung zusammen mit fortschrittlicheren Techniken sehr nützlich sein.

Die profilabhängige Erkennung von Anomalien verlässt sich auf eine Charakterisierung des zurückliegenden Verhaltens eines Benutzers oder einer Benutzergruppe und versucht, daraus Unterschiede abzuleiten. Ein Profil besteht aus einer Gruppe von Parametern, sodass eine Abweichung in nur einem Parameter nicht sofort zu einem Alarm führt.

Die Grundlage dieser Methode ist eine Analyse der Prüfaufzeichnungen. Diese Aufzeichnungen versorgen die Erkennungsfunktion von Eindringlingen auf zweierlei Arten. Als Erstes muss der Entwickler über eine Anzahl von quantitativen Maßstäben entscheiden, die zur Messung des Benutzerverhaltens dienen können. Eine Analyse der Aufzeichnungen über einen längeren Zeitraum kann das Aktivitätsprofil eines durchschnittlichen Benutzers bestimmen. Deshalb dienen die Prüfaufzeichnungen als Grundlage für die Definition eines typischen Verhaltens. Zweitens werden die aktuellen Prüfaufzeichnungen für die Erkennung von Eindringlingen verwendet. Das bedeutet, dass das Modell zur Erkennung von Eindringlingen eingehende Prüfaufzeichnungen analysiert, um Abweichungen vom normalen Verhalten festzustellen.

Beispiele für die Festlegung von Maßstäben, die nützlich für die profilabhängige Erkennung von Eindringlingen sind, können folgende sein:

- **Zähler:** Eine nichtnegative ganze Zahl, die aufwärts zählt und nur durch den Systemmanager zurückgesetzt werden kann. Normalerweise wird die Zählung von bestimmten Ereignistypen über eine bestimmte Zeit festgehalten. Beispiele sind die Anzahl der Anmeldungen innerhalb einer Stunde, die Anzahl von bestimmten ausgeführten Befehlen innerhalb einer Benutzersitzung und die Anzahl von falsch eingegebenen Passwörtern innerhalb einer Minute.
- **Maßstab:** Eine nichtnegative ganze Zahl, die auf- oder abwärts gezählt wird. Ein Maßstab wird typischerweise für die Messung von aktuellen Werten verwendet. Beispiele dafür sind die Anzahl der logischen Verbindungen, die einer Benutzeranwendung zugewiesen sind, und die Anzahl von ausgehenden Nachrichten, die für einen Benutzerprozess anstehen.
- **Intervallzeitgeber:** Der Zeitabstand zwischen zwei bestimmten Ereignissen, wie zum Beispiel der Zeitraum zwischen zwei aufeinanderfolgenden Anmeldeversuchen mit einer Zugriffsberechtigung.
- **Nutzung von Ressourcen:** Anzahl der verbrauchten Ressourcen während einer festgelegten Periode. Beispiele sind die Anzahl von ausgedruckten Seiten während einer Sitzung und die für die Ausführung eines Programms benötigte Zeit.

Anhand dieser generellen Maßstäbe können verschiedene Tests durchgeführt werden, um festzustellen, ob eine aktuelle Aktivität in die akzeptablen Bereiche passt. [DENN87] listet folgende Verfahren auf, die durchgeführt werden können:

- Mittlere und Standardabweichung
- Mehrdimensional
- Markov-Prozess
- Zeitreihe
- Operationell

Der einfachste statistische Test ist die Messung der **mittleren und Standardabweichung** eines Parameters über einen bestimmten Zeitraum. Diese gibt das durchschnittliche Verhalten und seine Änderung wieder. Die Anwendung der mittleren und Standardabweichung ist geeignet für einen weiten Bereich von Timern, Zählern und Ressourcenmessungen. Aber die Messungen alleine sind gewöhnlich zu ungenau für die Erkennung von Eindringlingen.

Ein **mehrdimensionales** Modell basiert auf der Korrelation zwischen zwei und mehr Variablen. Das Verhalten von Eindringlingen könnte mit größerer Sicherheit charakterisiert werden, wenn man so eine Korrelation zu Grunde legt (z.B. Prozessorzeit, Ressourcennutzung oder Anmeldehäufigkeit und Sitzungszeit).

Ein **Markov-Prozess-Modell** wird verwendet, um Übergangswahrscheinlichkeiten zwischen verschiedenen Zuständen aufzubauen. Dieses Modell könnte zum Beispiel verwendet werden, um die Übergänge von bestimmten Befehlen zu beobachten.

Ein **Zeitreihenmodell** konzentriert sich auf Zeitintervalle und beobachtet Sequenzen, die zu schnell oder zu langsam ablaufen. Verschiedene statistische Tests können angewendet werden, um abnormale Zeiten festzustellen.

Ein **operationelles Modell** schließlich basiert eher auf der Abschätzung dessen, was als unnormal aufgrund einer automatischen Analyse vergangener Prüfaufzeichnungen eingestuft werden muss. Normalerweise werden feste Grenzen vorgegeben und alle Beobachtungen, die außerhalb dieser Grenzen liegen, als Eindringung angenommen. Diese Methode funktioniert dort sehr gut, wo das Verhalten eines Eindringlings von den verschiedenen Typen von Aktivitäten abgeleitet werden kann. Zum Beispiel ist eine große Anzahl von Anmeldeversuchen über einen kurzen Zeitraum ein Anzeichen für ein versuchtes Eindringen.

Als ein Beispiel der Verwendung von verschiedenen Maßstäben und Modellen zeigt Tabelle 9.3 verschiedene berücksichtigte oder getestete Messungen für das Erkennungssystem für Eindringlinge (Intrusion Detection System – IDES) des Standford Research Instituts (SRI) [DENN87, JAVI91,LUNT88].

Der Hauptvorteil der Anwendung von statistischen Profilen ist der, dass eine Kenntnis der Schwachpunkte im Sicherheitssystem nicht erforderlich ist. Das Erkennungsprogramm lernt das »normale« Verhalten und beobachtet dann die

Abweichungen. Diese Methode basiert nicht auf systemabhängigen Charakteristiken und Schwachpunkten. Deshalb sollte es in einer Anzahl verschiedener Systeme anwendbar sein.

Regelabhängige Erkennung von Eindringlingen

Regelabhängige Techniken erkennen Eindringlinge durch das Beobachten von Ereignissen im System und ordnen Regeln zu, die zu der Entscheidung führen, ob ein festgestelltes Aktivitätsmuster verdächtig ist oder nicht. Generell kann festgestellt werden, dass sich alle Methoden entweder auf das Erkennen von Anomalien oder auf die Identifizierung eines Eindringens konzentrieren, auch wenn es bei diesen Methoden Überschneidungen gibt.

Regelabhängige Erkennung von Anomalien ist im Vergleich zur statistischen Erkennung von Anomalien in der Methode und Stärke ähnlich. Mit der regelabhängigen Methode werden historische Prüfaufzeichnungen analysiert, um Benutzungsmuster zu erkennen und automatische Regeln zu erstellen, die diese Muster beschreiben. Regeln können dabei schon vorhandene Muster von Benutzern, Programmen, Privilegien, Zeitabschnitte, Terminals usw. wiedergeben. Das aktuelle Verhalten wird beobachtet und jede Transaktion wird mit einem Regelwerk verglichen, um festzustellen, ob es irgendeinem schon beobachteten Verhaltensmuster entspricht.

Messung	*Modell*	*Art des festgestellten Eindringens*
	Anmeldungs- und Sitzungsaktivität	
Anzahl der Anmeldungen abhängig vom Tag und der Zeit	Mittlere und Standardabweichung	Eindringlinge werden sich wahrscheinlich während der Nutzungspausen anmelden
Anzahl von Anmeldungen an verschiedenen Systemen	Mittlere und Standardabweichung	Eindringlinge loggen sich von einem System ein, das ein Benutzer selten oder gar nicht verwendet
Zeit seit der letzten Anmeldung	Operationell	Einbruch in eine »tote« Zugriffsberechtigung
Zeitdauer der Sitzung	Mittlere und Standardabweichung	Signifikante Abweichungen können einen getarnten Eindringling identifizieren
Menge der Ausgaben zu einem Terminal	Mittlere und Standardabweichung	Außergewöhnlich hohe Mengen an Daten zu einem abgelegenen Terminal können auf einen Verlust von vertraulichen Daten schließen

Tabelle 9.3: Mögliche Messungen zum Erkennen von Eindringlingen

Messung	*Modell*	*Art des festgestellten Eindringens*
Ressourcennutzung während einer Sitzung	Mittlere und Standardabweichung	Ungewöhnliche Prozessor- und E/A-Auslastung können auf eine Benutzung hinweisen
Falsche Passworteingabe bei der Anmeldung	Operationell	Versuchter Einbruch durch Raten des Passworts
Falsches Anmelden von bestimmten Terminals	Operationell	Versuchter Einbruch ins System
	Befehls- oder Programmausführungsaktivitäten	
Häufigkeit der Ausführungen	Mittlere und Standardabweichungen	Kann Eindringlinge feststellen, die wahrscheinlich verschiedene Befehle verwenden, oder erfolgreiches Eindringen eines berechtigten Benutzers, der Zugang zu privilegierten Befehlen erhalten hat
Nutzung von Programmressourcen	Mittlere und Standardabweichung	Ein unnormaler Wert könnte einen Rückschluss auf einen Virus oder ein Trojanisches Pferd nahe legen, die Nebeneffekte hervorrufen, welche die E/A- oder Prozessoraktivitäten erhöhen
Ausführungsabbrüche	Operationelles Modell	Kann einen Eindringversuch durch einen Benutzer feststellen, der versucht, höhere Privilegien zu erreichen
	Dateizugriffsaktivitäten	
Häufigkeit von Lese-, Schreib-, Erzeugungs- und Löschversuchen	Mittlere und Standardabweichung	Ungebräuchliche Schreib- und Lesezugriffe für bestimmte Benutzer lassen auf einen maskierten Eindringling oder Auflistungen schließen
Gelesene oder geschriebene Einträge	Mittlere und Standardabweichung	Ungewöhnliches kann den Versuch eines Zugriffs auf vertrauliche Daten durch Interferenzen und Häufung signalisieren
Fehlzählungen für Lese-, Schreib-, Erzeugungs- und Löschzugriffe	Operationell	Kann Benutzer identifizieren, die permanent versuchen, auf nicht berechtigte Dateien zuzugreifen

Tabelle 9.3: Mögliche Messungen zum Erkennen von Eindringlingen (Forts.)

Wie bei der Erkennung von statistischen Anomalien erfordert die regelabhängige Erkennung von Anomalien ebenfalls keine Kenntnisse über die Schwachstellen des Systems. Diese Methode beruht auf der Annahme, dass zukünftige Vorgänge wie die der Vergangenheit aussehen. Damit dieses Verfahren effektiv funktioniert, ist eine relativ große Datenbank von Regeln notwendig. Zum Beispiel enthält ein Schema, das in [VACC89] beschrieben wird, Regeln in einer Größenordnung zwischen 10^4 und 10^6.

Regelabhängige Erkennung von Verletzungen des Systems verwendet für die Erkennung von Eindringlingen einen ganz anderen Ansatz. Dieser basiert auf einem Expertensystem. Die wichtigste Eigenschaft eines entsprechenden Systems ist die Verwendung von Regeln zur Identifizierung von bekannten Verletzungen oder Verletzungen, die bekannte Schwachstellen ausnutzen. Regeln können ebenfalls zur Erkennung von verdächtigem Verhalten definiert werden, auch wenn dieses Verhalten innerhalb der Grenzen von bekannten Verhaltensmustern liegt. Normalerweise hängen die Regeln vom System und dem verwendeten Betriebssystem ab. Diese Regeln werden durch »Experten« und nicht durch automatische Analysen der Prüfaufzeichnungen aufgestellt. Das normale Vorgehen ist das Befragen von Systemadministratoren und Sicherheitsanalytikern, um bekannte Verletzungsszenarien und Schlüsselereignisse zu sammeln, welche die Sicherheit eines Zielsystems bedrohen.[2] Die Stärke dieser Methode ist abhängig von der Erfahrung derjenigen, welche die Regeln aufstellen.

Ein einfaches Beispiel für die Arten von Regeln kann man in NIDX finden, einem älteren System, das heuristische Regeln verwendet, welche Aktivitäten einen bestimmten Grad an Verdächtigkeit zuordnen [BAUE88]. Beispiele für Heuristiken sind:

1. Benutzer sollten keine Dateien in den persönlichen Postfächern anderer Benutzer lesen.
2. Benutzer dürfen nicht in Dateien anderer Benutzer schreiben.
3. Benutzer, die sich nach Stunden anmelden, wollen oft Zugriff auf Dateien, mit denen sie schon zuvor gearbeitet haben.
4. Benutzer öffnen generell keine Platteneinrichtungen direkt, sondern verlassen sich auf Einrichtungen des Betriebssystems.
5. Benutzer sollten nur einmal auf einem System eingeloggt sein.
6. Benutzer machen keine Kopien von Systemdateien.

2 Entsprechende Befragungen können auch bekehrte oder nicht bekehrte Hacker einschließen, die ihr Wissen gegen eine Gebühr preisgeben [FREE93].

Das Schema zur Erkennung von Verletzungen, das in IDES verwendet wird, ist repräsentativ für die folgende Strategie. Prüfaufzeichnungen werden sofort nach der Erstellung untersucht und mit den Regeln verglichen. Wird eine Übereinstimmung gefunden, erhöht sich die *Misstrauensstufe* des Benutzers. Werden genug Regeln verletzt, so überschreitet dieses einen Grenzwert und führt zur Meldung einer Anomalie.

Die IDES-Methode basiert auf einer Untersuchung von Prüfaufzeichnungen. Ein Schwachpunkt dieses Plans ist die fehlende Flexibilität. Bei einem vorgegebenem Verletzungsszenario kann es viele Prüfaufzeichnungen geben, die sich nur sehr gering unterscheiden. Es könnte schwierig sein, alle diese feinen Unterschiede in Regeln zu fassen. Eine andere Methode ist die Entwicklung eines besseren Modells, das unabhängig von bestimmten Prüfaufzeichnungen arbeitet. Ein Beispiel dafür ist das Übergangsmodell mit dem Namen USTAT [ILGU93]. USTAT arbeitet bei speziellen Aktionen anders als die sehr detaillierten Aktionen, die im UNIX-System als Prüfaufzeichnungen gespeichert werden. USTAT ist auf einem SunOs-System implementiert, das Prüfaufzeichnungen von 239 Vorgängen macht. Von diesen werden nur 28 durch einen Präprozessor verwendet, der diese wiederum in 10 Hauptaktionen abbildet (Tabelle 9.4). Mit diesen Vorgängen und deren betroffenen Parametern wird ein Übergangsdiagramm entwickelt, das ungewöhnliche Aktivitäten charakterisiert. Da eine Anzahl von verschiedenen Aufzeichnungen auf eine kleinere Anzahl abgebildet werden, ist die Erstellung von Regeln einfacher. Weiterhin kann das Übergangsmodell relativ einfach an neu festgestellte Eindringmuster angepasst werden.

USTAT-Aktion	*SunOS-Ereignistyp*
Read	open_r, open_rc, open_rtc, open_rwc, open_rwtc, open_rt, open_rw, open_rwt
Write	truncate, ftruncate, creat, open_rtc, open_rwc, open_rwtc, open_rt, open_rw, open_rwt, open_w, open_wt, open_wc, open_wct
Create	mkdir, creat, open_rc, open_rtc, open_rwc, open_rwtc, open_wc, open_wtc, mknod
Delete	rmdir, unlink
Execute	exec, execve
Exit	exit
Modify_Owner	chown, fchown
Modify_Perm	chmod, fchmod
Rename	rename
Hardlink	link

Tabelle 9.4: Gegenüberstellung von USTAT-Aktionen und SunOS-Ereignistypen

Verteilte Erkennung von Eindringlingen

Bisher wurde an Systemen zur Erkennung von Eindringlingen nur auf einzelnen Rechnern gearbeitet. Eine typische Organisation benötigt aber eine Verteidigung von verteilten Hosts, die durch LAN oder Netzwerke unterstützt werden. Auch wenn es möglich ist, auf jedem System eine eigene Erkennung von Eindringlingen zu installieren, so kann eine effektivere Abwehr durch Koordination und Kooperation zwischen den verschiedenen Abwehrsystemen innerhalb des Netzwerks zu besseren Ergebnissen führen.

Porras hat die folgenden Hauptmerkmale für den Entwurf eines verteilten Systems zur Erkennung von Eindringlingen ausgearbeitet [PORR92]:

- Ein verteiltes Abwehrsystem muss mit verschiedenen Aufzeichnungsformaten arbeiten können. In einer heterogenen Umgebung verwenden verschiedene Systeme verschiedene Prüfsammelsysteme und, wenn eine Erkennung von Eindringlingen stattfinden soll, sie verarbeiten verschiedene Formate für sicherheitsrelevante Aufzeichnungen.
- Ein oder mehrere Knoten in einem Netzwerk dienen als Sammel- und Analysepunkte der Daten der Systeme im Netzwerk. Es müssen deshalb rohe oder ausgewertete Prüfdaten innerhalb des Netzwerks übertragen werden. Daher muss die Integrität und Vertraulichkeit dieser Daten sichergestellt werden. Integrität ist notwendig, um einen Eindringling davon abzuhalten, seine Aktivitäten dadurch zu verbergen, dass übertragene Prüfinformationen verändert werden. Vertraulichkeit ist notwendig, da die übermittelten Prüfinformationen wertvoll sein können.
- Es kann eine zentralisierte oder dezentralisierte Architektur verwendet werden. Bei der zentralisierten Architektur gibt es einen einzigen zentralen Punkt, an dem alle Prüfdaten gesammelt und analysiert werden. Dies vereinfacht die Aufgabe, einlaufende Berichte miteinander in Beziehung zu setzen, aber es ist auch ein potenzieller Flaschenhals und einziger Punkt für Fehler. Bei der dezentralisierten Architektur gibt es mehrere Analysezentren, aber diese müssen ihre Aktivitäten koordinieren und Informationen austauschen.

Ein gutes Beispiel eines Systems zur Erkennung von Eindringlingen wurde an der Universität von Kalifornien in Davis entwickelt [HEBE92, SNAP91]. Abbildung 9.5 zeigt die Architektur, die aus drei Hauptkomponenten besteht:

- **Host-Agenten-Modul:** Ein Prüfsammelmodul arbeitet als ein Hintergrundprozess in einem überwachten System. Seine Aufgabe ist das Sammeln von sicherheitsrelevanten Ereignissen auf dem Host und deren Übermittlung zu einem zentralen Verwalter.
- **LAN-Monitor-Agenten-Modul**: Dieses Modul arbeitet ähnlich wie das Hostmodul, nur dass es den Verkehr auf dem LAN analysiert und die Ergebnisse an den zentralen Verwalter berichtet.

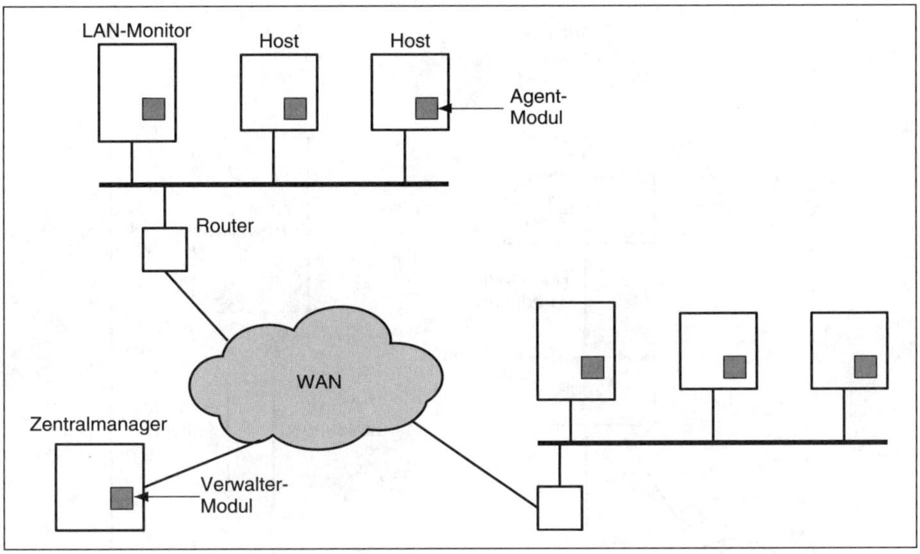

Abbildung 9.5: Aufbau einer verteilten Erkennung von Eindringlingen

- **Zentrales Verwaltungsmodul:** Dieses empfängt die Berichte vom LAN-Monitor und Hostmodul und verarbeitet bzw. setzt diese miteinander in Beziehung zur Erkennung von Eindringlingen.

Dieses Schema wurde so entworfen, dass es unabhängig vom Betriebssystem oder der Systemprüfeinrichtung arbeitet. Abbildung 9.6 [SNAP91] zeigt den eingeschlagenen Weg. Die Agenten erhalten jede Prüfaufzeichnung, die im System erstellt wird. Ein Filter wird eingesetzt, um diejenigen Datensätze auszufiltern, die für die Sicherheit interessant sind. Diese Datensätze werden in ein Standardformat zum Hostprüfdatensatz (Host Audit Record – HAR) umformatiert. Als Nächstes analysiert eine schablonenabhängige Logik diese Datensätze auf ungewöhnliche Aktivitäten. Auf niedrigster Ebene sucht der Agent nach wichtigen Ereignissen, die unabhängig von zurückliegenden Ereignissen von Interesse sind. Darin sind zum Beispiel fehlgeschlagene Dateizugriffe, Zugriffe auf Systemdateien und Änderungen von Dateizugriffskontrollen enthalten. Auf der nächsthöheren Ebene beobachtet der Agent Sequenzen von Ereignissen, die als Angriffsmuster (Signatur) bekannt sind. Zuletzt überprüft der Agent den Benutzer auf unnatürliches Verhalten gemessen am historischen Profil, wie der Anzahl der ausgeführten Programme, Anzahl von Dateizugriffen usw.

Wenn verdächtige Aktivitäten erkannt werden, wird ein Alarm an den zentralen Verwalter geschickt. Dieser zentrale Verwalter enthält ein Expertensystem, das Folgerungen aus den Daten zieht. Der Verwalter kann andere Systeme nach Kopien von HARs abfragen, um sie mit den von anderen Agenten in Beziehung zu setzen.

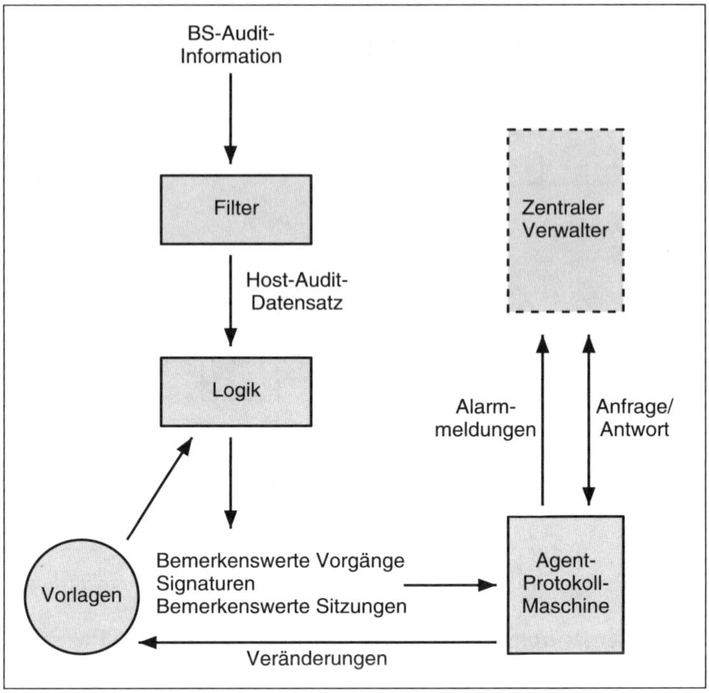

Abbildung 9.6: Aufbau eines Agenten

Der LAN-Monitor-Agent versorgt den zentralen Verwalter ebenfalls mit Informationen. Er überprüft Verbindungen von Host zu Host, genutzte Dienste und Umfang des Datenverkehrs. Dazu sucht er nach auffälligen Ereignissen, wie zum Beispiel plötzliche Änderungen in der Auslastung des Netzwerks, die Benutzung von sicherheitsrelevanten Diensten und Netzwerkaktivitäten wie *rlogin*.

Der in Abbildung 9.5 und 9.6 gezeigte Aufbau ist allgemein und flexibel gehalten. Er bildet die Basis für eine rechnerunabhängige Methode, die von einem Einzelsystem zur Erkennung von Eindringlingen verwendet werden kann, bis zu einem System, das in der Lage ist, Aktivitäten von einer Reihe anderer Stellen und Netzwerke miteinander in Beziehung zu setzen, um verdächtige Aktivitäten zu erkennen, die sonst nicht erkannt würden.

9.2 Viren und ähnliche Bedrohungen

Die wohl am weitesten fortgeschrittene Art von Bedrohungen für ein Computersystem stellen Programme dar, die Schwachstellen in Rechnersystemen ausnutzen. In diesem Zusammenhang sind sowohl Anwendungsprogramme als auch Dienstprogramme, wie Editoren und Compiler, betroffen.

Wir beginnen diesen Abschnitt mit einer Übersicht über das Spektrum solcher Software-Bedrohungen. Der Rest des Abschnitts ist Viren gewidmet, wobei zunächst deren Wesen und dann Gegenmaßnahmen betrachtet werden.

9.2.1 Bösartige Programme

Abbildung 9.7 [BOWL92] zeigt eine allgemeine Darstellung von Software-Bedrohungen und bösartigen Programmen. Tabelle 9.7 liefert die dazugehörige Kurzbeschreibung. Diese Bedrohungen können in zwei Kategorien eingeteilt werden: diejenigen, die ein Host-Programm benötigen, und diejenigen, die unabhängig sind. Erstere sind im Wesentlichen Fragmente von Programmen, die nicht unabhängig von einer aktuellen Programmapplikation, einem Dienstprogramm oder einem Systemprogramm existieren können. Letztere sind Programme, die beigefügt sind und unter einem Betriebssystem laufen können.

Wir können auch zwischen den Software-Bedrohungen unterscheiden, die sich vervielfältigen, und solchen, die es nicht tun. Die ersten sind Programmfragmente, die durch einen bestimmten Aufruf des Host-Programms gestartet werden. Letztere bestehen entweder aus einem Programmfragment (Virus) oder einem unabhängigen Programm (Wurm, Bakterie), das, wenn es ausgeführt wird, eine oder mehrere Kopien von sich selbst erzeugt, die entweder auf dem gleichen System oder auf einem anderen System später aktiviert werden.

Auch wenn die Übersicht in Abbildung 9.7 gut geeignet ist, um die Informationen darzustellen, die wir hier behandeln, so gibt sie kein vollständiges Bild wieder. Um genau zu sein, können logische Bomben oder Trojanische Pferde Teile eines Virus oder Wurms sein.

Eine Hintertür ist ein geheimer Eingang in ein Programm, der es einem Mitwisser erlaubt, Zugang zu diesem zu bekommen, ohne durch die Sicherheitskontrollen zu gehen. Hintertüren wurden jahrelang berechtigt von Programmierern verwendet, die so Programme debuggen und testen. Ein solches Vorgehen erfolgt normalerweise, wenn ein Programmierer eine Anwendung entwickelt, die eine Authentifizierungsprozedur oder einen langen Einrichtungsvorgang erfordert, der vom Benutzer die Eingabe von vielen verschiedenen Werten erwartet, um zu laufen. Um das Programm zu debuggen, braucht der Entwickler spezielle Privilegien, oder er will die langwierige Einrichtung und Authentifizierung vermeiden. Außerdem braucht er eine Möglichkeit, das Programm zu aktivieren, wenn etwas mit der Authentifizierung, die in die Anwendung eingebaut wurde, nicht funktionieren sollte. Die Hintertür ist deshalb ein Code, der bestimmte Eingabesequenzen erkennt oder durch eine bestimmte Benutzer-ID oder ungewöhnliche Sequenzen ausgelöst wird.

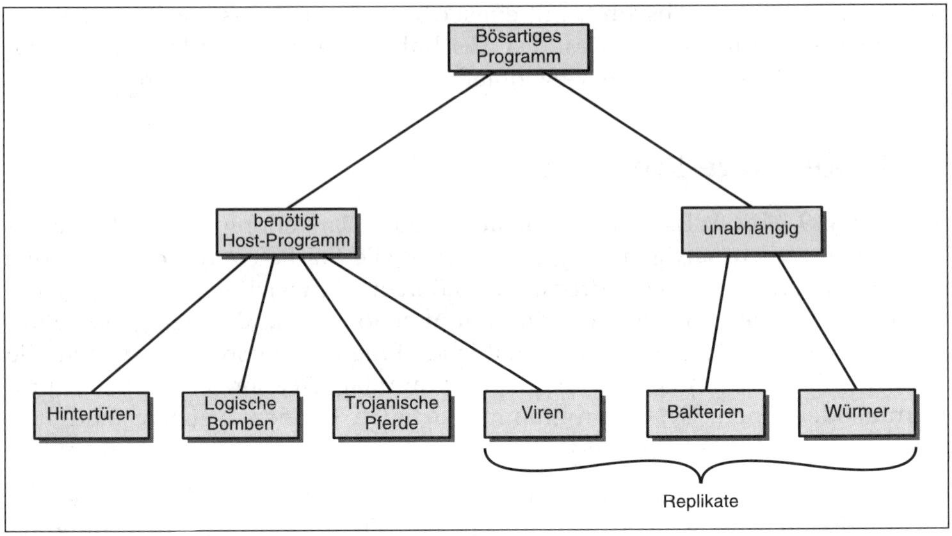

Abbildung 9.7: Einteilung bösartiger Programme

Hintertüren werden zur Bedrohung, wenn sie durch skrupellose Programmierer für unberechtigte Zugriffe verwendet werden. Eine Hintertür war die Hauptidee für die Verletzbarkeit von Computersystemen in dem Film *War Games* [COOP89]. Ein anderes Beispiel: Bei der Entwicklung von Multics wurden Eindringversuche eines Teams mit dem Namen »Tiger Team« durchgeführt (simulierter Eindringling). Eine angewendete Taktik war die Zustellung eines Schein-Updates des Betriebssystems an eine Einrichtung, die Multics verwendet. Dieses Update enthielt ein Trojanisches Pferd (wird später beschrieben), das durch eine Hintertür aktiviert werden konnte und dem Tiger Team Zugang verschaffte. Dieses Trojanische Pferd war so gut implementiert, dass selbst die Entwickler von Multics, auch nachdem sie von seinem Vorhandensein informiert wurden, es nicht finden konnten [ENGE80].

Es ist schwierig, Kontrollen im Betriebssystem für Hintertüren einzubauen. Sicherheitsüberprüfungen müssen sich deshalb auch auf Programmentwicklungen und Software-Update-Aktivitäten konzentrieren.

Logische Bomben

Zu den ältesten Arten von Programmbedrohungen, die es vor Viren und Würmern gab, zählen die logischen Bomben. Eine logische Bombe ist ein Code, der in einem legitimen Programm eingebettet ist und der »explodiert«, wenn bestimmte Bedingungen erfüllt sind. Beispielbedingungen, die für das Auslösen einer logischen Bombe verwendet werden, sind das Vorhandensein oder die Abwesenheit bestimmter Dateien, ein bestimmter Tag in der Woche oder ein bestimmtes Datum oder ein Benutzer, der eine Anwendung laufen lässt. In einem bekannten Fall [SPAF89] suchte eine logische Bombe nach einer bestimmten Benutzer-ID eines Angestellten (die des Autors der logischen Bombe) und wurde dann ausgelöst, als diese ID nicht mehr in den Berechnungen zweier aufeinander folgender Lohnlisten erschien. Einmal ausgelöst, kann so eine Bombe Daten oder enthaltene Dateien verändern oder löschen, einen Absturz des Systems auslösen oder anderen Schaden anrichten. Ein eindrucksvolles Beispiel, wie logische Bomben eingesetzt werden können, ist der Fall des Büchereisystems von Montgomery County (Maryland) [TIME90]. Der Auftragnehmer, der das computerisierte Umlaufsystem entwickelt hatte, implemetierte ebenfalls eine logische Bombe, die das System unbrauchbar machen würde, wenn er nicht bis zu einem bestimmten Datum seine Bezahlung erhielte. Als die Bücherei die letzte Zahlung zurückhielt, da das System zu langsame Durchlaufzeiten hatte, offenbarte der Entwickler die Existenz der Bombe und drohte damit, sie hochgehen zu lassen, wenn die Zahlung nicht einginge.

Trojanische Pferde

Ein Trojanisches Pferd ist ein nützliches oder scheinbar nützliches Programm oder eine Befehlsprozedur, die einen versteckten Code enthält, der, wenn er aufgerufen wird, ungewollte oder schädliche Funktionen ausführt.

Trojanische Pferde können dazu verwendet werden, um Funktionen indirekt zu ermöglichen, die ein unberechtigter Benutzer nicht direkt durchführen kann. Zum Beispiel kann ein Benutzer ein Trojanisches Pferd entwickeln, das bei seiner Ausführung die enthaltenen Zugriffsrechte zu Dateien ändert, sodass diese durch jeden Benutzer gelesen werden können. Der Autor kann dann den Benutzer dazu veranlassen, dieses Programm laufen zu lassen, indem er es in ein allgemeines Verzeichnis ablegt oder es so benennt, dass es als nützliches Dienstprogramm erscheint. Ein Beispiel dafür ist ein Programm, das scheinbar eine Liste in einem bestimmten Format erstellt. Nachdem ein Benutzer dieses Programm hat laufen lassen, kann der Autor auf die Informationen zugreifen. Ein Beispiel für ein Trojanisches Pferd, das sehr schwierig zu entdecken ist, ist ein Compiler, der so verändert wurde, dass er einen zusätzliche Code in bestimmte Programme, wie bestimmte Programme zur Systemanmeldung, einfügt, wenn sie kompiliert werden [THOM84]. Dieser Code erstellt eine Hintertür in dem Anmeldeprogramm, die dem Autor den Zugriff auf das System mithilfe eines bestimmten Passworts ermöglicht. Dieses Trojanische Pferd kann niemals durch das Überprüfen des Quellcodes des Anmeldeprogramms erkannt werden.

Ein anderer üblicher Einsatz für Trojanische Pferde ist das Zerstören von Daten. Das Programm scheint eine nützliche Funktion auszuführen (z. B. ein Taschenrechnerprogramm), aber es kann auch alle Benutzerdateien löschen. Zum Beispiel wurde ein CBS-Beamter Opfer eines Trojanischen Pferds, das alle seine Informationen im Speicher seines Computers löschte [TIME90]. Das Trojanische Pferd war in einer Grafikroutine eingebaut, die in einer elektronischen Mailbox angeboten wurde.

Viren

Ein Virus ist ein Programm, das andere Programme »infizieren« kann, indem es diese verändert; diese Veränderung beinhaltet auch eine Kopie des Virusprogramms, welches dann weitere Programme infizieren kann.

Biologische Viren sind kleine Teile eines genetischen Codes – DNS oder RNS – welche die Vorgänge einer lebenden Zelle übernehmen können und sie dazu bringen, Tausende von einwandfreien Kopien des Originalvirus zu erstellen. Wie das biologische Gegenstück, enthält ein Computervirus in seinem Code ebenfalls das Rezept für die Herstellung von perfekten Kopien seiner selbst. Einquartiert in einem Host-Rechner übernimmt der Virus vorübergehend die Kontrolle des Betriebssystems. Immer dann, wenn der Virus mit einer nicht infizierten Software zusammenkommt, wird eine neue Kopie des Virus in das Programm eingesetzt. Auf diese Art und Weise wird die Infektion, wenn die ahnungslosen Benutzer entweder Disketten austauschen oder einander Programme über ein Netzwerk zuschicken, von Computer zu Computer verteilt. Ein Netzwerk mit der Möglichkeit, Zugriff auf Anwendungen und Systemdienste anderer Computer zu erhalten, ist der perfekte Nährboden für eine Verteilung von Viren.

Viren werden später in diesem Abschnitt noch ausführlich behandelt.

Würmer

Netzwerkwürmer verwenden Netzwerkverbindungen, um sich von System zu System zu verteilen. Einmal in einem System aktiv, kann sich ein Netzwerkwurm wie ein Computervirus oder eine Bakterie (siehe unten) verhalten oder er kann Trojanische Pferde einpflanzen und jede Art von unterbrechenden und zerstörerischen Aktionen ausführen.

Um sich zu reproduzieren, verwendet ein Wurm irgendein Hilfsmittel. Beispielsweise die Folgenden:

- **E-Mail:** Ein Wurm sendet eine Kopie an sich oder an andere Systeme.
- **Ausführung im entfernten System:** Ein Wurm erzeugt eine Kopie von sich auf einem anderen System.
- **Anmelden im entfernten System:** Ein Wurm meldet sich in einem entfernten System als Benutzer an und verwendet dann Befehle, um sich von einem System in ein anderes zu kopieren.

Die neue Kopie des Wurm-Programms läuft dann auf dem entfernten System und verbreitet sich fortgesetzt in derselben Weise zusätzlich zu den Funktionen, die es dort ausführt.

Ein Netzwerkwurm geht durch eine Reihe von Phasen, die ähnlich wie bei Computer-Viren aussehen: eine Schlafphase, eine Ausbreitungsphase, eine Anstoßphase und die Ausführungsphase. Die Ausbreitungsphase führt generell folgende Funktionen aus:

1. Sucht nach anderen Systemen zum Infizieren, indem er die Host-Tabellen untersucht oder ähnliche Stellen von Systemadressen.
2. Baut eine Verbindung zu einem entfernten System auf.
3. Kopiert sich selbst auf das andere System und bringt die Kopie zur Ausführung.

Ein Netzwerkwurm kann ebenso versuchen festzustellen, ob ein System schon durch ihn befallen ist, bevor er sich auf das System kopiert. In einem Multiprogrammsystem kann er seine Anwesenheit verschleiern, indem er sich den Namen eines Systemprozesses gibt oder irgendeinen anderen Namen, der nicht durch den Systemoperator erkannt wird.

Ebenso wie Viren sind Netzwerkwürmer schwierig zu behandeln. Jedoch minimieren Netzwerksicherheit einerseits und Sicherheitsmaßnahmen an den einzelnen Systemen andererseits, sofern sie sauber entworfen und implementiert wurden, die Bedrohung durch Würmer.

Bakterien

Bakterien beschädigen im Grunde keine Programme. Ihre eigentliche Aufgabe ist eine Vervielfältigung ihrer selbst. Ein typisches Bakterienprogramm macht nicht mehr, als zwei Kopien gleichzeitig von sich selbst in einem Multitaskingsystem auszuführen oder einfach nur zwei neue Dateien zu erzeugen, von denen jede eine Kopie des Originalcodes der Bakterie ist. Beide Programme kopieren sich dann wiederum selbst usw. Bakterien reproduzieren sich exponentiell und verbrauchen damit eventuell die gesamte Prozessorkapazität, Speicher oder Plattenspeicher und verweigern deshalb Benutzern den Zugriff auf diese Ressourcen.

9.2.2 Die Natur der Viren

Ein Virus kann alles machen, was jedes andere Programm kann. Der einzige Unterschied besteht darin, dass er sich selbst an Programme anhängt und unerkannt ausgeführt wird, wenn das Host-Programm gestartet wird. Wenn ein Virus ausgeführt wird, kann er jede Funktion ausführen wie das Löschen von Dateien und Programmen.

Ein Virus durchläuft in seiner Lebenszeit vier verschiedene Phasen:

- **Schlafphase:** Der Virus ist untätig. Der Virus wird eventuell durch ein bestimmtes Ereignis wie ein Datum, das Vorhandensein eines anderen Programms oder Datei oder die Überschreitung eines bestimmten Werts der Festplattenkapazität aktiviert. Nicht alle Viren haben diese Stufe.
- **Ausbreitungsphase:** Der Virus platziert eine identische Kopie seiner selbst in andere Programme oder in bestimmte Systembereiche auf der Festplatte. Jedes infizierte Programm enthält jetzt einen Klon des Virus, der wiederum in eine Ausbreitungsphase geht.
- **Auslösungsphase:** Der Virus wird aktiviert, um seine Aufgabe zu erfüllen, für die er geschrieben wurde. Wie in der Schlafphase kann ein bestimmtes Ereignis, einschließlich eines Zählers, der eine bestimmte Anzahl von Kopien des Virus erreicht hat, der Grund für eine Aktivierung sein.
- **Ausführungsphase:** Die Funktion wird ausgeführt. Die Funktion kann harmlos sein, wie eine Nachricht auf dem Bildschirm, oder aber zerstörerisch, wie die Beschädigung eines Programms oder einer Datei.

Die meisten Viren führen ihre Arbeit in einer Weise aus, die spezifisch für ein Betriebssystem oder, wie in einigen Fällen, für eine bestimmte Hardware ist. In diesem Fall sind sie dafür entwickelt worden, die Spezifika und die Schwächen bestimmter Systeme auszunutzen.

```
      program V :=

{goto main;
      1234567;

         subroutine infect-executable :=
            {loop:
            file := get-random-executable-file;
            if (first-line-of-file = 1234567)
                  then goto loop
                  else prepend V to file; }

         subroutine do-damage :=
            {whatever damage is to be done}

         subroutine trigger-pulled :=
            {return true if some condition holds}

main:    main-program :=
            {infect-executable;
            if trigger-pulled then do-damage;
            goto next;}

next:

}
```

Abbildung 9.8: Ein einfacher Virus

Aufbau eines Virus

Ein Virus kann einem ausführenden Programm vorangestellt oder hinten angehängt werden oder er wird auf andere Art und Weise eingebettet. Entscheidend ist, dass zuerst der Viruscode ausgeführt wird und dann das ursprüngliche Programm.

Abbildung 9.8 beinhaltet eine generelle Darstellung eines Virus (nach [COHE94]). In diesem Fall wird der Viruscode V infizierten Programmen vorangestellt und es wird davon ausgegangen, dass der Einstiegspunkt zu dem Programm, wenn es aufgerufen wird, dessen erste Zeile ist.

```
        program CV :=

{goto main;
        01234567;

          subroutine infect-executable :=
                      {loop:
                              file := get-random-executable-file;
                      if (first-line-of-file = 01234567) then goto loop;
                (1)   compress file;
                (2)   prepend CV to file;
                }

main:     main-program :=
                      {if ask-permission then infect-executable;
                (3)   uncompress rest-of-file;
                (4)   run uncompressed file;}
                }
```

Abbildung 9.9: Logik für einen komprimierenden Virus

Ein infiziertes Programm beginnt mit dem Viruscode und funktioniert wie folgt. Die erste Zeile des Programms ist ein Sprung zum Virusprogramm. Die zweite Zeile ist eine spezielle Markierung, die vom Virus verwendet wird, um festzustellen, ob ein potenzielles Opfer schon mit dem Virus infiziert ist. Wenn das Programm ausgeführt wird, übernimmt das Virusprogramm sofort die Kontrolle. Das Virusprogramm sucht als Erstes nicht infizierte, ausführbare Programme und infiziert sie. Als Nächstes führt der Virus Aktionen aus, die schädlich für das System sind. Diese Aktion kann jedes Mal ausgeführt werden, wenn das Programm aufgerufen wird, oder es kann eine logische Bombe sein, die nur unter bestimmten Bedingungen ausgelöst wird. Zuletzt übergibt der Virus wieder die Kontrolle an das Originalprogramm. Ist die Infektionsphase relativ kurz, ist es für den Benutzer unwahrscheinlich, irgendeinen Unterschied zwischen der Ausführung eines infizierten oder nicht infizierten Programms zu erkennen.

Der beschriebene Virus ist relativ einfach zu entdecken, da eine infizierte Version des Programms länger als die nicht infizierte ist. Eine einfache Art, diese leichte Erkennung zu umgehen, ist das Komprimieren der ausführbaren Datei, sodass infizierte und nicht infizierte Version die gleiche Länge haben. Abbildung 9.9 [COHE94] zeigt, welche Logik erforderlich ist. Die Schlüsselzeilen in diesem Virus sind nummeriert und Abbildung 9.10 [COHE94] zeigt die Ausführung. Wir nehmen an, dass Programm P_1 mit dem Virus CV infiziert ist. Wenn das Programm ausgeführt wird, übernimmt der Virus die Kontrolle und führt folgende Schritte aus:

1. Jedes gefundene Programm P_2, das nicht infiziert ist, komprimiert der Virus, um P'_2 zu erstellen, das um die Größe des Virus kürzer ist.
2. Eine Kopie des Virus wird dem Programm vorangestellt.
3. Die komprimierte Version des infizierten Programms P'_1 wird dekomprimiert.
4. Das unkomprimierte Originalprogramm wird ausgeführt.

In diesem Beispiel führt der Virus nur seine Verteilung aus. Wie im vorherigen Beispiel kann der Virus auch eine logische Bombe enthalten.

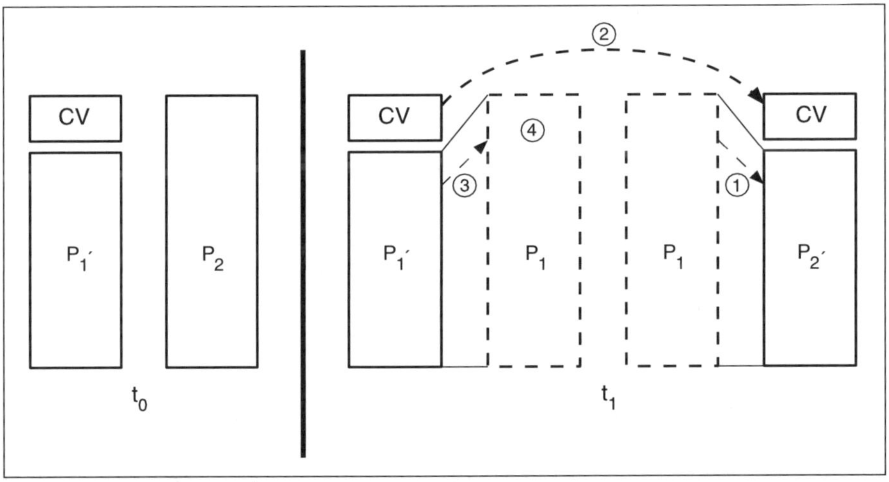

Abbildung 9.10: Ein komprimierender Virus

Erstinfektion

Wenn ein Virus einmal Zugang zu einem System durch die Infektion eines einzigen Programms gefunden hat, ist er in der Lage, alle anderen ausführbaren Dateien in diesem System zu infizieren, wenn das infizierte Programm ausgeführt wird. Deshalb kann eine Vireninfektion dadurch verhindert werden, dass man versucht, ihn nicht in das System zu lassen. Leider ist dies besonders schwierig, da ein Virus Teil jedes Programms außerhalb des Systems sein kann. Wenn man also nicht in der Lage ist, sein eigenes Betriebssystem und Programme zu schreiben, ist man gefährdet.

Die meisten Vireninfektionen beginnen mit einer Diskette, von der Programme auf einen Rechner kopiert werden. Viele dieser Disketten enthalten Spiele oder einfache, aber praktische Hilfsprogramme, die Angestellte für ihre privaten Computer erhalten und dann auf den Bürorechner übertragen. Einige sind unglaublicherweise auf eingeschweißten Disketten, die vom Hersteller einer Anwendung kommen. Nur eine geringe Anzahl von Infektionen beginnt durch Netzwerkverbindungen. Die meisten kommen aus elektronischen Mailboxen. Auch hier ist typisch, dass ein Angestellter ein Spiel oder ein nützliches Dienstprogramm herunterlädt, um später festzustellen, dass dieses einen Virus enthält.

9.2.3 Virenarten

Seit die Viren zum ersten Mal auftauchten, gibt es ein Wettrennen zwischen den Programmierern von Viren und Antivirenprogrammen. Es wurden neue Arten von Viren entwickelt, nachdem für die bekannten Viren effektive Gegenmaßnahmen entwickelt wurden. [STEP93] schlägt die folgenden Kategorien für die bekanntesten Viren vor:

- **Parasitärer Virus**: Die traditionelle und am weitesten verbreitete Art von Viren. Ein parasitärer Virus hängt sich an ein ausführbares Programm an und vervielfältigt sich, wenn dieses ausgeführt wird, indem es andere ausführbare Dateien für eine Infektion sucht.
- **Speicherresidenter Virus**: Quartiert sich in den Hauptspeicher als Teil eines Betriebsprogramms ein. Von diesem Punkt aus kann er jedes Programm, das ausgeführt wird, infizieren.
- **Bootsektor-Virus**: Infiziert den Bootsektor und verteilt sich, wenn ein System von der infizierten Festplatte neu gestartet wird.
- **Getarnter Virus:** Eine Form eines Virus, der speziell dafür entworfen wurde, von Antivirenprogrammen nicht entdeckt zu werden.
- **Polymorpher Virus**: Ein Virus, der sich mit jeder Infektion verändert und damit eine Erkennung der »Handschrift« unmöglich macht.

Ein Beispiel des **getarnten Virus** wurde schon vorher besprochen: ein Virus, der eine Datenkomprimierung anwendet, sodass das infizierte Programm genauso lang wie das nicht infizierte erscheint. Es sind aber wesentlich weiter entwickelte Techniken möglich. Zum Beispiel kann ein Virus eine Abfanglogik in den E/A-Routinen installieren, sodass bei einem Lesezugriff auf den Teil der Festplatte, in dem der Virus versteckt ist, das originale, nicht infizierte Programm ausgeführt wird. Diese Art von Virus sollte deshalb nicht als *getarnt* bezeichnet werden, sondern vielmehr als ein Virus, der einer Erkennung ausweicht.

Ein **polymorpher Virus** erstellt während der Vervielfältigung Kopien, die funktionell gleich sind, aber völlig andere Bitmuster haben. Wie beim getarnten Virus soll so eine Entdeckung durch Suchprogramme vermieden werden. In diesem Fall variiert aber die »Handschrift« des Virus mit jeder Kopie. Um diese Veränderung zu bewerkstelligen, fügt der Virus zufällig überflüssige Befehle ein oder wechselt die Reihenfolge von unabhängigen Programmschritten. Eine effektivere Methode ist die Verschlüsselung. Ein Teil des Virus, auch als *Mutationsmaschine* bezeichnet, erstellt einen zufälligen Schlüssel, um den Rest des Virus zu verschlüsseln. Der Schlüssel wird zusammen mit dem Virus gespeichert und die Mutationsmaschine wird ebenfalls verändert. Wenn ein infiziertes Programm ausgeführt wird, verwendet der Virus den gespeicherten Zufallsschlüssel, um den Virus zu entschlüsseln. Wenn der Virus sich vervielfältigt, wird ein anderer Zufallsschlüssel ausgewählt.

Eine andere Waffe der Virenprogrammierer ist das Virenentwurfswerkzeug. Dieses Werkzeug ermöglicht es auch einem unerfahrenen Programmierer schnell eine Anzahl von verschiedenen Viren zu erstellen. Auch wenn diese mit Virenwerkzeugen erstellten Viren nicht so anspruchsvoll sind wie die nach einem eigenen Konzept entworfenen, schaffen sie für die Entwickler von Antivirenprogrammen dennoch erhebliche Probleme.

Ein anderes Hilfsmittel für Virenautoren sind Mailboxen für den Austausch von Viren. Eine Anzahl dieser Mailboxen [ADAM92] sind in den Vereinigten Staaten und anderen Ländern entstanden. Diese Mailboxen bieten Kopien von Viren an, die heruntergeladen werden können, geben aber auch Hinweise für die Erstellung neuer Viren.

9.2.4 Makroviren

In den letzten Jahren hat die Zahl von Viren in Firmen dramatisch zugenommen. Für diesen Anstieg kann fast ausnahmslos die Verbreitung eines der neuesten Virentypen, der Makrovirus, verantwortlich gemacht werden. Laut der National Computer Security Agency (`www.ncsa.com`) stellen Makroviren inzwischen zwei Drittel aller Computerviren.

Makroviren sind aus einer Reihe von Gründen besonders gefährlich:

1. Ein Makrovirus ist plattformunabhängig. Fast alle Makroviren infizieren Microsoft Word-Dokumente. Jede Hardware-Plattform und jedes Betriebssystem, das Word unterstützt, kann infiziert werden.
2. Makroviren infizieren Dokumente, nicht ausführbare Teile eines Codes. Der größte Teil der Informationen, mit denen man ein Computersystem füttert, kommt in Form eines Dokuments anstelle eines Programms.
3. Makroviren verbreiten sich auf einfache Weise. Eine übliche Methode ist über E-Mail.

Makroviren nutzen ein Funktionsmerkmal von Word und anderen Office-Anwendungen, wie z.B. Microsoft Excel haben: die Makroprogrammierung. Im Grunde ist ein Makro ein ausführbares Programm, das in einem Textverarbeitungsdokument oder einer anderen Dateiart eingebettet ist. Typischerweise verwenden Benutzer Makros, um sich wiederholende Aufgaben zu automatisieren und somit Tastenanschläge zu sparen. Die Makro-Sprache ist gewöhnlich eine Form der Programmiersprache Basic. Der Benutzer definiert eine Reihe von Tastenanschlägen in einem Makro und speichert es ab. Das Makro wird dann mit einer Funktionstaste oder einem Tastenkürzel aufgerufen.

Das sich selbst ausführende Makro macht es möglich, einen Makrovirus zu schreiben. Dies ist ein Makro, das sich selbst aufruft, ohne dass eine explizite Eingabe des Benutzers nötig wäre. Häufige sich selbst ausführende Aktionen sind das Öffnen und Schließen einer Datei oder das Starten einer Anwendung. Wenn ein Makro erst einmal läuft, kann es sich selbst in andere Dokumente kopieren, Dateien löschen und dem System des Benutzers noch anderen Schaden zufügen. In Microsoft Word gibt es drei Arten von sich selbst ausführenden Makros:

- **Autoexecute:** Wenn sich ein Makro namens AutoExec in der »normal.dot«-Dokumentvorlage oder in der Globaldokumentvorlage befindet, die in Words Startverzeichnis gespeichert ist, wird das Makro immer dann ausgeführt, wenn Word gestartet wird.
- **Automakro:** Ein Automakro wird dann ausgeführt, wenn eine definierte Aktion auftritt, z.B. das Öffnen oder Schließen eines Dokuments, das Erstellen eines neuen Dokuments oder das Verlassen von Word.
- **Befehlsmakro:** Wenn ein Makro in einer globalen Makrodatei oder ein Makro, das einem Dokument angehängt ist, den Namen eines existierenden Word-Befehls trägt, wird das Makro immer dann ausgeführt, wenn der Benutzer diesen Befehl aufruft (zum Beispiel: Datei speichern).

Im Folgenden wird eine häufige Methode beschrieben, wie sich Viren verbreiten. Ein Automakro oder ein Befehlsmakro wird an ein Word-Dokument angehängt, das durch E-Mail oder Diskettenweitergabe in ein System eingebracht wird. Zu irgendeinem Zeitpunkt, nachdem das Dokument geöffnet wurde, wird das Makro ausgeführt. Das Makro kopiert sich selbst in die globale Makrodatei. Sobald die nächste Word-Sitzung gestartet wird, ist das infizierte globale Makro aktiv. Wenn dieses Makro ausgeführt wird, kann es sich selbst replizieren und Schaden anrichten.

Neuere Versionen von Word bieten einen verbesserten Schutz gegen Makroviren. Beispielsweise bietet Microsoft ein optionales Makroviren-Schutzwerkzeug an, das verdächtige Word-Dateien aufspürt und den Benutzer vor den möglichen Gefahren warnt, die mit dem Öffnen von Dateien mit Makros zusammenhängen. Auch andere Hersteller von Antiviren-Produkten haben Werkzeuge entwickelt, die Makroviren aufspüren und korrigieren können. Der Wettlauf geht also auch in diesem Bereich wie in anderen Virenbereichen weiter.

9.2.5 Antivirenmethoden

Die ideale Lösung gegen die Bedrohung durch Viren ist die Vorsorge: Man darf es dem Virus nicht erlauben, ins System zu gelangen. Dieses Ziel zu erreichen, ist fast unmöglich zu erreichen, aber Vorsorge ist die einzige Möglichkeit, die Anzahl von erfolgreichen Virenangriffen zu verringern. Die nächstbeste Methode ist die Ausführung einer der folgenden Möglichkeiten:

- **Erkennung:** Entdeckung einer Infektion und Lokalisierung des Virus.
- **Identifikation:** Wenn der Virus entdeckt wurde, muss der Typ identifiziert werden.
- **Entfernung:** Nach der Identifikation des Virus muss man alle Spuren des Virus von den infizierten Programmen entfernen und den Originalzustand wiederherstellen.

Wenn eine Erkennung erfolgreich war, aber eine Identifikation und Entfernung nicht möglich ist, bleibt als einzige Alternative nur das Löschen des infizierten Programms und die Einspielung einer sauberen Version.

Entwicklungen in der Viren- und Antivirentechnologie gehen Hand in Hand. Ältere Viren waren relativ einfache Codefragmente und konnten mit Antivirenprogrammen recht schnell identifiziert und entfernt werden. Nachdem sich das Virenwettrennen weiter ausgebreitet hat, wurden beide, die Viren- und die Antivirenprogramme, notwendigerweise komplexer und anspruchsvoller.

[STEP93] identifiziert vier Generationen von Antivirensoftware:

- Erste Generation: Einfache Scanner
- Zweite Generation: Heuristische Scanner
- Dritte Generation: Aktivitätsfallen
- Vierte Generation: Umfassender Schutz

Ein Scanner der **ersten Generation** brauchte die Signatur eines Virus, um ihn zu identifizieren. Der Virus kann Platzhalter enthalten, hat aber eigentlich immer die gleiche Struktur und Bitmuster in allen Kopien. Solche spezifischen Signaturscanner sind begrenzt auf die Erkennung von bekannten Viren. Ein anderer Typ der Scanner der ersten Generation merkt sich die Länge eines Programms und überprüft Änderungen in der Länge.

Ein Scanner der **zweiten Generation** verlässt sich nicht auf die Signatur eines Virus. Dieser Scanner verwendet heuristische Regeln, um nach möglichen Virusinfektionen zu suchen. Eine Art dieser Scanner sucht nach Codefragmenten, die oft in Zusammenhang mit Viren erkannt werden. Zum Beispiel könnte ein Scanner nach dem Anfang einer Verschlüsselungsschleife suchen, die in einem polymorphen Virus verwendet wird, und den Schlüssel erforschen. Wenn der Schlüssel einmal gefunden wurde, kann der Scanner den Virus entschlüsseln, um ihn zu identifizieren, anschließend die Infektion entfernen und das Programm wiederherstellen.

Eine andere Methode der zweiten Generation ist die Überprüfung der Integrität. Eine Prüfsumme kann jedem Programm zugeordnet werden. Wenn der Virus ein Programm infiziert, ohne die Prüfsumme zu ändern, dann wird eine Integritätsüberprüfung den Virus erkennen. Um einen Virus abzuwehren, der so gut entwickelt ist, dass er die Prüfsumme ändern kann, wenn er Programme infiziert, kann eine verschlüsselte Hash-Funktion verwendet werden. Der Schlüssel wird getrennt von dem Programm gespeichert, sodass der Virus keinen neuen Hash-Code erstellen und diesen verschlüsseln kann. Durch die Verwendung des Hash-Codes anstelle einer einfachen Prüfsummenfunktion wird der Virus davon abgehalten, das Programm anzupassen, um den gleichen Hash-Code zu schaffen wie vorher.

Programme der **dritten Generation** sind speicherresidente Programme, die einen Virus eher durch seine Aktivität erkennen, als durch seine Struktur in einem infizierten Programm. Diese Programme haben den Vorteil, dass es nicht nötig ist, die Signatur und Heuristiken für eine große Anzahl von Viren zu kennen. Vielmehr muss man nur einen kleinen Teil der Aktivitäten, die eine Infektion anzeigen, erkennen, um dann einzugreifen.

Produkte der **vierten Generation** sind Programmpakete, die aus einer Vielzahl von verschiedenen Antivirentechniken bestehen. Diese umfassen das Scannen und Aktivitätsfallen. Zusätzlich enthalten diese Pakete Zugangssteuerungsmöglichkeiten, welche die Möglichkeiten eines Virus einschränken, ein System und dort andere Dateien zu befallen, um sich zu vervielfältigen.

Der Kampf geht weiter. Mit Antivirenpaketen der vierten Generation wurde eine umfassende Abwehrstrategie erstellt, die den Bereich der Verteidigung um weitere generelle Computersicherheitsmaßnahmen erweitert.

9.2.6 Erweiterte Antiviren-Techniken

Es entstehen ständig höher entwickelte Strategien und Produkte zur Virenbekämpfung. Im Folgenden werden die wichtigsten davon beschrieben.

Generic Decryption (GD)

Die generische Entschlüsselungstechnik (Generic Decryption – GD) ermöglicht es dem Antivirenprogramm, selbst die komplexesten polymorphen Viren leicht aufzuspüren und dabei eine hohe Prüfgeschwindigkeit beizubehalten [NACH 97]. Erinnern Sie sich daran, dass sich der Virus bei der Ausführung einer Datei, die einen polymorphen Virus enthält, selbst entschlüsseln muss, um sich zu aktivieren. Um solche Strukturen aufzuspüren, werden ausführbare Dateien durch einen GD-Scanner geschickt, der folgende Elemente enthält:

- **CPU-Emulator:** Ein softwarebasierter virtueller Computer. Die Instruktionen in einer ausführbaren Datei werden vom Emulator interpretiert und nicht auf dem echten Prozessor ausgeführt. Der Emulator besitzt Software-Versionen von allen Registern und anderer Prozessor-Hardware, sodass der echte Prozessor von den Programmen unberührt bleibt, die der Emulator interpretiert.
- **Virus-Signatur-Scanner:** Ein Modul, das den Zielcode überprüft und nach bekannten Virussignaturen sucht.
- **Emulationskontrollmodul:** Es kontrolliert die Ausführung des Zielcodes.

Zu Beginn einer jeden Simulation interpretiert der Emulator die Instruktionen im Zielcode, eine nach der anderen. Sollte der Code also eine Entschlüsselungs-Routine enthalten, die sich entschlüsselt und so einen Virus freilegt, wird dieser Code interpretiert. Tatsächlich leistet der Virus die Arbeit für das Virenbekämpfungsprogramm, indem es sich selbst freilegt. Das Kontrollmodul unterbricht die Interpretation des Zielcodes periodisch, um ihn auf Virussignaturen hin zu untersuchen.

Während der Interpretation kann der Zielcode keinen Schaden in der echten Personalcomputer-Umgebung anrichten, weil er in einer vollständig kontrollierten Umgebung interpretiert wird.

Das schwierigste Problem beim Entwurf eines GD-Scanners ist die Festlegung, wie lange eine Interpretation laufen soll. Typischerweise werden Viruselemente aktiviert, kurz nachdem ein Programm ausgeführt wird. Dies muss jedoch nicht der Fall sein. Je länger der Scanner ein bestimmtes Programm emuliert, desto wahrscheinlicher ist es, dass er jeden versteckten Virus findet. Ein Virenbekämpfungsprogramm kann jedoch nur eine begrenzte Menge an Zeit und Ressourcen verbrauchen, andernfalls beschweren sich die Benutzer.

Digitales Immunsystem

Das digitale Immunsystem ist eine umfassende Vorgehensweise zum Schutz vor Viren, die von IBM entwickelt wurde [KEPH97a, KEPH97b]. Motiviert wurde diese Entwicklung durch die wachsende Bedrohung durch internetbasierte Virenausbreitung. Zunächst gehen wir mit einigen Worten auf diese Bedrohung ein, um dann die Vorgehensweise von IBM zusammenzufassen.

Augenblicklich stellt sich die Bedrohung durch Viren so dar, dass sich Viren und neue Mutationen relativ langsam ausbreiten. Software zur Virenbekämpfung wird typischerweise auf monatlicher Basis aktualisiert. Dies war bis jetzt auch ausreichend, um das Problem unter Kontrolle zu halten. Außerdem spielt das Internet zur Zeit eine relativ kleine Rolle bei der Ausbreitung von Viren. Aber wie [CHES97] feststellt, gibt es zwei Haupttrends in der Internet-Technologie, die einen wachsenden Einfluss auf den Anteil der Virenverbreitung in den kommenden Jahren haben werden:

- **Integrierte Mail-Systeme:** Systeme wie Lotus Notes und Microsoft Outlook machen es sehr einfach, jedermann alles Mögliche zu schicken und mit Objekten zu arbeiten, die man empfängt.
- **Mobile Programmsysteme:** Fähigkeiten wie Java oder ActiveX ermöglichen es Programmen, sich von einem System zum anderen zu bewegen.

Um den Bedrohungen, die durch diese internetbasierten Fähigkeiten entstanden sind, zu begegnen, hat IBM den Prototypen eines digitalen Immunsystems entwickelt. Dieses System geht über die Verwendung von Programmemulationen hinaus, wie sie im vorhergehenden Unterabschnitt diskutiert wurde, und ist ein Allzweck-Emulations- und Virenaufspürungssystem. Das Ziel dieses Systems besteht im Erreichen einer schnellen Reaktionszeit, sodass Viren fast so schnell unschädlich gemacht werden können, wie sie auftauchen. Sobald ein neues Virus in eine Organisation eindringt, fängt das Immunsystem es automatisch ein, analysiert es, fügt Aufspürungsmerkmale und Schutzvorrichtungen gegen das Virus hinzu, entfernt es und leitet die Informationen über das Virus an Systeme weiter, auf denen IBM AntiVirus läuft, sodass es aufgespürt werden kann, bevor es sich irgendwo anders ausführt.

Abbildung 9.11 illustriert die typischen Schritte beim Betrieb eines digitalen Immunsystems:

1. Ein Beobachtungsprogramm auf jedem PC benutzt eine Reihe von Heuristiken bezüglich Systemverhalten, verdächtigen Programmänderungen oder Familiensignaturen, die das Vorhandensein eines Virus nahelegen. Das Beobachtungsprogramm leitet eine Kopie von jedem möglicherweise infizierten Programm an eine administrative Maschine innerhalb der Organisation weiter.
2. Der Verwaltungsrechner verschlüsselt die Probe und sendet sie zu einem zentralen Virenanalyse-Rechner.
3. Dieser Rechner schafft eine Umgebung, in der das infizierte Programm unter sicheren Bedingungen laufen kann. Die Techniken, die für diesen Zweck benutzt werden, beinhalten Emulation oder die Schaffung einer geschützten Umgebung, in der das verdächtige Programm ausgeführt und überwacht werden kann. Der Virenanalyse-Rechner erstellt dann eine Beschreibung zur Identifikation und Entfernung des Virus.

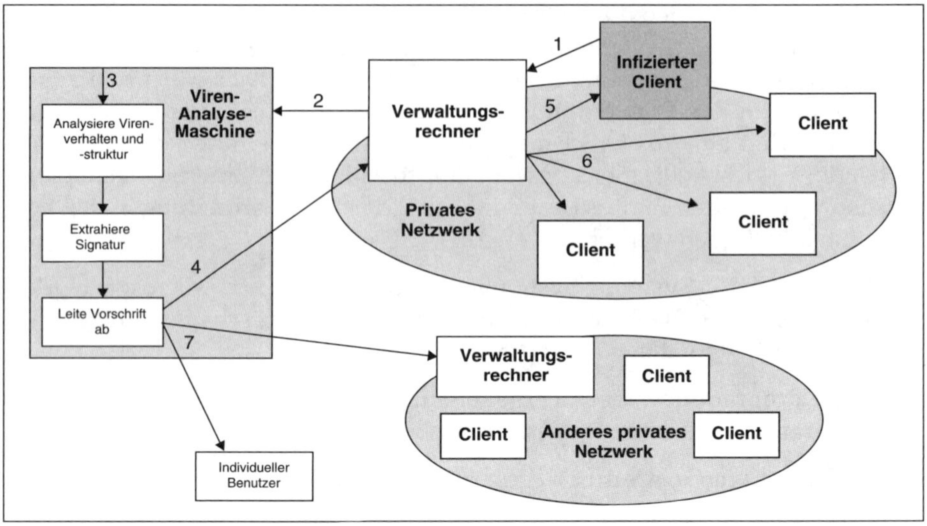

Abbildung 9.11: Digitales Immunsystem

4. Diese Beschreibung wird zum Verwaltungsrechner zurückgeschickt.
5. Der Verwaltungsrechner leitet die Beschreibung an den infizierten Client weiter.
6. Die Beschreibung wird an andere Clients der Organisation weitergeleitet.
7. Abonnenten in der ganzen Welt erhalten regelmäßig Antiviren-Updates, die sie vor dem neuen Virus schützen.

Der Erfolg des digitalen Immunsystems hängt von der Fähigkeit des Virenanalyse-Rechners ab, neue und innovative Viren aufzuspüren. Indem er ständig die Viren analysiert und überwacht, die er frei vorfindet, sollte es möglich sein, die Software des digitalen Immunsystems ständig auf dem neuesten Stand zu halten und so mit der Bedrohung fertig zu werden.

9.3 Empfohlene Lektüre und Web-Sites

Eine sehr lesenswerte Darstellung des berühmtesten Eindringlingszwischenfalls bietet [STOL89]. [STER92] stellt die sehr hilfreiche Geschichte der Eindringungsversuche dar und diskutiert die Techniken und Ziele der Hauptbeteiligten: Eindringlinge, Strafverfolgungsbehörden und Bürgerrechtler. [DENN90] enthält Nachdrucke von vielen wichtigen Aufsätzen zum Thema Eindringlinge.

[HOFF90] und [DENN90] enthalten Nachdrucke von vielen wichtigen Aufsätzen zum Thema Viren und Würmer. [COHE94] enthält eine hervorragende technische Darstellung der Viren- und Anti-Viren-Technologie. Artikel, die einen guten Überblick über Viren geben, finden sich in [FORR97], [KEPH97] und [NACH97].

COHE94 Cohen, F. *A Short Course on Computer Viruses.* New York: Wiley, 1994.

DENN90 Denning, P., Herausgeber. *Computers Under Attack: Intruders, Worms, and Viruses.* Reading, MA: Addison-Wesley, 1990.

FORR97 Forrest, S.; Hofmeyr, S. und Somayaji, A. »Computer Immunology.« *Communications of the ACM,* Oktober 1997.

HOFF90 Hoffman, L., Herausgeber. *Rogue Programms: Viruses, Worms, and Trojan Horses.* New York: Van Nostrand Reinhold, 1990.

KEPH97 Kephard, J.; Sorkin, G.; Chess, D. und White, S. »Fighting Computer Viruses.« *Scientific American,* November 1997.

NACH97 Nachenberg, C. »Computer Virus-Antivirus Coevolution.« *Communications of the ACM,* Januar 1997.

STER92 Sterling, B. *The Hacker Crackdown: Law and Disorder on the Electronic Frontier.* New York: Bantam, 1992.

STOL89 Stoll, C. *The Cuckoo's Egg.* New York: Doubleday, 1989.

Empfohlene Web-Sites:

- **CERT-Coordination Center:** Die Organisation ging aus dem computer emergency response team hervor, das von der Defense Advanced Research Projects Agency gebildet wurde. Die Site enthält gute Informationen zum Thema Internet-Sicherheitsbedrohungen, Anfälligkeiten und Angriffsstatistiken.
- **AntiVirus Online:** Die Site von IBM zum Thema Viren ist eine der besten.

9.4 Aufgaben

9.1 Es wird angenommen, dass Passwörter aus Kombinationen gewählt werden, die vier Zeichen lang sind, wobei 26 alphabetische Zeichen zur Verfügung stehen. Weiter wird angenommen, dass ein Gegner in der Lage sei, ein Passwort pro Sekunde auszuprobieren.

a. Angenommen, es gäbe keine Rückmeldung bis jeder Versuch vollständig ausgeführt ist. Wie lange dauert es schätzungsweise, bis das richtige Passwort entdeckt ist?

b. Angenommen, es gäbe immer dann eine Rückmeldung, wenn ein falsches Zeichen eingegeben wird. Wie lange dauert es schätzungsweise, bis das richtige Passwort entdeckt ist?

9.2 Angenommen, die Quellenelemente der Länge k werden in einer uniformen Weise in Zielelemente der Länge p gebracht. Wenn jede Stelle einen von r Werten annehmen kann, dann entspricht die Zahl der Quellenelemente r^k und die Zahl der Zielelemente der kleineren Zahl r^p. Ein bestimmtes Quellenelement x_i wird in ein bestimmtes Zielelement y_i umgewandelt.

a. Wie groß ist die Wahrscheinlichkeit, dass ein Gegner das richtige Quellenelement beim ersten Versuch auswählt?

b. Wie groß ist die Wahrscheinlichkeit, dass ein anderes Quellenelement x_k ($x_i \neq x_k$), das in dem gleichen Zielelement y_i resultiert, vom Gegner herausgefunden werden kann?

c. Wie groß ist die Wahrscheinlichkeit, dass das richtige Zielelement vom Gegner beim ersten Versuch herausgefunden wird?

9.3 Ein phonetischer Passwort-Generator sucht sich zufällig zwei Segmente für jedes sechsbuchstabige Passwort heraus. Die Form jedes Segments ist KVK (Konsonant, Vokal, Konsonant), wobei V = <a, e, i, o, u> und K = ∇ .

a. Wie viele Passwörter kann man so schaffen?

b. Wie groß ist die Wahrscheinlichkeit, dass ein Gegner ein richtiges Passwort errät?

9.4 Angenommen, dass Passwörter auf die Benutzung der 95 druckbaren ASCII-Zeichen beschränkt seien und dass alle Passwörter eine Länge von zehn Zeichen hätten. Angenommen, wir hätten einen Passwort-Cracker mit einer Verschlüsselungsrate von 6,4 Mio. Verschlüsselungen pro Sekunde. Wie lange würde es auf einem UNIX-System dauern, alle möglichen Passwörter erschöpfend zu testen?

9.5 Aufgrund des bekannten Risikos des UNIX-Passwortsystems schlägt die Dokumentation der SunOS-4.0 vor, die Passwortdatei zu entfernen und durch eine öffentlich lesbare Datei mit dem Namen /etc/publickey zu ersetzen. Ein Eintrag in diese Datei für den Benutzer A besteht aus der User-ID_A, dem öffentlichen Schlüssel KU_a und dem dazugehörenden privaten Schlüssel KR_a. Der private Schlüssel ist von DES mithilfe eines Schlüssels, der aus dem Anmeldepasswort P_a abgeleitet wurde, verschlüsselt. Wenn A sich beim System anmeldet, entschlüsselt E_{Pa} [KR_a], um KR_a zu erhalten.

a. Das System überprüft dann, ob P_a korrekt eingegeben wurde. Wie?

b. Wie kann ein Gegner dieses System angreifen?

9. 6 Das Verschlüsselungsschema von UNIX arbeitet nur in eine Richtung; man kann den Vorgang nicht umkehren. Ist es deshalb richtig zu sagen, dass es sich eher um einen Hash-Code handelt, als um eine Verschlüsselung des Passworts?

9. 7 Es wurde behauptet, dass die Einbringung des Salt in das UNIX-Passwortschema die Schwierigkeit des Erratens eines Passworts um den Faktor 4096 erhöht. Der Salt ist aber als Klartext in dem gleichen Eintrag wie das verschlüsselte Passwort gespeichert. Diese zwei Zeichen sind dem Angreifer also bekannt und müssen nicht erraten werden. Warum wird versichert, dass der Salt die Sicherheit erhöht?

9. 8 Davon ausgehend, dass Sie die vorherige Frage korrekt beantwortet haben und die Wichtigkeit des Salts verstehen, hier die nächste Frage. Würde es nicht ausreichen, allen Passwortcrackern durch eine Erhöhung der Salt-Größe auf 24 oder 48 Bit einen Strich durch die Rechnung zu machen?

9. 9 Wir gehen von dem Bloomfilter in Abschnitt 9.1 aus. Sei k = Anzahl der Hash-Funktionen; N = Anzahl der Bits in der Hash-Tabelle und D = Anzahl der Wörter im Wörterbuch.

   a. Zeigen Sie, dass der erwartete Anteil von Bits in der Hash-Tabelle, die gleich null sind, nach folgender Funktion bestimmt werden:

   $$\phi = (1 - \frac{k}{N})^D$$

   b. Zeigen Sie, dass die Wahrscheinlichkeit, dass ein Eingabewort nicht im Wörterbuch vorhanden ist, fälschlicherweise aber als dort enthalten erkannt wird, folgendermaßen berechnet wird:

   $$P = (1 - \phi)^k$$

   c. Zeige, dass der vorhergehende Ausdruck angenähert werden kann mit:

   $$P \approx (1 - e^{-kD/N})^k$$

9.10 Es gibt in dem Virenprogramm aus Abbildung 9.8 eine Schwachstelle. Welche?

10 Firewalls

Firewalls können ein effektives Mittel sein, um lokale Systeme oder Systemnetzwerke vor netzwerkbasierten Sicherheitsbedrohungen zu schützen und gleichzeitig Zugang zur Außenwelt über überregionale Netzwerke und das Internet zu gewährleisten.

Wir beginnen dieses Kapitel mit einem Überblick über die Funktionalität und die Entwurfsprinzipien von Firewalls. Dann wenden wir uns dem Thema der Sicherheit der Firewalls selbst zu und im Besonderen dem Konzept eines gesicherten Systems oder sicheren Betriebssystems.

10.1 Entwurfsprinzipien von Firewalls

Informationssysteme von Firmen, Behörden und anderen Organisationen haben eine stetige Entwicklung erfahren:

- Zentralisiertes Datenverarbeitungssystem mit einem zentralen Großrechner, der eine Anzahl von direkt verbundenen Terminals unterstützt.
- Lokale Netzwerke, die PCs und Terminals untereinander und mit dem Großrechner verbinden.
- Gebietsweite Netzwerke, bestehend aus einer Anzahl von lokalen Netzwerken, die PCs, Server und vielleicht ein oder zwei Großrechner miteinander verbinden.
- Unternehmensweite Netzwerke, bestehend aus mehreren, geografisch verteilten, gebietsweiten Netzwerken, die durch ein privates Weitverkehrsnetzwerk verbunden sind.
- Internet-Anschlüsse, in die sich die verschiedenen gebietsweiten Netzwerke einklinken, um ins Internet zu kommen, und die auch mit einem privaten Weitverkehrsnetzwerk verbunden sein können, aber nicht müssen.

Der Anschluss an das Internet ist für die meisten Organisationen heutzutage unverzichtbar. Die Informationen und Dienste, die dadurch zugänglich werden, sind für die Organisationen von grundlegender Bedeutung. Zudem wollen und brauchen die Mitarbeiter Zugang zum Internet und wenn dieser nicht über ihr lokales Netzwerk zur Verfügung gestellt wird, werden sie die Einwahlmöglichkeiten zu einem Internet-Dienstleister nutzen, die ihnen ihr PC bietet. Doch wie das Internet der jeweiligen Organisation Vorteile bringt, so wird es der Außenwelt auch ermöglicht, auf Daten im lokalen Netzwerk zuzugreifen und sie zu nutzen. Daraus entsteht eine Bedrohung für die Organisation. Es ist zwar möglich, jeden elektronischen Arbeitsplatz und jeden Server im Netzwerk mit starken Sicherheitsmaßnahmen, wie z.B. einem Eindringlingsschutz, auszustatten, dies ist jedoch keine praktikable Vorgehensweise. Stellen Sie sich ein Netzwerk mit Hunderten oder gar Tausenden von Systemen vor, auf denen unterschiedliche Versionen von UNIX laufen, dazu noch Windows 95, 98 und NT. Wenn ein Sicherheitsproblem entdeckt wird, muss jedes potenziell infizierte System aktualisiert werden, um das Problem zu lösen. Die Alternative, die immer breitere Zustimmung findet, ist die Firewall. Sie wird zwischen dem Netzwerk und dem Internet eingefügt, um eine kontrollierte Verbindung zu schaffen und eine äußere Sicherheitsmauer oder einen Schutzwall zu errichten. Das Ziel des Schutzwalls ist es, das Netzwerk vor internetbasierten Angriffen zu schützen und eine Schnittstelle zu schaffen, an der Überwachung stattfinden kann. Die Firewall kann aus einem einzigen Computersystem bestehen, aber auch aus mehreren, die zusammenarbeiten, um die Firewall-Funktion zu erfüllen.

In diesem Abschnitt gehen wir zunächst auf die allgemeinen Merkmale von Firewalls ein, dann auf die häufig benutzten Arten. Schließlich betrachten wir die üblichsten Firewall-Konfigurationen.

10.1.1 Merkmale von Firewalls

[BELL94] listet die folgenden Entwurfsziele für eine Firewall auf:

1. Jeglicher Datenverkehr von innen nach außen und umgekehrt muss durch die Firewall hindurch. Dies wird dadurch erreicht, dass man physisch jeglichen Zugriff auf das lokale Netzwerk unterbindet, außer den über die Firewall. Verschiedene Konfigurationen sind hierbei möglich, wie später noch erläutert wird.

2. Nur autorisierter Datenverkehr, der in lokalen Sicherheitsrichtlinien definiert ist, wird durchgelassen. Es werden verschiedene Firewalls benutzt, mit denen verschiedene Arten von Sicherheitsrichtlinien umgesetzt werden. Dies wird später noch erklärt.

3. Die Firewall selbst ist gegen Eindringlinge immun. Dieses impliziert die Benutzung eines gesicherten Systems mit einem sicheren Betriebssystem. Dieses Thema wird in Abschnitt 10.2 diskutiert.

[SMIT97] listet vier allgemeine Techniken auf, die Firewalls benutzen, um den Zugriff zu steuern und um die Einhaltung der Sicherheitsrichtlinien zu erzwingen. Ursprünglich konzentrierten sich Firewalls hauptsächlich auf die Kontrolle der Dienste, aber seitdem haben sie sich weitere entwickelt und bieten jetzt Kontrollen in vier Bereichen:

- **Kontrolle der Dienste:** Bestimmt die Arten der Internet-Dienste, auf die innerhalb und außerhalb des Netzes zugegriffen werden kann. Die Firewall kann den Datenverkehr auf der Grundlage der IP-Adressen und der TCP-Port-Nummer filtern. Sie kann eine Proxy-Software zur Verfügung stellen, die jede Anfrage auf Dienste empfängt und interpretiert, bevor sie sie weiterleitet. Die Firewall kann auch der Host für die Serversoftware selbst sein. Zum Beispiel für den Web- oder E-Mail-Dienst.
- **Richtungskontrolle:** Bestimmt die Richtung, in der bestimmte Anfragen auf Dienste erfolgen können, und wie es ihnen erlaubt wird, durch die Firewall zu fließen.
- **Benutzerkontrolle:** Steuert den Zugriff zu einem Dienst abhängig vom Benutzer, der auf ihn zugreifen möchte. Diese Eigenschaft wird typischerweise auf Benutzer innerhalb des Firewall-Schutzwalls angewendet (lokale Benutzer). Sie kann auch auf eingehenden Datenverkehr externer Benutzer angewendet werden. Hierfür benötigt man eine Form der Authentifizierungstechnologie, wie sie beispielsweise in IPSec zur Verfügung gestellt wird (Kapitel 6).
- **Verhaltenskontrolle:** Kontrolliert, wie bestimmte Dienste genutzt werden. So kann die Firewall beispielsweise E-Mail filtern, um unerwünschte Nachrichten zu eliminieren, oder sie kann den externen Zugriff auf nur einen Teil der Informationen auf dem lokalen Web-Server beschränken.

Bevor wir zu den Details bezüglich der Arten von Firewalls und deren Konfigurationen übergehen, ist es das Beste, noch einmal zusammenzufassen, was man von einer Firewall erwarten kann. Die folgenden Fähigkeiten gehören zum Leistungsumfang:

1. Eine Firewall definiert einen einzigen Datendurchflusspunkt und hält nicht autorisierte Benutzer von dem geschützten Netzwerk fern. Sie verbietet potenziell anfälligen Diensten den Zutritt zum oder den Austritt aus dem Netzwerk und bietet Schutz vor verschiedenen Arten der IP-Datenmanipulation und Routing-Angriffen. Die Benutzung eines einzigen Datendurchflusspunkts erleichtert das Sicherheitsmanagement, weil die Fähigkeiten auf einem einzigen System oder auf einer Reihe von Systemen zusammengefasst sind.
2. Eine Firewall stellt einen Ort zur Überwachung sicherheitsrelevanter Aktionen dar. Überwachungs- und Alarmfunktionen können in der Firewall implementiert werden.
3. Eine Firewall ist eine bequeme Plattform für verschiedene Internet-Funktionen, die nicht sicherheitsrelevant sind. Zu diesen gehören der Netzwerkadressen-Übersetzer, der lokale Adressen Internet-Adressen zuordnet, und die Netzwerkverwaltungsfunktion, welche die Internet-Benutzung überwacht und aufzeichnet.

4. Eine Firewall kann als Plattform für IPSec dienen. Wenn man die Tunnelmodus-Fähigkeit benutzt, die in Kapitel 6 beschrieben wird, lässt sich die Firewall zur Implementierung virtueller privater Netzwerke verwenden.

Firewalls haben folgende Grenzen:

1. Eine Firewall kann nicht gegen Angriffe schützen, die sie umgehen. Interne Systeme können die Möglichkeit bieten, hinauszuwählen und eine Verbindung zu einem Internet-Dienstleister herzustellen. Ein internes lokales Netzwerk könnte einen Modem-Pool unterstützen, der Einwahlmöglichkeiten für Außendienstmitarbeiter oder Telearbeiter bietet.
2. Eine Firewall schützt nicht vor internen Bedrohungen, wie beispielsweise einen verstimmten Mitarbeiter oder einen Angestellten, der unwissentlich mit einem externen Angreifer kooperiert.
3. Eine Firewall kann nicht gegen den Transfer von virusinfizierten Programmen und Dateien schützen. Wegen der Vielzahl von Betriebssystemen und Anwendungen, die innerhalb des Schutzwalls unterstützt werden, wäre es nicht praktikabel, wenn nicht gar unmöglich, alle ankommenden Dateien, E-Mails und Nachrichten auf Viren hin zu überprüfen.

10.1.2 Arten von Firewalls

Abbildung 10.1 basiert auf Abbildungen in [SEME96] und illustriert die drei gebräuchlichsten Arten von Firewalls: Paketfilter, Gateways auf Anwendungsebene und Gateways auf Verbindungsebene. Wir beschäftigen uns mit allen dreien.

Paketfilter-Router

Ein Paketfilter-Router wendet eine Reihe von Regeln auf jedes ankommende IP-Paket an und leitet es dann weiter oder lehnt es ab. Der Router ist typischerweise so konfiguriert, dass er Pakete aus beiden Richtungen filtert (d.h. aus und zu einem internen Netzwerk). Die Filterregeln basieren auf Feldern in den IP- und Transport-Headern, inklusive der Quell- und Ziel-IP-Adresse, des IP-Protokoll-Feldes (welches das Transport-Protokoll definiert) und der TCP oder UDP-Portnummer (die eine Anwendung wie beispielsweise SNMP oder TELNET definiert).

Der Paketfilter ist typischerweise als eine Liste von Regeln realisiert, die auf Kennzeichen in den Feldern der IP oder TCP-Header basieren. Wenn ein Kennzeichen auftritt, wird die entsprechende Regel aufgerufen, um zu bestimmen, ob dieses Paket weiterzuleiten oder abzulehnen ist. Wenn es kein Kennzeichen gibt, das zu einer Regel passt, wird eine voreingestellte Aktion ausgeführt. Zwei Voreinstellungen sind möglich:

- **Voreinstellung = Ablehnen:** alles, was nicht ausdrücklich erlaubt ist, ist verboten
- **Voreinstellung = Weiterleiten:** alles, was nicht ausdrücklich verboten ist, ist erlaubt

Die Vorgabe Ablehnen ist konservativer. Es wird erst einmal alles blockiert und Dienste müssen nach Einzelfallprüfung hinzugefügt werden. Diese Politik ist für die Benutzer spürbarer und sie werden die Firewall wahrscheinlich eher als Hindernis ansehen. Die Vorgabe Weiterleiten erleichtert den Gebrauch für den Endbenutzer, bietet aber weniger Sicherheit; der Sicherheitsadministrator muss auf jede neue Sicherheitsbedrohung, die bekannt wird, reagieren.

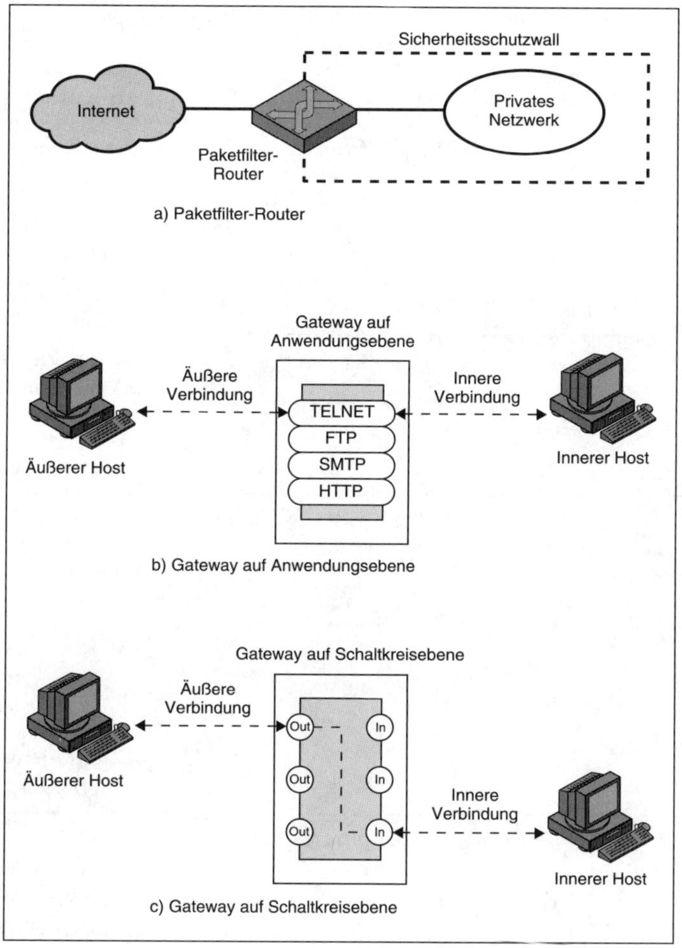

Abbildung 10.1: Arten von Firewalls

Tabelle 10.1 aus [BELL94] zeigt einige Beispiele für Sätze von Paketfilterregeln. Sie werden alle von oben nach unten angewendet. Der »*« in einem Feld ist ein Jokerzeichen, das auf alles zutrifft. Wir nehmen an, dass die Vorgabe Ablehnen in Kraft ist.

A	*Aktion*	*eigener Host*	*Port*	*fremder Host*	*Port*	*Bemerkung*	
	Blockieren	*	*	SPIGOT	*	wir trauen denen nicht	
	Durchlassen	OUR-GW	25	*	*	Verbindung auf den SMTP-Port	
B	*Aktion*	*eigener Host*	*Port*	*fremder Host*	*Port*	*Bemerkung*	
	Blockieren	*	*	*	*	Voreinstellung	
C	*Aktion*	*eigener Host*	*Port*	*fremder Host*	*Port*	*Bemerkung*	
	Durchlassen	*	*	*	25	Verbindung zu deren SMTP-Port	
D	*Aktion*	*Quelle*	*Port*	*Ziel*	*Port*	*Flags*	*Bemerkung*
	Durchlassen	unsere Hosts	*	*	25	unsere Pakete zu deren SMTP-Port	
	Durchlassen	*	25	*	*	ACK	deren Antworten
E	*Aktion*	*Quelle*	*Port*	*Ziel*	*Port*	*Flags*	*Bemerkung*
	Durchlassen	unsere Hosts	*	*	*	unsere ausgehenden Daten	
	Durchlassen	*	*	*	*	ACK	Antwort auf unsere Daten
	Durchlassen	*	*	*	>1024	Daten nicht direkt an den Server	

Tabelle 10.1: Beispiele für Paketfilter (A)

A. Interne Post wird durchgelassen (Port 25 ist für SMTP ankommende Post), aber nur zu einem Gateway-Host. Post, die von einem bestimmten externen Host, nämlich SPIGOT kommt, wird blockiert, weil dieser Host dafür bekannt ist, große Dateien in E-Mails zu schicken.

B. Dies ist ein expliziter Befehl der Voreinstellung. Alle Regelsätze beinhalten diese Regel implizit als letzte Regel.

C. Dieser Regelsatz soll spezifizieren, dass alle inneren Hosts Post nach draußen senden können. Ein TCP-Paket mit einem Ziel-Port 25 wird zu dem SMTP-Server auf der Zielmaschine geroutet. Das Problem mit dieser Regel ist, dass die Benutzung von Port 25 zum Zwecke des SMTP-Empfangs nur eine Einstellung ist. Eine äußere Maschine könnte so konfiguriert sein, dass eine andere Anwendung auf Port 25 liegt. So wie die Regel geschrieben ist, könnte ein Angreifer dadurch Zugriff auf interne Maschinen erlangen, dass er Pakete sendet, die eine TCP-Quellport-Nummer von 25 haben.

D. Dieser Regelsatz erzielt das gewünschte Resultat, das in C nicht erreicht wurde. Die Regeln machen sich eine Eigenschaft von TCP-Verbindungen zunutze. Sobald eine TCP-Verbindung aufgestellt ist, wird das ACK-Flag eines TCP-Segments so gesetzt, dass es Segmente, die von der anderen Seite gesendet werden, akzeptiert. Somit bewirkt diese Regel, dass IP-Pakete zugelassen sind, deren IP-Quelladresse aus einer Liste bestimmter interner Hosts stammt und deren Ziel-TCP-Port-Nummer 25 ist. Sie lässt auch ankommende Pakete durch, mit einer Quell-Port-Nummer von 25, die die ACK-Flag im TCP-Segment haben. Beachten Sie, dass wir Quell- und Zielsysteme explizit festlegen, um diese Regeln explizit zu definieren.

E. Dieser Regelsatz ist eine Vorgehensweise, um FTP-Verbindungen zu handhaben. Mit FTP werden zwei TCP-Verbindungen benutzt: eine Kontrollverbindung, um den Dateientransfer aufzubauen und eine Datenverbindung für den eigentlichen Dateientransfer. Die Datenverbindung benutzt eine andere Port-Nummer, die dynamisch für den Transport zugewiesen wird. Die meisten Server, und damit die meisten Angriffsziele, benutzen niedrigzahlige Ports; die meisten hinausgehenden Aufrufe haben eine Tendenz zu höherzahligen Ports, typischerweise über 1023. Folglich lässt dieser Regelsatz Folgendes durch:

   – Pakete mit internem Ursprung
   – Antwortpakete, die zu einer Verbindung gehören, die von einer internen Maschine eingeleitet wurde
   – Pakete für einen hochzahligen Port auf einer internen Maschine

   Um dies zu erreichen, müssen die Systeme so konfiguriert werden, dass nur die entsprechenden Port-Nummern in Benutzung sind.

Regelsatz E zeigt die Schwierigkeiten, die bei der Handhabung von Anwendungen auf Paketfilterebene entstehen. Ein anderer Weg, FTP und ähnliche Anwendungen zu handhaben, ist das Gateway auf Anwendungsebene, auf das wir später in diesem Abschnitt eingehen werden.

Ein Vorteil des Paketfilter-Routers ist seine Einfachheit. Zudem sind Paketfilter typischerweise für den Benutzer transparent und sehr schnell. Zu den Nachteilen zählen die Schwierigkeit, die Paketfilterregeln richtig festzulegen, und das Fehlen der Authentifizierung.

[SEME96] beschreibt einige der Angriffe, die auf Paketfilter-Router verübt werden können, sowie die entsprechenden Gegenmaßnahmen:

- **IP-Address-Spoofing:** Der Eindringling überträgt Pakete von außen, mit einem Quell-IP-Adressenfeld, das eine Adresse eines internen Hosts enthält. Der Angreifer hofft, dass die Benutzung einer manipulierten Adresse das Eindringen in Systeme ermöglicht, die eine einfache Quelladressensicherung einsetzen, in der Pakete von spezifischen, gesicherten, internen Hosts akzeptiert werden. Die Gegenmaßnahme ist, alle Pakete mit einer internen Quelladresse abzulehnen, wenn das Paket von einer externen Schnittstelle kommt.
- **Quell-Routing-Angriffe:** Die Quellstation spezifiziert die Route, die ein Paket nehmen soll, wenn es das Internet durchquert. Dies geschieht in der Hoffnung, Sicherheitsmaßnahmen umgehen zu können, die die Quell-Routing-Information nicht analysieren. Die Gegenmaßnahme ist, alle Pakete abzulehnen, die diese Option benutzen.
- **Angriffe durch winzige Fragmente:** Der Eindringling verwendet die IP-Fragmentierungsoption, um so sehr kleine Fragmente zu schaffen und damit die TCP-Header-Information in ein anderes Paketfragment zu zwingen. Dieser Angriff soll die Filterregeln umgehen, die auf die TCP-Header-Information angewiesen sind. Der Angreifer hofft, dass nur das erste Fragment von dem filternden Router überprüft wird und dass die übrigen Fragmente durchgelassen werden. Einem Angriff mit winzigen Fragmenten kann durch das Ablehnen aller Pakete, bei denen der Protokolltyp TCP und das IP-Fragment-Offset 1 ist, begegnet werden.

Gateway auf Anwendungsebene

Ein Gateway auf Anwendungsebene, auch Proxy-Server genannt, fungiert als Relais im Datenverkehr auf Anwendungsebene (Abb. 10.1b). Der Benutzer kontaktiert das Gateway mit einer TCP/IP-Anwendung, wie z.B. TELNET oder FTP, und das Gateway fragt den Benutzer nach dem Namen des entfernten Host, auf den er zugreifen möchte. Sobald der Benutzer antwortet und eine gültige Benutzer-ID und Authentifizierungsinformation gibt, kontaktiert das Gateway die Anwendung auf dem entfernten Host und überträgt die TCP-Segmente, die die Anwendungsdaten enthalten. Wenn das Gateway den Proxy-Code für eine spezielle Anwendung nicht implementiert, wird der Dienst nicht unterstützt und kann somit nicht durch die Firewall weitergeleitet werden. Außerdem kann das Gateway so konfiguriert werden, dass es nur diejenigen spezifischen Eigenschaften einer Anwendung unterstützt, die der Netzwerkadministrator für akzeptabel hält, während er alle anderen Eigenschaften sperrt.

Gateways auf Anwendungsebene haben die Tendenz, sicherer zu sein als Paketfilter. Anstatt sich mit den zahlreichen möglichen Kombinationen zu beschäftigen, die auf der TCP- und IP-Ebene erlaubt und verboten werden müssen, kann sich das Gateway auf Anwendungsebene darauf beschränken, die wenigen durchzulassenden Anwendungen zu überwachen. Zudem ist es auf Anwendungsebene einfach, jeglichen ankommenden Datenverkehr aufzuzeichnen und zu überwachen.

Ein großer Nachteil dieser Art von Gateway ist der zusätzliche Verarbeitungsbedarf bei jeder Verbindung. Denn es gibt zwei aufgespaltene Verbindungen zwischen den Endbenutzern, mit dem Gateway in der Mitte, wobei das Gateway jeglichen Datenverkehr überprüfen und weiterleiten muss, und zwar aus beiden Richtungen.

Gateway auf Verbindungsebene

Die dritte Art von Firewall ist das Gateway auf Verbindungsebene (Abb. 10.1c). Dies kann ein eigenständiges System sein oder es kann eine spezialisierte Funktion sein, die von einem Gateway auf Anwendungsebene für bestimmte Anwendungen ausgeführt wird. Ein Gateway auf Verbindungsebene erlaubt keine direkte Verbindung zwischen Endbenutzern, es stellt vielmehr zwei TCP-Verbindungen her, eine zwischen sich selbst und einem TCP-Benutzer eines inneren Host und eine zwischen sich selbst und einem TCP-Benutzer eines äußeren Host. Wenn die beiden Verbindungen erst einmal bestehen, überträgt das Gateway typischerweise TCP-Segmente von einer Verbindung zur anderen, ohne deren Inhalt zu überprüfen. Die Sicherheitsfunktion besteht darin, zu bestimmen, welche Verbindung erlaubt wird.

Gateways auf Verbindungsebene werden typischerweise in einer Situation benutzt, in der der Systemadministrator den internen Benutzern vertraut. Das Gateway kann derart konfiguriert werden, dass es auf Anwendungsebene oder mit Proxy-Dienst arbeitet, sofern innere Verbindungen betroffen sind, und auf Verbindungsebene, sofern äußere Verbindungen betroffen sind. In dieser Konfiguration hat das Gateway zwar eine verlängerte Verarbeitungszeit, weil es die ankommenden Anwendungsdaten auf verbotene Funktionen hin überprüfen muss, aber es entsteht keine verlängerte Verarbeitungszeit durch die ausgehenden Daten.

Ein Beispiel für eine Implementierung eines Gateway auf Verbindungsebene ist das SOCKS-Paket [KOBL92]; Version 5 von SOCKS ist definiert in RFC 1928. Die RFC definiert SOCKS in der folgenden Weise:

»Das Protokoll, das hier beschrieben wird, soll ein Rahmenwerk für Client-Server-Anwendungen, sowohl für TCP als auch für UDP-Domänen, sein, um bequem und sicher die Dienste einer Netzwerk-Firewall nutzen zu können. Das Protokoll ist konzipiert als ›Zwischenschicht‹ zwischen Anwendungs- und Transportschicht und bietet somit keine Netzwerkschicht-Gateway-Dienste wie das Weiterleiten von ICMP-Nachrichten.«

SOCKS besteht aus den folgenden Komponenten:

- Dem SOCKS-Server, der unter einer UNIX-basierten Firewall läuft.
- Der SOCKS-Client-Bibliothek, die auf internen Hosts läuft, die von der Firewall geschützt sind.
- SOCKS-fähigen Versionen mehrerer Standard-Client-Programme, wie z.B. FTP und TELNET. Die Implementierung des SOCKS-Protokolls beinhaltet typischerweise die Rekompilierung oder die neuerliche Verbindung von TCP-basierten Client-Anwendungen, um die entsprechenden Verkapselungsroutinen in der SOCKS-Bibliothek verwenden zu können.

Sobald ein TCP-basierter Client eine Verbindung zu einem Objekt aufzubauen wünscht, das nur durch eine Firewall zu erreichen ist (solch eine Bestimmung bleibt der Implementierung überlassen), muss er eine TCP-Verbindung zu dem entsprechenden SOCKS-Port auf dem SOCKS-Serversystem öffnen. Der SOCKS-Dienst befindet sich auf dem TCP-Port 1080. Wenn die Verbindungsanfrage erfolgreich ist, tritt der Client in eine Verhandlung über die zu verwendende Authentifizierungsmethode ein, authentifiziert sich mit der gewählten Methode und sendet dann eine Übertragungsanfrage. Der SOCKS-Server evaluiert die Anfrage und baut dann entweder die entsprechende Verbindung auf oder er verweigert sie. UDP-Austausche werden ähnlich gehandhabt. Im Grunde wird eine TCP-Verbindung geöffnet, um den Benutzer dahingehend zu authentifizieren, dass er UDP-Segmente senden und empfangen darf. Anschließend werden die UDP-Segmente so lange weitergeleitet, wie die TCP-Verbindung offen ist.

Bastion Host

Ein Bastion Host ist ein System, das vom Firewall-Administrator als besonders kritischer Punkt in Bezug auf die Netzwerksicherheit eingestuft wird. Typischerweise dient der Bastion Host als Plattform für ein Gateway auf Anwendungsebene oder ein Gateway auf Verbindungsebene. Die häufigsten Merkmale eines Bastion Host sind im Folgenden beschrieben:

- Die Hardware-Plattform eines Bastion Host führt eine sichere Version seines Betriebssystems aus und ist somit ein gesichertes System.

- Nur diejenigen Dienste, die der Netzwerkaministrator für grundlegend hält, werden auf dem Bastion Host installiert. Dieses sind Proxy-Anwendungen, wie z. B. TELNET, DNS, FTP, SMTP und die Benutzerauthentifizierung.
- Der Bastion Host kann eine zusätzliche Authentifizierung verlangen, bevor einem Benutzer Zugriff zu den Proxy-Diensten gewährt wird. Außerdem kann jeder einzelne Proxy-Dienst seine eigene Authentifizierung verlangen, bevor der Nutzer Zugriff erhält.
- Jeder Proxy ist so konfiguriert, dass er nur einen Subsatz des Standard-Befehlssatzes einer Anwendung unterstützt.
- Jeder Proxy ist so konfiguriert, dass er nur zu spezifischen Host-Systemen Zugriff gewährt. Das bedeutet, dass der beschränkte Befehls-/Eigenschaftensatz nur auf einer Untergruppe von Systemen im geschützten Netzwerk angewendet werden kann.
- Jeder Proxy hält detaillierte Überwachungsinformationen bereit, indem er den gesamten Datenverkehr aufzeichnet, sowie jede Verbindung und deren Dauer. Das Überwachungslogbuch ist ein grundlegendes Werkzeug zur Entdeckung und Beendigung von Eindringlingsangriffen.
- Jedes Proxy-Modul ist ein sehr kleines Software-Paket, das speziell zur Netzwerksicherheit entworfen wurde. Aufgrund seiner relativen Schlichtheit ist es einfacher, diese Module auf Schwachstellen zu untersuchen. Beispielsweise kann eine normale UNIX-Anwendung bis zu 20.000 Zeilen Code enthalten, während ein Mail-Proxy weniger als 1.000 umfassen kann [SEME96].
- Jeder Proxy ist von den anderen Proxies auf dem Bastion Host unabhängig. Gibt es ein Problem beim Betrieb eines Proxy, oder wird eine zukünftige Anfälligkeit entdeckt, kann er deinstalliert werden, ohne den Betrieb der anderen Proxy-Anwendungen zu beeinflussen. Wenn die Benutzer einen neuen Dienst benötigen, kann der Netzwerkadministrator ihn auf diese Weise leicht auf dem Bastion Host installieren.
- Generell greift der Bastion Host nicht auf Festplatten zu, außer um seine Start-Konfigurationsdatei einzulesen. Dies macht es für einen Eindringling schwierig, Trojanische Pferde, Sniffer oder andere gefährliche Dateien auf dem Bastion Host zu installieren.
- Jeder Proxy läuft als ein nicht priviligierter Benutzer in einem privaten und sicheren Verzeichnis auf dem Bastion Host.

10.1.3 Firewall-Konfigurationen

Außer der Benutzung einer einfachen Konfiguration, die aus einem einzelnen System, wie z.B. einem einzelnen Paketfilter-Router oder einem einzelnen Gateway besteht (Abb. 10.1), sind auch komplexere Konfigurationen möglich und tatsächlich auch häufiger anzutreffen. Abbildung 10.2 basiert auf Abbildungen in [SEME96] und illustriert drei gebräuchliche Firewall-Konfigurationen. Wir werden uns alle drei näher ansehen.

In der Konfiguration einer **abgeschirmten Host-Firewall mit Single Homed Bastion** (Abb. 10.2a) besteht die Firewall aus zwei Systemen: einem Paketfilter-Router und einem Bastion Host. Typischerweise ist der Router so konfiguriert, dass

1. nur IP-Pakete aus dem Internet durchgelassen werden, die für den Bastion Host bestimmt sind.
2. nur IP-Pakete aus dem internen Netzwerk hinausgelassen werden, die vom Bastion Host kommen.

Der Bastion Host führt die Authentifizierung und die Proxy-Funktionen aus. Diese Konfiguration ist sicherer als ein einfacher Paketfilter-Router oder ein Gateway auf Anwendungsebene für sich allein genommen. Hierfür gibt es zwei Gründe: Erstens implementiert diese Konfiguration sowohl auf Anwendungs- wie auch auf Paketebene Filter, was eine erhebliche Flexibilität bei der Definition der Sicherheitspolitik erlaubt. Zweitens muss ein Eindringling generell in zwei separate Systeme eindringen, bevor die Sicherheit des internen Netzwerks überwunden ist.

Diese Konfiguration erlaubt eine große Flexibilität bei der Gewährung eines direkten Internet-Zugangs. Das interne Netzwerk könnte beispielsweise einen öffentlichen Informations-Server, z.B. einen Web-Server, beinhalten, der keine großen Sicherheitsmaßnahmen braucht. In diesem Fall kann der Router so konfiguriert werden, dass er direkten Datenverkehr zwischen dem Informations-Server und dem Internet zulässt.

In der einfach Single-Homed-Konfiguration, die gerade beschrieben wurde, könnte der Datenverkehr, wenn der Paketfilter-Router komplett lahmgelegt wird, direkt durch den Router zwischen dem Internet und anderen Hosts des privaten Netzwerks fließen. Die **abgeschirmte Host-Firewall** mit **Dual Homed Bastion** verhindert physisch einen entsprechenden Einbruch (Abbildung 10.2b). Die Vorteile von zwei Sicherheitsschichten, die in der zuvor genannten Konfiguration gegeben waren, sind auch hier vorhanden. Wiederum kann ein Informations-Server oder ein anderer Host direkt mit dem Router kommunizieren, wenn dieses den Sicherheitsrichtlinien entspricht.

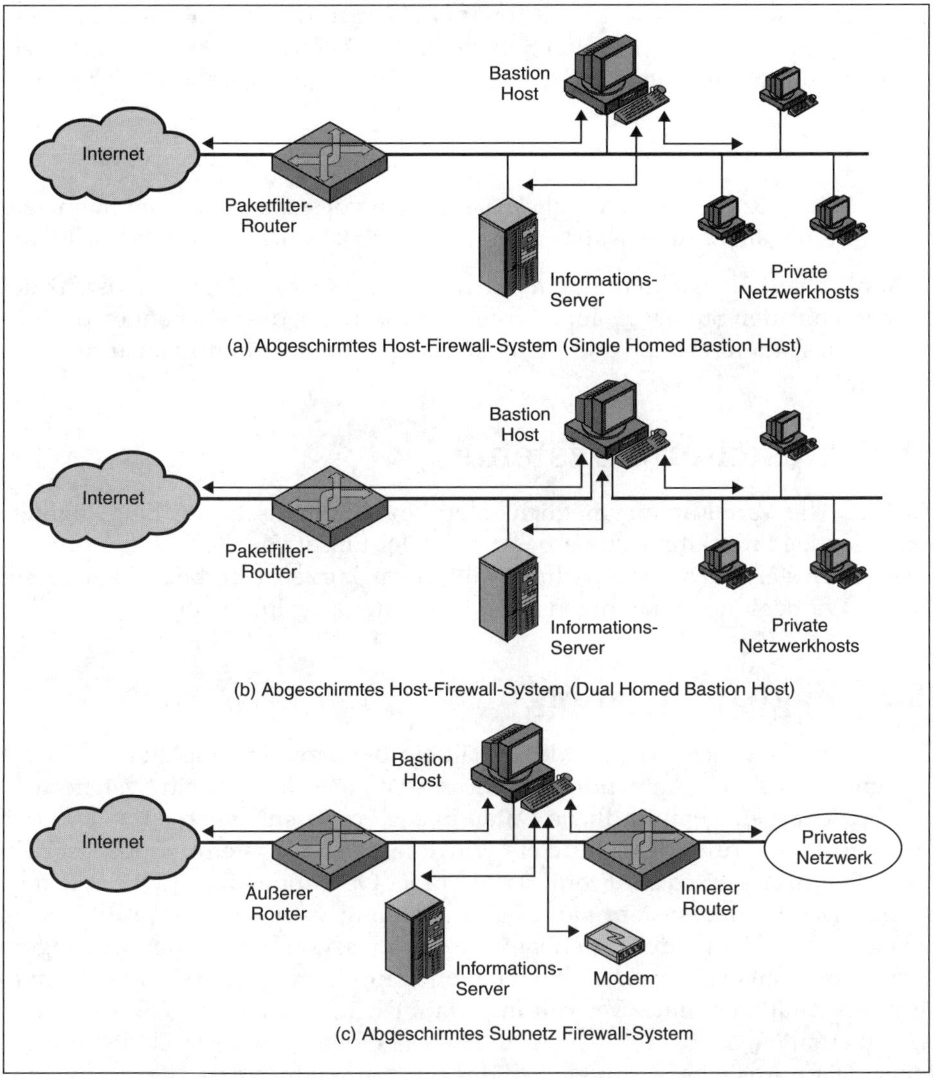

Abbildung 10.2: Konfigurationen von Firewalls

Die Konfiguration der **abgeschirmten Subnetz-Firewall** in Abbildung 10.2c ist die sicherste von allen, die wir betrachtet haben. In dieser Konfiguration werden zwei Paketfilter-Router verwendet, einer zwischen Bastion Host und Internet und einer zwischen Bastion Host und internem Netzwerk. Diese Konfiguration schafft ein isoliertes Subnetzwerk, das nur aus dem Bastion Host bestehen kann, aber es kann auch ein oder mehr Informations-Server und Modems zum Einwählen umfassen.

Typischerweise haben sowohl das Internet als auch das interne Netzwerk Zugriff auf Hosts im abgeschirmten Subnetz, aber Datenverkehr durch das abgeschirmte Subnetz hindurch wird blockiert. Diese Konfiguration hat mehrere Vorteile:

- Es gibt nun drei Verteidigungsebenen, um Eindringlinge abzuwehren.
- Der äußere Router zeigt lediglich die Existenz des abgeschirmten Subnetzes im Internet an; deshalb ist das interne Netzwerk für das Internet unsichtbar.
- Ähnlich verhält es sich mit dem inneren Router. Er zeigt nur die Existenz des abgeschirmten Subnetzes im internen Netzwerk an; deshalb können die Systeme des inneren Netzwerks keine direkten Routen zum Internet aufbauen.

10.2 Gesicherte Systeme

Ein Weg, die Verteidigungsmöglichkeiten eines Systems gegen Eindringlinge und bösartige Programme zu verbessern, ist der Einsatz der Technologie der gesicherten Systeme. Dieser Abschnitt gibt einen kurzen Überblick über dieses Thema. Wir beginnen mit einigen Grundlagen der Zugriffssteuerung.

10.2.1 Zugriffssteuerung

Nach dem erfolgreichen Anmelden erhält ein Benutzer Zugang zu einem oder mehreren Hosts und Anwendungen. Dieses ist eigentlich für ein System nicht weiter wichtig, das empfindliche Daten in seinen Datenbanken enthält. Durch die Zugriffssteuerung des Benutzers wird dieser vom System identifiziert. Zu jedem Benutzer gibt es ein Profil, das erlaubte Operationen und Dateizugänge festlegt. Das Betriebssystem kann dann abhängig vom Benutzerprofil Regeln festlegen. Das Datei- oder Datenbankverwaltungssystem muss den Zugang zu bestimmten Datensätzen oder Teilen davon kontrollieren. Zum Beispiel kann es für jeden Mitarbeiter einer Verwaltung erlaubt sein, eine Liste des Firmenpersonals zu erhalten, aber nur ausgewählte haben Zugang zu den Gehaltsinformationen. Diese Ausgabe ist nur ein Teil des Ganzen. Während das Betriebssystem einem Benutzer den Zugriff auf eine Datei oder die Benutzung einer Anwendung erlaubt, woraufhin keine weiteren Sicherheitsüberprüfungen mehr stattfinden, muss das Datenbankverwaltungssystem eine Entscheidung für jeden Zugriffsversuch der einzelnen Benutzer fällen. Diese Entscheidung ist nicht nur abhängig von der Benutzeridentifikation, sondern auch von dem Teil der Daten, zu denen Zugang gewünscht wird, und ebenfalls von den Informationen, die dem Benutzer schon zugänglich gemacht wurden.

Ein allgemeines Modell der Zugriffssteuerung, das durch eine Datei oder ein Datenbankverwaltungssystem ausgeführt wird, ist die Zugriffsmatrix (Abbildung 10.3a). Die Grundelemente des Modells sind im Folgenden dargestellt:

- **Subjekt:** Eine Person, die auf Objekte zugreifen kann. Eigentlich ist das Konzept eines Subjekts gleichzusetzen mit dem eines Prozesses. Jeder Benutzer oder jede Anwendung erlangt Zugriff zu einem Objekt mithilfe eines Prozesses, der den Benutzer oder die Anwendung repräsentiert.
- **Objekt:** Alles, für das der Zugang kontrolliert wird. Beispiele sind Dateien, Programme und Speichersegmente.
- **Zugriffsrechte:** Die Art, wie auf ein Objekt durch ein Subjekt zugegriffen wird. Beispiele sind Lesen, Schreiben und Ausführen.

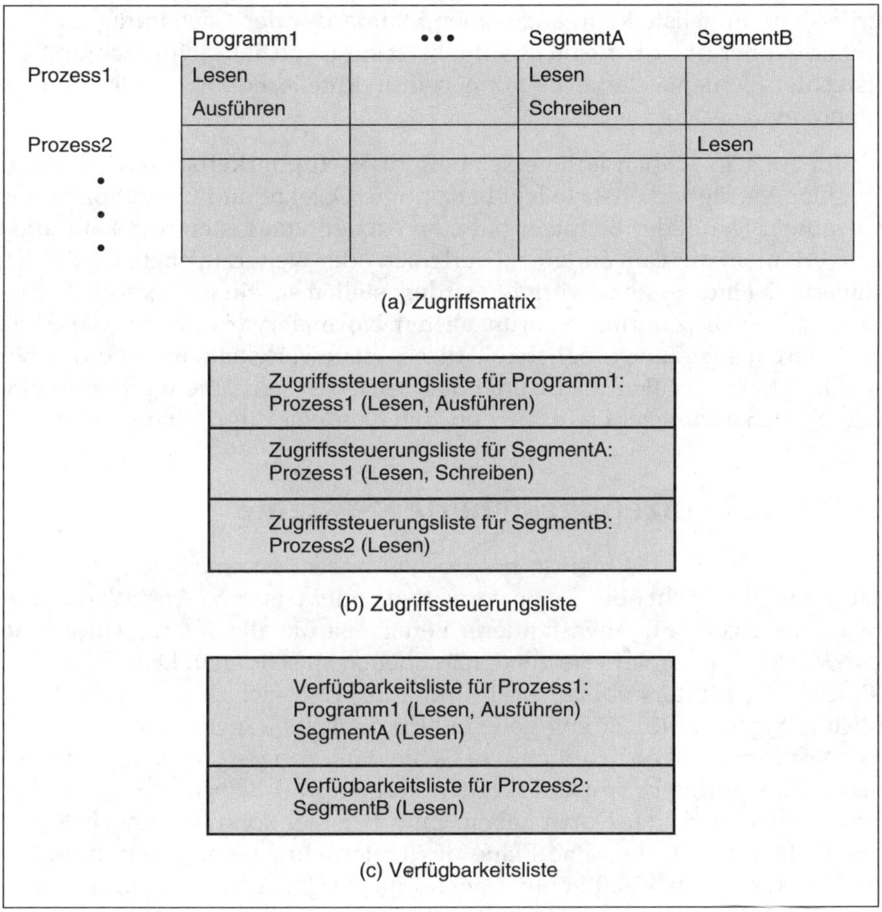

Abbildung 10.3: Struktur der Zugriffssteuerung

Eine Achse der Matrix besteht aus identifizierten Subjekten, die einen Datenzugriff versuchen. Diese Liste umfasst gewöhnlich individuelle Benutzer oder Benutzergruppen, auch wenn der Zugriff für Terminals, Hosts oder Anwendungen anstelle von oder zusätzlich zu Benutzern kontrolliert werden kann. Die andere Achse zeigt die Objekte, auf die zugegriffen werden kann. Auf der höchsten Ebene können Objekte einzelne Datenfelder sein. Zusammengesetzte Gruppen wie Datensätze, Dateien oder auch die gesamte Datenbank können Objekte in der Matrix sein. Jeder Eintrag in der Matrix steht für die Zugriffsrechte eines Subjekts auf ein Objekt.

In der Praxis ist die Zugriffsmatrix sehr klein, sie wird mit einer von zwei Zerlegungsarten bearbeitet. Zum einen kann die Matrix in Spalten zerlegt werden, was die **Zugriffssteuerungsliste** (Abbildung 10.3b) ergibt. Für jedes Objekt listet eine Zugriffssteuerungsliste die Benutzer und ihre Zugriffsrechte auf. Diese Zugriffssteuerungsliste kann auch einen Standard- oder Gasteintrag enthalten. Dieser erteilt Benutzern, die nicht aufgelistet sind, spezielle, eingeschränkte Zugriffsrechte. Elemente der Liste können individuelle Benutzer oder Benutzergruppen sein.

Die Zerlegung in Reihen andererseits ergibt **Verfügbarkeitslisten** (Abbildung 10.3c). Eine Verfügbarkeitsliste legt berechtigte Objekte und Operationen für einen Benutzer fest. Jeder Benutzer hat eine Anzahl von Listen und kann die Erlaubnis erhalten, diese an andere zu verleihen oder weiterzugeben. Da diese Listen innerhalb eines Systems verteilt werden, stellen sie ein größeres Sicherheitsproblem dar als die Zugriffssteuerungslisten. Normalerweise dürfen diese Listen nicht änderbar sein. Eine Möglichkeit, dieses zu bewerkstelligen, ist die Verwahrung aller Listen der Benutzer durch das Betriebssystem. Sie würden in einem Teil des Speichers abgelegt sein, auf den kein Benutzer Zugriff hat.

10.2.2 Das Konzept gesicherter Systeme

Das Meiste, was wir bis hierhin besprochen haben, beschäftigte sich mit dem Schutz einer Nachricht oder Sache vor aktiven oder passiven Angriffen eines gegebenen Benutzers. Ein etwas anderer Bereich ist die allgemeine Anforderung, Daten oder Ressourcen in verschiedenen Ebenen zu schützen. Dies ist allgemein im Bereich des Militärs üblich, wo Informationen in nicht klassifiziert (U), vertraulich (C), geheim (S), streng geheim (TS) oder weitergehend eingeteilt sind. Dieses Konzept kann auch auf andere Gebiete übertragen werden, wo Informationen in Kategorien organisiert werden können und Benutzer Zugriff auf bestimmte Teilbereiche der Daten haben. Zum Beispiel könnte die höchste Ebene der Sicherheit auf strategische Pläne des Unternehmens angewandt sein und Zugriff auf die Daten erhalten nur Angehörige der Firmenleitung und ihr Personal; als Nächstes kommen finanzielle und persönliche Daten, auf die nur das Verwaltungspersonal, die Firmenführung usw. Zugriff haben.

Wenn mehrere Kategorien und Informationsebenen definiert werden, wird eine **mehrschichtige Sicherheit** erforderlich. Die Hauptanforderung für eine mehrschichtige Sicherheit ist die Festlegung, dass ein Subjekt der höheren Ebene keine Informationen an eine niedrigere Ebene oder nicht vergleichbare Ebene weitergibt, es sei denn, dies ist der Wille eines berechtigten Benutzers. Für Einführungszwecke wird diese Anforderung in zwei Teilen sehr einfach festgelegt. Ein mehrschichtiges Sicherheitssystem muss folgende zwei Regeln durchsetzen:

- **Kein aufwärts Lesen:** Ein Subjekt kann nur Objekte in der gleichen oder einer niedrigeren Sicherheitsebene lesen. Dieses wird in der Literatur auch als **einfaches Sicherheitsmerkmal** beschrieben.
- **Kein Schreiben nach unten:** ein Subjekt kann nur in ein Objekt der gleichen oder höheren Sicherheitsebene schreiben. In der Literatur wird dieses als das ***-Merkmal**[1] beschrieben (ausgesprochen: Sternmerkmal).

Wenn diese beiden Regeln sorgfältig beachtet werden, ergeben sie eine mehrschichtige Sicherheit. Für ein Datenverarbeitungssystem basiert die Methode, die ausgewählt wurde und die das Objekt ausgedehnter Untersuchungen und Entwicklungen ist, auf dem *Referenzmonitor-Konzept* (dargestellt in Abbildung 10.4). Der Referenzmonitor ist ein Kontrollelement in der Hardware und dem Betriebssystem des Computers, der den Zugriff von Subjekten auf Objekte auf der Basis der Sicherheitsparameter beider reguliert. Der Referenzmonitor hat Zugriff auf eine Datei, die *zentrale Sicherheitsdatenbank*, welche die Zugriffsrechte (Sicherheitsberechtigung) jedes Subjekts und die Schutzattribute (Klassifizierungsebene) jedes Objekts enthält. Der Referenzmonitor setzt die Sicherheitsregeln (kein aufwärts Lesen, kein Schreiben nach unten) durch und hat folgende Merkmale:

- **Vollständige Überprüfung:** Die Sicherheitsregeln werden auf jeden Zugriff angewandt und nicht nur dann, wenn zum Beispiel eine Datei geöffnet wird.
- **Isolierung:** Der Referenzmonitor und die Datenbank sind geschützt vor unberechtigtem Zugriff.
- **Verifizierungsmöglichkeit:** Die korrekte Tätigkeit des Referenzmonitors muss überprüfbar sein. Es muss auf mathematischem Wege beweisbar sein, dass der Referenzmonitor die Sicherheitsregeln durchsetzt und vollständige Überprüfung und Isolierung ermöglicht.

---

1 Der »*« steht für nichts Bestimmtes. Niemand wusste einen geeigneten Namen für das Merkmal, als der erste Bericht zu dem Modell geschrieben wurde. Der Stern wurde als Stellvertreter-Zeichen im Entwurf eingefügt, damit der Bearbeiter schnell alle Vorkommen dieses Zeichens ersetzen konnte, sobald das Merkmal einen Namen erhielt. Niemand fand einen Namen, und somit wurde der Bericht mit dem »*« herausgegeben.

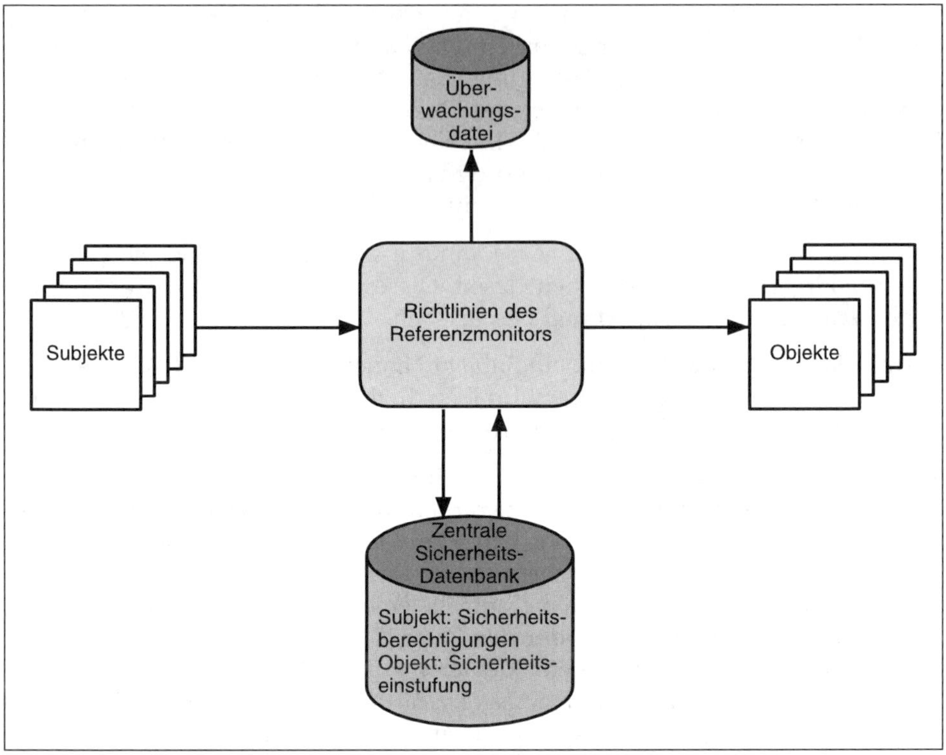

Abbildung 10.4: Das Referenzmonitor-Konzept

Dieses sind starre Anforderungen. Die Anforderung für vollständige Überprüfung bedeutet, dass jeder Zugriff auf Daten innerhalb des Hauptspeichers und auf Diskette bzw. Band überprüft werden muss. Eine reine Software-Lösung stellt eine zu hohe Leistungsbeeinträchtigung dar, um praktikabel zu sein; die Lösung muss zumindest teilweise in der Hardware integriert sein. Die Anforderung an Isolation bedeutet, dass es für einen Hacker unmöglich sein sollte, egal wie schlau er ist, die Logik des Referenzmonitors oder den Inhalt der zentralen Sicherheitsdatenbank zu ändern. Die letzte Forderung, die mathematische Überprüfung, ist anspruchsvoll für einen komplexen Standardcomputer. Ein System, das diese Verifikationen erfüllt, wird als **gesichertes System** bezeichnet.

Das letzte Element, dargestellt in Abbildung 10.4, ist eine Prüfdatei. Wichtige Sicherheitsereignisse, wie zum Beispiel Sicherheitsverletzungen und berechtigte Änderungen an der zentralen Sicherheitsdatenbank, werden in dieser Prüfdatei gespeichert.

Um den eigenen Anforderungen gerecht zu werden und als Serviceleistung für die Allgemeinheit gründete das US-Verteidigungsministerium 1981 das Computer Security Center innerhalb der National Security Agency (NSA), mit dem

Ziel, eine weit gefächerte Verfügbarkeit von gesicherten Systemen zu ermöglichen. Dieses Ziel wird durch das Commercial Product Evaluation Program erreicht. Das Computer Security Center erforscht, ob kommerziell verfügbare Produkte den ausgeführten Anforderungen entsprechen. Das Center klassifiziert erforschte Produkte nach den verschiedenen Eigenschaften, die sie bieten. Diese Überprüfungen sind nötig für Anschaffungen des Verteidigungsministeriums, sie werden jedoch auch veröffentlicht und sind frei zugänglich. Sie können dementsprechend als Hilfsmittel für Kunden von kommerziell verfügbaren Ausrüstungen dienen.

10.2.3 Abwehr Trojanischer Pferde

Ein Weg, sich gegen Trojanische Pferde abzusichern, ist die Verwendung eines gesicherten Betriebssystems. Abbildung 10.5 zeigt ein Beispiel von [BOEB85]. In diesem Fall wurde ein Trojanisches Pferd verwendet, um den Standardsicherheitsmechanismus zu umgehen, der von den meisten Betriebssystemen und Dateiverwaltungssystemen verwendet wird: die Zugriffssteuerungsliste. In diesem Beispiel arbeitet ein Benutzer namens Bob durch ein Programm mit einer Datei, welche die sicherheitsempfindliche Zeichenkette »CPE1704TKS« enthält. Benutzer Bob hat diese Datei mit Schreib-/Leseberechtigung so angelegt, dass nur ein Programm auf seine Anweisung hin diese Daten erhält: Prozesse, die zu Bob gehören, haben Zugriff auf die Datei.

Der Angriff durch ein Trojanisches Pferd beginnt, wenn ein feindlicher Benutzer, sagen wir Alice, berechtigten Zugriff auf das System erlangt und zwei Programme installiert, ein Trojanisches Pferd und ein privates Programm, das in dem Angriff als »Hintertür« verwendet wird. Alice gibt sich selbst für diese Datei die Schreib-/Leseberechtigung und Bob eine Nur-Schreibberechtigung (Abbildung 10.5a). Alice bringt nun Bob dazu, dieses Programm auszuführen, indem sie es ihm als ein nützliches Dienstprogramm anbietet. Wenn das Programm erkennt, dass es von Bob ausgeführt wird, kopiert es die sicherheitsempfindliche Zeichenkette aus Bobs Datei und legt sie in Alices Hintertürdatei ab (Abbildung 10.5b). Beide Lese- und Schreiboperationen genügen den Eintragungen der Zugriffssteuerungsliste. Alice muss nun nur auf die Datei zugreifen, um die Zeichenkette zu erhalten.

Nehmen wir in diesem Szenario die Verwendung eines gesicherten Betriebssystems an (Abbildung 10.5c). Sicherheitsebenen werden jedem Subjekt beim Anmelden, aufgrund von Kriterien wie dem Terminal, von dem aus Zugriff genommen wird, und dem Benutzer, der anhand eines Passworts/einer ID identifiziert wird, zugewiesen. In diesem Beispiel gibt es zwei Sicherheitsebenen, sicherheitsempfindlich und öffentlich, wobei sicherheitsempfindlich höher eingestuft ist als öffentlich. Bobs Programme und Daten sind dem Bereich sicherheitsempfindlich zuzurechnen. Alices Dateien und Programme sind auf öffentlich begrenzt. Wenn

Bob jetzt das Trojanische Pferd ausführt (Abbildung 10.5d), braucht dieses Programm die Sicherheitseinstufung von Bob. In einer einfachen Sicherheitsumgebung kann es also die sicherheitsempfindliche Zeichenkette beobachten. Wenn das Programm nun versucht, diese Zeichenkette in der öffentlichen Datei zu speichern (die Hintertürdatei), wird das *-Merkmal verletzt und der Versuch wird durch den Referenzmonitor unterbunden. Er wird also abgewiesen, obwohl die Zugriffssteuerungsliste diesen erlaubt: Die Sicherheitseinrichtung übernimmt die Priorität über den Zugriffssteuerungsmechanismus.

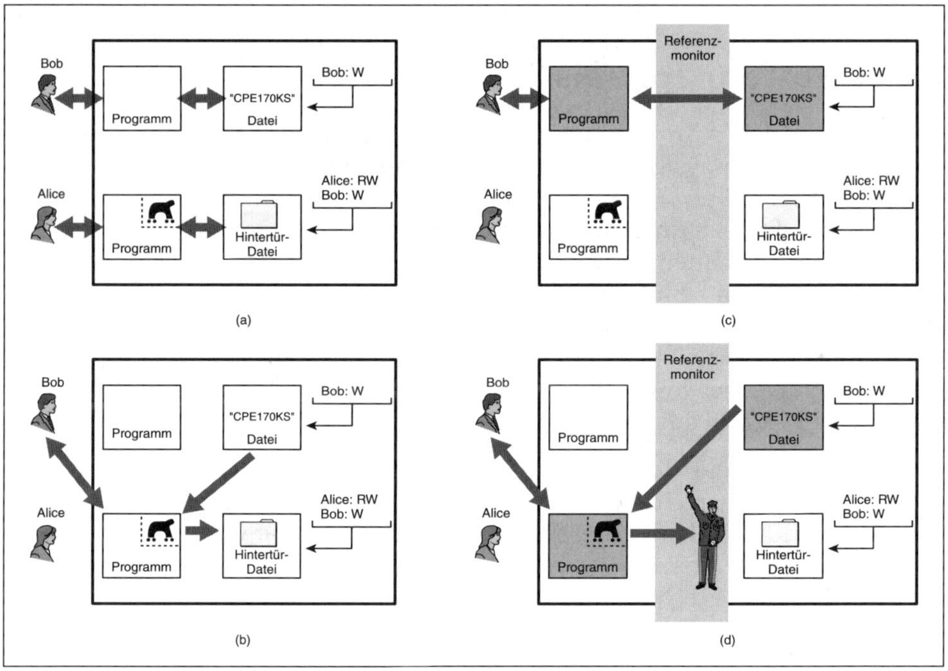

Abbildung 10.5: Trojanische Pferde und sicheres Betriebssystem

10.3 Empfohlene Lektüre

Eine klassische Abhandlung zum Thema Firewall, die sich immer noch zu lesen lohnt, ist [CHAP95]. Ein anderes Standardwerk ist [CHES95]. [LODI98], [OPPL98] und [BELL94] bieten gute Artikel, die einen Überblick über das Thema geben.

[GASS88] stellt eine umfassende Studie zum Thema gesicherte Computersysteme vor. Eine weitere gute Informationsquelle ist [PFLE97]. Nachdrucke von einigen wichtigen Aufsätzen zu diesem Thema sind in [ABRA87] zu finden.

ABRA87 Abrams, M. und Podell, H. *Computer and Network Security.* Los Alamitos, CA: IEEE Computer Society Press, 1987.

BELL94 Bellovin, S. und Cheswick, W. »Network Firewalls.« *IEEE Communications Magazine,* September 1994.

CHAP95 Chapman, D. und Zwicky, E. *Building Internet Firewalls.* Sebastopol, CA: O'Reilly, 1995.

CHES00 Cheswick, W. und Bellovin, S. *Firewalls and Internet Security: Repelling the Wily Hacker.* Reading, MA: Addison-Wesley, 1995.

GASS88 Gasser, M. *Building a Secure Computer System.* New York: Van Nostrand Reinhold, 1988.

LODI98 Lodin, S. und Schuba, C. »Firewalls Fend Off Invasions from the Net« *IEEE Spectrum,* Februar 1998.

OPPL97 Opplinger, R. »Internet Security: Firewalls and Beyond.« *Communications of the ACM,* Mai 1997.

PFLE97 Pfleeger, C. *Security in Computing.* Upper Saddle River, NJ: Prentice Hall, 1997.

10.4 Aufgaben

10.1 Die Notwendigkeit der »kein-aufwärts-Lesen«-Regel in einem mehrschichtigen Sicherheitssystem ist ziemlich offensichtlich. Warum ist die Regel, nicht nach unten zu schreiben, wichtig?

10.2 In Abbildung 10.5 ist ein Glied der Kette »kopieren-und-später-beobachten« des Trojanischen Pferds gebrochen. Es gibt noch zwei weitere mögliche Wege, wie Alice angreifen kann. Alice könnte sich anmelden und versuchen, die Zeichenkette direkt zu lesen, oder Alice könnte den Hintertürdaten die Sicherheitsstufe vertraulich zuweisen.

Verhindert der Referenzmonitor diese Angriffe?

In diesem Buch zitierte RFCs

A

RFC-Nummer	*Titel*	*Datum*
768	User Datagram Protocol (UDP)	August 1980
791	Internet Protocol (IP)	September 1981
821	Simple Mail Transfer Protocol (SMTP)	August 1982
822	Standard for the Format of ARPA Internet Text Messages	August 1982
1155	Structure and Identification of Management Information for TCP/IP-Based Networks	Mai 1990
1157	Simple Network Management Protocol	Mai 1990
1213	Management Information Base for Network Management of TCP/IP-Based Internets: MIB-II	März 1991
1321	The MD5 Message-Digest Algorithm	April 1992
1510	The Kerberos Network Authentication Service (V5)	September 1993
1636	Security in the Internet Architecture	Juni 1994
1752	The Recommendation for the IP Next Generation Protocol	Januar 1995
1901	Introduction to Community-Based SNMPv2	Januar 1996
1904	Conformance Statements for SNMPv2	Januar 1996
1905	Protocol Operations for SNMPv2	Januar 1996
1906	Transport Mappings for SNMPv2	Januar 1996
1907	Management Information Base for SNMPv2	Januar 1996
1908	Coexistence Between Version 1 and Version 2 of the Internet-Standard Network Management Framework	Januar 1996
1928	SOCKS Protocol Version 5	April 1996
2026	The Internet Standards Process-Revision 3	Oktober 1996
2040	The RC5, RC5-CBC, RC5-CBC-Pad, and RC5-CTS Algorithms	Oktober 1996

RFC-Nummer	*Titel*	*Datum*
2045	Multipurpose Internet Mail Extensions (MIME) Part One: Format of Internet Message Bodies	November 1996
2046	Multipurpose Internet Mail Extensions (MIME) Part Two: Media Types	November 1996
2047	Multipurpose Internet Mail Extensions (MIME) Part Three: Message Header Extensions for Non-ASCII Text	November 1996
2048	Multipurpose Internet Mail Extensions (MIME) Part Four: Registration Procedures	November 1996
2049	Multipurpose Internet Mail Extensions (MIME) Part Five: Conformance Criteria and Examples	November 1996
2068	Hypertext Transfer Protocol-HTTP/1.1	Januar 1997
2104	HMAC: Keyed-Hashing for Message Authentication	Februar 1997
2119	Key words for Use in RFCs to Indicate Requirement Levels	März 1997
2144	The CAST-128 Encryption Algorithm	Mai 1997
2246	The TLS Protocol Version 1.0	Januar 1998
2311	S/MIME Version 2 Message Specification	März 1998
2312	S/MIME Version 2 Certificate Handling	März 1998
2401	Security Architecture for the Internet Protocol	November 1998
2402	IP Authentication Header	November 1998
2406	IP Encapsulating Security Payload (ESP)	November 1998
2408	Internet Security Association and Key Management Protocol	November 1998
2411	IP Security Document Roadmap	November 1998
2460	Internet Protocol, Version 6 Specification	Dezember 1998
2570	Introduction to Version 3 of the Internet-Standard Network Management Framework	April 1999
2571	An Architecture for Describing SNMP Management Frameworks	April 1999
2572	Message Processing and Dispatching for SNMP	April 1999
2573	SNMP Applications	April 1999
2374	User-Based Security Model for SNMPv3	April 1999

RFC-Nummer	*Titel*	*Datum*
2575	View-Based Access Control Model (VACM) for SNMP	April 1999
2578	Structure of Management Information for SNMPv2	April 1999
2579	Textual Conventions for SNMPv2	April 1999

Lehrprojekte zur Netzwerksicherheit

B

Viele Lehrkräfte glauben, dass Forschungs- und Implementierungsprojekte sehr wichtig sind, um die Problematik der Netzwerksicherheit gut zu verstehen. Ohne diese Projekte könnte es für die Studenten schwierig sein, die grundlegenden Konzepte und Interaktionen zwischen den einzelnen Komponenten zu begreifen. Die Projekte vergegenwärtigen die Konzepte, die in diesem Buch vorgestellt werden, und vermitteln dem Studenten ein besseres Verständnis der Arbeitsweise kryptographischer Algorithmen und Sicherheitsanwendungen. Außerdem können sie Studenten motivieren und ihnen das Selbstvertrauen geben, dass sie die Sicherheitsfähigkeiten nicht nur verstehen, sondern auch im Detail umsetzen können.

In diesem Text habe ich versucht, die Konzepte der Netzwerksicherheit so klar wie möglich darzustellen. Dazu habe ich zahlreiche Probleme zusammengestellt, die die Konzepte noch einmal vergegenwärtigen sollen. Viele Lehrkräfte werden dieses Material durch Projekte ergänzen wollen. Der Anhang gibt in dieser Hinsicht eine kleine Anleitung und beschreibt Zusatzmaterial, das im Handbuch des Dozenten verfügbar ist. Das Zusatzmaterial deckt drei Projektbereiche ab:

- Forschungsprojekte
- Programmierprojekte
- Lese-/Berichtsprojekte

B.1 Forschungsprojekte

Ein effektiver Weg, um sich die im Unterricht behandelten grundlegenden Konzepte zu vergegenwärtigen und gleichzeitig den Studenten beizubringen, wie man forscht, ist die Durchführung eines Forschungsprojekts. Solch ein Projekt könnte eine Literatursuche beinhalten oder eine Web-Suche nach kommerziellen Produkten sowie Aktivitäten im Versuchslabor und Standardisierungsarbeiten. Projekte sollten Teams oder bei kleineren Projekten Einzelpersonen zugewiesen werden. In jedem Fall ist es am besten, frühzeitig eine Art Konzept zu verlangen, um dem Lehrenden Zeit zu geben, das Konzept hinsichtlich geeigneter Themenwahl und angemessener Bemühung zu bewerten.

Die Arbeitsanweisungen für die Studenten in Bezug auf die Forschungsprojekte sollten Folgendes enthalten:

- Ein Format für die Arbeitsthese
- Ein Format für den Abschlussbericht
- Einen Zeitplan für Zwischen- und Endergebnisse
- Eine Liste der möglichen Themen

Die Studenten können eines der aufgelisteten Themen wählen oder ein eigenes vergleichbares. Das Lösungsheft enthält Beispielformate für die Arbeitsthese und den Abschlussbericht sowie eine Liste von 15 möglichen Themen.

B.2 Programmierprojekte

Das Programmierungsprojekt ist ein nützliches pädagogisches Werkzeug. Es gibt einige attraktive Eigenschaften von eigenständigen Programmierungsprojekten, die nicht Teil einer existierenden Sicherheitseinrichtung sind:

1. Der Dozent kann aus einer breiten Palette von Netzwerksicherheitskonzepten wählen, wenn er seine Projekte vergibt.
2. Die Projekte können von den Studenten auf jedem verfügbaren Computer in der entsprechenden Sprache programmiert werden: Sie sind plattform- und sprachenunabhängig.
3. Der Dozent muss für eigenständige Projekte keine bestimmte Infrastruktur herunterladen, installieren und konfigurieren.
4. Man ist auch bezüglich der Größe der Projekte flexibel. Größere Projekte geben den Studenten eher das Gefühl, etwas erreicht zu haben. Weniger fähige Studenten oder Studenten mit wenig Organisationstalent bleiben jedoch leicht zurück. Größere Projekte verlangen den besten Studenten in der Regel mehr Leistung ab. Kleinere Projekte sind hingegen oft stärker praxisbezogen und da mehrere von ihnen vergeben werden können, ergibt sich die Möglichkeit, viele verschiedene Gebiete anzusprechen.

Genauso wie bei den Forschungsprojekten sollten die Studenten wiederum zunächst eine Arbeitsthese einreichen. Die Arbeitsanweisungen sollten die gleichen Elemente enthalten, wie in Abschnitt B.1 aufgelistet. Das Lösungsheft enthält einen Satz von zwölf möglichen Programmierungsprojekten.

Die im Lösungsheft vorgeschlagenen Forschungs- und Programmierungsprojekte wurden erarbeitet von: Henning Schulzrinne von der Columbia University, Cetin Kaya Koc von der Oregon State University und David M. Balenson von Trusted Information Systems und der George Washington University.

B.3 Lese-/Berichtsaufgaben

Ein anderer hervorragender Weg, sich die im Unterricht behandelten Konzepte zu vergegenwärtigen und den Studenten gleichzeitig Gelegenheit zu geben, Forschungserfahrung zu sammeln ist die Vergabe von Referaten zu der zu lesenden und zu analysierenden Literatur. Das Lösungsbuch enthält eine Vorschlagsliste mit Veröffentlichungen, die zugewiesen werden können. Die Paper sind entweder über das Internet oder in einer guten Bibliothek einer technischen Universität zu finden.

Glossar

C

Einige der Ausdrücke in diesem Glossar wurden dem *Glossary of Computer Security Terminology* [NIST91] entnommen. Sie sind hier durch einen Stern (*) gekennzeichnet.

Asymmetrische Verschlüsselung. Eine Form eines Schlüsselsystems, in dem Ver- und Entschlüsselung durch Verwendung zweier unterschiedlicher Schlüssel, einem öffentlichen und einem privaten Schlüssel, durchgeführt werden. Wird auch als Public-Key-Verschlüsselung bezeichnet.

Authentifizierung*. Ein Prozess zur Überprüfung der Integrität von übermittelten Daten, insbesondere Nachrichten.

Authentifizierungsinformation. Zusätzliche Informationen, die an eine Nachricht angehängt werden, um den Empfänger in die Lage zu versetzen, die Nachricht auf ihre Gültigkeit hin zu prüfen. Die Authentifizierungsinformation kann funktionell unabhängig vom Inhalt der Nachricht selbst sein (z. B. ein Nonce oder ein Quellenbezeichner) oder sie kann eine Funktion des Nachrichteninhalts sein (z. B. ein Hash-Wert oder eine kryptographische Prüfsumme).

Bakterie. Ein Programm, das durch die eigene Vervielfältigung Systemressourcen verbraucht.

Berechnungssicher. Sicher, da die Zeit oder die Kosten oder beides für den Versuch einer Überwindung der Sicherheitsvorkehrungen zu aufwendig sind.

Blockverkettung. Eine Prozedur, die bei der Blockverschlüsselung verwendet wird und einen Ausgabeblock nicht nur vom aktuellen Klartextblock und Schlüssel abhängig macht, sondern auch von früheren Eingaben und/oder Ausgaben. Die Wirkungsweise der Blockverkettung beruht darauf, dass zwei Versionen desselben Klartexteingabeblocks unterschiedliche Blöcke von chiffriertem Text erzeugen, sodass die Kryptoanalyse schwieriger wird.

Blockverschlüsselung. Ein symmetrischer Verschlüsselungsalgorithmus, in dem ein großer Block von Klartext-Bits (gewöhnlich 64) im Ganzen in einen verschlüsselten Textblock derselben Länge umgewandelt wird.

Code. Eine unveränderliche Regel für das Ersetzen von Informationseinheiten (z. B. Buchstabe, Wort, Sätze) durch andere Objekte, die nicht notwendigerweise von der gleichen Art sind. Es besteht im Allgemeinen nicht die Absicht, den Sinn zu verbergen. Der ASCII-Zeichencode (jedes Zeichen wird durch 7 Bit dargestellt) und die Frequenzumtastung (jeder binäre Wert wird durch eine bestimmte Frequenz dargestellt) sind Beispiele dafür.

Differenzielle Kryptoanalyse. Ein Verfahren, mit dem ausgewählte Klartexte mit bestimmten XOR-Unterscheidungsmustern verschlüsselt werden. Die unterschiedlichen Muster des erzeugten verschlüsselten Textes liefern Informationen, die zur Bestimmung des Schlüssels verwendet werden können.

Diffusion. Eine kryptographische Technik, welche die statistische Struktur des Klartextes zu verschleiern versucht, indem sie den Einfluss jeder einzelnen Klartextstelle auf viele Stellen des verschlüsselten Textes ausweitet.

Digitale Unterschrift. Ein Mechanismus für die Authentifizierung, der den Erzeuger einer Nachricht in die Lage versetzt, einen Code anzufügen, der wie eine Unterschrift wirkt. Die Unterschrift garantiert die Quelle und die Integrität der Nachricht.

Digramm. Eine Folge von zwei Buchstaben. Im Englischen und in anderen Sprachen kann die relative Häufigkeit verschiedener Digramme im Klartext zur Kryptoanalyse von einigen Stellen verwendet werden. Auch *Digraph* genannt.

Eindringling. Ein Individuum, das unautorisierten Zugriff auf ein Computersystem oder auf unbefugte Berechtigungen in diesem System erlangt oder zu erlangen versucht.

Einwegfunktion. Eine Funktion, die leicht zu berechnen ist, während die Berechnung ihrer Umkehrung unmöglich ist.

Entschlüsselung. Die Übersetzung von verschlüsselten Texten oder Daten (chiffrierter Text) in ursprüngliche Texte oder Daten (Klartext). Auch Dechiffrieren genannt.

Geheimer Schlüssel. Der Schlüssel, der in einem symmetrischen Verschlüsselungssystem verwendet wird. Beide Teilnehmer müssen denselben Schlüssel verwenden. Dieser Schlüssel muss geheim gehalten werden, um die Kommunikation zu schützen.

Gesichertes System. Ein Computer- und Betriebssystem, das für den Einsatz einer Sicherheitsrichtlinie geprüft werden kann.

Hash-Funktion. Eine Funktion, die einen Datenblock oder eine Nachricht variabler Länge in einen Wert mit fester Länge, als Hash-Code bezeichnet, umwandelt. Die Funktion wurde so ausgelegt, dass sie, wenn sie geschützt ist, eine Authentifizierungsinformation für die Daten oder Nachrichten bereitstellt. Wird auch als Message Digest bezeichnet.

Hauptschlüssel. Ein Schlüssel mit langer Gültigkeitsdauer, der zwischen einer Schlüsselzentralstelle und einem Prinzipal zur Verschlüsselung der Übertragung von Sitzungsschlüsseln verwendet wird. Im Allgemeinen werden die Hauptschlüssel nach nicht kryptographischen Gesichtspunkten verteilt.

Herkömmliche Verschlüsselung. Symmetrische Verschlüsselung.

Hintertür. Ein undokumentierter geheimer Eingang in ein Programm, der Zugriff ohne die normalen Methoden der Zugriffsauthentifizierung gewährt.

Hintertür-Einwegfunktion. Eine Funktion, die leicht zu berechnen ist und deren Umkehrung unmöglich zu berechnen ist, wenn nicht bestimmte privilegierte Informationen bekannt sind.

Initialisierungsvektor. Ein zufälliger Datenblock, der zu Beginn der Verschlüsselung von mehrfachen Blöcken von Klartext beim Einsatz einer Blockverkettungs-Verschlüsselungstechnik verwendet wird. Der IV dient zur Vereitelung von Angriffen auf der Grundlage bekannter Klartexte.

Kerberos. Der Name des Code-Authentifizierungdienstes aus dem Athena-Projekt.

Klartext. Die Eingabe für die Verschlüsselungsfunktion oder die Ausgabe einer Entschlüsselungsfunktion.

Konfusion. Eine kryptographische Technik, die versucht, die Beziehung zwischen den Statistiken des verschlüsselten Textes und dem Wert des Schlüssels so komplex wie möglich zu machen. Dieses wird durch einen komplexen Algorithmus erreicht, der vom Schlüssel und der Eingabe abhängt.

Kryptoanalyse. Der Zweig der Kryptologie, der sich mit dem Entschlüsseln eines verschlüsselten Textes befasst, um Informationen zu erlangen, oder der verschlüsselte Informationen fälscht, die dann als echt angesehen werden.

Kryptographische Prüfsumme. Eine Authentifizierungsinformation, die eine kryptographische Funktion von zu authentifizierenden Daten und auch von einem geheimen Schlüssel ist. Auch als Message Authentication Code (MAC) bezeichnet.

Kryptographie. Der Zweig der Kryptologie, der sich mit dem Entwurf von Algorithmen für die Verschlüsselung und Entschlüsselung befasst, mit der Absicht, die Sicherheit und/oder die Echtheit von Nachrichten zu gewährleisten.

Kryptologie. Die Lehre von der sicheren Kommunikation; umfasst die Kryptographie und die Kryptoanalyse.

Lawineneffekt. Eine Eigenschaft eines Verschlüsselungsalgorithmus, bei dem eine kleine Veränderung im Klartext oder Schlüssel eine große Veränderung im verschlüsselten Text bewirkt. Für einen Hash-Code ist der Lawineneffekt charakteristisch, wobei eine kleine Veränderung in der Nachricht zu einer großen Veränderung im Message Digest führen kann.

Logische Bombe. Eine in einem Computerprogramm eingebettete Logik, die das Vorhandensein gewisser Bedingungen im System überprüft. Treffen diese Voraussetzungen zu, führt die logische Bombe einige Funktionen durch, die in nicht zugelassenen Aktionen enden.

Mehrfachverschlüsselung. Der wiederholte Einsatz einer Verschlüsselungsfunktion mit unterschiedlichen Schlüsseln, um aus dem Klartext ein komplexeres Muster für den verschlüsselten Text zu erhalten.

Mehrschichtiges Sicherheitssystem. Eine Einrichtung, um eine Zugriffskontrolle über mehrere Stufen von Datenklassifikationen zu erzwingen.

Message Digest. Hash-Funktion.

Nachrichtenauthentifizierungscode (Message Authentication Code, MAC). Kryptographische Prüfsumme.

Nonce. Ein Bezeichner oder eine Zahl, die nur einmal verwendet wird.

Öffentlicher Schlüssel. Einer der beiden Schlüssel, die in einem asymmetrischen Verschlüsselungssystem verwendet werden. Der öffentliche Schlüssel wird bekannt gegeben, um in Verbindung mit einem entsprechenden privaten Schlüssel verwendet zu werden.

Passwort*. Eine Zeichenkette zur Authentifizierung einer Identität. Die Kenntnis des Passworts und der zugehörigen Benutzerkennung wird als Beweis für die Autorisierung angesehen, die mit der Benutzerkennung verbundenen Berechtigungen zu verwenden.

Privater Schlüssel. Einer der beiden Schlüssel, die in einem asymmetrischen Verschlüsselungssystem verwendet werden. Für eine sichere Kommunikation sollte der private Schlüssel nur seinem Erzeuger bekannt sein.

Pseudozufallszahlen-Generator. Eine Funktion, die eine Folge von Ziffern erzeugt, die augenscheinlich statistisch zufällig ist.

Public-Key-Verschlüsselung. Asymmetrische Verschlüsselung.

Wiederholungsangriffe. Ein Angriff, bei dem ein Dienst, der bereits berechtigt und vollendet ist, durch eine »zweite Anforderung« gefälscht wird, um die Wiederholung von zugelassenen Befehlen zu versuchen.

RSA-Algorithmus. Ein Public-Key-Algorithmus, basierend auf der Exponentenberechnung in der modularen Arithmetik. Es ist der einzige Algorithmus, der als praktizierbar und sicher für die Public-Key-Verschlüsselung gilt.

Schlüsselzentralstelle. Ein System, das zur Übermittlung temporärer Sitzungsschlüssel an Prinzipale berechtigt ist. Jeder Sitzungsschlüssel wird in verschlüsselter Form übertragen. Dabei wird ein Hauptschlüssel verwendet, den die Schlüsselzentralstelle mit dem Ziel-Protagonisten gemeinsam benutzt.

Sitzungsschlüssel. Eine temporäre Verschlüsselung zwischen zwei Prinzipalen.

Stromverschlüsselung. Ein symmetrischer Verschlüsselungsalgorithmus, in dem die Ausgabe des verschlüsselten Textes bitweise oder byteweise aus einem Strom von Eingabedaten erzeugt wird.

Symmetrische Verschlüsselung. Eine Form eines Kryptosystems, bei der Ver- und Entschlüsselung durch Einsatz des gleichen Schlüssels erfolgen. Ebenso als herkömmliche Verschlüsselung bekannt.

Trojanisches Pferd*. Ein Computerprogramm mit augenscheinlich oder tatsächlich brauchbaren Funktionen, das zusätzliche (verborgene) Funktionen enthält, welche die legitimen Rechte des aufrufenden Prozesses unerlaubt zum Schaden der Sicherheit ausnutzen.

Umfassend abgesichert. Gegen einen Eindringling mit unbegrenzten Zeit- und Rechnerressourcen abgesichert.

Variable Zugriffssteuerung*. Ein Mittel, um den Zugriff auf Objekte einzuschränken; basiert auf der Identität von Subjekten und/oder Gruppen, denen sie gehören. Die Steuerungen sind variabel in dem Sinne, dass ein Subjekt mit bestimmten Zugriffsrechten in der Lage ist, diese Genehmigung (unter Umständen indirekt) an ein beliebiges anderes Subjekt weiterzugeben (wenn das nicht durch eine verbindliche Zugriffskontrolle verhindert wird).

Verbindliche Zugriffssteuerung. Ein Mittel, um den Zugriff auf Objekte einzuschränken; basiert auf festgelegten Sicherheitsattributen für Benutzer, Dateien und andere Objekte. Die Steuerungen sind in dem Sinne verbindlich, als dass sie nicht von Benutzern oder deren Programmen verändert werden können.

Verdeckter Kanal. Eine Kommunikations-Übertragungsstrecke, welche die Vermittlung von Informationen in einer Weise betreibt, die vom Entwickler dieser Kommunikationseinrichtung nicht geplant war.

Verschlüsselter Text. Die Ausgabe eines Verschlüsselungsalgorithmus; die verschlüsselte Form einer Nachricht oder von Daten.

Verschlüsselung. Die Umwandlung von Klartext oder Daten in eine nicht erkennbare Form mithilfe einer umkehrbaren Übersetzung, die auf einer Übersetzungstabelle oder einem Algorithmus basiert. Auch Chiffrieren genannt.

Verschlüsselungsalgorithmus. Ein Algorithmus zur Ver- und Entschlüsselung. Ein Verschlüsselungsalgorithmus ersetzt eine Information (ein Element im Klartext) durch ein anderes Objekt, mit der Absicht, den Sinn zu verbergen. Die Ersetzungsregeln werden durch einen geheimen Schlüssel verwaltet.

Virus. In einem Programm enthaltener Code, der sich selbst kopiert und in ein oder mehrere andere Programme einfügt. Zusätzlich zu seiner Verbreitung führt ein Virus für gewöhnlich unerwünschte Funktionen aus.

Wurm. Ein Programm, das sich selbst repliziert und über Netzwerkverbindungen Kopien von Computer zu Computer sendet. Nach seiner Ankunft kann sich der Wurm wieder aufrufen und ausbreiten. Zusätzlich zu seiner Verbreitung führt ein Wurm für gewöhnlich unerwünschte Funktionen aus.

Literaturverzeichnis D

ABRA87 Abrams, M. und Podell, H. *Computer and Network Security.* Los Alamitos, CA: IEEE Computer Society Press, 1987.

ABRA95 Abrams, M.; Jajodia, S. und Podell, H. Hrsg. *Information Security: An Integrated Collection of Essays.* Los Alamitos, CA: IEEE Computer Society Press, 1995.

ADAM92 Adam, J. »Virus Threats and Countermeasures.« *IEEE Spectrum,* August 1992.

ADAM97 Adams, C. »Constructing Symmetric Ciphers Using the CAST Design.« *Designs, Codes, and Cryptography,* 1997.

ALVA90 Alvare, A. »How Crackers Crack Passwords or What Passwords to Avoid.« *Proceedings, UNIX Security Workshop II,* August 1990.

ANDE80 Anderson, J. *Computer Security Threat Monitoring and Surveillance.* Fort Washington, PA: James P. Anderson Co., April 1980.

BAUE88 Bauer, D. und Koblentz, M. »NIDX – An Expert System for Real-Time Network Intrusion Detection.« *Proceedings, Computer Networking Symposium,* April 1988.

BELL90 Bellovin, S. und Merritt, M. »Limitations of the Kerberos Authentication System.« *Computer Communications Review,* Oktober 1990.

BELL92 Bellovin, S. »There Be Dragons.« *Proceedings, UNIX Security Symposium III,* September 1992.

BELL93 Bellovin, S. »Packets Found on an Internet.« *Computer Communications Review,* Juli 1993.

BELL94 Bellovin, S. und Cheswick, W. »Network Firewalls.« *IEEE Communications Magazine,* September 1994.

BELL96a Bellare, M.; Canetti, R. und Krawczyk, H. »Keying Hash Functions for Message Authentication.« *Proceedings, CRYPTO '96,* August 1996; publ. vom Springer-Verlag. Eine erweiterte Version findet sich unter

`http://www-cse.ucsd.edu/users/mihir.`

BELL96b Bellare, M.; Canetti, R. und Krawczyk, H. »The HMAC Construction.« *CryptoBytes,* Spring 1996.

BERG97 Berg, A. »Viruses: More Infections than Ever, Users Say.« *LAN Times*, Juni 23, 1997.

BERS92 Berson, T. »Differential Cryptanalysis Mod 2^{32} with Applications to MD5.« *Proceedings, EUROCRYPT '92*, Mai 1992; publ. vom Springer-Verlag.

BLOO70 Bloom, B. »Space/time Trade-Offs in Hash Coding with Allowable Errors.« *Communications of the ACM*, Juli 1970.

BLUM97a Blumenthal, U.; Hien, N. und Wijnen, B. »Key Derivation for Network Management Applications.« *IEEE Network*, Mai/Juni, 1997.

BLUM97b Blumenthal, U. und Wijnen, B. »Security Features for SNMPv3.« *The Simple Times*, Dezember 1997.

BOEB85 Boebert, W.; Kain, R. und Young, W. »Secure Computing: the Secure Ada Target Approach.« *Scientific Honeyweller*, Juli 1985. Nachdruck in [ABRA87].

BOER93 Boer, B. und Bosselaers, A. »Collisions for the Compression Function of MD5.« *Proceedings, EUROCRYPT '93*, 1993; publ. vom Springer-Verlag.

BOSS97 Bosselaers, A.; Dobbertin, H. und Preneel, B. »The RIPEMD-160 Cryptographic Hash Function.« *Dr. Dobb's Journal*, Januar 1997.

BOWL92 Bowles, J. und Pelaez, C. »Bad Code.« *IEEE Spectrum*, August 1992.

BRYA88 Bryant, W. *Designing an Authentication System: A Dialogue in Four Scenes.* Project Athena document, Februar 1988. Erhältlich unter `http://web.mit.edu/kerberos/www/ dialogue.html`.

CERT99 CERT Coordination Center. CERT Coordination Center 1998 Annual Report. Carnegie-Mellon University, 1999. Erhältlich unter

`http://www.cert.org/annual_rpts/ cert_rpt_98.html`.

CHAP95 Chapman, D. und Zwicky, E. *Building Internet Firewalls.* Sebastopol, CA: O'Reilly, 1995.

CHEN98 Cheng, P., et al. »A Security Architecture for the Internet Protocol.« *IBM Systems Journal*, Nr. 1, 1998.

CHES00 Cheswick, W. und Bellovin, S. *Firewalls and Internet Security: Repelling the Wily Hacker.* Reading, MA: Addison-Wesley, 2000.

CHES97 Chess, D. »The Future of Viruses on the Internet.« *Proceedings, Virus Bulletin International Conference*, Oktober 1997.

COHE94 Cohen, F. *A Short Course on Computer Viruses.* New York: Wiley, 1994.

CORM90 Cormen, T.; Leiserson, C. und Rivest, R. *Introduction to Algorithms.* Cambridge, MA: MIT Press, 1990.

COME95 Comer, D. *Internetworking with TCP/IP, Volume I: Principles, Protocols and Architecture.* Upper Saddle River, NJ: Prentice Hall, 1995.

COOP89 Cooper, J. *Computer and Communications Security: Strategies for the 1990s.* New York: McGraw-Hill, 1989.

DAMG89 Damgard, I. »A Design Principle for Hash Functions.« *Proceedings, CRYPTO '89*, 1989; publ. vom Springer-Verlag.

DAVI89 Davies, D. und Price, W. *Security for Computer Networks.* New York: Wiley, 1989.

DAVI93 Davies, C. und Ganesan, R. »BApasswd: A New Proactive Password Checker.« *Proceedings, 16th National Computer Security Conference*, September 1993.

DENN87 Denning, D. »An Intrusion-Detection Model.« *IEEE Transactions on Software Engineering*, Februar 1987.

DENN90 Denning, P. *Computers Under Attack: Intruders, Worms, and Viruses.* Reading, MA: Addison-Wesley, 1990.

DIFF76 Diffie, W. und Hellman, M. »New Directions in Cryptography.« *IEEE Transactions on Information Theory*, November 1976.

DIFF88 Diffie, W. »The First Ten Years of Public-Key Cryptography.« *Proceedings of the IEEE*, Mai 1988. Nachdruck in [SIMM92a].

DOBB96a Dobbertin, H. »The Status of MD5 After a Recent Attack.« *CryptoBytes*, Sommer 1996.

DOBB96b Dobbertin, H.; Bosselaers, A. und Preneel, B. »RIPEMD-160: A Strengthened Version of RIPEMD.« *Proceedings, Third International Workshop on Fast Software Encryption*, 1996; publ. vom Springer-Verlag.

DORA99 Doraswamy, N. und Harkins, D. *IPSec.* Upper Saddle River, NJ: Prentice Hall, 1999.

DREW99 Drew, G. *Using SET for Secure Electronic Commerce.* Upper Saddle River, NJ: Prentice Hall, 1999.

EFF98 Electronic Frontier Foundation. *Cracking DES: Secrets of Encryption Research, Wiretap Politics, and Chip Design.* Sebastopol, CA: O'Reilly, 1998.

ENGE80 Enger, N. und Howerton, P. *Computer Security.* New York: Amacom, 1980.

FEIS73 Feistel, H. »Cryptography and Computer Privacy.« *Scientific American*, Mai 1973.

FORD95 Ford, W. »Advances in Public-Key Certificate Standards.« *ACM SIGSAC Review*, Juli 1995.

FORR97 Forrest, S.; Hofmeyr, S. und Somayaji, A. »Computer Immunology.« *Communications of the ACM*, Oktober 1997.

FREE93 Freedman, D. »The Goods on Hacker Hoods.« *Forbes ASAP*, 13. September 1993.

GARD77 Gardner, M. »A New Kind of Cipher That Would Take Millions of Years to Break.« *Scientific American*, August 1977.

GARF97 Garfinkel, S. und Spafford, G. *Web Security & Commerce.* Cambridge, MA: O'Reilly and Associates, 1997.

GASS88 Gasser, M. *Building a Secure Computer System.* New York: Van Nostrand Reinhold, 1988.

HEBE92 Heberlein, L.; Mukherjee, B. und Levitt, K. »Internetwork Security Monitor: An Intrusion-Detection System for Large-Scale Networks.« *Proceedings, 15th National Computer Security Conference*, Oktober 1992.

HELD96 Held, G. *Data and Image Compression: Tools and Techniques.* New York: Wiley, 1996.

HOFF90 Hoffman, L., Hrsg. *Rogue Programs: Viruses, Worms, and Trojan Horses.* New York: Van Nostrand Reinhold, 1990.

HUIT98 Huitema, C. *IPv6: The New Internet Protocol.* Upper Saddle River, NJ: Prentice Hall, 1998.

IANS90 I'Anson, C. und Mitchell, C. »Security Defects in CCITT Recommendation X.509 – The Directory Authentication Framework.« *Computer Communications Review,* April 1990.

ILGU93 Ilgun, K. »USTAT: A Real-Time Intrusion Detection System for UNIX.« *Proceedings, 1993 IEEE Computer Society Symposium on Research in Security and Privacy,* Mai 1993.

JAVI91 Javitz, H. und Valdes, A. »The SRI IDES Statistical Anomaly Detector.« *Proceedings, 1991 IEEE Computer Society Symposium on Research in Security and Privacy,* Mai 1991.

JUEN85 Jueneman, R.; Matyas, S. und Meyer, C. »Message Authentication.« *IEEE Communications Magazine*, September 1985.

KEPH97a Kephart, J.; Sorkin, G.; Chess, D. und White, S. »Fighting Computer Viruses.« *Scientific American*, November 1997.

KEPH97b Kephart, J.; Sorkin, G.; Swimmer, B. und White, S. »Blueprint for a Computer Immune System.« *Proceedings, Virus Bulletin International Conference*, Oktober 1997.

KLEI90 Klein, D. »Foiling the Cracker: A Survey of, and Improvements to, Password Security.« *Proceedings, UNIX Security Workshop II*, August 1990.

KOBL92 Koblas, D. und Koblas, M. »SOCKS.« *Proceedings, UNIX Security Symposium III*, September 1992.

KOHL89 Kohl, J. »The Use of Encryption in Kerberos for Network Authentication.« *Proceedings, Crypto '89*, 1989; publ. vom Springer-Verlag.

KOHL94 Kohl, J.; Neuman, B. und Ts'o, T. »The Evolution of the Kerberos Authentication Service.« In: Brazier, F. und Johansen, D. *Distributed Open Systems.* Los Alamitos, CA: IEEE Computer Society Press, 1994. Verfügbar unter

`http://web.mit.edu/ kerberos/www/papers.html.`

LAI91 Lai, X. und Massey, J. »Markov Ciphers and Differential Cryptanalysis.« *Proceedings, EUROCRYPT '91*, 1991; publ. vom Springer-Verlag.

LEUT94 Leutwyler, K. »Superhack.« *Scientific American*, Juli 1994.

LODI98 Lodin, S. und Schuba, C. »Firewalls Fend Off Invasions from the Net.« *IEEE Spectrum*, Februar 1998.

LUNT88 Lunt, T. und Jagannathan, R. »A Prototype Real-Time Intrusion-Detection Expert System.« *Proceedings, 1988 IEEE Computer Society Symposium on Research in Security and Privacy*, April 1988.

MACG97 Macgregor, R.; Ezvan, C.; Liguori, L. und Han, J. *Secure Electronic Transactions: Credit Card Payment on the Web in Theory and Practice.* IBM RedBook SG24-4978-00, 1997. Erhältlich unter

`www.redbooks.ibm.com/abstracts/sg244978.html.`

MADS93 Madsen, J. »World Record in Password Checking.« *Usenet, comp.security.misc newsgroup*, August 18, 1993.

MARK97 Markham, T. »Internet Security Protocol.« *Dr. Dobb's Journal*, Juni 1997.

MENE97 Menezes, A.; Oorshcot, P. und Vanstone, S. *Handbook of Applied Cryptography.* Boca Raton, FL: CRC Press, 1997.

MERK79 Merkle, R. *Secrecy, Authentication, and Public Key Systems.* Ph.D. Thesis, Stanford University, Juni 1979.

MERK89 Merkle, R. »One Way Hash Functions and DES.« *Proceedings, CRYPTO '89*, 1989; publ. vom Springer-Verlag.

MEYE82 Meyer, C. und Matyas, S. *Cryptography: A New Dimension in Computer Data Security.* New York: Wiley, 1982.

MILL88 Miller, S.; Neuman, B.; Schiller, J. und Saltzer, J. »Kerberos Authentication and Authorization System.« *Section E.2.1, Project Athena Technical Plan,* M.I.T. Project Athena, Cambridge, MA. 27. Oktober 1988.

MILL98 Miller, S. *IPv6: The New Internet Protocol.* Upper Saddle River, NJ: Prentice Hall, 1998.

MITC90 Mitchell, C.; Walker, M. und Rush, D. »CCITT/ISO Standards for Secure Message Handling.« *IEEE Journal on Selected Areas in Communications*, Mai 1989.

MURH98 Murhammer, M., et al. *TCP/IP: Tutorial and Technical Overview.* Upper Saddle River, NJ: Prentice Hall, 1998.

NACH97 Nachenberg, C. »Computer Virus-Antivirus Coevolution.« *Communciations of the ACM*, Januar 1997.

NEED78 Needham, R. und Schroeder, M. »Using Encryption for Authentication in Large Networks of Computers.« *Communications of the ACM*, Dezember 1978.

NEUM93 Neuman, B. »Proxy-Based Authorization and Accounting for Distributed Systems.« *Proceedings of the 13th International Conference on Distributed Computing Systems*, May 1993.

NIST91 National Institute of Standards and Technology. *Glossary of Computer Security Terminology.* NISTIR 4659, 1991.

OPPL97 Oppliger, R. »Internet Security: Firewalls and Beyond.« *Communications of the ACM*, Mai 1997.

PFLE97 Pfleeger, C. *Security in Computing.* Upper Saddle River, NJ: Prentice Hall, 1997.

PORR92 Porras, P. *STAT: A State Transition Analysis Tool for Intrusion Detection.* Master's Thesis, University of California at Santa Barbara, Juli 1992.

RIVE78 Rivest, R.; Shamir, A. und Adleman, L. »A Method for Obtaining Digital Signatures and Public Key Cryptosystems.« *Communications of the ACM*, Februar 1978.

RIVE94 Rivest, R. »The RC5 Encryption Algorithm.« *Proceedings, Second International Workshop on Fast Software Encryption,* Dezember 1994; publ. vom Springer-Verlag.

RIVE95 Rivest, R. »The RC5 Encryption Algorithm.« *Dr. Dobb's Journal*, Januar 1995.

RUBI97 Rubin, A.; Geer, D. und Ranum, M. *Web Security Sourcebook.* New York: Wiley, 1997.

SAFF93 Safford, D.; Schales, D. und Hess, D. »The TAMU Security Package: An Ongoing Response to Internet Intruders in an Academic Environment.« *Proceedings, UNIX Security Symposium IV,* Oktober 1993.

SALO96 Salomaa, A. *Public-Key Cryptography.* New York: Springer-Verlag, 1996.

SCHN93 Schneier, B. »Description of a New Variable-Length Key, 64-Bit Block Cipher (Blowfish).« *Proceedings, Workshop on Fast Software Encryption,* Dezember 1993; publ. vom Springer-Verlag.

SCHN94 Schneier, R. »The Blowfish Encryption Algorithm.« *Dr. Dobb's Journal,* April 1994.

SCHN96 Schneier, B. *Applied Cryptography.* New York: Wiley, 1996.

SEBE89 Seberry, J. und Pieprzyk, J. *Cryptography: An Introduction to Computer Security.* Englewood Cliffs, NJ: Prentice Hall, 1989.

SEME96 Semeria, C. *Internet Firewalls and Security.* 3Com Corp., 1996. Erhältlich unter

`www.3com.com.`

SIMM92a Simmons, G., Hrsg. *Contemporary Cryptology: The Science of Information Integrity.* Piscataway, NJ: IEEE Press, 1992.

SIMM92b Simmons, G. »A Survey of Information Authentication.« In [SIMM92a].

SMIT97 Smith, R. *Internet Cryptography.* Reading, MA: Addison-Wesley, 1997.

SNAP91 Snapp, S., et al. »A System for Distributed Intrusion Detection.« *Proceedings, COMPCON Spring '91,* 1991.

SPAF89 Spafford, E.; Heaphy, K. und Ferbrache, D. *Computer Viruses.* Arlington, VA: ADAPSO, 1989.

SPAF92a Spafford, E. »Observing Reusable Password Choices.« *Proceedings, UNIX Security Symposium III,* September 1992.

SPAF92b Spafford, E. »OPUS: Preventing Weak Password Choices.« *Computers and Security,* Nr. 3, 1992.

STAL99a Stallings, W. *Cryptography and Network Security: Principles and Practice, 2nd edition.* Upper Saddle River, NJ: Prentice Hall, 1999.

STAL99b Stallings, W. *SNMP, SNMPv2, SNMPv3, and RMON 1 and 2.* Reading, MA: Addison-Wesley, 1999.

STAL00 Stallings, W. *Data and Computer Communications, 6th edition.* Upper Saddle River, NJ: Prentice Hall, 2000.

STEI88 Steiner, J.; Neuman, C. und Schiller, J. »Kerberos: An Authentication Service for Open Networked Systems.« *Proceedings of the Winter 1988 USENIX Conference*, Februar 1988.

STEP93 Stephenson, P. »Preventive Medicine.« *LAN Magazine*, November 1993.

STER92 Sterling, B. *The Hacker Crackdown: Law and Disorder on the Electronic Frontier.* New York: Bantam, 1992.

STEV94 Stevens, W. *TCP/IP Illustrated, Volume 1: The Protocols.* Reading, MA: Addison-Wesley, 1994.

STIN95 Stinson, D. *Cryptography: Theory and Practice.* Boca Raton, FL: CRC Press, 1995.

STOL88 Stoll, C. »Stalking the Wily Hacker.« *Communications of the ACM*, Mai 1988. Nachdruck in [DENN90].

STOL89 Stoll, C. *The Cuckoo's Egg.* New York: Doubleday, 1989.

THOM84 Thompson, K. »Reflections on Trusting Trust (Deliberate Software Bugs).« *Communications of the ACM*, August 1984.

TIME90 Time, Inc. *Computer Security, Understanding Computers Series.* Alexandria, VA: Time-Life Books, 1990.

TSUD92 Tsudik, G. »Message Authentication with One-Way Hash Functions.« *Proceedings, INFOCOM '92*, Mai 1992.

TUCH79 Tuchman, W. »Hellman Presents No Shortcut Solutions to DES.« *IEEE Spectrum*, Juli 1979.

VACC89 Vaccaro, H.und Liepins, G. »Detection of Anomalous Computer Session Activity.« *Proceedings of the IEEE Symposium on Research in Security and Privacy*, Mai 1989.

WEIS93 Weiss, J. und Schremp, D. »Putting Data on a Diet.« *IEEE Spectrum*, August 1993.

ZIV77 Ziv, J. und Lempel, A. »A Universal Algorithm for Sequential Data Compression.« *IEEE Transactions on Information Theory*, Mai 1977.

Akronyme

E

AES	Advanced Encryption Standard
AH	Authentication Header
ANSI	American National Standards Institute
CBC	Cipher Block Chaining
CESG	Communications-Electronics Security Group
CFB	Cipher Feedback
DEA	Data Encryption Algorithm
DES	Data Encryption Standard
DSA	Digital Signature Algorithm
DSS	Digital Signature Standard
ECB	Electronic Codebook
ESP	Encapsulating Security Payload
FIPS	Federal Information Processing Standard
IAB	Internet Architecture Board
IDEA	International Data Encryption Algorithm
IETF	Internet Engineering Task Force
IP	Internet Protocol
IPSec	IP Security
ISO	International Organization for Standardization
ITU	International Telecommunication Union
ITU-T	ITU Telecommunication Standardization Sector
IV	Initialization Vector
KDC	Key Distribution Center
LAN	Local Area Network

MAC	Message Authentication Code
MIC	Message Integrity Code
MIME	Multi-Purpose Internet Mail Extension
MD5	Message Digest, Version 5
MTU	Maximum Transmission Unit
NIST	National Institute of Standards and Technology
NSA	National Security Agency
OFB	Output Feedback
PGP	Pretty Good Privacy
PRNG	Pseudorandom Number Generator
RFC	Request for Comments
RNG	Random Number Generator
RSA	Rivest-Shamir-Adelman
SET	Secure Electronic Transaction
SHA	Secure Hash Algorithm
SHS	Secure Hash Standard
S/MIME	Secure MIME
SNMP	Simple Network Management Protocol
SNMPv3	Simple Network Management Protocol, Version 3
SSL	Secure Sockets Layer
TDEA	Triple Data Encryption Algorithm
TCP	Transmission Control Protocol
TLS	Transport Layer Security
UDP	User Datagram Protocol
WAN	Wide Area Network

Stichwortverzeichnis

A

Abfangen 22
Abgeschirmte Host-Firewall 424
Abgeschirmte Subnetz-Firewall 425
Abwehr Trojanischer Pferde 431
Address-Spoofing 224, 227
Adleman, Len 93
Adler, Mark 202
Adressierungssysteme 256
Advanced Encryption Standard 54
Änderung von Nachrichten 24
AES 54
Aggressive Exchange 253
AH Information 219
Aktion 382
Aktive Angriffe 24
  Änderung von Nachrichten 24
  Denial of Service 24
  Tarnung 24
  Wiederholung 24
Alarmcodes 289
Alert-Protokoll 277
Algorithmen, DES 47
Alternativer Sendername 149
Alternativer Subjektname 149
Analyse des Datenaufkommens 339
Analyse des Nachrichtenaufkommens 23, 234
Anfälligkeit von Passwörtern 369
Angriffe
  Abfangen 22
  Address-Spoofing 224
  Aktive 24
  Arten 42
  Brute-Force 41
  Fälschung 23
  Modifikation 23
  Passive 23
  Unterbrechung 22
  Wiederholung 224f.
Anonymous Diffie-Hellman 282f., 285
Anti-Replay Window 219
Antivirenmethoden 404f.
Arten der Client-Zertifizierung 292
Asymmetrische Verschlüsselung 443
Auffüllen 293
Aufgaben 255
Authentication Algorithm 216
Authentication Data 224, 230
Authentication Header 215 f., 263
Authentication Only Exchange 253
Authentifizierung 26, 71 f., 132, 157, 211, 227, 237, 269, 294, 339, 443
  X.509 144, 146
Authentifizierungsalgorithmen 230
Authentifizierungsarten 244
Authentifizierungsdialog 119
  Kerberos Version 4 127
Authentifizierungs-Dienst 138, 322
Authentifizierungs-Header 223
  Authentication Data 224
  Next Header 224
  Payload Length 224
  Reserved 224
  Security Parameters Index 224
  Sequence Number 224
Authentifizierungsinformation 101, 124, 443
Autoexecute 403
Automakro 403
Autorisierungs-Anforderung 305
Autorisierungs-Antwort 306

B

Bakterien 397, 443
Base Exchange 251
base64 186
Basic Encoding Rules 193
Bastion Host 422
Bedrohungen für den Informationszugriff 29
Bedrohungen für Dienste 30
Befehlsmakro 403
Benutzer-ID 102, 119, 129
Benutzerkontrolle 415
Benutzer-Sicherheitsmodell 336, 338
Benutzerzertifikat 141
Berechnungssicher 43
Bereich 129
Betriebsmodus 58
Betrug 20
Birthday-Angriff 78
Blockverkettung 443
Blockverschlüsselung 41, 47, 231, 275, 443
  Blowfish 56
  CAST-128 57
  IDEA 55
  Modi 58
  RC5 57
  RSA 93
  Symmetrische 54f.
Bloomfilter 377
Blowfish 56
Bösartige Programme 393
Bootsektorviren 401
Brute-Force-Angriffe 42, 44, 51, 54, 68, 95, 369, 371

C

CA 139, 297
CAST-128 57, 165
CBC-Modus 59, 79, 152, 231, 340
CERT-Coordination Center 409
Certificate Payload 249
Certificate Request Payload 250
Certificate Revocation List 196
certificate_request-Nachricht 284
Certificate_Verify-Nachricht 292
Certificates-Only-Nachricht 196
Certification Authorithy 139, 297
CFB-Modus 61, 158
Change-Cipher-Spec-Protokoll 277
Clear Signed Data 189
Clear Signing 195
Client Write Key 273
Client Write MAC Secret 273
Client-Authentifizierung 284
Code 443
Codebook 58
Computer Emergency Response Team (CERT) 212, 365
Computergenerierte Passwörter 374
Computersicherheit 15
contextName 353
Cookie-Austausch 242
CPU-Emulator 406
CRL 196

D

Data Encryption Standard 47 f.
Dateien, GAME.EXE 383
Datenkomprimierung mit ZIP 202
DEA 47, 74
Dekomprimierungsalgorithmus 204
Delete Payload 251
Denial of Service 24, 269, 339
DES 47
  Algorithmus 47
  Cracker 50
  Stärke 50
Destination Options Header 222, 263, 266
Differenzielle Kryptoanalyse 444
Diffie-Hellman 88, 160, 190, 286
Diffie-Hellman-Algorithmus 241
Diffie-Hellman-Schlüsselaustausch 96, 98, 104
Diffusion 444
Digital ID 198
Digital Signature Algorithm 99

Digital Signature Standard
92, 99, 190
Digitale Unterschrift 91, 99 ff., 139, 244, 444
Digitale Zertifikate 102
Digitales Immunsystem 406
Digramm 444
Dispatcher 333
Dobbertin, H. 84
Domain of Interpretation (DOI) 216
Dreiweg-Authentifizierung 150
X.509 146
DSS 92, 99
Dual Homed Bastion 424
Duale Signatur 299

E
ECB-Modus 58, 153
ECC 100
Eichung 356
Eigentümer-Vertrauensfeld 175
Eindringlinge 363, 383, 444
Einweg-Verschlüsselung 366
Erkennung 379
Passwortschutz 368
Prüfaufzeichnungen 381
Typen 363
Zugriffskontrolle 366
Zugriffssteuerung 373
Einschränkungen 149
Einweg-Authentifizierung 145
Einwegfunktion 349, 444
Einweg-Hash-Funktion 74
Einweg-Verschlüsselung 366
Electronic Codebook 153
Electronic Codebook Mode 58
Elektronische Dokumente 18
ElGamal 160
Elliptic-Curve-Kryptographie 100
Elliptische Kurven 92, 99
Emulationskontrollmodul 406
Encapsulating Security Payload 215f., 229
Encapsulating Security Payload Header 263
Ende-Ende-Verschlüsselung 64
Enriched 183
Entschlüsselung 444
Entschlüsselungsalgorithmus 39, 89
Enveloped Data 188
EnvelopedData 193
Ephemeral Diffie-Hellman
282 f., 285
Erkennung von Eindringlingen
379, 381
Intervallzeitgeber 384
Maßstab 384
Nutzung von Ressourcen 384
regelabhängig 386, 390
Verteilte 390
Zähler 384
Erkennungsgeeignete Prüfaufzeichnungen 382
Erstinfektion 400
Erweiterte Sicherheitsdienste 200
ESP 229, 232
mit Authentifizierungsoption 237
ESP-Format 229
Authentication Data 230
Next Header 230
Pad Length 229
Padding 229
Payload Data 229
Security Parameters Index 229
Sequence Number 229
Eulersche Funktion 93
Exklusiv-Oder-Funktion 45, 78
Experimental RFCs 33

F
Fälschung 23
Faktorisieren 95
Feistel-Netzwerk 46
Feistel-Verschlüsselung 67
Algorithmus 44, 46, 83
Finished-Nachricht 292
Firewall 413
Angriffe 420
Arten 416

Dual Homed Bastion 424
Entwurf 413
Merkmale 414
Single Homed Bastion 424
Firewall-Konfigurationen 424
Firewalls 413
Fixed Diffie-Hellman 281, 285
Flags 134
Flow Label 262
Fortezza 282 f., 285
Fragment Header 262, 264
Fragment Offset 266
Fragmentierung 256, 274
Front-End-Prozessor 66
Füllbits 81
Füllbytes 261, 293

G

Gateway auf Anwendungsebene 420
Gateway auf Verbindungsebene 421
GD 406
GD-Scanner 406
Geheimer Schlüssel 39, 91, 118, 125, 157, 348, 444
Generic Decryption 406
Gesicherte Systeme 426, 430, 444
Getarnte Viren 401
Getarnter Benutzer 363
Gruppe 243, 351

H

Handshake-Protokoll 279
Hash Payload 250
Hash-Code 79, 85
Hash-Funktionen 76, 86, 139, 377, 444
Anforderungen 77
Einfache 78
Iterative 83
Schwache 78
Sichere 76, 83
Starke 78
Hash-Tabelle 377
Hauptschlüssel 444
Header Prüfsumme 260
Heimlicher Benutzer 364
Herkömmliche Verschlüsselung 71
Algorithmen 47
Algorithmen DES 47
Heuristiken 407
Hintertür 393, 445
HMAC 76, 85, 226, 275, 340
Algorithmus 86
Entwurfsziele 85
Hop Limit 262
Hop-by-Hop Options Header 262f.
Host Audit Record (HAR) 391

I

ICV 224, 226
IDEA 55, 158
Identification Payload 249
Identity Protection Exchange 253
IETF 271
Immunsystem 406
Information Exchange 253
Informationsfluss 22
Informationsintegrität 19
Informationssicherheit 15
Initial-Contact 251
Initialisierungsvektor 230, 273, 340, 445
Initialization Vectors 273
Initiator Cookie 247
Integrierte Mail-Systeme 407
Integrität 26, 269, 294
Integritätsprüfwert 226
Integrity Check Value 224, 226
Internet Architecture Board 31
Internet Archtitecture Board 211
Internet Draft 31
Internet Engineering Steering Group 31
Internet Engineering Task Force 31
Internet Security Association and Key Management Protocol (ISAKMP) 240
Internet Society 30

Internet-Protokolle 131, 256
  Aufgaben 256
Internet-Standards 30
IP Security (IPSEC) Resources 254
IP Security Protocol (ipsec) Charter 254
IP Security Protocol Working Group 215
IP Security Working Group News 254
IP-Address-Spoofing 420
IP-Quelladresse 221
IPSec 211, 270
  Anwendungen 212
  Dienste 216
  Dokumente 215
  Protokoll-Modus 219
  Vorteile 213
  Wichtigste Eigenschaft 213
IPSec-Protokoll 221
IP-Sicherheitsaufbau 215
IP-Spoofing 212
IPv4 259
IPv4 Type of Service (TOS) 221
IPv6 261
IPv6 Erweiterungs-Header 262
IPv6 Flow Label 221
IPv6-Header 261
IPv6-Klasse 221
IP-Zieladresse 220
ISAKMP 246
ISAKMP-Austausch 251
ISAKMP-Header-Format 246
  Exchange Type 247
  Flags 247
  Initiator Cookie (64 Bit) 247
  Length 247
  Major Version 247
  Message ID 247
  Minor Version 247
  Next Playload 247
  Responder Cookie 247
ISAKMP-Payload-Typen 247
Iterated Tunneling 236

K
Kanonische Form 187
Kartenausgeber 296
Karteninhaber 296
Kaufanfrage 301f.
Kaufantwort 305
Kerberos 115, 445
  Bereiche 129
  Mehrfach-Kerberi 129
  Motivation 116
  Passwort-Schlüssel-Umwandlung 152
  Propagating Cipher Block Chaining Mode 154
  Protokoll 125
  Unterschiede zwischen Versionen 4 und 5 131
  Verschlüsselung 152, 154
  Version 5 131
Kerberos Version 4 118
  Authentifizierungsdialog 118, 122, 127
Kerberos Version 5
  Authentifizierungsdialog 133, 135
  Ticket-Flags 135
Key Exchange Payload 248
Klartext 39, 89, 445
Komprimierung 161
  PGP 161
Komprimierungsalgorithmus 203
Komprimierungsfunktion 81
Konfusion 445
Kontrolle der Dienste 415
Konzept gesicherter Systeme 428
Kreisverschiebungen 50, 56f.
Kryptoanalyse 41, 88, 445
Kryptographie 41, 445
Kryptographische Algorithmen 189
Kryptographische Berechnungen 286, 292
Kryptologie 445

L
LAN-Monitor-Agenten-Modul 390
latestReceivedEngineTime 344
Lawineneffekt 445
Lebensdauer 122, 132, 137, 219
Legitimationsfeld des Schlüssels 174
Logische Bombe 394, 445
Longitudinale Redundanzprüfung 78
Look-Ahead-Puffer 203

M
MAC 73, 224
Mailing-Liste 12, 34
Makroprogrammierung 403
Makroviren 402
Management Information Base 313
Markov-Modell 375
Markov-Prozess-Modell 385
Master Secret 286
Maximale Paketgrößen 256
Maximum Transmission Unit 219
MD5 84
Mehrfachverschlüsselung 446
Mehrschichtige Sicherheit 429
Message Authentication Code 73, 224
Message Digest 74, 78, 80, 84 f., 166 f.
Message-Digest-Algorithmus
  MD5 84
  RIPEMD-160 84
MIB 313, 350
MIB-Ansicht 351
MIB-Kontext 351, 353
MIB-Zugriffskategorie 356
MIME 181
  Inhaltstypen 183
  Kanonische Form 187
  Sichern einer Einheit 192
  Überblick 182
  Übertragungsverschlüsselung 186
MIME-Header-Felder
  Content-Description 182
  Content-ID 182
  Content-Transfer-Encoding 182
  Content-Type 182
  MIME-Version 182
MIME-Inhaltstypen
  Enriched 183
  Multipart 183
  Plain Text 183
Missbrauchender Benutzer 363
Misstrauensstufe 389
Mittlere- und Standardabweichung 385
Mobile Programmsysteme 407
Modifikation von Nachrichten 23
Modulare Arithmetik 110f.
Modulo-Operator 110
Modus
  CBC 59
  CFB 61
  ECB 58
  PCBC 154
msgAuthenticationParameters 342
msgAuthoritativeEngineBoots 342
msgAuthoritativeEngineID 341
msgAuthoritativeEngineTime 342
msgPrivacyParameters 342
msgUserName 342
MTU 219
Multipart 183
Multipart-Nachrichten 187
Multipurpose Internet Mail Extensions 181
Mutationsmaschine 402

N
Nachrichtenaufkommen 23
Nachrichtenauthentifizierung 71,74, 76f., 87
Nachrichtenauthentifizierungscode 73f., 224, 274, 288, 446
Nachrichtenauthentifizierungsmerkmal 72

Nachrichten-Komponente 167
Nachrichtenmuster 78
Nachrichtenverarbeitungs-modell 336
Nachrichtenverarbeitungs-Subsystem 328
National Computer Security Agency 402
National Institute of Standards and Technology 80
National Security Agency (NSA) 430
Network Management System 348
Netzsicherheit
 Bedrohungen 268
 Überlegungen 267
Netzwerkarbeit 256
Netzwerksicherheit 15, 363
 Modell 27
Newsgroups 35
Nicht-Anfechtbarkeit 27
NIST 80, 99
NMS 348
Nonce 134, 146, 244, 446
Nonce Payload 250
Notationen 156
Notification Payload 250
NSA 430
Nutzinformationtypen
 Certificate Payload 249
 Certificate Request Payload 250
 Delete Payload 251
 Hash Payload 250
 Identification Payload 249
 Key Exchange Payload 248
 Nonce Payload 250
 Notification Payload 250
 Proposal Payload 248
 SA-Payload 247
 Signature Payload 250
 Transform Payload 248

O

Oakley-Algorithmus 242
Oakley-Protokoll zur Schlüsselbestimmung 240f.
Objekt 382, 427
Objektinstanz 351, 353
Öffentlicher Schlüssel 89, 91, 157, 446
OI 299
OIMD 299
Operationelles Modell 385
Options 264
Order Information 299
OWNERTRUST 176

P

Pad Length 229
Padding 229, 231
Paketfilter-Router 416
Parasitäre Viren 401
Passive Angriffe 23
Passwörter 446
 Ausbildung der Benutzer 374
 Bloomfilter 377
 Computergenerierte Passwörter 374
 Proaktive Passwortüber-prüfung 374
 Reaktive Passwortüber-prüfung 374
Passwörter in UNIX 369
Passworterkennung 371
Passwortermittlung 366
Passwort-Schlüssel-Umwandlung, Kerberos 152
Passwortschutz 368
Passwort-zu-Schlüssel-Generierung 347
Payload Data 229
Payment Gateway 305f.
Payment Information 299
Payment-Gateway 296
PCBC-Modus 153

PCBC-Verschlüsselung 132
Peer-to-Peer-Verbindung 217
Permanenter Schlüssel 66
Pfad 142
PGP 155
  Authentifizierung 157, 161
  Dienste 159
  Echte Zufallszahlen 207
  E-Mail-Kompatibilität 162
  Komprimierung 161
  Kryptographische Schlüssel 164
  Notationen 156
  Pseudozufallszahlen 208
  Segmentierung 163
  Verfahrensweise 157
  Vertraulichkeit 158, 161
  Zufallszahl 209
  Zufallszahlengenerierung 207
  Zusammenfügen 163
PI 299
PIMD 299
Plain Text 183
Polymorphe Viren 401
Pretty Good Privacy (PGP) 155 ff.
Primfaktoren 110
Primitivwurzel 96
Primzahlen 93, 108 f.
  Relative 94, 109
Prinzipal 27, 331, 350, 352
Privater Schlüssel 89, 91, 157
Proaktive Passwortüberprüfung 374
Propagating Cipher Block Chaining Mode 132, 153
  Kerberos 154
Proposal Payload 248
Proposed Standard 32
Proxies 315
Proxy 423
  Dienste 322, 324
Proxy-Agent 317
Proxy-Server 420
Prüfaufzeichnungen 381
  Erkennungsgeeignete 382
  Systemeigene 382
Pseudozufallsfunktion 288
Public-Key-Kryptographie 87, 96, 99, 139, 173
  Algorithmen 93
  Anforderungen 92
Public-Key-Verschlüsselung 39, 87ff., 244, 446
  Anwendungen 91
Public-Key-Zertifikate 138f., 142

Q

Quell- und Zielports 221
Quell-Routing-Angriffe 420
quoted-printable 186

R

Radix-64-Umwandlung 162, 205
Radix-64-Verschlüsselung 186, 206
RC5 57
Reaktive Passwortüberprüfung 374
Rechtzeitigkeit 341
Referenzmonitor-Konzept 429
Regelabhängige Erkennung 381
Regelabhängige Erkennung von Anomalien 386
Regelabhängige Erkennung von Eindringlingen 386
Regelabhängige Erkennung von Verletzungen 388
Registrierung 197
Registrierungsanfrage 196
Relative Primzahlen 108f.
Request for Comment 31
Responder Cookie 247
Responder-Lifetime 251
RFCs 30f.
Richtungskontrolle 415
RIPE 84
RIPEMD-160 84
Rivest, Ron 93
Rotation 79
Router 256, 426
Routing Header 262, 264
Routing-Anwendungen 214

Routing-Typ 264
RSA 93, 157, 281, 285f.
RSA-Algorithmus 446
RSA-Schlüsselaustausch 283
Rücknahme öffentlicher
Schlüssel 179
Rücknahme von Zertifikaten 144
Rückwärts-Zertifikate 143
Rundenfunktion 45f.

S

S/MIME 102, 180
Aufgaben des Benutzers 197
Clear Signing 195
Funktionalität 187
Kryptographische
Algorithmen 189
Nachrichten 192
Registrierungsanfrage 196
SignedData 194
VeriSign-Zertifikate 197
Zertifizierungsverfahren 197
S/MIME-Funktionen
Clear Signed Data 189
Enveloped Data 188
Signed and Enveloped Data 189
Signed Data 188
SA 217
Salt-Wert 369
SA-Parameter 219
SA-Payload 247
SA-Selektoren 220
S-Boxen 49
Dynamische 56
Schlüssel
Geheimer 157
Öffentlicher 89, 157
Privater 89, 157
Schlüsselaustausch 91, 96, 283 f., 291
Schlüsselbezeichner 148, 165
Nachrichten-Komponente 167
Sitzungsschlüssel-
Komponente 167
Unterschrift-Komponente 167
Schlüsselerzeugung 197
Schlüssellänge 46
Variable 56f.
Schlüssel-Lokalisierung 346
Schlüssel-Lokalisierungs-
Prozess 341
Schlüsselringe 164, 167
Öffentliche 170
Private 168
Schlüsselverteilung 64, 87
Schlüsselverwaltung 101, 211,
216, 240
Automatisch 240
ISAKMP 240
Manuell 240
Oakley-Protokoll 240f.
Schlüsselzentralstelle 446
Schnittstellen 256
Secure Electronic Transactions
270, 293
Secure Hash Algorithm 80
Secure Mailing Lists 200
Secure Sockets Layer 270
Secure/Multipurpose Internet Mail
Extension (S/MIME) 180
Security Association 217
Security in the Internet Architecture
(RFC 1636) 211
Security Labels 200
Security Parameters Index
218, 224, 229
Security Policy Database (SPD) 220
securityLevel 353
securityModel 353
securityName 353
Segmentierung 163
Selektoren 220
IP-Quelladresse 221
IPSec-Protokoll 221
IPv4 Type of Service 221
IPv6 Flow Label 221
IPv6-Klasse 221
IP-Zieladresse 220
Quell-und Zielports 221

Sicherheitsstufe der Daten 221
Transportprotokoll 221
UserID 221
Senderattribute 149
Sequence Counter Overflow 219
Sequence Number 224f., 229
Sequence Number Counter 219
Sequenznummer 74, 135, 225
Server and Client Random 273
Server Write Key 273
Server Write MAC Secret 273
Server-Authentifizierung 283
SET 85, 102, 270, 293
Bedingungen 294
Beteiligte 296
Haupteigenschaften 295
SHA 80
SHA-1 76, 80, 157, 190, 340
Shamir, Adi 93
Sicherheit
Abwehr Trojanischer Pferde 431
Anfälligkeit von Passwörtern 369
Antivirenmethoden 404
Bakterien 397
Bedrohungen für UNIX-Passwortroutinen 370
Bösartige Programme 393
Brute-Force-Technik 371
Eindringlinge 363
Entfernter Zugriff über das Internet 212
Erstinfektion 400
Erweiterte Dienste 200
Logische Bomben 394
Mehrschichtige 429
Passwortermittlung 366
Passwortschutz 368
Secure Sockets Layer 271
Statistische Erkennung von Anomalien 383
Strategien zur Passwortwahl 373
Techniken des Eindringens 366
Transportschicht 271, 287
Trojanische Pferde 395
Überblick 211
Verbindung von Zweigstellen über das Internet 212
Viren 392, 396
Virenarten 401
Würmer 396
Zugriffssteuerung 373, 426
Sicherheitsangriff 18, 21
Sicherheitsdienste 18, 25, 28, 216
Authentifizierung 26
Integrität 26
Nicht-Anfechtbarkeit 27
Verfügbarkeit 27
Vertraulichkeit 25
Zugriffssteuerung 27
Sicherheitsebene 351, 353
Sicherheitsfähigkeiten einrichten 280
Sicherheits-Gateway 222, 232, 235
Sicherheitsmechanismus 18, 20
Sicherheitsmodell 353
Sicherheitsprotokoll-ID 218
Sicherheitsregeln 211
Sicherheitsstufe der Daten 221
Sicherheitssubsystem 329
Sicherheitsverknüpfungen 217
Kombinationen 236, 238
Verbund von 236
Sichtbasierte Zugriffssteuerung 350
Signature Payload 250
Signed and Enveloped Data 189
signed Data 188
Signed Receipts 200
SignedData 194
SIGTRUST 176
Simple Network Management Protocol 311
Single Homed Bastion 424
Sitzungsschlüssel 65, 132, 146, 446
Generierung 165
Sitzungsschlüssel-Komponente 167
Sliding-History-Puffer 203

SNMP 311f.
Aufbau 326
Authentifizierungs-Dienst 322
Funktionale Erweiterungen 320
Grundlagen 312
Grundlegende Spezifikationen 314
Management Information Base (MIB) 313
Nachrichtenverarbeitung 328
Netzwerkverwaltung 312
Netzwerkverwaltungsprotokoll 313f.
Proxies 315
Proxy-Dienst 324
Schlüsselfunktionen 313
Schwachstellen 317
SNMPv2 317
Terminologie 331
Verbunde und Verbundnamen 321
Verteilte Netzwerkverwaltung 318
Verwaltungs-Arbeitsstation 312
Zugriffsrichtlinien 323
SNMP-Befehle
GetBulk 320
GetNext 320
GetResponse 320
Inform 320
Set 320
Trap 320
SNMP-Betreiber 326, 330, 343
snmpEngineBoots 344
snmpEngineTime 344
snmpMessageProcessingModel 331
snmpSecurityLevel 331
snmpSecurityModel 331
SNMPv1 Verbund-Einrichtungen 321
SNMPv2 317
SNMPv3 324
Anwendungen 333
Befehlsbeantwortung 334
Befehlsgenerator 333
Benachrichtigungsgenerator 335
Proxy-Weiterleitung 336
SNMP-Verbund 322
SNMP-Verbundprofil 323
SOCKS 422
SOCKS-Paket 421
SPD 220
Speicherresidente Viren 401
SPI 218
SSL 102, 270
SSL-Aufbau 271
Sitzung 272
Verbindung 272
SSL-Record-Protokoll 271, 273
Nachrichten-Integrität 273
Vertraulichkeit 273
Standardisierungsprozess 31
Standards Track 32
Startanfrage 301
Startantwort 301
Statistische Erkennung von Anomalien 381, 383
Sternmerkmal 429
Strategien zur Passwortwahl 373
Stromverschlüsselung 41, 275, 446
Subjekt 147, 149, 382, 427
Subnetzwerk 425
Substitution 41
Symmetrische Verschlüsselung 244
Symmetrische Verschlüsselungsalgorithmen 291
Synchronisation 345
Synchronisations-Mechanismus 344
Systemeigene Prüfaufzeichnungen 382

T

Tarnung 24
TCP/IP-Protokollstapel 314
TDEA 158
Techniken des Eindringens 366
Teiler 108
Größter gemeinsamer 109

TGS 120, 123f.
Ticket 119f., 123, 129, 132
  Dienstgewährendes 121
Ticket-Flags 135
Ticket-Granting-Server 120
Time to Live 260
TLS 85, 270
Total Length (16 Bit) 260
Traffic Class (8 Bit) 261
Transform Payload 248
Transport Adjacency 236
Transport Layer Security 85, 270
Transportmodus 222f., 227, 232
Transportmodus ESP 232, 237
Transportmodus-AH 227
Transportprotokoll 221
Transport-Tunnel-Verbund 238
Transposition 41
Traps 314
Triple DEA 52
Trojanische Pferde 367, 395, 447
  Abwehr 431
Trust-Flag-Bytes 175
Tunnelmodus 222f., 227, 232
Tunnelmodus ESP 234, 237
Tunnelmodus-AH 229
Type of Service (8 Bit) 260

U
Umschlag 180
Unterbaum 352
Unterbrechung 22
Unterschlüssel 44, 46, 135
Unterschrift-Komponente 167
User Security Model 336, 338
UserID 221
USM 336, 338, 341
  Kryptographische
    Funktionen 339
  Maskierung 339
  Modifikation 338
  Offenlegung 339
USM-Nachrichten-Parameter 341
USM-Rechtzeitigkeits-
  Mechanismen 343
USTAT 389

V
VACM 350
  Gruppe 351
  MIB-Kontext 351
  Motivation 355
  Sicherheitsebene 351
vacmAccessTable 352
Variable Zugriffssteuerung 447
variableName 353
Verbindliche Zugriffssteuerung 447
Verbindungsverschlüsselung 63
Verbund von Sicherheitsver-
  knüpfungen 236
Verbundnetz 15
Verdeckter Kanal 447
Verfügbarkeitslisten 428
Verhaltenskontrolle 415
VeriSign-Zertifikate 197
Verkehrssicherheit 270
Verkettung 68
Vermeiden von Wieder-
  holungen 225
Vermittler 296
Verschlüsselter Text 39, 89
Verschlüsselung 339, 447
  Berechnungssicher 43
  Herkömmliche 39
  Kerberos 152, 154
  Symmetrische 39, 275, 447
Verschlüsselungsalgorithmen 230
  Herkömmliche 47
Verschlüsselungsalgorithmus 39, 89, 447
Verschlüsselungsort 63
Verschlüsselungssysteme 291
Version (4 Bit) 259, 261
Verteilte Erkennung von

Eindringlingen 390
Vertrauen 174
Vertrauensfeld für die
Unterschrift 174
Vertraulichkeit 25, 158, 211, 237, 269, 294
Verwaltung öffentlicher
Schlüssel 173
Verfahren 173
Verwaltungs-Server 318
Verzeichnisprüfdienst 144
View-Based Access Control
Model 350
viewType 353
Viren 392, 396, 447
Aufbau 399
Ausbreitungsphase 398
Ausführungsphase 398
Auslösungsphase 398
Bootsektorviren 401
Entfernung 404
Erkennung 404
Erstinfektion 400
Getarnte 401
Identifikation 404
Natur 397
Parasitäre 401
Polymorphe 401
Schlafphase 398
Speicherresidente 401
Virenarten 401
Virenarten 401
Virenscanner
Dritte Generation 405
Erste Generation 404
Vierte Generation 405
Zweite Generation 405
Virtuelles privates Netzwerk 232
Virus-Signatur-Scanner 406
Vorwärts-Zertifikate 143

W

Wächterfunktion 30
Wales, Richard 202
Wiederholung 24
Wiederholungsangriffe 225, 446
Wiederholungsstatus 251
Wily Hacker 364
Würmer 396, 447

X

X.500-Verzeichnis 138
X.509 102, 138
Erweiterungen 147
Version 3 147

Z

Zahlungsanforderung 307
Zahlungsannahme 307
Zahlungsantwort 307
Zahlungsautorisierung 305
Zahlungsprozess 300
Zeitfenster 346
Zeitmarke 121f., 167, 382
Zeitreihenmodell 385
Zentrale Sicherheitsdatenbank 429
Zentrales Verwaltungs-Modul 391
Zertifikate 139, 141, 197, 306
Rücknahme 144
Zertifizierungsnachricht 283f.
Zertifizierungsstelle 149
ZIP 202
Zufallszahl, PGP 209
Zugriffskontrolle 366
Zugriffsmatrix 427
Zugriffsrechte 427
Zugriffsrichtlinien 322f., 352
Zugriffssteuerung 27, 373, 426
Zugriffssteuerungsliste 428
Zugriffssteuerungs-Subsystem 331
Zugriffssteuerungsverarbeitung 353
Zweiweg-Authentifizierung 146